실크로드 인사이드

문명의 충돌과
미술의 화해

실크로드 인사이드
문명의 충돌과 미술의 화해

초판 1쇄 인쇄 2011년 11월 21일
초판 1쇄 발행 2011년 12월 1일

지은이. 권영필
펴낸이. 이해원
펴낸곳. 두성북스
주소. 경기도 파주시 교하읍 문발리 499-1
전화. 031-955-1483
팩스. 031-955-1491
홈페이지. www.doosungbooks.co.kr
등록. 제406-2008-47호

본부장. 전희태
편집. 백은정
교정·교열. 엄미정
디자인. 워크룸
인쇄. 영신사
제책. 다인바인텍

ISBN. 978-89-94524-02-3 93600

이 도서의 국립중앙도서관 출판시도서목록(CIP)은
e-CIP 홈페이지(http://www.nl.go.kr/ecip)에서
이용하실 수 있습니다.
(CIP제어번호: CIP2011004932)

제책 방식. 사철
종이 사양. 표지: 스타드림 듀얼 285g/m²
면지: 매직칼라 120g/m²
본문: FSC유니트 90g/m²

실크로드 인사이드

문명의 충돌과 미술의 화해

권영필 지음

두성북스

차례

이 책에 담긴 여러 글들 중에 특별히 내세우고 싶은 주제가 무엇이냐고 누가 묻는다면 나는 '미술의 화해'라고 말할 수 있다. 이 책 속에 그 주제를 직접 표방한 논문이 들어 있기도 하지만,[1] 그 외에 많은 부분들에서 그러한 성격이 드러나고 있기 때문이다. 지난 몇 십 년 동안 실크로드 미술을 연구해 오면서 이제야 '실크로드 미술의 미학'의 한 단서를 잡아 낸 것이 아닌가 하는 생각이 든다. 그렇기에 이 책의 제목을 감히 '문명의 충돌과 미술의 화해'라고 붙인 것이다. 그리하여 이 방대한 테마에 대한 이해의 실마리를 좀 더 구체적으로 독자들에게 제공하고자 이 서론을 따로 마련한 것이다.

'문명의 충돌과 미술의 화해'를 위한 서론

I

오랜 인류 역사의 한 지점, 예컨대 청동기 시대, 그때에는 '미술작품'이란 개념이 생성되지 않았을 것이 분명하다. 다만 그 시대 장인들에 의해 특수한 조형물이 생산되었다고 볼 수 있다. 그것들은 어떤 존재 가치를 지니면서 무덤의 부장품으로 오늘날에까지 현전現前한다. 그 조형물들은 제의祭儀에 필요한 도구로서 주술에 봉사하기도 하고, 때로는 우주 질서의 상징물이라는 역할을 하기도 한다.

동시에 많은 경우 그것들은 미학적 가치를 수반한다. 장인들은 예컨대 신을 표현해야 하는 이려움에 직면해서 그들의 상상력을 극대화하고, 그들의 감성 속에 들어 있는 최고의 표현 능력을 발휘한다. 이런 이유로 오늘날 우리가 보기에 암호와 같은 조형 체계를 갖춘 것일지라도 그 생산물은 그 시대의 고급한 미를 담아내고 있다. 여기에서 오늘날 우리가 미술작품이라고 하는 것의 속성과 만나게 되는 계기가 발생한다.

그러나 다른 한편 또 다른 부류의 조형물들이 존재한다. 생활과 관련된 생산물들이 그것이다. 의식주 분야[물론 식 분야에서는 음식 자체보다는 식기 따위가 중점을 이룬다]와 더불어 몸을 치장하는 장신구 등이 거기에 속한다. 여기에서는 기능 위주의 조형성이 강조되지만, 더 중요한 것은 장식 본능이 개입한다는 점이다. 장신구, 의복, 카펫, 식기, 건물 등을 장식하면서 옛 사람들은 자신들의 생활 감정을 노출시킨다. 이때 색채와 문양이 본질적인 요소가 된다.

실크로드는 이러한 생산품들을 실어 나르는 기능을 하였다. 의식 제기이든 생활용구이든 이것들은 어떤 계기로 다른 지역으로 이동하는가? 이것은 인류의 역사에서 문화 이동은 어떤 상황에서 나타나는가라는 말로 바꿀 수 있다. 흔히 내세우듯 전쟁, 교역, 민족의 이동 등이 대표적인 요인이 될 것이다. 그러나 엄밀히 말하면 이런 요인들은 단순히 물건의 노획, 매매 등의 계기를 마련할 뿐이다. 이때 그런 행위들이 발생하는 원인이 보다 핵심적 요소가 될 터인데, 사실상 이것은 늘 그 계기 뒤에 숨어 있어 논의의 대상에서 소외되어 왔던 것이 그간의 사정이다.

우리는 이제 그 비밀의 문턱을 넘어서서 다른 사람의 물건, 또는 미술품에 관심을 갖는 근본적인 이유를 분석해 볼 필요가 있다. 더욱이 실크로드에서는 많은 교역품과 함께 미술품, 미술 테크닉, 화가, 장인들이 오갔다. 한편 전쟁이나 문명의 충돌과 같은 적대적 관계 속에서도 미술품이 교류된다는 사실은 우리를 긴장시키고도 남음이 있다. 이와 같은 역사적 사실이 가능하게 되는 이유를 우리는 예술학의 원리 속에서 찾아내야 한다. 그런데 이러한 미학적 과제를 경험적으로 인식하고 있는 사람을 우리 주변에서 만날 수 있음은 다행한 일이 아닐 수 없다. 미술 비평가인 서경식은 그의 미술 여행 속에서 수없이 많은 미술품을 보면서 때때로 맞닥뜨렸던 불가사의한 체험 내용을 우리에게 고백한다.

> "나는 침략 전쟁에 반대하고 화가의 전쟁 협력을 비판하는 사람이다. 하지만 어떤 예술작품과 마주했을 때, 내가 사상적으로나 윤리적으로 양해할 수 없고 동의할 수 없는 것임에도 불구하고 그 앞에 섰을 때 어쩔 수 없이 마음이 끌리는 경우가 이따금 있다는 것은 잘 알고 있다. 오히려 그렇게 내 존재의 기반 자체를 뒤흔들 수 있을 만큼 악마적인 힘을 가진 예술작품을 만나는 것을 커다란 기쁨으로 생각한다."[2]

윤리적으로 동의할 수 없는 상황은 '충돌'을 의미한다. 그럼에도 적대 관계에 속한 작품이 우리에게 다가와 '화해'의 손짓을 보내는 것은 웬일일까. 서경식은 그것을 '악마적인 힘'에 의한 것으로 파악하고 있다. 여기에서 우리는 이 불가항력적인 힘에 대한 해석을 일단 유보한 채, 무엇보다도 화해가 이루어진 점을 강조하고 싶다. 작품 속에 내재한 이 화해의 요소를 철학자이자 미학자인 박이문은 다음과 같이 말한다.

> "모든 예술작품 특히 미술작품이 우리들에 감동을 주는 것은 바로 그것이 우주 전체와의 화해 속에서만 찾을 수 있는, 우리의 형이상학적 행복을 경험할 수 있는 최소한의 그러나 궁극적 조건이기 때문이다. 미술 및 예술은 인간의 삶에서 한 번도 떠나지 않았고, 앞으로도 그럴 것이다. 예술이 인간적 삶의 필요조건이라면 미술은 삶의 희열의 원천인 동시에 근본적 가치이다."[3]

이 철학자는 미술작품을 우주와의 화해를 가능하게 하는 조건으로 해석하고 있다. 뿐만 아니라 형이상학적 행복을 경험하게 하는 원천으로 보았던 것이다. 이쯤 되면 인간사 가운데 최악의 사건인 전쟁과 충돌 속에서도 왜 미술작품이 선날될 수 있는가를 알게 된다. 나는 오랫동안 실크로드의 미술 교류사를 연구하면서 그 속에서 충돌과 화해라는 두 요소가 대립항對立項이 아니고 친화자親和者임을 미술작품을 통해 파악하게 되었다. 이제 실크로드의 역사 속에서 이러한 사례들을 찾아 소개하고 어떻게 그것이 가능할 수 있었던가에 대해 미학적 해명을 결론부에 덧보태도록 하겠다.

II

사례 1. 유목 세계와 정주 세계의 충돌과 미술의 화해[4]

실크로드 미술에 자주 등장하는 동물 주제인 그리핀[griffin: 독수리의 상체와 날개, 사자의 하체를 가진 상상적 동물]은 기원전에 서아시아에서 개발된 후, 그리스를 비롯해, 심지어 동아시아에까지 전파된다. 그런데 이러한 전파 과정을 자세히 들여다보면, 아이러니하게도 '문명 충돌'이라는 심각한 여건 속에서 미술의 전이轉移가 나타남을 발견하게 된다. 당초 기원전 8세기 이래 흑해 연안에서 활동했던 유목민족인 스키타이Scythia는 남쪽 문명권의 대국인 페르시아와 여러 차례 전쟁을 치른다. 스키타이의 메디아Media 공격[기원전 640년], 페르시아의 스키타이 침입[기원전 530년], 스키타이의 페르시아 조공[기원전 5세기] 등 유목 문화와 정주 문화의 대결에도 불구하고 페르시아의 그리핀이 스키타이에 전파된다. 이때에 그리핀은 미술의 '화해' 요소라고 할 수 있다.

또한 스키타이의 그리핀은 알타이 지역의 파지리크Pazyrik로 전달된다. 나아가 기원후 1세기에 이르면 그리핀이 몽골의 노인울라Noin-Ula 흉노 고분 출토품인 카펫 문양에서도 발견된다. 이 카펫이 수입품인지, 흉노의 생산품인지에 대해서는 아직도 논의가 분분하지만, 어쨌건 그리핀 이미지가 흉노 지역인 몽골에까지 전달된 것은 분명한 사실이다.

그리핀의 동점 여행은 계속되어 흉노에서 중국의 한漢의 영역으로 파고든다. 중국의 전한[기원전 206~기원후 24년] 시대에만 해도 흉노는 60여 회에 걸쳐 중국을 침입하였다.[5] 두 나라의 관계는 전혀 우호적이지 못했다. 그럼에도 '유목'과 '정주'라는 문명 충돌의 조건을 넘어서서 그리핀 주제는 한의 식민 지역인 낙랑樂浪으로 들어와 부장품인 칠기에 문양을 남긴다. 이 그리핀은 화해의 징표가 아닐 수 없다.

사례 2. 로마와 이란의 충돌과 미술의 화해[6]

서쪽의 로마와 동쪽의 파르티아Parthia는 시리아를 사이에 두고 격돌한다. 양대 세력의 팽창의욕에는 명분이 없지도 않다. 로마의 헬레니즘 문화 지역에 대한 관심과 이란의 고왕조인 아케메네스Archemenes 때의 확장된 영토 회복에 대한 야욕이 서로 충돌하고, 또한 실크로드 교역의 이익 역시 현실적인 마찰의 소지가 된다. 파르티아와 로마의 첫 대결[기원전 92년] 역시 아나톨리아Anatolia에서 상호 이권 다툼으로 인해 비롯된다. 중국에서 로마로 오는 물산들이 파르티아를 거쳐 오기 때문이다.

기원전 53년 로마와 파르티아는 유프라테스Euphrates 강 상류에 위치한 카르에Carrhae에서 대 접전을 벌인 끝에 로마의 참패로 끝난다. 로마 군대의 4분의 3이 살해되었고, 더욱이 총독 크라수스Crassus가 피살되었다. 또한 기원후 260년에도 카르에 북쪽 에데사Edessa에서 로마는 사산Sasanian에게 대패하여 발레리아누스Valerianus 황제마저도 포로가 되었다. 이 두 전쟁에서 잡힌 로마인 포로들의 수는 적지 않았다.

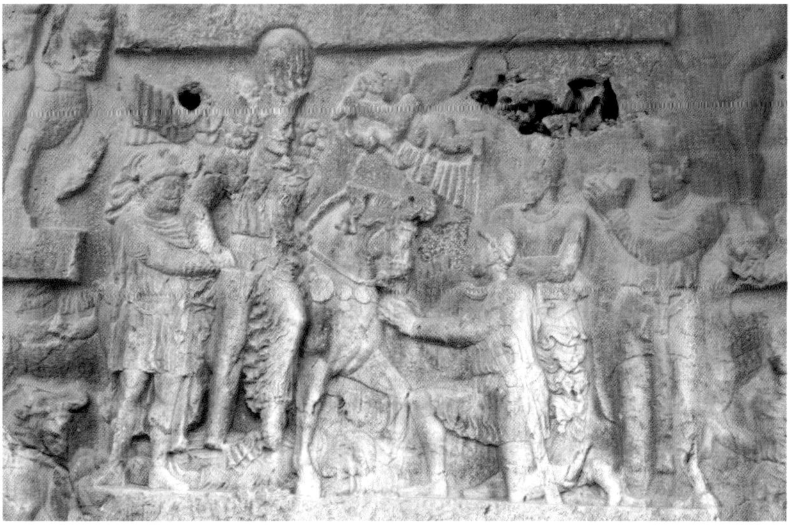

0-1. 샤푸르 1세 전승 기념 부조, 비샤푸르. 날개 달린 천사, 사실적 표현 등이 로마 장인의 솜씨로 평가된다.

그런데 비샤푸르Bishapur에 있는 샤푸르Shapur 1세[재위 241~272년] 궁전의 모자이크 제작에 안티오크Antioch로 흘러간 로마 유민들이 기여했을 것이 거의 확실하다는 사실은 우리의 관심을 자극한다. 더욱이 이 모자이크에는 전형적인 로마풍의 주제인 비스듬한 자세의 여인, 무용하는 여인, 악기 연주, 화환 등이 담겨 있다. 뿐만 아니라 샤푸르 1세의 승리를 기념한 암각 부조 역시 로마군 포로들이 그 제작에 참여한 것으로 알려져 있다.

이처럼 이란이 로마와 전쟁도 불사하는 라이벌 관계에 있으면서도 이란 미술이 로마 미술을 선호하는 것은 눈여겨봐야 할 대목이다. 미술은 자기의 생명을 '화해의 피'로써 유지하는 특이한 존재이기에.

사례 3. 이슬람과 비非이슬람 미술의 화해

미술이 자기의 마력을 통해 정치적, 문명적 '충돌'의 요소를 지양하게 하여 결국 '화해'에 이르게 하는 미학적 메커니즘을 담지하고 있다는 나의 주장을 뒷받침하기 위해서는 이슬람 전문가들의 증거 자료에 귀 기울일 필요가 있다. 우선 러시아의 중앙아시아 고고학의 태두인 알렉산드르 벨레니츠키Aleksandr Belenitzky의 저서를 직접 인용해 보도록 한다.

"이슬람의 우마이야[Umayyad, 661~750년] 왕조의 서쪽 영역에 있는, 벽화와 모자이크로 장식된 다수의 회교사원들을* 통해 아랍 세력의 고위층이 기념비적인 조형미술에 대해 적대적인 입장에 있지 않았으며, 그들이 그 건물을 장식하는 데에 다른 종교를 가진 예술가들[필자 강조]을 끌어들였다는 것을 알게 된다. 실제로 칼리프[caliph, 무함마드의 대리자]들은 자기들이 지배한 서부 지역에서의 건축 작업에 중앙아시아에서 온 장인들을 투입시켰던 것으로 보인다. 일찍이 1913년에 J. 스트르치코프스키J. Strzygowski는 쿠세이르 암라Quseir Amra의 회화는 [중앙아시아 남부의] 호탄이 우마이야 왕조 시기에 아랍 세력과 아무런 직접적인 접촉이 없었음에도, 일반적 특성으로 볼 때 호탄의 회화와 일치한다는 점을 지적한 바** 있다."[7]

이슬람 초기에는 그리스도교 사원을 그대로 이용했으나, 7세기 말에 무슬림 지배자들은 정복한 영역에서 기초가 확립되자, 그들의 권력의 가시적인 상징으로서 대규모의 모스크나 궁전을 건축하기 시작하여, 크기나 아름다움에서 이슬람 이전의 온갖 건축물을 능가하려고 했다. 그 설계와 장식에 관해 우리들이 알고 있는 것은, 그 건축물들이 이집트, 시리아, 페르시아, 그리고 비잔티움에서까지도 징집된 장인들[필자 강조]에 의해 세워진 것이며, 그러한 장인들은 자기네가 배운 양식을 계속 실행한 사람들이라는 사실이다.[8]

이슬람 사원 건축에 미친 비잔티움의 영향은 절대적이었다고 말해도 좋을 정도였다. 고고학자인 주디스 헤린Judith Herrin은 모스크와 비잔티움 사원과의 관계를 다음과 같이 피력한다. "덮개 없는 곳에서 예배를 보던 아랍인들도 여기[성 소피아 성당]서 영감을 얻어 사막의 고향을 떠난 뒤로는 지붕 있는 모스크를 축조하기 시작했다. 유대교와 그리스도교 성지의 점령을 기념해 예루살렘에 지은 이슬람 사원도 그에 걸맞게 '바위의 돔'으로 명명되었다. 그 사원의 둥그런 지붕과 화려한 모자이크는 칼리프 아브드 알 말리크가 7세기 때 유스티니아누스 2세 황제에게, 빛을 받으면 반짝이는 유색석과 모자이크 각석을 세공하는 데 탁월한 기술을 보유한 장인을 보내 달라고 하여 비잔티움 양식으로 지은 것이다."[9]

아직 이슬람 미술이 확립되기 전인 초기 단계여서 그랬을까. 왜 외래 이교도 장인들을 써서 자기들의 상징성을 표현하고자 했던 것일까? 그런데 유사한 사례가 10세기 때에도 나타난다. 아랍의 역사책에 따르면 후에 이슬람 칼리프인 알 하캄 2세[al-Hakam II, 재위961~976년]는 콘스탄티노플의 비잔틴 황제에게 사절단을 보내 모스크를 장식해 줄 장인의 파견을 요청하기도 하였다.[10]

여기에서 우리가 주목할 부분은 다음의 대목이다. "우마이야조는 모든 면에서 '아랍 지상주의'를 근본 정책으로 삼고, 페르시아인을 비롯한 피정복민들을 열등시하였음으로 자연 그들의 반감을 사게 되었다."[11] 그러나 이러한 '충돌적'인 식민 정책에도 불구하고, 이슬람 세력이 피정복민들을 미술 작업에 고용한 것은 종교성과는 별개로 '미의 절대성'을 용인한 증좌라고 하겠다. 그리하여 이들 정복자와 피정복자 사이의 문화 관계는 전도된 상황에 이르게 되었다. "이들 종속민들은 이슬람 사회에서의 학문적 연구나 미술의 제작에 있어서 지도적 인물들을 배출시켜 서아시아의 문화적 전통을 이 새로운 정복자들에게 전하는 역할을 다하였다."[12]

그러나 여기에서 간과해서는 안 될 점이 있다. 이슬람에 의해 정복된 사회가 자기 전통을 고수하려는 노력을 경주했다는 사실을 역사가들은 지적하고 있지만, 그보다는 오히려 이슬람 세력이 미의 표현에 대한 강한 의욕을 소유하고 있었고 그들이 그러한 미의 표현의 의미를 인식했건 그렇지 못했건 간에, 결과적으로 그 표현은 '미술의 화해' 자체였다는 사실이다.

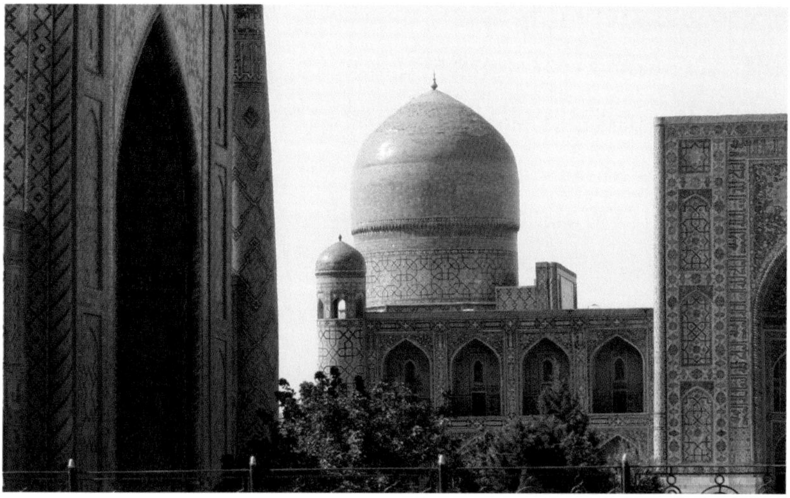

0-2. 사마르칸트 텔라카리 마드라사(무슬림 학교)의 돔, 17세기 중엽. 이슬람 건축의 돔 양식은 후대로 이어지면서 하나의 전통이 되었다.

사례 4. 이슬람과 로마 미술의 화해

아랍 세력은 확대되어 드디어 8세기에는 스페인까지 정복하였다. 9세기에는 스페인의 코르도바Cordova에 대 모스크[786년 착공]를 세웠다. 이 이슬람교 사원 내부의 이중 아치는 유명하다. 그런데 이 이중 아치의 아이디어는 아마도 로마의 수도교[水導橋, aqueducts]에서 유래되었을 것으로 보기도 한다.[13][도판 0-3 참조] 또한 예루살렘과 코르도바에 있는 무슬림 성소들에서도 비잔티움의 모자이크 장식이 남아 있는 것을 볼 수 있다.[14]

반대로 초기 모스크 건축에 이용된 변형 아치의 일종인 '첨두아치'[상부가 뾰족한 아치]가 12세기 후반에는 고딕 성당에 이용된다.[15] 두 종교를 오가는 건축 양식은 단순한 미술의 흡수가 아니라, 적극적인 화해로 봐야 할 것이다.

사례 5. 이슬람과 그리스도교 미술의 화해

고대 소그드Sogdiana 지역[현재의 우즈베키스탄]은 7세기 때에 이슬람화된다. 그럼에도 소그드의 전통적인 문양이 10세기까지도 그대로 활용되고 있으며, 더욱이 그리스도교 주제조차도 변함없이 전수되고 있는 것을 보면,[16] 이슬람 사회가 피정복민과의 정치적 갈등과 종교적 충돌에도 불구하고 피정복 지역의 전통 미술을 적극적으로 용인하는 사실을 알게 된다.

사례 6. 일본의 예수교 탄압과 서양화의 화해[17]

바다의 실크로드의 역사는 유구하다. 그러나 사막의 실크로드에 비하면 그 하한이 훨씬 우리 시대에 가깝다고 할 수 있다. 에가미 나미오江上波夫는 바다의 실크로드의 끄트머리 시기를 16~17세기에 포르투갈, 스페인, 네덜란드 등이 동방에 진출한 때로 잡고 있다.[18]

16세기 중엽 일본에는 포르투갈, 스페인과 교역하면서 서양의 야소회[耶蘇會, Jesuit, 예수회]가 들어왔고, 초기에는 일부 다이묘大名들의 비호 하에 신장세를 보였다. 그러나 17세기에 이르러 이 이종교異宗教는 탄압을 받아 서양 신부는 추방되거나 순교하는 지경에 달했다. 이러한 문명 충돌의 상황에서도 그 문명과 함께 들어온 서양화와 일본화된 '양풍화'洋風畵, 다시 말하면 서양화의 일본식 표현형식은 어려운 금교 시기에도 생명을 유지한다. 때에 따라서는 표현 내용[예를 들면 불교]을 마치 '다른 옷'을 갈아입듯이 바꾸기도 하지만, 하여간 서양화의 표현 형식은 지속된다. 이는 미술의 화해 작용 때문으로 볼 수밖에 없다.

사례 7. 중국의 예수교 탄압과 서양화의 화해[19]

1583년 9월 자오칭肇慶에 야소회 성직자들의 레지던스[住院]를 처음으로 열며 시작된 마테오 리치[Matheo Ricci, 이마두利瑪竇, 1552~1610년]의 중국 선교는 그 신도의 수로 미루어보면, 그다지 성공적이지 못하였다. 성 프란시스 사비에르St. Francis Xavier가 일본에서 했던 것처럼 리치도 1601년에 신종제神宗帝를 알현할 때, <성모자상> 그림을 헌증하였다. 하지만 중국에서 서양화에 대한 관심은 주로 황실 주변에 머물렀다.

강희 말기에 예수교는 압박을 받게 되었다. 1669년에 선교를 금하는 조칙을 내렸고, 실제로 1703년에는 45명을 추방하기도 하였다. 다음 황제인 옹정제 때에도 금교가 단행되어 심지어 순교사건까지 일어나는 정도였다.

그러나 이런 상황 속에서도 궁정의 선교사들의 활동은 전혀 지장을 받지 않았다. 특히 강희제 자신은 서양화에 깊은 관심을 가지고 있기도 했거니와 주세페 카스틸리오네[Giuseppe Castiglione, 낭세녕郎世寧, 1688~1766년] 같은 화가는 강희, 옹정, 건륭의 삼대에 걸쳐서 궁정 회사를 도맡아 처리하였다. 알려져 있다시피 그는 이탈리아 사람으로 1715년에 중국에 건너와 예수회 전교사傳敎士이자, 궁정화가로 활약하였다. 특히 낭세녕은 금교 이후인 1728년 황제를 위해 장권長券의 <백준도>를 전통 회구를 써서 서양화법으로 완성하였다. 이밖에도 낭세녕의 이 시기의 작품으로는 <향비융장상>香妃戎裝像[고궁박물원 소장]을 들 수 있다. 어쨌건 미술사적인 각도에서 엄밀하게 말한다면 이들 선교사들의 화법은 중국의 전통과 서양화법을 섞은 '절충적'인 특징을 갖는다.

이들은 예수교 압박이라는 문명 충돌의 시대에 미술로써 화해의 역할을 담당했던 장본인들이었음이 분명하다.

사례 8. 아프라시압의 소그드 벽화[20]

오늘날 우즈베키스탄의 고대 국가인 소그드는 상업에 능하여 일찍부터 실크로드를 타고서 동방으로 진출하였다. 중국과는 수나라 이전 시기부터 교역해왔다. 그런데 650년대에 이르러 당은 소그드 왕 바르후만Varkhuman을 도독으로 임명하는 책봉冊封을 내림으로써 소그드를 중국의 정치권 속에 예속시킨 사건이 발생하였다. 그 즈음 중국은 서西돌궐의 정치에 개입함으로써 소그드 주변의 정치 질서를 번농의 분위기로 몰고 갔다. 이에 소그드는 중국과 서돌궐 사이에서 등거리 외교의 입장을 취했을 것으로 보인다.

소그드가 당한 이러한 외교 문화적 충격을 배경으로 하여 탄생된 것이 아프라시압Afrasiab 벽화이다. 이 벽화에 표현된 중국의 존재는 어

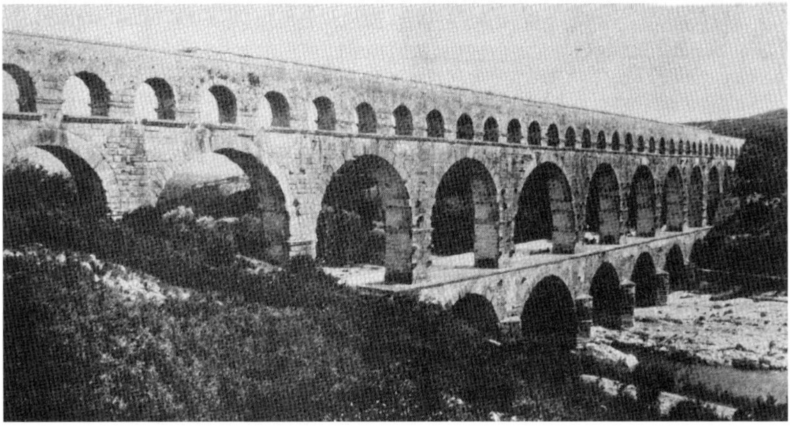

0-3. 뒤가르 다리(Pont du Gard), 프랑스 님(Nîmes), 아우구스투스 통치기.

떠한 것인가. 소그드 화가들은 이 궁전 벽화의 중심 벽면인 서벽 중앙에 중국 사절을 배치하였다. 뿐만 아니라 북벽[방위상 북쪽은 중국을 가리킴] 전체에도 중국 주제로 가득 채웠다. 당 태종으로 비정되는 황제의 기마 수렵 장면과 더불어 시녀들과 함께 배를 타고 들어오는 중국 공주가 이채롭다. 이 화려한 배역들은 다 무슨 의미인가. 지금까지의 연구에 따르면 실제로 중국의 황제와 공주가 소그드 땅을 밟은 적이 없다. 그렇다면 내 견해로는 소그드 화가들이 경직된 국제 관계에 직면하여 화해를 연출하고자 중국 주제를 적극적으로 표현한 것으로 여겨진다.

사례 9. 조선족 화가 한낙연과 실크로드 벽화[21]

한낙연[韓樂然, 1898~1947년]은 파리에서 그림 유학을 마치고 돌아온 1930년대 후반부터 항일운동에 힘을 쏟았다. 그 후 국민당 독재에 항거하는 정치활동의 여파로 옥고를 치렀고[1943년], 서북 지역으로 활동지의 제한을 받게 되었다. 1943년 이후 키질 석굴을 발굴하고, 아울러 벽화 모사작업에 치중함으로써 그의 역사주의 예술관이 생성된다. 따라서 그는 예술이 일상생활의 필수품처럼 중요하긴 하지만 상업주의에 영합하는 것에 반대하였으며, 자연주의적 재현도 의미 없다는 자신의 회화 미학을 확립하기에 이른다. 이러한 기저 위에서 그는 둔황 벽화 모사에 전념하였고, 나아가 위구르, 티베트와 같은 중앙아시아 민족의 민속 풍물을 화폭에 담아내었다. 이처럼 그의 역사주의는 실크로드 미술의 새로운 국면을 개발하는 데에 큰 기여를 한 것으로 평가할 수 있겠다.

그가 출옥한 후에 그림을 포기하지 않은 것은 미술 자체의 흡인력 때문이요, 더욱이 역사주의로 눈을 돌린 것은 그것이 현실 극복의 최적의 조건이 되기 때문이었을 것이다. 결국 그의 회화에 나타난 역사 개념은 예컨대 옥고와 같은 정치적 이념에 의한 현실 충돌을 무화시키는 화해의 화신이요, 자기 존재 확인의 전체가 되는 것이다.

III

'미술의 화해'의 미학

고대 실크로드에서의 문화 교섭은 주로 환경적, 정치적, 상업적 요인을 촉매로 발생한다. 이 교섭의 내용에는 미술품과 미술양식, 미술 테크닉뿐만 아니라 장인들까지도 포함된다. 그런데 본질적으로 한 지역의 미술이 다른 지역으로 건너가는 현상은 왜 일어나는가. 이 일은 물적 가치보다는 정신적, 미적 가치를 우위에 두는 데에서 비롯된다고 볼 수 있다. 미술의 미적 가치는 주관적 조건과 객관적 조건을 다 가지고 있다. 그러나 이때 보다 중요한 것은 미술 자체의 본질적인 내재적 요소가 존재한다는 사실이다. 즉 미술에는 우리의 감성을 '홀리는' 작용을 하는 요소가 들어 있다는 사실이다.

어원적으로 볼 때, 미와 마법이 동일한 고리에 엮여 있음은 흥미로운 일이다. 우리가 흔히 쓰는 영어의 'charm', 'enchantment'란 단어에 '매력, 아름다움'과 함께 '마력, 주문呪文'의 뜻이 들어있음은 의미심장한 면이 있다. 미술작품은 우리를 '홀려' 우리를 자기 쪽으로 '길들인다'. 마치 마법에 걸린 사람처럼!

적국의 미술양식, 또는 '문명 충돌' 상황 속에서 상내국의 미술을 적극적으로 수용함은 미술이 우리에게 '주문을 거는' 미학적 본질을 노정시키는 현상이다. 이 현상은 동시에 '미술의 화해' 작용을 일으킨다. 말하자면 '마법'과 '화해'는 동전의 앞뒤의 관계와 같은 것이라고 할 수 있다.

주

1 이 책의 목차에서 보듯이 5장의 제목이 바로 '문명의 충돌과 미술의 화해'이다. 이 논문은 당초 제 12회 한일미학회(韓日美學會) 학술 심포지움(2004년 8월 10일, 히로시마[廣島] 대학교)에서 「'文明の衝突'と美術の和解 –日本の初期洋風畵を中心に」로 발표되었고, 그 후 제16회 한일미학회(2010년 4월, 히로시마 대학교)에서 동일 주제를 연장한 「문명의 충돌과 미술의 화해 II」로 발표된 바 있다.

2 서경식, 『청춘의 사신 –20세기의 악몽과 온몸으로 싸운 화가들』, 파주: 창작과 비평사, 2002, 203쪽. 서경식은 재일 한국인 작가로서 미술 비평을 통해 정치·사회 국면의 부조리를 파헤치고, 작품에 녹아 있는 감정 콤플렉스를 용케 읽어낸다.

3 박이문, 「왜 우리 삶에 미술이 필요한가」, 『이모션emotion』, 제1호, 2007, 25쪽. 박이문의 이러한 관점은 그의 다른 저서에서도 산견된다. 박이문, 『예술과 생태』, 서울: 미다스북스, 2010.

4 이에 대해서는 이 책의 1장 「서아시아와 고대 한국문화」에서 '서아시아와 유목 세계' 중 서아시아의 상상력 부분을 참조할 것.

5 기록에 남아 있는 회수만 해도 60여 회에 걸친다. 사와다 이사오(澤田 勳), 『흉노』, 김숙경 역, 서울: 아이필드, 2007, 176쪽.

6 로마와 고대 페르시아와의 격돌 상황에 대해서는 이 책의 1장 「서아시아와 고대 한국문화」에서 '로마와 이란' 중 로마와 파르티아, 사산 왕조 이란 부분을 참조할 것.

7 A.M.Belenitzki, *Mittelasien-Kunst der Sogden*, Leipzig: Veb E.A.Seeman Buch- und Kunstverlag, 1980, p. 225.
* K. A. Creswell, *Early Muslim Architecture*, 2Bde, Oxford, 1932-1940.
** J. Strzygowski, "Kunstkreis in Innerasien," *Zeitschrift für Assyriologie*, Bd.XXVI, Abb.1, 2, 1913.

8 H. W. 잰슨(H. W. Janson), 『미술의 역사』, 김윤수 외 역, 서울: 삼성출판사, 1978, 214~215쪽.

9 주디스 헤린(Judith Herrin), 『비잔티움』, 이순호 옮김, 파주: 글항아리, 2010, 18쪽.

10 이 때 비잔틴 황제가 그 요청을 흔쾌히 받아들여 뛰어난 장인과 320킨타르[약 1만 6000킬로그램]의 모자이크 조각을 선물로 받을 수 있었다는 것이다. 조너선 블룸(Jonathan Bloom), 『이슬람 미술』, 강주헌 역, 서울: 한길아트, 1997, 76쪽.

11 김성근 외, 『세계문화사 III, 유럽 중세와 아시아의 발전』, 학원사, 1966, 244쪽.

12 위와 같은 곳.

13 David Talbot Rice, *Islamic Art*, London: Thames and Hudson, 1984, p. 79. '수도교'에 관해서는 다음을 참조. Helen Gardner, *Art through the Ages*, New York: Harcourt, Brace and Company, 1948, p. 175.

14 주디스 헤린, 앞의 책, 607쪽.

15 David Talbot Rice, 앞의 책, p. 45.

16 Belenitzki, 앞의 책, p. 228.

17 이에 대해서는 이 책의 5장 「'문명의 충돌'과 미술의 화해 –일본과 중국의 초기 서양화 도입과 관계해서」를 참조할 것.

18 江上波夫, 「いまなぜ海の道なのか」, 『海のシルクロドを求めて』, 三菱廣報委員會, 1989, p. 290. 다음의 책에서도 유사한 견해가 표명되고 있다. 양승윤 외, 『바다의 실크로드』, 파주: 청아출판사, 2003.

19 이에 대해서는 5장 「'문명의 충돌'과 미술의 화해 –일본과 중국의 초기 서양화 도입과 관계해서」를 참조할 것.

20 이에 대해서는 4장 「7세기 중엽 아프라시압 별궁 벽화 –도상 해석, 고구려 사절과 관련하여」를 참조할 것.

21 이에 대해서는 6장 「한낙연과 실크로드 벽화」를 참조할 것.

1부

동쪽에 핀 실크로드의 꽃

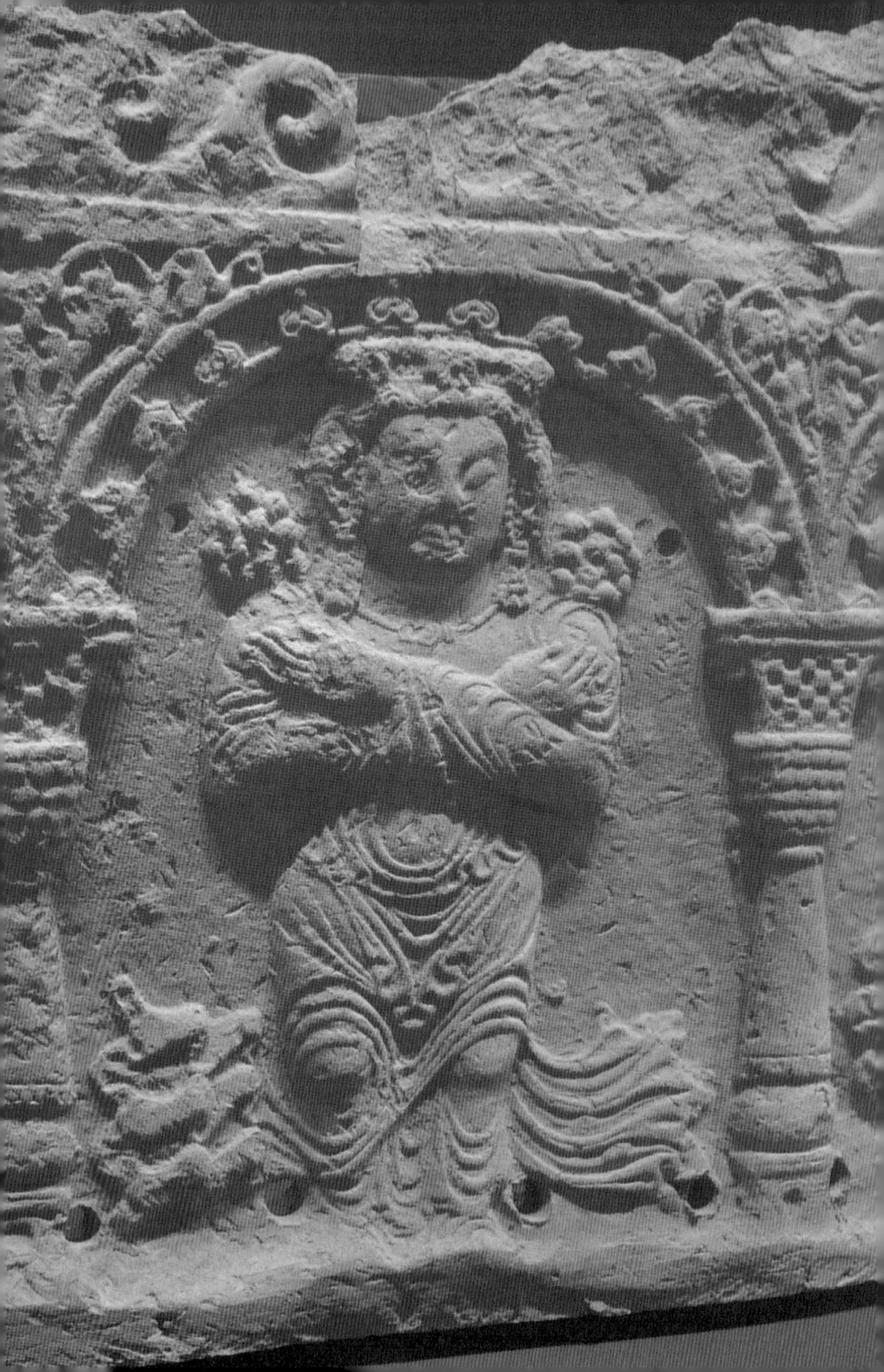

1장 서아시아와 고대 한국 문화 : '실크로드' 미술의 관점에서

서아시아와 실크로드

'서아시아'는 동아시아, 중앙아시아의 상대 개념이다. 유럽에서 말하는 근동Near East, 중동Middle East 지역과 일치한다. 유럽인들의 설정에서 한 가지 특징적인 점은 이 범주의 서쪽 끝에 이집트를 포함하며, 동쪽 끝에서는 아프가니스탄을 제외한다는 것이다. 서아시아는 인류 문명의 발생 지역이자, 특히 알렉산드로스 3세 대왕 이후에는 헬레니즘 문화의 파급 지역으로서 후에 로마에 예속된 지역이라는 역사적 배경을 갖고 있다. 그런데 아프가니스탄의 경우 중앙아시아 문화에 포괄되기도 하고, 간다라 미술의 관점에서는 서쪽의 그레코-로만 문화에 깊이 젖어 있기에 오히려 서아시아에 속한다는 해석도 가능할 것이다.

동서 교류의 관점에서 근년의 고고학적 발굴을 바탕으로 한 연구에 따르면, 고대 중국은 그의 대표적인 산물인 비단을 가지고 로마와 직접 교역한 적이 없다는 것이다. 즉 고대 중국은 대부분 인도를 통해 로마와 간접 교역을 진행했고 따라서 육로보다는 해로를 주로 이용했으므로 '실크로드'의 개념을 재고할 필요가 있다는 견해를 제기하고 있기도 하다. 비단이 주요 교역품도 아니었고, 한마디로 '실크로드'의 실체가 없다는 것이다. 이에 따르면 결국 고대 시리아가 중국과 인도 교역의 상대국으로서 중요한 역할을 했다고 밝히고 있다.[1]

한편 '실크로드'가 단순히 동서 교역의 차원을 넘어서서 문화 전파의 개념으로 확대 인식되어야 한다는 주장이 독일의 지리학자 페르디난트 폰 리히트호펜[Ferdinand von Richthofen, 1833~1905년] 이후 대두되었고,[2] 그 후 중앙아시아, 특히 중국 신장新疆 지역의 발굴을 통해 이 지론이 설득력을 갖추며 오늘에 이르고 있음은 주지의 사실이다. 그러나 이때에도 '실크로드'에서 서방은 로마보다는 로만 시리아와 이란이 큰 역할을 하였던 사실을 고려할 필요가 있다.

이 글에서는 서아시아 문화의 성격 자체에 대한 논의보다는 그 문화의 특징적인 면이 실크로드를 타고서 어떤 양상으로 동쪽으로 파급되었는가에 비중을 둔다. 특히 고대 한국까지 접속된 자료들에 초점을 맞춘다. 따라서 어떤 조형이나 표현적 특징들은 그 기원이 서아시아에서 비롯되었지만, 그 전달과정에서 중앙아시아나 북아시아를 거치면서 그곳에서 꽃을 피워 한국에 이르는 경우가 적지 않기에 이 글의 내용이 중간 지역의 미술 장르와 중복될 여지가 있음을 밝혀둔다.

서아시아와 유목 세계

서아시아의 상상력

두 동물을 접합하여 상상적 동물을 만드는 습속은 고대 사회의 문화적 특성 중 하나라고 할 수 있다. 그 중에 서아시아의 그피린은 동서 미술에 자주 등장하는 예이다. 기원전 5세기에 헤로도토스는 이 그리핀이 스키타이의 금을 지켜준다고 기술하였다. 그러나 이 상상적 괴수의 도상은 이보다 훨씬 오래전인 기원전 제3밀레니엄 기期에 유프라테스 강 남쪽의 우르 왕조에서 기원하여[3] 아시리아-바빌론 문명을 거쳐 페르시아의 아케메네스 왕조[기원전 6~4세기]로 이어진다. 그리고 페르시아의 그리핀 조형은 특히 흑해 서안西岸의 트라스[Thrace, 현재의 불가리아 지방], 스키타이, 그리스로 확산된다.[4]

아케메네스 왕조의 미술품에서는 그리핀 주제가 자주 등장한다. 금속공예품뿐만 아니라 대표적인 유적인 페르세폴리스[기원전 5세기]의 조각물들에도 유난히 그리핀 조형이 많다.[도 1-1] 특히 페르세폴리스의 대칭형 그리핀 상像은 페르시아의 독특한 조형인데, 이와 유사한 디자인이 현재 중국 신장성 호탄[Khotan, 화전(和田), 옛 이름은 우전(于闐)] 지구의 출토품에서도 발견되어 주목된다.[5] 서역 남도가 이란과 관련됨을 가늠할 수 있는 대목이다.

그리핀은 지역에 따라 도상이 변화한다. 길고 날카로운 귀를 가진 날개 달린有翼 사자 상에 독수리의 발과 꼬리를 가진 그리핀은 바빌론에서 유행하였고, 사자머리 대신에 벼슬을 단 독수리 머리를 한 것은 아시리아의 경우이다. 페르시아에서는 바빌론과 아시리아 지역의 특징에 가미하여 머리에 산양의 뿔을 덧붙였다. 또한 페르시아의 사자 그리핀은 뒷발이 새鳥 다리인 경우도 있다. 이에 대한 좋은 예로는 페르시아의 수사Susa에 있는 채색 전塼에 표현된 그리핀을 들 수 있다.[6]

이란과 스키타이는 전쟁과 화친을 여러 차례 되풀이했던 관계로 문화 접촉이 빈번하였다. 스키타이의 메디아 공격[기원전 640년], 페르시아의 스키타이 침입[기원전 530년], 스키타이의 페르시아 조공[기원전 5세기] 등을 통해서 문화적 요소가 전이되었다. 이런 역사가 그리핀이 스키타이 유물에 주요 주제로 등장하는 배경이 된다.

이와는 달리 정형의 그리핀 유형은 심지어 노인울라[현지 발음은 노용올]의 흉노 고분 출토품의 그리핀[7]을 거쳐 낙랑 왕광묘王光墓에서 출토된 칠기의 그리핀[8]에까지 이른다.[도 2-1 참조] 이란→스키타이→노인울라→낙랑으로 이어지는 그 확산 경로에 놀라지 않을 수 없다.

페르세폴리스 아파다나에 부조로 표현된, 사자가 숫양을 공격하는 장면[도 1-2]은 고대 사회에 나타난 두 동물이 싸우는 '동물투쟁'Animal

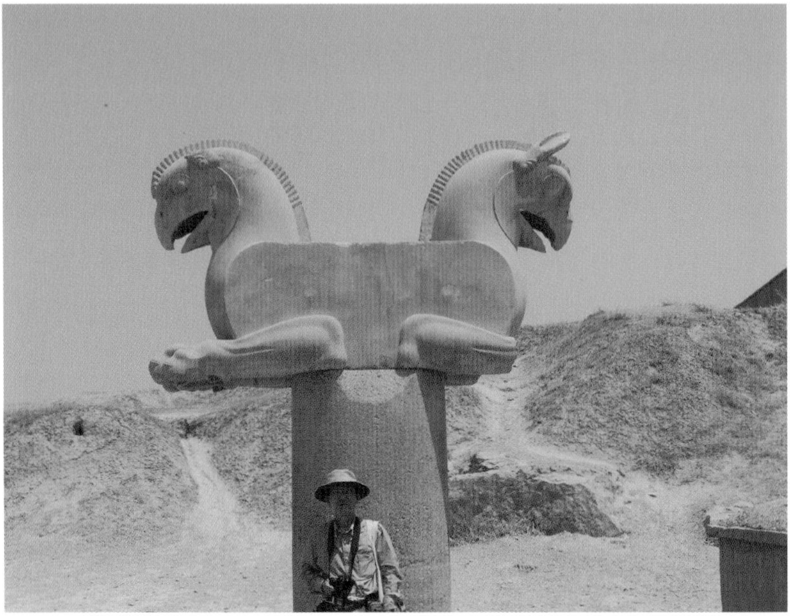

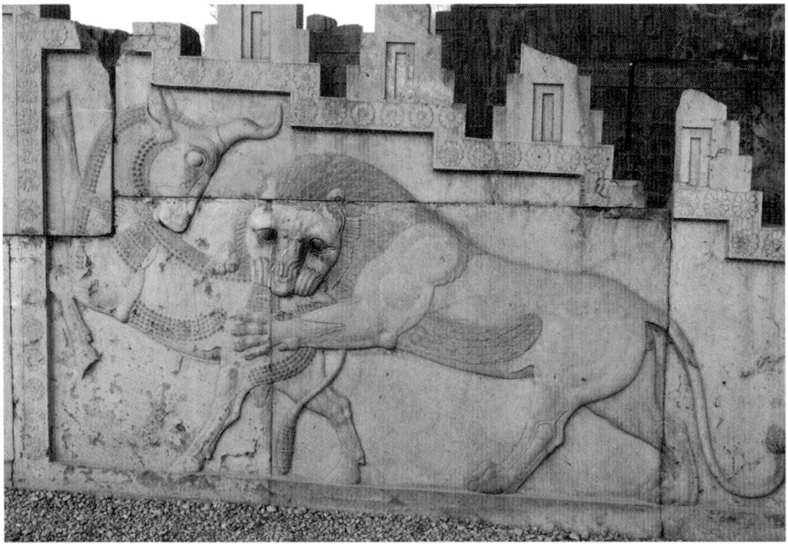

1-1. 그리핀, 기원전 5세기, 페르세폴리스.
1-2. 숫양을 공격하는 사자, 기원전 5세기, 페르세폴리스 아파다나.

Combat 주제의 효시이다. 이 주제는 서아시아 미술에뿐만 아니라, 스키타이 미술에도 강한 반응을 일으킨다. 나아가 흉노의 청동·금동 장신구에까지도 파급된다.

한편 스키타이 미술에는 유목민족 특유의 동물 주제가 주류를 이루는데, 러시아 학자들은 특히 스키타이식의 독특한 동물 표현을 일러 '동물양식'Animal Style 미술이라고 부른다. 이 동물 양식은 동물투쟁 디자인과 함께 유라시아 유목민족에게는 오랜 세월 동안 지속적이고도, '느리게'lentement 변하는 양식을 형성하여 이를 '렌투스'[Lentus, 라틴어로 '느림'을 뜻함] 양식이라 일컫기도 한다.[9]

이형접합異形接合의 또 다른 사례는 반인반마의 켄타우로스[Centaur, 라틴어로는 Kentauros]이다. 그리스 신화에 나오는 이 괴수의 발원이 당초 스키타이와 연관된다고 보는 견해가 지배적이다. 유목족인 스키타이는 늘상 말위에서 생활하기에 다른 사람에게는 그들이 말과 한 몸인 것처럼 여겨졌을 것이라는 점에 이 견해는 근거하고 있다.[10] 중앙아시아 신장의 호탄에서 발굴된 모직 벽걸이에 켄타우로스가 묘사된 사례를 찾아볼 수 있다.[11]

서아시아의 청동기

서아시아, 특히 시리아 지역의 문명은 이미 기원전 제3밀레니엄 기 중엽부터 말기 사이에 청동기 제작의 사례를 보일 정도로 발달해 있었다.[12] 청동기는 동점하면서 그 개시 연대가 낮아진다. 주지하듯이 한국의 경우 대체로 기원전 10세기 무렵 청동기시대로 들어섰고, 기원전 8세기 무렵부터 청동기를 생산한 것으로 추정된다.[13]

서아시아가 청동기시대에서 철기시대로 이행하던 즈음에, 동서 교섭사상 중요한 유물이 등장한다. 이른바 '아키나케스' 단검[14]이 그것이다. 이 유물에 대한 축적된 기초 연구에 따르면,[15] 기원전 6세기경 흑해 연안의 스키타이 고분에서 아키나케스 형 단검이 출토되었으며,[16] 기원전

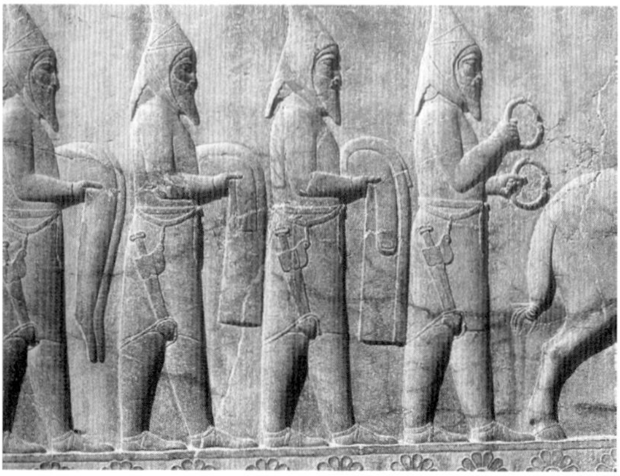
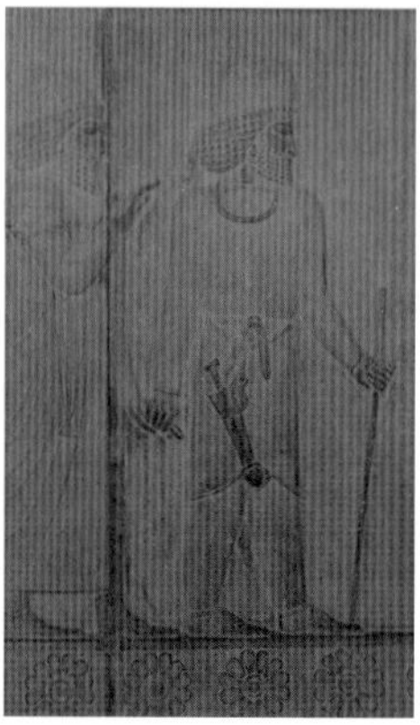
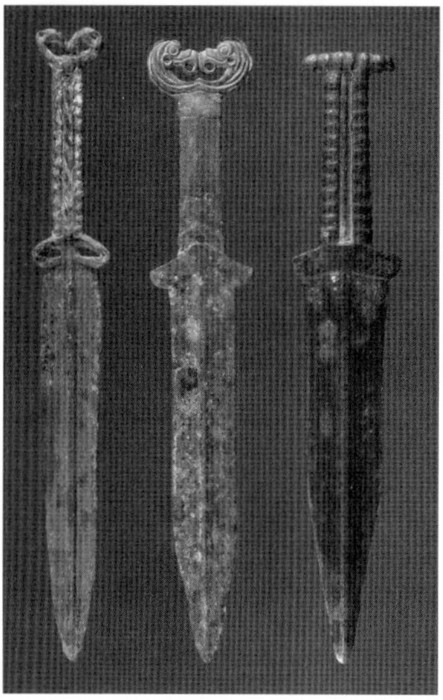
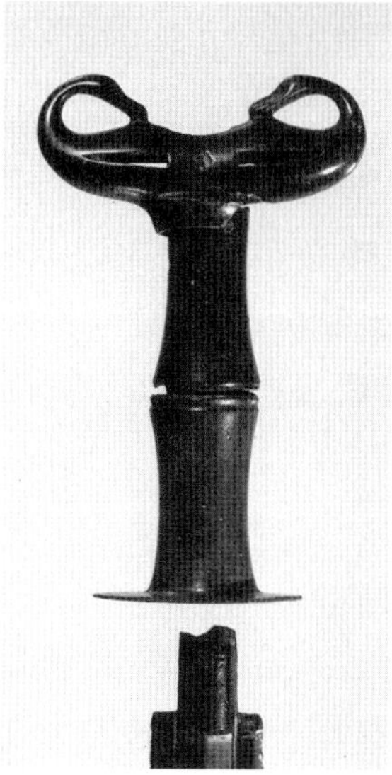

1-3. 아키나케스 단검을 찬 스키타이 사절, 기원전 5세기, 페르세폴리스 아파다나. (상단 왼쪽)
1-4. 아키나케스 단검을 찬 메디아 사절, 기원전 5세기, 페르세폴리스 아파다나.
1-5. 흉노의 아키나케스형 단검, 춘추말-전국초, 오르도스 출토. (하단 왼쪽)
1-6. 아키나케스형 단검, 기원전 3~2세기, 대구 비산동 출토, 국립중앙박물관.

5세기에는 아케메네스 페르시아가 이 단검을 활용하였던 증거가 나타난다. 즉 페르시아 최대의 유적인 페르세폴리스의 아파다나[Apadana: 왕궁 건물의 계단부]에 주변 국가들의 사절이 조공하는 모습이 부조로 표현되어 있는데, 그중에 스키타이와 메디아[아케메네스 전 왕조] 사절만이 이 단검을 허리에 차고 있다.도 1-3, 1-4 기원전 7세기 메디아는 스키타이로부터 무기와 전술을 익혀 아시리아를 공격했는데, 이때 메디아가 스키타이의 아키나케스를 수용한 것으로 추측된다.

동물 조형의 아키케나스 단검

'아키나케스'는 일찍이 헤로도토스의 『역사』에도 등장하는 단어인데, 아마도 스키타이와 이오니아의 경제적 공생관계 때문에 처음부터 그리스어로 명명되었던 것으로 여겨진다.[17] 한편 앞에 언급한 아파다나의 스키타이 사절이 차고 있는 아키나케스 단검에서는 그 손잡이 끝부분이 'T'자형으로 되어 있지만, 실제로 스키타이 지역에서는 그리핀의 두부를 마주보게 한 조형이 유행하였다. 스키타이의 그리핀 선호 현상은 페르시아와 스키타이의 문화적 연관성을 말해주는 것으로 해석된다. 왜냐하면 그리핀은 페르시아 이래로 이란의 상징 문양으로 인식되고 있기 때문이다.

이후 스키타이의 그리핀식式 검이 기원전 5세기 이래 남러시아의 타가르 청동기와 연결되면서 일명 '안테나 식' 청동검으로 불리기도 한다.[18] 이어서 흉노의 오르도스 청동검도 1-5에 접속되고,[19] 드디어 한반도까지 이어진다. 한반도 북부[평양]와 대구 비산동飛山洞 출토 청동검도 1-6에서는 그리핀 대신 오리의 머리가 마주보는 한국식으로 바뀐다.[20]

싱크레티즘

이집트의 고대 문화가 찬란했음은 주지의 일이다. 투탕카멘의 피라미드 유물들은 그 특유의 문화적 수준을 보여주는 중요한 실증자료이다. 그런데 기원전 332년 알렉산드로스 3세 대왕이 이집트를 침공한 후, 이집트가 헬레니즘 세계의 일부로 포함되면서 지중해 연안의 도시 알렉산드리아는 그 중심지가 되었다. 이집트의 헬레니즘 문화에서는 헬레니즘의 철학, 예술 등 중요한 문화 요소가 사회의 원동력이 되면서도 이집트 본래의 신화 체계가 함께 작용한다는 사실이 중요하다.

예컨대 세라피스Serapis신은 풍요와 생명을 상징하는 이집트의 토속신 오시리스Osiris와, 내세와 힘을 상징하며, 곡식 타작의 의미를 지닌 황소 신 아피스Apis를 결합한 존재로서, 그리스의 제우스, 헬리오스[태양신] 등의 외형을 빌린 모습이다. 문자 그대로 '이집트-헬레니즘'Egypto-Hellenistic 신의 전형을 보여준다. 알렉산드리아에 있었던 거대한 세라피스 신전은 기원후 389년 테오도시우스 황제에 의해 파괴될 때까지 종교 순례지로서, 이 습합 종교의 중심지 역할을 하였다. 세라피스 신을 모시는 대소 신전들이 이집트 전역에 퍼져 있었지만, 다른 한편 상인들과 개종자들이 세라피스 신을 신봉해 그레코-로만 세계의 여러 지역으로 확산되었다.[21]

이 세라피스 신상의 도상적 특징 중 하나는 곡식 알갱이의 술이 몇 가닥 달린 관을 쓰고 있으며, 제우스-세라피스 상의 경우 시자侍者을 대동한다는 점이다. 또한 방망이를 든 헤라클레스 상에 꽃바구니Calathus 관을 쓰고 나타나기도 한다. 헤라클레스-세라피스 상은 아프가니스탄의 베그람Begram에서 출토되었고,[22] 제우스-세라피스 상은 중앙아시아의 호탄에서도 발견되어 주목을 받고 있다.

필자가 조사한 바에 의하면, 알렉산드리아 고고학 박물관의 진열

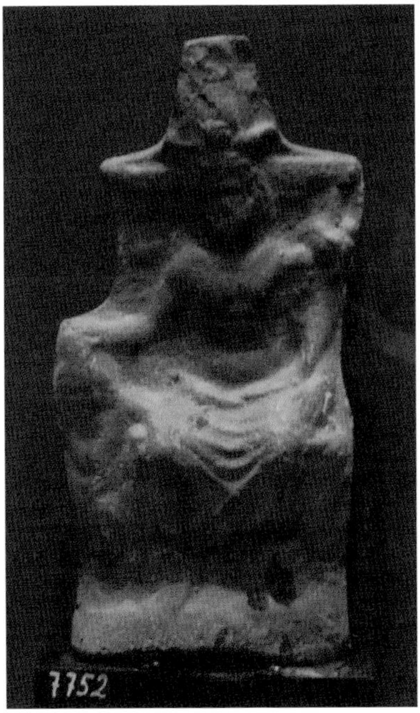

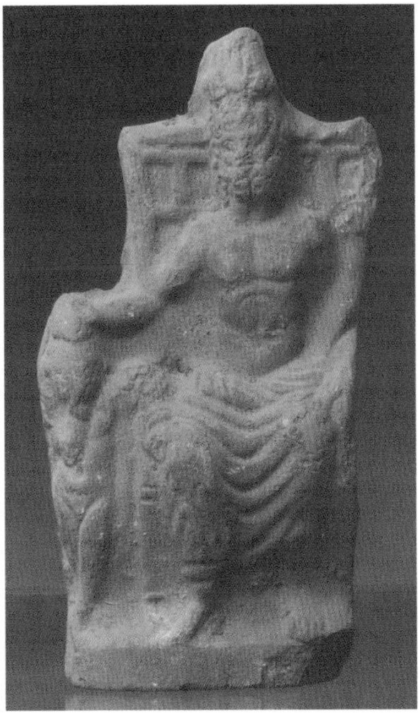

1-7. 세라피스 신상(神像), 기원후 2~3세기, 알렉산드리아 국립고고학 박물관. (왼쪽)
1-8. 세라피스 신상, 기원후 2~3세기, 호탄 출토, 국립중앙박물관.

품 가운데에 있는 세라피스 상[23], 도 1-7은 한국의 국립중앙박물관에 전시된 세라피스 상도 1-8과 매우 흡사하다. 둘 다 15센티미터 내외로 비슷한 크기이며, 거푸집에서 찍어낸 테라코타로 전형적인 제우스상의 도상을 따랐다. 의자에 앉아 있는 제우스의 오른손 아래에 승리의 여신 니케Nike가 나신으로 서 있고, 니케는 왼손에 화관을, 오른손에는 종려나무 가지를 들고 있다. 제우스는 왼손에 홀을 들고 있는데, 그 홀 위에 독수리가 앉아 있다. 제우스의 얼굴은 턱수염이 가득하고 세라피스 도상에 따라 꽃바구니 관을 썼다. 작품들의 크기가 작아 세부가 잘 표현되어 있지 않지만, 두 상을 상보적 방법으로 분석한 결과이다.

이러한 비교분석을 통해 중요한 결론을 유추해낼 수 있다. 즉 국립중앙박물관의 세라피스 상은 중앙아시아의 호탄에서 출토되었지만 본래 알렉산드리아에서 생산되었다고 추정되며, 헬레니즘 문화권을 거쳐 중앙아시아에 다다른 유품이다. 곧 이 작품은 실크로드를 통한 헬레니즘 사상의 동방 전파를 볼 수 있는 귀중한 자료인 것이다.

헤라클레스에서 사천왕으로

이러한 이문화異文化의 양신습합兩神習合 현상인 싱크레티즘Syncretism, 곧 혼합종교는 서아시아에서 다반사였다. 시리아의 고대 국가인 페트라Petra에서는 비너스를 자기의 주主여신인 '나바테아 알-우자'Nabataean al-'Uzza의 대용물로 삼았다.[24] 페트라의 고고학박물관에 진열된 토르소 형태인 나바테아 알-우자 신도 1-9은 루브르 박물관에 소장된 <밀로스 섬의 비너스>를 방불케 한다. 이러한 현상은 로마 식민지역인 지중해 동안東岸에서 메소포타미아를 아우르는 지역은 말할 것도 없고, 인접한 고대 이란에서도 나타난다. 즉 조로아스터교에서 승리의 신인 베레트라그나Verethragna는 헤라클레스의 육체를 빌린다. 이란 비스툰 지방 산 중턱에 바위를 깎아 만든 헤라클레스 상[기원전 148년]도 1-10이 좋은 예이다.[25] 또한 기원전 1세기 때의 안티오코스 1세[기원전 69~34년 재위]와 함께 등장

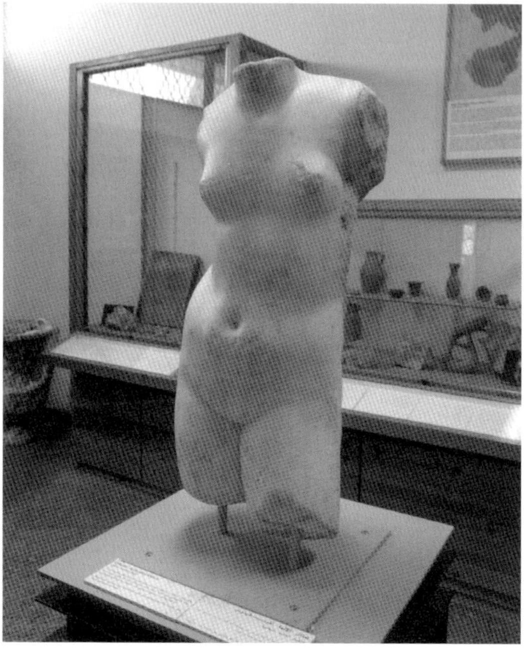

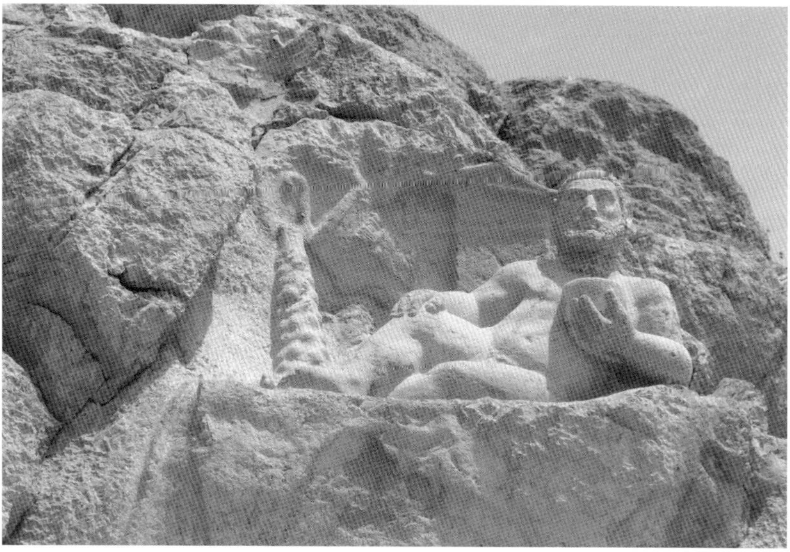

1-9. '나바테아 알-우자' 신상, 기원후 3세기, 페트라 고고학박물관.
1-10. 베레스라그나-헤라클레스, 기원전 148년, 비스툰.

하는 헤라클레스 상이 유명하다.[26] 이란의 고대 왕조 파르티아의 문화가 헬레니즘화되었던 사실과 연관되는 부분이다.

그런데 매우 흥미있는 것은 이 헤라클레스가 불교와도 습합되어 불가의 수호신의 역할을 떠맡는다는 사실이다[3장 참조]. 간다라의 핫다Hadda의 한 승원에는 본존불을 협시한 헤라클레스가 바즈라[Vajra, 금강저(金剛杵): 불가에서 견고함과 힘을 상징하는 것으로서 다이아몬드 형태로 만듦]를 지물로 가지고 있다.[27] 물론 간다라 미술의 그레코-로만적 성격을 감안하면 이러한 습합이 이상할 것도 없겠지만, 헤라클레스의 불교에 대한 기여가 여기에서 끝나지 않는다는 점이 더욱 우리를 자극한다. 즉 헤라클레스의 상징인 사자두상, 특히 팔뚝을 물고 있는 사교獅嚙 형태가 금강역사와 사천왕상의 갑옷장식에 전이되어 불교 도상으로 자리 잡게 된다. 이 도상은 중앙아시아에서 발생하여 급기야 통일신라 초기에는 한국에 등장한다.[28] 구체적으로 사천왕사지 출토 사천왕상[679년 무렵]도 3-1은 한국에서 사교 형태가 나타난 최초의 사례이다.[29]

로마와 이란

로만 시리아

서아시아는 알렉산드로스 3세 대왕의 동점 이후 대부분 헬레니즘 문화의 영향에서 벗어날 수 없었다. 시리아 지역은 지속적으로 그리스 문화의 영향권이었다. 예컨대 유프라테스 강의 중요 지역인 두라-유로포스Dura-Europos는 파르티아가 지배하던 기원 전후 시기에도 그리스어를 일상어로 사용할 정도였다.[30] 한편 로마의 시리아 지배는 기원전 64년 안티오크Antioch를 점령함으로써 시작되었는데, 그 후 시리아는 로마와 파르티아 —나중에는 사산— 의 각축장이 되었으며, 콘스탄티누스 대제

[재위 324~337년] 때부터 비잔틴 제국의 지배를 받는다. 이런 배경 속에서 이 지역의 그레코-로만 문화는 기원후 636년 야르무크Yarmuk 강에서 아랍 군대에게 패할 때까지 유지된다.

로마 지배기에 시리아는 동서 문물교류에 매우 중요한 역할을 한다. 홍해 지역이나 팔미라Palmyra의 로마 세관은 동방 교역품에 대해 25퍼센트의 수입 관세를 부과하였다.[31] 상인들에게는 큰 부담이었겠지만 이런 사실을 통해 로마 당국이 이 교역에 큰 비중을 두었던 것을 알게 된다. 273년 팔미라가 멸망한 이후에도 시리아로 이어지는 페르시아만灣과 인도 사이의 무역은 중단되지 않았다. 신생 사산 왕조가 이 무역에 가담하였으며, 이때 무역로가 유프라테스 강 대신에 티그리스 강으로 옮겨진다. 한편 로마는 티그리스 강 가까이에 있는 니시비스Nisibis를 유일한 교역 센터로 설정한다.[32]

인도의 면화를 수입하기 위해 페르시아 만을 통하는 해상로뿐만 아니라, 중앙아시아에서부터 이란, 바빌로니아를 지나 안티오크와 같은 북부 도시들에 이르는 육로가 교역로로 이용된다. 또한 남쪽의 페트라와 보스트라Bostra를 통해 홍해와 아라비아를 거치는 통로를 이용하기도 했다. 여기에서 팔미라는 '카라반 도시'로서 중요한 역할을 한다. 고문헌에는 교역품 내역이 상세하게 밝혀져 있지 않지만, 고분에서 인도의 목화와 중국 비단이 출토되는 사정을 보면도 1-11 팔미라가 교역지로서 지녔던 위상을 짐작할 수 있다.[34]

이러한 사실은 이미 한대漢代에 시리아인의 내왕이 있었던 점과 관련되는 정황이라고 보아도 좋을 것이나. 주지하는 대로 『후한서』에는 166년에 대진大秦 왕 안돈安敦이 온 것을 기록하고 있다. 대진은 중국 명으로 로마를 가리키는 것이며, 안돈은 아마도 마르쿠스 아우렐리우스 안토니우스Marcus Aurelius Antonius였다고 볼 수 있다. 안남安南에 도착한 이 사절은 시리아인 —또는 팔미라인— 일 것인데, 아마도 안토니우스의 공식 사절이라기보다는 개인 상인이었을 것으로 봐야 한다.[35]

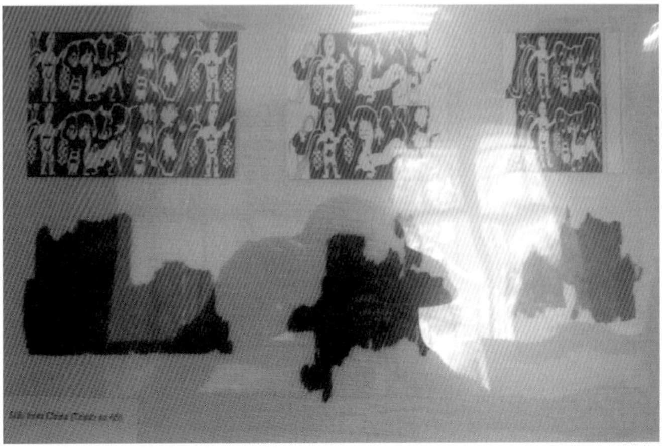

1-11. 중국비단 편, 기원후 1세기, 팔미라 국립박물관.

이 안남과 관련해서 동남아시아 메콩 강 하류의 오케오Oc-Eo에서 일괄 유물과 함께 로마 금화가 발굴된 것은 주목할 만하다. 이 금화 중에는 안토니우스 피우스의 금화[152년]가 들어 있어 동서교역의 한 단면을 보여준다. 이 유물들은 인도 상인의 소유였을 것으로 추정되어[36] 인도의 역할을 다시금 생각하게 한다. 이 대목에서 무엇보다도 안토니우스 피우스가 그 당시 인도의 사절을 받아들인 적이 있음[37]을 함께 상기할 필요가 있다.

로만 글라스

실크로드의 문물 교류의 관점에서, 시리아의 유리공예는 매우 중요하다. 당초 유리는 이 지역에서 기원전 제2밀레니엄기 중엽 이래 제작되기 시작했다. 특히 블로잉 기법으로 만든 유리는 기원전 1세기 말에 로만 시리아 지방에서 발달했던 것으로 알려져 있다. 그 후 기원전 1세기 말~기원후 1세기 초에는 지중해 지역으로 퍼져나갔다.[38]

3세기 쿠샨 왕조의 도시인 베그람Begram은 로마제 유리의 파급으로 주목되는 곳이다. 여기에서 출토된 유물들 중에는 인도산 유물, 중국 칠기 등과 함께 특히 인상적인 로마 유리용기가 포함되어 있다. 1930년대에 발굴된 이 유리잔에 대해 당시로서는 양식적인 입장에서 평가할 수밖에 없었다. 하지만 1980년대까지의 연구 성과에 힘입어 새로운 각도에서 분석한 결과, 베그람 출토 유리잔은 시리아와 팔레스타인 산産로만 글라스와는 다르고, 이집트 산과 가장 유사한 것으로 보이며, 그 연대는 기원후 50~125년 사이로 평가된다. 이 유리는 해로로 홍해와 인도를 거치고, 육로로 힌두쿠시를 경유해 베그람에 닿는다. 이 유리는 중국으로 가는 도중에 베그람으로 들어오게 된 수입품이었음에 틀림없다.[39]

한편 이 베그람에서도 앞에서 본 알렉산드리아의 세라피스 신상이 출토되었다는 사실은 이 지역 문화를 가름하는 중요한 요소가 된다.[40] 이 세라피스 상이 신장의 호탄에 닿은 루트를 다시 점검하면 알렉산드리아→홍해→인도→인더스 강→[서쪽으로] 베그람→[동쪽으로] 힌두쿠시→호탄이다. 베그람을 중심으로 순서를 거꾸로 말하면, 베그람은 중국에서 서방으로 가는 교역물이 육로로 가다가 인도를 이용한 연안 해로로 가기 위해 접어드는 길목에 자리 잡고 있다.

팔미라의 무덤벽화

팔미라는 로만 시리아 시대에 실크로드의 중요한 무역의 중심지였다. 팔미라는 사막의 오아시스 도시로 기원후 17년에 로만 시리아에 병합되었으나, 사막 군Desert Army을 조정하여 어느 정도 독립적인 지위를 누리고 있었다. 129년에 팔미라는 로마의 속주屬州가 되었는데, 260년 로마가 사산과의 전쟁에서 대패하면서 여왕 제노비아Zenobia가 과감히 독립을 선언하였다. 그러나 독립 시도가 실패에 그치고, 273년에 팔미라는 로마에 의해 파괴되었다. 로마 건축 양식의 신전, 원형극장, 아고라, 바실리카, 목욕탕, 공동묘지Necropolis 등 다양한 건축 유적을 보면 지금도 당시의 상황을 떠올릴 수 있다. 이런 가운데 탑 형태의 지하 묘실

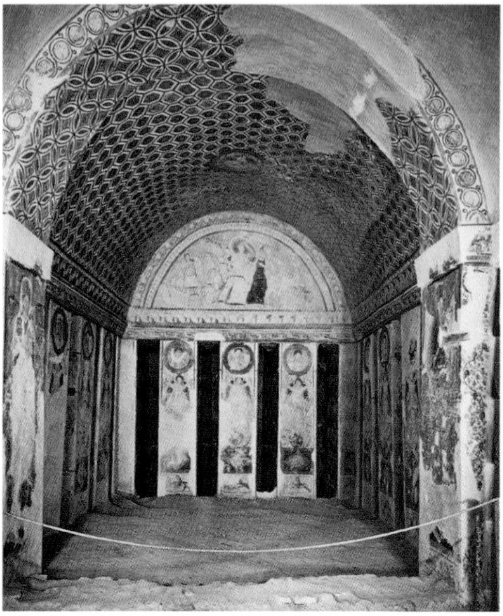

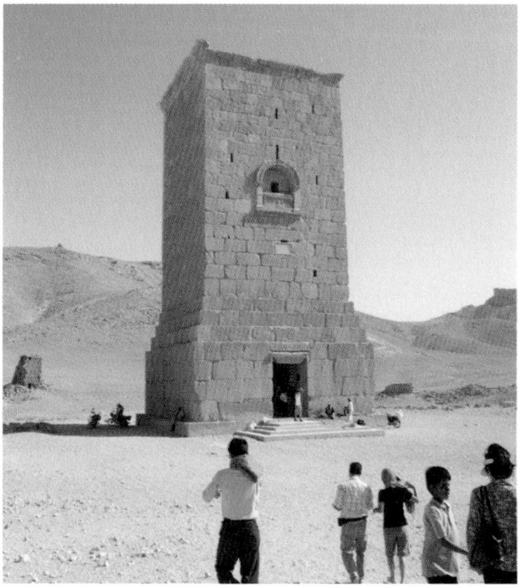

1-12. 돌출형 코니스 표현, 기원후 161~191년, 삼형제묘 지하층의 벽화, 팔미라.
1-13. 엘라벨 탑묘, 기원후 2세기, 팔미라.

Hypogeum 여러 기基가 잔존하여, 건축 구조와 함께 당시 사람들의 후장사상厚葬思想을 짐작하게 된다.

이러한 탑묘 중에서도 <삼형제 탑묘>[Three Brothers Tomb, 기원후 161~191년]도 1-12는 주목할 만하다. 동아시아의 불교벽화, 예컨대 둔황敦煌 벽화의 특정한 표현 형식과 비교할 만한 중요한 내용이 비교적 잘 보존된 내부 벽화에 내재해 있기 때문이다. 지상에 있는 탑묘 입구에 들어서서 계단으로 내려가면 좌우에 양 날개처럼 측실이 있고, 연도를 따라 가면 현실玄室에 다다르는 역逆 T자형의 구조이다. 이 현실 천장은 원통아치형Barrel Vault이며, 현실 벽과 함께 벽화로 장식되었다. 탑묘 자체는 이색적인데[41] 비해 내부 벽화의 표현과 주제는 그레코-시리아Greco-Syrian적이라고 평가되고 있다.[42]

직선의 벽과 곡선의 천정이 마주치는 부분에 일정한 넓이의 코니스[Cornice, 배내기 장식]를 둘렀고, 거기에 덴틸[Dentil, 이빨처럼 보이는 돌출凹凸장식]을 같은 간격으로 연속해 묘사하여 눈길을 끈다.[43] 여기의 코니스는 실제의 조형물처럼 보이게 하는 '눈속임 방식'Trompe L'oeil[44]으로 정교하게 묘사된다. 이와 함께 현실의 정면에는 영원한 영혼의 상징인 그리스 신화의 아킬레스가 묘사되어 이 지역인들의 로마화된 내세관을 엿볼 수 있다.

한편 이러한 요철 형태의 코니스가 <엘라벨Elahbel 탑묘>도 1-13에서는 실제 조형물로 재현되어[45] 이 양식이 그림이건 조형물이건 간에 이 시대의 한 유형인 것을 쉽게 이해하게 된다. 동일한 유형이 흑해 북안北岸의 판티카파이온Pantikapaion에서 발굴된 무덤벽화[기원후 1~2세기]에서도 확인되어 이 양식의 확산 경로를 짐작하게 한다. 기원전 6세기부터 그리스 식민지로 있었던 이 판티카파이온의 미술은 일반적으로 그레코-스키타이Greco-Scythian의 특징을 간직하고 있는 것으로 해석된다.[46]

중앙아시아 석굴벽화에 나타나는 헬레니즘의 유산

위에서 본 것처럼 요철식 코니스 표현은 헬레니즘의 유산으로서 흑해 북안과 로만 시리아의 무덤에서 유행되었는데, 이것이 후에 중앙아시아에서는 석굴사원에 나타나고 있음은 흥미로운 과제가 아닐 수 없다. 예컨대 키질 초기 벽화인 47굴[하한 5세기]도 1-14, 중기 벽화인 8굴[주실, 동·서벽, 7세기] 등에 나타나는데, 특히 목제 발코니의 받침목을 끼웠던 사각 구멍이 같은 간격으로 뚫려 있고,[47] 그 하단에 요철이 옆으로 연속해 나타난다. 둔황 석굴의 경우에도 발코니 받침목의 구멍이 없을 뿐, 키질과 유사한 방식으로 장식되었다. 즉 초기의 북량北凉기 벽화인 272굴을 비롯도 1-15, 북위[254굴], 서위[249굴], 북주[461굴], 수[302굴]를 지나 수말초당隋末初唐까지 대부분의 석굴에 벽과 천장 사이에 요철식 코니스 표현이 유행한다. 당에 들어와 둔황 벽화의 필선이 당나라 식으로 국풍화하면서 명암법과 이 요철 코니스가 함께 사라지는 것을 보면 이 기법들이 실크로드의 산물임을 알게 된다.

뿐만 아니라 아프가니스탄 중부 힌두쿠시 산의 바미얀 석굴[제11굴 돔]에는 팔미라의 <삼형제 탑묘>에서처럼 천장에 사방 연속 귀갑문이 장식되어[48] 동일한 문양 패턴이 퍼져나간 경로를 보여준다. 더욱이 이 지역은 코니스 문양의 근원지인 팔미라와 동쪽의 확산지인 중앙아시아와의 중간지점이어서 주목된다. 바미얀 서대불西大佛 석굴[620굴, 5세기] 상벽上壁에도[49] 마찬가지로 발코니 받침목의 사각 구멍이 가로로 연속해서 뚫려 있고, 그 밑줄에 요철 문양을 둘렀다.

이제 위의 논점을 한두 가지 관점에서 정리해 보자. 첫째, 이 특징적인 코니스 표현의 출발은 무덤이었는데, 나중에 불교 석굴사원으로 전이되었다는 사실이다. 이 문제는 아마도 팔미라의 초기 매장 무덤이 탑묘와 같은 건물형태로 변했을 때, 그 내부 구조는 신전을 참고했을 가능성이 있다. 팔미라의 대표적인 건물 중에 하나인 벨Bel 신전 북쪽 지성소의 둥근 지붕Cupola이 코니스의 덴틸 부분과 함께 저부조의 귀갑문으로 치장된 점은 좋은 예가 된다.[50] 말하자면 당초부터 종교 건축물과 무관치 않음을 볼 수 있다.

둘째, 5세기 바미얀과 동 투르키스탄의 키질과 둔황 사이에 존재하는 시간과 공간의 문제이다. 5세기 바미얀은 불교 미술에서는 간다라 후기 불상의 특징인 스투코Stucco 기법의 영향권에 있었으며, 정치적으로는 사산조 이란의 지배를 받았다. 그런 연유로 바미얀 벽화에 연주문, 꽃잎을 물고 있는 새, 초승달 관식冠飾 등의 주제가 등장한다.

한편 5세기에 키질이 속한 동투르키스탄은 중원을 석권한 북위의 세력권에 속했다. 또한 사산조는 455년에 처음으로 북위에 사절을 파견했고, 그 이후 멸망하기 전까지 북위와 적극적인 외교관계를 유지함으로써 이란의 문물이 동아시아에 파급되는 중요한 계기를 이루었다. 이러한 당시의 국제 정세는 서방의 코니스 문양이 키질과 둔황에까지 다다르는 경위를 설명해준다. 코니스 표현의 전이과정을 현재 남아 있는 사이트를 중심으로 연대적으로 살펴보면 다음과 같다.

> 벨 신전[기원전 1세기]→<삼형제 탑묘>[기원후 2세기]→
> 판티카파이온 무덤벽화[기원후 1~2세기] / 바미얀 석굴[5세기]→
> 키질 석굴[5세기]→둔황 석굴[5세기]

사실상 이 코니스 표현은 동쪽으로 더 나아가 고구려 고분벽화도 2-8에도 양식화된 형식으로 표출되고 있어[51] 실크로드 문화의 강한 파급성을 다시금 실감케 된다.

명암표현

지중해 지역의 사실적 표현은 일찍이 로마 벽화와 모자이크에서 두드러진다. 이른바 명암표현Chiaroscuro Technique이 그것인데, 회화에서 사실성을 두드러지게 하는 적극적인 수단이 된다. 중앙아시아 서역남도의 문

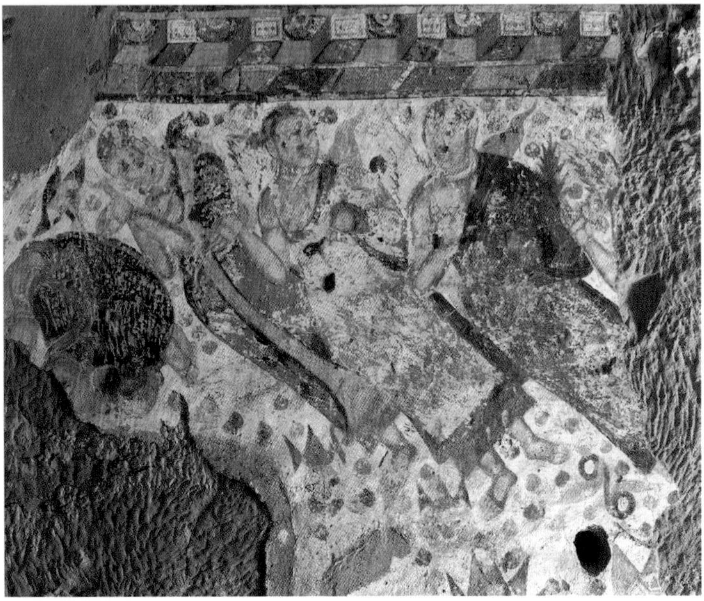

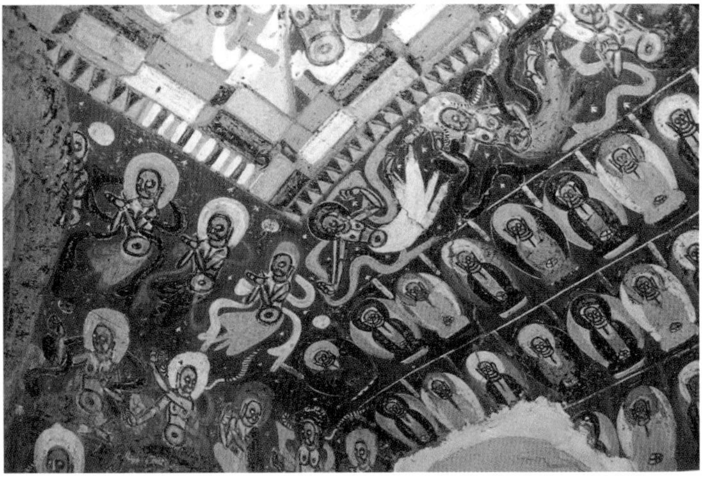

1-14. 돌출형 코니스 표현, 하한 5세기, 키질 47굴 벽화.
1-15. 돌출형 코니스 표현, 북량, 둔황 272굴.

화중심지인 호탄 근처의 루오푸洛浦에서 출토된 <장식벽걸이>[중국 한대] 도 2-4에도 이 명암법이 극명하게 표출된다. 서방 병사가 주제인데, 그의 안면이 이 기법에 의해 입체적으로 부각되고 있다.

이 작품과 연결된 벽걸이의 또 다른 모티프 중에 같은 기법으로 표현된 그리스 신화의 반인반마 켄타우로스가 등장하는 것은 결코 우연이 아니다. 이 두 작품은 헬레니즘 문화의 동방 파급의 좋은 사례이기 때문이다. 이는 아마도 헬레니즘 문화에 치중해 있던 페르시아의 파르티아 왕조를 통해 중앙아시아로 연결된 것으로 볼 수 있다. 실제로 호탄에서 발굴된 문서자료에 따르면 이 당시에 이란인이 이 지역에 살았음이 확인되고 있기도 하다.[52]

더욱이 반인반마의 배경에 등장하는 네 잎 로제트Quatrefoil Rosettes는 시리아의 두라-유로포스 지역에서 발굴된 직물 문양[기원후 3세기 초][53]과 동일하여 주목된다. 두라-유로포스는 사산 왕조의 샤푸르 1세가 3세기 중엽에 정복하기 전까지 로마의 동쪽 전초 기지이자, 상업의 중심지였다. 이 문양은 나중에 사산조로 퍼져 유행되었다.[54]

로마와 파르티아 · 사산 왕조의 이란

서쪽의 로마와 동쪽의 파르티아는 시리아를 사이에 두고 격돌한다. 양대 세력의 팽창 의욕에는 명분이 없지도 않다. 로마의 헬레니즘 문화 지역에 대한 관심과 이란의 고 왕조인 아케메네스 때의 확장된 영토 회복에 대한 야욕이 서로 충돌하고, 실크로드 교역의 이익 역시 현실적인 마찰의 소지가 되었다. 파르티아와 로마의 첫 대결[기원전 92년] 역시 아나톨리아를 놓고 벌인 상호 이권 다툼에서 비롯된다.[55] 중국에서 로마로 오는 물산들이 파르티아를 거쳐 오기 때문이었다.[56]

기원전 53년 로마와 파르티아는 유프라테스 강 상류에 위치한 카르에에서 대 접전을 벌였고, 결과는 로마의 참패였다. 로마군대의 4분의3이 전사하였고, 더욱이 총독 크라수스가 피살되었다. 로마인들은 이

전투에서 파르티아의 빛나는 비단 군기軍旗에서 비단에 대한 강한 인상을 받는다.[57] 또한 기원후 260년에도 카르에 북쪽 에데사에서 로마는 사산에게 대패하여 발레리아누스 황제마저 포로가 되었다. 이 두 전쟁에서 잡힌 로마인 포로들의 수는 적지 않았다.[58]

그런데 비샤푸르에 있는 샤푸르 I세 궁전의 모자이크도 1-16 제작에 안티오크로 흘러간 로마 유민들이 기여했을 것이 거의 확실하다는 사실은[59] 우리의 관심을 집중시킨다. 더욱이 이 모자이크에는 전형적인 로마풍의 주제, 곧 비스듬한 자세의 여인, 무용하는 여인, 악기 연주, 화환 등이 담겨 있다. 뿐만 아니라 샤푸르의 승리를 기념한 암각부조 역시 로마인 포로들이 제작한 것으로 알려져 있다.[60] 이처럼 이란이 로마와 라이벌 관계에 있으면서도 이란 미술이 로마 미술을 용인하는 것은 얼핏 아이러니하게 보이기도 한다.[61]

그러나 다니엘 슐룸베르거Daniel Schlumberger가 파르티아 미술을 '그리스 미술의 비非지중해적 자손들'의 하나로 꼽으면서도 파르티아 미술이 가

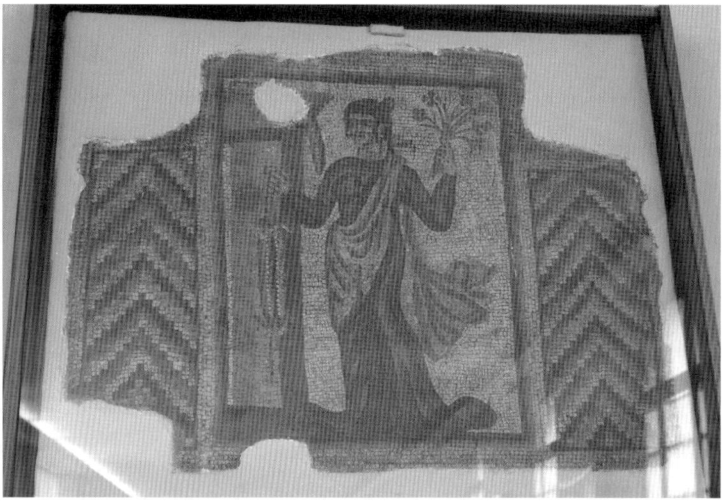

1-16. 모자이크 여인상, 기원후 3세기, 샤푸르 1세 궁전 출토, 테헤란 국립박물관.

지고 있는 '그레코-이란'적 특성을 강조하는 것[62]을 보면 의미심장함을 느끼지 않을 수 없다.

파르티아식 활쏘기

파르티아식式 활쏘기[Parthian shot, 기마인물이 말의 달리는 방향과 반대 방향을 취해 활을 쏘는 방식]에 대해서는 여러 가지 해석이 있으나 미하엘 로스토프체프Michael Rostovtzeff의 견해는 받아들일 만하다.[63] 파르티아식 활쏘기가 표현된 가장 오래된 유물로는 기원전 8~7세기의 아시리아 작품들을 들 수 있는데, 로스토프체프는 이 도상이 원천적으로 유목족인 키메리아인Cimmerians과 스키타이로부터 차용되었다고 보고 있다. 이처럼 1943년에 로스토프체프가 베를린 박물관의 유물을 통해 이 주제에 대한 초기 사례를 제시한 후, 한편 카를 예트마르Karl Jettmar는 1964년에 같은 주제로 1세기 정도로 연대가 더 올라가는 기원전 9세기 중엽경의 자료[영국박물관 소장]를 내세워 기원의 연대를 더 높였다.[64] 그러나 이 '파르티아식 활쏘기' 주제에서는 기원도 중요하지만, 명칭 해석이 문제이다. 이 도상이 그레코-이란 문화에 파급되면서, 특히 많은 자료에 파르티아 궁사가 표현된 것은 어쩌면 카르에 전투에서 로마 총독 크라수스를 사살한 파르티아 군내의 용맹성과 연결되었을 것으로 로스토프체프는 유추해 해석한다.[65] 이후 이 도상이 동서로 확산되고 특히 중국의 한나라는 파르티아와의 교류를 통해 자연스럽게 이것을 받아들였을 것으로 해석할 수 있다.

파르티아식 활쏘기가 나타나는 파르티아 시기의 중국 자료로는 한대 화상석을 들 수 있으며, 고구려와의 연관에서는 고구려 고토에서 출토된 전한 때의 <금상감수렵문동통>[金象嵌狩獵紋銅筒, 전 평양 출토, 도쿄예술대학교 소장][67, 도 2-7]을 들 수 있다. 이 후자 유물의 기마인은 흉노로 유추되며 이 활쏘기 도상은 북방을 통해 받아들였다고 본다.[68] 중앙아시아에서는 둔황[249굴, 6세기 중엽] 벽화에 이 도상이 처음 나타나지만, 고구려의 무용총[5세기] 벽화에 나타난 사례가 이보다 조금 빠른 것은 앞의 맥락과 연관될 것이다.

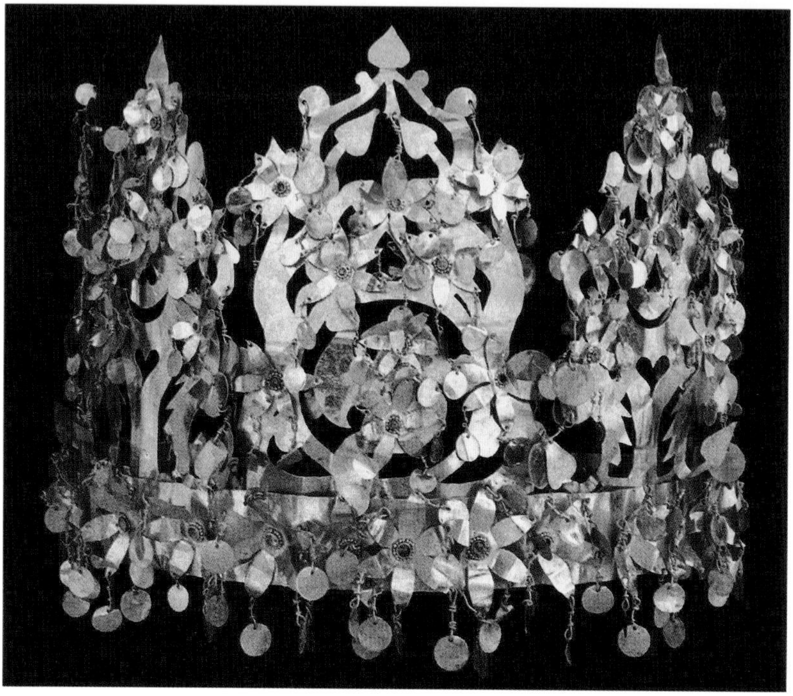

1-17. 금관, 기원전 1세기~기원후 1세기, 틸리아-테페 출토, 카불 국립박물관.

서아시아와 신라의 금관

출토된 신라의 금관은 순금·금동·은제를 합하면 그 수가 30여 개라고 알려지고 있으며, 1930년대 이후 국내외 학자들의 연구가 성과를 거두고 있다.[69] 한편 신라 금관 조형의 근원을 박트리아와 연관시키는 주장이 대두되면서 학계에 주목을 끈 바 있다.[70] 이 논문은 신라 금관과 아프가니스탄의 틸리아-테페[Tillya-Tepe, 金丘]에서 발굴된 금관[기원전 1세기~기원후 1세기]도 1-17을 비교하고, 특히 발굴자인 빅토르 사리아디니[Victor Sariadini, 1978년 발굴]의 논지에 의지하여[71] 신라와 고대 박트리아, 그 양쪽에서 금관의 모티프와 기법이 유사한 것으로 결론짓고 있다. 더욱이 세련된 초화草花 조형과 무수한 영락이 부착된 점에 치중하였다.

이후 북아시아 탐사를 기초로 한, 금관에 대한 또 다른 견해가 제시된다. 여기에서는 종래의 시베리아 기원론을 수정하여 신라 민속의 근원은 스키타이 쿠르간 문화를 배경으로 한 알타이 계통인 것으로 매듭짓고 있다. 구체적으로는 알타이 지역의 '금 문화'로부터의 영향을 강조하였고, 또한 영락에 대해서는 타이가 지대의 현지인들이 백화수 곧 자작나무 잎을 모방하여 만든 '금 잎'金葉에 그 기원이 있다고 새로운 해석을 내놓기도 하였다.[72]

금관이 박트리아와 알타이 두 지역에서 기원했다는 주장은 얼핏 서로 상충되는 것처럼 보인다. 그러나 필자가 판단컨대, 신라 유형의 수목형樹木形 금관은 스키타이에 기반을 둔 유목민의 조형이 동쪽으로 파급되어 알타이로 이어지고, 그것이 서아시아 쪽으로 내려가 박트리아와 맞닿았다고 생각된다. 신라 금관의 경우, 금관의 동반 유물, 예컨대 귀걸이, 팔찌 등에 고급 기술인 그라눌레이션[granulation, 누금법(鏤金法): 가는 금 실(金絲)를 알갱이 형태로 만들어 장식하는 금속공예 기법]을 구사했다는 점을 참고하면 박트리아 연관설이 힘을 얻게 되는 것이 아닌가 여겨진다.

사산과 중국

사산 왕조와 중국과의 관계는 어느 정도 밀접하다. 사산조는 455년에 북위에 첫 사절을 보낸다. 그 후 522년까지 총 10차에 걸쳐 중국에 사절을 보내 우의를 표현한다. 또한 나중에 사산조가 아랍에게 패망하자, 사산의 왕공 귀족이 대거 당唐으로 피난했을 정도이다. 이런 사실들은 사산조의 미술이 중국에 직접적인 영향을 끼쳤던 배경이라고 말해도 좋을 것이다. 한편 이란의 문화권과 밀접한 연관이 있는 곳은 소그드이다. 영토로 볼 때 소그드는 파르티아·사산조 이란과 접속 지역이어서

이란의 문화를 자연스럽게 흡수하였고, 따라서 그러한 특징이 미술에 반영되었다.[73]

컷 글라스

이란의 블로잉 유리의 출발은 로만 시리아의 영향으로 기원을 전후한 시기인 파르티아 시대에 비롯되었고, '컷 글라스'와 같은 독특한 기법도 이미 파르티아 말기인 기원후 1~3세기에는 시작된 것으로 추정되지만,[74] 컷 글라스의 유행은 사산조에 와서 본격화된다. 이 컷 글라스는 제작기법상 '휠컷'[wheel-cut, 물레에 올려놓고 유리기의 표면을 깎아 내는 기법]이라고도 하는데, 제작과정에서 깎인 원형이 서로 맞닿을 경우 '귀갑형'龜甲型으로 되는 특징을 보인다.[75] 주지하듯이 이 컷 글라스는 사산을 출발하여 동쪽의 신장 또는 스텝을 지나 북위의 수도 다퉁大同에서도 출토되었다.

나아가 신라 고분에서도 여러 점 출토되었으며,도 1-18 심지어 일본의 쇼소인正倉院 소장품에도 들어 있다. 특히 보존상태가 좋은, 투명한 유리면을 가진 작품에서는 깎인 각 면들이 거울처럼 작용하여 귀갑문들을 축소된 크기로 반사한다고 한다.[76]

류톤과 은기

서아시아, 특히 이란에서는 기원전 1000년경부터 페르시아 '형상 토기'의 일종으로 류톤[Rhyton, 속칭 각배(角杯), 또는 뿔잔]이 제작된다.[77] 또한 아케메네스 왕조[기원전 6~4세기]에 들어와서는 정교한 문양의 금·은제 류톤이 유행하여 스키타이에게도 영향을 준다.

파르티아 시대에서 사산으로 내려오면서 류톤의 재질도 다양해지고, 동물 조형 이외에 사람의 얼굴人面이 표현되는 특징을 보이기도 한다.[78] 일반적으로 류톤의 인면 조형은 매우 드문 사례인데, 신장의 호탄 지구[요트칸]에서도 출토되어[79] 다시 한 번 서역남도의 이란 취향 문화를 확인하게 된다.

사산조의 은기가 내수용이 아니라는 것은 알려진 사실이지만, 그렇다고 외국에서 출토된 것이 모두 이란에서 제작한 정품이라고는 보기 어렵다.[80] 이런 맥락에서 신라 황남대총 출토 은기도 그것이 사산조의 생산품인지, 아니면 외부에서 생산된 것인지 새로운 각도에서 재검토되어야 할 것으로 본다.[81]

한편 사산조의 금속공예 기법 중에는 은제 기물, 또는 은제 조형물의 주요 부분, 특히 전두리에 금도금으로 강세를 주어 미적 효과를 거두는 공예술이 유행하였다. 이런 기법은 당초 기원전 5세기경부터 흑해 서안西岸의 그리스 문화권에서 발원하여 서아시아로 확산된 것으로 보인다.[82] 그런데 이 기법은 신라에까지 전파되어 우리를 놀라게 한다. 황남대총 남분과 북분에서 출토된 여러 점의 은제 합盒[83, 도 1-19]에는 뚜껑과 그릇 전두리, 꼭지 장식 등의 부분들이 금으로 도금되어 그 전형을 보여주는데, 이는 로만 글라스의 동점과 함께 고려해야 할 기법이다.

소그드 화법

소그드의 전통 골호骨壺의 부조[6~7세기]에서 아치[홍예랑虹霓廊] 밑에 인물을 배치하는 방식은 헬레니즘의 특징이다.[84] 또한 부조로 된 인체 표현에서 옷 주름이 강조되는 것[도 1-20] 역시 헬레니즘 조각의 영향이다.[85] 이런 사실들은 소그드의 역사 배경과 무관치 않다. 일찍이 소그드는 알렉산드로스 3세 대왕의 동점 때에 그리스 문화를 접하기도 하였지만, 그 후에도 헬레니즘 문화권인 파르티아, 그리스 식민지인 박트리아와 같은 주변 나라들의 문화적 입김을 줄곧 쏘여왔기 때문이다.

한편 전통적으로 중원 화단에 알려진 북제北齊 조중달曹仲達의 '조의출수'曹衣出水 기법[6세기 중엽]이 소그드 화법畵法인 것은 알려진 사실이지만, 그 실체에 대해서는 별반 연구가 없었다. 근년에 이르러 조의출수 기법이 위에 언급한 헬레니즘 양식 골호의 옷 주름 표현과 일치함이 밝

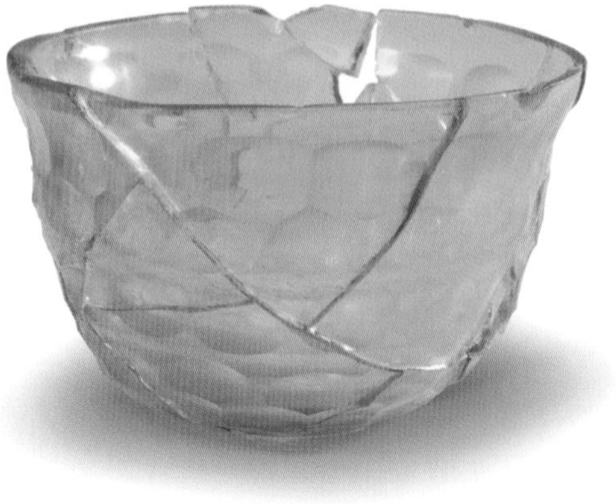

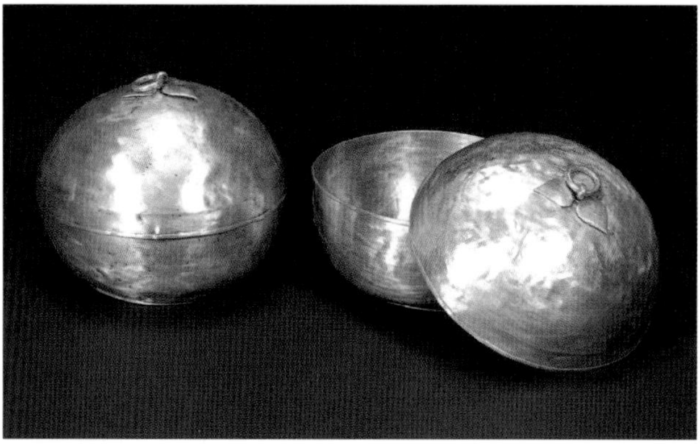

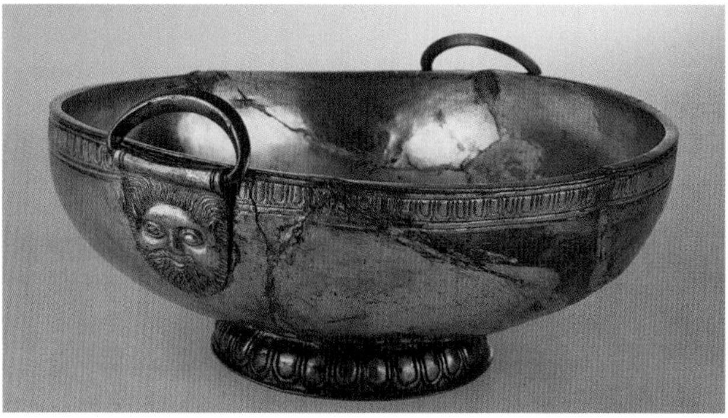

1-18. 컷 글라스, 4세기 후반~5세기 초, 황남대총 남분, 국립중앙박물관.
1-19. 은제 소합(小盒), 4세기 후반~5세기 초, 황남대총 남분 출토, 국립경주박물관.
1-19 비교 자료. 은제 그릇, 기원전 4세기 전반, 보로보 출토, 루스(Russe) 역사박물관.

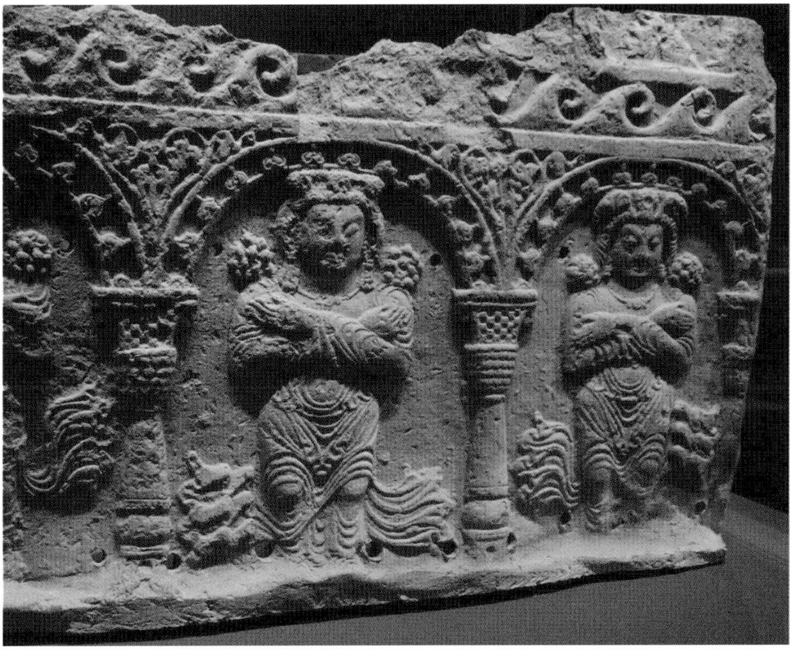

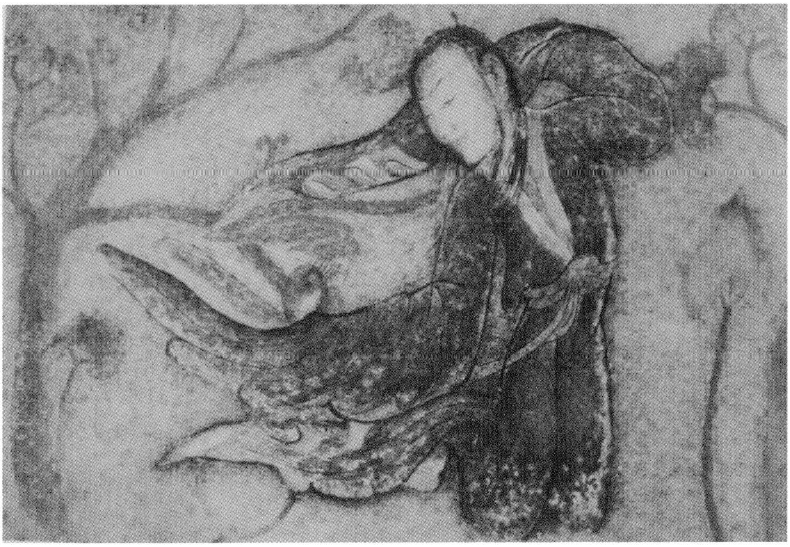

1-20. 소그드 신상, 6~7세기, 옷수아리 부조, 사마르칸트 국립고고학박물관.
1-21. 불의 신, 6세기 중엽, 만주 지안 오회분 4호묘 벽화.

혀져 주목되고 있다.[86] 말하자면 전자가 후자의 양식에서 발원되었음을 알려주는 것이다.

뿐만 아니라 소그드와 중국의 중간 지역인 키질에서도 동일한 양식의 옷 주름 표현이 발견되어 이 양식의 동점 과정을 확실하게 보여준다.[87] 그런데 여기에서 더 나아가 이 양식이 고구려의 지안集安 오회분 4호묘[6세기 중엽]의 벽화도 1-21에도 나타남이 확인되었다.[88] 이로써 실크로드와 고구려 문화를 연결하는 지금까지의 시각에 새로운 국면을 더한다. 소그드 문화의 확산력에 비추어볼 때, 실크로드와 고구려의 연결은 이해할 만하다.[89] 또한 고구려와 북제가 우호적인 외교관계를 맺었던 것으로 미루어보아, 고구려 벽화의 이 특징적인 표현이 북제에 유포된 조중달의 불화 기법인 '조가양'曹家樣을 통해 받아들였을 가능성이 있다.[90] 이처럼 서아시아의 헬레니즘 미술 전통이 소그드를 통해 고구려까지 이어지고 있음은 고구려의 대외교류사에 중요한 이정표가 된다.

결론

이 글은 네 가지 관점에 무게를 실었다. 첫째, 국내외의 '실크로드' 미술문화 연구는 지난 세기 동안 다양하고 방대한 성과물을 축적했다. 그런데 한국의 경우 실크로드 연구가 대체로 '실크'의 연원지인 중국 곧 중앙아시아의 신장을 포함한 지역에 치우쳐 진행되었던 듯하다. 바꿔 말하면 서방에서 문물이 중앙아시아와 동아시아로 들어올 경우, 대개 수용적 관점에서 바라보며 분석한다는 뜻이다. 따라서 서방의 조건에 대해서는 상대적으로 연구가 미진하였다. 예컨대 본문에 인용된 연구자인 워윅 볼에 따르면 로마가 동방에서 수입하는 교역품의 대종은 향료라는 것이다.[91] 볼의 견해는, 그동안 동서교역에서 비단이 강조되었던 점[92]은 제고되어야 한다는 비판으로 이해된다. 요컨대 서아시아를 중심으로 실크로드 미술을 새롭게 관찰할 필요가 있다고 본다.

둘째, 고대 중국의 수출품이 실크로드를 타고서 로마 영역으로 갈 때, 구체적으로 이용되는 경로가 육로보다는 해양에 의존하는 바가 크다는 점이다. 해양 경로에 대한 연구가 그동안 없었던 것이 아니다. 이미 이웃 일본의 학계에서는 로마 시대의 동서 교역에서 인도, 홍해를 이용하는 해양 경로가 중요하다는 점에 오래전부터 관심을 가져 왔다.[93] 이런 사실을 다시 거론하는 이유는 항로의 끝인 서아시아로 관심을 돌리고자 함이다.

셋째, 실크로드에 관한 한 헬레니즘과 로마 문화의 실체는 어떤 의미에서 서아시아에 있다고 해도 과언이 아니다. 곧 이집트의 알렉산드리아를 비롯하여 시리아의 팔미라, 다마스쿠스 등의 미술에서 그레코-로만적인 성격을 파악할 수 있기 때문이다. 나아가 서아시아가 그레코-로만 문화를 흡수하였다고 해도, 예컨대 이란의 '그레코-이란'적 특성처럼 그것을 자기화한 국면, 다시 말하면 재창조의 미학을 추구하였던 점이 중요하다.

넷째, 고대 한국이 실크로드 문화의 '당사국'임은 이미 알려진 사실이다. 이 글에서도 한국에 도착한 문물의 근거지에 더 관심을 두면서 서방과 고대 한국과의 관계에 집중하였다. 필자의 기존 연구를 발판으로 가능한 한, 새로운 자료를 첨가하고, 관점을 넓히고자 시도하였다.

주

1 Warwick Ball, *Rome in the East. The Transmation of an Empire*, London: Routledge, 2007, pp. 133~39.

2 정수일,「실크로드의 개념과 그 확대」,『실크로드의 삶과 종교』, 중앙아시아학회, 2006, 16~17쪽; Albert Hermann, *Die alten Seidenstrassen zwischen China und Syrien*, Berlin, 1910.

3 Guitty Azarpay, "Some Classical and Near Eastern Motifs in the Art of Pazyryk", *Artibus Asiae*, Vol.22, No. 4, 1959, p. 324.

4 Marazov, Ivan ed., *Ancient Gold: The Wealth of the Thracians, Treasures from the Rupublic of Bulgaria*, New York: Harry N. Abrams, Inc. Publishers, 1998, p.120, pl.40의 설명.

5 新疆維吾爾自治區文物事業管理局,『新疆文物古迹大觀』, 烏魯木齊: 新疆美術撮影出版社, 1999, p. 84, pl. 0186.

6 S. J. Rudenko, "The Mythological Eagle, the Gryphon, the Winged Lion, and the Wolf in the Art of Northern Nomads," *Artibus Asiae*, Vol.21, No.2,1958, pp.117~18; Karl Jettmar, *Art of the Steppes*, New York: Crown Publishers Inc., 1967, p. 226, pl. 50.

7 梅原末治,『蒙古ノイン·ウラ發見の遺物』, 東京: 東洋文庫, 1960, pl. IV.

8 『樂浪王光墓』, 朝鮮古蹟硏究會, 1935, p.40, 圖板 74~75.

9 권영필,『렌투스 양식의 미술』 하권, 서울: 사계절, 2002, 32쪽.

10 Karl Jettmar, *Art of the Steppes*, New York: Crown Publishers, Inc., 1967, p. 23.

11 馬承源 主編,『絲路考古珍品』, 上海譯文出版社, 1988, p. 153, pl. 65.

12 Peter M. Akkermans and Glenn M. Schwartz, *The Archaeology of Syria. From Complex Hunter-Gatherers to Early Urban Societies (ca.16,000~300 BC)*, Cambridge World Archaeology, Cambridge: Cambridge University Press, 2003, p. 271. 또한 중기 청동기 I기(Middle Bronze I)는 기원전 2000~1800년경으로 보고 있다. 앞의 책, p. 291. 이 지역의 청동기 개시 연대에 대해서는 아직 견해 차이가 있기도 하다. 암만 고고학박물관 전시실 해설에 따르면 초기 청동기(Early Bronze Age)를 기원전 3300~1900년으로 더 올려 잡는다.

13 이건무,「한국의 청동기문화」,『특별전 한국의 청동기문화』, 국립중앙박물관, 서울: 범우사, 1992, 126~31쪽.

14 그리스어로 akinakes; 진한대(秦漢代) 문헌에는 아키나케스의 흉노어를 음사音寫하여 '경려(輕呂)', 또는 '경로(徑路)'라고 했다. 江上波夫,『江上波夫文化史論集4. 北アジア諸民族の歷史と文化』, 東京: 山川出版社, 2000[初出1935], p. 118.

15 江上波夫, 앞의 책, pp. 114~18; 岡崎敬,「北方界銅劍と中國式銅劍」,『古代北方美術』, 大阪市立美術館, 1954, pp. 18~29; Karl Jettmar, 앞의 책, p.23, pp. 49~50; 岡崎敬,『東西交涉の考古學』, 東京: 平凡社, 1973, pp. 52~55.

16 岡崎敬, 앞의 책, (1954), p. 18. 오카자키 다카시(岡崎敬)가 스키타이의 초기 단검 출토사례를 6세기로 잡은 반면, 카를 예트마르는 스키타이의 영향을 받은 키메리안(Cimmerians)의 기원전 7~6세기 고분[드바니(Dvani), 아제르바이잔]에서 아키나케스 단검이 출토된 사례를 내세우고 있다. Jettmar, 앞의 책, pp. 49~50. 더욱이 예트마르는 이 단검의 출발이 유목족인 스키타이에서 비롯된 것으로 보는 입장에 무게를 두고 있다. 스키타이는 말안장 대신 덮개를 많이 쓰기에, 또한 그들은 모든 무기를 벨트에 묶어야 하기에 길이가 짧아야 한다는 것이다. 즉 고리투스(gorytus)라는 화살통과 아키나케스 단

검이 그러하다는 것이다. Jettmar, 앞의 책, p. 23.

17 Karl Jettmar, 앞의 책, p. 21.

18 이건무, 1992, 71쪽.

19 한편 스키타이의 그리핀식 검이 오르도스에 전파된다는 종래의 설(이 논문의 주15)에 대해 다른 견해가 대두했다. 중국학자 가운데는 촉각식 검파두식(觸角式 劍把頭飾)의 연대 상한을 춘추 초기(기원전 7세기)까지 보는 이도 있으며, 이 유형이 흉노 검으로 이어져 유행한 것으로 평가한다. 鄭紹宗, 「中國北方青銅短劍的分期及形制硏究」, 『文物』, 1984年 2期, p. 48. 흉노의 오르도스 단검 동물장식도 스키타이와 무관한 것으로 결론짓는다. 달리 말하면 오르도스 유형은 선사시대 동북아시아를 대표하는 청동기 문화 중 하나인 하가점상층문화(夏家店上層文化)와 연결된다는 것이다. 이런 맥락에서 에가미 나미오(江上波夫)의 스키타이 '동물양식'의 동점설(東漸說)(주15) 역시 부인된다. 린윈(林云), 「중국동북계 동검 초론中國東北系 銅劍 初論」, 『고대 동북아시아의 민족과 문화』, 金瑛洙 主編, 驪江出版社, 1994, pp. 256~57 (原出: 『考古學報』, 1980年 2期, pp.142~43). 그러나 필자는 아키나케스 검의 그리핀 검파두식이 서아시아에서 스키타이로 이어진 독자적인 유형으로서, 이것이 동점하여 타가르를 거쳐 중국의 촉각식 검파두식에 자극을 준 것으로 판단한다. 예컨대 마오칭꼬우(毛慶溝) 출토의 <조두형 검파두식(鳥頭形劍把頭飾)>(도 1-5의 가운데 작품)은 스키타이의 그리핀에서 영향을 받았을 가능성이 높다. 이처럼 중국 청동기 문화의 북래설(北來說)을 부정하는 중국 고고학계의 주장에 대해 일본의 오다니 나카오(小谷仲男)는 "중국 북변의 청동기 문화가 북상하여 남시베리아 카라수크 청동기 문화를 발달시켰다고 주장할 충분한 근거는 어디에도 없다"고 잘라 말한다. 오다니 나카오, 민혜홍 역, 『대월지. 중앙아시아의 수수께기 민족을 찾아서』, 아이필드, 2008, 197쪽. 原出: 小谷仲男, 『大月氏』, 東京: 東方書店, 2003, p. 193.

20 일단 오르도스에서 검파장식으로 그리핀 형과 함께 일반 조류형이 등장하는 것은 촉각식에서 변화하는 양상으로 보인다. 한반도에 가까운 지역인 랴오닝성 시펑(西豊) 시차구(西岔溝)에서 출토된 '촉각식' 검파 역시 발굴 보고자의 눈으로도 조두형과 유사하다고 간주했다. "形似雙鳥回首". 孫守道, 「"匈奴西岔沟文化"古墳群的發現」, 『文物』, 1960년, 8,9기, p. 26. 이러한 조형(鳥形)이 다시 한국식 오리형으로 변화된 것으로 유추된다. 예컨대 전(傳) 평양 출토 쌍압회수검파(雙鴨回首劍把)가 그것이다. 榧本龜生, 「青銅柄付鐵劍及青銅制 飾抦頭に就いて」, 『考古學』 第七卷 第九號, 東京考古學會, 1936, pp. 406~08. 대구 비산동 동검에 대해서는 다음을 참조: 국립중앙박물관, 『한국의 청동기 문화』, 서울: 범우사, 1992, 71쪽. 한편 이종선(李鍾宣)은 조두식 검에 주목하면서 검파두식의 계보와 관련, "동북아의 안테나식 검은 타가르의 조두식 검이 변화, 발전하여 시차구검(西岔溝劍)으로 이어지고, 그 전통이 대구 비산동이나 일본의 기타큐슈(北九州)로 계승되는 것으로 판단"하고 있다. 이종선, 『고신라 왕릉연구』, 서울: 학연문화사, 2000, 408, 412쪽.

21 Richard H. Wilkinson, *The Complete Gods and Goddesses of Ancient Egypt*, The American University in Cairo Press, 2007, pp. 118~23, 127~28, 170~72.

22 M. Wheeler, *Roman Art and Architecture*, Thames & Hudson, 1996, pl.211: "Bronze statuette of Hercules-Serapis found at Begram. The form of the figure is purely classical, but the calathus attribute of Serapis, points to an Alexandrian origin"; 이주형, 『아프가니스탄, 잃어버린 문명』, 사회평론, 2004, 100쪽; Pierre Cambon (ed.), *Afganistan. Les trésors retrouvés*, Musée Guimet, 2006, p. 256, pl. 220.

23 국립중앙박물관, 『중앙아시아 미술』, 1986, 도판24.

24 페트라의 고고학박물관에 진열된 비너스 상에는 다음과 같은 설명이 붙어 있다. "Oriental Aphrodite~Venus (third century AD). This marble statue was discovered at the Theatre in 1961. The right arm was fixed to the shoulder with lead, and the goddess was probably holding an object – an apple or flower – in her hand. Aphrodite Venus was identified with the Nabataean al~'Uzza, the maian goddess of Petra."

25 深井晋司·田辺勝美, 『ペルシア美術史』, 吉川弘文館, 1983, p. 94.

26 Roman Ghirshman, *Iran. Parther und Sasaniden*, München: C. H. Beck, 1962, p. 66, pl. 79.

27 이주형, 앞의 책, 131~33쪽.

28 이 책의 3장 참조. 원출: 권영필, 「헬레니즘 조형의 경주 전파 –헤라클레스 열풍과 사천왕상」, 『중앙아시아연구』, 07호, 2002, 107~29쪽.

29 강우방, 『원융과 조화』, 서울: 열화당, 1990, 159~201쪽.

30 Fergus Millar, *The Roman Near East 31 BC –337 AD*, Cambridge, Massachusetts: Harvard University Press, 1993, p. 448.

31 Richard Stoneman, *Palmyra and its Empire*, Chicago: The University of Michigan Press, 2003, pp. 46~47.

32 Beate Dignas and Engelbert Winter, *Rome and Persia in Late Antiquity. Neighbours and Rivals*, Cambridge: Cambridge University Press, 2007, pp. 196~97.

33 Kevin Butcher, 앞의 책, p. 186.

34 실제로 팔미라 고고학박물관에 전시된 중국 비단 단편들은 이 지역 출토물로서 동서교역의 상황을 증명해 준다. 도판 1-11 참조.

35 Warwick Ball, 앞의 책, p. 135.

36 護雅夫 編, 『漢とロ-マ』, 東京: 平凡社, 1980, p. 312.

37 Warwick Ball, 앞의 책, p. 400.

38 Kevin Butcher, *Roman Syria and the Near East*, London: The British Museum Press, 2003, p. 201.

39 Warwick Ball, 앞의 책, pp.135~37; 이주형, 앞의 책, 92~102쪽 참조.

40 이 논문의 주 22 참조.

41 이런 탑 형태는 팔미라의 전통 매장법(埋葬法)인 토광묘와 다른 것으로 보고되고 있다. 深井晋司·田辺勝美, 앞의 책, p. 89.

42 Iain Browning, *Palmyra*, N.J.: Noyes Press, 1979, pp. 40~41, 205~06. 한편 케빈 버처는 일부 장식적인 요소들은 팔미라와는 다른 서방적 디자인에 근거하며, 어쩌면 지중해 연안에서 온 장인들의 작품일 수 있다는 견해를 표명한다. Kevin Butcher, *Roman Syria and the Near East*, London: The British Museum Press, 2003, p. 301.

43 필자는 2008년 7월, 중앙아시아학회의 '이집트, 시리아, 요르단 학술답사'에 참여함으로써 시리아의 팔미라 탑묘 벽화의 실견을 통해 코니스의 돌출식 표현의 근원과 전파 루트 해명에 가까이 가는 기회를 얻게 되었다.

44 Iain Browning, 앞의 책, p. 206. 브라우닝은 눈속임 방식이라고 평가하였으나, 이것이 둔황과 고구려 벽화로 전이(轉移)되면서 명암 표현과 연결되기 때문에 매우 중요한 요소가 된다.

45 I. Browning, 위의 책, p. 197, fig. 138.

46 Roman Ghirshman, *Iran. Parther und Sasaniden*, München: C. H. Beck, 1962, p. 265, pl. 341 (Pantikapaion-Sarmatisch: Grabmalerei, 1.~2.Jh. N. Chr.).

47 이런 구멍이 있는 키질 석굴들은 대불이 안치되었던 굴로 보인다.

48 Benjamin Rowland, *The Art and Architecture of India*, New York: Penguin Books, 1977, p. 174, pl. 118.

49 히구치 타카야수(樋口隆康)의 도록에 수록된 벽화를 참고하였는데, 이 도록의 벽화 설명에서는 이 코니스 문양에 주목하고 있지

않다. 樋口隆康(編),『Bamiyan バーミヤン』, Dohosha Media Plan, 2001 참조. 석굴연대에 대해 미야지 아키라(宮治 昭)는 방사성탄소 측정에 의해 5세기 중엽~9세기로 보고 있다. 宮治 昭 監修,『ガンダーラ美術とバーミヤン遺跡展』, 靜岡新聞社, 2007, p.149. 한편 캉봉(Pierre Cambon)은 석굴 연대를 4~5세기로 평가한다. ピエール·カンボン,『アジアの十字路, アフガニスタン』, 東京藝術大學 編,『アフガニスタン. 悠久の歷史展』, 東京: 東京藝術大學, 2002, p.34. 또한 이주형은 '빨라야 5세기'를 일반화된 편년으로 소개하기도 한다. 이주형, 앞의 책, 149쪽.

50 브라우닝은 벨 신전의 북 지성소 천정에 장식된 문양을 '귀갑문'으로 규정하고, 아울러 그 내부에 별자리가 표현된 것으로 보았다. I. Browning, 앞의 책, pp. 122~23.

51 권영필,「고구려의 대외문화 교류」,『고구려의 문화와 사상』, 서울: 동북아역사재단, 2007, 258~59쪽.

52 Jonathan Tucker, *The Silk Road. Art and History*, London: Philip Wilson Publishers, 2003, p. 184.

53 Prudence Oliver Harper, *The Royal Hunter. Art of the Sasanian Empire, Asia House Gallery*, New York: The Asia Society, Inc., 1978, pl. 51.

54 위의 책, 같은 곳, pl. 51 설명.

55 Kevin Butcher, 앞의 책, p. 35.

56 중국의 비단이 로마로 가는 과정에서 빚어지는 상황이 중국의 고문헌에서도 확인된다. 첫째, 한나라는 장건(張騫)의 서역 행을 계기로 기원전 115년에 파르티아 황제가 한 무제에게 사자를 보냈으며[『漢書』, 西域傳, 安息國條 참조; 나가사와 카즈토시(長澤和俊), 민병훈 역,『동서문화의 교류』, 민족문화사, 1990, 60쪽], 그 후 기원후 97년 한의 사자 감영(甘英)이 직접 파르티아(安息) 땅을 밟았다. 또 감영은 당초 로마(大秦)에 가기 위해 파르티아를 지나 시리아(條支)에까지 이르렀으나 파르티아인의 방해로 대진까지는 가지 못하였다. 그러나 파르티아가 중국의 비단을 수입하여 서방에 중계무역을 하고 있음을 알게 된다. [『後漢書』, 西域傳, 安息國條 참조] 둘째, 로마의 왕은 한과 직접 교역을 원하였으나, 파르티아가 비단의 중계무역으로 이익을 챙기려 로마와 한의 직접 교역을 방해한다고 전했다.『後漢書』西域傳, 大秦國條 참조.

57 John E. Vollmer et al., *Silk Roads · China Ships*, Royal Ontario Museum, 1983, p. 24.

58 카르에 전투 패배 후, 1만여 명의 로마 군인들이 안티오크로 흘러들어갔고, 또 다른 1만여 명은 이란 중부지방으로 옮겨졌다. 또한 에데사 전투 때에도 6만여 명의 로마인 전쟁포로가 이란으로 들어갔다. Warwick Ball, 앞의 책, pp. 114~15.

59 Warwick Ball, 앞의 책, p. 117; 深井晋司·田辺勝美, 앞의 책, p.120; Prudence Oliver Harper, 앞의 책, p. 169, pl. 87.

60 Warwick Ball, 앞의 책, p. 121.

61 그러나 미술의 다른 지역으로의 '전이성(轉移性)'은 미술 자체의 본질에 속한다고 할 수 있다. 이런 의미에서 역사 속에서 적대 관계에 있는 상대국의 미술이 더 이상 '충돌'이 아닌 '화해'의 요소로 작용함은 역리(逆理)라고 할 수 없겠나. 이런 관점에 관해서는 이 책의「'문명의 충돌과 미술의 화해'를 위한 서론」을 참조.

62 Daniel Schlumberger, *Der Hellenisierte Orient. Der griechische und nachgriechische Kunst ausserhalb des Mittelmeerraumes*, Baden-Baden: Holle Verlag GMBH, 1969, pp.40ff, 70ff, 175ff, 204ff. [원출: Daniel Schlumberger, "Descendants non Méditerranéens de l'art grec", in *Syria*, 1960].

63 M. Rostovtzeff, "The Parthian Shot," *American Journal of Archaeology*, Vol.47, No.2(Apr.-Jun., 1943), pp. 174~87.

64 Karl Jettmar, 앞의 책, p. 213, pl. 44.

65 M. Rostovtzeff, 앞의 논문, p. 186.

66 陝西省 米脂県 4號墳 前室 上枋 畵像石. Helmut Brinker & Roger Goepper, *Kunstschätze aus China*, Kunsthaus Zürich, 1980, p. 186, pl. 127.

67 김원룡,『한국 미술사』, 서울: 범문사, 1968, 삽도 9.

68 권영필,「고구려의 대외문화 교류」,『고구려의 문화와 사상』, 서울: 동북아역사재단, 2007, 260~61쪽.

69 신라 금관에 대해서는 1929년 안드레 에카르트(Andre Eckardt)의 한국 미술사에서 처음으로 언급되었다. 권영필 역,『에카르트의 조선 미술사(Geschichte der koreanischen Kunst)』, 열화당, 2003[원본: Leipzig, 1929], 348~59쪽 참조. 좀 더 상세한 연구는 1932년 우메하라 스에지(梅原末治)에서 비롯되었으며[梅原末治,『飾履塚 發掘報告書』], 같은 해에 하마다 코우사쿠(浜田耕作)가 본격적인 연구를 시작했다.『慶州の金冠塚』, 1932. 이와 비슷한 시기에 유럽에서는 벨기에의 카를 헨체(Karl Hentze)가 신라 금관 연구의 문을 열었다. Karl Hentze, "Schamanenkronen zur Han~Zeit in Korea," *Ostasiatische Zeitschrift*, N.F. Jg.1933, p. 156[in: Youngsook Park, "The Origins of Silla Metalwork," *Orientations*, Hong Kong: 1988, p. 44]. 이후 한국 학자로는 김원룡이 최초로 금관 연구를 시작했다. 김원룡, "신라 금관의 계통",『조명기박사화갑기념 불교사학논총(趙明基博士華甲記念 佛敎史學論叢)』, 1965, 285~94쪽.

70 Youngsook Pak, 위의 논문, pp.44~53.

71 Youngsook Pak, 위의 논문, pp.46~47 [원출: Victor Sariadini, *Die Kunst des Alten Afganistan Architektur, Keramik, Siegel, Kunstwerke aus Stein und Meal*, Leipzig, 1986, pp.308, 321; Victor Sariadini, *Bactrian Gold from the Excavations of the Tillya-Tepe Necropolis in Northern Afghanistan*, Leningrad, 1985, p. 48].

72 김병모,『금관의 비밀』, 청년사, 1998, pp.65~93, 151~71, 176~87; 이 책의 9장 참조; 권영필,「한국의 금관과 온실고고학 지양 –『금관의 비밀』 서평」『전통과 현대』, 1998 봄, 258~73쪽 참조.

73 소그드에서의 이란적인 요소는 3~4세기 유적에서도 강하게 나타난다. 또한 기원후부터 아랍의 침입(8세기)까지의 주민들은 이란 근원에 속한다. Roman Ghirshman, 앞의 책, pp. 322~23, p. 398.

74 深井晋司·田辺勝美, 앞의 책, pp. 108~110; Prudence Oliver Harper, 앞의 책, pp. 150~151. 이란의 유리생산의 전통은 짧지 않다. 블로잉 기법 이전의 '코어(core)' 성형 기법의 유리기만 하더라도 기원전 5세기인 아케메네스 왕조 시기의 작품이 출토되고 있는 사정이다. 테헤란 고고학박물관에는 페르세폴리스에서 출토된 유리 류톤(기원전 5세기)이 전시되고 있어 귀중한 자료가 되고 있다.

75 深井晋司·田辺勝美, 앞의 책, p. 157; Prudence Oliver Harper, 앞의 책, p. 159, pl. 82 설명. 이 귀갑문과 관계해서 서아시아 조형에 자주 등장하는 육각문을 연상할 수 있겠으나, 이에 대해서는 새로운 연구가 요망된다고 하겠다. 다만 후카이 신지와 타나베 카즈미(深井晋司·田辺勝美)에 따르면 컷 글라스에 표현된 원형이 7개인 점에 주목할 필요가 있다는 것이다. 왜냐하면 서아시아 고대문화 전통에서 7은 '완전'을 의미하는 수이기 때문에 그러하다는 것이다. 앞의 책, p. 157.

76 Prudence Oliver Harper, 앞의 책, p. 159, pl. 82 설명.

77 深井晋司, 高橋敏,『ペルシアの形象土器』, 淡交社, 1983, 도판 1 [목우두부형(牧牛頭部形) 류톤, 아르다빌 출토, 기원전 1000년], 도판 5 [목우형주구부(牧牛形注口付) 류톤, 아제르바이젠 출토, 기원전 1000년], 도판 35 [목우형주구부 류톤, 아르다빌 출토, 기원전 1000년].

78 Prudence Oliver Harper, 앞의 책, pp. 162~63, pl. 84. 출토지 미상의 <인면 유약 테라코타 류톤> (3세기)을 하퍼는 이란 작품으로 추정한다.

79 馬承源 主編, 앞의 책, pl. 101. <人首牛頭陶水注> (唐), 호탄지구 출토.

80 예컨대 다퉁(大同) 펑허투(封和突) 묘(504년) 출토의 사산 은제 접시는 사산 왕실 소속의 장인이 제작하고, 왕실이 작품을 검수하는 정품이라기보다는 변경에서 제작한 작품으로 평가된다. James C. Y. Watt, *China. Dawn of a Golden Age, 200~750 AD*, The Metropolitan Museum of Art, 2004, pp. 152~53, pl. 62, 또한 셸비 화이트와 레온 레비(Shelby White and Leon Levy) 컬렉션의 사산 은 접시도 박트리아 산이 아닐까 추정되는 작품이다. James C. Y. Watt, 앞의 책, p. 51, fig. 40.

81 이 작품에 대해서 일찍이 필자는 그릇에 나타난 인물 문양을 페르시아의 물의 여신 아나히타(Anahita)로 비정(比定)하고, 그 표현이 매우 생략적이어서 한국 생산으로 추정한 바 있다. 권영필, 「신라인의 미의식」, 『신라 문화제 학술발표회 논문집』 제6집, 신라문화선양회, 1985, 259쪽; 권영필, 『실크로드 미술』, 열화당, 1997, 193~94쪽. 한편 2008년 국제학술대회 「신라 문화와 서아시아 문화」(국립 경주박물관 주관)에 참여한 페르시아 금공예 전문 연구가인, 이란 모다레스 대학의 세이드 M. 무사비(Seyed M. Mousavi) 교수가 직접 말한 바에 따르면 박트리아 산으로 추정된다.

82 이 도금 기법을 구사한 작품에 대해서는 다음을 참조. Ivan Marazov ed., *Ancient Gold: The Wealth of the Thracians. Treasures from the Republic of Bulgaria*, New York: Harry N. Abrams, Inc., 1997, pl. 177.

83 문화재관리국 문화재연구소, 『황남대총』 남분(도판), 1985, 도판 25-1.

84 Roman Ghirshman, 앞의 책, p. 323.

85 이 작품에 대해서는 다음의 도록을 참고할 수 있다. Akbar Khakimov ed., *Masterpieces of the Samarkand Museum. The State Museum of History of Culture of Uzbekistan*, Tashkent: Moziydan Sado, p. 100, pl. 148(6~7세기); 국립중앙박물관, 『동서 문명의 십자로. 우즈베키스탄의 고대문화』, 2009, 72쪽.

86 2장 참조. 원출: 권영필, 「아프라시압 궁전지 벽화의 '고구려 사절'에 관한 연구」, 『중앙아시아 속의 고구려인 발자취』(권영필, 정수일 외 저), 동북아역사재단, 2007, 30~32쪽. 이 양식의 특징은 물에 빠진 옷의 옷 주름과 더불어 겹쳐진 옷자락의 끝단을 삼각형으로 마무리 짓는 방법이다.

87 권영필(2002), 앞의 책(하권), 48~53쪽.

88 권영필, 위의 「아프라시압 궁전지 벽화의 '고구려 사절'에 관한 연구」, 32~33쪽.

89 소그드 상인들의 취락지가 있었던 차오양(朝陽)은 동북지구의 교통의 요지로서 고구려에서 서북으로 나아가는 길목이다.

90 6세기 후반에 고구려는 북제에 여섯 차례 사신을 파견했다. 권영필, 위의 논문, 같은 곳.

91 Warwick Ball, 앞의 책, p. 137.

92 "Silk thread, which was woven into fabrics of Roman specifications in Syria, made up more than ninety per cent of Rome's imports from China." John E. Vollmer et al., *Silk Roads · China Ships*, Royal Ontario Museum, 1983, p. 24.

93 일본 학계의 이 분야에 대한 연구 축적이 적지 않은 가운데, 다음의 것을 인용한다. 護雅夫 編, 『漢とローマ』, 東京: 平凡社, 1980, pp. 315~22.

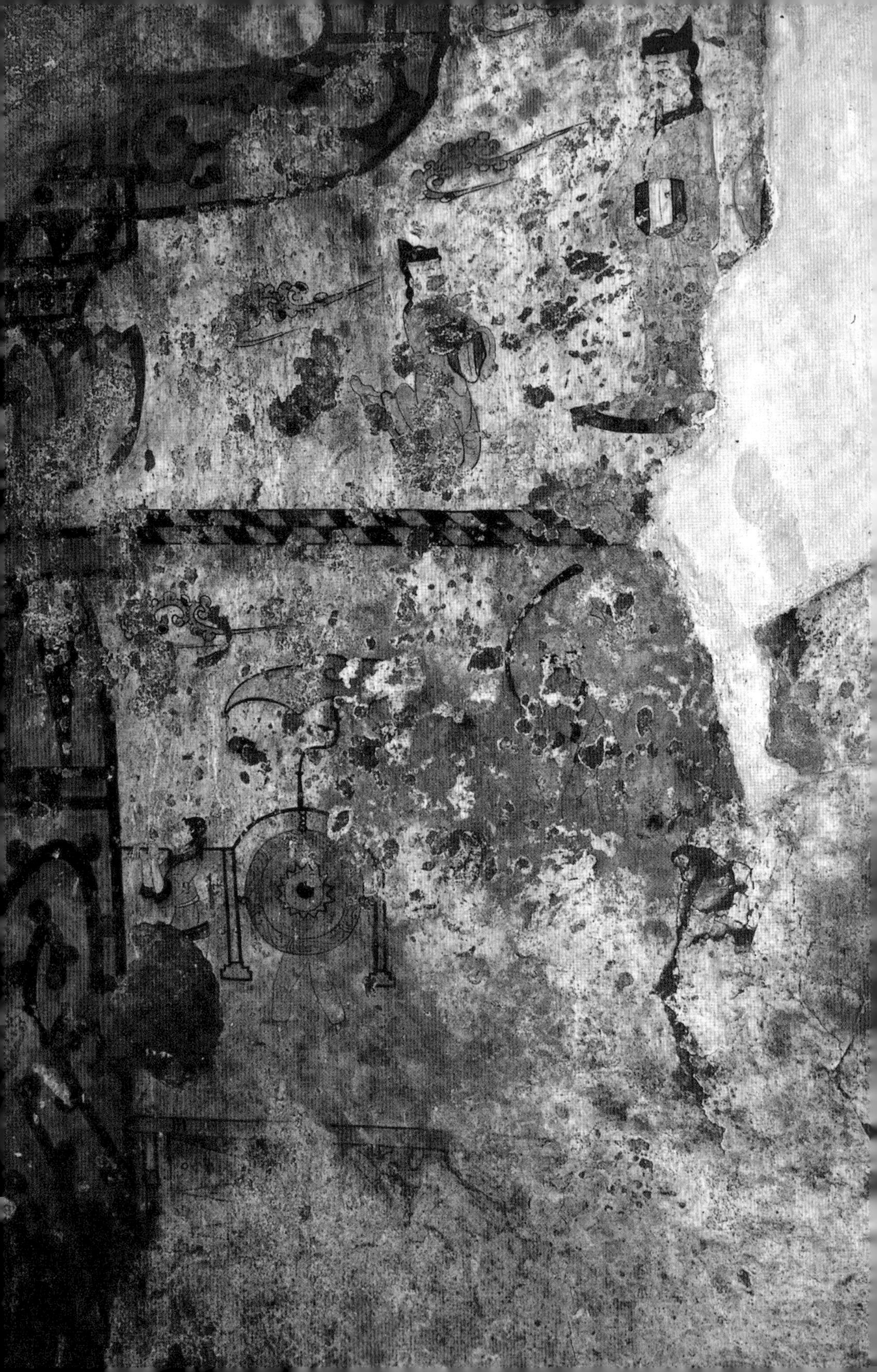

2장 고구려 벽화의 중앙아시아와의 연관성

고구려의 외래미술 수용 문제에 대한 접근성

고구려 벽화에 대해서는 국내외에 많은 연구가 축적되어 있는 사정이지만,[1] 실제로 중앙아시아와의 관계에 치중한 논고는 국내외를 아울러 별로 없는 편이다. 이 글에서는 선행 연구를 검토하면서 먼저 고구려의 외래미술 수용에 나타나는 다변적 성격을 살펴본다. 또한 외래미술 수용을 통한 자기 개발이라는 개성적 면모를 구명할 것이다.

고구려의 중아[中亞, 이하 '중앙아시아'의 준말로 중아를 씀] 문화와의 연관에 대해서는 일찍이 고구려의 성립 이전 단계에 한반도에 파급된 스키타이계 초원미술의 영향을 우선적으로 고려해야 한다. 고대 한국의 청동기 미술에 나타나는 샤머니즘, '동물양식', 동복[銅鍑, 청동 솥의 일종] 등이 스키타이계 초원미술의 예이다.[2] 스키타이계 초원미술의 조형성은 고구려의 고토라 할 고조선 지역을 차지했던 낙랑樂浪에 직·간접으로 영향을 끼쳤을 것으로 보인다. 평양 지역에서 출토된 일련의 작품들은 초원미술의 상징과도 같은 특징을 드러낸다. 왕광묘王光墓 출토품에 나타난 그리핀,[3, 도 2-1] 그리핀 장식의 스키타이계系 '아키나케스' 청동단검,[4] 흉노계系 동복[5] 따위가 그러한 예이다.

여기에서 낙랑 유물에 나타나는 초원미술의 성격을 좀 더 살펴볼 필요가 있다. 1925년에 출토된 석암리石巖里 219호분의 <옥감은타출문

금구>玉嵌銀打出紋金具는 그 내부에 서수瑞獸를 장식하였는데, 발굴보고서에 따르면 이는 유라시아 대륙의 북부에 확산된 스키토-사르마티아 문물의 영향을 받은 것으로 인정되어 주목할 필요가 있다.[6] 한편 날개 달린 사자有翼獅子인 이 동물 표현을 자세히 보면, 기이하게도 머리가 두 개이다. 하나는 울룩불룩한 목덜미에, 사슴뿔을 단 괴수머리, 또 다른 하나는 등 위에서 갈라진 목덜미가 어깨 뒤를 돌아서 새 머리로 나타난다. 날개 달린 사자와 파지리크 유형의 사슴뿔 도상[7]을 고려하면 일종의 변형된 그리핀 유형이라 유추할 수 있겠다. 뿐만 아니라 이와 유사하게 날개 달린 사슴의 몸체, 새머리, 사슴뿔로 구성된 도상이 전 평양 출토 <신수경>神獸鏡[8], 도 2-2에도 보인다. 여기에 더해서 정백리貞柏里고분에서는 천마 주제의 유물인 <은제타출천마문식금구>銀打出天馬紋飾金具[9]까지 출

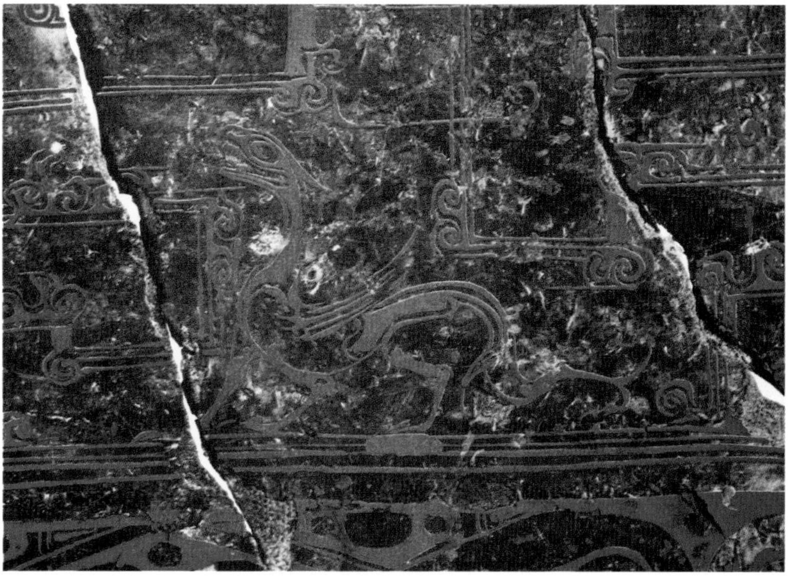

2-1. 그리핀, 낙랑, 칠기, 왕광묘 출토, 국립중앙박물관.

토되어 낙랑 미술의 경향성을 어렵지 않게 짐작할 수 있다.

다시 말하면 한반도의 낙랑 장인들이 북아시아를 통해 들어온 서아시아 미술의 요소를 숙지하고 있다는 사실이 선先고구려 문화의 특성을 가려내는 데에 귀중한 단서를 제공하는 것으로 평가할 수 있다. 더 나아가 흉노 문화에 접속된 서아시아 미술의 특징적 국면까지 넣어서 생각하면[10] 고구려 미술을 보는 각도는 훨씬 넓어진다.

특히 낙랑 이후에는 북위를 통해 고구려 문화가 보다 중앙아시아 쪽에 기울어진다. 결국 이러한 복합화된 문화의 바탕 위에 고구려 벽화가 올라선다. 고구려 벽화의 중앙아시아 연관성이라는 주제는 고분 벽화와 사원 벽화의 두 측면에서 접근할 수 있다. 또한 여기에서 '중앙아시아'라는 말은 둔황 지역과 둔황 벽화를 포함하는 것을 전제로 한다.

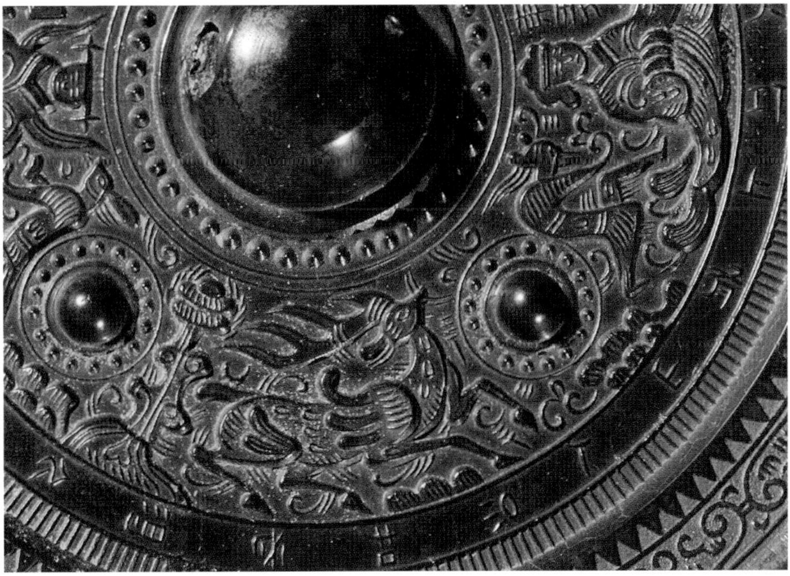

2-2. 그리핀 유형의 괴수, 낙랑, 청동제 신수경, 평양 출토, 국립중앙박물관.

고구려 벽화와 중아 미술의 본격적인 연관은 중국의 북조, 예컨대 북위北魏와의 교섭이 큰 역할을 하였을 것으로 추측된다.[11] 특히 북위 조정은 455년에 처음으로 사산 왕조의 사절을 공식적으로 맞아들여 교섭의 문을 연다.[12] 또한 북위는 5세기 말에 수도를 낙양으로 옮긴 후에도 사신을 파견하여 사산조의 문물 구입에 직접적인 관심을 보인다.[13] 더 나아가 북위에서는 3차[456, 465, 467년]에 걸친 동로마 사절 접견[14]을 통해 대 서방 외교에도 적극성을 나타낸다. 이러한 국제정세는 고구려가 중아 미술뿐만 아니라, 멀리 서방 미술까지 흡수했을 가능성을 시사한다.

필자의 조사에 따르면, 고구려의 국력이 신장된 장수왕[425~491년] 때에 북위에 사신을 보낸 것이 44회, 그 후 문자왕[재위 491~519년] 때에 29회에 달하고 있어[15] 중아·서방 문화를 흡수하는 적극적 계기가 마련되었음을 알 수 있다.

양국의 관계는 5세기 말경에 절정에 달한 것으로 보인다. 장수왕에 대해 그의 사후 북위 사상 최초의 추증追贈이 행해졌고, 추증으로서도 최고위 칭호[16]가 내려진 사실로도 유추할 수 있다. 한편 북위의 사절이 고구려에 파견된 빈도도 435년부터 520년까지 16회에 달한다. 이는 북위가 중국 남조에 파견[404~529년간]한 42회를 제외하면, 주변국 중에 가장 높은 수치에 해당된다.[17] 더욱이 이 중에는 사신을 파견했던 목적에서 비중이 큰 '수호사'授號使 3회, '설논사'說論使 3회, '추증사'追贈使 2회[18] 등이 들어 있어 양국의 외교관계가 긴밀했던 사실이 밝혀진다.

고구려는 이러한 접촉을 통해 가깝게는 북위의 수도인 평성平城의 문화를, 멀게는 북위가 치중한 하서河西의 문화를 받아들인다.[19] 특히 고구려는 이 두 지역을 발판으로 중아의 문화를 간접적으로 흡수함은 물론, 또한 북위가 북량北涼을 멸망시키고[439년] 둔황을 영토로 차지한 뒤로는 더욱 직접적으로 중아의 문화를 호흡할 수 있는 여건을 갖게 된다. 한편 북위는 수도 평성에 각지의 불도佛徒, 농민, 수공업자들을 대거 집결시킨다. 북위는 439년에 북량의 승도僧徒 3000인과 종족이민宗族吏民 3000호를 평성으로 이주시킨다.[20] 뿐만 아니라 둔황 석굴을 경영하면서, 둔황의 10만호戶를 또한 평성에 옮겨가게 한다.[21] 유목 왕조인 북위는 피정복지의 부富와 함께 많은 사람들, 특히 장인들을 수도로 보낸다.[22] 북위의 윈강雲崗 석굴 조영은 우연한 일이 아니다. 각지의 유민들, 특히 서역문화 곧 중아문화를 보유한 서북 지역의 유민들의 역할이 컸던 것이다. 앞에 강조한 대로 고구려는 북위와 그 이서以西지역의 미술을 북위와의 정식 교섭을 통해 어려움 없이 흡수했을 것이다.[23]

이러한 제반 정황을 참고한다면, 근년에 이루어진 연구에서 고구려 고분과 벽화가 간쑤성[감숙성(甘肅省)]의 묘제墓制, 벽화 유적과 관련이 있음을 지적한 것은 시사하는 바가 매우 크다.[24] 이미 한·중·일의 역사학계에서는 동아시아 역사를 '호한체제'[胡漢體制_중국 오호·북조사, 수당사를 이해하는 하나의 틀로, 호한 양 민족이 한 지역, 한 통치체제 속에서 충돌·반목·융합하면서 하나의 문화체제를 형성하는 현상을 이름_편집자]의 관점에서 해석하는 연구가 성과를 거두고 있다. 마찬가지로 미술사에서도 호한체제의 해석 틀이 유효할 것이다.[25]

고구려 벽화의 중아적 모티프: 빛, 생명성

이러한 미술 문화의 배경 아래 고구려 벽화의 특징, 즉 중아에서 받아들인 모티프, 기법 등을 더욱 고구려 식으로 발전시킨 사례들을 빛과 생명성 등의 관점으로 나누어 검토한다.

빛, 사실성의 추구

고구려의 초기 고분[4세기 중엽]인 안악 3호분 벽화에 대해서 새롭게 주목할 필요가 있다. 안악 3호분에 대해서는 그간 무덤의 주인공과 그의 도상 문제를 놓고 많은 논쟁적 연구가 이루어졌으나,[26] 여기에서는 회화적 관점에 치중하여 분석한다.

안악 3호분 벽화 인물들의 의복 표현기법은 흥미롭게도 무덤의 주인공과 그 외 인물들이 서로 구별되고 있다. 후자의 경우는 나중에 설명하겠지만 기본적으로 한대漢代의 표현 습관을 따른 것으로 볼 수 있다.

여기에서 잠시 중국 무덤벽화의 실상을 검토할 필요가 있다. 한대 벽화의 인물상들은 대개 안면과 의복이 명암표현의 관점에서 서로 다른 특징을 보인다. 안면은 흑선黑線으로만 이목구비를 묘사하는 반면, 의복에서는 복식을 흑선으로 처리하고 간혹 옷 주름도 굵은 담흑선淡黑線으로 칠하는 방식이 통용된다. 이런 표현 유형은 중원의 중심부인 로양洛陽뿐만 아니라, 허베이성河北省에서도 마찬가지이다.[27]

다른 한편 윤곽선을 포함한 복식 표현을 가는 흑선으로 일단 마무리 짓고, 그 위에 홍선紅線 을 더하는 방식이 채용되어 작가가 명암표현의 의도를 가졌을 가능성을 짐작할 수 있다. 한대 묘 가운데에 이러한 묘사법을 구사한 대표적인 사례로는 로양 옌스偃師 신춘辛村 신망新莽묘 벽화의 인물 표현들을 들 수 있다.[28]

다만 이와 같은 표현 전형과는 달리 허베이 루자장逯家莊의 동한 시대 무덤 벽화에서는 마차를 끌고 가는 말의 채색 표현에 자못 입체감을 드러내듯 요철법凹凸法이 구사된다고 평가하여[29] 우리의 주의를 환기시킨다. 한편 이 루자장 벽화의 묘주상에서 얼굴의 수염을 세필로 정교하게 표현한 양태가 안악 3호분의 묘주상과 흡사하다는 점이 지적되기도 한다.[30] 그렇지만 위에서 언급했듯이 이 두 무덤 주인상의 복식 표현[특히 옷 주름]을 비교해 보면 서로 다르다. 루자장 벽화에서는 보통의 홍의紅衣를 입고 있는 반면, 안악 3호분 벽화에서는 먼저 먹선으로 의복의 윤곽을 마무리 짓고, 그 위에 굵은 홍선으로 의습衣褶을 강조하는 방식이다.

안악 3호분 무덤 주인상의 이러한 의습 표현은 일찍이 고구려 이외에 어디에서도 나타나지 않았다. 이것은 안악 3호분의 화가가 접한 새로운 미학적 충격에서 비롯된 것은 아닌지 여겨진다. 그렇다면 이 충격의 진원은 무엇이었을까?

우리는 이것을 세 가지 관점에서 점검해볼 수 있다. 첫째, 루자쟝 동한묘의 요철법과 안악 3호분 무덤 주인상의 의습 묘사가 상호 관련이 있는가이다. 이 경우 우선 안악 3호분의 화가가 한의 도상을 충실하게 따르고 있다는 전제가 필요하다. 즉 커튼을 친 장방帳房에 앉아 있는 무덤 주인상을 정면으로 묘사하는 그 당시 무덤 벽화의 전형적 유형을 따른다는 점이 그러하다. 한편 무덤 주인 이외의 경우, 예컨대 행렬도에서는 의복을 앞에서 예시한 로양 신망묘 벽화의 인물들처럼 홍선으로 덧칠한 기법을 활용했다는 점도 그러하다.

그러나 안악 3호분의 무덤 주인의 의습 처리는 한과 다르다. 루자쟝 묘의 요철법이 중국의 전통적인 묵법인 선염渲染과 유사한 반면, 안악 3호분의 의습 처리는 일종의 하이라이트 기법이다. 둘 다 대상의 입체적 묘사가 목적인 점은 다를 바 없지만, 기법에서는 큰 차이가 난다. 그런데 또 다른 문제가 발생한다. 동한 시대의 로양 주춘朱村 차오웨이 묘曹魏墓 벽화 무덤 주인의 부인상은, 의습을 굵은 홍선으로 처리하여 안악 3호분 무덤 주인 의습과 어느 정도 유사성을 보이기도 한다. 차오웨이 묘 무덤 주인의 부인상은 '신천홍포'身穿紅袍라 하여 그것을 홍선으로 보지 않고, '홍포'로 파악하기도 하므로, 옷 주름 해석에서 새로운 돌출 국면을 맞게 된다.[31]

그렇다면 안악 3호분의 의습은 전통 양식의 재창조이거나, 아니면 의습 표현 발상이 중아를 통해 들어올 수 있는 서방 기법을 떠올리게 한다. 안악 3호분 화가의 회화 기량으로 미루어 볼 때, 그는 평양[아직 평양 천도 이전이긴 하지만]의 문화, 즉 고조선과 낙랑 기에 수용된 서역문화

뿐만 아니라, 고구려 밖의 여건에 대해서도 어느 정도 이해하고 있었을 것으로 유추된다. 말을 바꾸어 정리하면 안악 3호분 화가는 표현적 측면만을 고려한다고 전제할 경우, 그 당시 어쩌면 국제적일 수도 있는 매우 열린 시각을 가지고 작업에 임했을 것으로 보인다.

이런 관점으로 논의를 더 진전시키면, 안악 3호분 이후의 벽화들, 예컨대 반세기 후인 덕흥리 고분에서는 인물의 안면에도 드문드문 홍선이 가해지고, 말의 몸체도 입체적으로 표현하려는 시도가 눈에 띈다. 이러한 안면 표현은 5세기 후반 수산리 벽화에서도 비슷하게 나타난다.

다른 한편 옷 주름의 관점에서는 덕흥리 고분 벽화의 비천상과 강서대묘[6세기 후반~7세기 초]의 비천상을 비교할 수 있다. 왜냐하면 후자는 하의가 몸에 밀착된 모습과 바람에 흩날리는 옷자락의 삼각형 주름이 그 당시 국제 양식이라고 할 6세기 중엽의 '조의출수'식 표현[32]을 연상시키기 때문이다. 시대가 후대로 갈수록 중아적인 표현이 점차 노정되고 있는 것으로 보아도 좋을 것이다. 요컨대 이와 같은 표현적 특징의 초기 징후가 바로 안악 3호분 인물상에서 드러나는 것 같다.

둘째, 안악 3호분의 조성 연대인 4세기 중엽 이전에 이미 중아에 요철법을 비롯한 서방식 명암기법이 존재했을 가능성 문제도 또한 검토해야 한다. 본질적으로 위에 살펴본 화법인 습벽褶襞은 명암, 또는 입체 표현과 밀접히 연관되어 있다. 중아에 파급된 입체 묘사의 실체는 두 갈래이다. 하나는 인도의 고대 벽화, 예컨대 아잔타 벽화[도 2-3]이고, 다른 하나는 이란 등지로부터 전해지는 로마 벽화풍風[33]이다. 이것들은 모두 3세기 말~4세기 초 이래 키질 벽화에 들어오고, 이어서 5세기 중엽 이래 둔황 벽화로 전달된다. 그러나 로마식 입체표현으로 말하면 사실상 키질과 둔황 벽화보다 더 이른 시기인 한대에 이미 중아에 전달된다.[34] 예컨대 호탄 근처 루오푸洛浦현 샤푸라山普拉에서 발굴된 <무사상武士像 벽걸이 카펫>[35, 도 2-4]과 또한 더 동쪽에서는 앞서 언급한 몽골의 노인울라 고분 출토의 <기마 인물상 카펫>[36, 도 2-5] 등을 들 수 있다.

먼저 루오푸에서 출토된 <무사상 벽걸이 카펫>[기원 전후 시기]을 보자. 그것이 신장 지역에서 제작된 것으로 논의가 모아지고 있음을 감안하면,[37] 그것은 서방에서 온 작품을 모델로 했을 것으로 판단되며, 동시에 명암기법이 이 지역에 이미 숙지되어 있었을 가능성을 보여준다. 무사의 코, 눈자위, 턱 등은 명암대비가 강하게 이루어졌는데, 아마도 호탄 지역의 특성을 감안하면, 원본은 그레코-로만 문화를 받아들였던 이란 지역으로부터 왔을 것으로 믿어진다.[38]

또한 몽골의 노인울라 흉노 고분에서 출토된 <기마인물상 카펫>[기원후 1세기]도 2-5도 화면 왼쪽에서 빛이 투사되어 말과 인물의 좌측이 밝게 표현되었으므로, 제작자가 명암 처리를 염두에 두었음을 분명히 알 수 있다. 이 유물은 직접 이란 지방에서부터 입수되었을 가능성이 매우 높다. 기마인물상은 카펫 중심부에 위치하고, 그 하단의 좁은 띠 구획에는 식물 문양과 함께 흥미롭게도 그리핀이 표현되어 있다. 더욱이 그리핀의 머리에 솟아 있는 산양의 꼬부라진 뿔이 주목된다.도 2-6 이는 고대 페르시아 그리핀의 특징이기 때문이다.[39] 아울러 함께 출토된 <인물상자수모직물편>刺繡毛織物片[40]에서도 명암표현이 두드러지는데, 이 작품도 역시 파르티아의 것으로 평가된다.[41] 파르티아 회화는 별로 남아 있는 것이 없지만, 그 미술이 헬레니즘의 영향권에 속한다는 사실은 잘 알려져 있다. 다만 노인울라의 경우, 그 명암기법이 흉노의 지역 미술에 직접 영향을 끼쳤다는 증거가 아직 보이지 않는다는 점이 문제라면 문제일 수 있겠다.

그런데 이 안악 3호분 벽화는 위에서 여러 차례 지적한 바와 같이 옷 주름 처리에 치중하고 있어서 중아의 명암표현과는 차이를 보인다. 즉 중아의 것은 서방의 전통을 따라 인체의 안면과 몸의 노출된 부분이 일정한 빛의 방향에 따라 모두 밝게 처리되고 있기 때문이다. 이 대목에서 옷 주름에 강한 관심을 보이는 또 다른 유파를 찾게 된다. 예컨대 미란 벽화의 <화식인물상>[花飾人物像, 뉴델리 박물관][42]을 주목할 필요

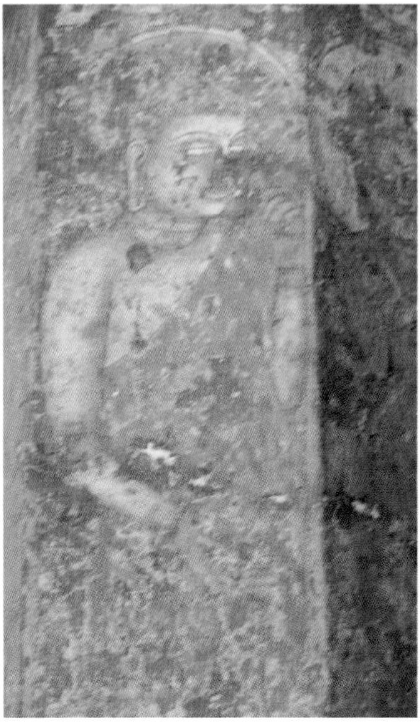

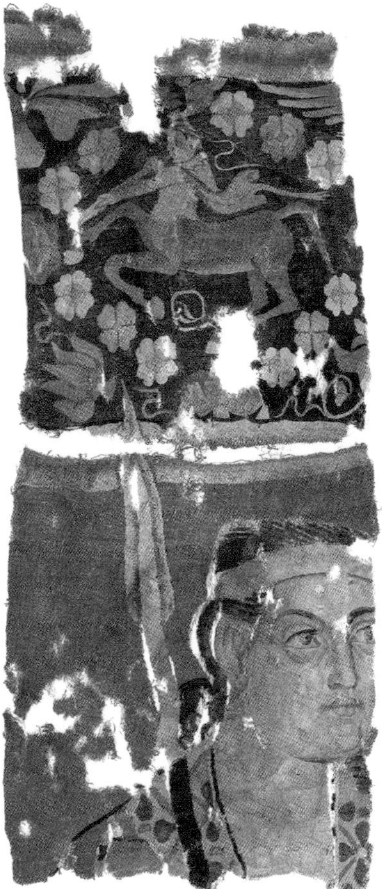

2-3. 보살상, 4세기, 아잔타 벽화.
2-4. 무사상, 한대, 벽걸이카펫, 루오푸(洛浦)발굴, 신장-위구르 자치구 박물관.

가 있다. 이 작품은 3세기 후반에 서방에서 온 화가의 작품으로 인정되기도 하는데,[43] 인물 팔뚝에 둥글게 중첩된 강한 옷 주름은 간다라와 연관된다고 해석되기도 한다.[44]

지금까지 검증해본 여러 기법들 가운데, 그것들이 한식漢式이든 비非한식이든 간에, 안악 3호분이 생성되는 350년대 이전에 고구려 벽화에 나타난 주홍색의 옷 주름 처리와 연결되는 유사 범위의 기법들을 따져보면, 로양의 차오웨이묘 벽화의 부인상 기법, 북아시아의 명암기법, 중아를 통해 들어온 간다라식 표현법, 로마 벽화풍 등으로 볼 수 있다.

셋째, 그러면 4세기 중엽 이전에 고구려에 전달되었을 이 외래 조형이 끼친 자극의 강도, 도입 경로를 어떻게 보아야 할 것인가가 과제로 남는다. 여기에서 낙랑 이후 고구려와 중아 미술의 연결 가능성을 잠시 짚어볼 필요가 있다. 결론부터 말하면, 고구려는 중아로 이어지는 북방과의 관계가 순탄치 않았다. 낙랑이 축출된 313년부터 안악 3호분이 조성된 357년 사이, 다시 말하면 4세기 전반 고구려는 미천왕[재위 300~331년]과 고국원왕[재위 331~371년] 때로서 대내외적으로 정세가 복잡하였다.

북방에는 선비족이 세운 전연[前燕, 349~370년]이 고구려와 이웃하고 있었는데, 전연의 옛 땅에서는 서아시아와 중앙아시아의 영향을 추측할 수 있는 유물이 출토되어 주목거리가 되기도 한다.[45] 그러나 이 시기에 두 나라는 교류는커녕 심각한 전쟁을 치루고 있었던 상황이어서[46] 고구려와 중아를 직접 연결하는 통로가 막힌 것이나 다름없었다. 따라서 다시 낙랑의 식민 기간에 일어났던 변화를 세심하게 분석하지 않을 수 없게 된다.

이미 이 글 서두에서 살펴보았듯이 평양 출토 조형물들에는 북아시아의 특징들이 나타난다. 이밖에도 북아·중아의 요소가 복합되는 표현물의 사례를 더 들 수 있다. 예컨대 낙랑 출토로 전해지는 <금상감수렵문동통>金象嵌狩獵紋銅筒[도쿄예술대학교 소장][47], 도 2-7의 모티프 중 하나인 ‘파

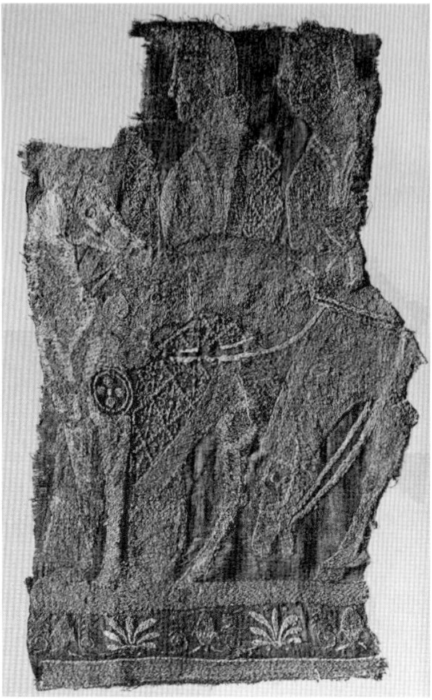

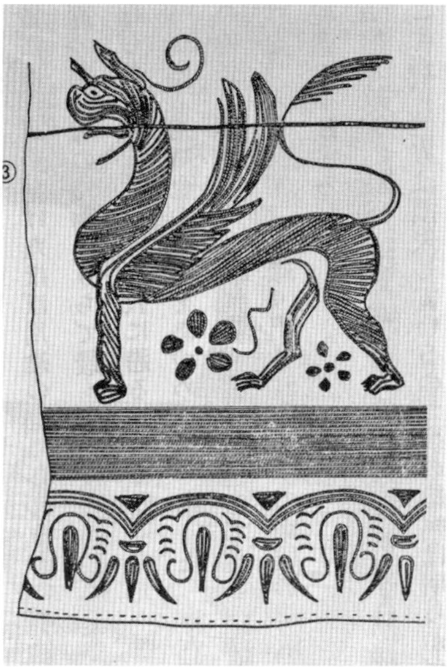

2-5. 기마인물상, 기원후 1세기, 카펫, 노인울라 출토, 에르미타주 박물관.
2-6. 그리핀, 기원후 1세기, 카펫, 노인울라 출토, 에르미타주 박물관.

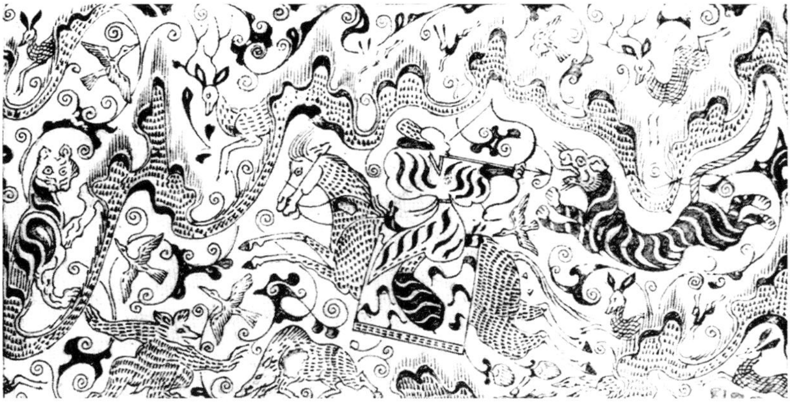

2-7. 금상감수렵문동통, 전한, 전 평양 출토, 동경예술대학교.

르티아식 활쏘기'는 본래 서방 기원으로 파르티아를 거쳐 동아시아에 전해진 기마술로 알려진다.[48] 또한 이 동통 기마 인물의 모자와 외투가 흉노족의 복식으로 인지되는 점[49]은 주의를 요하는 부분이다. 뿐만 아니라 중아의 동물인 낙타가 등장하고, 동물의 대퇴부가 강조되는 스키타이식 '동물양식'도 나타나[50] 중아를 통해 서방의 조형 사상이 북중국을 비롯하여 동아시아에 폭넓게 파급되었음을 알 수 있다. 더욱이 안악 3호분 벽화의 부엌 장면에 유리 용기가 묘사되어 있고, 또한 후실 동벽의 악무樂舞 장면에 호선무胡旋舞가 등장하는 것은[51] 고구려가 이미 4세기 중엽 이전에 중아문화와 접촉했음을 의미한다. 이러한 중아 미술사의 배경을 감안하면, 고구려에 명암법과 같은 회화 기법이 이식되었을 가능성을 점칠 수 있다.

고구려 초기 벽화의 특징을 서방 화법과의 연관성이라는 관점으로 국한할 때, 불가피하게 다른 세력의[他力的] 영향을 짐작하게 하는 양상이 드러난다. 이 세력의 뿌리는 대략 낙랑 시대와 연관되고, 더욱이 낙랑의 패퇴[313년]로부터 평양 천도[427년]까지의 시기에도 평양 지역에는 비중국적非中國的 비본래적非本來的인 문화의 잔존 세력들이 남아 있었을 가능성이 존재하기 때문이다. 상대적으로 고구려의 국력이 팽창하는 5세기에 고구려가 북위와 적극적인 외교를 펼치고, 그를 통해 중아의 미술을, 나아가 서방의 미술을 적극적으로 흡수하게 된 것은 자력적, 주체적이라는 의미를 갖는다.

고구려 벽화에서 나타나는 명암법에서 보듯이 화가들의 빛에 대한 추구는 벽화의 발전과정에서 점차 두드러진다. 이미 앞에서 살펴본 것처럼 초기 벽화의 인물묘사에 강조되는 명암식의 옷주름 처리 외에도 또 다른 특징들이 나타난다.

우선 둔황의 초기 석굴인 272굴[5세기 전반] 벽화도 1-15의 서방식 명암을 살펴보겠다. 본래 건축에서 벽과 천정의 접합 부분인 코니스에 건물 가구架構인 서까래 돌출부dentil를 장식하는 기법이 로마 문화권에서 유행하였는데, 이것을 회화로 표현할 때는 요철부의 명암을 강조하는 방식이 된다. 여기에서 빛에 대한 화가의 직관적인 인식이 표출된다. 이러한 특징은 당초 로마 속주인 시리아 신전神殿의 코니스에서 비롯되어 시리아의 무덤 벽화로 재현되고,도 1-12 드디어 불교 벽화인 키질로 이어져 둔황에 다다른 것으로 해석된다.[52]

이것과 연관되는 고구려 벽화는 우선 수산리 고분 벽화[5세기 후반] 도 2-8이다. 건물의 기둥과 기둥 사이를 잇는 대량大樑의 아래 부분에 일정한 공간 구획[53]을 만들기 위해 하단에 가로지르는 횡대橫帶가 필요하다. 이 횡대를 상하로 나누고, 또 세로로 일정한 간격으로 잘라서 상하의 각 구분을 번갈아 흑백으로 칠함으로써 마치 서까래가 돌출된 듯 입체적으로 만들고 있다. 여기에서 명암표현에 대한 화가의 의지를 읽어낼 수 있다. 안악 2호분[5세기 후반]과 덕화리 1호분[5세기 말]에서도 이와 비슷한 표현이 나타난다.[54]

명암표현의 개념은 그 폭이 넓다. 예컨대 진파리 4호분 벽화[6세기 전반]의 경우, 모줄임천장에서 굄돌 아래 받침 부분을 부채접이식式으로 만들어 음영 관계를 나타낸다.도 2-9 즉 한 면은 밝게, 다음 면은 어둡게

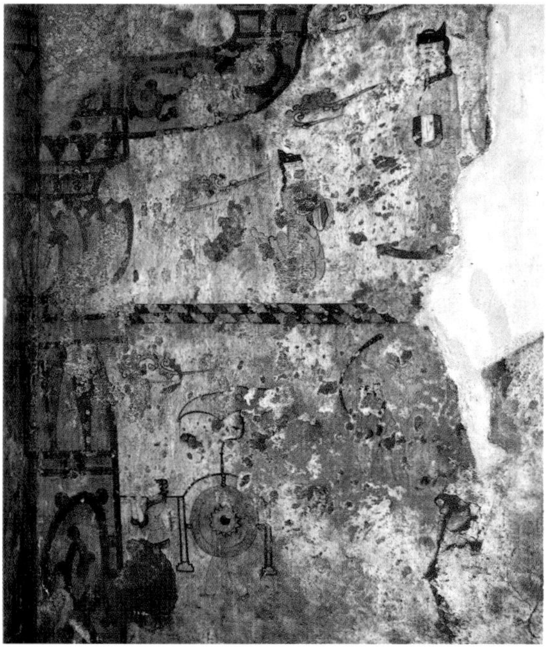

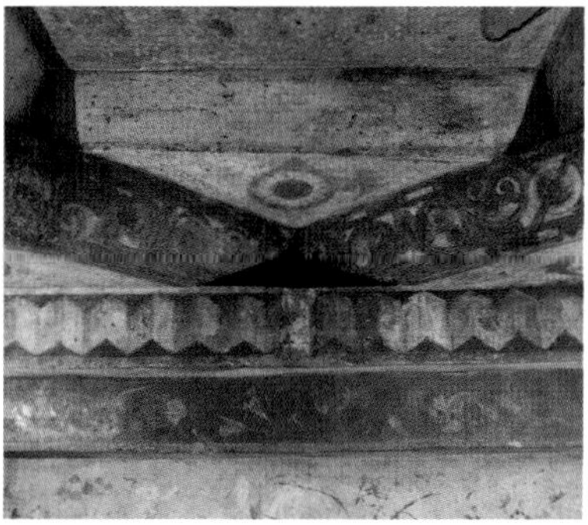

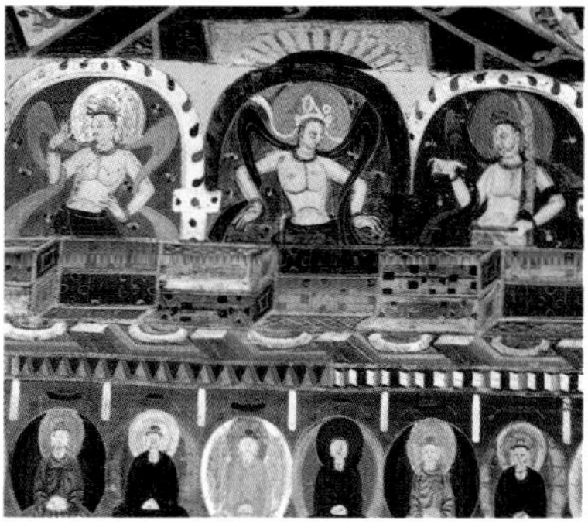

2-8. 코니스 문양, 5세기 후반, 수산리 고분 벽화.
2-9. 부채접이식 명암표현, 6세기 전반, 진파리 4호분 벽화. (하단 왼쪽)
2-10. 부채접이식 명암표현, 서위, 둔황 석굴 288호.

칠하여 음영을 강조한다. 이것은 본시 키질 석굴 186, 219호 벽화에서 발견되고, 둔황 석굴 288호[西魏] 벽화도 2-10로 연결된다.[55]

다음 주제는 후기 사신도의 백미인 청룡·현무도이다. 이 도상의 정수인 '역강한 힘'을 분출시키는 요소는 과연 무엇일까? 유연한 곡선에 따라 움직이는 운동감이 바로 그 요소임을 지적해야겠지만, 무엇보다도 파충류의 몸통이 입체적으로 표현되어 있다는 점을 내세우지 않을 수 없다. 여기에 다양한 색을 자유롭게 구사하며, 특히 밝은 색을 윤곽 가장자리[周緣]에 칠하여 입체감을 살려내고, 생명력을 돋우었다. 퉁거우 사신총[6세기 전반]의 현무도와 지안 오회분 4호묘[6세기 전반]의 청룡도는 이런 관점에서 압권이다. 고구려 미술의 독자성 자체이다.

생명성 -공예적 표현에서 회화적 표현으로

5세기 이후 고구려 벽화가 발전하면서, 특히 공간 운영에서 국풍화國風化 현상을 드러내고 있어 주목된다.[56] 지안 무용총 벽화[5세기 전반]의 수렵도는 그 제반 회화적 요소들이 앞에 예시한 <금상감수렵도동통>과 원천적으로 연관성이 있다고 풀이되기도 한다.[57] 즉 무용총 수렵도가 한대의 작품인 <금상감수렵도동통>에 표현된 산수山樹, 상금서수祥禽瑞獸, 수렵 장면, 특히 '파르티아식 활쏘기' 등의 주제를 시대를 뛰어넘어 원용遠用했을 가능성을 배제할 수는 없지만, 어쨌든 두 유물 사이에 중요한 차이는 공간 개념으로 이해된다.

이 한대의 장식 표현은 본래 박산로博山爐에서도 발견되는 유형으로서 그 모티프들은 비非중국적인, 바꿔 말하면 흉노의 특징을 표출하고 있기도 하다.[58] 하지만 복잡하고 치밀한 공간 구성이라는 관점에서는 중국식으로 볼 수 있다. 즉 중국 전통의 작품들은 좁은 공간에 다양한 소주제들을 밀착시키는 공간 운영이 특징이다. 이러한 조밀한 방식은 박산로나 원통형 기구처럼 통형 구조에서는 불가피한 공간 구성이 된다. 그럼에도 이 유형이 직물과 같은 평면의 공예 디자인에까지도 연장되는 것을 보면[59] 정형화된 유형이라는 느낌을 준다.

따라서 이러한 공예적 공간과 무용총 수렵도의 공간 개념을 상호 비교하는 것은 후자의 특징을 살펴보는 데에 매우 유익하다. 결론부터 말한다면, 무용총 수렵도의 공간은 '회화繪畫 공간'이자, '열린 공간'이라고 할 수 있다.[60] 한편 이 무용총 수렵도의 열린 공간과 중국 주취안酒泉 딩지아짜丁家閘 5호묘[386~433년] 산악 장면의 연관을 고려할 수도 있겠지만, 딩지아짜의 경우는 지상과 천상을 구분하는 도구로 산악을 이용한다는 점이 다르다. 즉 산악 상면에는 서왕모西王母, 동왕공東王公, 천마 따위가 있는 것이다. 한편 무용총 수렵도의 '열린 공간'이 무덤 내부의 넓은 벽면 덕분에 자연스럽게 얻어진 결과라고 누가 평가한다면, 그것에 대한 해답은 둔황 석굴과 윈강 석굴을 비교해 봄으로써 확실해진다. 둔황과 윈강 석굴은 모두 넓은 벽면을 자유롭게 활용할 수 있는 조건을 가지고 있음에도, 특히 후자는 공간을 세포화하는 특징을 나타내는 것이다.[61]

이처럼 구도 설정은 현실적인 공간의 넓고 좁음에 기인하는 것이 아니라, 전적으로 화가의 공간 운영에 달려 있다고 봐야 한다. 뿐만 아니라 바로 이러한 수렵도에서 고구려 민족의 풍격風格이 드러난다고 말하기도 한다.[62] 한편 이 수렵도와 둔황 249굴[西魏] 벽 상부에 있는 수렵도는 인물, 달리는 동물, 산석山石, 수목, 인물 동세動勢, 구도 변화 등이 모두 일치하여, 북방 각 민족의 화풍이 일치하는 취향을 갖고 있을 뿐 아니라, 나아가 무용총 벽화 수렵도가 앞선 형식[先形]으로서 둔황 벽화에 영향을 주었을 가능성을 인정받고 있기도 하다.[63]

이와는 달리 차오양에서 발굴된 동진[東晉, 317~418년]묘 벽화[64]가 '산보다 크게 묘사된 인물'[人大於山]이 수렵도의 특징이라는 관점에서 무용총 벽화와 둔황 벽화의 효시라는 주장이 대두되기도 한다.[65] 이 세 수렵도에서 '인대어산'人大於山, 기마인물, 특히 중첩식重疊式 산세 등 각각의 표현요소가 공통적인 것은 사실이나 수렵도의 열린 공간 개념과 역

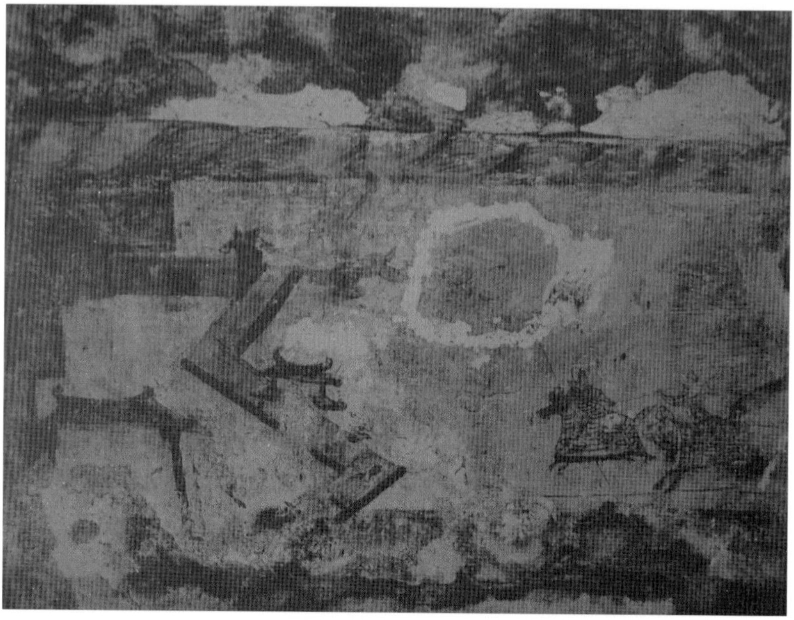

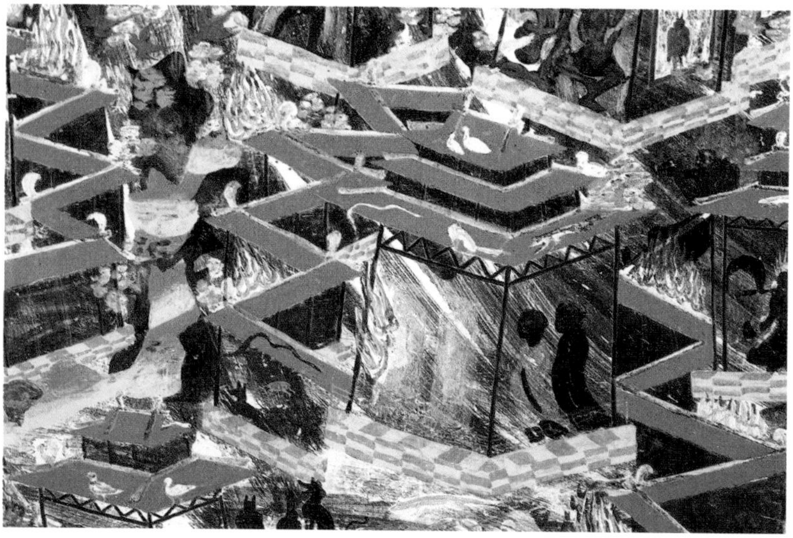

2-11. 지그재그식 담장 표현, 5세기 후반, 삼실총 제1실 북벽 벽화.
2-12. 지그재그식 담장 표현, 수(隋), 둔황 석굴 420호.

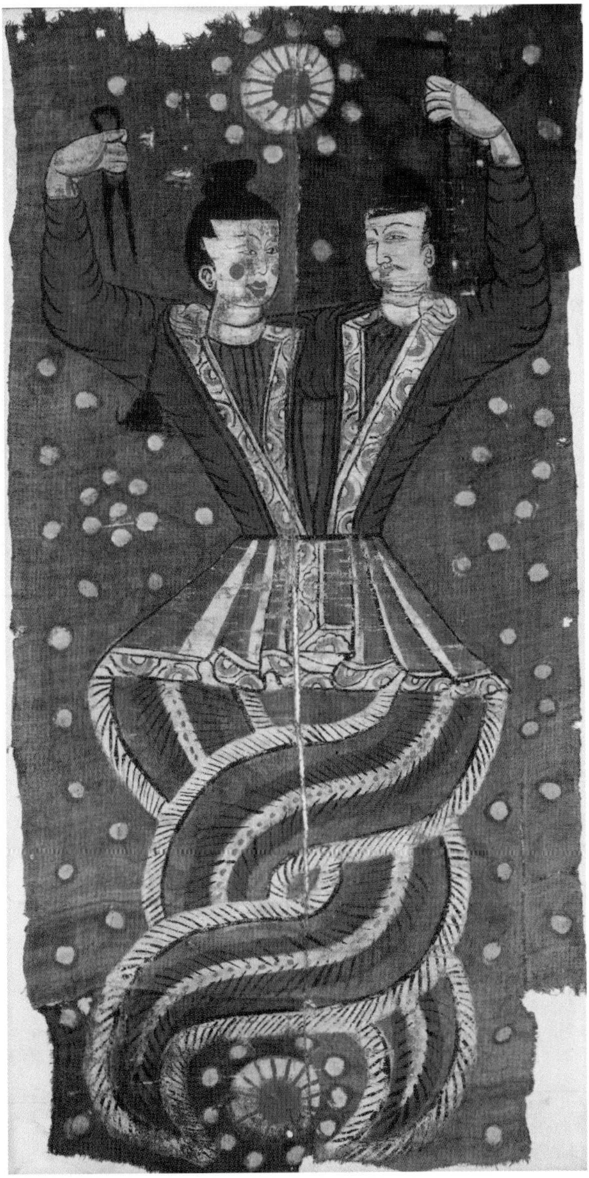

2-13. 복희여와도, 8세기, 아스타나 출토, 국립중앙박물관.

동성에서는 고구려 벽화를 따를 것이 없다.

한편 고구려 벽화가 둔황 벽화의 특징적인 표현을 예시豫示한다는 가능성을 마이클 설리반Michael Sullivan은 또 다른 벽화에서도 찾아냈다. 그는 삼실총 제1실 북벽 벽화[5세기 후반]도 2-11에서 지그재그로 표현된 성곽이 둔황 석굴 285호[6세기 전반] 벽화와 연관됨을 지적하였다.[66] 이러한 표현 방식은 수대隋代의 둔황 420굴 벽화도 2-12에 더 적극적으로 나타난다. 여기에서는 망루望樓가 있는 모습도 유사하다. 또한 지그재그 성곽의 윗면을 라피스라줄리의 밝은 청색으로 칠하여 화면 전체에서 두드러지도록 처리한 것도 우연한 일이 아닌 것 같다.

다음으로는 둔황 벽화에서 모티프의 영향을 받았지만, 그 후 고구려식 표현으로 발전시켜나간 경우를 살펴보자.

첫째, 고구려 벽화의 비천상은 장천1호분[5세기 전반]에서 보듯이 중아의 영향을 고려하게 하는 면이 있다.[67] 반면 안악 2호분의 비천상은 유형이 외래 영향을 보여준다는 문제를 떠나 그 자체로 탁월한 조형 솜씨를 내뿜고 있다. 인물의 자세, 동작, 특히 안면 처리는 동아시아 비천 중 걸작으로 꼽힌다. 고구려의 비천은 색의 농담으로 질량감까지 표현하는 운염법을 이용, 섬세하고도 우아하다. 본래 선염으로 입체를 나타내는 기법은 인도나 서역을 통해 고구려에 들어왔다고 평가되지만,[68] 어쨌든 이 벽화의 화가는 마치 고개지顧愷之의 전신법傳神法[69]을 인식하기나 한 듯, 인물의 정신성을 훌륭하게 살려냈다. 뿐만 아니라 비천의 천의天衣 자락이 바람에 날려 이파리처럼 꼬인 모습은 사실성의 극치이다.

인물의 정신성을 살려낸 고구려 벽화

둘째, 복희여와도伏羲女媧圖 도상은 한대 중원에서 비롯되나, 실제로 이것이 퍼져나가 발전된 곳은 중아의 아스타나도 2-13이다. 물론 둔황 벽화에서도 복희여와도가 나타난다. 뿐만 아니라 둔황 벽화의 경우 약간의 도상적 변화가 일어난다. 주지하듯 복희여와도의 일반 도상은 두 존재의 하체가 서로 꼬여 있는 교합交合 형태이고, 이들의 상징인 태양과 달은 몸체에서 분리되어 화면의 상하에 위치한다. 그러나 둔황 벽화 285호굴[西魏]의 경우 우선 복희와 여와가 분리되었고, 태양과 달도 이들이 직접 하나씩 두 손으로 머리 위에 떠받치고 있다.

고구려 벽화에 그려진 복희여와도 중 지안 오회분 4호묘 벽화는 눈여겨볼 만하다. 도상으로 보아 이 복희여와도는 둔황식式을 이어받고 있음을 알 수 있다. 무엇보다도 여기에서는 복희, 여와 둘의 얼굴에서 마치 초상화를 보듯 인물의 개성이 표출된다는 점을 주목할 수 있다. 이 역시 전신의 경지를 느끼게 된다.

셋째, 위에서 보았듯이 인물 표현을 마치 초상화처럼 다루는 경향은 천정을 받치는 역사力士에서도 마찬가지다. 이 역사는 동양에서는 약샤 주유侏儒라 하고, 서양에서는 아틀라스Atlas라 칭하는 존재로서 일찍이 중국에서는 한대 화상석에서 보이고, 중아에서는 초기 간다라 부조에서, 인도에서는 고대 불교 건축에 그 모습이 나타난다.[70]

이 역사力士는 헬레니즘 문화권에서 비롯되었다고 보이나, 동시에 중국에서 자생했을 가능성을 배제할 수는 없다. 그런데 고구려 벽화의 경우 서방의 영향으로 간주된다. 왜냐하면 표현된 용모가 서방적이기 때문이다. 이 역사 상의 전형적인 자세는 두 다리를 기마자세로 구부리거나, 바닥에 앉았거나, 한쪽 팔로 천정을 받치고 있는 모양이다. 고구려 벽화도 처음에는 퉁거우 사신총[6세기 전반]에서 서방 도상의 전형을 보이다가 점차 두 팔로 천정을 받치는 형태로 바뀐다. 이러한 특징과 더불어 용모 자체가 매우 긴장감 있고 개성적인 면모로 바뀐다. 특히 삼실총 벽화의 역사는 둥근 눈, 오뚝한 코, 짙은 구레나룻 등 중아계 인종의 특징을 여실하게 표출한다.[71]

벽화에서 이처럼 생명력을 느끼게 하는 경향은 인물 그림에서만이 아니다. 요컨대 공예적 대상에서도 마찬가지이다. 벽화의 최성기인 6세기 말에 이르면 강서대묘[6세기 말]에서 보듯 팔메트 문양에도 선염 기법을 가해 생기를 불어 넣는다. 산악 표현도 마찬가지여서 자연의 모습을 더 자연스럽게 만든다. 또한 이런 특징이 상상적인 동물합체인 현무도에서도 강하게 나타난다. 뱀 꼬리의 음영, 선염 표현과 더불어 비비꼬인 모습에서 강한 사실성을 느끼게 된다.

'북방기류'의 파급

고구려 미술은 중국을 비롯한 주변국, 특히 중아로부터 서방 요소를 흡수, 자기화하면서 발전해 왔다. 다른 한편 고구려 벽화의 독특한 구성력과 함께 특징적인 모티프가 주변 미술에 선구적 역할을 하는 사례[72]를 발견하게 된다. 필자는 고구려를 비롯한 북방민족의 특징적인 미적 요소와 상징성이 유포되는 통로와 함께 그 미술 현상을 '북방기류'北方氣流라고 일컫고, 여기에서 고구려가 주도적 역할을 한다고 주장한 바 있다.[73] 최근에 이와 유사한 견해, 곧 덕흥리 벽화와 주천 정가갑 벽화가 상호 유사하다는 주장이 대두되어 주목된다. 여기에 따르면 중국북방→황허 허투河套지구→16국 북조의 동북 지구에 이르는 '문화통도'文化通道가 형성된다는 추측이 가능하다는 것이다.[74] 이미 앞에서 살펴본 무용총 사냥장면의 서방 전파는 좀 더 연구가 필요한 대목이긴 하지만, 우선 이 경로의 범주에서 고려할 수 있을 것 같다.

이처럼 고구려 벽화가 중아 문화로부터 영향을 입으면서, 또 독자적인 조형 표현을 중아에 뿌릴 수 있었던 것은 고구려 장수왕 이래 북위와의 밀접한 교통이 발판이 되어 국제 관계를 원활히 펴 나갈 수 있었기 때문이라고 볼 수 있다.

고구려의 사원벽화

벽화는 무덤벽화와 사원벽화로 대별된다. 고구려의 사원벽화는 현존 예가 없다. 그러나 옛 영토에 남은 사지寺址와 문헌에 나타난 화승들의 존재로 미루어 그 발전상을 짐작할 수 있다. 가령 일본에서 활동한 담징曇徵을 통해 고구려 사원벽화의 실상을 유추할 수 있다. 일본 호류지 금당 서벽의 아미타정토 벽화도 2-14는 담징의 화풍을 따른 것으로 유전流傳되고 있으며, 그 화법은 인도, 서역에 근원을 두었던 것으로 알려지고 있다. 이와 같은 전제를 고려하면 고구려 사원벽화의 기법은 둔황을 통해 수용되었을 것으로 유추해볼 수 있다.

담징과 호류지 벽화와의 관계는 이미 연구가 국내외에 축적되어 있지만,[75] 그럼에도 이 문제에 대해서는 한일 학계의 주장이 거리를 좁히지 못하는 가운데 점차 관심에서 멀어져 가고 있다는 느낌이 없지 않다. 당장 결정적인 단서가 발견된 것은 아니라고 할지라도, 문제 주변을 재차 검토함으로써 새로운 실마리를 찾고자 한다.[76]

1. 1879년에 일본에 온 어니스트 페놀로사[Ernest Fenollosa, 1853~1908년]는 일본 고대 미술에 깊은 관심을 표명하고, 그에 대한 연구에 힘을 기울였다. 그는 자신의 저서에서 호류지 금당벽화에 나타난 인물 묘법 중에 검은 윤곽선 위에 붉은 선조線條를 덧칠하는 기법이 인도로부터 왔음을 지적했다. 그리고 작가에 대해서는 잘 알 수 없다고 전제하면서 "이 절의 추측으로는 쇼토쿠 태자[聖德太子, 574~622년] 때 일본에 온 고구려승 가운데 한 사람인 담징이라고 하지만, 당초부터 신뢰하기엔 충분치 않다"고 당시 사정을 전하고 있다.[77] 벽화 기법에 대한 페놀로사의 견해는 정확하다. 그런데 벽화의 화가가 담징인지에 대해서는 자료가 충분치 않다는 입장이다. 이 주장은 인정할 만하다. 다만 여기에서 우리는 19세기 말까지만 해도 호류지 금당벽화와 담징이 함께 묶여져 있었다는 사실을 알 수 있다.

2. 1890년 구로가와 마요리黑川眞賴[78]는 금당벽화가 구라츠쿠리노 토리鞍作鳥 불사의 작품으로 전해오는 듯하나 믿을 수 없다고 했다. 토리는 스이코 천왕[재위 593~628년] 때 사람인데, 670년의 화재 이후 와도 원년[和銅, 708년]에 만든 지금의 금당벽화[1890년 당시]를 어떻게 그릴 수 있겠는가라고 반문한다.「고금목록초」古今目錄抄에 의하면 토리라고 하는 화사가 이를 그렸다라고 되어 있지만, 이는 그 이치죠인一乘院의 승정僧正 모씨의 설일 뿐이다. 결국 금당벽화의 화가는 담징도 아니고, 토리도 아닌 것으로 못 박았다.

3. 1891년 가와자키 센코川崎千虎[79]는 금당벽화의 화가가 담징이라는 설을 부인하고, 다른 설을 내세웠다. 일본의 회화 기술 및 그 연원은 외국에서 들어온 것으로 전제하고, 이에 두 파가 있음을 주장하였다. 하나는 인도에서 시작하여 히말라야의 서쪽 끝에서 티베트 땅으로 들어와 중국의 북변 몽골을 지나 삼한三韓에 도달하여 일본으로 유입되었고, 다른 하나는 인도에서 시작하여 티베트를 통해 서촉西蜀 땅을 지나 중국으로 들어와, 중국풍과 섞여 일본으로 들어온 것이다. 짐작컨대 이 법당과 이 벽화는 와도 기의 작품과 관계가 있으며, 이 벽화의 고본藁本은 멀리 삼한에서 전해진 옛 구본舊本에 근거해서 그린 것이 아니라면, 옛 법식이 이처럼 잘 남아 있을 수 없다고 하며 그는 벽화의 근원을 명쾌하게 밝혔다.

이에 금당벽화와 관계해서 몇 가지 사실을 유추해낼 수 있다. 먼저 여기에서 말하는 삼한은 아마도 불교 입수와 관계해서 본다면 고대 한국의 삼국을 가리킨다고 보아야 한다. 다음은 화재 이후에 그린 와도 원년[708년]의 벽화가 그 전의 화풍, 곧 도래인渡來人이 들여온 외국 화풍을 바탕으로 그렸을 것으로 보는 해석이 발견된다는 점이다. 이는 외래 양식이 전대로부터 흘러내려와 연속선상에 있다는 양식 형성과정의 원리를 말하는 것으로, 미술사의 기초개념에 속한다. 따라서 이를 바탕으로 확대 해석한다면 고구려의 담징이 스이코 천왕 때인 610년에 일본으로 건너가 화사에 종사하면서 금당벽화를 그렸을 것으로 추측된다. 또한 화재 후 담징 유파가 이 벽화를 복원했을 것으로 볼 수 있다.

4. 1910년에 출간된 오스카 뮌스터베르크Oskar Münsterberg의 저서에는 일본 자료에 입각하여 호류지 금당벽화의 작가를 담징으로 표기하고 있다.[80]

5. 1922년 식민시대의 인문학자인 박종홍朴鍾鴻은 조선미술사에 관한 논고에서 담징과 호류지의 관계에 대해 중요한 자료를 소개했다. 그가 인용한 『본조고승전』本朝高僧傳에는 담징이 '섭외학涉外學'하였다는 의미심장한 문구가 들어 있을 뿐 아니라, 그가 일본에서 회사繪事를 지도했음을 밝히고 있다. 또 다른 문헌[『平氏太子傳』]에서는 담징이 쇼토쿠 태자의 청으로 호류지에 기거했음을 알려주었다.[81] 이들 자료로 미루어 생각건대, 담징은 외국 화법을 배웠으며, 아마도 호류지 금당벽화를 그렸을 것으로 보인다.

또한 박종홍은 금당 서벽 벽화의 미타상彌陀像의 운염법과 명암법을 언급하고, 특히 "보살에 이르러서는 주선朱線으로 그 형形을 사寫하고, 주朱로써 음영을 나타내 안면과 근골筋骨의 융복隆伏을 나타낸다"고 서역 회법에 대해 갈파하였다.[82]

6. 1929년 최초의 체계적인 『한국 미술사』 책을 출간한, 한국에서 활동한 독일인 인문학자 안드레 에카르트는 "호류지의 금당벽화는 오랜 구전에 의하면 담징이 그린 것"이라고 전제하고, 그 벽화를 아예 한국 작품으로 편입시키고 있다.[83]

7. 1932년에 출간된 『몽전』夢殿에는 당시 일본의 대표적인 미술사학자들이 집필한 금당벽화의 원류에 대한 논문들이 실려 있다.[84] 이 논문들은 대부분 금당벽화가 인도 미술과 페르시아 미술, 이것들을 흡수한 서

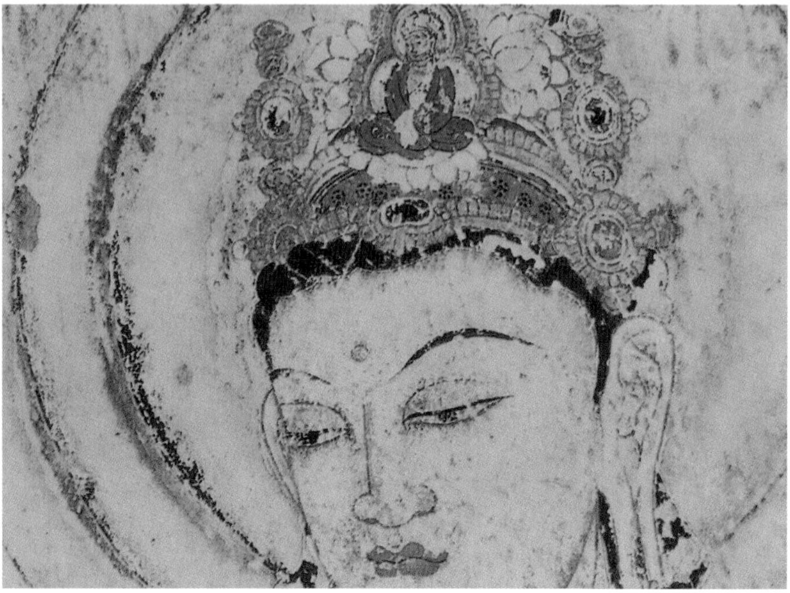

2-14. 금당 아미타정토도 중 관음보살상, 7세기, 일본 호류지 벽화, 김식(金植) 모사도, 1987년.

역 미술과 연관이 있다고 보고 있다. 더 직접적으로는 금당벽화를 중국 불화 양식, 불화 기법에 가깝게 혼성된 예로 해석하고 있는데, 그 가운데 포함된 서방분자西方分子도 완전히 중국의 위액에 녹은 것이지, 날 것은 아니라는 것이다.[85] 또는 금당벽화는 초당初唐 때 중심화단에서 활약한 위지을승尉遲乙僧처럼 중아를 통해 인도·서역 화풍을 전해 받은 초당의 한 화파의 기예技藝에서 이룩된 것으로 인식하기도 한다.[86] 요컨대 담징 유파에 대해서는 일언반구도 없고, 되도록 중국과 결부지우며, 그 이후 즉 일본으로 들어오는 경로에 대해서는 구체적인 언급이 없다.

8. 1942년의 『국화』國華에 타키 세이치瀧精一는 금당벽화에 나타난 외래양식에 대해 매우 구체적으로 "중국支那 7, 인도印度 3의 비율"이라고까지 주장하여[87] 중국의 영향을 강조하고 있다. 이런 방식으로 호류지 벽

화와 고구려와의 관계를 상호 소외시키고 있다.

9. 1949년 호류지 금당의 화재로 벽화가 소실된 후, 금당벽화의 문제는 일본 학계에 새로운 이슈로 등장했다. 쿠마가이 노부오熊谷宣夫는 금당벽화의 선線과 음영[陰影, '隈取り']의 연원이 중앙아시아의 미란 벽화[4세기 초]에 있다고 주장했다. 또한 당초 미란 벽화의 이 기법은 호탄의 단단 위릭 벽화에 영향을 끼쳤으며, 다시 이 호탄 양식이 위지을승에 의해 초당 중국에 전해짐으로써 호류지와 미란 사이에 게재된 시간과 공간의 문제가 해소된다고 보았다.[88]

10. 같은 해 고바야시 다이치로小林太市郎가 쓴 논문[89]은 금당벽화가 인도 벽화에서 영향 받았을 가능성에 대해 긍정적인 평가를 내렸다. 그런데 그는 7세기 중엽의 첫 번째 화재 이후부터 취급, 화재 이전의 벽화에 대해서는 관심을 보이지 않고 있다. 따라서 담징이 그렸을 것으로 추정되는 최초의 벽화는 논외로 되고 있다.

11. 1986년 주영헌朱榮憲은 호류지 금당의 비천상과 고구려 안악 2호분 벽화의 비천상을 비교함으로써, 고구려 화승이 금당벽화를 조성했을 가능성을 시사했다.[90]

12. 1990년 홍윤식洪潤植은 법륭사 금당벽화의 주제라고 생각되는 사방사면불四方四面佛의 작례는 일찍부터 고대 한국에서 유행했던 점과 또한 호류지의 복원에 고려척高麗尺이 사용되었던 점 등을 근거로 670년 화재 이전의 벽화는 한국의 영향이 큰 것으로 보았다.[91]

13. 필자의 견해로는 우선 담징의 도일[610년]과 그가 일본에 전한 문물들을 검토하는 것이 필요하다고 본다. 『일본서기』日本書紀[92]를 포함한 제

반 문헌을 참고하면, 우선 그는 화가이다. 나아가 그가 맷돌 만드는 법을 일본에 전수한 사실은 매우 흥미롭다. 왜냐하면 생활 이기利器인 맷돌과 서역화법 일명 천축법天竺法은 그 당시 서역에서 고구려에 들어온 첨단 문물이기 때문이다.[93] 그는 7세기 전후한 시기에 고구려에 들어온 생활이기를 경험하고, 서역화법, 즉 선염 입체법을 체득한 후, 일본에 간 것으로 믿어진다.

14. 이 논고의 주76에 제시된 자료를 토대로 보면 호류지의 금당벽화와 담징과의 관계를 긍정적 입장에서 연구한 논고는 매우 드문 형편이다. 금당벽화의 작가를 언급한 가장 오래된 기록인 『칠대사일기』[七大寺日記, 12세기 초]에는 "회화는 모두 안조부鞍造部의 조鳥의 필筆이라"라고 기록했으며, 사측[호류지]의 기록인 가마쿠라鎌倉 말기[14세기 초]의 『쇼토쿠태자전사기』聖德太子傳私記의 이서裏書에도 벽화의 작가를 토리[鳥, 止利]라고 했다. 다른 한편 바쿠마츠幕末 카에이 5년[嘉永五年, 1852년]에 호류지를 방문하고, 그 그림에 대해 소견을 밝힌 고쿄도우 가이테즈조古經堂鵜 飼徹定는 담징이 그린 것이라는 전승을 기록하였다.[94] 특히 여기에서 주목되는 것은 그 벽화가 '토리'의 작품이라고 하는 부분인데, 토리는 고구려계 화가일 가능성이 있기에[95] 더욱 흥미로운 것이다.

15. 실제로 호류지 벽화에 대한 학문적 연구는 메이지20년대[1887~96년]부터 시작되는데, 1889년에 출판된 「황전강구소강연」皇典講究所講演에서는 벽화의 필자가 "고려高麗의 승담징僧曇徵이라든가, 토리부츠시鳥佛師라고 전해지고 있지만……."이라고 옛 구전을 소개하는 일면, 그 논의의 신빙성에 대해 의문을 제기했다.[96] 여기에서 1880년대의 상황을 다시금 확인할 수 있다. 그러나 앞에서 본 바와 같이 1890년대에도 간혹 금당벽화의 외래 기법이 고대 한국과 관련되었다고 주장하는 경우가 있음을 주목해야 한다.

16. 대체로 일본에서의 연구는 금당벽화와 유사한 외래 기법이 서역→중국→일본의 루트를 통해 전달된다고 주장하여, 고구려와의 관계를 괄호 밖에 내어놓고 있다. 선행 연구에 대한 분석을 토대로 다음과 같은 몇 가지 관점을 제시한다.

- 고구려에 파급된 서역화법, 특히 둔황 벽화와 관계해서 고구려 고분벽화에 대한 면밀한 분석이 요구된다.
- 담징의 존재와 관계해서 610년 전후한 시기에 일본에 전해진 고구려 문화를 재검토할 필요가 있다.
- 담징과 금당벽화의 관계가 구전으로만 이어지는 것은 7세기 초 일본인의 서역 인식의 한계일 수도 있다는 관점에서 당시의 그 부분에 대한 연구가 이루어져야 한다고 본다.
- 끝으로, 20세기를 전후한 시점에 일본의 세력이 동아시아를 지배한 것과 연관해서 자리 잡은 일본의 국수주의 사관과 미술관美術觀의 테두리 속에서[97] 일본 고대사의 특정 부분을 재해석하고, 담징의 역사성을 축소하였을 가능성을 신중하게 검토하는 문제가 제기될 수 있다.

중아미술의 영향을 자주적 독창적으로 발전시킨 고구려 벽화 미술

지금까지 분석한 것처럼 고구려 벽화를 통해 본 고구려와 중아와의 관계는 일방적인 영향관계라기보다는 상호 교류의 성격으로 파악해야할 것이다. 이 과정에서 북위가 중요한 역할을 했을 것으로 추정된다. 즉 고구려는 북위를 교량으로 중아를 넘나들었을 것이다. 북위 이전에는 낙랑이 고구려의 고토故土에 중아 미술의 특성을 실어 날랐을 것으로 생각된다. 즉 이러한 중아 문화의 확산은 중국의 한나라가 북방의 흉노와 접촉함으로써 가능했을 것으로 보인다.

고구려 미술의 특성은 자신의 뛰어난 창조력이 외래미술을 흡수할 경우에도 작용한다는 점에 있다. 중아로부터 고구려에 들어온 요철식 건축 표현, '조의출수'식 의습 표현, 뿐만 아니라 당초문, 비천상, 서역인물 등과 같은 외래 모티프들의 고구려식 표현 등, 뚜렷한 창의적 흔적을 찾아낼 수 있다. 특히 고구려 벽화의 전성기인 6세기 말에는 생명력 넘치는 사실성을 구가하여 동아시아에서 드문 사례들을 남겨 주목받고 있다.

고구려와 중아와의 관계를 언급한 문헌이 매우 빈약한 것에 비하면, 우리가 위에서 관찰한 것처럼 미술자료들은 양자의 관계에 대해 어느 정도 다양한 실상을 전해준다. 이 경우 특히 고구려 벽화는 '대체문헌'代替文獻의 중요한 역할을 한다고 평가할 수 있다.

주

1 최근에 출간된 전문서에서 그동안의 연구 논저 목록을 참고할 수 있다. 전호태, 『고구려 고분벽화의 세계』, 서울대학교 출판부, 2004, 396~639쪽; 고구려연구재단 편, 『고구려사 연구논저 목록』, 고구려연구재단, 2004, 15~428쪽. 그 밖에 근년에 출간된 자료로서는 다음의 글이 있다. Kim Lena, "Chinese and Central Asian connections in the Koguryo mural paintings," *Mural Paintings of the Silk Road*, ed. by Kazuya Yamauchi, Tokyo: Archetype Publications, 2007, pp. 45~53.

2 필자는 고대 한국의 후기청동기 시대를 '전기 초원문화기(前期 草原文化期)'로 규명하고, 그 특징을 샤머니즘, 동물양식, 동복(銅鍑)과 같은 요소에서 찾았다. 권영필, 「고대 한국 미술의 사상적 원류와 조형성」, 영남대학교 민족문화연구소 편, 『한국 문화사상대계』 4, 영남대학교 출판부, 2003. 이 책의 논고 10장 「실크로드 미술 새롭게 보기」 참조.

3 일찍이 이 왕광묘 보고서에서도 이 도상이 그리핀임을 언급했다. 朝鮮古蹟硏究會, 『樂浪王光墓』, 1935, p. 40, 圖版 第七五(一).

4 이 책의 논고 1장 「서아시아와 고대 한국 문화」, '서아시아의 청동기' 참조. 요약하면 스키타이의 동물양식이 타가르 문화를 거쳐 한반도로 내려온다는 종래의 설에 대해 중국학자들은 북중국의 동물양식이 스키타이 보다 시기적으로 앞선다는 주장을 내세워 오히려 스키타이가 중국의 영향권에 들어간 것으로 보고 있다. 그러나 필자의 견해로는 아키나케스 청동단검의 검파두식에 나타난 그리핀 장식은 스키타이로부터 오르도스로 전해지고, 그것의 변형인 압형 검파두식이 평양, 대구로 이어진 것으로 판단된다.

5 동복은 스키타이를 비롯한 유목민족의 전형적인 취사도구(炊器)이다. 외래 생활용기를 받아들이는 것은 기층문화의 변화로 해석되고, 이 변화의 토대 위에 상층 문화인 미술의 변혁이 어렵지 않게 올라서게 된다. 이것이 동복에 주목하는 이유이다. 동복의 기원에 대해서는 이론이 분분하다. 에가미 나미오江上波夫는 스키타이 동복이 흉노에 접속되는 곳을 오르도스로 보았으며, 그 연대는 기원전3~1세기로 파악했다, 江上波夫, 『文化史論集』 3, 東京: 山川出版社, 1999[첫 발표: 1950년], p. 417. 이처럼 스키타이 자생의 동복이 흉노에게 영향을 준 것으로 보는 설과는 달리 중국의 동복이 스키타이에게 영향을 끼쳤을 것으로 보는 설도 있다. 제니 소(Jenny F. So)는 중국 북서부에서 출토된 동복(기원전 8세기)을 가장 오래된 것으로 추정하고, 특히 이 유형의 동복이 서유라시아로 건너가 흑해 연안 종족의 징표로 되었다는 미클로스 에르디의 설을 인정했다. Miklos Érdy, "Hun and Xiongnu Type Cauldron Finds Throughout Eurasia," *Eurasian Studies Year Book*, 1995, pp. 5~95. 또한 이보다 후에 중국식 문양이 없어지고, 작은 굽다리를 가진 유형(기원전 7~6세기, 베이징 북쪽 출토)이 이미 후대 유목족 동복의 특징을 드러낸다고 하였다. Jenny F. So & Emma C. Bunker, *Traders and Raiders on China's Northern Frontier*, Arthur M.Sackler Gallery, Smithsonian Institution, Seattle and London, 1995, p. 108, pl. 22. 한편 이러한 여러 주장에도 불구하고, 엠마 C. 벙커는 유목족 동복의 근원은 서방에 있으며, 코카서스 지방 그루지야(Georgia)의 출토품이 동방 동복의 모델일 것으로 추정하고, 흑해 연안의 스키타이 동복의 연대는 기원전 7~6세기라고 평가하였다. Emma C. Bunker, *Ancient Bronzes of the Eastern Eurasian Steppes from the A. Sackler Collections*, The A. M. Sackler Foundation, 1997, pp. 178~79. 그밖에도 벙커의 견해와 기본적으로는 일치하면서 다만 편년에 차이를 보이는 우메하라 스에지(梅原末治)의 주장은 청동기 시대의 동복 전체에 대한 형식 분류, 분포, 상호비교 등의 관점에서 괄목할 성과를 거두었다고 평가할 수 있겠다. 梅原末治, 「北支那發見の一種

の銅容器と其の性質」,『東方學報』, 京都 第一册, 1930, pp. 49~90. 한반도 남쪽, 즉 김해 대성동 29호, 47호, 양동리 235호 등 가야 지역 출토의 동복들[각각 3세기 말로 편년. 신경철, 김재우,『김해 대성동 고분군 I』, 경성대학교 박물관, 2000, 181쪽]과 지안 고구려 묘, 낙랑 정오동 1호분 등지에서 출토된 동복들은[신경철,「김해 예안리 160호분에 대하여」,『가야고고학논총』1, 가야문화연구소편, 1992, 158쪽 참조] 외형상 오르도스 유형[Emma C. Bunker, 위의 책, p. 269, pl. 236(기원전 1~기원후 2세기); 권영필,『렌투스 양식의 미술』상, 사계절, 2002, 262쪽, 삽도8~9(後漢) 각각 참조]과 일치한다. 오르도스 형 동복이 직접 한반도에 들어왔는지, 아니면, 오르도스 형을 모범으로 삼아 한반도에서 제작했는지는 고고학적 검증을 필요로 하는 사안이지만, 교류사적 관점에서 동복 유형(idea)은 스키타이→오르도스→한반도로 이어진 것으로 보인다.

6 梅原末治 編,『朝鮮古文化綜鑑』第三卷, 奈良: 養德社, 1959, p. 33.

7 파지리크 고고학 연구에 따르면 파지리크 그리핀의 한 특징이 머리에 사슴뿔을 다는 것이다. Guitty Azarpay, "Some Classical and near Estern Motifs in the Art of Pazyryk," *Artibus Asiae*, Vol. 22, No. 4, 1959, p. 325 [原出: S. I. Rudenko, *Kul'tura naseleniia gornogo Altaia v skifskoe vremia*, Moskva/Leningrad 1953]. 또한 위의 루덴코 책 번역본[*Forzen Tombs of Siberia. The Pazyryk Burials of Iron-Age Horsemen*, Berkeley: University of California Press, 1970]의 p. 261과 도판 142-A를 참고할 수 있다. 한편 최근에 이송란(李松蘭)은 '새머리 장식 사슴뿔'을 이 석암리 유물의 특징으로 규명하고, 그 계보를 밝히는 가운데 스키타이-흉노적인 조형성이 식민지역의 토착세력과 연결되었을 것으로 판단하고 있다. 이송란,「오르도스 '새머리 장식 사슴뿔' 모티프의 동점으로 본 평양 석암리 219호 <은제타출마노감장괴수문행엽>의 제작지」,『미술자료』78, 국립중앙박물관, 2009, 128~53쪽.

8 국립중앙박물관 편,『특별전 낙랑』, 2001, 도판 82.

9 梅原末治 編(1959), 圖版七六-316.

10 알려져 있듯이 흉노의 노인울라 고분(현 몽골의 울란바토르 지역, 기원후 1세기)에서 출토된 <기마인물 문양 직조물>에는 페르시아의 명암기법이 나타나 주목을 받고 있다. 梅原末治,『蒙古ノイン·ウラ發見の遺物』, 東洋文庫, 1960, 圖版第1-2.

11 고구려와의 관계에 대해서는 기본적으로 다음의 노태돈의 책 가운데 특히 '5~6세기 동아시아 국제정세와 고구려의 대외관계'(제3부 2장)를 참고하였음을 밝힌다. 노태돈,『고구려사 연구』, 사계절, 2003, 296~355쪽.

12 P. O. Harper, *The Royal Hunter. Art of the Sasanian Empire*, New York: Asia House Gallery Publication, 1978, p. 22.

13 박한제(朴漢濟),『중국 중세 호한체제 연구 (中國中世胡漢體制硏究)』, 서울: 일조각, 1988, 180~82쪽.

14 林梅村,「中國境內出土帶銘文的波斯和中亞銀器」,『文物』1997年 9期, p. 61. 원출:『魏書』本紀, 卷5, 文成帝 太安2年(456) "普嵐國竝遣使朝獻"; 和平6年(465) "普嵐國獻寶劍"; 卷6, 皇興元年(467) "高麗,于闐,普嵐 粟特國各遣使朝獻."

15 권영필,「고구려 회화에 나타난 대외교섭」,『실크로드 미술 –중앙아시아에서 한국까지』, 열화당, 1997, 151쪽; 한국미술사학회,『고구려 미술의 대외교섭』, 예경, 1996, 180쪽.

16 장수왕은 '차기대장군, 태부 요동군개국공, 고구려왕(車騎大將軍, 太傅 遼東郡開國公, 高句麗王)'이라는 칭호로 추증된다. 여기에서 태부는 '정일품 상(正一品 上)', 차기대장군은 '정일품 하(正一品 下)' 이다. 三崎良章,「北魏の對外政策と高句麗」,『朝鮮學報』102, 朝鮮學會, 東京, 1982, pp. 129~48.

17 三崎良章, 위의 논문, p. 139. 더욱이 교섭의 첫해인 435년에는 북위의 사절이 평양을 방문하여 장수왕에게 수호(授號)한다. 堀敏一,『中國と古代東アジア世界』, 東京: 岩波書店, 1993, p. 171.

18 三崎良章, 위의 논문, pp.139~48.

19 이와 유사한 관점을 표명한 논문으로는 다음을 참고할 수 있다. Nancy S. Steinhardt, "From Koguryo to Gansu and Xinjiang: Funerary and Worship Space in North Asia 4th~7th Centuries", 앞의 『漢唐之間文化藝術的互動與交融』, 巫鴻 主編, 2001, pp. 153~203.

20 張碧波 編, 『中國古代北方民族文化史』, 哈爾濱: 黑龍江人民出版社, 1995, p. 1110. 원출: 『魏書』卷114「釋老志」.

21 R. Whitfield, 권영필 역, 『둔황』, 예경출판사, 1995, 340쪽.

22 James C. Y. Watt et al., *China. Dawn of a Golden Age, 200~750 AD*, New York: The Metropolitan Museum of Art, 2004, p. 16.

23 또한 고구려의 중아 문물 수용의 통로는 북위와의 이러한 정식 교섭 외에도 또 다른 경로가 존재했음을 고려해야 할 것이다. 즉 호리 토시카즈(堀敏一)에 따르면 호족(胡族) 정권의 사민(徙民)정책 과정에서 고구려인이 유민집단에 포함되기도 하였거니와, 다른 한편 중국의 유민 중에 어느 정도가 조선 방면으로 들어오게도 되는데, 그 통로는 동북에서부터 육로로, 또는 산둥 반도에서부터 해로로 들어가는 경우로 유추된다. 堀敏一, 앞의 책, pp. 113~14. 이 부분은 미술사의 관점에서 앞으로 심도 있는 연구가 요구된다. 한편 박한제는 고구려인을 평성으로 옮긴 것은 농민 확보에 따른 것으로 해석한다. 박한제, 앞의 책, 205쪽.

24 박아림(朴雅林), 「고구려 벽화와 감숙성 위진 시기(둔황 포함) 벽화 비교 연구」, 『고구려 벽화의 세계』, 사단법인 고구려연구회 제9회 고구려 국제학술대회, 2003; 강현숙, 「고구려와 중국 북방의 4~5세기 벽화분 비교」, 『고구려 문화의 비교연구』, 고구려 연구재단 연구총서, 2005, 11~48쪽.

25 예컨대 2004년에 미국 메트로폴리탄 미술관의 전시 "중국, 황금시대의 새벽, 기원후 200~750년(China. Dawn of a Golden Age, 200~750 AD)"가 있다.

26 무덤 주인의 도상에 대해서는 다음의 논문이 참고가 된다. Liu Yang, "Origins of Daoist Iconography", *Ars Orientalis* 31, 2001, pp. 47~49.

27 동한(東漢) 시대에 이와 같은 굵은 담흑선을 이용한 대표적인 예로는 허베이성 왕두(望都) 1호 벽화와 로양 쭈춘 차오웨이 묘 벽화의 인물상들이다. 河北省文物研究所 編, 『河北古代墓葬壁畵』, 文物出版社, 2000, 도판 26~31. 黃明蘭 外 編著, 『洛陽漢墓壁畵』, 洛陽: 文物出版社, 1996, 도판 2~7.

28 黃明蘭 外 編著, 위의 책, 도판 3~21.

29 "馬的顏色渲染得濃淡適度, 有明暗凹凸的立體感. 繪畵者熟練地運用透視技巧, 從不同的視覺表現馬…", "庭院重疊錯落的建築鳥瞰圖, …" 劉來成, 「安平逯家莊東漢壁畵墓」, 위의 『河北古代墓葬壁畵』, p. 11. 도판 상으로만 관찰할 때, 특히 이 동한묘의 명암기법은 인체의 경우 복식의 주름에 치우쳐 있고, 주로 수묵으로 표현되어 있다.

30 郭瑞海, 「河北古代墓葬壁畵概述」, 위의 『河北古代墓葬壁畵』, p. 2.

31 왜냐하면 이런 식으로 해석하면 안악 3호분의 무덤 주인상도 옷 주름에 홍선이 가해진 것이 아니라, 홍포를 입고 있는 것이 되기 때문이다.

32 이 '조의출수'는 알려져 있듯이 북제에 와서 활동한 소그드 화가 조중달에서 비롯된 화법이다. 조중달의 출자에 대해서는 장언원(張彦遠)의 『역대명화기(歷代名畵記)』[卷5, 曹仲達條]를, 그의 조의출수에 대해서는 곽약허(郭若虛)의 『도화견문지(圖畵見聞志)』를 각각 참조할 것. 조중달이 그린 인물화의 옷 주름 표현이 물에 빠진 사람을 건져냈을 때 옷이 몸에 밀착된 모습과 같다는 말이다. 고구려 벽화를 자세히 관찰하면 한두 사례가 더 눈에 띈다. 예컨대 오회분 4호묘의 <불의 신>도 그러하다. 이 책의 논고 1장 「서아시아와 고대 한국 문화」 참조.

33 로마 벽화의 인물이나 건축물 묘사에서 명암표현은 절대적이다. 로마인들의 이런 명암 개념은 장식문양에서도 잘 드러난다. 예컨대 로마의 한 저택 벽화(Casa dei Grifi, 기원전 100년경)에 나타난 사방연속의 '주사위[입방체] 문양(Würfeldekoration)'은 그 주

사위들을 사각(斜角)으로 돌출시켜 묘사함으로써 명암표현의 효과를 높이고 있다. 이 문양은 이미 로마 벽화에 잘 알려진 상태였다. Harald Mielsch, *Römische Wandmalerei*, Darmstadt: Wissenschaftliche Buchgesellschaft, 2001, pp. 29~30.

이 주사위 모티프는 로마 모자이크에도 그대로 전이되고 있는데, 더욱 흥미로운 사실은 이 모티프의 모자이크가 이란 사산왕조의 궁전 건축, 곧 비샤푸르의 샤푸르 1세 궁전에도 고스란히 나타난다는 점이다. Prudence Oliver Harper, 앞의 책, pp. 169~70. 이렇게 보면 이 모티프가 시리아와 같은 로마의 속주 지역은 물론이고, 늦어도 3세기 이후에는 이란에까지도 퍼져나갔음을 알게 된다. 또한 이 모티프의 명암표현은 팔미라 무덤 벽화의 코니스에 나타나는, 이빨처럼 튀어나온 문양인 덴틸(dentil)의 명암표현과 동일한 맥락의 것으로 볼 수 있다. 이런 요소들이 결국 중앙아시아로 전달되어 수수께끼와 같은 과제로 등장한다.

34 아잔타 벽화의 입체묘법(먹으로 처리한 대상의 윤곽선 언저리에 굵은 황색 선을 덧칠하는 표현 방식)이 중아에 파급되었음은 익히 알려져 있는 사실이다. 한편 팔미라의 무덤벽화에 묘사된 코니스의 덴틸 문양은 당초 로마 신전의 '코니스' 양식에서 촉발된 것이지만, 그 전이 과정에서 볼 때, 팔미라의 장인들에게는 이 덴틸 문양이 이미 로마 벽화의 주사위 모티프를 통해 매우 익숙한 대상이었을 것으로 믿어진다. 어쨌거나 이 명암표현의 도상은 동쪽으로 확산되어 키질을 거쳐 둔황으로 연결되며, 드디어 고구려 벽화에까지 이어진다. 이에 대해서는 이 책의 논고 1장「서아시아와 고대 한국 문화」 참조.

35 新疆維吾爾自治區,『絲路考古珍品』, 上海: 上海譯文出版社, 1998, 圖65; James C. Y. Watt et al., 앞의 책, pl. 101.

36 梅原末治,『蒙古ノイン·ウラ發見の遺物』, 東京: 東洋文庫, 1960, 圖版1; Tamara Talbot Rice, *Ancient Arts of Central Asia*, London: Thames and Hudson, 1965, pl. 39. 노인울라 고분은 몽골의 수도 울란바토르에서 북쪽으로 130킬로미터 떨어진 곳에 있는 고대 흉노 왕의 무덤(기원후 1세기)인데, 1923년 러시아의 코즐로프가 발굴하여 동서미술 교섭의 실상을 증명해주는 다량의 유물들을 수습한 바 있다.

37 James C. Y. Watt et al., 앞의 책, p. 195.

38 이 책의 논고 1장「서아시아와 고대 한국 문화」 참조.

39 S. J. Rudenko, "The Mythological Eagle, the Gryphon, the Winged Lion, and the Wolf in the Art of Northern Nomads," *Artibus Asiae*, vol.21, no.2 (1958), p. 117.

40 梅原末治,『蒙古ノイン·ウラ發見の遺物』, 圖版2의 左.

41 Roman Ghirshman, *Iran. Parther und Sasaniden*, München: Verlag C. H. Beck, 1962, p. 109.

42 마리오 부사알리, 권영필 역,『중앙아시아 회화』, 서울: 일지사, 1990[초판 1979], 도판 11.

43 미란 벽화에 나타난 '티타(Tita)'라는 서명으로 미루어 서방에서 온 화가일 것으로 해석되고 있다. 마리오 부사알리, 권영필 역, 위의 책, 22쪽; A. Stein, *Serindia*, vol. I, Oxford, 1921, pp. 529~31.

44 위의 책, 23~24쪽. 간다라와의 연관성은 불상의 옷 주름 표현과도 무관하지 않다. 현존하는 중국 초기 불상들의 조형적 특징은 말할 것도 없이 간다라의 흔적을 그대로 유지하고 있다. 대표적인 경우로는 새클러 박물관 소장의 <금동불좌상>(300년경)을 들 수 있는데(배진달,『중국의 불상』, 일지사, 2005, 56~57쪽), 이런 불상들은 늦어도 4세기까지는 중국의 조형 사상에 강한 영향을 미쳤던 것으로 짐작된다. 특히 굵은 선으로 의습을 표현한다는 점이 더욱 그러하다. 다만 이 경우 중국 회화 또는 무덤 벽화에 이런 기법이 어느 정도 반영되었는지가 문제이다.

45 James C. Y. Watt et al., 앞의 책, p. 9, pl. 35.

46 이재성,『고대 동몽고사(古代東蒙古史) 연구』, 서울: 법인문화사, 1996, 99쪽.

47 <금상감수렵문동통>의 사진 자료를 필자에

게 보내주신 도쿄예술대학교 미술관 에하라 사나에(江原さなえ) 선생께 감사를 표한다.

48 M. Rostovitzeff, "Parthian Shot," *American Journal of Archaeology*, vol.47, no.2. Jan. 1943, pp. 174~187.

49 E. Jacobson, "Mountains and Nomads: A Reconstruction of the Origins of Chinese Landscape Representation," *The Museum of Far Eastern Antiquities*, Bulletin no.57, Stockholm: The Museum of Far Eastern Antiquities, 1985, p. 134, 주5, 9 참조.

50 이와 유사한 유물이 허베이성 딩현(定縣) 삼판샨(三盤山)에서도 출토되었다. 巫鴻, 鄭岩 外 譯, 『禮儀中的美術』, 北京 三聯書店, 2005. 圖16~18. 이 유물에서도 천마와 함께 대퇴부가 강조되는 문양이 나타나 주목의 대상이 되고 있다.

51 <유리용기>에 대해서는 다음을 참고: 권영필, 『실크로드 미술 –중앙아시아에서 한국까지』, 서울: 열화당, 2004[초판 1997], 157쪽. <호선무>에 대해서는 다음을 참조: 이송란, 「신라 계림로 14호분 <금제감장보검>의 제작지와 수용경로」, 『미술사학연구』, 258, 한국 미술사학회, 2008. 6, 89~90쪽. 이송란은 <호선무> 이외에도 몇가지 자료를 더 분석하여 고구려가 이른 시기부터 소그드인 취락이 조성되었던 감숙 지역과 교섭하였음을 밝히고 있다. 이송란, 위의 논문, 91~2쪽.

52 앞의 주33, 34 참조.

53 둔황 벽화의 경우에는 벽면 상부에 불보살(佛菩薩)을 모시기 위한 공간에 해당된다.

54 권영필, 「고구려의 대외문화 교류」, 『고구려의 문화와 사상』, 서울: 동북아역사재단, 2007, pp. 258~59.

55 이 밖에도 키질 석굴 벽화에서 돌출부가 표현된 석굴들은 초기 석굴인 38굴, 47굴을 비롯, 14, 17, 27, 83, 92, 129, 175, 188, 196, 224굴 등이다.

56 전호태도 이와 유사한 견해를 표명하고 있다. 전호태, 앞의 책, 186쪽.

57 김원룡, 『한국 미술사』, 서울: 범문사, 1968, 61쪽, 삽도9.

58 E. Jacobson, 위의 논문, pp. 146~47.

59 예컨대 신장성에서 발견된, 주머니 등에 이용된 직물은 평면임에도 공예적 공간 운영은 동일하다. 新疆維吾爾自治區, 『絲路考古珍品』, 圖34~36.

60 마이클 설리번은 무용총 벽화의 사냥 장면에 대해서 한대 박산로의 전형적인 수렵도가 있음에도, 갈팡질팡 여러 방향으로 뛰어드는 사냥감의 동작을 담아낼 수 있는, "에워싸는 '공간 구획'"(enclosed 'space cells')을 만들지 못했다고 지적한다. Michael Sullivan, *The Birth of Landscape Painting in China*, Berkeley: University of California Press, 1962, p. 144. 필자는 이런 지적이 그가 나중에 설명하듯 윈강 석굴과 같은 '구획'을 의미하기보다는 정리된 화면 효과를 뜻한다고 이해한다. 즉 설리번은 무용총의 사냥 장면이 '정리된 화면'에 이르지 못한 것으로 평가하는 반면, 필자는 오히려 그것을 적극적인 '열린 공간'의 의미로 해석하는 것이다. 한편 안휘준은 무용총 벽화 공간에 대해 '현실적인 고구려 수렵도'라고 부른다. 김원룡·안휘준, 『한국 미술의 역사』, 서울: 시공사 2003, 76쪽.

61 설리번도 유사한 견해를 표명하고 있다. 윈강10굴의 표현에 대해서 '구획된'(cellular) 처리 방식이라고 하고, 그것이 화면의 생기를 감소하게 한다고 보았다. M. Sullivan, 위의 책, p. 144.

62 孫進已, 『東北各民族交流史』, 沈陽: 春風文藝出版社, 1992, p. 152.

63 鄂嫩哈拉, 蘇日台 編著, 『中國北方民族美術史料』, 上海: 人民美術 出版社, 1990, pp. 89, 111. 한편 설리번이 이 249호 벽화 수렵도 장면의 공간적 특징에 대해 '매우 자유롭고, 열린 공간'이라고 말한 점에 대해서는 필자도 공감하는 바인데, 그것이 '특징적인 중국양식'이라고 한 것은 어떤 근거에서인지 알 수 없다. M. Sullivan, 위의 책, p. 150.

64 「朝陽袁臺子東晋壁畵墓」, 『文物』 6, 1984, pp. 29~45, 圖版伍 1-上: 狩獵圖 참조.

65 湯池, 「漢魏南北朝的墓室壁畵」, 『中國美術全集. 墓室壁畵』 12, 文物出版社, 1989, p. 10.

66 M. Sullivan, 앞의 책, p. 151.

67 전호태, 앞의 책, 204쪽.

68 朱榮憲, 「高句麗壁畵古墳の特徵について」, 『高句麗と日本古代文化』(上田正昭, 朱榮憲 外) 所收, 東京: 講談社, 1986, pp. 62, 94.

69 張彥遠, 『歷代名畵記』, 顧愷之條.

70 김정숙, 「고구려삼실총 '지천역사상'의 도상적 원류 –인도 약샤 주유상의 동점문제」, 『권영필교수정년퇴임기념논총 (하), 동서의 예술과 미학』, 민주식·조인수 편, 솔 출판사, 2007, 175~200쪽.

71 전호태, 앞의 책, 196쪽.

72 지금까지의 연구 성과에 따르면, 고구려 벽화에 주된 상징물로 등장하는 이른바 '화염문'은 고구려가 생산한 일정한 상징성을 가진 중요한 문양이며 고구려가 주변국보다 앞서는 것으로 평가되고 있다. 이송란, 「고구려 고분벽화의 천상(天上)표현에 나타난 화염문(火焰紋)의 의미와 전개」, 『미술사학연구』 220, 미술사학연구회, 1998, 1~40쪽. 한편 이 문양이 북위 구위엔묘(固原墓)의 칠관채화(漆棺彩畵)에도 나타나는데, 이런 현상은 북방 민족 간의 문화적 연계를 유추하게 한다. 鄂嫩哈拉, 蘇日台 編著, 앞의 책, p. 128. 그러나 이 문양이 둔황 벽화에는 나타나지 않는다.

73 권영필, 앞의 『실크로드 미술 –중앙아시아에서 한국까지』, 155~59쪽; 한국 미술사학회, 『고구려 미술의 대외교섭』, 183~85쪽.

74 鄭岩, 『魏晉南北朝 壁畵墓 硏究』, 北京: 文物出版社, 2002, p. 174.

75 일본에서의 이 분야 연구는 이 논고의 주76에서 보는 바와 같이 호류지의 제2차 화재 후인 1949년부터 다시금 논의의 불을 지피기 시작하여 오늘에 이르고 있다. 한편 국내에서는 그동안 이 문제에 대해 연구가 활발하지 못한 실정이었다. 그런 가운데 안휘준은 담징과 호류지 벽화에 대해 고바야시 다이치로(小林太市郎)의 논고를[이 논고의 주89 참조] 바탕으로 밀도 있는 분석을 가했다. 그리고 호류지 금당벽화와 담징 사이에 관계가 있음을 어느 정도 시사하면서, 적어도 그 벽화가 고구려계일 가능성을 짚었다. 안휘준, 『한국회화사 연구』, 서울: 시공사, 2000, 185~92쪽.

76 담징 부분에 관해서는 필자의 베를린 발표("Die Beziehung der Goguryeo-Wandmalerei zur zentralasiatischen Kunst," *International Symposium: Mural Paintings from the Goguryeo Kingdom[37BC-668AD]*, Freie Universität Berlin, 21st-23rd October, 2005) 이후, 중앙아시아학회 동계 워크숍(2006년 2월 11일)에서 일본 측 자료를 보완하여 별도로 발표한 바 있다. 호류지와 담징에 관해 다음의 자료를 주로 참고하였다. 특히 오하시 카츠아키(大橋一章)의 편저는 최근까지의 자료를 예의 분석 정리한 것으로서 일본 학계의 연구 동향을 파악하는 데에 큰 도움이 된다. 久野健, 「法隆寺壁畵硏究史」, 『國華』 691(1949 Oct.), 692(1949 Nov.), 694(1950 Jan.), 695(1950 Feb.), 696(1950 Mar.), 698(1950 May), 699(1950 Jun.), 703(1950 Oct.); 大橋一章 編著, 『法隆寺美術 論爭の視點』, 東京: 株式會社グラフ社, 1998.

77 Ernest Fenollosa, *Epochs of Chinese and Japanese Art*, vols. II, 1912 (『東洋美術史綱』 上, 1978, pp. 174~75).

78 黑川眞賴, 「法隆寺建築說」, 『國華』 9, 1890, p. 3.

79 川崎千虎, 「法隆寺金堂壁畵」, 『國華』 24, 1891, pp. 263~64.

80 Oskar Münsterberg, *Chinesische Kunstgeschichte*, Band I, Esslingen a. N.: Paul Neff Verlag, 1924[초판 1910], Abb. 106, p. 146. 필자가 참고한 책은 1924년의 제2판이지만, 이것은 원저자의 사후에 출간되었기에 초판(1910년)의 내용과 동일할 것으로 유추할 수 있다. 그가 인용한 일본 자료는 다음과 같다. Tajima, *Selected relics of Japanese art*, II.

81 "釋曇徵, 推古十八年春三月, 高麗國貢來, 涉外學, 善五經, 又有伎藝, 造碾磑工彩畵, 是時本朝未善繪事, 就徵受指教," 『本朝高僧傳』; "推古天皇十八年庚午三月, 高麗僧曇徵, 法定, 二口來, (중략) 太子命曰, 法師等遲來, 宜住吾寺, 卽置法隆寺." 『平氏太子傳』. 박종홍, 「조선

미술의 사적고찰(朝鮮美術의 史的考察)」(七), 『개벽開闢』, 1922, 17~21쪽. 필자가 조사한 바에 따르면 이 내용들은 각각 다음의 문헌에 수록되어 있다.「本朝高僧傳 卷六十七」, 高楠順次郎, 望月信亨 編,『大日本佛教全書』, 東京, 1931, p. 842;「聖德太子傳曆 下卷(平氏撰」),『大日本佛教全書』, pp. 20~21.

82 위의 박종홍의 논문, 19~20쪽.

83 안드레 에카르트, 권영필 역,『에카르트의 조선미술사』, 열화당, 2004, 259~60쪽.

84 『夢殿』(6號, 鵤故郷舍, 1932)에는「法隆寺金堂壁畵の源流」(濱田青陵),「法隆寺金堂壁畵と西域の壁畵」(松本榮一),「法隆寺金堂壁畵の圖像並西域藝術感化」(瀧精一) 등 비교적 초기의 원류 관계 논고들을 소개하고 있다. 2005년에 출간된『法隆寺 資料集』(大橋一章 監修, 早稻田大學會津八一記念博物館)에는 메이지 시기(明治期)부터 근년까지의 호류지 관계 논저 목록이 실려 있어 참고가 된다.

85 松本榮一, 위의 논문, p. 113.

86 瀧精一, 위의 논문, p. 129.

87 瀧精一,「法隆寺の壁畵と西洋畵」,『國華』622, 1942, p. 282.

88 熊谷宣夫,「ミィランの壁畵と法隆寺」,『佛教藝術』4, 1949, pp. 139~46.

89 小林太市郎,「法隆寺金堂壁畵の硏究」,『佛教藝術』3, 東京: 每日新聞社, 1949, pp. 5~56.

90 구영헌, 앞의 논문, 94쪽.

91 홍윤식,「일본 법륭사 금당벽화에 보이는 한국 문화의 영향」,『고고미술』185, 1990, 135~162쪽.

92 "그는 오경을 해(解)하였다. 또 채색이나, 지묵(紙墨)을 만들고, 또 연애(碾磑)를 만들었다. 대개 연애를 만든 것은 이때가 처음일 것이다." 성은구 역주,『일본서기』, 서울: 정음사, 1987, 347쪽.

93 고구려의 맷돌에 대해서는 민속학자 김광언이 직접 언급했던 부분이다. 필자는 김광언 교수와 함께 1991년 여름, 조선일보 주관의 '한민족 뿌리찾기 탐사'를 위해 신장 실크로드를 답파한 적이 있다.

94 앞의 大橋一章, p. 310.

95 강우방은 일본 학자들의 근년 논고를 세밀히 검토한 후, 토리를 고구려계, 또는 백제계일 가능성을 언급하면서도 고구려 불상과 연관해볼 때, "일본 지리 양식의 기본 구조는 고구려 양식에서 찾아볼 수 있다"고 결론을 내려 고구려계일 가능성에 더 무게를 두었다. 강우방,『원융과 조화』, 서울: 열화당, 1990, 93~100쪽.

96 久野健, 앞의『國華』691(1949), p. 261.

97 타카기 히로시(高木博志)는 20세기를 전후한 시기에 오카쿠라 텐신(岡倉天心)과 세키노 다다시(關野貞)에 의해 '만들어진 미술사'의 틀 속에서 조선미술사는 무시되었다고 비판하였다. 高木博志,「일본미술사와 조선미술사의 성립」,『국사의 신화를 넘어서』, 임지현·이성시 엮음, 서울: 휴머니스트, 2007, 165~96쪽. 한편 이 시대를 가라타니 고진(柄谷行人)은 '미술관으로서의 역사'로 규정하고, 오카쿠라가 일본 자체를 미술관으로 간주한 것은 정당하다고 하면서도 "그(오카쿠라)가 일본의 공간에 '동양의 역사'를 구성한 것은 형태를 바꾼 일본중심주의"라고 지적하였다. 나아가 카라타니는 오카쿠라가『차의 책(茶の本)』(1906)에서 "어떤 점에서 동양은 서양보다 우수하다"고 갈파한 것에 대해 "[러일 전쟁(1904~05)에서의] 일본의 군사적 승리가 없었다면, 그는 이렇게 여유를 부리며 '동양이 우위'를 말할 수 없었을 것"이라고 꼬집었다. 가라타니 고진, 조영일 옮김,『네이션과 미학』, 서울: 도서출판 b, 2004, 131~51쪽 (「미술관으로서의 역사」).

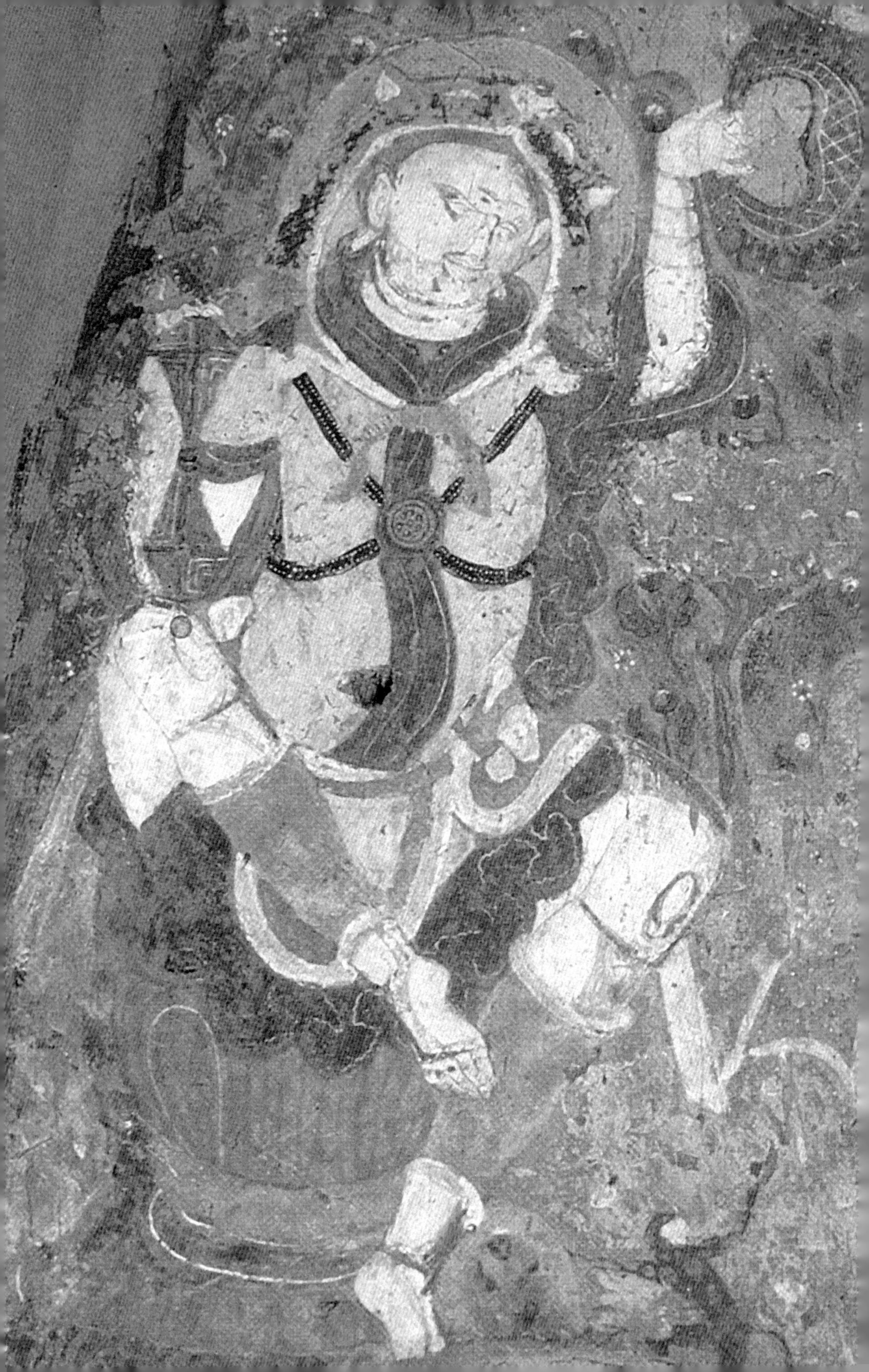

3장 헬레니즘 미술의 경주 전파: 헤라클레스 열풍과 사천왕상

동쪽으로 온 헤라클레스의 사자

실크로드를 통한 헬레니즘 문화의 전파는 광범위하였을 뿐만 아니라, 어느 정도 지속적이었다고 말할 수 있다. 이에 대한 다양한 사례 가운데서 신라 감은사지 서탑 출토[1961년]의 사리장치에 부조된 사천왕상은 주목할 가치가 있다고 하겠다. 이 사천왕상은 갑주甲冑로 치장했는데, 다문천을 제외하고는 어깨에 '사교'獅嚙형 장식을 부착하고 있는 것이 특징이다. '사교'란 사자가 인체의 머리나 팔뚝을 물고 있는 모습을 가리킨다. 결론부터 말하면 원래 이 형태는 그리스의 헤라클레스 조각에서 연유된 것이다. 지역에 따라 사자 대신에 용이나, 다른 서수瑞獸로 대체되기도 하지만, 요컨대 '동물이 사람의 머리나 팔뚝을 물고 있는 모습'은 서방의 사교를 원천으로 한다. 그러므로 이와 같은 '물고 있는' 유형을 통틀어 '사교형'으로 부르겠다.

먼저 감은사지 출토 사교형 사천왕상을 살펴보기에 앞서 사천왕상 도상 형성을 일별해보자. 사천왕상이 처음 인도에서 조형되었을 때에는 '야차녀'夜叉女, 또는 '귀족형', '왕자풍'이었는데, 북방 불교권으로 오면서 무장형으로 변화되었다.[1] 이 도상의 유형은 『금광명경』이 한역되어 유행한 5세기 초 이후부터 비롯된 것으로 믿어진다.[2] 우리나라의 경우 『금광명경』이 전래된 6세기 말경부터는 사천왕상이 유행되기 시작했던 것으로 보이는데, 늦어도 7세기 전반기에는 사천왕 신앙이 각광을 받았음이 분명하다. 이처럼 사천왕 신앙이 본격화되자 삼국통일을 전후한 시기에 이르면 사천왕상의 조성이 활발해진다.[3]

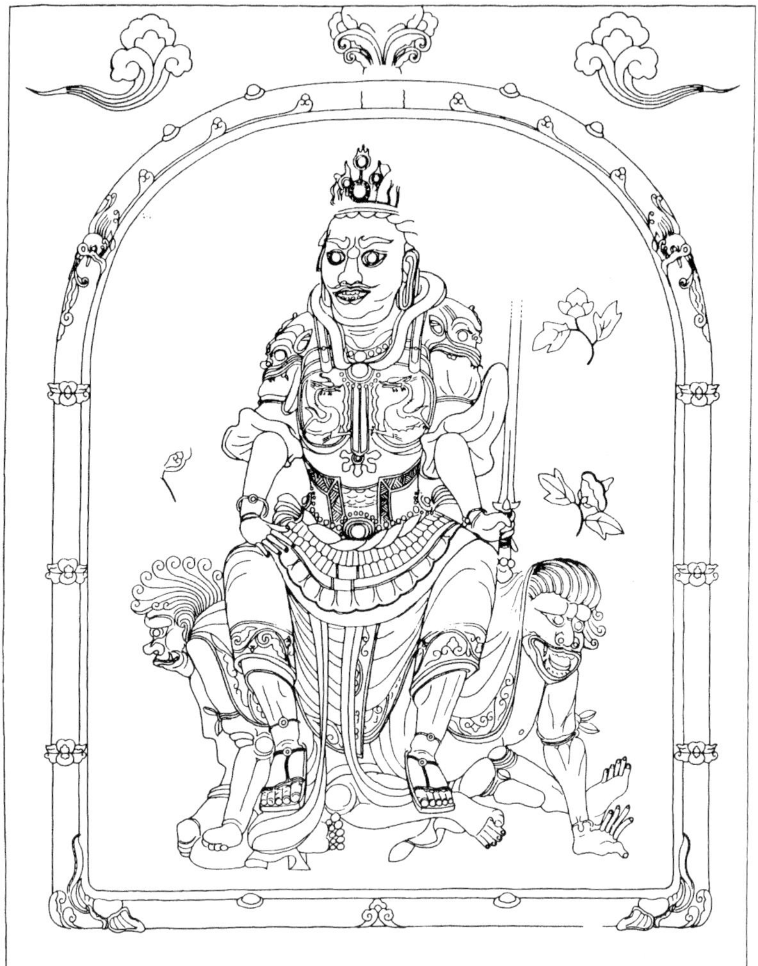

3-1. 사천왕상, 679년경, 사천왕사지 출토 벽전, 국립경주박물관, 강우방 모사.

신라 사천왕상의 사교형 어깨 장식

신라시대 사천왕상들은 지금까지 20여 점이 알려졌는데,[4] 모두 무장갑의武將甲衣를 입고 있다. 그 중에 사교형 어깨 장식肩飾을 가진 작품은 사천왕사 사천왕상[679년경]도 3-1과 감은사지 사리장치의 사천왕상[682년경], 원원사遠願寺 동탑과 북탑의 지국천왕상[8세기 중엽][5] 등이다. 이렇게 볼 때 감은사 서탑 출토의 사천왕상은 고대 한국에서 비교적 오래된 '사교형'으로 간주할 수 있다.

지금까지 선행 연구는 대개 사천왕상 자체의 불교 도상에 치우쳤으며,[6] 특히 갑옷의 유형에 관심을 모았던 경우라도 사교 형식을 적극적으로 다루지는 않았다.[7] 사교형에 대한 글은 극히 한정된 형편이다.[8] 이러한 제반 연구에 따르면 감은사지 사천왕상의 갑주는 포괄적으로 말해 "중앙아시아의 단순한 갑의甲衣가 중국에 와서 당식으로 정착된 유형이며, 갑의는 당식이나, 얼굴이나 신체의 표현방식은 그대로 서역적"[9] 이었다는 것이다. 물론 앞에서 지적하였듯이 사자를 다른 동물로 파악한 사교형의 경우에도 실상 그 연원은 사교에서 나온 것이기에 문제될 것은 없다고 본다.

그렇다면 구체적으로 사교형 어깨 장식을 가진 이 감은사의 작품과 연관되는 외래 조형은 무엇인가? 이 작품과 갑주 형식의 제반 요소가 유사한 것으로는 대부분 룽먼 봉선사奉先寺 천왕상[675년]을 들고 있다. 하지만 이 천왕상에는 어깨에 '짐승 머리'獸頭가 없기에 우리의 관점에서 벗어난다. 한편 어깨에 짐승 머리가 있는 작품으로는 북위 시대의 룽먼 빈양 중동문구賓陽 中洞門口 호법신상[510년대]이 새롭게 제시되고 있기도 하다. 그런데 이 작품에서도 구체적인 사교형이 확인되고 있지 않다.[10] 따라서 사교형에 국한시켜 보는 한 중국의 경우 신라의 감은사지 사천왕상[682년경]과 더 나아가 사천왕사 사천왕상[679년경] 이전의 작품으로 남아 있는 것이 별로 없는 것 같다.

중국에서 사천왕의 갑옷과 분묘 부장품인 도용의 갑옷과의 상호 관계, 즉 전자가 후자에 영향을 주었는지, 또는 그 반대의 경우인지 정확히 말하기는 어려워도 7세기 후반 도용의 사례에서 사교형을 더러 찾아낼 수 있다. 중국의 역대 갑옷을 집중적으로 다룬 연구에 따르면, 당대 갑옷은 5종으로 나뉘며, 그 중에 제2종 이하부터는 견갑에 사교형이 표현된다. 즉 산시성陝西省 리취안禮泉에 있는 정인태묘[鄭仁泰墓, 664년] 도용, 산시성 시안西安 양도우젠羊頭鎭의 이삽묘李爽墓 도용[668년], 역시 산시성 시안양咸陽 소군묘蘇君墓 도용[약 664~668?] 등에서 나타난다.[11]

이것들이 신라 사천왕의 사교형에 직접적인 영향을 끼쳤을 것인지는 알 수 없다. 그러나 7세기 후의 당대에 이러한 조형이 유행하고 있었음은 분명한 사실이다. 더욱이 이들 도용이 '사신'을 표현하고 있다는 점은[12] 시사하는 바가 크다. 그런데 이와 같은 도용 가운데에는 전형적인 사교와 더불어 서방 전래를 암시하는 작품**도 3-2**이 들어 있기도 하여 관심을 끈다. 이 작품에 대해서는 이후에 논의하겠다.

사교 도상 전사前史

여기에서 사교형의 연원을 적극적으로 검토함에 앞서, 사교형과 서방과의 연결고리에 대한 해명이 요구된다. 서양의 경우 갑주에 부착된 사교 장식이 크게 유행했던 시기는 아이러니하게도 르네상스 시대였다. 나중에 설명하겠지만, 서양에서는 르네상스 이전의 갑주에는 사교형이 부착된 사례가 전혀 없다. 근년의 메트로폴리탄 박물관의 전시에서도 이 점은 입증되고 있다.[13]

그런데 이상하게도 이 르네상스 시대의 사교장식의 모델이 로마 황제의 갑주였다는 주장이 제기되기도 하므로, 무엇보다도 이 부분의 진실을 밝히는 일이 선결과제로 대두된다. 만일 그 주장이 옳다면, 로마 갑주는 7세기 신라 사교형의 연원과 연결된다는 관점에서 관심을 모으게 될 것이다.

1628년에 침몰된 스웨덴 황제의 전함에는 놀랍게도 고대의 사교 장식이 표현되어 있었다. 이 배는 스웨덴 전함 와사Wasa이며, 1956년에 발견 조사되었다. 바로크 시대 스웨덴 조각가들은 로마의 황제상을 나무로 조각하여 배의 선두에 부착하였다. 로마 황제 티베리우스Tiberius, 비텔리우스Vitellius, 베스파시아누스Vespasianus 상들[14]이 그러한 예이다. 요컨대 황제의 이름을 나타내는 명문이 각각 표시되어 있다.

이 가운데 특히 티투스Titus 황제의 상일 것으로 '믿어지는' 조각 도 3-3에는 양어깨에 사자머리의 사교가 분명하게 조각되어 있다.[15] '믿어지는'이라는 개연적 표현을 쓴 이유는 명문 글자의 앞부분이 지워져 'TUS'만 확인되기 때문이다.[16] 또한 'R'자만 보이므로[17] 황제 네르바

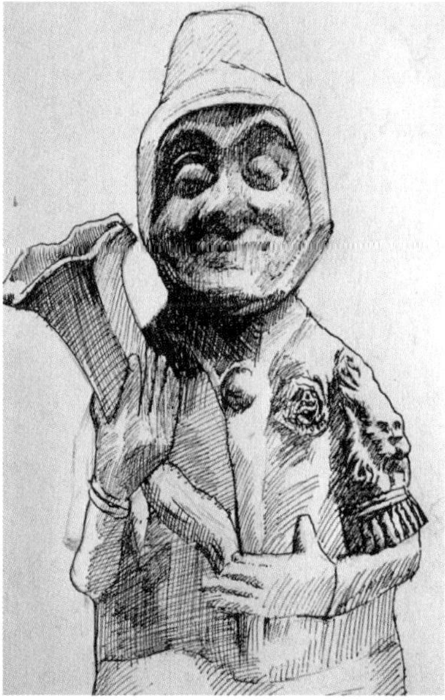

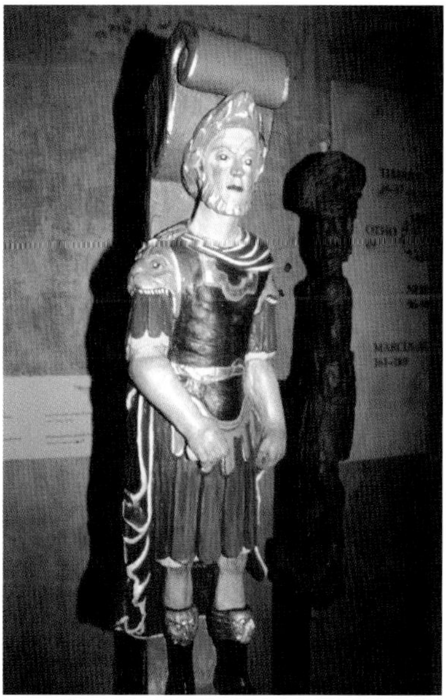

3-2. 도제 사교형 호인 도용, 7세기 후반, 파리 체르누스키 박물관, 스케치.
3-3. 목제 사교형 로마 황제 티투스 무장상, 17세기 초, 스톡홀름 와사(Wasa) 박물관, 복제.

Nerva상으로 '추정되는' 조각에는 오른쪽 어깨에만 사자머리상이 나타난다. 르네상스의 영향을 입은 이들 바로크 작품들은 고대 로마 미술품을 범본으로 하였다는 것이다. 그렇다면 7세기 신라 사교형 조각의 연원을 찾는 작업이 비교적 수월해진다.

그러나 이 부분, 즉 로마 황제 갑주설을 자세히 검토하면 문제가 발생한다. 왜냐하면 실제로 로마 황제의 갑주에는 견식 사교가 없기 때문이다. 로마 고고학 연구가의 직담[18]으로도 그런 작품은 본 일이 없다는 것이다. 또한 현존하는 600여 점의 로마 황제의 갑주를 연구한 클라우스 슈템머Klaus Stemmer에 따르면 단 한 건의 갑주에도 어깨에 사교가 장식되어 있는 작품은 없다고 한다.[19] 이런 사실에 입각하면 신라 갑주의 사교형은 다른 연원을 갖고 있음이 분명하다.

사교 도상의 성립

여기에서 우리는 사교상과 관계해서 고대 헬레니즘 조각에 많이 나타나는 헤라클레스 상을 떠올리게 된다. 무엇보다도 헤라클레스와 사자상과는 직접적으로 관련되기 때문이다. 그리스 신화에 따르면 헤라클레스가 네메아 골짜기에서 사자를 때려잡고, 그 후로는 사자 가죽을 어깨에 걸치고 다녔다고 한다. 그리스 조각과 흑화黑畵식 암포라, 적화赤畵식 킬릭스 등의 도기화에 나타난 헤라클레스 상들은 사자머리를 두식으로 이용한 것, 어깨에 메거나 손에 들고 있는 형태를 표현한다. 그렇지만 서방에 파급된 이 사자의 상징성과 표현이 동쪽으로 전파되기 위해서는 적극적인 역사적 계기가 전제되어야 한다. 이를 몇 가지 관점에서 풀이하면 다음과 같다.

알렉산드로스 3세 대왕의 동점

알렉산드로스 3세 대왕의 가계는 헤라클레스를 시조[20]로 하기에 실제로 알렉산드로스 3세 대왕 자신도 사교 형태의 사자머리를 헬멧으로 쓰고 다녔다. 그 당시의 은화에도 이러한 도상이 들어있을 뿐만 아니라 이스탄불 고고학박물관 소장 알렉산드로스 3세 대왕의 석관에도 이러한 모습이 나타난다. 이러한 상들은 헤라클레스를 그린 고대 그리스 암포라의 흑화와 일치하기도 한다. 이러한 사정을 감안하면 알렉산드로스 3세의 동점 지역과 그 문화의 파급 지역에 헤라클레스 상, 또는 헤라클레스의 사교 형태가 출현하는 것은 전혀 이상하지 않다. 실제로 고대 파르티아 지역에 디오니소스와 헤라클레스 주제의 석조물들이 오늘날까지 남아 있어 그레코-이란 문화의 실상을 보여준다.[21]

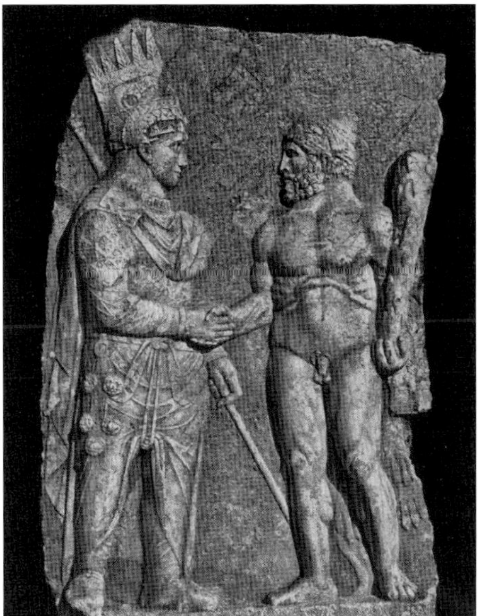

3-4. 석제부조 미트라다테즈·카리니코스 왕과 악수하는 헤라클레스상, 기원전 1세기, 터키 넴루트다이 유적.

헤라클레스와 지방신과의 습합현상

이에 대한 대표적인 사례로는 터기 동남부 산중에 있는 넴루트다이 Nemrut Dagh 유적에 이 지역 콤마게네Commagene 왕국의 통치자였던 안티오코스 1세[Antiochos I, 재위 기원전 69~34년]와 헤라클레스가 악수하는 부조[22], 도 3-4가 있다. 이는 헤라클레스가 이 지역의 '수호신'Verethragna 또는 조로아스터교의 승리의 신의 역할을 떠맡고 있음을 보여주는 장면이다.[23] 헤라클레스 신앙은 동점하여 파르티아와 쿠샨제국의 많은 신자를 얻기에 이르렀다.[24] 이때부터 점차 이 지역에 헤라클레스의 어깨에 사자두상이 얹힌 형태, 또는 사교 형태가 나타나기 시작한다. 한편 헤라클레스 상의 이러한 변화와 더불어 이 조각상들은 인체비례가 단구화短軀化된 특징을 보인다.

요컨대 이러한 지방 신과의 습합현상을 통해 헤라클레스를 신봉하는 부류가 다각적인 방향에서 생겨났다는 사실을 기억할 필요가 있다. 즉 "서아시아에서는 헤라클레스 상이 바빌로니아의 네루가루 신과 동일시되어 하토라 병사들 간에 신봉되었다."[25] 이러한 헤라클레스 신드롬은 후에 헤라클레스와 불교의 접촉을 이해하는 데에 도움이 된다.

헤라클레스와 불교의 접촉

위에서 본 바와 같이 헤라클레스를 지방 신으로 신봉하는 현상은 이미 기원을 전후한 시기부터 고대 이란 지역까지 어느 정도 보편화 되었다. 그리고 이러한 경향은 시간이 흐르면서 불교와 융합하는 현상까지 드러낸다. 즉 간다라 불상의 중심 지역인 핫다의 타파 슈투르Tapa Shutur에 있는 불교 사원에는 지물로서 금강저를 든 헤라클레스 상이 들어가 앉아 있다.도 3-5 1974~76년에 아프가니스탄 고고학 팀에 의해 발굴된[26] 이 불상들은 매우 중요한 의미를 지닌다. 기원후 4세기로 추정되는 이 일군의 불상들은 문화적으로는 동서 교섭의 양상을 강하게 표출하며, 불상 조각으로는 새로운 도상 창출이라는 의미를 갖고 있다.

이 불상들은 소조로 된 본존불 좌우로 협시불이 있는 형식인데, 우협시가 바로 헤라클레스상이다. 곱슬머리에 덥수룩한 턱수염과 융기된 근육, 특히 어깨에 얹힌 사자 가죽[사교형은 아님]등이 헤라클레스임을 말해준다. 금강저金剛杵를 들고 있다는 것은 헤라클레스가 불교권에 들어와 있음을 암시한다. 이러한 형태는 고대 화폐[기원전 3세기 후기]에 나타난 리시포스형 헤라클레스의 그레코-박트리아Greco-Bactrian적 변형과

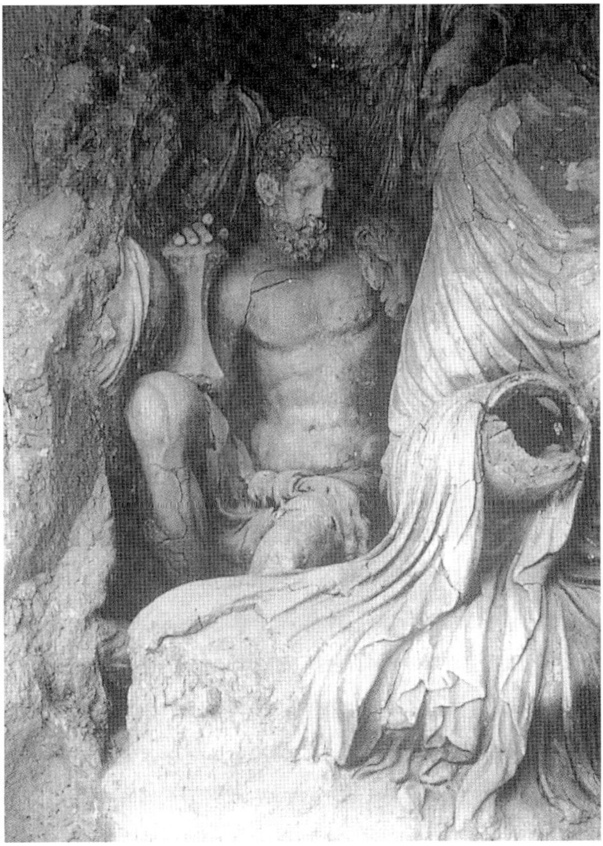

3-5. 금강역사로 분(扮)한 소조 사교형 헤라클레스상, 기원후 4세기, 핫다 타파·슈투르 유적, 1974~76년 발굴.

연관된다.[27]

이러한 '헤라클레스 형 금강역사' 상은 그리스식 불교Greco-Buddhist 미술에서 많은 사례가 보고되고 있다. 특히 수염이 있는 금강역사상과 수염이 없는 금강역사상이 수적으로 균형을 이루고 있는데,[28] 이는 그리스의 헤라클레스 상이 수염이 있는 노인형과 수염이 없는 청년형의 두 유형이 있었던 사실과 부합한다.[29] 요컨대 이 '헤라클레스 형 금강역사'는 시대가 지남에 따라 금강역사상과 사천왕상에 헤라클레스의 상징인 사자두형 사교와 견형肩形 사교를 특징으로 삼았을 가능성을 보여준다.

한편 좌협시상은 여성상으로서 이 역시 그리스 신에서 유래한다. '운명의 신'인 튀케Tyche로서 그레코-박트리아 왕조에서 유행했던 신이다. 이는 이 지방의 '풍요 여신'을 계승한 것이다.[30] 이들 좌우협시는 종교적 융합을 보여주는 적극적인 사례가 된다.

사교도상의 유형

지금까지 살펴본 헤라클레스 도상의 상징은 두 가지로 요약된다.

- 헬멧형 사교
- 견갑형 사교

이 두 유형이 기원후부터 그레코-로만 문화의 확산과 더불어, 특히 조형성을 강조하는 종교인 불교와 함께 동점한다. 힌두쿠시 남쪽에까지 밀려온 헬레니즘 문화는 이제 서서히 파미르 고원을 넘어 중앙아시아로 들어온다. 이러한 상황을 필자가 섭렵한 자료를 중심으로 정리하면 다음과 같다.

그륀베델 발굴 키질 벽화의 헬멧형

필자가 실제로 볼 기회는 없었지만, 키질 벽화의 전성기에 속하는 것으로 보이는 이 헬멧형 사교의 불교권속은 쿠챠 근교의 키리스에서 출토되었다. 보고서에 따르면 그것은 "사자 가죽의 모자를 쓴 금강역사"도 3-6이다.[31] 더욱이 이 상은 무릎 위에 금강저를 올려놓고 두 손으로 감싸 쥐고 있어 그것이 금강역사Vajrapâṇi임을 확증해준다. 참고로 같은 지역의 다른 금강역사를 소개하면 "백색의 이중 모자를 쓰고 철 고리로 만든 갑옷바지를 입고"[32] 있다고 소개된다. 이로써 갑옷을 입은 무장형임을 알게 되는데, 이것 역시 금강역사의 도상 변형을 보여주는 것으로서 그 중요성이 인정된다. 비록 헬멧형과 무장형이 별개의 금강역사에서 구현되지만 동일한 벽화에서 그려졌다는 점은 눈여겨볼 가치가 있다.

헬멧형 사교의 또 다른 사례는 키질 석굴 175호의 정벽에 묘사된 금강역사도 3-7이다. 이 벽화의 좌측에 묘사된 금강역사는 두 귀가 쫑긋

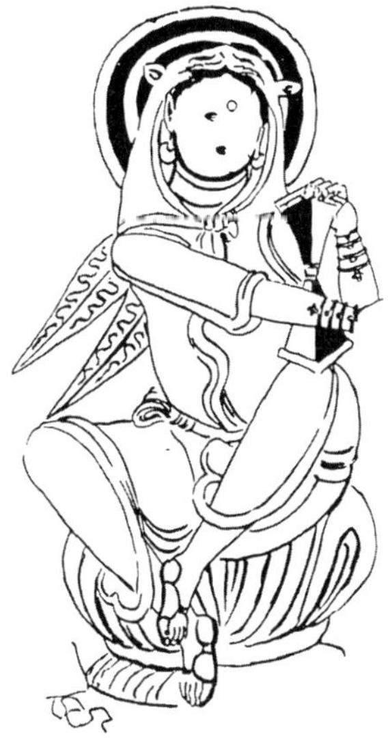

3-6. 사자 가죽의 모자를 쓴 금강역사, 6세기, 쿠챠 근교 키리스 석굴 벽화, 그륀베델 발굴품, 베를린 민속박물관.

하게 솟았고, 가늘고 긴[細長] 두 눈, 중앙에 있는 주먹코 등을 갖추고 있어 사자상임을 흘낏 봐도 알 수 있다.[33] 중국 측 도록에는 단순히 '전모' 氈帽 곧 털모자라고만 적고 있지만,[34] 이것은 서방의 전통을 이어받은 헤라클레스의 헬멧형 사교 장식임이 분명하다. 이 벽면의 우측에도 무장형 금강역사가 묘사되어 있고, 또한 이 좌우의 금강역사상이 다 같이 무릎 위에 금강저를 지물로 가지고 있어서 위의 그륀베델이 발굴한 금강역사상과의 유사성이 잘 드러난다.

이처럼 헤라클레스의 사교가 파미르 고원을 넘어 타클라마칸 북부의 문화 중심지인 쿠차에서 발견된다는 점은 이 지역이 헤라클레스의 상징성을 동부로 건네주는 거점지의 역할을 하였던 것으로 판단된다. 한편 이 175호 석굴은 6세기를 대표하는 석굴 중에 하나로서 특히 육조 말에 중원 화단에서 활약한 소그드 화가 조중달의 이른바 '조의출수' 화법[35]이 벽화에 남아 있어서[36] 키질이 소그드로부터의 통로임을 새삼 확인할 수 있게 된다. 이는 다음에 보게될 소그드 사교형과 관계해서 중요한 의미를 갖는다.

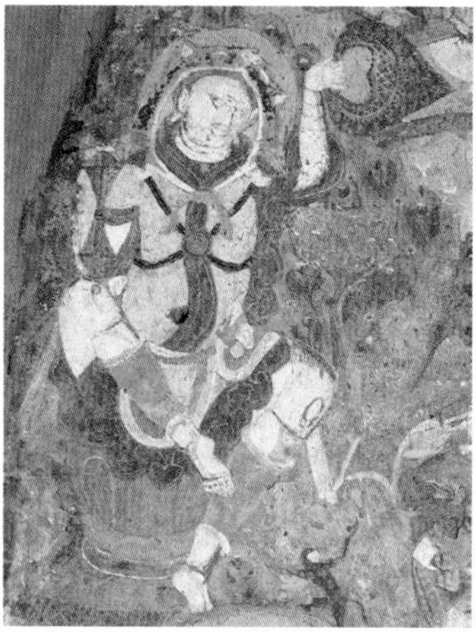

3-7. 사교형 금강역사상, 6세기, 키질 석굴 175호.

소그드 지역의 사교형

특히 중앙아시아의 판지켄트 벽화[7세기] 중에는 어깨에 사교형 장식을 한 병사 상을 볼 수 있다.[37] 한편 판지켄트 벽화의 삼두신상三頭神像에는 사자와 유사한 동물 두상이 사교형으로 부착되었다.[38, 도 3-8] 후자의 작품은 그 옷깃에 불교에서 말하는 '공장工匠의 신'Visvakarman의 산스크리트 명문이 적혀 있어서[39] 사교형과 불교와의 관계를 조금은 유추할 수 있게 해준다. 한편 이 이름은 소그드의 마니·불교 경전에도 나타나서[40] 사교형 도상과 소그드의 관계 또한 짐작할 수 있다. 뿐만 아니라 신상의 모자장식冠飾에 보이는 일월식日月飾은 이슬람교의 요소이기에 이 신상의 제반 도상은 복합 문화의 성격을 보여주고 있다.

복합문화 도상에 의한 그리스 신의 동방 전파의 양상은 우리의 상상을 뛰어넘는 수준이다. 이미 앞 장에서 보았듯이 중앙아시아의 호탄 지역 출토 <세라피스 신상>[국립중앙박물관 소장]은 제우스신의 모습을 하고 있어서[41] 헬레니즘 신화가 중국의 문턱에까지 들어와 소개된 사실을 새롭게 인식하게 된다.

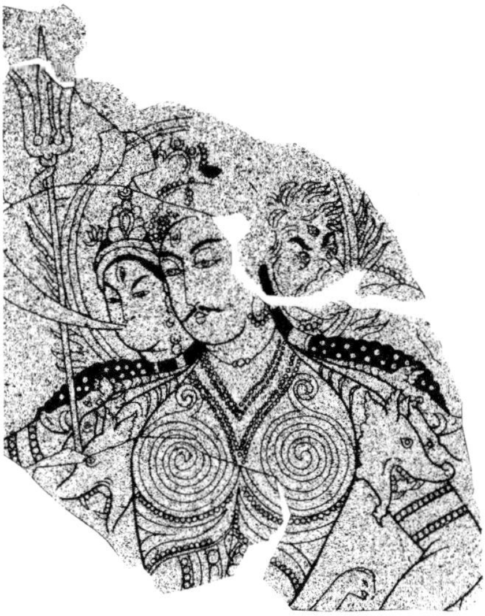

3-8. 삼두신상, 7세기, 판지켄트 출토

중국제 헬멧형

중국에서 헬멧형 사교가 조각의 형태로 나타나는 것은 수 나라부터이다. 고궁박물원 소장 헬멧형 도용은 정수리에 뿔이 솟아있어 사자머리 사교로 보기에는 다소 예외적이라는 느낌을 준다. 그러나 투구 형태로 얼굴 전체를 감싼 모습은 사교의 전형을 보여준다. 여기에 험상궂은 얼굴이 특징적이다. 그러나 도록에는 이 헬멧을 '수형'獸形이라고만 언급하고 있다.[42]

캐나다 로열 온타리오 박물관 소장 도용은 이러한 유형의 또 다른 작품이다. 이것은 7세기 때의 유물로 머리에는 사교 두식이 보이며, 도록에도 '사자 가죽'을 쓴 것으로 기록되었다.[43] 뿐만 아니라 어깨도 사교형으로 표현되어 헤라클레스의 상징성 구현이 매우 적극적임을 볼 수 있다. 이 작품은 칠이 좀 벗겨졌지만, 당삼채로서 헤라클레스의 영향이 분명하다. 다만 출토지가 불명인 것이 안타깝다.[44]

그 밖에도 다나카 시게히사たなか しげひさ의 논문에 제시된 무인명기武人明器[680~750년]를 들 수 있는데, 이것 역시 우락부락하게 생긴 용모라든가 허리가 가늘고, 삼곡 자세 비슷한 자태가 위에 제시된 로열 온타리오 박물관의 작품과 유사하다. 이런 특징은 감은사지 사천왕상과 일맥이 상통하는 것으로 볼 수 있어 주목된다.

이처럼 7세기에 이르면 중원에까지 헤라클레스의 열풍이 불어와 그것이 금강역사, 사천왕상 등에 사교형 도상을 형성하는 동력이 되었을 것으로 해석할 수 있다.

중국제 사교형

파리의 체르누스키 박물관 소장의 도용[46, 도 3-2]은 조공을 바치는 인물, 또는 중국에 들어온 외래 상인의 모습이다. 이는 지금까지의 사교 장식이 모두 무사상에 표현되어 있었던 것과는 다른 점이다. 7세기 후반으로 편년[체르누스키 박물관]되는 이 작품은 당대에 유행했던 당삼채로 장식되었고, 안면은 눈이 깊고 코가 높으며[深目高鼻], 짙은 눈썹과 커다란 눈, 무성한 턱수염 등의 특징을 보인다. 오른손에는 다각형의 술병 같은 것을 들고 있으며, 무릎을 꿇고 앉은 모양은 소위 궤좌형跪坐形이다. 즉 소그드계 상인이 꿇어앉아 조공을 바치는 형상이다. 하여간 여기에서 그의 좌우 어깨에 붙어 있는 사교 장식이 우리의 눈길을 끈다. 이로써 이 사교가 소그드 계통과 연관된다는 사실이 밝혀진다.

이런 유형의 작품은 이 유물 외에 출토된 예가 아직까지 없다. 둔황 석굴 205호의 소조 천왕상[불단 상부의 보살 우측]에도[47] 초당기[618~712년]의 사교형 작품이 포함되어 동점 경로를 짐작하게 한다.

사교장식이 경주에 다다르기까지

첫째, 앞에서도 밝혔듯이 우리 시대에 가까운 사교형식은 르네상스 시대의 무장 황제 복식이다. 이 시대의 공예가들은 황제의 갑옷을 꾸미면서 보다 고전적인 분위기를 연출하려고 고전 양식을 도입하였다. 그러나 엄밀하게 말하면 도입이라기보다는 새로운 창안이었다. 로마식의 갑주 복식에다 실제로는 로마 시대의 갑주에는 존재하지도 않았던 '사교'를 부착함으로써 고전 양식의 완성을 만끽하였다. 한 마디로 말해 이런 작품들은 '고대 양식에 따른 상상적인 갑주'an imaginative armor *all'antica*, 또는 '의고전擬古典 갑주'a pseudo-antique armor에 불과했다.[48]

그렇다면 르네상스의 장인들이 이런 상상적인 작품을 만들 수 있었던 기초는 무엇이었을까? 특히 사교를 어디에서 끄집어낼 수 있었던 것일까? 그것은 다름 아닌 헤라클레스 도상에서 비롯된 것이다.[49] 우연찮게도 그 시대에 헤라클레스 그림과 조각상이 유행했던 것이다. 1559년 제작된 <헤라클레스 상>[국립 르네상스 박물관, 에쿠엥성(城), 프랑스][50]은 사교 형식의 헬멧과 더불어 어깨에는 어엿한 사교장식을 달고 있어서 눈길을 끈다. 르네상스의 공예가, 특히 갑옷 전문가들은 이와 같은 헤라클레스 열풍에 따라 '헤라클레스–사자 상징–황제의 갑옷'이라는 세 요소를 일목요연하게 결합시켰다. 이러한 도상의 출현은 고대로부터 내려오는 서양의 전통적인 사교 조형에서 비롯되었던 것으로 생각된다.

둘째, 지금까지 사교장식의 발생에서부터 동점과정을 점검하여 보았다. 이러한 주제를 다룬 선행 연구 중에 문제점에 어느 정도 접근하고 있는 사례들이 없지 않다. 그러나 논증이 충분치 않고, 또한 전파 경로를 포함한 포괄적인 관점을 제시하지 못한 경우가 태반이다.[51] 물론 필자의 이 글 역시 부분적으로 추론이 개입되어 힘겹게 결론에 이르고 있는 점을 부인할 수 없다. 그러나 가능한 자료들을 섭렵하여 특히 동서미술 교섭의 차원에서 조명하려 시도하였음을 밝혀둔다.

일찍이 알렉산드로스 3세 대왕의 경우처럼, 그리스 신화와 역사가 접합되면서 그의 족적이 미친 곳에는 헤라클레스 상들이 다양한 형태로 표현되었다. 이러한 헬레니즘 문화는 고대 터키를 거쳐 고대 이란으로 들어와 지역문화와 결합되면서 그대로 유지되는 형세를 보였다. 이때 헤라클레스와 지역 신의 습합현상이 비교적 수월하게 이루어졌다. 이러한 여건 속에서 헤라클레스의 상징인 헬멧형 사교와 견갑 사교는 불교 조각으로 전이되어 간다라 조각의 동점 경로를 타게 된다.

고대 소그드인들은 5세기 이래 중앙아시아를 거쳐 활동하면서 특히 수·당대에는 중국과 밀접한 교류를 가졌다.[52] 위에 예시된 소그드 출신의 조중달이라든가, 키질 벽화에 나타난 헬멧형 금강역사라든가, 견갑사교의 소그드 상인 도용[체르누스키 박물관], 소그드 지역인 판지켄트 벽화의 사교장식의 병사 등등의 사례들을 참고하면 6세기 중엽, 늦어도 7세기를 전후한 시기부터 동아시아에 이러한 상징 표현이 퍼져나갔을 것으로 보인다. 바꾸어 말하면 이러한 미술 전파에는 소그드인들의 역할이 중요했을 것이다.

지금까지 알려진 자료에 따르면 이러한 전파과정에서 사교장식이 고대 이란 지역, 중앙아시아, 중국, 고대 한국 등지에서는 두부 사교와 견부 사교가 각각 분리 형태로 유행했음에 반해, 서양의 르네상스 시대에는 하나의 조각상에 두부와 견부를 모두 사교 형태로 치장하는 방식을 택하였다. 이러한 차이는 고대 이란 지역이 헬레니즘 문화를 받아들인 쪽이고, 르네상스 시대의 이탈리아는 비록 시대는 고대 이란에 비해 뒤지나 헬레니즘 문화 당사 지역의 후예라는 입장에서 비롯된다고 해석된다. 즉 헤라클레스의 본질에 대한 이해의 차이라고 할 수 있겠다. 그리하여 동쪽으로 올수록 사교장식과 헤라클레스와의 관계는 망각된 채 공예적 특성만 받아들인 것으로 보인다.

신라는 동양에서도 7세기 말이라는 비교적 이른 시기에 견갑 사교를 생산하였을 뿐 아니라, 8세기 중엽에는 헤라클레스의 두부 사교가 등장해 중요성을 더한다. 잘 알려진 사실이지만 석굴암 팔부중 가운데 건달파는[53] 사자의 머리를 투구처럼 쓰고 있을 뿐 아니라, 앞다리를 목도리처럼 두르고 있는 형국이 헤라클레스의 두부 사교[54]의 전형과 흡사하다. 또한 이 도상은 둔황 벽화의 팔부중과도 같은 유형인데, 석굴암의 건달파를 석굴 조성 후인 8세기 후반 작품으로 볼 경우, 둔황 것과 비슷한 연대가 된다.[55] 그렇다면 석굴암의 두부 사교는 서역으로부터 직접 들어온 것일까. 결론을 내리는 것이 쉽지 않다.

하여간 신라는 통일 초부터 서방의 헤라클레스 도상을 받아들여 헬레니즘 조형의 한 단면을 노정하고 있음을 본다. 한편 이러한 통일 초의 서방문화 흡수현상은 고신라 전성기의 경향과 연속선상에 있다는 느낌을 뿌리칠 수 없다.

주

1 • 야차녀 설: 강우방, 「사천왕사지 출토 녹유사천왕부조상의 복원적 고찰(四天王寺址 出土 綠釉四天王浮彫像의 復元的 考察)」, 『미술자료』 25, 국립중앙박물관, 1980; 강우방, 『원륭과 조화』, 1990, 182쪽. (원출: 上野照夫, 「夜叉神像の展開」, 『美術史』, 1호, 1950.)
• 귀족형 설: 문명대(文明大), 「신라사천왕상의 연구」, 『불교 미술』 5, 동국대학교 박물관, 1980, 11쪽.
• 왕자풍 설: 김향숙(金香淑), 「南インドのいわゆる"占夢"の佛 傳場面について –四天王像の圖像を中心に」, 『佛教藝術』 226號, 1990, p. 106, 108. (사천왕상 도상 연구를 위한 여러 자료를 일본에서 필자에게 보내준 김향숙 박사에게 이 자리를 빌려 감사를 표한다.)
한편 중앙아시아를 거치면서 사천왕상이 무장형으로 바뀐 점에 대해서는 대부분의 연구자들이 동의하고 있다.

2 문명대, 위의 논문, 15~16쪽.

3 문명대, 위의 논문, 같은 곳.

4 1980년에 쓴 문명대의 논문(주1 참조)에는 22점으로 집계되고 있으며, 여기에 사천왕사지 출토 녹유사천왕부조상을 사천왕상으로 보고, 또한 1996년에 발견된 감은사지 동탑(東塔) 출토 금동사천왕상을 보태면 24점으로 된다.

5 원원사지 사천왕상의 형태에 대해서는 문명대의 도형(圖形) 즉 앞의 논문, 26쪽의 그림6, 7을, 그 연대에 대해서는 강우방의 편년(앞의 논문, 199쪽)을 각각 참고하였다.

6 감은사지 서탑 출토 사천왕상에 대해서는 다음의 자료를 참고: 김재원·윤무병, 『감은사(感恩寺)』, 국립박물관, 1961; 강우방, 「사천왕사지 출토 녹유사천왕부조상의 복원적 고찰」, 『미술자료』 25, 국립중앙박물관, 1980; 문명대, 「신라사천왕상의 연구」, 『불교 미술』 5, 동국대학교 박물관, 1980; 임영애, 「통일신라 불교조각에 나타난 서역양식 시론」, 『미술사학』, 서울, 1996; 水野敬三郎, 「感恩寺西塔舍利具の四天王像」, 『佛教藝術』 188號, 1990; 松浦正昭, 『日本の美術』8, No 315, 毘沙門天像, 文化廳 監修, 至文堂, 1992.
중국 갑주에 대한 자료로는 다음을 참고: 松田誠一郎, 「南北朝より唐代に至る大陸神將形像の服制·甲制の展開とその日本に及ぼした 影響について」, 『鹿島美術財團年報』 四號, 1986. 이 자료를 제공한 민병훈 박사께 감사를 표한다.

7 국립중앙박물관 보고서에는 "그 중 남쪽의 증장천(增長天)과 서쪽의 광목천(廣目天)은 복부(腹部) 정면에 사자(獅子) 머리를 나타내고 있고 또 팔을 가린 부분을 역시 수수(獸首)로 만들었는데, 이것 역시 중국 당대(唐代)의 사천왕(四天王)을 비롯하여 각지의 조상(造像)에서 흔히 볼 수 있는 것"이라고 하여 사교형(獅嚙形)을 '짐승 머리(獸首)'라고 보는 정도였다. 김재원·윤무병, 『감은사』, 국립박물관, 1961.
강우방은 사교를 '사식(獅喰)'('사자가 먹는'의 뜻)이라고 일컬으면서 이 개념에 대해 약간의 관심을 표명하는 정도였다. 강우방, 「사천왕사지 출토 녹유사천왕부조상의 복원적 고찰」, 『미술자료』 25, 국립중앙박물관, 1980; 그의 『원륭과 조화』, 1990, 165쪽.
한편 임영애는 갑주형 사천왕상의 연원을 호탄의 라와크 상에 두었기에 사교형으로 취급하지 않았다. 임영애, 「무장형 사천왕상의 연원재고(武將形 四天王像의 淵源再考)」, 『강좌 미술사』, 서울, 1998.
미즈노 케이자부로(水野敬三郎)의 글은 실제로 감은사지 사천왕상에 대해 가장 심도 있게 다루고 있는 형편인데, 여기에서도 사교라는 용어 대신에 '짐승 머리(獸頭)'라고만 할 뿐이다. 水野敬三郎, 「感恩寺西塔舍利具の四天王像」, 『佛教藝術』 188號, 1990, p. 75.
필자는 한스 수프(Hans Soop)의 이론에 따

라 감은사 사교의 연원을 로마 황제 무장상에 두었는데[권영필, 『렌투스 양식의 미술 – 동쪽으로 불어온 실크로드 바람』(하), 서울: 사계절, 2000, 144~45쪽], 본 논문을 통해 그 이론을 수정하고자 한다.

8 이미 앞에서 본 바와 같이 대부분의 학자들은 사천왕상의 어깨 장식에 나타난 동물 형태를 '사식', '수두', '수수', '용두'로 불렀으며, '사교'라고 지적한 연구자는 다나카 시게히사 (たなか しげひさ)와, 구노 다케시(久野健)의 경우이다. 다나카 시게히사, 「日本の佛像彫刻中獅嚙みとメドゥーサの原流」, 『佛教藝術』, 91號, 1973, p. 89; 久野健, 『佛像のきた道 –ガンダーラから慶州まで』, 東京: 日本放送出版協會, 1988, pp. 46~48 참조.

9 강우방, 『법공과 장엄(法空과 莊嚴)』, 열화당, 2000, 152쪽. 특히 안면 표현에 관해서는 일찍이 감은사 보고서에도 사천왕상에 대해 그 특징을 중앙아시아와 연결 짓고 있다. "그 용모에는 오히려 중앙아시아적인 색채가 농후하여 저 신장성 쇼르추크(Shortschuk) 유적의 조소(彫塑)나 키질 석굴의 벽화 등에서 볼 수 있는 불상이나 인물상에서 받는 인상과 일맥상통하는 점이 있어 매우 흥미를 느끼게 한다. 주: 하기는 이 사천왕상들이 몸에 걸치고 있는 피갑(被甲)은 중앙아시아계 갑옷이라고 하므로 더욱 그와 같이 느껴지는지 모르나, 이단으로 높아지는 발계(髮髻: 상투)를 묶은 두식(頭飾)의 리본 끝이 뒤쪽에서 두 갈래로 갈라져 날리고 있는 모양이라든가, 수염(鬚髥) 있는 얼굴의 표현에는 아직 다분히 서역적(西域的)인 냄새가 남아 있다."김재원· 윤무병, 『감은사』, 국립박물관, 1961, 69, 80쪽의 주3.

10 水野敬三郎, 「感恩寺西塔舍利具の四天王像」, 『佛教藝術』 188號, 1990, p. 75. 그런데 필자는 미즈노 케이자부로(水野敬三郎)가 제시한 도판을 아래와 같은 룽먼(龍門) 석굴 관련 도록의 대부분을 참고하였으나 확인할 수 없었다. Edouard Chavanne, *Mission Archeologique dans la Chine Septentrionale*, Paris, 1909~1915; 水野淸一, 長廣敏雄, 『龍門石窟の硏究』, 座右寶刊行會, 1941; 『中國石窟 龍門石窟(一)』, 東京: 平凡社, 1987; Miho Museum, 『龍門石窟』, 2001.

11 楊泓, 「中國古代甲冑(下篇)」, 『考古學報』, 1976年 第2期, pp. 73~81. 여기에서 사교형은 '호랑이 머리(虎頭)', '용머리(龍首)'라고 표현되고 있다.

12 楊泓, 위의 논문, p. 74.

13 이 논문의 주47 참조.

14 Hans Soop, *The Power and the Glory. The Sculptures of the Warship Wasa*, Kungl. Vitterhets Historie och Antikvitets Akademien, 1986, pp. 171~73. fig. 249, no.728 / fig. 256, no.5758 / fig. 257, no.5739 각각 참조.

15 "Thorax avmour with shoulder decoration in the form of a lion's head" Hans Soop, 앞의 책, p. 174.

16 Hans Soop, 위의 책, p. 174.

17 Hans Soop, 위의 책, p. 174.

18 2002년 7월 4일 필자와 슈테판 비르트(Stefan Wirth) 박사(Römisches Museum Augsburg)의 면담.

19 Klaus Stemmer, *Untersuchungen zur Typologie, Chronologie und Ikonographie der Panzerstatuen*, Berlin: Gebr. Mann Verlag, 1978.

20 알렉산드로스 3세의 아버지 필립포스 2세는 신화의 영웅 헤라클레스의 후예로 되어 있다[谷岡 淸, 『アフガニスタンの美』, 東京: 小學館, 1997, p. 107]. 신화, 전설과 역사가 미분화되었던 시대에는 이러한 가계시조설(家系始祖說) 형성이 가능했으리라고 본다. 한국의 경우 고대사에서 박혁거세가 알에서 태어난 신화를 바탕으로, 그를 박 씨의 시조로 삼고 있음도 동일한 맥락에서 이해된다.

21 深井晋司(外), 『ペルシア美術史』, 東京: 吉川弘文館, 1983, pp. 93~95.

22 Roman Ghirshman, *IRAN. Parther und Sasaniden*, München: Verlag C. H. Beck, 1962,

pl. 79; Vezsel Donbaz / Şemsi Güner, *The Royal Roads of Anatolia*, Istanbul: Dünya Group of Companies, 1995, p. 181 도판.

23 深井晋司(外), 위의 책, p. 94.

24 深井晋司(外), 위의 책, p. 93.

25 深井晋司(外), 위의 책, p. 107.

26 발굴보고서는 다음과 같다. Zemaryalai Tarzi, *Hadda à la lumière des trois dernières campagnes de fouilles de Tapa-é-shotor(1974~76)*, L'Académie des Inscriptions et Belles-Lettres, 1977[高田修·秋山光和 譯,「最近おけるタペパエショトールの發掘成果(一九七四~一九七六と藝術の新知見」,『佛教藝術』, 120(一九七八, 九)]. 이 자료를 필자에게 제공한 서울대 이주형 교수에게 감사를 표한다.

27 위의 발굴보고서 日譯本, p. 18.

28 위의 발굴보고서 日譯本, p. 21의 주18 참조: 즉 수염이 있는 금강역사가 34건이고, 수염이 없는 금강역사는 29건이나 된다.

29 위의 발굴보고서 日譯本, pp. 21~22.

30 위의 발굴보고서 日譯本, pp. 19~20.

31 Albert Grünwedel, *Altbuddhistische Kultstätten in Chinesisch-Turkistan*, Berlin: Druck und Verlag von Georg Reimer, 1912, p. 184. "……zwei große Vajrapanis, auf Stühlen sitzend, der bei c' mit Löwenhaut als Kappe(Fig. 423),"

32 A.Grünwedel, 위의 보고서, 같은 곳. "……zwei große Vajrapanis,……,der bei c mit weißem Doppelhut, Panzerhosen aus Eisenringeln,"

33 이 도판은 백남주의 논문에도 제시되어 있는데, 두식(頭飾)이 사교형인 것에 대해서는 언급이 없다. 백남주,「금강역사상의 연구(金剛力士像의 硏究)」, 이화여대 석사논문, 1993, 20쪽.

34 『中國石窟 克孜爾石窟』 三, 文物出版社 1997, 圖 17 참조; 圖 17의 설명: "頭戴多角形氈帽, 身裸露, 雙腿交叉坐于一束腰高座上. 左手上擧, 持一法器. 右手扶按一金剛杵, 置于右腿膝上."

35 이 책의 1장 주86, 2장 주32를 각각 참조.

36 권영필,『렌투스 양식의 미술 –동쪽으로 불어온 실크로드 바람』(하), 서울: 사계절, 2002, 48~49쪽.

37 A. M. Belenizki, *Kunst der Sogden*, Leipzig, 1980, p. 109의 도판 참조. 여기에 표현된 동물이 사자인지 확인되고 있지 않지만, 유형의 관점에서 '사교형'으로 해둔다.

38 A. M. Belenizki, 위의 책, p. 198의 도판 참조. 도판 설명에는 "삼두신(三頭神)"이라고 되어 있다.

39 A. M. Belenizki, 위의 책, 같은 곳.

40 위와 같은 곳.

41 臺信祐爾,「大谷光瑞と西域美術」,『日本の美術』7, No.434, 文化廳 監修, 至文堂, 2002, 第8圖 해설. 이 책의 1장.「서아시아와 고대 한국 문화」 참조.

42 『中國美術全集 彫塑編』, 4 隋唐彫塑, 人民美術出版社, 1988, 圖版 33과 그 해설: "……加上猙獰的獸面頭盔."

43 John Vollmer(et al.), *Silk Roads. China Ships*, Royal Ontario Museum, Toronto, 1983, p. 67: "Warrior with lionskin helmet, buff earthenware, green glaze, with traces of pigment, China, 7th century."

44 위의 도록, 같은 곳.

45 たなか しげひさ,「日本の佛像彫刻中獅噛みとメドゥーサの原流」,『佛教藝術』, 91號, 1973, p. 98 圖 26. 그런데 이 작품의 소장처는 제시되지 않고 있으며, 다만 김성실씨 촬영(金成實氏撮影)으로만 되어 있다. 연대를 680~750년으로 편년하고 있다.

46 이 자료는 본시 다나카 시게히사(주 45 참조)의 논문에서 본 것이다. 이 작품을 실제로 본 그는 그 견식이 '사교'임이 분명하다고 말한다. 한편 이 도용의 천연색 전신상 자료는 파리의 김영애 박사에게서 도움을 받았기에 감사를 표한다.

47 석굴 205호 불단(佛壇) 상부 보살 우측 천왕상.『中國美術全集 彫塑編』, 7 敦煌彩塑, 上

海人民美術出版社, 1987, 圖 83, 84.

48 Stuart W. Pyhrr and Jos-A. Godoy, *Heroic Armour of the Italian Renaissance. Fillipo Negroli and his Contemporaies*, New York: The Metropolitan Museum of Art, 1998, p. 13.

49 "Leonine shoulder and knee defenses, while never encountered in ancient art, seem to have been a Trecento fashion that, perhaps because of the Herculean associations of the lion, was subsequently adopted for pseudo-antique armor." Stuart W. Pyhrr and Jos-A. Godoy, 위의 책, p. 9.

50 Iréne Aghian et al (hrsg.), *Lexikon der Antiken Götter und Heroen in der Kunst*, Stuttgart: Reclam, 1994, p. 146의 도판.

51 먼저 다나카 시게히사가 그러하다. 그는 중국 도용에 나타난 투구에 대해 사교를 주장하긴 하였으나, 그것을 헤라클레스와 연결짓지는 못하였다. たなか しげひさ, 앞의 논문, p.98. 또한 체르누스키 도용에서 표현된 것이 사교임을 주장하면서도 전파 경로에 관계된 소그드인의 문화에 대해서는 관심을 보이고 있지 않다. 같은 논문, p. 90.

한편 구노 다케시(久野 健)는 사천왕상의 사교견식의 원류가 헤라클레스에서 시작되었음을 선구적으로 밝혔으나, 사교견식의 농방전파 과정에 대해서는 구체적이지 않았다. 또한 사교견식의 연대자료라고 할 수 있는 사교두식에 대해서는 전혀 언급이 없다. 久野 健,『佛像のきた道 –ガンダーラから慶州まで』, 日本放送出版協會, 1988, p.46~48.

52 長澤和俊, 민병훈 역,『동서문화의 교류(東西文化의 交流)』, 서울: 민족문화사, 1991, 137~40쪽.

53 이 상에 대해 강우방은 건달파로 보는 반면, 문명대는 마후라가(摩睺羅伽)로 보고 있다. 만일 후자의 견해를 따른다면, 마후라가의 두관(頭冠)이 일반적으로 사두관(蛇頭冠)을 쓰고 있는 사례와는 차이가 난다. 강우방,『법공과 장엄』, 열화당, 2000, 216~17쪽; 문명대,『토함산석굴(吐含山石窟)』, 한국언론자료간행회, 2000, 248~49쪽.

54 Sascha Kansteiner, *Herakles. Die Darstellungen in der Großplastik der Antike*, Köln: Böhlau Verlag, 2000, Abb. 46.

55 강우방은 석굴암의 팔부중을 둔황 158굴 벽화의 열반경변상도(涅槃經變相圖)의 천룡팔부(天龍八部)에 나타난 사자관(獅子冠)을 쓴 것과 비교하면서 같은 연대(8세기 후반으로 추정)로 보고 있다. 강우방, 위의 책, 같은 곳.

2부

미술의 화해

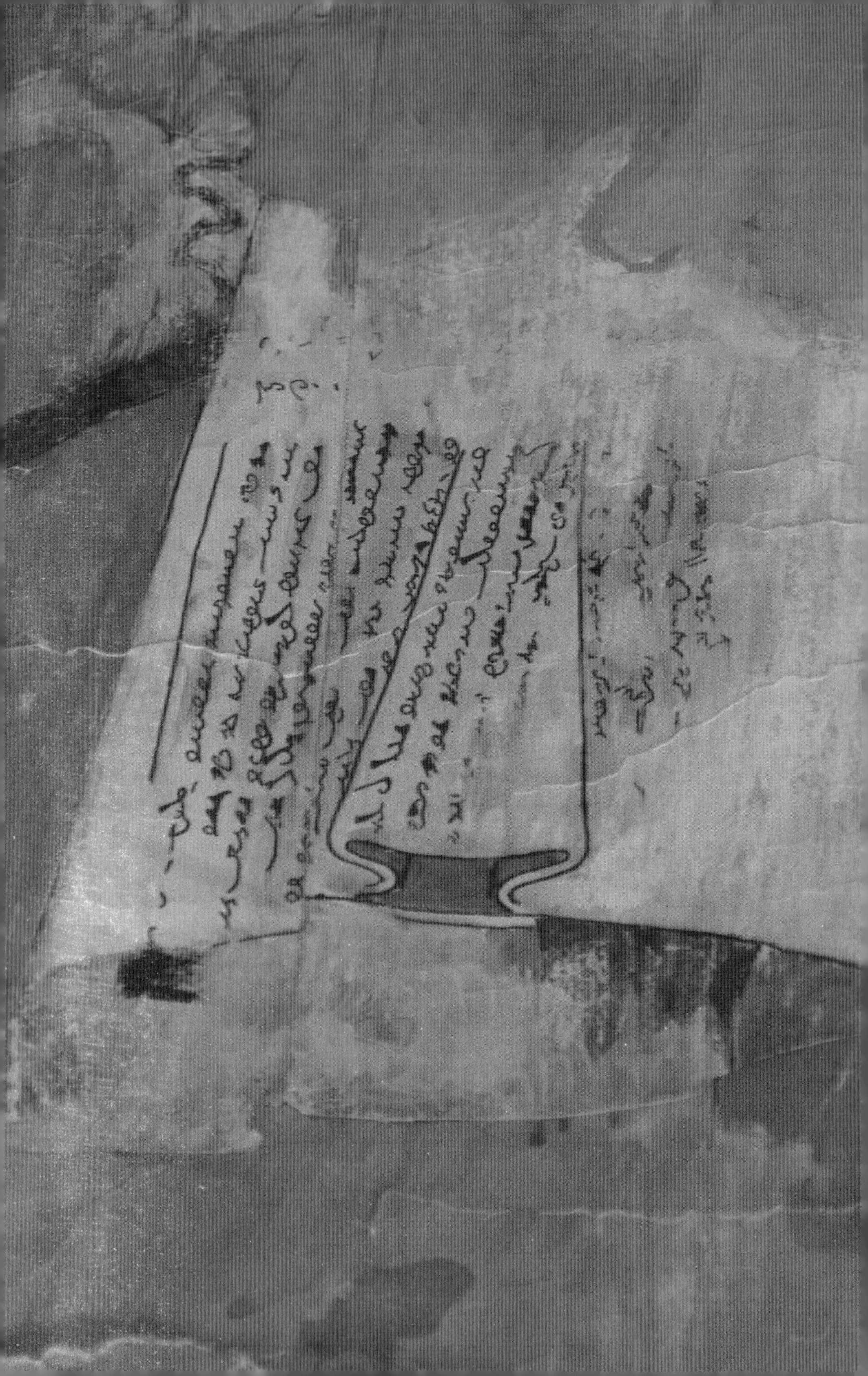

4장 아프라시압 별궁 벽화와 '고구려 사절'

세계가 주목하는 서아시아와 고구려

소그드의 사마르칸트 왕국의 옛 수도 아프라시압에서 1965년의 발굴을 통해 7세기 중엽의 별궁지別宮址가 확인된 것은 잘 알려진 사실이다. 놀랍게도 거기에 그 당시의 역사적 상황을 보여주는 벽화가 남아 있어 세계 학계의 이목이 집중되었다.

6세기 이래 돌궐과 중국은 경제적 이권 확보와 영토 확장, 세력 균형 유지라는 대제국의 전략 차원에서 수시로 상호 개입하고 충돌하며 양자의 역사를 점철해 간다. 이 과정에 끼어 입지가 매우 옹색해진 나라는 소그드였다. 이와 같은 역사 드라마를 그림으로 엮은 것이 아프라시압 벽화이다. 더욱이 그 벽화의 일부에는 '고구려 사절'使節로 비정되는 인물들이 들어 있어 우리의 각별한 관심을 끈다.

소그드인의 활동상은 현지 사료보다는 중국 문헌과 아랍 문헌을 통해 복원되는 한계를 지니므로, 현지에서는 주로 고고 발굴품에 의존하는 사정이다. 더군다나 아프라시압 벽화는 발굴 당시 일부가 파괴된 채로 수습되어, 내용을 해석하는 데에 상당한 어려움이 따른다. 특히 벽화의 조성 연대를 밝혀내는 작업이 관건이었는데, 그 동안 여러 나라의 학자들이 연구를 거듭함으로써 어느 정도 구체화된 내용을 얻게 되었다. 학자들은 대체로 7세기 3/4기로 공감하는 입장이며, 이제는 그 사분기 내에서 몇 년에 해당되느냐가 쟁점이 되고 있다.

그런데 당시는 동서의 국제 정세가 복잡다단했던 시기였기에 벽화 조성 연대의 편년에 따라 역사 해석과 문화 실상은 천변만화로 바뀔 수 있다. 따라서 고구려의 경우도 편년의 지배를 받으며, 다양한 해석을 보일 수밖에 없다. 더욱이 벽화의 화가가 실제로 사절이 찾아왔던 모습을 참고하였을 수도 있고, 아니면 문서 자료나 그림 자료, 또는 구전을 바탕으로 벽화를 완성했을 수도 있다. 이처럼 미술품을 포함한 고대 사료 해석에 따르는 미학적 원리까지 고려해야 하므로 문제가 간단치 않다.

이 글의 목적은 이처럼 제한된 연구 환경에서 지금까지 이 분야 연구에 몰두한 러시아의 보리스 마르샤크Boris Marshak를 비롯한 주된 연구자들의 견해를 검토하여 합당한 최적의 편년을 설정하고 그것이 고구려 사절에 미치는 영향을 밝혀 보려는 것이다. 이를 통해 궁극적으로 동서 미술문화 교류 속에서 고구려의 역사적 입장과 국제적 위상이 십분 밝혀진다면 다행일 것이다.

덧붙여 연구 방법론의 문제를 언급하고자 한다. 역사 연구에 있어서는 대체로 고대 문헌 검토가 기본이지만, 사실상 소그드 분야에서는 이미 선행연구가 상당히 진척되어 있으므로 필요에 따라 선학의 연구 성과를 인용하는 정도로 하고, 구체적으로는 미술품을 통한 '역사 읽기'에 치중하고자 한다. 예를 들면 '고구려인의 서역관' 같은 항목은 문헌만을 가지고는 구성할 수 없지만, 고구려의 미술품을 분석함으로써 그 주제에 접근하는 새로운 방식을 이용하려는 것이다. 그렇게 함으로써 고구려와 소그드와의 관계를 최소한도 유추할 수 있다고 보기 때문이다.

또한 방법론의 각도에서 현지답사에 관해 덧보태고자 한다. 역사와 미술사 연구에서 답사의 중요성은 아무리 강조해도 지나치지 않다고 본다. 특히 동서미술 교섭에 있어서는 오가는 통로 개념이 중요한 것이므로 이 연구를 위해 근년에 현지를 다시금 답사하여 지리적 환경을 새롭게 체험하는 기회를 가졌다. 아울러 많은 현지자료를 섭렵할 수 있게 되어 연구에 큰 도움이 되었음을 여기에 밝혀둔다.[1]

6~7세기 북 · 동아시아의 국제 정세

7세기 중엽 소그드 벽화에 중국인과 돌궐인이 함께 등장한다는 사실은 당시 당사국 소그드와 중국, 돌궐 삼자가 복잡한 정치, 외교적 국면에 얽혀 있었던 정황을 암시한다. 이러한 정황이 외교사에 가시적으로 나타난 단적인 예는 중국이 행한 영휘永徽 년간[650~55년]의 소그드 책봉冊封[2]이며, 이것은 이 벽화의 조성과 연관이 있었을 것으로 생각된다.

삼자의 국제관계는 일찍이 5세기말부터 발생한다. 북위 태화太和 14년[490년]에 당시 준가리아 분지에 근거하여 세력이 강해진 돌궐족 고차高車가 상호商胡 사절을 경사京師에 파견한 바 있다.[3] 또한 이보다 반세기 후인 6세기 중엽에도 유사한 관계가 나타나고 있다. 돌궐 국가의 개막기에 지배씨족인 아사나씨阿史那氏가 서위와 통상을 원해 서위는 대통大統 11년[545년]에 간쑤성 지우취엔酒泉에 있는 소그드인 취락으로부터 안락반타安諾槃陁라는 부하라 출신의 상인을 사절단장으로 하여 파견하였다.[4]

소그드 상인이 고국을 떠나 돌궐과 중국을 오가며 상업 활동을 하는 동안 돌궐은 소그드 본토를 차지한다[565년경]. 또한 돌궐은 580년대에 동서로 나뉘고, 그 후 수당의 번롱[翻弄: 마음대로 희롱함]에 자주 시달린다. 예컨대 당의 적극적인 개입으로 630년에는 동東돌궐이 막을 내려 이후 반세기 가까이[630~82년] 중국에 복속된다.[5]

특히 서돌궐은 7세기 초에 소그드[康國] 왕 굴출지屈朮支를 부마로 맞아 복속관계를 한층 굳건히 만든다.[6] 서돌궐과 중국은 교역의 요충지 확보 문제로 사이가 원만치 못했다. 7세기로 들어와 서돌궐이 성장하면서 고창국과 사돈을 맺고, 또한 628년 고창으로부터 다량의 선물을 받게 되는 등[7] 친밀해진 두 나라의 관계에 대해 당조는 매우 불편하였을 것이다. 더욱이 당 태종은 서돌궐이 당초唐初부터 거의 매년 조공사절을 보내오긴 하지만[8] 대외관계를 넓히며 세력을 확장하는 것에 대해 틀림없이 '눈엣가시'처럼 거북했을 것이다.

승승장구하던 서돌궐의 통엽호가한[統葉護可汗, 재위 617?~30년][9]이 암살당하자 서돌궐 정국은 혼란에 빠지게 되었고, 이 틈을 타 당 태종은 서돌궐의 세력을 양분하여 혼미한 정국을 더욱 어렵게 만든다.[10]

한편 고창은 632년에 상리商利를 취하려 서돌궐의 실력자 욕곡설欲谷設과 함께 당의 후원을 받고 있는 언기焉耆를 공격하여 당과 적대관계에 서게 되었다. 더욱이 636년 고창은 당으로 향한 소그드 상인들을 가로 막고 그 재화를 챙기려 이주伊州를 습격하였다. 이 사건의 장본인은 욕곡설이었다. 그는 638년에 당의 지원을 받았던 질리실가한咥利失可汗을 무너뜨리고 이듬해 서돌궐의 을비돌육가한乙毗咄陸可汗이 되었다.[11]

이러한 복잡한 국제 정세의 긴장 속에서 태종은 640년 고창국을 공격하여 복속시켰다. 실크로드의 요충지를 손에 넣은 중국은 다시 서쪽으로의 발걸음을 재촉하여 쿠차를 정복[648년]하고, 후에 안서도호부를 그리로 옮긴다[658년].[12] 한편 친당파親唐派를 제압하고 칸이 된 을비돌육가한은 자체내의 내분과 강력한 중국 세력의 압박에 박트리아로 도망하였고[651년],[13] 이어서 아사나하로[아사나미사(阿史那賀魯), 후에 사발라가한(沙鉢羅可汗)]에 의해 서돌궐은 잠시 세력을 회복하는 시기[651~57년]를 갖는다.[14] 이후 아사나하로를 패망시킨 당은 두 사람의 새로운 괴뢰적인 칸[아사나미사(阿史那彌射)와 아사나보진(阿史那步眞)]을 세워 서돌궐을 제어했으나 고종의 치세 후반기인 665~83년 사이에 지배 세력이 약화된 기회에 665년부터 서돌궐의 두 집단[노실필(弩失畢)과 돌육(咄陸)]은 이들에 반기를 들고 다시 독립을 회복하였다.[15]

한편 사마르칸트 왕 굴출지는 무덕武德 10년인 627년에 처음으로 당에 조공을 바쳤다. 나아가 631년에 태종에게 신하되기를 청했으며,[16] 635년에 다시 사절을 보내 사자를 조공한다.[17] 이후 태종의 치세[627~49년] 후반기에 사마르칸트는 거의 매년 당에 조공사절을 보낸다.[18]

태종의 뒤를 이은 고종은 상호商胡 정책을 더욱 구체화했다. 서역 여러 나라에 '기미주부'羈縻州府를 설치하였고, 거기에 속한 사람들도 동일하게 당의 '백성'으로 인정했던 것으로 보인다.[19] 따라서 소그드 오아시스 제국의 사람들도 율령 지배의 논리상에서는 기미주부의 백성으로 편입되는 것으로 추측할 수 있다.

이처럼 복잡한 역사적 상황 가운데 중국의 소그드 책봉[650~55년]이 내려진 것이다. 중국은 책봉을 통해서 소그드를 더 확실한 '백성'으로 만들고자 하였을 것이고, 이 책봉은 아직도 세력회복의 여운이 있는 서돌궐을 의식한 외교적 행위였을 것으로 보인다. 책봉의 시기가 위에서 살펴본 바와 같이 돌궐이 아사나하로에 의해 세력을 회복했던 시기와 일치한다는 점은 흥밋거리 이상의 정황이다. 어쩌면 소그드가 양대 세력의 틈바구니에서 양자택일보다는 둘을 이용한 등거리 외교의 입장을 취했던 게 아닌가 싶다.

7세기 중엽의 국제 정세 속에서 고구려 사절의 서역행은 돌궐의 대외관계와 무관치 않을 뿐더러, 더 직접적으로는 돌궐과 고구려와의 관계가 중요하다고 하겠다. 이 부분에 대해서는 다음 단원에서 논의하기로 한다.

중국의 소그드 인식 -발굴 출토품을 중심으로

발굴 유물을 통해 나타나는 시각 자료들은 문헌이 침묵하고 있는 많은 부분을 구체적으로 제시해준다. 소그드의 풍물을 전해주는 가장 오래된 출토 미술품은 구위엔固原의 북위 시대 무덤에서 나온 녹유편호이다. 이 항아리 표면에는 소그드 춤인 호등무胡騰舞가 나타난다. 이보다 후인 북주시대에도 역시 구위엔 이현묘李賢墓에서 은제 오이노코에 병이 출토된 것을 비롯해, 시대가 더 내려가면서 시안 지역에서도 은기들이 출토되어 이들을 실어 나른 소그드 상인의 역할을 짐작하게 한다.[21]

그러나 무엇보다도 소그드와 중국의 관계를 짚어볼 수 있는 중요한 자료는 근년의 발굴을 통해 밝혀진 소그드인들의 장의제도와 부장품들이다. 이 유물들의 출토지와 연대를 참고하면 그 당시 소그드인의 활동 궤적이 파악된다.

1] 산둥성 칭조우青州 부가傅家묘 출토 화상석, 북제 무평4년[573년]
2] 시안 안가安伽묘 석탑石榻, 북주 대상원년[579년]
3] 시안 사군史君묘 석곽石槨, 북주 대상원년[579년]
4] 일본 미호Miho박물관 석관상병풍石棺床屛風, 북제
5] 안양 출토 석관상병풍, 북제
6] 타위엔太原 우홍虞弘묘 석곽 수 개황12년[592년]
7] 간쑤성 티엔수이天水 석마평石馬坪, 석관상, 수당

이들의 분포는 서쪽의 간쑤에서 동쪽의 산둥, 중부의 산시山西, 산시陝西, 허난河南 등 모두 5개 성에 이른다. 대체로 중심 연대는 6세기 말에서 7세기에 해당된다.

이들 무덤의 내부구조는 중국의 전통적인 가옥 형태, 또는 동한東漢 이래의 벽화에 보이는 탑상 형식에 병풍을 두룬 절충식, 곧 '위병석탑'圍屛石榻으로 구성되어 있다. 중요한 것은 병풍 벽면에 그네들의 고향 소그드의 풍속이 표현되었다는 점이다. 대부분 돋을새김 방식으로 처리된 이 일련의 풍속도는 소그드인들이 상업을 위해 머물던 외국 취락지에서도 고유의 문화전통을 유지했음을 보여준다. 이 소그드인 묘장 도상은 '소그드 저본'底本을 가지고 현지의 소그드인 화가가 제작했을 것으로 평가되고 있다.[22]

이 가운데 타위엔 우홍, 시안 안가, 사군 등의 묘들은 소그드의 귀족 묘장을 따랐으며, 실제로 묘주들이 비교적 높은 지위였음이 밝혀졌다. 위진 남북조 이래, 특히 수당 시기에 중국에 들어온 소그드인들과 그 후예들의 수가 많았다고 보고되고 있다.[23]

알려진 것처럼 조중달은 조국曹國 곧 소그드로부터 중국에 건너와

북제에서 봉사하였다.[24] 그의 영향은 화단에 국한되지 않았다. 조각에서도 이른바 조중달의 '조의출수'가 나타나고 있다는 지적은[25] 뒤에 설명하는 바와 같은, 조중달 기법의 근원을 추구하는 일과 관련하여 중요한 대목이 된다.

이 북제 땅은 동위의 전통을 이어받았으며, 오늘날 산둥성이 그 중심 지역에 해당된다. 이곳에서 발굴된 유물 중에 특히 칭초우靑州 용흥사龍興寺 사원의 불상들이 주목된다. 불상 전문가들은 이 사원의 6세기 불상들이 조중달의 '조가양'曹家樣과 관련된다고 주장한다. 베이징대학교의 수바이宿白는 용흥사 불상에 대해 "당시 속특인粟特人이 제작한 조의출수식 인도 불교 형상"이라고 기술했으며, 이와 함께 중앙미술학원의 찐웨이눠金維諾도 '조가양'의 영향 속에서 지역적, 시대적 특징을 이루었다고 평가하였다.[26]

소그드 문물의 영향은 수대의 둔황 석굴에서도 발견된다. 둔황 420굴 벽화 가운데 <관세음보살 보문품>을 묘사한 경변화經變畵에 나타나는 대상隊商들이 그것이다. 본시 이 내용은 인도의 불경고사佛經故事임은 말할 것도 없지만, 둔황의 화가가 소그드 대상을 모델로 하여 그린 것으로 추정된다.[27] 이 밖에도 다수의 벽화에 소그드인의 종교인 현교祆敎가 나타난다.

이와 같은 소그드 문화의 중국 전파는 고구려의 소그드 이해와도 직접, 간접으로 연관되어 있음을 기억할 필요가 있다.

소그드에서 동아시아에 이르는 통로

7, 8세기에 이르면 중앙아시아 상인들의 활동 범위가 넓어진다. 고고학 자료들은 이들이 코카서스 북쪽을 지나가는 대 실크로드의 북쪽 가닥과 우랄 지방의 소위 '가죽 루트'를 장악했음을 보여준다.[28] 4세기 이래 소그드인들이 동방 교역을 활발히 벌이면서 대체로 전형적인 실크로드를 이용한 것으로 보인다.

다만 사마르칸트[옛 강국(康國)]에서 출발하여 카슈가르[옛 소륵(疏勒)]를 거쳐 천산남로와 서역남로로 이어져 둔황[옛 사주(沙州)]에서 만나는 길 외에, 당초 사마르칸트에서 동북 방향의 타슈켄트[옛 석국(石國)], 도쿠막[托克馬克: 옛 쇄엽(碎葉): 세미레체 하부, 이시쿨 호 서부], 천산북로의 베이팅北庭, 하미[옛 이주(伊州)]를 거쳐 둔황에 이르는 길이 소그드인들의 길로 개발되었다. 한편 이 길은 허시후이랑河西回廊의 우웨이[武威: 옛 양주(涼州)]에서 란초우蘭州로 내려가 시안에 닿는 길과 우웨이에서 수평으로 링우[靈武: 옛 영주(靈州)], 타위엔[太原: 옛 병주(幷州)], 윈초우雲州, 다퉁大同, 베이징[北京: 옛 유주(幽州)]을 통해 차오양[朝陽: 옛 영주(營州)]에 이르는 길로 연장된다.[29] 특히 차오양은 소그드 취락이 있었던 곳이어서 동쪽의 거점 역할을 했다. 나중에 설명하겠지만 이 지점은 고구려로 가는 통로로 유추되므로 우선 점을 찍어 두는 것이 좋겠다.

한편 위에서 살펴본 바와 같이 유연柔然과 돌궐은 대략 6세기부터 7세기 초까지 소그드로 통하는 간선을 장악하고 있었기에 소그드 상인의 동방 출입은 이 두 나라와 밀접하게 연관 된다. 특히 고구려인의 서역행을 포함하여 동쪽에서 서쪽으로 가는 경우에 있어서도 이 통로의 중요성은 경감될 수 없다. 여기에서 이 부분에 주목하는 이유도 거기에 있다.

고구려인의 서역관

6~7세기의 고구려의 대외교섭

아프라시압 벽화에 고구려인이 등장하는 시기[7세기 중엽] 이전에 과연 고구려와 소그드가 교류했을까? 이 질문은 난제에 속한다. 어쩌면 삼국시대에 한국에 온 호승胡僧들 가운데 소그드 지역에서 온 승려가 들어 있었을 가능성을 유추하는 정도가 될 것이다.[30] 실제로 소그드 상인이 고구려에까지 와서 활동했다는 적극적인 증거는 아직까지 찾기 어렵다. 따라서 이러한 과제에 직면하여 다각적인 접근 가능성을 모색해볼 뿐이다.

고구려의 역사를 살펴볼 때 서역 국가들과의 직접적인 교류는 어려웠을 것으로 보인다. 그러나 외교적으로 북방 지역과 교섭했던 사실과 함께 문화적으로도 서방의 선진 문화에 대한 지향성을 끊임없이 내보이고 있는 점을 고려할 수 있을 것이다. 더욱이 고구려 강성기인 6세기 때에 고구려가 이른바 '북방기류'[북방문화의 흐름]를 주도했던 점은 대외 교류에 대한 강한 성향을 드러내는 사례로 보아도 좋겠다. 이러한 사실들은 오늘날 남아 있는 고고미술품들을 통해서 분석이 가능할 것으로 생각된다.

여기서는 먼저 북위와의 교섭이 갖는 의미를 검토하고, 아울러 소그드에 이르는 통로 확보의 관점에서 고구려가 7세기 중엽에 실크로드를 장악하고 있었던 돌궐과 어떻게 외교적 제어력을 견지해 왔던가를 일별하겠다.

대륙과 피부로 맞닿아 있는 고구려는 자기의 지정학적 여건을 충분히 인식하고 있었던 것으로 이해된다. 중원과 북중국, 중앙아시아를 주위에 걸치고 있으면서 소위 자주적인 '양속외교'兩屬外交를 전개하였고,[31] 특히 강국으로 부상한 북위와 적극 외교를 전개하여[32] 문화적으로도 큰 자극을 받아 국제성을 확보하기에 이른다.[33] 2장에서도 강조했듯이 고구려와 북위의 관계는 5세기 말경에 절정에 달한 것으로 보인다.[34]

5세기 이후에는 스텝 지역의 여러 세력들과 접촉한 흔적을 읽을 수 있다. 선비, 거란 등의 북방 이종족 집단을 지배하면서 '철마교역'鐵馬交易을 했음이 추정되며,[35] 또한 유사한 사례로서 돌궐과의 접촉 과정에서도 고구려의 철문화 전파와 기마전법의 수용이 감지된다.[36]

고구려가 북방의 유연과는 순치관계脣齒關係에 있었다 함을 볼 때,[37] 고구려의 북방 지향적 국제성을 이해하게 된다. 또한 6, 7세기에는 돌궐족과 접촉이 많아 공격을 받기도 하고[551년],[38] 혹은 605년 무렵에는 돌궐과의 교역이 상당한 규모에 이르기도 하였다.[39] 607년에는 주지되듯이 고구려 사절이 오르도스 지방에 있던 돌궐의 추장 계민가한啓民可汗의 장막으로 파견되어 함께 수에 대항하게 하려던 것이 그곳을 친방했던 수양제에게 감지되어 경고 받은 일이 있을 정도였다.[40] 한편 7세기 전후한 시기의 고구려 관모 중에 돌궐의 영향이 보인다는 주장[41]은 양국의 교섭 관계를 짐작하게 하기도 한다.

한편 연개소문의 집권 이래, 고구려가 당을 견제하는 외교적 노력이 있었던 사실은 주목을 요하는 부분이다. 즉 고구려가 설연타薛延陀와 연합하여 당을 공격할 계획을 수립하였음을 『당서』가 전해주고 있다.[42] 특히 이때가 645년 이후의 시점인 점을 고려하면[43] 고구려 사절의 소그드행의 가능성은 한층 높아진다고 하겠다.

미술품을 통해 본 서역관

알려진 대로 둔황 벽화에는 한국인이 여러 명 등장한다. 그 중에 고구려의 멸망 이전에 해당되는 연대로서는 642년경으로 편년되는 석굴 220호굴의 벽화인데, 다른 경우와 동일하게 유마거사상 아래에 조우관을 쓴 한국인으로 표현되어 있다. 이 한국인이 고구려인일 가능성을 배제할 수 없다는 전제에서[44] 미술을 통해 본 고구려인의 서역 진출상을 언급할 수 있다. 이 밖에도 고구려 미술이 중앙아시아에 미친 영향을 통해 고구려의 대서역관을 언급하고자 한다.

1. '북방기류' –중국, 중앙아시아에 미친 영향

그간의 연구를 통해 고구려 벽화에 나타난 일정한 문양이라든가, 특정한 양식적 표현이 서역 미술, 특히 둔황 벽화 유사 사례들의 선구임은 이미 정론이 되고 있다. 필자는 이러한 고구려의 조형성이 북방의 넓은 지역에 영향을 미치면서 흐르는 현상을 '북방기류'로 명명한 바 있다.[45]

예컨대 덕흥리 고분 벽화[408년]와 북위 고원의 칠관화[5세기 후반]에 각각 표현된 화염문이라든가,[46] 무용총 벽화[5세기 전반]와 둔황 429호 벽화[6세기 중엽]의 수렵도,[47] 고구려 삼실총 벽화[5세기 후반]와 둔황 285호 벽화의 '지그재그'식 담장[48] 등등은 상호 비교되는 자료들로서 고구려가 시대적으로 앞선다.

더욱이 이러한 미술사적 사실과 함께 고구려와 서역의 교류 가능성에 대해서는 중국학자들도 견해를 함께하고 있어서,[49] 고구려 문화 발전상을 밝히는 데에 힘이 되고 있다.

2. 고구려 벽화에 나타난 인물표현으로서의 서역풍

소그드의 '조가양'

이미 앞에서 조중달에 대해 살펴본 바와 같이, 북제 시대에는 조중달의 '조의출수'식 조가양[50]이 화단을 풍미하였을 뿐만 아니라, 또한 북제 불상에도 영향을 미쳤다. 그런데 여기에서 조중달 화법의 실상을 파악하기 위해 그의 고향인 조국과 연관해서 좀 더 분석해볼 필요가 있다. 당시 조국 사람들은 '실신悉神', 즉 현신祆神을 신봉하였던 사실이 『수서』에 밝혀져 있다.[51] 이러한 사실로 미루어보면, 조중달도 본시 현교의 영향을 받은 화가였을 것이다. 하지만 그가 중국에 온 후 당연히 불교의 영향을 받아 불상을 그리게 된 것으로 해석되고 있다.[52] 오늘날 남아 있는 판지켄트와 발라릭-테페 두 지역의 벽화에 나타난 연음도宴飮圖를 보면 옷주름이 조밀한 특징을 드러내,[53] 그것이 조가양임을 알 수 있다.

다른 한편 소그드의 현교와 관계해서 이러한 조가양 옷 주름의 또 다른 예를 찾아낼 수 있다. 죽은 자의 뼈를 담는 '옷수아리'[ossuarij, 라틴어 '옷시리움'에서 유래된 이 소그드 단어를 소그드인들은 '유골 항아리'의 고유명칭으로 쓰고 있다]라는 질그릇 항아리는 현교의 장의구이다. 옷수아리 측면에 얕은 '돋을새김' 방식으로 인체가 나타나는데, 때때로 거기에 조가양이 나타나 우리의 관심의 대상이 된다. 가령 국립 사마르칸트 박물관 소장

6~7세기의 옷수아리[54], 도 1-20에는 조의출수의 전형이 보인다. 아치형 문틀 아래 서 있는 세 여인의 옷은 몸에 밀착된 잔주름이 잡혀 있다. 특히 무릎 주변이 여러 겹의 동심원으로 드러나는 점이 특징이다. 대체로 옷수아리 인물들은 조의출수식 주름을 간략하게라도 표현하려는 의지를 보여[55] 그것이 6세기경에 어느 정도 유행했던 양식임을 인식할 수 있게 한다.

이러한 양식은 사산조 페르시아 은제 접시의 <제왕 수렵도>에서 제왕의 바지에 나타나는 밀착된 주름과 바지 양옆에 물방울이 붙어 있는 듯한 처리법을 떠올리게 한다. 이런 양상은 어쩌면 조의출수를 바탕으로 한 일종의 변종으로 여길 수도 있겠다. 또한 소그드의 금속제 오이노코에에 나타난 여신상[56]의 바지, 또는 치마 주름이 이와 유사한 사례이다.

소그드 지역의 조의출수는 근본적으로 간다라 초기 불상의 습벽褶襞에서 전이된 것으로 유추된다. 왜냐하면 6세기 조의출수보다 앞선 예로, 조국曹國 남부 지역인 테르메스Termez에서 출토된 3세기 때 불상을 보면 '출수' 주름이 간다라 풍風임을 파악할 수 있다. 또한 달베르진-테페Dalverzin-Tepe 출토 3세기 여체 조각상[57]을 볼 때에도 역시 마찬가지이기 때문이다. 그러나 하의의 가장자리 윤곽에 물방울처럼 맺혀 있는 방식은 소그드의 전형으로 보인다.

고구려 벽화의 소그드풍

고구려 벽화의 표현과 기법, 제재 등은 6세기에 들어서며 일신된다. 비슷한 예로 팔메트 문양, 벽 모서리 부분의 역사형力士形 괴수 등을 볼 때, 기존의 벽화 전통 외에 남북조 및 내륙아시아, 서아시아 등 외부 여러 지역에서 비롯된 문화적 자극도 함께 고려해야만 한다.[58]

특히 지안 지역의 오회분 4호묘 벽화도 1-21를 보면 그러한 양상이 여실히 표출된다. 6세기 전반으로 편년되는 이 벽화의 인물들을 보면 특히 표현 기법에서 앞선 시대에 비해 어느 정도 입체적으로 구사하려고 했음을 알 수 있다. 그 중에서도 널방 천장 고임부의 벽화인 '불[火]

의 신' 의복이 몸에 밀착된 모습을 발견하게 된다. 동여맨 허리끈 아랫부분에서 두 넓적다리 윤곽이 드러나는 옷 주름, 특히 춤을 추는 듯한 자세로 치켜 올린 왼팔에 말려 돌아간 의습은 눈에 띄는 특징이다.

더욱이 이 불의 신 뒤통수를 돌아 얼굴 왼쪽으로 연장된, 왼팔의 소맷자락을 '복覆-U'자형으로 연속하는 표현이야말로 지금까지 고구려 벽화에서 볼 수 없었던 전혀 새로운 기법이다. 강서대묘[7세기]의 비천상[북쪽 천장 고임부]에서도 유사한 표현을 보게 된다. 이런 맥락에서 이 비천상의 하의 끝자락을 삼각형으로 접어 표현한 점은 주목을 요한다. 이것은 이전의 안악 2호분 비천상의 천의 자락이 나뭇잎처럼 꼬여 있는 것과는 다른 방식이다.

하의를 밀착시키는 기법과 소맷자락을 말려들어가게 한 표현 등을 고구려 화공의 독자적인 창안으로 해석하기는 어려울 듯하다. 바꿔 말하면 외래 기법의 영향으로 보인다. 조각[불상]의 변화상을 회화가 넘겨다보았을 가능성을 배제할 수는 없겠으나,[59] 벽화에 나타난 의습의 밀착 기법이 아직까지 동 시대의 고구려 불상에서는 발견되지 않는다. 따라서 이 불의 신의 표현은 아마도 '조의출수'를 바탕으로 한 새로운 시도가 아닌가 여겨진다.

여기에서 위에서 본 소그드 옷수아리에 표현된 인물상의, 특히 하의 밀착 수법과 고구려 벽화에 나타난 밀착된 의습을 연관 지으려면, 고구려 미술과 소그드 미술의 교섭 통로를 고려해야 한다. 먼저 고구려와 북제의 교섭을 생각할 수 있겠는데, 『삼국사기』에 따르면 고구려는 양원왕[재위 545~59년] 때에 3회, 이어서 평원왕[재위 559~90년] 때에 3회 등 6세기 후반의 반세기 동안에 총 6회에 걸쳐 북제에 사신을 파견하였다. 이 기간에 조가양을 받아들였을 여건을 충분히 고려할 수 있다.

고구려-소그드의 접촉 루트

다른 한편 고구려와 소그드가 중원을 거치지 않고 접촉한 방식을 거론

해야 한다. 이때에 고구려와 북조의 관계에서 등장하는 랴오시遼西 지방의 국경 도시인 차오양이 중요하다. 이곳은 가장 동쪽에 있는 소그드 상인들의 취락지이기도 하거니와 서쪽 사마르칸트로 가는 기점이 되기도 한다. 또한 '동북지구의 인후'라 부를 정도로 교통의 요지이고, 바로 한반도로 진입하는 길목이다. 역사적으로도 거란契丹, 해奚, 스웨이室韋 등 삼부의 아장衙帳 지역으로 통하는 곳이다.[60]

차오양에서 7세기 중엽 전후 만들어진 전형적인 소그드 금은기가 출토된 사실[61]은 이 지역이 소그드에 이르는 간선의 중요 지점임을 말해준다. 이제 소그드에서 차오양에 이르는 북중국 루트를 다시 한 번 상기할 필요가 있다. 그것은 허시河西-바오터우包頭-후허하오터呼和浩特-다퉁大同-내몽골 츠펑赤峰-차오양에 이르는 길로, 고구려의 소그드행은 이 길의 역방향이다.

그런데 위에 말한 루트를 640년경 당의 판도에 비춰어 검토하면 츠펑을 제외한 지역, 즉 동쪽의 차오양과 황하의 허투河套 지역[62]이 모두 당의 영역이다. 따라서 고구려가 당과 적대 관계인 상황에서는 돌궐의 서역 루트, 곧 츠펑에서 서북쪽으로 올라가 돌궐 중심부를 통과하는 길을 이용했으리라는 점을 고려할 수 있다. 보통 돌궐은 발흥지인 알타이 남쪽의 준가르 분지에서 서진하여 발하슈Balkash 호수와 이리伊犁 강 지역의 세미레치예Semirechiye를 거쳐 서쪽으로 소그드에 이르는 길을 이용한다.[63]

아프라시압 별궁 벽화 도상 해석의 기초와 고구려 사절

역사 배경과 연구 상황

중국 사서에서 강국康國으로 알려진 고대 사마르칸트는 한때 소그드의 수도였으며, 동서교역의 요충지로 실크로드상에 표기되고 있는 곳이다. 사마르칸트의 문화는 일찍이 기원전 6세기경에 시작되었으며, 알렉산드로스 3세 대왕의 침입[기원전 328년]과 아랍에의 통합[기원후 712년]을 거쳐 내려오다가 나중에 몽골의 침입[1220년]으로 폐허화되었다. 그 후 14세기 말에 티무르 왕조에 의해 그 지역이 회복되어 오늘에 이르고 있다.

아프라시압Afrasiab[64] 유적은 현대 도시 사마르칸트[현 우즈베키스탄공화국의 수도] 북동쪽 언덕에 자리 잡고 있는데, 1965년 이 지역에 대한 발굴을 통해 '사절들의 그림'이라 불리는 매우 귀중한 벽화들이 갑자기 등장하여 세계 학계의 주목의 대상이 되었다. 처음에 이곳은 공사장 불도저 삽날에 길린 벽돌 층에서부터 건물 터[址]임이 확인되었고, 그 후 발굴단이 이미 윗부분이 절반가량 사라진 벽면의 벽화를 차츰 수습할 수 있었다. 이 유적을 발굴했던 구舊 소련의 고고학자들은 이 벽화를 신중하게 보존처리를 한 후, 1970년 발굴지 부근에 세운 박물관에다 1980년 초 원상대로 복원·전시하는 성과를 거두었다.도 4-1

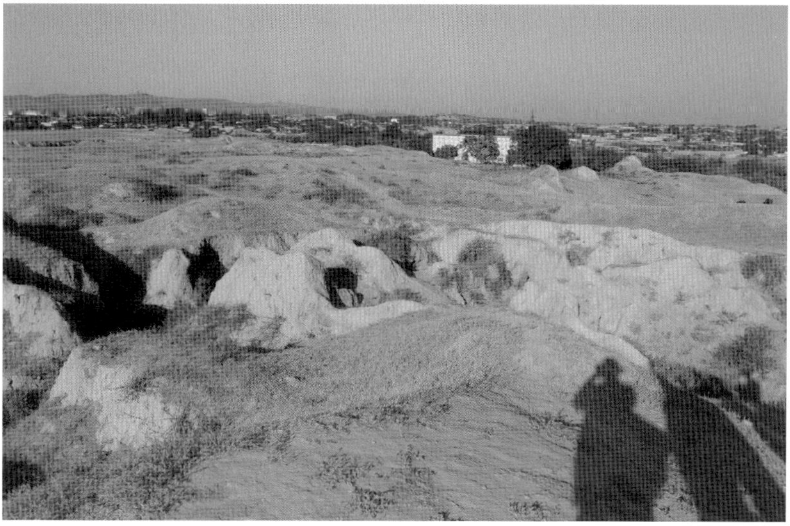

4-1. 아프라시압 벽화 발굴 현장

아울러 벽화에 대한 정밀모사 작업이 발굴 직후 레닌그라드의 화가에 의해 이루어졌다. 이 모사도[65]는 후에 발생할지도 모를[66] 원본 벽화의 변질에 대비한 대체물의 역할을 한다. 이 작품은 현재 사마르칸트 고고학연구소에 보관되어 있다.

벽화의 아랫부분은 비교적 식별 가능한 상태이고, 또한 네 벽면을 유지하고 있어 아랍의 침입 전인 7세기 중엽 소그드 전성기 문화와 바르후만Varkhuman 왕 치세 때 국면을 파악할 수 있는 자료를 제공한다. 뿐만 아니라 이 벽화에 기록된 명문과 함께 그림의 도상해석학적 내용은 그 당시 소그드와 얽혀 있는 복잡다단한 국제정세를 풀어내는 열쇠가 된다. 예컨대 이곳에서 충돌한 돌궐과 당의 세력 구도, 이와 연관되었을 것으로 보이는 고구려의 '외교력'[67] 등이 그 벽화에서 읽혀진다는 점은 연구자들을 자극하기에 충분하다고 하겠다.

무엇보다도 이 벽화와 연관된 흥미로운 역사적 사건은 이미 언급한 대로 650~55년 사이에 당 고종이 바르후만 왕에게 책봉冊封을 내림으로써 소그드를 중국의 정치질서 속에 편입시키고 있는 점이다. "영휘 년간에 소그드를 강거도독부로 제수하고, 그 왕 불호만[拂呼縵, 바르후만]을 도독으로 한다"[68]는 이 내용은 벽화의 연대를 결정짓는 주요 자료가 되며, 나아가 벽화의 등장인물들 사이에 서열의 당위성을 부여하는 단서가 된다.

또한 아프라시압 벽화의 세계상을 유추할 수 있는 또 다른 자료가 『당서』에 등장한다. 이 사서에는 아프라시압 벽화보다 앞선 시기에 소그드를 다녀간 중국 사신의 정보가 담겨 있다. "하국何國, 또는 쿠샤니야, 또 귀상니라고도 한다. 그 성 좌측에는 이층집이 있는데, [그 집속의 벽: 필자 보완] 북쪽에는 중국의 옛 황제를 그렸고, 동쪽에는 돌궐과 인도의 파라문, 서쪽에는 페르시아, 비잔틴 등지의 여러 왕들을 그렸다. 그 왕은 아침에 와서 절하고 곧 돌아간다"[69]는 내용이 기록되었다. 여기의 쿠샤니야는 사마르칸트와 부하라 사이에 있는 도시이며, 이 왕은 바르후만으로 비정된다.[70] 특히 이 벽화에 표현된 각 나라의 방위가 실제와 부합될 뿐만 아니라, 7세기 당시 소그드를 둘러싼 열강 체제와 일치한다는 점에 주목할 필요가 있다. 여기에서 우리는 소그드 벽화의 역사적 현실성을 더욱 실감하게 된다.

발굴의 주역이었던 라다르 알바움Ladar Albaum은 1975년에 보고서를 발간하였고, 그를 계기로 발굴 관계자인 러시아 학자들을 비롯, 동서의 많은 학자들이 이 벽화를 해명하고자 힘을 기울여 연구 초창기의 미진했던 내용들이 크게 해소된 사정이다.[71] 이처럼 1975년 이후 근 30여 년 동안 연구의 축적이 적지 않았음에도, 아직까지도 벽화의 편년, 도상해석, 국제관계, 특히 한국의 경우, 고구려 사절의 문제 등 제반 관점 중에 많은 부분이 서로 엇갈리고 있다. 알려져 있듯이 이 벽화가 미완의 작품이므로 불분명한 해석을 하게 될 우려가 있고[72] 뿐만 아니라 벽화에 나타난 명문에 대해서도 근년에 새로운 해석이 가미되는 등 복잡한 연구 소재가 내장되어 있는 것이 이 벽화이기 때문일 것이다.

근년에 유럽에서는 이 주제의 국제학술대회를 개최함으로써 고고학, 역사학, 미술사학, 인류학, 민속학, 복식학 등 여러 분야에서 접근하는 학제적 연구의 발판을 마련하기도 하였다.[73] 특히 한국의 경우, 2006년에 사마르칸드를 중심으로 한 고대 소그드 지역에 대해 현지 학자들과 공동탐사를 시행했다. 이를 통해 아프라시압 벽화에 대한 구체적 지견을 넓힐 수 있는 적극적인 기회를 갖기도 하였다.[74]

여기서는 먼저 벽화의 가시적 자료와 그를 바탕으로 한 의미연관을 소개하고, 서두에서 언급했듯이 각각 대립적 견해를 표명한 학자들, 예컨대 발굴당사자인 알바움을 비롯, 보리스 마르샤크Boris Marshak, 프란츠 그르네Frantz Grenet, 마르쿠스 모데Markus Mode, 에티느 드 라 베시에르Étienne de la Vaissière, 아나자와 와코 등의 해석이 지닌 쟁점 부분을 언급하고자 한다.

아프라시압 벽화의 의미

아프라시압 도성의 건물들이 8세기 초 아랍의 침입으로 불에 탔던 사례와는 달리, 이 벽화의 방은 화를 면했던 것으로 알려진다. 이 방은 발굴보고서에 제1호실로 지칭되었는데, 바르후만 왕의 정궁이 아닌, 왕의 일족이 사용했던 별채의 한 공간으로 추정된다. 사방 11미터 정방형으로, 방문이 달린 벽면은 동벽이다. 문의 맞은쪽은 서벽으로, 각국의 사절들을 그려 벽화의 핵심 부분을 이룬다고 하겠다. 문에서 들어올 때, 좌측에 속하는 남벽에는 전통 신년제新年祭 의식을 묘사한 것으로 추정되며, 우측의 북벽에는 배를 타고 오는 중국 공주와 수렵도가 있고, 문이 있는 동벽에는 인도 주제가 표현된다. 이러한 각 주제들은 소그드를 중심으로 볼 때, 동서남북의 방위 개념과도 일치하는 것으로 보인다.

민족학의 입장에서 아프라시압 벽화는 이란의 전통 나우르즈[Nauruz, 元旦] 제례를 큰 뼈대로 담아낸 것으로 볼 수 있다.[75] 소그드 문화의 단층을 드러내는 대목이 아닐 수 없다. 무엇보다도 아프라시압 벽화가 소그드의 정치, 외교적 국면을 부각시킨다는 점에서 부하라, 판지켄트 등지의 벽화와 구별된다. 각 벽을 중심으로 묘사된 내용들을 검토해보자.[76]

서벽

서쪽 벽은 문에서 들어오는 사람이 정면으로 바라보기 때문에 중요도의 비중이 높다고 할 수 있다. 이는 대체로 소그드 건물 구조에서 —그것이 개인 집이건, 왕궁의 근정전이건 간에— 공통적이다. 이미 앞에서 언급한 대로 이 벽면의 중요한 상부는 발굴 이전부터 훼손되어 없어졌지만 지금 남아 있는 인물들만 해도 무려 42명에 달한다.[77] 한국인 사절 2명도 여기에 속하며, 맨 하단의 우측 끝 편에 자리 잡고 있다. 알바움의 보고서 이래로 붙여진 고유 번호는 서벽의 24, 25번[좌측에서 시작해서]에 해당된다.도 4-2

무엇보다도 서벽에서 중요한 사료는 그림 가운데 기록된 명문이다. 서벽의 좌측 제2단 두 번째 인물[알바움 보고서 27번], 두부가 떨어져 나간 이 인물의 흰색 카프탄 자락에는 손상이 심한 박트리아 문자[2줄]와 고대 소그드어로 쓰인 16줄의 명문이 있다.도 4-3 명문은 판독이 가능한 상태여서 제반 문제 해결의 중요한 실마리를 제공한다.

> "1.우나스[Unas][가문의 자손] 바르후만 왕이 2.[대사에게로] 가까이 왔을 때, [대사는] 입을 열었다. '저는 3.차가니안Caghaniyan의 다피르파트[dapirpat: 서기의 우두머리]인 푸카르자테입니다. 4.차가니안 왕 투란타스로부터, 멀리 떨어져 있는 5.사마르칸트에, 대왕께로 6~7.경의를 표하기 위해 저는 왔습니다. 이제 대왕의 계하에서 존경의 마음을 가지고 쉬고 있습니다. 8.당신[대왕]이시여, 저를 의심하지 마시옵소서. 9.사마르칸트의 신神들에 관해서도 그리고 10.사마르칸트의 문자에 대해서도 저는 잘 알고 있습니다. 11~12.그리고 [사마르칸트의] 대왕께 대해서도 나쁜 짓을 하지 않겠습니다. 13.그리고 당신 대왕이시여, 평안하시옵소서.' 14. 그리고 우나스[가문의 자손] 바르후만 왕이 그를 놓아주었다. 15. 그리고 [그때에] 그의 입을 열어 16.차치Cac의 다피르파트라고 하였다."[78]

이 명문은 소그드 왕 바르후만을 기리기 위해 주변에서 대사들을 파견한 사실을 전해주며, 그들은 소그드의 신과 언어, 즉 문화에 경의를 표한다고 하였다. 여기에서의 차가니안은 사마르칸트와 테르메스 사이에 존재했던 소국이었으며,[79] 또한 차치[Cac, 또는 Chach]는 오늘의 타슈켄트이다. 이 내용을 기초로 하면 이 서벽의 그림은 바르후만 왕의 위세와 사마르칸트국의 자존을 드러내려한 것이 틀림없다.

이미 없어진 서벽의 상부를 상상으로 복원하는 데에는 해독된 이 명문의 내용과 함께 지금 현존하는 하단의 42명의 인물들의 용모, 복

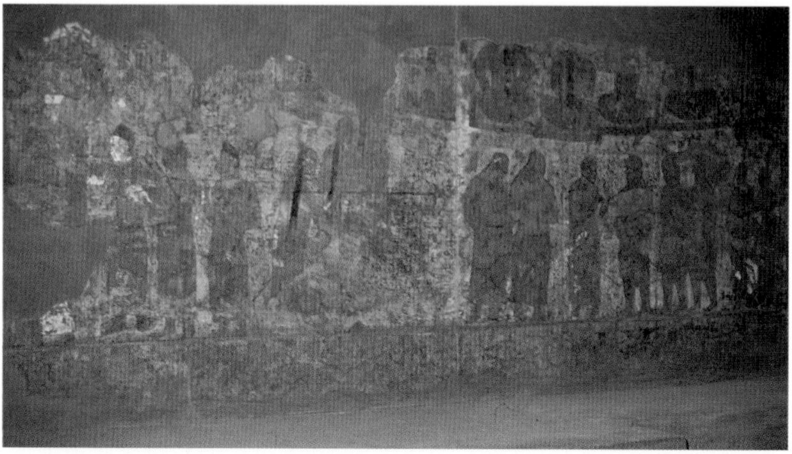

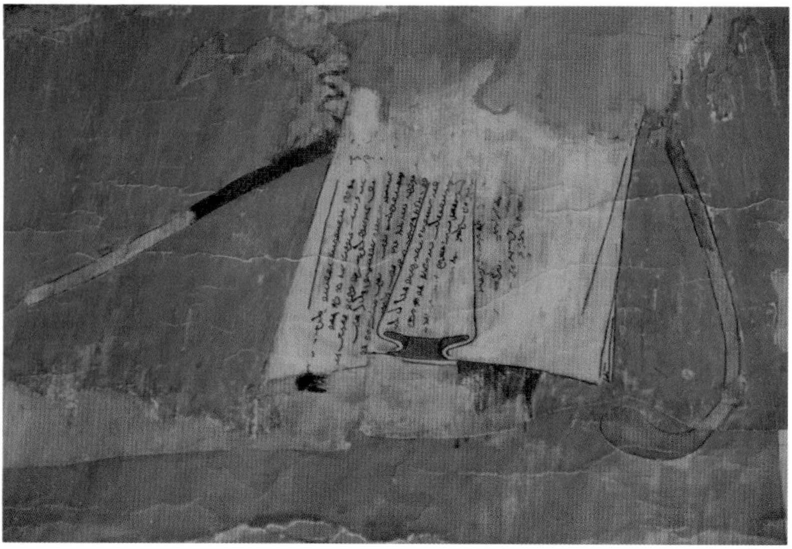

4-2. 소그드 왕을 알현한 고구려 사절(맨 우측의 2인), 별궁지 벽화 서벽, 아프라시압 박물관.
4-3. 옷자락에 쓰인 소그드 명문, 별궁지 벽화 서벽, 모사도, 사마르칸트 국립고고학연구소.

식, 관식, 지물 등을 기초로 한 도상과 인물들의 자태가 도움을 준다. 물론 이와 함께 역사 배경이 거기에 가미됨으로써 어느 정도의 복원 해석이 가능하게 된다. 서벽의 상상 복원도는 서벽의 대 주제에 치중한 대부분의 연구자들이 만들어내었는데, 그중 대표적인 사례로는 프랑스의 프란츠 그르네와 독일의 마르쿠스 모데의 것이 손꼽힌다. 이 둘은 각자 합당한 논리를 제시하는 가운데 대립된 입장을 보인다. 여기서는 모데의 이론을 참고하면서 줄거리의 기초를 세우기로 한다.

서벽의 벽화는 인물들의 방향에 따라 좌우 집단으로 구분된다. 좌측은 서방의 사절들, 화면의 중간에 있는 중국 사절은 좌측으로 향하고, 우측은 돌궐을 비롯한 한국의 사절들로 배열되어 있다. 좌우 집단의 떨어져 나간 상부에는 각각 바르후만 왕과 돌궐의 왕이 자리 잡았을 것으로 추정되며, 다시 이 왕들의 위쪽, 즉 최상단부에는 소그드의 신이 정좌했을 것으로 상정되고 있다.[80]

또한 여기에서 화면 맨 우측의 인물군을 주목할 필요가 있다. 모데는 알바움과 마찬가지로 한국인 사절 좌측에 있는 3인을 타슈켄트인으로 보는 일면, 그르네는 티베트인으로 추정하고 있다. 이 타슈켄트인들 옆에는 안내하는 돌궐인들이 있다. 그런데 화면 중앙의 중국인과 한국인이 멀리 떨어져 배치된 이유는 무엇일까? 모데는 당 태종 때의 전쟁[645년]으로 고구려와 중국의 악화된 관계를 반영한다고 보았다. 그리고 태종의 사후[649년] 고구려는 중국의 압박을 피하기 위해 돌궐과 '외교적 결속'을 맺고자 사마르칸트에 왔다는 해석이다.[81] 모데는 화면 우측 집단 상부에 돌궐 왕을 모신다. 그 왕은 친당 관계에 있었던 사궤가한射匱可汗이며, 당초 타슈켄트 지역을 지배했던 연고가 있기도 하다는 것이다.

한편 우측에 돌궐 왕이 있어야 할 또 다른 중요한 요소는 고구려인의 우측에 놓인 북과 깃대banners들이다. 그것들은 유목민족의 통치권의 상징물이다.[82] 모데에 따르면, 특히 11개의 기는 중앙의 중심기 좌우에 각 5개로 나뉘는데, 이는 서돌궐의 남북 부족들을 각각 의미하므로 더욱 돌궐 왕과 연관된다는 것이다.[83]

서벽에는 머리를 등 뒤로 넘겨 땋은 변발인辮髮人들이 유난히 많다.[84] 특히 우측 집단에 속한 인물들은 몸이 우측 상부로 향하고 있어서, 그 상부에 돌궐 왕이 있어야 한다는 주장을 편 모데의 복원 개념을 유리하게 한다. 다른 한편 사마르칸트와 중국과의 관계에서 돌궐이 정치적 결정권을 가지고 있었다고 추측하면서, 왕의 성姓인 '우나시'가 투르크계이므로 바르후만 왕이 투르크계일 가능성이 크다는 점을 내세우는 주장[85]은 시사하는 바가 크다.

필자는 돌궐 왕을 복원도에 배치하는 것에는 동의한다. 그러나 돌궐 왕은 모데가 주장한 것처럼 친중국의 사궤가한[651년 이전, 즉 649년경]이 아닌, 잠시 중국 세력에서 벗어난 서돌궐의 하로가한[賀魯可汗, 651~57년][86]이 합당한 존재라고 본다. 말하자면 소그드의 입장에서는 당으로부터 책봉을 받았지만, 다시 돌궐을 의식하지 않을 수 없는 정세를 그 복원 도상이 좌측에 바르후만, 우측에 돌궐 가한을 배치함으로써 적절히 반영해낸 것으로 추측할 수 있기 때문이다. 여기에서 "소그드 미술의 원천은 대부분 현실과 꿈의 극단적인 긴장 속에 있었다"[87]고 한 그르네의 지적을 이해할 만하다.

이밖에도 다양한 각도에서 서벽 상부에 두어야 할 인물을 찾아볼 수 있다. 마르샤크는 왕이 아니라 신이 그 자리에 있어야 한다고 주장했다. 드 라 베시에르는 모데와 마찬가지로 돌궐왕을 그 자리에 앉혔지만 모데처럼 사궤가한이 아니라 미사가한彌射可汗이 유력하다고 보았다. 왜냐하면 미사가한은 실제로 632년에 북과 깃대의 상징물을 받았고, 또 고구려 전쟁 동안 이름을 날린 것으로 알려져 있기 때문이다.[88]

그르네는 서벽 옥좌에 바르후만을 올린다. 넓은 의미로 보면 이 서벽은 당이 658년에 돌궐을 누르고 맞은 새로운 '팍스 시니카'pax sinica를 위한 기념물인 셈이다. 이 '당의 평화'는 '비단과 돌궐의 힘'이라는 두 가지 수단을 통해 찬양되며, 이 새로운 정국에서 바르후만은 충성스런 동반자의 자세를 취한다는 것이 그르네의 주장이다.[89]

후대의 나우르즈에 관한 정보에는 이 날 "왕의 신하나 시종들이 한 사람씩 순서대로 왕 앞에 나아가 새로운 공물을 바치고 기쁘게 한다"는 내용이 보인다.[90] 이 서벽 벽화는 이러한 전통 형식을 틀로 삼아 당시 대외적인 정치 상황에 관한 콘텐츠를 충실하게 담아낸 것으로 풀이할 수 있다.

남벽

화면 제일 우측에 있는 신전[3인은 신전 속에 들어 있고, 신전 좌측 밖에 1인이 서 있음]을 향하여 [행렬을 이끄는] 코끼리, 3인의 여성 기마인물, 낙타를 탄 2인, 파담[padam, 의식 때에 성스런 불을 더럽히지 않도록 쓰는 마스크]을 착용한 사제, [사람이 타지 않은] 빈 말, [그 위에 제물로 추정되는] 네 마리의 타조, [왕으로 추정되는] 거대한 기마인, [그 뒤에] 기마 호위인들이 보인다.도 4-4

남벽에서는 말을 타고 행진하는 바르후만 왕을 남벽 우측에 우뚝 솟듯이 큰 크기로 그린 것이 특징이다. 알바움에 따르면 이 인물은 왕에게 중국[또는 고창]에서, 그리고 차가니안에서 온 공주들을 안내하는 행렬로 되어 있지만,[91] 여기에 대해 반론이 제기된다. 보리스 마르샤크는 우선 특별한 경우를 제외하고 중국 공주가 외국인과 결혼한 예가 없으며, 역사상 사마르칸트에 중국 공주를 보낸 일이 없다. 또한 고창은 640년에 중국에 속했으며, 더욱이 사마르칸트에서의 고창에 대한 중요성이란 관점에서도 가능치 않다고 마르샤크는 보고 있다. 결국 이것은 장례행렬이며, 여기에 등장하는 안장만 얹고 사람이 타지 않은 말과 얼굴에 '파담'을 착용한 사제도 장례에 합당하다는 것이다.[92] 마르샤크는 이 행렬을 인도하는 코끼리에 악사가 타고 있을 것으로 보는 모데의 견해에 공감을 표하여 결국 거기에 공주가 앉아 있었다고 상상한 알바움의 이전 주장[93]을 일축하기도 하였다.[94]

또한 남벽 맨 좌측에 있는 건물을 마르샤크는, 소그드 왕이 매년 나우르즈 신년제에 조상들에게 희생 제물을 드린다는 중국 기록[『북사』, 『수서』]에 힘입어 그것을 사마르칸트 왕의 조상 신전으로 보았다.[95] 그런데 신전 안에는 인물의 하체만 보이는 세 사람이, 또한 신전 밖에도 한 사람이 서 있다. 이들에 대해 마르샤크가 세 사람은 사제일 것이고, 밖에 있는 한 사람은 병정일 가능성을 제시한 반면, 마테오 콤파레티는 세 사람은 사제가 아니고 소그드 신이라고 주장하였다.[96]

한편 그르네도 남벽의 대주제를 나우르즈 신년제로 본 마르샤크의 입장이 바르후만 왕과 차가니안 공주와의 결혼으로 해석한 세르게이 야트센코의 견해[97]보다 더욱 수긍이 간다고 무게를 두었다.[98]

북벽

화면은 네 부분으로 구성되었다. 좌측의 1, 2부는 배를 타고 화면 좌측으로 가는 바다의 정경이고, 우측의 3, 4부분은 육지에서 벌어지는 사

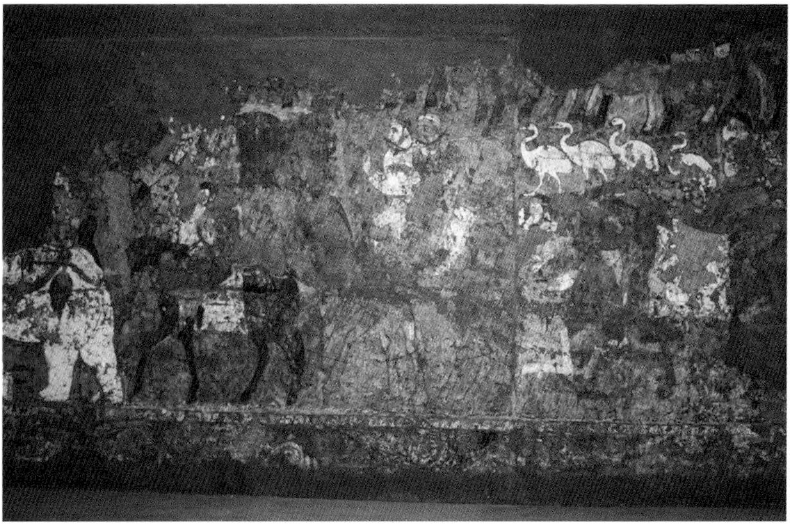

4-4. 나우르즈 신년제의 장면, 별궁지 벽화 남벽, 아프라시압 박물관.

냥 장면을 나타낸다. 좌측의 제1부에는 10명을 태운 배가 있고, 하부에는 하체가 나선형으로 말린 괴마怪馬, 오리, 먹이를 주는 어미 새와 새끼들, 해물들이 있다. 배에는 중국 공주를 중심으로도 4-5 좌측에 3인, 우측에 4인의 시녀들[그중 우측에 악사 1인]이 있고, 선두와 선미에는 각각 사공이 1인씩 있다. 여기에서 우측에 있는 제2부에는 호위병 4인이 탄 배, 그 하부에 상체만 보이는 두 마리의 물소와 물소몰이 인물, 화면을 좌우로 가르는 중심에 강이 있고, 그 강을 건너는 인물이 있다. 우측 제3부에는 덫을 놓아 짐승을 잡으려는 인물, 창으로 사자를 공격하는 기마인물, 활로 또 다른 사자를 쏘려는 기마인물, 그 상부에는 기마인물 2인과 두 마리 말의 하체만 보인다. 제4부에는 화면 우측을 향해가는 대형 기마인물의 하체, 대형 사자, 제3부의 기마인과 같은 크기 기마인물이 작은 사자를 향해 창을 겨눈다. 또 다른 작은 사자는 대형 기마의 발 밑에 누워 있다.

소그드인의 방위 개념에서는 중국이 북쪽에 있다. 대부분의 전문가들은 북벽 전체를 중국 주제로 보고 있다. 방금 위에서 보았듯이 좌

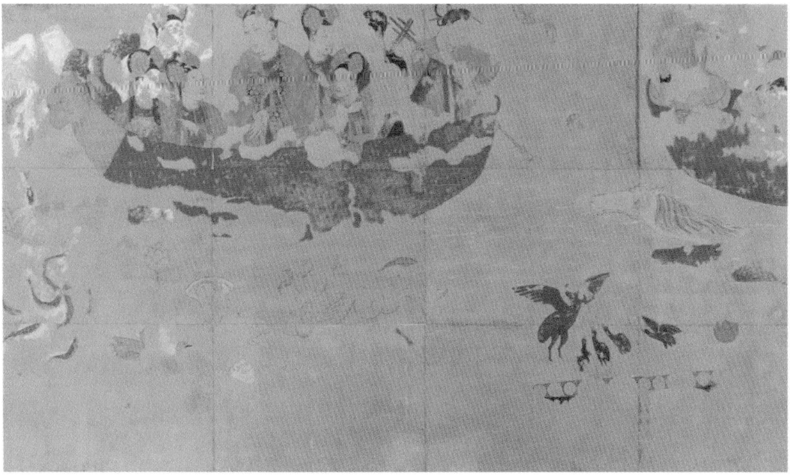

4-5. 배를 탄 중국 공주, 별궁지 벽화 북벽 모사도, 사마르칸트 국립고고학연구소.

측은 배를 타고 오는 중국 공주와 시녀들, 우측은 중국 황제의 수렵도를 그렸다. 모데는 이런 활동이 실제로 650년을 전후해서 일어난 적이 없었음을 지적하면서 다른 내용을 소개한다. 즉 서돌궐의 사궤가한이 646년에 태종에게 중국 공주를 청한 적이 있지만, 이 결혼은 실현되지 못했다는 것이다. 같은 맥락에서 우측 사냥도의 주인공도 태종으로 설정한다. 모데는 고대 이란의 사냥 모티프를 중국 군주에게 적용함으로써 소그드 화가들이 자기 나라 지배자의 위상을 중국과 비슷하게 높이려 했던 것이 분명하다고 강조한다. 또한 벽화에서 벌어지는 사건이 사실이 아니라고 할지라도 이 일은 소그드의 주권과 바르후만의 정통성을 부각시키는 상징적인 역할을 한 것으로 해석한다.[99]

중국 주제와 서아시아 전통 소재가 혼재

그러나 그르네는 이 벽화의 또 다른 연대관에 기초하여 이 이야기가 역사와 부합된다고 추측한다. 그는 복식 연구가인 가게야마의 견해를 적절하게 끌어들인다. 즉 배를 타고 오는 중국 공주의 복식과 두발이 663년에 죽은 당의 신성장 공주묘 벽화의 인물들과 상당히 유사하다고 한 가게야마의 분석[100]에 공감을 표하였다. 또한 이 663년이라는 연대는 그르네 자신의 벽화 편년과 같다. 또한 그르네는 고종이 수렵 기마인물도의 주인공이라고 설정하였는데, 고종의 누이동생이 바로 신성장新城長 공주인 점[101]에 더 확신을 갖는 듯하다.

한편 이 북벽의 한두 가지 소주제들도 간과해서는 안 될 것 같다. 첫째, 공주가 타고 있는 배의 선두 장식을 보통 '용'龍으로 보지만, 독수리 부리에 머리에는 꼬부라진 뿔이 달린 듯하여 서아시아 전통의 그리핀으로 볼 수도 있다.[102] 둘째, 신부를 실은 배의 하부에는 물고기 등 해물들과 함께 괴수[말의 앞발, 두 개의 뿔이 달린 그리핀 머리, 날개, 나선형 꼬리]가 등장하는데, 이것은 중국 타위엔太原 출토 우홍虞弘 소그드 묘 부조 판석에 새긴 말 머리에 날개가 달리고 물고기 꼬리를 지닌 괴수를 떠올리게 한다. 이 부조 판석에 나타나는 장면은 '최후 심판'을 받는 죽음을 상징하는 공간이다.[103] 이와 같은 의미 충돌의 문제는 보다 다각적인 증빙 자료의 보충과 시간을 요하는 과제로 보인다.

동벽

동벽은 중간에 문짝이 들어 있기도 하지만, 다른 세 벽에 비해 남아 있는 벽화 부분이 매우 적어 자연히 내용이 부실하다고 하겠다. 알바움에 따르면 동벽은 인도 주제가 대부분이라고 평가한다. 알바움의 의견에 그르네도 동의한다. 인물의 복식, 커다란 귀걸이, 정수리를 묶은 머리 치장, 갈색 피부뿐만 아니라 하천 혹은 습지 배경, 반나半裸의 인물 등이 인도 풍을 느끼게 한다. 그르네는 이것이 인도 신화의 크리슈나Krishuna와 일치한다고 분석한다.

또한 화면 왼쪽 끝에는 점성술사인 우라니아Urania 두 명이 있는데, 선생은 그리스풍의 옷을 입고, 제자는 인도식 옷을 입고 있다. 이들과 천구의天球儀는 그리스-로마의 도상에서 유래된 것으로 해석된다.[104]

벽화의 편년과 고구려 사절의 문제

지금까지 위에서 본 벽화의 도상적 특성은 다양한 해석 가능성을 내포하고 있다. 그러나 '왕가의 선조에게 바치는 제사와 국가의 우호관계'라고 벽화의 대 주제를 요약한 그르네의 정의[105]는 매우 함축적이다. 이와 같은 우호관계 속에서 과연 고구려 사절은 어떤 위상에 있었는지, 그리고 전체적 의미 연관에서 어떤 무게로 작용했는지가 핵심이다. 단적으로 고구려 사절에 대한 해석이 고구려가 당과의 적대관계 때문에 행해진 '밀사'라고 보는 입장과 반대로 돌궐을 견제하려는 당 세력의 일원으로 보는 견해로 대별된다. 여기서 연구자들의 연대관과 더불어 고구려 사절에 대한 견해를 들어보도록 하자.

1. 라다르 알바움[1975]

발굴 당사자인 알바움이 쓴 보고서에 들어 있는 Y. 구리야모프Y. Gulyamov의 서문에는 벽화의 제작 시기를 바르후만의 치세의 마지막 시기인 690년대로 보았으며, 더욱이 모종의 정변으로 제작이 중단되었다고 추정하였다. 또한 이 건물이 712년 아랍 침입으로 파괴되었던 사실을 지적하고 있다. 벽화의 내용은 벽화에 남아 있는 명문으로 미루어보아, 바르후만 치세 때 있었던 일로 여겼다.

알바움 자신도 서문에서 서벽의 중요성을 인정했다. 그 내용은 사마르칸트 왕이 각국에서 온 사절을 응접하는 그림이며, 다른 벽화는 사절들이 사마르칸트로 이동하고 도착하는 모습을 그렸다고 요약하였다. 특히 서벽에는 전 벽화를 이해하기 위한 중요한 열쇠가 숨어 있다고 강조하였다. 이는 16행으로 구성된 소그드어의 명문이었다.

알바움은 보고서 본문에서 서벽의 내용을 다음과 같이 정리했다. 우선 그는 없어진 상부의 벽화에 바르후만 왕의 초상이 있었을 것으로 전제 하였는데, 이에 걸맞게도 실제로 그 발치에는 머리를 길게 늘어뜨린 소그드인들이 앉아 있는 것을 볼 수 있다. 이어서 그는 "왕의 앞 중앙 부분에는 중국에서 온 사절이 서 있다. 그들의 의복과 머리 모양은 북벽의 상과 같다. 그 좌측에는 차가니안에서 온 사절이 보이는데, 남벽에서도 이들을 만날 수 있다. 서벽 오른쪽 부분에도 두 사절단이 서 있는데, 아마 이 중 하나는 차치[이 사절에 대해서는 명문에 적혀 있다]이고, 다른 하나는 의복으로 판단했을 때, 조선에서 온 사절이라고 생각된다"고 하였다.

알바움의 한국 사절에 대한 기술을 좀 더 살펴보겠다. 우선 그는 두 인물의 관식, 옷 모양, 환두대도[둥근 고리 장식이 달린 칼], 신발, 거동 등에 대해 있는 그대로 세밀하게 설명하고, 이들의 출신을 밝히기 위해 먼저 『북사』[고구려전]를 인용한다. 알바움이 고구려전을 인용한 것부터가 그의 심증을 그쪽 방향에 두고 있음을 의미한다. 그는 거기에서 고구려 사람들이 '조우鳥羽'로 관식하며, '삽수[挿手, 팔장을 끼는 것]' 습관을 가진 점에 주목한다. 또한『신당서』에서도 복식을 참고한다. 알바움은 우선 두 사서를 통해 이들이 한국인임을 확인하고, 일면 고구려가 은밀히 돌궐의 계민가한과 접촉한 대목을 내세운다. 나아가 "투르코가 다른 많은 나라와 끊이지 않은 접촉을 가졌음"을 지적한다.

한편 722년 신라 승이 서역을 방문한 연대가 아프라시압 벽화의 연대와 들어맞는다고 했다. 아마도 알바움은 보고서를 쓸 당시 벽화의 사절이 고대 한국 중 어느 나라 출신인지 확신을 가지지 못한 듯하다. 그럼에도 다시 벽화의 인물들이 고구려 벽화의 인물들의 복식과 유사함을 피력한다. 전반적으로 그는 국적에 대한 결정적인 언급을 유보하면서도 논증은 대체로 고구려인일 가능성을 조심스럽게 내비친다.[106]

나아가 그는 고구려와 돌궐의 우호관계를 지적하면서 "돌궐 계민가한의 영토에 있는 황색천[黃色川, 또는 潢河, 몽골어로 시라무렌 강西拉木倫河]은 동으로도 흐르고, 서로도 흐르는 중간에 있어" 고구려 사절의 통로로 이용되었을 가능성을 시사하기도 하였다.[107] 어쨌건 발굴자인 알바움은 벽화의 한국 사절을 고구려인으로 비정한 최초의 연구자라고 할 수 있겠다.

2. 아나자와 와코와 마노메 준이치[1976]

알바움의 보고서가 간행된 지 몇 달 후 일본 학계는 이 중요한 역사자료에 즉시 지대한 관심을 표명했다. 일본 학계는 이 자료들을 통해 한국의 고대문화에 대한 종래의 편견을 극복하고, 새로운 시각으로 봐야 한다는 결론을 내렸다. 우선 벽화의 실상을 장문에 걸쳐 소개하고, 알바움의 보고서의 내용을 수정, 보완하였다. 무엇보다 아프라시압 벽화의 시대에 대해서도 알바움의 주장을 비판하였다.[108]

아나자와 와코穴澤咊光와 마노메 준이치馬目順一의 논문은 우선『신당서』의 '서역전하 강조'西域傳下 康條에 의거, 영휘 년간의 책봉 사실을 참고하여, 벽화의 연대가 655~90년 사이라고 잠정적으로 설정한다. 나아가 벽화에 나타난 괴수[simurg] 문양, 저두문猪頭紋, 사조문咋鳥紋, 야양문野洋紋, 천마문天馬紋, 유익사자문有翼獅子紋 등을 역사적 관점에서 면밀히 분석한 후, 이들 문양이 7세기 중엽 전후에 관계됨을 밝혀낸다. 이어서 복식에 대한 분석 결과, 7세기 중엽 전후, 측천무후 시대 이전, 초당기에 가깝다고 평가하였다.

아나자와와 마노메는 벽화에 묘사된 사절단의 방문은 바르후만 왕 치세 말년 이전에 있었고, 이 방문 광경이 기량 있는 화가에 의해 정밀하게 기록되어 벽화를 위한 원고가 마련된 것으로 유추한다. 이 사절들이 내방한 계기는 당 고종 영휘 년간의 책봉이라고 추측했는데, 이것은 앞의 벽화 내용에 의한 추정과도 부합되는 게 아닌가라고 하였다.

또한 한국인 사절의 복식, 환두대도[109]의 연대도 대체로 앞의 비정 연대와 일치하는 것으로 보았다. 아나자와와 마노메는 한국인의 국적을 밝히기 위해 당시 동아시아 국제 정세를 들여다본다. 고구려와 당의 관계, 당의 중앙아시아 경영, 640년에 서돌궐을 멸망시킨 사실, 특히 고구려와 돌궐과의 외교관계에 주목한다. 이들은 알바움도 지적한 바 있지만, 『수서』 '열전 배구조'列傳 裵矩條[110]에 고구려 사신이 수양제에 의해 돌궐의 천막에서 발견되는 장면이 나타난다든가, 『구당서』에 고구려 유민이 동돌궐로 들어간 사실이 보인다든가 하는 사례들을 새롭게 상기시켜 고구려와 돌궐 간의 관계를 주시한다.

이들은 돌궐을 중심으로 한 국제 정세를 밝히기 위해 돌궐과 소그드 관계를 파고든다. 『신당서』 서역 열전에서 수나라 때 [소그드] 왕 굴출지가 서돌궐 여자와 결혼한 사실을 들춰내기도 한다.[111] 즉 돌궐을 축으로 소그드와 고구려를 연결시키고, 그런 맥락에서 벽화의 한국 사신이 고구려인일 가능성 쪽으로 몰고 가는 것 같다. 결국 고구려는 642년 이후 막리지 연개소문의 독재 체제 아래 대당 관계가 악화된 상황이 되었고, 고구려가 돌궐-소그드 관계를 이용하여 서돌궐에 우호와 통상을 구하려 사마르칸트까지 사자를 보낸 것으로 이들은 추정한다. 즉 아프라시압 벽화에서 조선인 사절을 당나라 사절과 동떨어진 장소에 그린 것도 이런 추정과 결부된다는 것이다.

또한 이 사절의 서역행은 어쩌면 개소문의 발의에 의해 행해진 것이 아닌지 추측된다는 것이다. 이런 정황을 고려하여 이 견사의 연대 하한을 개소문의 사거로 인해 고구려 정세가 혼란에 빠진 666년 이전일 것으로 해석하고, 이것이 앞에서 비정한 연대와도 일치한다고 보는 그들의 주장[112]은 합리성을 가진 것으로 이해된다. 나아가 이런 논리는 고구려에서 소그드까지 이르는 통로가 보장되어야 가능하다는 전제가 필요하다. 아나자와와 마노메는 조선의 사절이 중국을 거치지 않는, 북아시아 경유 초원의 길을 통해 사마르칸트에 다다를 수 있다는 점도 십분 고려될 수 있다고 봄으로써 자신들의 전체적인 주장에 설득력을 더한다.

3. 김원룡[1976]

알바움 보고서의 벽화 부분과 아나자와가 보내준 자료를 참고하여 김원룡은 이 벽화의 연대가 7세기 말~8세기 초라고 인식했다. 그리고 이를 토대로 처음에는 이 사절을 신라인으로 비정했고, 발해인일 가능성도 피력했다. 그 후 일본의 아나자와가 다시 알려준 정보, 즉 소련 고고학자들이 이 벽화의 연대를 7세기 중엽으로 수정하고 있다는 편년에 입각하여, 고구려인일 가능성이 더 크다고 결론지었다.[113]

4. 보리스 마르샤크[1981]

아프라시압 벽화 연구의 권위자인 마르샤크는 1981년에 발표한 글에서 이 벽화의 연대를 7세기 3/4기로 추정하였다. 이 연대관은 1994년 발표했던 논문에까지 유지되었는데, 2001년에는 그 간격을 압축하여 660년으로 한정했다.

또한 그는 1981년부터 한국인 사절을 고구려인으로 비정했으며, 국적에 대해 확신을 갖는 듯했다. 특히 고구려와 당이 평화를 유지하였던 시기에 고구려 사절이 사마르칸트로 파견된 것이 아닌지 추정한다. 따라서 고구려가 당에 '칭신[稱臣, vasal]' 관계에 있었던 시기에 가능했다고 해석하는 것으로 이해된다.

> "670년 전으로 벽화를 편년하는 이유는 서벽에 그린 고구려 사절의 고국인 고구려 왕조가 669년 이후에 존재하지 않는다는 사실과 연관된다. 고구려는 중국과 자주 전쟁을 치렀는데, 648~55년과 662~66년 사이 양국에 평화가 찾아왔을 때가 사마르칸트에 사절을 파견할 수 있었던 한층 더 실제적인 기간으로 보인다. 고구려가 평화로웠던 시기는 당의 '조공국'un pays vasal으로 있었던 시절이라고 여겨진다. 그리고 이때에 중국과 적대적인 행위를 하지 않았다고 사료된다."[115]

마르샤크의 견해는 그의 벽화 연대관에도 작용했겠지만, 무엇보다도 고구려가 중국의 협력이나 보호 없이 사마르칸트에 가는 경우를 배제하는 것으로 보여 한계가 있다고 여겨진다. 마르샤크는 소그드 벽화, 특히 아프라시압 벽화에 대해 때때로 흥미로운 이론을 제시한다. 가령 서벽에 모셔져야 할 신에 대한 견해도 그렇다. 마르샤크는 당대 토하리스탄, 페르가나 등과 중국이 불교를 신봉하였으므로, 사마르칸트도 불교를 존숭하고 있다는 사실을 보여줘야 할 입장이었다고 해석한다.[116]

이점은 어쩌면 둔황 석굴 220호 벽화[642년경]에 표현된 유마경변의 내용을 떠올리게 한다. 문수사리[좌측]와 유마[우측]의 하부에 제왕도와 각국 사절들[이중에 고구려인으로 판단되는 사절이 있음]이 벽면 좌우에 각각 배치된 구도와 의미가, 이 아프라시압 서벽의 [실제로 보이지는 않지만, 추정 가능한] 제왕도와 그를 배알하는 사절도와 일맥상통한 면이 있다. 즉 종교[마르샤크의 추정대로라면 불교] 주제의 틀 속에서 제국의 권위를 고양시키려는 의도가 충만해 있는 점이 그러하다.

또한 북벽의 중국 황제와 공주 주제도 어쩌면 중국으로부터 비단과 함께 입수된 두루마리 그림을 참고했을 가능성을 제시한다.[117] 그에 의하면 아프라시압 1호실 벽화 연대는 명문에 의거, 바르후만의 재위시에 해당된다. 이 왕의 치세는 당으로부터 책봉을 받은 655년 전이었을 것이고, 또한 675년 이후에는 사마르칸트에 지배자가 없는 시기라는 것이다. 따라서 벽화는 7세기 3/4기로 편년되는 것으로 보았는데,[118] 나중에는 앞에서 말한 것처럼 660년으로 더 압축시켰다.

5. 무함마드 깐수[1992]

벽화의 사절을 고구려인으로 비정하는 여러 근거 중에 의상 복식과 함께 특히 환두대도에 주목하고, 그것이 삼실총을 비롯한 벽화의 환두대도와 유사하다고 하였다. 결국 그는 "[환두대도의] 외형적 특징의 공통점과 당시 고구려의 대 서역관계 등을 감안해 고구려 사람임을 긍정하고, 사행 연대의 상한은 당에 강경 태도를 취한 연개소문 시대[642~66년] 말엽으로 추정하고 있다"고 매듭지었다.[119]

또한 그는 근년의 논고를 통해 한국 학계는 주로 고구려인 쪽으로 무게가 실리고 있는 것으로 소개하였다.[120] 뿐만 아니라 최근의 저서에서는 고구려 사절의 사마르칸드 방문 시기를 바르후만의 재위시인 7세기 후반 초엽[650~55년]으로 추정하고 있다.[121]

정수일의 논의에서 크게 주목되는 부분은 고구려 사절의 서역행 루트에 관한 것이다.[122] 그가 제시한 잉조우[營州, 현 차오양]-스웨이室韋 루트를 통해 북행하여 몽골의 동부 초원로로 이어지는 길은 유력하였을 것으로 생각된다. 다만 몽골에서 서행하여 사마르칸트로 이어지는 루트에 대해서는 언급이 없지만, 아마도 돌궐의 도움을 받는 것을 의미하는 것이 아닌지 짐작된다.

6. 마르쿠스 모데[1993]

모데의 이론은 앞서 아프라시압 벽화 서론으로 소개한 바 있지만, 여기에서는 특히 편년에 초점을 맞추겠다. 결론부터 말하면 그는 가게야마 에쯔코影山悅子의 고구려 사절 해석[123]과 함께 야트센코의 661년 연대관을 모두 비판, 벽화의 연대를 648년[어쩌면 649년]으로 고정하였다.[124] 다음은 모데가 파악한 벽화 편년을 위한 관계사의 단락들이다.

- 657년 서돌궐이 멸망하기 전에 두 지배자가 이 정치 국면에 등장했다. 641년경 중국이 앉힌 괴뢰 인물인 을비사궤가한乙毘射匱可汗이 지배했다. 그는 왕위를 이어받은 사발나가한沙鉢那可汗에 의해 651년에 살해당했다. 사발나가한은 당초 중국에 대해 심각한 적대 행위를 했고, 결국 657년에 중국으로부터 권력과 전 왕권을 잃었다[659년 사거]. 그렇기 때문에 651년까지 재위했던 친중국 을비사궤가한이 이 벽화에 나타나게 된 것으로 유추할 수 있다.[125]
- 모데는 벽화의 인물을 고구려 사람으로 인정했을 뿐만 아니라 그들이 당사唐使와 떨어져 차치[현 타슈켄트] 사절 옆에 서 있음을 중시했다. 645년 이래 당제국은 고구려와 치열한 전쟁을 치렀고, 전쟁은 태종이 죽은 649년에 일단 종식되었다. 그러나 그 후에도 668년까지 계속되었다.[126]
- 당 태종은 649년 작고했으며, 650~55년 중 여름에 중국이 바르후만 왕을 책봉한 데 대한 중국 기록이 왕에 대한 즉위를 언급하지 않고 있는 사실을 통해 중국 황제가 바르후만을 총독으로 지명했을 때 이미 왕으로 활동하고 있었음을 기억해야 한다고 모데는 강조한다. 하지만 책봉 전이라도 647년에는 바르후만이 아직 왕이 아니었을 것이다. 왜냐하면 사마르칸트 사절의 중국 방문을 기록한 중국 사서에 바르후만에 대한 언급이 전혀 없기 때문이다.[127]
- 결국 아프라시압 벽화는 고구려와 당이 적대관계였던 시기를 고려해야 한다고 모데는 말한다. 그는 바르후만 왕이 재위했던 648

년부터, 도상에서 중요하다고 여겨지는 친중국 돌궐 가한이 작고한 651년 사이의 4년 동안에 벽화의 제작이 이루어졌을 것으로 판단하며,[128] 특히 소그드 왕의 정치적 입지가 좋았던 649년으로 제작 시기를 압축하였다.[129]

7. 권영필[2002]

필자는 1991년에 아프라시압 벽화를 실견하고, 답사 중 타슈켄트 역사박물관에서 알바움을 만나 벽화의 연대관에 대해 물은 적이 있다. 알바움은 7세기 후반으로 본다며, 당초의 보고서에 제시한 7세기 말~8세기 초에 대해 다소 수정하는 입장을 보였다. 어쩌면 알바움의 보고서 서문에 7세기 말~8세기 초의 후기설을 주장했던 구리야모프의 입장에 대해 알바움은 처음부터 견해를 달리하고 있었는지도 모르겠다.

하여간 필자는 구리야모프의 연대관에 입각할 경우, 벽화의 한국인 사절이 발해인일 것으로 주장한 바 있고, 또한 연대관의 변화에 따라서 고구려인일 것으로 가능성을 제시하기도 하였다.[130] 결국 아프라시압 벽화에 대해 국외 당사자들의 견해를 소개하며 벽화의 조성 연대를 7세기 3/4기로, 벽화의 사절을 고구려인으로 보는 입장에 동조하였다.[131]

8. 노태돈[2002]

"바르후만拂呼縵왕의 치세 동안 있었던 사건을 담은 이 벽화는 늦어도 712년 아랍의 침공이 있기 전 그려진 것이 분명하다. 즉 7세기 후반에서 8세기 초 사이에 제작된 이 벽화에 등장하는 조우관 쓴 사절은 7세기 후반 당과 전쟁을 수행하는 과정에서, 당을 측면에서 견제할 수 있는 동맹국을 찾아 몽골 고원의 '초원의 길'을 거쳐 서역 지역을 방문하였던 고구려 사절을 그린 것이라고 여겨진다." 노태돈의 이러한 견해는 사실상 1989년에 표명되었다. 요컨대 고구려가 동맹을 찾아, "유연·돌궐·설연타와의 오랜 교섭의 경험"[132]을 바탕으로 돌궐루트를 이용,

소그드와 접촉하였을 것이라는 지적은 고구려 사절 해석에 대한 핵심 부분이라고 할 수 있다.

9. 세르게이 야트센코[2004]

"여러 이유로 해서 662년을 중시한다. 662년은 당이 성립된 이래 여러 나라를 포함해서 중국 사절이 서방으로 간 것을 문헌에 실은 유일한 해이기에, 고종이 [중국 역사상 처음이자, 마지막으로] 새롭게 행정구역을 정비한 해로 볼 수 있다. 이 행정구역 구분에서는 사마르칸트가 서돌궐, 소그드, 토하리스탄 가운데 가장 중요한 역할을 한다. 동시에 662년에 동돌궐과 밀접한 외교 관계를 맺었던 고구려는 소그드 왕, 또는 서돌궐 칸에게 중국과 협상하는 데 도움을 달라고 호소해야 할 심각한 이유와 기회를 가졌던 것이다. [이처럼 야트센코는 고구려 관계를 신중하게 다루고 있다. -필자] 달리 말하면 내가 주장하는 연대는 벨레니츠키와 마르샤크의 연대관[650~75년]보다 한결 정확하다"[133]라고 언급하면서 역사 배경을 기초로 편년을 설정하였다.

10. 프란츠 그르네[2005]

소그드 벽화 연구 1세대 학자인 마르샤크[2006년 7월 26일 작고] 이후 그르네는 아프라시압 벽화 연구에서 독일인 모데와 쌍벽을 이루면서 연구를 진행해 오고 있다. 원래 그르네는 중앙아시아 종교를 연구의 본령으로 삼지만, 아프라시압 벽화에 대해 여러 각도에서 매우 예리한 분석을 시도하고 있다. 여기에서는 벽화의 편년과 한국인 사절 부분만 다루고자 한다.

- 642년, 소그드 지역의 돌궐 도시를 당에게 빼앗김.
- 649년, 서돌궐 칸이 당에 투항, 현지에서 실권을 잃음.
- 654년, 사마르칸트 부근 지역까지 아랍이 접근.
- 658년, 당에 의해 서돌궐 멸망.
- 662년, 그르네는 662년이 지니는 역사적 배경이 중요하다고 지적

한 야트센코의 관심을 긍정적으로 평가하고 수용한다. 즉 당조는 왕명원王明遠을 서역 각국에 파견하고, 일면 새로운 괴뢰 가한 보진步眞을 책봉한다. 또한 그로 하여금 새로운 통일 서돌궐을 중히 여기고, 아울러 당조에 귀순하게 했다. 한편 고구려의 외교에 대해서도 당이 주도권을 잡음으로써 점차 커지는 외부 압력에 대한 부담을 경감시키고자 했다고 본 야트센코의 주장을 그르네는 인정하였다. 또한 가게야마의 견해와는 달리, 그르네는 아프라시압 벽화에 출연한 고구려 사절은 당시의 정치적 현실을 반영한 것이 분명하다고 하였다.[134]

예컨대 그는 돌궐 퀼테긴의 사후[731년]에 세운 오르콘 비문의 내용을 인용하여 돌궐이 지난 50년 동안 중국을 위해 동으로는 고구려에, 서로는 차가니안 곧 철문鐵門 지역까지 원정한 사실을 밝히며 그것이 서벽의 인물 배치와 일치한다고 본다. 즉 중국 사절을 중앙에 두고, 고구려 사절을 우측[동]에, 차가니안 사절을 좌측[서]에 배치한 것이 합치된다는 것이다.[135] 이는 돌궐의 당에 대한 친화적 입장과 당을 위한 대리 전쟁의 상대가 고구려인 점을 부각시킴으로써 상대적으로 고구려 사절의 입지를 약화시키는 해석이 된다.

– 결론적으로 그르네는 벽화의 연대를 660년경으로 잡는다.

11. 현지 학자들의 견해[2006]

조사 일정[136] 중에 현지 학자 네 명, 즉 사마르칸트 고고학연구소의 소장 피다예프Shakirdjan Pidaev, 부소장 아나르바예프Abulhamid Anarbaev, 알바움 발굴 때 참여했던 술레이마노프[Rustam Khamidovich Suleymanov, 우즈베키스탄 대학교 역사학부 고고학부 학과장], 소그드·탈라스 전문가인 부르야코프[Fedorovich Buryakov, 우즈베키스탄 역사학부 역사학분과 아카데미]를 만나 토론하였다. 이들은 각각 다른 연대관을 표명하였다.

– 아프라시압 벽화는 판지켄트 발굴[1977년]을 토대로 의례와 관련

된 왕권의 표현으로 해석한다. 특히 서벽 상부 중앙에 있는 인물[상상적 복원]을 왕이 아니라, 신상으로 파악한 마르샤크의 견해에 대해 동의하는 학자는 아나르바예프를 비롯해 미국의 귀티 아자르파이Guity Azarpay, 로마 대학교의 실바 안토니아, 카산 아훈바바예프Khasan Akhunbabaev 등이다. 이에 반해, 발굴 당사자인 알바움은 1975년 이후, 바르후만 왕으로 보았다. 립시츠Vladimir Aronovich Livshich도 그렇게 보았다.

- 바르후만 왕의 재위 기간에 대해서는 아크바르[Akbar, 7세기 말~8세기 초 역사학자]가 쓴 아랍 문헌[근년에 영문판이 나옴]에 675년 아랍인이 침입하자 바르후만 왕이 도망갔다고 기록한 것을 참고할 수 있다. [아나르바예프]
- 소그드에 대한 당조의 책봉이 당 영휘년간[650~55년]에 있었다. 마르샤크, 립시츠 등은 벽화를 책봉 이전에 완성했다고 보는 견해를 내놓았는데[1980년 논문], 나도 이 의견에 동의한다. 이에 반해 미국의 리처드 프라이Richard Fray는 책봉 이후라고 주장한다. [아나르바예프]
- 650~75년 사이에 소그드에 두 명의 왕, 즉 바르후만과 우르크 바르트라무크Urk Vartramuk가 존재했다. 이런 의견은 발굴된 동전의 90퍼센트가 후자에 속하기 때문에 비롯되었다. 그러나 후자의 치세가 언제 시작되었는지는 모른다.[술레이마노프]
- 아랍 침입 시기를 675년으로 인지하며, 그 이후 10년 간 소그드에 왕이 부재했다.[술레이마노프]
- 고구려가 강해지는 시기가 바로 벽화의 제작 시기와 일치한다. 고구려가 사마르칸트를 왕래하면서 당의 입장을 견제했다. [술레이마노프]
- 사마르칸트와 중국과의 관계에서 투르크가 정치적 결정권을 가지고 있었다. 바르후만 왕은 투르크계일 가능성이 크다. 그의 성인 '우나시'도 투르크계이다. [술레이마노프]
- 알바움은 인류학적 견지에서 남벽의 벽화 내용을 결혼식으로 보

았다. 서벽의 내용도 종교적인 것이 아니고, 국제관계를 말하는 것이므로 중심에 등장하는 인물은 신이 아니라 바르후만왕이라고 해석하였다. 이와 같은 알바움의 마르크스 이론을 통한 해석에 동의하는 학자는 쉬스킨[작고], 바이잔 가프로프[Bayjan Gafrov, 타지크인, 작고], 립시츠[상트페테르부르크, 생존] 등이다. [술레이마노프]

- 벨레니츠키는 마르샤크, 바르세비치와 함께 판지켄트, 바라크샤 Varakhsha, 샤하리스탄Shahristan 등에 관해 연구한 결과, 아프라시압 벽화 서벽 중앙에 신이 앉아 있는 것으로 인지 했다. 한편 카자흐스탄의 젊은 학자 모토프Motov Yu. A는 1999년 그의 논문에서 남벽은 결혼식 장면이 아니라고 밝혔다. 또한 사마르칸트 문은 조로아스터 사원을 나타내며, 벽화에 등장하는 거위, 말 등은 태양신 미트라에 대한 의례 과정으로 해석한다. 이런 종교적 근거에서 볼 때, 7세기 때에 불교를 성행시킨 차가니안인은 이 남벽에 나올 수 없는 상황이라고 단정했다. [술레이마노프]

문헌사의 행간 메우기

이 글은 중국을 축으로 한 소그드와 돌궐 관계의 7세기 역사를 바탕으로 하면서 다시금 그 역사축의 중심을 고구려로 옮겨놓는 전환을 시도한 것이라고 하겠다. 따라서 고구려의 역사도 미술작품을 근거로 재구성함으로써 문헌사의 행간을 메우는 충전充塡 작업이 되었다. 결국 고구려가 축적한 서역에 대한 제반 문화적 이해와 이를 토대로 한 진취력이 고구려의 소그드행을 도왔을 것으로 생각한다.

본론에서 보았듯이 동서의 많은 학자들이 아프라시압 벽화의 편년을 설정하고, 나아가 고구려의 대외여건을 심도 있게 분석하면서, 그 상황이 벽화의 편년과 밀접히 관련되었음을 지적하고 있다. 이제 편년에 대한 여러 학자들의 주장을 일목요연하게 도표[137]로 정리해 보겠다.

필자는 도표에 나타난 제반 연대관 가운데서 고구려의 특수한 역사 소여와 연관된 것을 참고하여 고구려 사절이 사마르칸트에 간 시기와 벽화 제작의 시기를 651~57년 사이가 될 것으로 추정한다. 이는 연개소문 집권기[642~65년][138]의 후반과 중국의 압력에서 벗어나 세력을 회복한 서돌궐의 통합 시기[651~57년][139]를 고려한 시점이다. 벽화에서는 당 제국과 함께 돌궐의 세력이 강조되어서 소그드가 돌궐과 당에 대해 어느 정도 등거리 외교를 하던 때로 보아야 할 것이다.[140]

끝으로 고구려가 사마르칸트에 가는 루트인데, 이는 당 제국을 피해서 가려면 북방루트가 유력하였을 것이다. 차오양을 중심으로 서쪽으로 다퉁大同을 통과, 허시후이랑으로 연결되는 길이 일반적으로 소그드 상인들이 동에서 서쪽으로 이용하는 코스이다. 하지만 이 길은 당의 세력 판도와 겹치기 때문에 어려웠을 듯하다. 따라서 차오양에서 스웨이室韋를 향해 북쪽으로 올라가 몽골지역에 닿은 후, 옛 돌궐의 서행 루트로 연결, 목적지에 다다랐을 것으로 판단된다.도 4-6

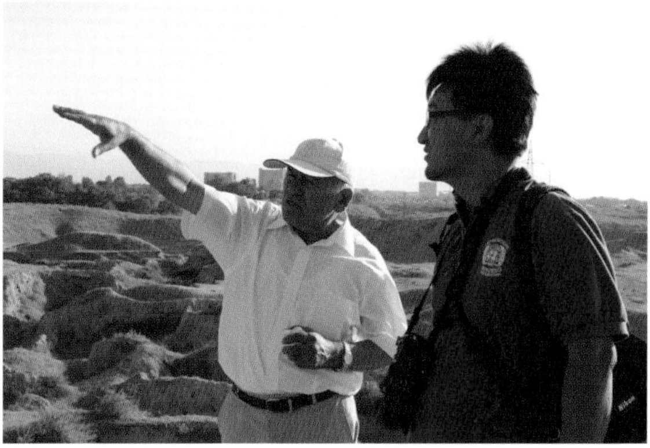

4-6. 아프라시압 별궁지 발굴 현장에서, 사마르칸트 고고학연구소 아나르바에브 부소장(왼쪽)과 장준희 박사, 2007년 여름.

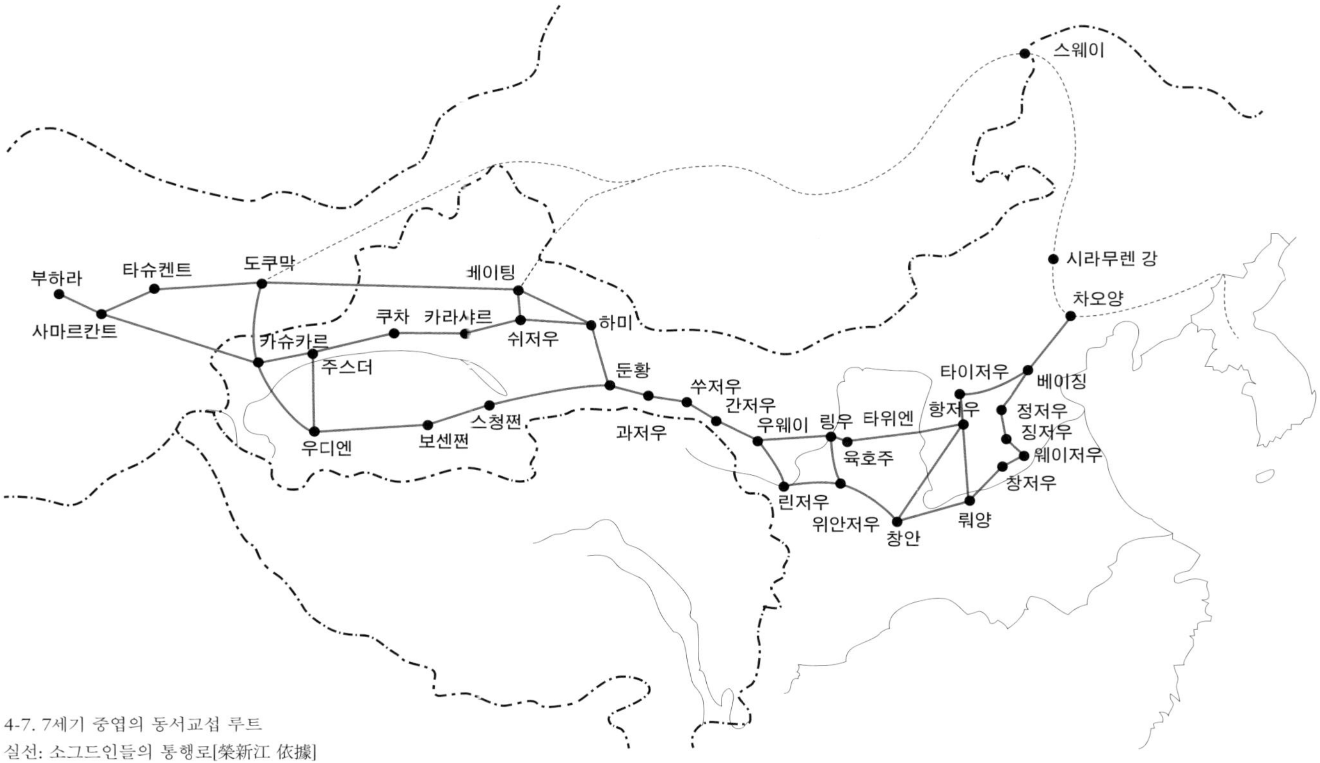

4-7. 7세기 중엽의 동서교섭 루트
실선: 소그드인들의 통행로[榮新江 依據]
점선: 고구려 사절의 사마르칸트행 추정로[필자]

도표 1. 아프라시압 벽화 제작 추정 연도와 설정자

	아프라시압 벽화 제작 추정 연도	설정자
책봉 이전	640년대	립시츠
	649년	모데
책봉(650~55년)	7세기 중엽, 책봉기간	김원룡, 최광식
책봉 이후	651~57년	권영필
	7세기 중엽~660년 이전	아나자와
	660년	그르네
	662년	야트센코
	666년 직전	정수일
	666년경	마르샤크
	7세기 후반	알바움
	7세기 후반~8세기 초	노태돈

도표 2. 아프라시압 벽화의 주요 주제와 설정자

	도상 해석 (주제)	설정자	상상적 복원 (상부의 존재)	설정자
서벽	바르후만의 정치력 과시	알바움, 모데	신	모데, 아자르페이, 벨레니츠키
	나우르즈 신년제	그르네	바르후만	모데, 그르네, 립시츠
	외교관계	모든 연구자	돌궐왕 (친중국)	모데, 드 라 베시에르
	연개소문 관련	아나자와, 정수일, 권영필	돌궐왕 (반중국)	권영필
남벽	결혼	알바움, 야트센코	바르후만	알바움
	나우르즈 제례 (장의)	마르샤크, 그르네	조로아스터	모토프
북벽	방위개념	권영필	당 태종	모데
	나우르즈 (수렵)	권영필	당 고종	그르네
	결혼 (중국공주+돌궐가한)	모데	·	·
	복식	가게야마		
	국제관계	대부분의 연구자		
동벽	인도 신화(Krishna)	알바움, 그르네	·	·
	점성술사(Urania)			

주

1 이 글의 주74 참조. 이 학술답사를 지원한 동북아역사재단에 감사하며, 특히 사마르칸트 고고학연구소 부소장 압둘하미드 아나르바예프(Abdulhamid Anarbaev) 박사, 현지 학자 장준희 박사에게 이 기회에 감사를 전한다.

2 『唐書』卷221下, 列傳146下, 西域下, 康條: "高帝永徽時以其地爲康居都督府卽授其王拂呼縵爲都督."

3 羽田 明, 『中央アジア史硏究』, 東京: 臨川書店, 1982, pp. 340~41. 원출: 『魏書』 卷3, 高車傳. "太和十四年阿伏至羅遣商胡越者至京師."

4 護雅夫, 「遊牧國家の'文明化'」, 『北アジア史』, 護雅夫 外 編, 東京: 山川出版社, 1981, p. 81. 원출: 『北史』 卷99, 突厥傳.

5 르네 그루세, 김호동 외 역, 『유라시아 유목제국사』, 서울: 사계절, 1998, 153~54쪽.

6 Edouard Chavannes, "Documents sur les Tou-kiue(Turcs) ocidentaux", *Сборниюъ Трудовъ ОрхонскойЭкспеДицыи* 6, St. Petersbourg, 1903, p. 135. 원출: 『舊唐書』 卷198. "隋煬帝時其王屈朮支娶西突厥葉護可汗女 遂臣於西突厥."

7 돌궐의 세력을 크게 일군 통엽호가한의 장남 단도설(咀度設)은 고창국왕(高昌國王) 국문태(麴文泰)의 누이와 결혼한다. 또한 현장(玄奘)이 서돌궐의 가한부도성(可汗浮圖城)을 거쳐 서돌궐이 지배하는 중앙아시아를 여행할 수 있도록 돌궐에 부탁할 것을 고창국 국문태에게 원했다. 이에 국문태(麴文泰)는 돌궐 가한(可汗)에게 견 500필, 투르판 특산과일 두 차(二車)를 선물로 보냈다. 嶋崎昌, 「西突厥と唐朝の西方進出」, 『中央アジア史』, 江上波夫 編 , 東京: 山川出版社 1987, pp. 388~89.

8 돌궐사, 특히 중국관계에 집중한 자료로는 『책부원귀(冊府元龜)』를 분석한 다음 논문이 참고가 된다. Edouard Chavannes, "Notes additionnelles sur les Tou-kiue(Turcs) occidentaux," *T'oung Pao*, Série II, vol, V, Leide: E. J. Brill, 1904, pp. 1~18.

9 『舊唐書』卷194下 突厥傳; 『新唐書』 卷215下 突厥傳에는 "統葉護可汗勇謀, 攻戰善, 遂北鐵勒, 西波斯拒, 南罽賓接……."이라고 하여 통엽호가한 당시의 돌궐의 영역을 짐작할 수 있다.

10 嶋崎昌, 앞의 글, pp. 389~391.

11 嶋崎昌, 앞의 글, pp. 390~391.

12 嶋崎昌, 앞의 글, p. 389.

13 르네 그루세, 앞의 책, 158쪽.

14 르네 그루세, 앞의 책, 168쪽; 嶋崎昌, 앞의 글, 398쪽.

15 르네 그루세, 앞의 책, 169쪽.

16 E. Chavannes, 1903, p. 135. 원출: 『唐書』 卷221下, "武德十年始遣使來獻 貞觀五年遂請臣."

17 E. Chavannes, 1903, 위와 같음. 원출: 『冊府元龜』卷47; 『舊唐書』卷198, "貞觀九年又遣使貢獅子."

18 E. Chavannes, 1903, 위와 같음. 사마르칸트는 637, 639, 642, 643, 644, 648년에 각각 당조에 조공한다. 원출: 『冊府元龜』卷47.

19 荒川正晴, 「唐帝國とソグド人の交易活動」, 『東洋史硏究』 56권 3호, 京都: 京都大學校 東洋史硏究會, 1997, pp. 192~193. 원출: 森安孝夫, 「吐藩の中央アジア進出」, 『金澤大學文學部論集 史學科編』 4, 1984, p. 52.

20 荒川正晴, 1997, 위와 같음.

21 齊東方, 「輸入模倣改造創新 -粟特器物與中國文化」, 『從撒馬爾干到長安』, 榮新江 主編,, 北京: 北京圖書館出版社, 2004, pp. 27~33.

22 張慶捷, 「入鄕隨俗與雜忘故土 -入華粟特人石葬具概觀」, 위의 『從撒馬爾干到長安』, 2004, pp. 10~11.

23 楊軍凱, 「入華粟特聚落首領墓葬的新發見 - 北周涼州薩保史君墓石槨圖像初釋」, 위의 『從

撒馬爾干到長安』, 2004, p. 25.

24 장언원(張彦遠)의 『역대명화기(歷代名畵記)』에는 화가 조중달을 소개하면서 그의 출신을 조국(曹國)으로, 그리고 그가 '범상'(梵像)에 능한 작가임을 밝히고 있다. 더욱이 조중달에 대해 후대에 보완된 내용을 참고하면 그의 화풍의 특성과 파급력을 짐작할 수 있다. 북송 때 곽약허(郭若虛)의 『도화견문지(圖畵見聞誌)』에는 당의 화성(畵聖) 오도자(吳道子)의 필법과 조중달의 것을 짝을 이루어 비교할 만큼 조중달의 화격(畵格)을 높이고 있다. 즉 그 양자의 특징을 '오대당풍 조의출수'(吳帶當風, 曹衣出水)로 규정하였다. 오도자가 그린 인물화의 옷자락이 바람에 나부끼는 모양이며, 조중달이 그린 인불화의 옷주름은 마치 물에서 건져낸 것처럼 몸에 밀착된 모습임을 이르는 말이다. Kuo Jo-Hsü, trans. A. Soper, *Kuo Jo-Hsü's Experiences in Painting (Tu-Hua Chiên-wen chih)*, American Council of Learned Society, Washington, 1951 [부록: 郭若虛, 『圖畵見聞志』 卷六一, 十四 (汲古閣), 論曹吳體法條].

25 榮新江,「粟特祆教美術東傳過程中的轉化 –從粟特到中國」, 『漢唐之間文化藝術的互動與交融』巫鴻 主編, 北京: 文物出版社, 2001, p. 53. 룽신지앙(榮新江)은 이 관점을 소개하면서도 회화의 불상이 다른 점을 들고 있다.

26 宿白, 「青州龍興寺窖藏所出佛像的幾個問題」, 中國歷史博物館, 『山東青州龍興寺出土佛教石刻造像精品』, 北京: 1999, pp. 18~19; 金維諾, 「簡論青州出土造像的藝術風範」, 위의 책, 1999, pp. 24~25.

27 榮新江, 2005, 「薩保與薩薄:佛教石窟壁畫中的粟特商隊首領」, 『粟特人在中國 –歷史, 考古, 語言的新探索』, 北京: 中華書局, pp. 59-60.

28 Belenitskii & Marshak, "The Paintings of Sogdiana", *Sogdian Painting. The Pictorial Epic in Oriental Art, G. Azarpay*, Berkeley: Univ. of California Press, 1981, p. 17.

29 榮新江, 「從撒馬爾干到長安 –中古時期粟特人的遷徙與入居」, 앞의 책, 2005, p. 4.

30 이 대목에서 강맹상(康孟詳), 강승회(康僧會) 등 소그드 승려가 중국에 와서 활동하였던 사실을 참고할 수 있 다. S. 피다예프, 「우즈베키스탄의 불교와 불교 미술」, 『동서문명의 십자로. 우즈베키스탄의 고대문화』, 국립중앙박물관, 2009, 221쪽.

31 노중국, 「고구려 대외관계사 연구의 현황과 과제」, 『동방학지』 제49집, 연세대학교 국학연구원, 1985, 311쪽. 원출: 坂元義種, 「古代東アジアの國際關係 –和親・冊封・使節よりみたる」, 『古代東アジアの日本と朝鮮』, 東京: 吉川弘文館, 1978, p. 22.

32 고구려의 국력이 신장된 장수왕(재위 425~91년) 때에 북위에 사신을 보낸 것이 44회, 그 후 문자왕(491~519년) 때에 29회에 달하고 있다. 권영필, 「고구려 회화에 나타난 대외교섭」, 『고구려 미술의 대외교섭』, 한국 미술사학회, 서울: 예경, 1996, 180쪽. 권영필, 『실크로드의 미술 –중앙아시아에서 한국까지』, 서울: 열화당, 1997, 151쪽.

33 북위가 북량을 멸망시키고(439년) 둔황을 영토로 차지한 후로는 더욱 직접적으로 중아의 문화를 호흡할 수 있는 여건이 마련된다.

34 2장 본문 64쪽과 주16, 17 참조. Kwon Young pil, "Die Beziehung der Goguryeo Wandmalerei zur zentralasiatischen Kunst", *Mural Paintings from the Goguryeo Kingdom* (37B.C.~668A.D.), International Symposium, 21st~23rd Oct.[Berlin, Freie Universität Berlin, Department of History and Cultural Studdies, 2005].

35 박경철, 「고구려의 이종족지배의 실상」, 『한국사학보』 15, 고려대학교 고려사학회, 2003, 310쪽.

36 노중국, 앞의 글; 원출: 이용범, 「고구려의 요서진출 기도와 돌궐」, 『사학연구』 4호, 한국사학회, 1959, 43~79쪽.

37 472년에 백제가 북위에 보낸 국서에 고구려가 "때로는 남으로 유씨(劉氏)와 통하고 때

로는 북으로 연연(蠕蠕)과 맹약하며 서로 순치관계에 있으면서 왕략(王略)을 능멸하려고 도모하고 있읍니다." 이재성, 『고대 동몽고사 연구』, 서울: 법인문화사, 1996, 168쪽. 원출: 『魏書』 卷100. 百濟傳 (p. 2218). "延興二年, ...高麗不義....或南通劉氏, 或北約蠕蠕, 相脣齒, 謀陵王略."

38 고병익, 『한국과 서역 -근세이전의 역사적 관계』(학술원 제5회 국제학술 강연회 논문집), 1977, 19쪽. 원출: 『삼국사기』, 고구려 양원왕 7년, "突厥來圍新城 不克"

39 노태돈, 『고구려사 연구』, 서울: 사계절, 2003, 427쪽.

40 고병익, 위의 글, 같은 곳. 한편 이미 앞서 소개한 이용범의 글[「고구려 요서 진출기도와 돌궐」, 73쪽]에서 같은 내용이 인용된 바 있다. 원출: 『隋書』 卷84 突厥傳. 영양왕 18년(607)의 일이다.

41 이용범, 위의 글, 78~79쪽.

42 지배선, 『고구려 백제 유민 이야기』, 서울: 혜안, 2006, 136쪽. 원출: 『唐書』 卷217下, 列傳142下, 回鶻條. "高麗莫離支令靺鞨以厚利啗夷男欲與連和 夷男氣素索不發亦會病死"

43 『당서』에 서술된 고구려의 이 계획에 앞서 이남과 당제와의 대화가 정관19년(645년)에 오갔음을 참고할 수 있다. 佐口透 外 譯, 『騎馬民族史』 2 (正史北狄傳), 東洋文庫 223, 東京: 平凡社, 1979, p. 432, 주75. 원출: 『通鑑』 貞觀十九年八月條.

44 필자는 7세기 전반에 염립본(閻立本)이 그린 <외국도(外國圖)>가 신라인을 모델로 하였을 것이라는 점을 기초로 하여 둔황 벽화의 한국인의 경우에도 그것이 범본이 되었을 것으로 유추 한 바 있다. 권영필, 『렌투스 양식의 미술』, 서울: 사계절, 2003, 228~36쪽. 한편 노태돈은 6세기 전반 이후의 <직공도(職工圖)>에 보이는 신라인에 조우관(鳥羽冠)이 표현되어 있지 않는다는 점과 당의 천하관(天下觀)에 입각하여 둔황 벽화(220굴)의 한국인은 고구려인임을 주장하고 있다. 노태돈, 『예빈도에 보인 고구려』, 서울: 서울대출판부, 2003, 29쪽, 51~53쪽.

45 '북방기류' 개념은 이 책의 1장에서도 언급되고 있다. 원출: 권영필,「고구려 회화에 나타난 대외교섭」, 앞의 『고구려 미술의 대외교섭』, 1996, 184쪽.

46 권영필, 위의 「고구려 회화에 나타난 대외교섭」, 183쪽; 권영필, 『실크로드의 미술 -중앙아시아에서 한국까지』, 157쪽; 이송란, 「고구려 고분벽화의 천상표현에 나타난 화염문의 의미와 전개」, 『미술사학연구』 220, 한국 미술사학회, 1998, 1~40쪽. 특히 이 논문에서도 고구려가 앞선다는 중국학자 류수안탕(劉萱堂)의 견해를 인용한 부분이 주목된다. 주 83 참조. 이와 아울러 5세기 무용총 사냥 장면의 산악은 둔황 285굴(서위, 6세기 중엽)의 그것과 유사한데, 이때에 함께 관찰할 대상은 사슴을 향해 활을 쏘는 인물이다. 외투 차림의 이 인물의 머리 장식(頭飾)은 고구려인의 조우관처럼 보인다. 특히 이 285굴의 또 다른 인물들이 갑옷을 입은 말(鎧馬)에 탄 북조인의 모습이라는 견해와 관련시키면, 앞에 말한 머리 장식은 조우관일 가능성을 생각할 수 있다. 285굴의 북조인 관련 견해는 다음의 자료를 참고할 수 있다. 鄧健吾, 『敦煌への道』, 東京: 日本放送出版協會, 1978, p. 75.

47 권영필, 위의 논문, 1996, 177~178쪽.

48 M. Sullivan, *The Birth of Landscape Painting in China*, Berkeley: Univ. of California Press, 1962, p. 151.

49 고구려의 서역 교류 가능성에 대해서는 다음의 자료들을 참고할 수 있다. 鄂嫩哈拉 外 編, 『中國 北方民族 美術史料』, 上海: 上海人民美術出版社, 1990, p. 89, 111; Hans W. Haussig, *Archäologie und Kunst der Seidenstrasse*, Darmstadt: Wissenschaftliche Buchgesellschaft, 1992, 도판 538 해설 참조. 여기에서 하우시히는 무용총 벽화와 관계해서 실크로드의 동북 루트가 만주를 통해 한국으로 연결된다고 추정하고 있어서, 여기에서의 한국은 고구려로 보는 것이 합

당할 것 같다. 한편 고구려와 서역의 연결 루트 곧 동북지구 –황허 허타오(河套) 지역–허시(河西)에 대해서는 정옌(鄭岩)도 용인하고 있으며, 특히 이 지역이 유연, 돌궐 등이 활약했던 지역임을 강조하고 있다. 鄭岩, 『魏晉南北朝 壁畫墓 研究』, 北京: 文物出版社, 2002, pp. 174~75.

50 '조가양'에 대한 것은 이 책의 1장 「서아시아와 고대 한국 문화」 참조 요망.

51 『隋書』 卷 83, 西域傳 曺國條.

52 榮新江,「粟特祆教美術東傳過程中的轉化 –從粟特到中國」, 巫鴻 主編, 앞의 책, 2001, p. 53.

53 榮新江, 위의 논문, 같은 곳. 원출: Mario Bussagli, 1963, *La peinture de l'Asie Centrale*, Geneve: Skira, p. 53; 馬里奧 佈薩格里, 許建英, 何漢民 編譯, 『中亞佛教藝術』, 烏魯木齊, 新疆人民出版社, 1992, p. 48; 마리오 부살리, 권영필 역, 『중앙아시아 회화』, 서울: 일지사, 1978, 67~68쪽.

54 Akbar Khakimov (ed.), *Masterpieces of the Samarkand Museum. The State Museum of History of Culture of Uzbekistan*, Tashkent: Moziydan Sado, 2004, p. 100, pl. 148(6~7세기).

55 A. Khakimov, 위의 책, 도판 147: 물라쿠르간(Mullakurgan)출토, 6~7세기; K. A. Abdullaev et al. (ed.), *Culture and Art of Ancient Uzbekistan*, vol.2, Moscow, 1991, p. 66, pl. 470: 두르멘(Durmen) 출토, 7세기; p. 68, pl. 472: 이슈티한(Ishtihan) 출토, 7세기; p. 69, pl. 474: 사리테파(Saritepa) 출토, 7세기 후반; p. 70, pl. 476: 히르만테파(Hirmantepa) 출토, 7~8세기.

56 닝샤(寧夏) 자치구 구위엔의 이현(李賢)묘에서 출토된 오이노코에를 예로 들 수 있다.

57 K. A. Abdullaev et al (ed.), *Culture and Art of Ancient Uzbekistan*, vol.1, Moscow, 1991, p. 97, pl. 92: 옛 테르메스(Old Termez) 출토, 3세기; p. 135, pl. 172: 달베르진테파(Dalverzintepa) 출토, 3세기.

58 전호태, 『고구려 고분벽화의 세계』, 서울: 서울대학교 출판부, 2004, 273~79쪽.

59 고구려 벽화의 의습 밀착 기법을 순전히 자료로서만 비교한다면 중국 산둥 성 칭조우(青州)에서 발굴된 일련의 불상들을 대비 자료로 내세울 수 있다.

60 榮新江, 「北朝隋唐粟特人之遷徙及其聚落」, 『國學研究』 第6卷, 北京大學中國傳統文化研究中心, 北京: 北京大學出版部, 1999, p. 68; Étienne de la Vaisssière, trans. James Ward, *Sogdian Traders. A History*, Leiden: Brill, 2005, p. 217: "……, Yingzhou(today Chaoyang), the principal Chinese stronghold on the very troubled Korean frontier……" 한편 E. 샤퍼(E. Schafer)가 사마르칸트에 이르는 실크로드를 언급하면서 그 서두에 만주와 한국의 산물이 북중국의 국경지대에 이르는 길을 제시하고 있는 점은 의미심장한 면이 있다. E. Schafer, *The Golden Peaches of Samarkand. A Study of T'ang Exotics*, Berkely: Univ. of California Press, 1963, pp. 13~14. 특히 그가 이 책 주54에서 참고한 다음 문헌들은 유의할 만하다. 『唐書』, 卷39, 3724d(KM); 『太平寰宇記』 卷70, 10b(1846年本); Matsui Shuichi, "Roryu hanchin ko," Shigaku zasshi, vol.68, 1959, pp.1397~1432(진락 루드를 다룸); Chao Wen-jui, "T'ang-tai shang-yeh chih t'e-tien," *Ch'ing-hua hsüeh-pao*, vol.3, 1926, pp. 951~966: 특히 여기에서 고구려와 관계되는 잉조우를 거쳐 가는 안둥(安東)루트를 제시했다; 『唐書』, 卷43, 賈耽條, 3735d~3736d(KM): 8세기 말을 대상으로 삼음.

61 榮新江, 위의 논문, 1999, 같은 곳; 「敖漢旗李家營子出土金銀器」, 『考古』 第2期 1978; 齊東方, 「李家營子出土的粟特銀器與草原絲綢之路」, 『北京大學學報』 第2期, 北京: 北京大學, 1992, pp. 35~41. 치동황(齊東方)은 잉조우(營州)묘에서 출토된 금은기가 소그드 제품일 가능성에 더 무게를 두고 있으며, 이

유물의 연대에 대해서는 7세기 전반, 7세기 후반, 또는 그 이후 등의 설이 있는 것으로 소개하면서 7세기 후반 이후에 초점을 맞추고 있다.

62 수당(隋唐) 이전에는 황허의 허투(河套)지역이 유연과 돌궐의 활동 지역이었다. 이 글 주 47 참조.

63 이 루트에 대해서는 다음의 자료를 참고할 수 있다. 護雅夫, 『草原とオアシスの人々』, 東京: 三省堂, 1984, p. 50.

64 기록 자료로 보면, '아프라시압'이라는 명칭은 17세기 페르시아의 서사시 『샤나메(왕의 시)』에 나오는 전설적 영웅의 이름에 연결된다. 이 명칭은 원래 중세 타지크어의 '아파르시잡'(Aparsizab)에서 유래한다. 여기에서 '시압'(siyab)은 '검은 개천'이란 뜻으로 실제 도성지 북쪽에 흐르는 운하의 이름이다. L. I. Albaum, *ЖИВОПИСЬ АФРАСИАБА*, Tashkent: 1975; L. I. アリバウム, 加藤九祚 譯, 『古代 サマルカンドの壁畫』, 東京: 文化出版局, 1980, p. 6.

65 필자가 사마르칸트 고고학박물관에서 실견한 이 모사도가 프란츠 그르네(Frantz Grenet)가 말하는 가리나 시슈키나 박사(당시의 사마르칸트 고고 발굴 조사대장)의 지도로 제작된 수채화 모사도와 동일한 것인지 알 수 없다. フランツ·グルネ, 「サマルカンド出土 使節の壁畫に關する最新の硏究」, 『シルクロードの壁畵. 東西文化の交流を探る』, 東京文化財硏究所, 2007, p. 30 참조.

66 프랑스-우즈베키스탄 고고학 조사단(MAFOUZ)을 이끌고 있는 프란츠 그르네는 1989년 전시실에 빗물이 새어들어 벽화 표면을 긴급처리한 일이 있음을 보고하기도 했다. フランツ·グルネ, 위의 논문, pp. 28~30.

67 필자가 서벽에 나타난 고구려 사절의 의미를 '외교력'으로 표현하는 것과 유사한 맥락에서 프란츠 그르네는 '외교적 주도권(the diplomatic initiatives)'이라고 했다. Frantz Grenet, "The self-image of the Sogdians," 2005, p. 138, 이 글의 주71 참조. 또한 마르쿠스 모데는 '외교적 결속'(auswärtigen Verbündeten)이라고 표현 했다. Markus Mode, *Sogdien und die Herrscher der Welt*, Frankfurt am Main: Peter Lang, 1993, p. 47.

68 이 글 주2 참조.

69 『唐書』 卷221 "何, 或曰屈霜你迦, 曰貴霜匿(……) 城左有重樓, 北繪中華古帝, 東突厥, 婆羅門, 西波斯, 拂菻等諸王, 其君旦詣拜則退."

70 フランツ·グルネ, 앞의 논문, p. 34.

71 알바움의 보고서 이래 근년까지 아프라시압 벽화를 다룬 중요한 논저를 연대순으로 소개하면 대략 다음과 같다.

L. I. Albaum, *ЖИВОПИСЬ АФРАСИАБА*, Tashkent. 1975; 穴澤咊光 · 馬目順一, 「アフラシャブ都城址出土の壁畫にみられる朝鮮人使節について」, 『朝鮮學報』 第81輯, 東京: 朝鮮學會, 1976; 김원룡, 「사마르칸트 아프라시압 궁전 벽화의 사절단」, 『고고미술』 129 · 130, 고고미술사학회, 1976; L. I. アリバウム, 加藤九祚 譯, 『古代 サマルカンドの壁畵』, 東京: 文化出版局, 1980; A. M. Belenizki, *Mittelasien. Kunst der Sogden*, Leipzig: Seemann Verlag, 1980; Guitty Azarpay, *Sogdian Painting. The Pictorial Epic in Oriental Art*, Berkely: Univ. of California Press, 1981; Silvi Antonini, "The Paintings in the Palace of Afrasiab (Samrkand)", *Rivista degli Studi Orientali*, LXII, 1989; Markus Mode, "Studien zur Ikonographie sogdischer Wandgemälde", Habilitationsschrift, Halle, Martin-Luther-Universität, 1990; 무함마드 깐수, 『신라 · 서역교류사』, 서울: 단국대학교 출판부, 1992; Markus Mode, *Sogdien und die Herrscher der Welt. Türken, Sasaniden und Chinesen in Historiengemalden des 7. Jahrhunderts n. Chr. aus Alt-Samarqand*, Frankfurt am Main: Peter Lang, 1993; Boris Ilyich Marshak, "Le programme iconographique des peintures de la 'Salle des ambassadeurs' à Afrasiab (Samarkand)", *Arts Asiatiques*, Tome XLIX, Paris, École Française d'Extrême-Orient, 1994; Markus Mode, *Court art of Sogdian Samarqand in the 7th century AD –Some remarks to an old problem*, Seminar für Orientalische Archäologie und Kusntgeschichte, Universität Halle, A web publication [www.orientarch.uni-halle.de/ca/afras/text/maintext.htm], 2002; E. Kageyama, "A Chinese way of depicting foreign delegates discerned in the painting of Afrasiab", *Iran, Questions et connaissances*, Actes du ive congrès européen des études iraniennes, Paris, 6~10 septembre 1999, ed. Ph. Huyse, vol.I: *Etudes sur l'ran ancein*, Paris, 2002, pp. 309~23; 권영필, 『렌투스 양식의 미술 –동쪽으로 불어온 실크로드 바람』 서울: 사계절, 2002; 노태돈, 『예빈도에 보인 고구려』, 서울: 서울대학교 출판부, 2003; Matteo Compareti, "Remarks on the Sogdian Religious Iconography in 7th Century Samarkand", 『歐亞學硏究』, 北京, web publication: www.eurasian history.com, 2004; Sergey A. Yatsenko, "The costume of foreign embassies and inhabitants of Samarkand on wall painting of the 7th. c. in the 'Hall of Ambassadors' from Afrasiab as a historical source", *Transoxiana* 8 - Juno, web publication: www.transoxiana.org/0108/yatsenk-afrasiab_costume.html, 2004; Susan Whitfield, *The Silk Road. Trade, Travel, War and Faith*, Chicago: Serindia Publication, 2004; 葛樂耐 Frantz Grenet, 「粟特人的自畵像」, 『粟特人在中國 –歷史, 考古, 言語的新探索』, 法國漢學 第10輯, 北京: 中華書局, 2005, 원출: "The self-image of the Sogdians," *Les Sogdians en Chine*, eds. E. de la Vaissière, E. Trombert [EFEO, Etudes thématiques 17], Paris, pp. 123~40; Étienne de la Vaisssière, trans. James Ward, *Sogdian Traders. A History*, Leiden·Boston: Brill, 2005; フランツ·グルネ, 「サマルカンド出土 使節の壁畵に關する最新の硏究」, 『シルクロードの壁畵. 東西文化の交流を探る』, 東京文化財硏究所, 東京: 言叢社, 2007.

72 북벽에 묘사된 한 인물의 얼굴은 윤곽선이 덧그어져 에스키스를 방불케 한다. 2006년 8월 14일, 타슈켄트에서 아프라시압 벽화 발굴에 참여했던 술레이마노프(Khamidovich Suleymanov)박사와 이 인물 그림에 대해 의견을 나누었다. 그는 이 인물 그림이 에스키스 같다는 필자의 견해에 공감을 표하며, 동시에 서벽 중앙, 중국인 사설 후미에도 푸른색 배경에 인물의 윤곽선만 보이는 경우가 있음을 부연하였다. 일반적으로 이런 현상은 아랍 침입을 원인으로 추단한다.

73 Matteo Compareti, Étienne de la Vaisssière (eds.), *Royal Naurūz in Samarkand*. Proceedings of the Conference held in Venice on the Pre-Islamic Paintings at Afrasiab, Istituti Editoriali E Poligrafici Internazionali, Pisa·Roma, 2006.

74 이 학술사업은 당초 고구려의 대외관계사를 고구려 외부로부터 조명하는 기획의 일환이었으며, 사마르칸트 지역이 중심이었다. 현지 학자인 압둘하미드 아나르바예프(우즈베키스탄 사마르칸트 고고학연구소 부소장), 루스탐 X. 술레이마노프(우즈베키스탄 대학 역사학 교수), 유리 F. 부랴코프제 등의 전문가로부터 아프라시압 발굴 당시 정황과 그 이후의 학술정보에 대해 들을 수 있어 연구에 큰 도움이 되었다. 현지 학자들과 공동탐사 후 이듬해에 연구보고서를 출간하였다. 권영필·정수일 외, 『중앙아시아 속의 고구려인 발자취』, 서울: 동북아역사재단, 2008.

75 남벽에서 이란의 전통 나우르즈 의식을 빌어 소그드의 전통 제례를 표현하는 방법은 우연한 일로 볼 수 없다. 실제로 소그드 남쪽에 이란이 있다는 것은 고대인이 중시하는

방위 개념과 일치하기 때문이다. 또한 북벽의 수렵 장면도 이란의 제왕수렵 주제를 연상시킨다. 이란의 호로스 2세 때(7세기 말) 만든 탁·이·부스탄 굴(大洞)의 수렵도(특히 좌벽)를 나우르즈 제례로 보는 견해는 시사하는 바가 크다. 深井晉司,『パルシア美術史』, 東京: 吉川弘文館, 1983, pp. 135~36.

76 벽화에 대한 설명 부분은 권영필의 논문「아프라시압 궁전지 벽화의 '고구려 사절'에 관한 연구」[『중앙아시아 속의 고구려인 발자취』, 2008에 수록]를 참고하면서 수정 보완하였다.

77 알바움은 이중에 30인이 바르후만의 종자(從者)이고, 12인이 외국 사절이라고 파악한다. L. I. アリバウム, 加藤九祚 譯, 앞의 책, 1980, p. 73.

78 이 16행의 명문에 대한 해석은 발굴에 참여했던 V. A. 립시츠(V. A. Livshic)에 의해 러시아어로 번역되어 알바움의 보고서(1975, pp. 55~56)와 일어(日語) 번역본(加藤九祚 역, 1980, p. 96)에 각각 실렸다. 그 후 수정보완을 거쳐 영문으로 번역된 것이 타슈켄트 역사박물관에 전시되어 있다. 권영필, 「아프라시압 궁전지 벽화의 '고구려 사절'에 관한 연구」, 앞의 책, 38쪽, 주66. 영문은 립시츠의 최근 논문에도 실려 있다. V. A. Livshic, "The Sogdian Wall Inscriptions on the Site of Afrasiab," in: Matteo Compareti, Étienne de la Vaisssière (eds.), 앞의 책, p. 61. 한편 이 기회에 한가지 부연한다면, 이 명문에 나오는 '차가니안'과 관계해서 권영필의『렌투스 양식의 미술』[상권, 서울: 사계절, 2002, 146쪽 마지막 줄]에 나오는 "차가다이 칸국의 영주 투란타수"는 "차가니안의 영주 투란타수"의 오류임을 밝힌다.

79 알바움은 "차가니안은 7세기 말~8세기 초에 걸쳐 토하리스탄 왕에 종속된 반독립국"이라고 기록했다. L. I. アリバウム, 加藤九祚 譯, 앞의 책, 1980, p. 66.

80 참고로 그르네가 복원한 등장인물들을 좌측부터 소개하면 다음과 같다. 1.돌궐인 호위, 2.인접국 사절, 3. 궁정관(?)에게 선도된 돌궐인 관리와 사절, 4.비단을 휴대한 중국인 사절단, 5.돌궐인 호위, 6.돌궐인 호위, 7.돌궐인 관리와 통역, 8.티베트인(?)과 한국인, 9.11개의 창, 10.(최상부에) 바르후만 왕 (상상도). フランツ·グルネ,「サマルカンド出土 使節の壁畵に關する最新の研究」, 앞의 책, p. 29, 圖2.

81 Markus Mode, 앞의 책, 1993, p. 47.

82 동일한 맥락에서 서벽의 화면 좌측(즉 남쪽)에 보이는 깃대들도 소위 소그드의 종족을 나타내는 소무구성(昭武九姓)을 표현한다고 해석되기도 한다. M. Mode, web publication, 2002.

83 Markus Mode, 앞의 책, 1993, p. 28.

84 알바움은 이 변발인들을 대부분 소그드인으로 간주하고(이 글의 주77 참조), 그르네는 돌궐인으로 보고 있다(이 글의 주80 참조). 하여간 서벽에 등장하는 변발의 3인조는 돌궐인들로서 그들은 적·백·황색의 각각 다른 색 카프탄을 입고 있어서 아마도 관직이나, 특수 기능을 표시하는 것으로 이해된다. 이들은 외국에서 온 사절들을 안내한다.

85 발굴에 참여했던, 사마르칸트 현지 학자 술레이마노프의 주장에서 피력된 내용이다(2006년 8월 1~16일의 공동조사 때 면담). 권영필,「아프라시압 궁전지 벽화의 '고구려 사절'에 관한 연구」, 앞의 책, p. 56.

86 르네 그루세, 김호동 외 역,『유라시아 유목제국사』, 서울: 사계절, 1999, 168쪽.

87 Frantz Grenet, "The Self-image of the Sogdians," 앞의 책, p. 137.

88 Étienne de la Vaisssière, "Les Turcs, Rois du Monde à Samarcande," in: Matteo Compareti, Étienne de la Vaisssière (eds.), 앞의 책, p. 157.

89 Frantz Grenet, "The Self-image of the Sogdians," 앞의 책, p. 133.

90 フランツ·グルネ,「サマルカンド出土 使節の壁畵に關する最新の研究」, 앞의 책, p. 40.

91 B. Marshak, 1994, p.11. 원출: Albaum, 1975, pp. 56~57.

92 마르샤크는 안양에서 출토된 소그드의 <장의용 기념문비>에서도 안장 없는 말이 있음을 지적하고 있다. 위의 B. Marshak, 1994, pp. 11~12. 이러한 마르샤크의 견해를 마테오 콤파레티도 지지하고 있다. Matteo Compareti, “A Reading of the Royal Hunt at Afrasyab based on Chinese Source,” Matteo Compareti, Étienne de la Vaisssière (eds.), 앞의 책, 2006, p. 182.

93 L. I. アリバウム, 加藤九祚 譯,『古代サマルカンドの壁畵』, 東京: 文化出版局, 1980, p. 87. 코끼리 등에 있는 천개(天蓋) 아래에 ‘여자(娘)’가 앉아 있었을 것이라고 추측한다고 했는데, 천개 뒤에 있는 여성을 ‘시녀’라고 표현한 것을 보면 앞의 여자를 공주로 볼 수 있겠다.

94 B. Marshak, 1994, p. 11.

95 B. Marshak, 1994, pp. 14~15.

96 M. Compareti, 위의 논문 web publication, 2004, p. 3.

97 Sergey A. Yatsenko, 앞의 논문, 2004 참조.

98 Frantz Grenet, “The Self-image of the Sogdians,” 앞의 책, p. 138 Additional note. 더욱이 그르네는 “돌궐식 결혼식에, 그 예식을 거내한 제구의 신부 아서씨가 이끌나니!”라고 야트센코의 견해를 비꼬았다.

99 Markus Mode, “Reading the Afrasiab Murals: Some Comments on Reconstructions and Details,” in: Matteo Compareti, Étienne de la Vaisssière (eds.), 앞의 책, 2006, p. 124.

100 Etsuko Kageyama, “Coiffure et Vêtement des Chinoises sur la Peinture d’Afrasiab,” in: Matteo Compareti, Étienne de la Vaisssière (eds.), 앞의 책, pp. 29~41.

101 Frantz Grenet, “What was the Afrasiab Painting about?” in: Matteo Compareti, Étienne de la Vaisssière (eds.), 앞의 책, 2006, pp. 44~48.

102 Irina Arzhantseva, “Afrasiab Wall-paintings revisited: New Discoveries Twenty-Five Years Old,” in: Matteo Compareti, Étienne de la Vaisssière (eds.), 앞의 책, 2006, pp. 20~21. 원벽화로부터의 모사도 때문에 그리핀(griffin)이냐, 용(dragon)이냐 하는 해석상의 혼돈이 야기될 수 있음을 이 논문에서도 지적하고 있다.

103 姜伯勤,『中國祆教藝術史硏究』, 北京: 三聯書店, 2004, p. 149.

104 Frantz Grenet, “What was the Afrasiab Painting about?” Matteo Compareti, Étienne de la Vaisssière (eds.), 앞의 책, pp. 44~48.

105 フランツ·グルネ,「サマルカンド出土 使節の壁畵に關する最新の硏究」, 앞의 책, 2007, p. 38.

106 Albaum, 1975, 주64 참조. 이와 함께 L. I. アリバウム, 加藤九祚 譯(1980),『古代 サマルカンドの壁畵』참조.

107 Albaum, 1975; L. I. アリバウム, 加藤九祚 譯(1980), 앞의 책, p. 112.

한편 노태돈에 따르면 당 영휘연간(650-55년)에 고구려가 거란 지역으로 진출하여 당의 동북방을 위협하자 당이 이에 대응 시라무렌에서 전쟁을 한 것으로 되어 있다. 노태돈,『삼국통일전쟁사』, 서울: 서울대출판부, 2009, 119쪽. 이로써 이 시라무렌 지역은 고구려의 서북진출의 거점이었던 것으로 이해된다.

108 穴澤咊光 · 馬目順一, 앞의 논문, 1976, pp. 1~36.

109 穴澤咊光 · 馬目順一, 1976, 앞의 논문, pp. 26~30. 그런데 고구려 사절이 차고 있는 이 환두대도는 2개의 ‘B형-돌출장식’ 칼집을 가진 특이한 형식이다. 실제로 이런 대도는 우크라이나의 말라야 페레슈체피나(Malaia Pereščepina)에서 출토된 바 있으며, 비잔틴의 콘스탄티노플(Constantinople)에서 생산된 칼이라는 것이다. Valentina I. Raspopova, “Ethnos and Weaponery in

the Murals of Afrasiab," in: Matteo Compareti, Étienne de la Vaisssière (eds.), 앞의 책, 2006, p. 139. 따라서 이 유형의 칼을 고구려 사절의 특징을 나타내는 징표로 삼기는 어려울 듯하다.

110 『隋書』 卷67, 列傳32.

111 穴澤咊光 · 馬目順一, 1976, 주 45, p. 13. 이 논문의 주6 참조.

112 穴澤咊光 · 馬目順一, 1976, p. 31.

113 김원룡, 1976, 162~167쪽.

114 M. Mode, 앞의 web publication, 2002. 원출: Julliano, A. L. – Lerner, J. A. (ed), *Monk and Merchants. Silk Road Treasures from Northwest China, Gansu and Ningxia, 4th~7th centuries*, 2001, pp. 231~37.

115 Boris Marshak, 1994, p. 8.

116 Boris Marshak, 위의 같은 논문, 1994, p. 62.

117 Boris Marshak, 위의 같은 논문, 1994, p. 63.

118 Boris Marshak, 위의 같은 논문, 1994, p. 48.

119 무함마드 깐수, 1992, 439~442쪽.

120 정수일, 「벽화에 나타난 고구려 –서역 교류상 시고」, 『고구려와 동아시아 –문물교류를 중심으로』, 국제학술심포지엄, 서울; 고려대학교 박물관, 2005, 22~129쪽. 여기에서 정수일은 일본의 아나자와 와코·마노메 준이치, 고병익, 노태돈, 북한의 박진욱 등이 고구려인 설을 주장하는 것으로 소개하고 있다. 穴澤咊光·馬目順一, 앞의 논문, 1976, pp. 1~36; 고병익, 『동아시아 전통과 근대사』, 서울: 삼지원, 1984, 79~80쪽; 노태돈, 『고구려사 연구』, 서울: 사계절, 1999, 539~543쪽; 박진욱, 「쏘련 사마르칸트 아흐라샤브 궁전지 벽화의 사절도에 대하여」, 『조선고고연구』, 1988 참조.

121 정수일, 『실크로드 문명기행』, 서울: 한겨레출판, 2006, 180쪽.

122 당 제국의 차로를 피해 가는 길에 대해서는 이미 아나자와 와코도 언급한 바 있지만, 구체적이지 못하고 더욱이 아나자와 와코가 제시한 내몽골의 후허하오터(呼和浩特) 방면으로 가는 길은 7세기 중엽에 당의 영토에 속했으므로 다른 고려가 필요하다.

123 가게야마는 아프라시압 벽화에 나타난 고구려 사절이 실제로 고구려에서 온 사절을 대상으로 한 것이 아니라, 벽화 화가가 상상해서 그렸을 것이라고 주장한 바 있다. Kageyama, Etsuko, "A Chinese way of depicting foreign delegates discerned in the paintings of Afrasiab," Ph. Huyse, ed., *Iran, questions et connaissances*, vol.I: *La période ancienne*, Paris, Association pour l'avancement des études iraniennes, 2002, pp. 313~27.

124 한편 야트센코 역시 모데의 이론이 다음과 같은 몇개의 가정에서 출발하고 있다고 비판하였다. i) 서벽에 있는 4번째(알바움 보고서 번호) 인물은 사산 왕조의 마지막 왕인 야즈가르드(651년 살해됨)임. ii) 북벽의 11번째(알바움 번호) 인물은 서돌궐의 세쿠이칸(射匱可汗)에게 보내진 중국 공주임. iii) 북벽의 사냥하는 기마인물(알바움 1번)은 당 태종임. iv) 중국 사절과 중국의 적대적인 국가, 즉 고구려 사절은 양국이 휴전 상태였을 경우에만 동시에 사마르칸트에 올 수 있었다.

125 Markus Mode, 1993, pp. 50~52.

126 Markus Mode, 위의 책, p. 47.

127 Markus Mode, 위의 책, pp. 72~73, 주224. 원출: E. Chavannes, 1903. 『책부원귀(册府元龜)』를 인용한 샤반느는 사마르칸트 사절이 당조에 간 연대를 642, 643, 644, 645, 647년으로 적고 있다. 따라서 모데는 바르후만의 즉위가 648~50년 사이에 있었다고 보고 있다.

128 Markus Mode, 1993, p. 74.

129 Mode, web publication, 2002.

130 권영필, 『렌투스 양식의 미술』 상권, 서울: 사계절, 2002, 145~48쪽. 이 발해인설은 당초 필자가 1991년 현지를 답사한 직후, 조선일보에 발표한(1992년 1월 28일) 내용과 같다.

131 위의 책 하권, 168~69쪽.

132 노태돈, 『고구려사 연구』, 1999, 541쪽. 언급한 대로 그의 이러한 견해는 이미 1989년 「고구려 발해인과 내륙아시아 주민과의 교섭에 관한 일고찰」(『대동문화연구』 23)에서 대두되었다.

133 Sergey A. Yatsenko, "The costume of foreign embassies and inhabitants of Samarkand on wall painting of the 7th. c. in the 'Hall of Ambassadors' from Afrasiab as a historical source", *Transoxiana* 8 - Juno. 이 글의 주71 참조.

134 F. Grenet, 2005, p. 316, 주21.

135 Frantz Grenet, "What was the Afrasiab Painting about?" Matteo Compareti, Étienne de la Vaisssière (eds.), 앞의 책, p. 49.

136 정수일, 권영필, 지배선, 최광식, 김진순, 장준희(현지학자) 등의 전문가들로 구성된 연구팀이 2006년 8월 1일~16일까지 카슈가르, 비슈케크, 탈라스, 타슈켄트, 사마르칸트, 판지켄트 등지를 연구 조사하였다.

137 여기에서 최광식의 편년은 다음 문헌을 참고하였다. 최광식, 「고구려와 서역의 문화교류」, 『중앙아시아 속의 고구려인 발자취』, 121쪽.

138 개소문이 사거한 해에 대해서는 사서에 따라 1~2년의 차이가 있어 논란이 되고 있는데, 여기에서는 노태돈의 664, 또는 665년 설을 따른다. 노태돈, 『고구려사 연구』, 1999, 477쪽, 주97 참조.

139 특히 분열되었던 서돌궐이 잠시 통합된 1차 시기(651~57년)를 주목할 필요가 있다. 르네 그루세, 김호동 외 역, 『유라시아 유목제국사』, 68쪽 참조.

140 고구려와 돌궐 관계에만 본다면 돌궐의 2차 부흥기인 665년, 즉 당 고종(재위 650~83년) 후반에 당의 세력이 약화된 틈에 다시 독립한 시기 이후도 고려할 수 있겠으나, 소그드의 등거리 외교 시기를 감안하면 1차 부흥기에 무게를 두어야 한다고 생각한다.

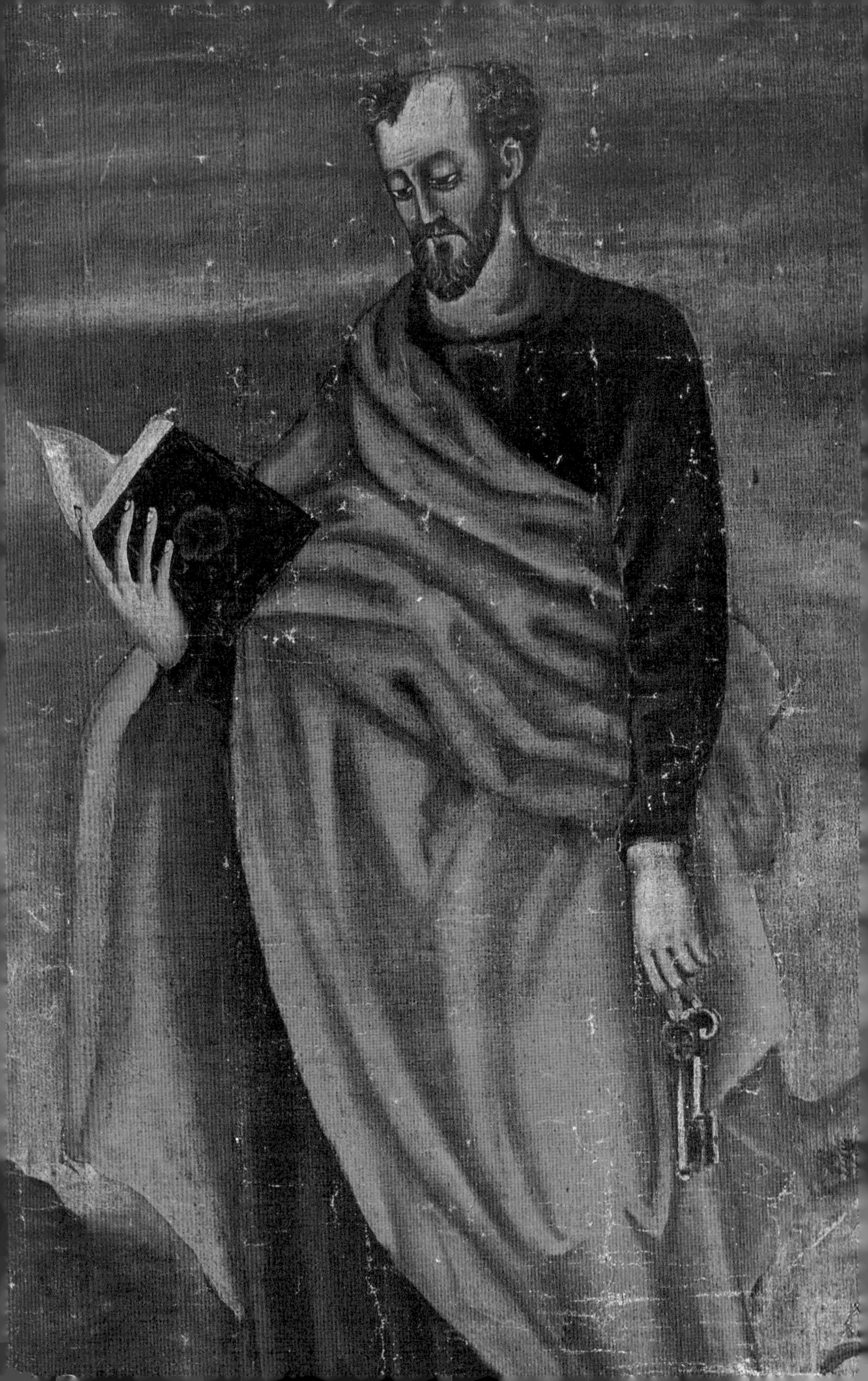

5장 '문명의 충돌'과 미술의 화해: 일본과 중국의 초기 양풍화 비교

그리스도교의 동양 선교와 서양화

이문화異文化 접촉은 다양한 각도에서 이루어진다.[1] 그 접촉의 중요한 계기인 종교는 역사상 문명충돌의 원인자로 작용하기도 한다.[2] 동아시아에 전파된 불교가 그랬고, 또한 그리스도교도 예외는 아니었다. 이 논문에서는 16세기 중엽에 일본에 들어온 기리시탄교[吉利支丹教, 그리스도교에 대한 당시의 일본식 표현]의 수용과 억제라는 측면을 검토하고,[3] 이 종교와 함께 들어온 서양화[성상화]의 전개 양상을 이 기리스탄과 대비시킴으로써 예술의욕의 지향성에 담겨진 사회미학적 가치를 부각시키고자 한다. 나아가 동아시아의 서양화 전파의 또 다른 거점인 중국의 경우를 일본과 비교함으로써 동서미술 교섭상의 미술사적 변용을 살펴보고자 한다.

양풍화의 출발과 시대적 배경

동양에 최초로 들어온 서양화,[4] 특히 그리스도교의 종교화는 7세기 당唐나라 장안에 경교[景教, 네스토리우스교]와 함께 들어왔던 성상화로 추측된다. 잘 알려져 있듯이 경교의 중국 전래는 635년으로 인정된다. 이 당시에 전해졌을 성상화는 남아 있는 것이 없지만, 실크로드의 중심 지역인 둔황에서 출토된 예수상이 서방 원본을 바탕으로 제작한 모작[5]임을 감안하면 틀림없이 종교화가 입수되었을 것이다.

이러한 정황을 제외하면 1549년 성 프란시스 사비에르[St. Francis Xavier, 1506~52년]가 포교용으로 일본에 가져온 성상화를 최초의 사례로 꼽을 수 있다. '천하인'天下人 오다 노부나가織田信長의 비호 하에 로마 가톨릭계의 예수회[耶蘇會]는 어려움 없이 일본 선교를 펼쳐나갔다. 1563년 오오무라 스미타다大村純忠는 최초로 개종한 다이묘大名가 되었고,[6] 1576년에는 노부나가의 허락을 받아 교토에 남반지[南蠻寺] 곧 성모승천교회[被昇天의 聖母敎會]를 신축하였다.[7] 이러한 교세 신장에 따라 예배의 대상인 성상화[마리아상과 그리스도상 등]에 대한 수요가 급증하게 되었음은 당연한 소치라고 하겠다.

1584년에 이르면 성화가 무려 5만 점이나 필요했다고 보고되었다.[8] 이에 앞서 예수회는 성상화 요구에 부응하려고 1580년경 일본에 신자교육을 위한 세미나리오Seminario를 설치하였고, 1583년에는 이탈리아로부터 조반니 니콜라오Giovanni Nicolao와 같은 화사畵師가 일본에 와서 직접 성화를 제작하기도 하였다. 선교사들이 포교하는 데 필요한 성상화들은 우미優美와 자비가 충만한 이상화된 작품이어야 했다. 따라서 현지인의 취미와 미의식을 고려에 넣으면서 화제, 표현법을 음미하여 현지에서 양산할 필요가 있었고, 여기에 일본인 화사畵師-화공畵工의 존재가 부상되기에 이른다.[9]

그리스도교 수용 과정의 명암

그런데 놀랍게도 이문화의 꽃인 미술을 받아들여 전개하는 자세와 서방종교라는 이문화를 수용하는 입장 사이에 상당한 차이가 발생한다. 즉 일본에서 예수교는 입수 초기에는 정부로부터 인정을 받았으나, 곧 탄압에 직면한다. 특히 도요토미 히데요시豊臣秀吉는 1587년 규슈九州를 평정한 후 내건 '바테렌[伴天連, padré, 신부] 추방령' 제1조에서 "일본은 신국神國인 바, 기리시단국國에서 사법邪法을 받아들이는 것은 정말 해서는 안 될 일"이라고 못 박았다.[10] 이런 관점은 1614년 도쿠가와 이에야스德川家康의 바테렌 추방령에서도 똑같이 나타났으며, 실제로 개종을 거부한 일본인 신자들과 선교사들을 국외로 추방하기에 이르렀다.[11] 결국 당시 일본은 예수교 포교를 침략세력으로 간주하였던 것이다.[12]

뿐만 아니라 1630년대까지 펼쳤던 일련의 쇄국정책은 예수교 박해와 무관하지 않았다고 말할 수 있다. 문화적으로는 간에이[寬永, 1624~44년] 시기인 1639년 쇄국이 시작되면서부터, 실학을 장려하여 문화적 개방을 서둘렀던 교호[享保, 1716~35년]개혁까지 약 1세기 동안을 '양풍화'洋風畵 공백기로 중시한다.[13] 그러나 종교박해를 주된 요인으로 보는 문명충돌의 관점에서는 오히려 간에이 쇄국 이전 시기를 주목해야 할 것이다. 더욱이 히데요시 이전에도 천황은 그리스도교를 적대시하였으며,[14] 전국 시대 당시 구주의 제호족諸豪族은 일반적으로 그리스도교를 금기시해 신자를 박해하고 영외로 쫓아냈다.[15] 물론 히데요시 이후 1641년에도 선승들은 그리스도교 배척활동을 벌였다.[16] 문명충돌의 결과라고 할 이 탄압의 시간은 결코 짧지 않았으며, 반대 계층의 폭도 매우 광범위하였음을 알게 된다.

이문화 수용의 두 가지 시각

모모야마[桃山, 1573~1614년] 시대의 일본인은 광의의 서양문화와 그리스도교 문화를 상호 분리시키기에는 충분치 못한 상태에 있었기에 외래종교 금교를 곧 서양문화 배제에 직결시켜 묶었다는 견해는 이해할 만하다.[17] 그런데 이문화 수용과정의 단면을 자세히 관찰하면, 동일한 조건의 사회구조 속에서도 이문화에 대한 거부와 승인 현상이 상반되게 나타난다. 히데요시 자신이 가장 대표적인 경우이다.

위에서 살펴본 대로 외래종교 금교를 단행한 장본인이 히데요시임에도 그는 오히려 외래종교와 함께 들어온 '남반'南蠻문물에 매료된 '마니아'였다. 히데요시에게 두드러진 이런 현상은 1587년 바테렌 추방령을 내리기 전부터 나타나며 이후까지 이어졌다. 1586년에는 박래품舶來品인 외투 10벌과 침대 2개를 방문객들, 이를테면 예수회 준관구장準管區長에게 자랑하였고,[18] 심지어 1594년에는 오사카에 있는 다이묘들에게 남만 복식을 착용하고 연회에 출석하라고 명령하기도 하였다.[19] 이러한 남만 취미와 남만 풍속의 유행은 나가사키長崎로부터 히데요시의 집무처인 나고야名護屋에, 나아가 나고야에서 게이한京阪 지방으로 옮겨가 모든 지배계급으로 확산되었다. 그리하여 향락적 풍조가 강한 모모야마시대의 민중에까지 이르는 데에는 오랜 시간이 필요치 않았다.[20]

화가들은 나가사키에서 만든 스케치를 기초로 예수회 천주당이라든가 항구의 일본상점 등을 배경으로 묘사를 가해서[필자의 강조] 금지극채金地極彩의 화려한 병풍을 그려냈는데, 이것이 초기의 '남반뵤부'[南蠻屛風, 남만병풍]이다. 화가들은 후원자인 다이묘라든가, 부상富商 등의 주문으로 남반뵤부를 만들었을 것이다.[21] 실제로 가노파狩野派의 미츠노부光信가 나고야에서 히데요시의 명에 따라 그런 역할을 했을 것으로 알려져 있다.[22] 이 남만병풍의 성립 시기는 분로쿠[文祿, 1592~95년]치세 때로 추정된다.[23]

한편 이러한 성상화 제작은 남만 취미와는 구별해 볼 필요가 있다. 후자가 종교탄압 시기에도 어느 정도 지속적으로 유지되었다는 점은 전자와 맥을 함께하는 면이 있다. 하지만 남만 취미가 교역이라는 사회적 이익을 수반한다는 점에서, 즉 다분히 현실적 가치와 결속되어 있다는 점에서 성상화 제작과는 차이가 난다. 반면 성상화를 비롯한 서양풍속화에서 표출되는 표현성, 즉 명암을 통한 입체성과 사실성은 초기 양풍화 이래 일본 미술계에서 지속적으로 애호된 중요한 미적 가치 자체라고 말해도 좋을 것이다.

이처럼 이문화異文化를 바라보는 긍정과 부정이라는 상반된 시각을 엿볼 수 있지만, 특히 미술이 긍정적인 측면 가운데 절대적인 부분을 차지하고 있다는 사실은 주목할 대목이다. 미술에 나타난 이러한 현상은 다음과 같은 특징을 드러낸다. 첫째, 회화에서 소재주의적 입장이 나타난다는 점이다. 즉 실제로 추방했던 대상을 그림 속에서 자유롭게 살려내고[필자의 강조, 말하자면 위에 말한 '묘사를 가해서'와 연관된다] 있는 점은 흥밋거리에 그치지 않는다. 이런 표현의 자유가 화가에, 아니면 후원자에 속하는지 정확히 말하기 어렵지만, 대상 자체가 그림의 소재로 남아 있다는 사실은 중요하다.

이와 동일한 맥락에서 다음과 같은 지적은 시사하는 바가 매우 크다. "남반뵤부는 포교와 무관한 풍속화였지만, 거기에 남반지[南蠻寺, 예배당] 선교사를 그려 넣었다는 점이 미묘한 관계를 가져온다"[24]는 말이 그러하다. 이와 더불어 "근세 동안 남만병풍의 소지가 허용되지 않았는데, 많은 남반뵤부가 불교사원에 전세傳世되어온 점"[25]을 강조하는 것은 더욱 의미심장하다. 왜냐하면 뒤에서 설명하는 바와 같이, 남만풍물에 포함된 그리스도교 주제가 불교 도상과 습합되기 때문이다.

양풍화의 특징

두 번째 특징은 그리스도교 입수 이래 시작된 양풍화에서 보듯이 음영법과 원근법 같은 서양화 기법에 대한 선호이다. 대개 남반뵤부가 서양 소재와의 관계에서 논의되는 반면, 양풍화는 서양 기법에 치중하는 회화를 일컫는다. 따라서 일본적 주제를 서양화 기법으로 표현할 경우, 그것은 양풍화에 속하게 된다.[26] 물론 <태서왕후기마도泰西王候騎馬圖>병풍[17세기 초]과 같은 작품에서 보는 것처럼 양풍화와 남반뵤부의 두 장르가 엄격하게 구분되는 것은 아니다. 이를테면 <태서왕후기마도>는 남만화에 속하지만, 명암이 구사되어 있다. 게다가 화면의 배경처리에는 일본의 전통화법인 가노파狩野派의 금지金地 기법이 활용되기도 한다.

또한 이 작품은 세미나리오계系 작가의 작품으로 알려지기도 하여[27]

작품에 담겨진 함의가 복합적이다. 더욱이 뛰어난 묘사력을 구사한 이 작품을 통해 세미나리오계 작가의 그림 실력의 한 끄트머리를 짐작할 수 있음은 당시 화단의 실상을 파악하는 데에 적지 않은 도움이 된다고 하겠다. 그러나 일반적으로는 세미나라오의 미술교육 제도에 문제점이 있으며, 따라서 배출된 작가의 작품도 표현의 한계를 드러낸다고 보는 입장이다.[28] 이제 금교 시기의 세미나리오의 활동과 그것이 화단에 미치는 영향을 구체적으로 검토함으로써 '미술의 화해'가 어떻게 가능했는지 짚어보자.

박해 시기의 세미나리오 화파

대체로 일본의 서양미술 입수 단계는 16세기 중엽 그리스도교에서 비롯된 초기 양풍화의 제1기, 란가쿠[蘭學, 네덜란드학]가 자극한 18세기 중엽 이후의 제2기, 메이지유신 이후 현지 미술 유학에 의한 제3기로 크게 구분된다. '기리시탄 조형미술'의 시기를 사비에르의 포교로부터 변용기인 '바쿠마츠'幕末까지로 설정하고, 이 기간을 5기로 시대 구분한 연구는 크게 참고할 만하다.[29] 그런데 여기에서 주목할 것은 초기 양풍화가 제2기[1587~1614년] 후반부터 제3기[1614~40년] 동안에 걸쳐 제작되었을 것으로 추측하며, 특히 그것의 대부분은 17세기 초반에 제작되었을 것이라는 점이다. 바꾸어 말하면 초기 양풍화가 금교와 박해의 시대에 주로 제작되었을 것으로 본다는 입장이다.

16세기 말부터 근 반세기 이상 지속된 금교 시기 동안에도 성상화의 유입이 빈번했을 뿐만 아니라, 세미나리오 또는 대학 수준의 콜레지오Collegio에서 교육받은 일본인 화가들의 활동이 결코 소극적이지 않았음을 확인하는 것이 매우 중요하다. 특히 문헌을 통해 그 당시 세미나리오에는 수준급 화사들이 일본에 왔음을 어느 정도 감지할 수 있다.

문헌에 이름을 남긴 화가들, 가령 조반니 니콜라오[Giovanni Nicolao, 1560~1626년], 피에트로 조반니[Pietro Giovanni, 1566~?], 타데오[Tadeo, 1568~?], 야곱 니와[Jacob Niwa, 1579~?] 등은 일본 국내외에서 활동하였으며,[30] 특히 니콜라오의 작품 <그리스도상>은 중국에서 활동한 마테오 리치[Matteo Ricci, 1552~1610년]에게 보내지기도 하였다.[31] 더욱이 니콜라오의 두 제자, 엠마누엘 페레이라[Emanuel Pereira, 1572~1630년]와 위에 언급한 야곱 니와는 '중국 세미나리오'에서 학생들을 지도하도록 중국으로 파견되기도 하였다.[32]

일본 세미나리오에서 배출된 화가들의 정확한 수와 면면에 대해서는 확인되지 않았다고 하더라도,[33] 예컨대 레오나르도 기무라Leonardo Kimura와 시오즈카[Shiozuka, 1577~1616년] 등은 두드러진 활동을 보였다.[34] 한편 이들 학생들은 특히 유럽에서 미술교육을 받은 선교사 니콜라오와 같은 능력을 인정받은 교사[35]에게 배울 수 있어 어느 면 유럽 화풍을 직접적으로 습득할 수 있었다는 이점이 있었을 것이다.[36] 니콜라오는 1583년에 일본에 왔으며, 그가 키운 제자들의 활동상은 일본을 방문한 사교司教들이 본국에 보내는 보고를 통해 상세히 알려져 있다.[37]

세미나리오 화파로 보이는 일군의 작가들은 금교 시기 동안 인물화의 주제를 독특한 방향으로 발전시켜 나갔다. 그들은 가깝게는 남만병풍의 인물들에게서 모델을 추출해내기도 하는 일면, 멀게는 전통과 맞닿도록 시도하려 했었음인지 도석화적道釋畵的 분위기와도 연결시키고 있다. 그러면서도 기본적으로는 명암을 중시하는 양풍화 표현에 머물고 있다. 이 양풍화에서는 서양화 기법과 성상화[즉 그리스도교]가 등가를 이룬다. 이는 마치 일본의 서양화 입수 제2기의 서양화와 란가쿠가 등가를 이루고, 제3기에서 서양화가 근대화와 등가를 이루었던 것과 마찬가지이다. 그런 한에 있어서 결국 이 인물화에서 표현은 수단이 아니고 목적 자체였다고 말할 수 있겠다. 한마디로 복합적인 미의식이 그들의 인물화 속에서 표출되는 양상을 보게 된다.

양풍 달마도

이러한 인물화 주제 중에 달마도를 양화 기법으로 그린 소위 '양풍 달마도'가 문제작으로 떠오른다. 양풍 달마도는 현재 22점에 달한다. 그 중에는 연도를 기록한 작품도 몇 점 있는데, 1687년 작품이 가장 이른 예이다. 그러나 일반적으로 제작 상한은 게이초[慶長, 1596~1614년] 말기, 즉 17세기 초로 알려져 있다.[38] 이 달마도의 도상적 특징은 인물의 두부가 과장되면서 화면의 3분의 1을 차지하여 구도로 보면 어느 정도 초상화의 동양적 전형을 보여준다. 거기에 배경 표현이 전혀 없는 점도 마찬가지다. 또한 귀가 길고 귓밥이 늘어진 모양과 거기에 둥글고 큰 귀고리가 걸려 있는 모습이 불상을 연상시킨다. 이런 요소들은 서양식 인물표현[39]과 대조를 이룬다. 표현 매체도 지본유채紙本油彩여서 매우 절충적이다.

여기에서 우리의 관심을 끄는 부분은 앞서 언급한대로 이 달마도의 작가가 세미나리오와 연관된다는 점이며, 그럼에도 달마도가 기본적으로 불교 주제라는 점이다. 가령 신상이 거의 알려지지 않은 작가 노부가타信方[40]는 <달마도>[요치쿠인養竹院 소장]도 5-1 외에도 <닛교쇼우닌의 초상>을 그렸는데, 이 초상의 주인공은 그리스도교와 심하게 대립했던 일연종파日蓮宗派의 불교도였던 닛교쇼우닌[日教上人, 1552~1608년]이다. 한편 노부카타의 <달마도>와 함께 만부쿠지滿福寺 소장 <달마도>는 발견 장소가 가톨릭교회와 관련이 없지 않았다고 추측되므로[41] 주목할 필요가 있다.

노부카타 외에도 야마다 에몬사쿠山田右衛門作 역시 세미나리오 출신으로서, "야소耶蘇의 불화로 호구하였는데, 금교 후에는 서양제국도西洋諸國圖를 그리지 않고, 태서법으로 선가禪家의 조사祖師 등을 그린"[42] 작가로 알려져 불교와의 관계를 엿보게 한다. 한편 그리스도교 화가가 그린 달마도가 예배의 대상이 되었을 가능성을 제시하는 주장이 있는가 하면,[43]

당시 선가 일부에서 자유로운 취미가 행해져 달마도를 양풍화로 제작했다고 보는 견해도 있다.[44]

그리스도교 도상과 불교 도상의 습합

개중에는 그리스도교 도상이 불교와 직접적으로 습합된 사례도 눈에 띈다. <노사부도老師父圖>[에도 초기, 고베시립박물관 소장] 도 5-2같은 작품에서는 그리스도교 신부로 보이는 인물을 주제로 삼았다. 이 인물의 양손은 불교수인佛教手印인 전법륜인轉法輪印으로 해석되어 석가모니 상으로 비정하는 경우도 있다.[45] 이 인물화에서는 그리스도교와 불교가 중층적重層的으로 표현되어 도상학적 모순을 드러내는 것처럼 보인다.

이와 유사한 사례는 당唐나라 때의 경교景教 전파 과정에서도 나타난다. 이미 앞의 '양풍화의 출발과 시대적 배경'(177쪽)에서 거론된 둔황 출토 <예수상>[스타인 컬렉션, 영국박물관 소장]이 그것인데, 이 상에도 수인이 표현된다.[46] 이 작품은 팔지, 목걸이 등의 장식에서 보살 풍을 느끼게 되며, 광배와 배경에 꽃비를 묘사한 것에서 불교 도상임을 알게 한다. 그러나 보관과 가슴에 보이는 십자가상은 그가 예수임을 말해준다.

한편 위의 <노사부도>는 그리스도교 탄압의 굴레에서 벗어나고자 우회적 표현방법을 이용한 것으로 해석되기도 한다. 이 작품은 일반적으로 화가의 배교背教 후의 작품으로 평가된다. 그러나 어쩌면 둔황 출토 <예수상>처럼 그 당시 세력을 지녔던 불교와 습합하여 도상적 알레고리를 시도했던 것은 아닌지 유추되기도 한다.

노부가타의 작품으로 전해지는 <사부 독서도>[오사카 구가 가(久我 家) 소장]에서 사부의 용모는 '바테렌'을 모델로 한 것이다.[47] 또한 그가 보고 있는 책은 <성 베드로상>[오사카 남만문화관] 도 5-3의 책[성경?]과 동일한 의미 층을 형성하는 것으로 보인다. 더욱이 또 다른 <사부독서도>[오사카 남만문화관]에 표현된 책이 그 가장자리가 붉은 색으로 치장되어 있는 것과 연관지우면 이 일련의 책들이 성경일 가능성이 생겨난다. 그렇다면 이 작품들의 우의적 성격은 더 두드러지게 되는 셈이다.

지금까지 달마도를 주축으로 인물화를 살펴본 바로는 그 도상 속에 몇 가지 중요한 요소들이 복합적으로 연결고리를 형성하고 있음을 알게 된다. 즉 세미나리오 화법=그리스도교 주제+불교 주제=서양화 기법의 도식이 성립된다. 그런데 여기에서 불교 주제인 달마도가 중심이 되고, 다시 말하면 그것이 그림의 목적, 즉 예배의 대상이 된다면 동양적 기법, 즉 수묵[水墨]으로 그리지 않았던 이유는 무엇일가. 실제로 달마도를 수묵으로 그린 예가 일본 중세에도 있거니와[48] 조선 왕조의 작가 김명국[17세기 중엽 활동]의 대표작 속에도 들어 있다. 그렇다면 이 미학적 과제의 핵심은 주제가 아니라, 표현 즉 서양화 기법 표현에 있음을 이해하게 된다.[49] 여기에서 우리는 미술 발전에 필요한 사회학적 조건을 무시하지 않으면서, 동시에 미술 자체가 가지고 있는 예술로서의 지향성을 인정할 필요에 직면하게 된다.

한편 세미나리오 작가들의 주된 임무가 원작의 모사일 뿐 아니라, 그들의 작품들도 완성도가 떨어진다는 점에서 그들을 예술가로 볼 수 있는가라는 견해가 있어왔다. 아키야마 데루카즈秋山光和는 이 초기 양풍화가들의 예술성에 대해 과도기적 현상일 뿐 미술사 주류에 별 영향을 미치지 못했다고 평가한다.[50] 더욱이 양풍화파에 대한 사카모토 미츠루坂本滿의 평가는 매우 엄격하다. 그는 초기 양풍화에서 나타난 세미나리오 교육의 한계를 지적할 뿐만 아니라, 나아가 제2기 양풍화에 대해서도 문화사적 역할과 예술적 가치는 별개라고 잘라 말한다.[51] 그러나 실제로 초기 양풍화 작가들의 활동은 이후 세대가 추구하는 회화 미학의 기초가 되었음을 부인할 수 없는 사정이다. 근년의 연구에 따르면 특히 달마도 도상은 약 1세기 동안 항간에 유포되어 양화기법 전승이라는 역할을 담당했다는 적극적인 평가를 얻고 있다.[52]

18세기에 란가쿠의 테두리 속에서 본초학本草學과 박물학 연구가 사회의 문화적 과제로 부상하면서, 자연히 식물과 동물들을 사실적이

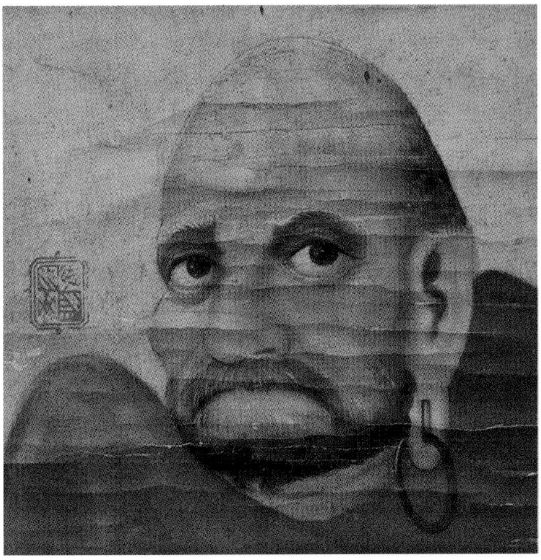

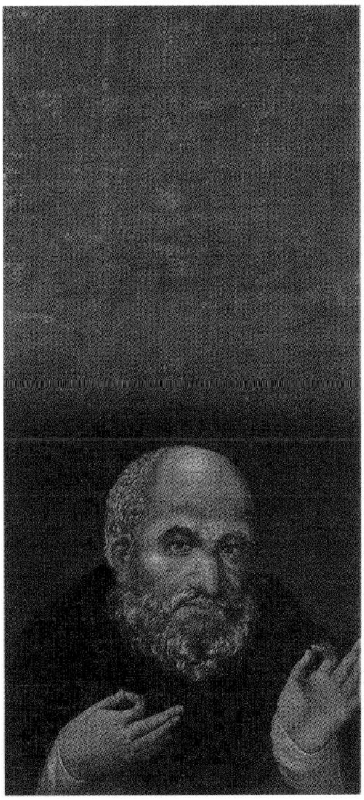

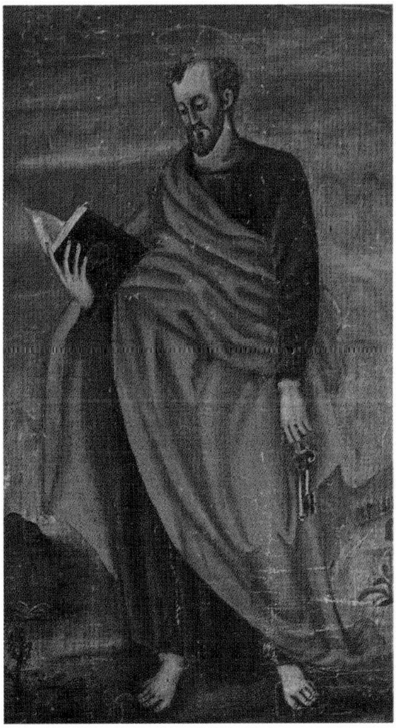

5-1. 달마도, 노부카타(信方), 17세기 초, 지본착색, 60×18cm, 요치쿠인. (맨 위)
5-2. 노사부도(老師父圖), 필자 미상, 17세기, 지본유채, 78.7×36.8cm, 고베 시립박물관. (아래 왼쪽)
5-3. 성 베드로상, 필자 미상, 17세기, 캔버스에 유채, 오사카 남만문화관. (아래 오른쪽)

고 입체적으로 표현해야 한다는 당위적 요구가 팽배하게 되었다. 18세기 후반에 이르러 일본 서양화계는 란가쿠에 힘입어 발전의 제2기를 맞이했으며, 이때 일군의 작가들은 사실寫實에 대한 강한 관심을 내보였던 것이다. 이때에 시바 코간[司馬江漢, 1747~1818년]은 맨 앞에 내세울 만한 작가라고 하겠다. 더욱이 그는 일본 최초의 서양화 이론서인『서양화담』西洋画談을 1799년에 출간했고, 거기서 그는 단적으로 서양화의 사실성과 실용성을 주장하였다.[53] 그가 집중했던 일련의 주제들, 예컨대 '인간의 직업'에서 네덜란드 원화를 바탕으로 그는 사실미를 과시했던 것이다.

초기 사부도는 시바 코간의 작품에 연결된다. 알려져 있듯이 위에 말한 <노사부도>[고베 시립박물관]는 시바 코간의 <겐수 오시요우>[蜆子和尙, 고베 시립박물관]와 일맥상통한다.[54] 구도상 인물의 배치, 방향, 인상 등이 유사할 뿐만 아니라, 벌레를 잡고 있는 왼손의 위치와 손가락의 모양이 두 그림에서 거의 일치하는 것이다. 이것은 단적인 예이긴 하지만, 앞의 서양화 입수 제1기, 즉 금교 시기의 작품이 제2기의 작품에 어느 정도 영향을 미치고 있음을 알려준다. 결국 금교 시기 미술에서 이방의 미술은 충돌을 빚지 않았다. 더욱이 그것은 후대와 무관한 고립된 존재도 아니었다. 결국 종교의 마찰 속에서도 미술은 화해의 역할을 해내었다.

시바 코간의 사실적 경향은 그의 선생인 히라가 겐나이[平賀源內, 1728~79년]로부터 유래했다. 또한 시바 코간 이후 이러한 사실 추구의 정신은 에도江戶 말기까지 이어진다. 예컨대 다카하시 유이치[高橋由一, 1828~94년] 같은 작가가 그것을 이어받고 있다.

중국의 초기 서양화 –마테오 리치와 그 이후

1583년 9월 광둥성 자오칭肇慶에 야소회사耶蘇会士 주원住院을 처음으로 연마테오 리치[1552~1610년, 利瑪竇][55]의 중국 선교는 중국을 배우는 데서부터 시작되었다. 그는 한문을 익히고, 유교철학을 연구하면서 중국인들과 접촉해 나갔다. 결국 그는 만년에 중국어로 예수교 교리인『천주실의』[天主實義, 1603년]를 써 내기까지에 이르렀다.[56] 리치의 중국 체류 동안에는 예수회에 대한 탄압이 적어도 정부 차원에서는 일어나지 않았지만, 포교의 성과는 미미하였다. 예컨대 1596년 중국 본토[마카오 제외]의 예수교 신자가 100명에 달하는 정도[57]인 것을 보면, 중국인들의 외래 종교에 대한 반응을 짐작할 수 있다.

초창기에 그의 포교가 성공적이었다면, 아마도 일본에서와 같이 세미나리오가 설치되었을 것이다.[58] 그리고 그것이 중국인들에게 서양화에 대한 깊은 인식을 심어줄 기회를 선사했을지도 모른다. 리치 자신이 그림에 대해 관심이 없는 사람은 아니었고, 어느 정도 그림에 대한 안목이 있었던 것도 사실이다.[59] 그러나 리치는 일본 세미나리오의 화사畵師인 니콜라오의 성화를 중국에 가져오도록 했으며, 그가 북경에 올라온 후인 1602년에는 일본에서 활약하고 있던 니콜라오의 제자 야콥 니와를 불러들여 교단에 소속된 전속 화가로 일하게 하였을 뿐이었다.[60]

리치는 1601년에 신종제神宗帝를 알현할 때, <성모자상> 그림을 헌증하였다.[61] 강소서姜紹書의『무성시사』[無聲詩史, 1646년]에는 리치가 가져온 <성모자상>에 대해서 눈자위와 옷 주름에 그림자가 드리우고 있음을 지적하고 있다.[62] 중국화가의 눈에 명암법이 눈에 띄었던 것은 전혀 이상한 일이 아니다. 그러나 그 서양기법이 중국화단에 어떤 영향을 미치기에는 전통이 너무 강했다. 어떻든 이 그림의 행방에 대해서는 그 후 알려진 바 없다.

중국화 속의 서양화법

명말 전통화단에서는 마침 동기창의 남북종론에 의해 문인화가 주류를 이루고 있었으므로, 이러한 외래 기법에 눈을 돌릴 여유가 없었는지도 모른다. 수묵화에 반영된 명암 구사의 예는 매우 드문데, 그것도 청대에 들어와서야 나타난다. 공현[龔賢, 1619~89년]의 수묵산수화 중에 <천암만학도>에는 전통적인 준법을 넘어서서 서양화풍의 강한 명암대비가 두드러진다.

명암법과 원근법은 수묵화와 다른 장르인 판화에서 시도되었다. 정대약程大約의 『정씨묵원』[程氏墨苑, 1606년]에 들어 있는 <성모자상>에서는 음영법이 표현되었다. 또한 물에 빠진 베드로를 주제로 한 <신이보해의이즉침信而步海疑而卽沉>도 5-4에서는 원근법이 강조되었다. 특히 이 작

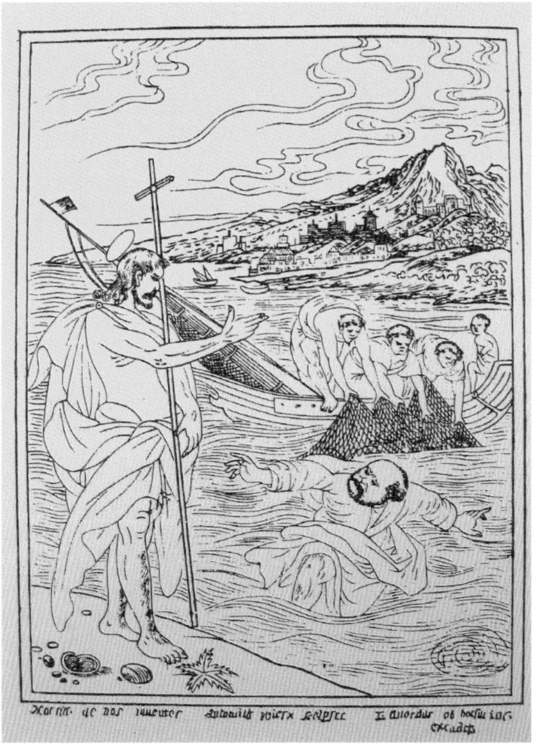

5-4. 신이보해의이즉침(信而步海疑而卽沉), 17세기 초, 필자 미상, 판화.

품은 배경에 풍경 같은 일반적인 소재가 담겨 이 시대에 성상초상뿐 아니라, 일반적인 서양화가 들어왔을 가능성을 시사해준다는 점에서 주목된다.[63]

한편『무성시사無聲詩史』에는 원근법을 따른 초병정焦秉貞의 <경직도耕織圖>가 실려 있다.[64] 농사짓고, 비단 짜는 농촌살림의 야외 풍경이 주제인 이 경직도에서 원근묘사가 적절하게 구사되었다. 이것은 초병정이 근무했던 왕립천문대 흠천감欽天監의 직원인 야소회 교사教士로부터 영향을 받았던 것으로 짐작해볼 수 있다.[65] 초병정 외에도 경직도를 그

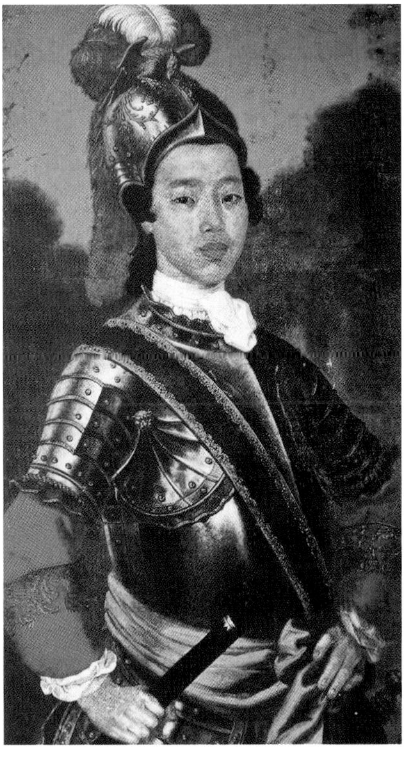

5-5. 향비융장상(香妃戎裝像), 18세기 중엽, 낭세녕, 고궁박물원 소장.

린 작가로는 그의 제자 냉매冷枚를 비롯해서 진매陳枚를 들 수 있다. 이들을 포함해 태서법을 활용한 작가들은 문헌에서 더 찾아볼 수 있다.[66]

청대에 들어와 예수교 신자들은 다소 증가세를 보였지만,[67] 교회를 통해 서양화와 서양화 기법이 적극적으로 확산되지는 못하였다. 이러한 사정이 일본과 비교되는 점이다. 그러나 강희제는 야소회 회사繪師들을 측근에 두고서 그들에게 궁정의 회사繪事를 처리하도록 하였으며, 흥미롭게도 황제 자신이 서양의 원근법에 큰 관심을 갖기까지 하였다.[68]

강희제 말기에 예수교는 압박을 받게 되었다.[69] 1669년에 선교를 금하는 조칙을 내렸고, 실제로 1703년에는 40~50명을 추방하기도 하였다.[70] 다음 황제인 옹정제雍正帝 때에도 금교가 단행되어 심지어 순교사건까지 일어날 정도였다.[71]

'화해자'로서의 낭세녕

그러나 이런 상황 속에서도 궁정의 선교사들의 활동은 전혀 지장을 받지 않았다. 특히 주세페 카스틸리오네[Giuseppe Castiglione, 1688~1766년], 즉 낭세녕郎世寧 같은 화가는 강희, 옹정, 건륭 삼대에 걸쳐서 궁정 회사를 도맡아 처리하였다. 그는 이탈리아 사람으로 1715년에 중국에 건너와 예수회 전교사이자, 궁정화가로 활약하였다. 특히 낭세녕은 금교 이후인 1728년 황제를 위해 장권의 <백준도>를 전통 회구를 써서 서양화법으로 완성하였다.[72] 이밖에도 낭세녕의 이 시기의 작품으로는 <향비융장상>[香妃戎裝像, 고궁박물원 소장]도 5-5을 들 수 있다. 어쨌든 미술사적인 각도에서 엄밀하게 말한다면 이들 선교사들의 화법은 중국의 전통과 서양화법을 섞은 '절충적'인 특징을 갖는다.

이들은 분명 야소회 압박이라는 문명충돌의 시대에서도 미술로서 화해의 역할을 담당했던 장본인들이었다. 그러나 이들이 서양화 기법에 전념하는 중국인 화가들을 적극적으로 양성하지 못했던 점은 18세기 중엽의 다음 세대, 즉 아편전쟁 이후 근대인 19세기 후반에 꽃피운 서양화 물결[73]까지 사이에 메울 수 없는 공백기를 남게 하였다.

그러나 한편 중국의 중심 화단 즉 궁정 회사에 나타난 이러한 경향과는 달리, 명말부터 전통 초상화에 나타난 음영 표현, 쑤저우蘇州 판화에 보이는 원근법 따위는 중국 화가들이 서방화법을 바탕으로 일궈낸 새로운 표현이었음에 틀림없다. 이 두 장르 역시 절충적 표현이라는 제한에서 벗어나지 못하고는 있지만, 그것들이 각각 일본의 선승 초상[74]과 우키요에浮世繪에 끼친 영향[75]을 고려하면 괄목할만한 대상들이었음이 인정된다.[76] 중국의 서양기법 선호라는 '화해'의 물결이 멀리 일본까지 건너갔다는 점에서 더욱 그러하다.

'문명충돌'을 '화해'로 빚은 미술

15세기 중엽 일본이 유럽 세력에 대항하여 취했던 자세는 우월적 입장에 기초한 공격적 형태로 보인다. 어떤 의미에서는 '반反오리엔탈리즘'의 타자 의식에서 야기되었던 것으로 이해되기도 한다.[77] 모모야마 시대 일본이 자국 문화에 대한 긍지를 느끼면서도 서양미술, 서양화 기법에 반응하며 그것을 추구하는 것처럼 보이는 이유는 예술 자체가 가지고 있는 본질적 지향성에서 비롯된 것으로 판단된다. 더욱이 종교 탄압은 강력한 문명충돌의 유형인데, 이런 충돌의 시기에도 미적 욕구는 — 물론 표현대상에 나타나는 새로운 종교, 즉 그리스도교에 대한 관심을 배제하고는 논의될 수 없는 일이지만— 생명력을 가지고 지속되었다.

한편 1583년 이후 마테오 리치의 중국 선교에서 보듯이, 예수회를 통한 서양화 입수 양상의 조건과 시기가 대충 일본과 유사하다. 또한 문명충돌의 형태인 종교 탄압 역시 18세기에 일시적으로 가해졌다. 그러나 화해의 방식에서는 양자가 차별성을 갖는다. 중국의 경우 주로 선교사들이 '화해'의 대리 역할을 담당하였고, 또한 수용 자세에서도 절충적이었다. 특히 일본의 경우는 탄압의 강도도 강했을 뿐만 아니라, '충돌'에 대응하면서 미술의 속성을 드러내게 된다. 여기서 한 시대의 미적 욕구와 그것을 바탕으로 한 미술활동이 충돌을 야기한 정치 이데올로기에 앞선다는 점이 확인된다.

원근법, 구성, 효과적인 명암 처리 등 서양의 고전적 준칙에 근거하여 볼 때, 일본의 초기 양풍화는 '매너리즘적' 단순성을 보이고, 한편 중국의 판화, 초상화 등은 선교사 그림과 함께 '절충적'이라는 특징을 드러낸다. 여하간 이러한 경향이 각각 자국의 근대 서양화로 건너가는 '과도기'의 역할을 담당하였다고 말한다면, 이 과도기는 매우 적극적인 의미로 평가되어야 할 것이다.

결국 일본과 중국에서 종교 탄압이라는 강력한 문명충돌의 시기에서도 서양화법이 생명력을 가지고 지속 —적극적 의미로는 '화해'— 했던 것은 예술 자체에 내재한, 끊기지 않으려는 운동으로서의 지향성 때문이며, 이것이 바로 동서미술 교섭의 원동력이 된 것이다.

주

* 일본의 자료를 수집하는 데 도움을 준 이은화(李恩和), 키다 에미코(喜多 惠美子) 씨께 감사를 표한다.

1 淺野敏久·小島基 外, 『異文化/ I·Bunka』, 東京: 培風館, 2000, pp. 26~36.

2 사무엘 헌팅턴은 문명을 언어와 종교로 표방되는 특질로 보고, '문명충돌'이 현 국제사회에 미치는 영향을 정치학적 입장에서 분석한 바 있다. Samuel Huntington, *The Clash of Civilizations and the Remarking of World Order*, New York: Touchstone, 1997. 이 책에서 필자는 종교 가치에 대한 원론적 입장에 동의한다. 헌팅턴의 정치관에 대해 조언해준 김호동 교수께 감사를 표한다.

3 문명을 '타자(他者)'의 관점에서 해석하는 방식은 현하 인문학 연구에서 하나의 경향성을 띠고 있다. 주지하는 대로 이(異)문화를 우월자의 입장에서 타자로 이해하는 시각은 서양의 '오리엔탈리즘'에서 잘 나타나고 있다. 그러면 도쿠가와 정부의 이(異)종교에 대한 이해와 대립은 어떤 유형이라고 말해야 하는가. 어쩌면 다른 의미의 타자의식이라고 해야 할지도 모르겠다. 왜냐하면 이(異)문화는 강제적 수용이라든가, 침략의 형식을 통해 들어온 것이 아니기에 일본정부는 자기와 동등한 '동일자'보다는 강한 '타자'의 입장을 택하는 것이 쉬웠을 것이기 때문이다. 말하자면 문명과 야만의 '이항대립(二項對立)'이 일본과 외국종교 사이에서도 성립되었음 직하다.

4 실크로드를 통해 서방으로부터 수입된 회화 자료는 거의 출토 예를 찾기 힘들다. 그러나 가령 호탄 출토의 벽걸이 직조물(한대)에 나타난 켄타우로스 주제, 서방인의 용모를 가진 인물상 등은 서방에서 들어온 회화 원본을 모델로 했을 것으로 추측된다. 이런 자료까지 고려한다면 서방회화 자료는 꽤 이른 시기부터 입수되었다고 본다. 서방인 용모를 지닌 인물상은 다음 자료에 수록되었다. 『新疆維吾爾自治區 絲路考古珍品』, 上海: 上海譯文出版社, 1998, 圖版65. 이 책의 도판 2-4 참조.

5 김호동, 『동방그리스도교와 동서문명』, 서울: 까치, 2002, 165~66쪽.

6 岡本良知, 『キリシタンの時代 –その文化と貿易』, 東京: 八木書店, 1987, p. 603.

7 成澤勝嗣, 「南蠻屛風の展開」, 『古美術』 101, 東京: 三彩社, 1992, p. 12.

8 岡本良知, 앞의 책, p. 58. 原出: Joseph Schütte, "Christliche Japanische Literatur, Bilder und Druckblätter in einem unbekannten vatikanischen Codex aus dem Jahre 1591," *Archivum Historicum Societatis Iesu*. 9, Roma, 1940, p. 258.

9 岡泰正, 「初期洋風畵をめぐって」, 『古美術』 101, 1992, p. 44.

10 야마구치 게이지(山口啓二), 김현영 역, 『日本近世의 鎖國과 開國』, 서울: 혜안, 2001, 189쪽.

11 아사오 나오히로(朝尾直弘) 외, 이계황 외 옮김, 『새로 쓴 일본사』, 서울: 창비, 2000, 275~76쪽. 실제로 일본인 신자 55명과 선교사 93명을 마닐라와 마카오로 추방했다.

12 山口啓二, 앞의 책, 191쪽.

13 사카모토 미츠루(坂本滿) 外, 『南蠻美術と洋風畵』, 原色日本の美術 20, 東京: 小學館, 1981, pp. 163~64.

14 山口啓二, 앞의 책, pp. 189~90.

15 岡本良知, 앞의 책, p. 603.

16 山口啓二, 앞의 책, p. 193.

17 樋口穰, 「江戶時代洋風畵の繪畵思想 –西洋への視點」, COSMICA, Kyoto: University of Foreign Studies, 1985, p. 151.

18 岡本良知, 앞의 책, p. 609.

19 岡本良知, 앞의 책, p. 612.

20 岡本良知, 앞의 책, p. 613.

21 岡本良知, 앞의 책, p. 615.

22 成澤勝嗣, 앞의 논문, p. 41.

23 武田恒夫,『狩野派繪畵史』, 東京: 吉川弘文館, 2001, p. 135.

24 武田恒夫, 앞의 책, p. 141.

25 위와 같음.

26 成瀨不二雄,「江戶時代洋風畵論」,『古美術』 100, 東京, 1991, p. 118.

27 武田恒夫, 앞의 책, p. 142.

28 坂本滿(編),『初期洋風畵』日本の美術1, No. 80, 東京: 至文堂, 1973, pp. 48~53.

29 岡泰正, 앞의 논문, pp. 46~47 [원출: 松田毅一,『キリシタン·史實と美術』. 東京: 淡交社, 1969]. 제1기 포교 공인시대(1549~87년): 사비에르의 도일(渡日)로부터 히데요시의 선교사 추방령까지의 38년간. 제2기 포교 묵인시대(1587~1614년): 이에야스가 일본에 머물던 선교사를 국외 추방하기까지 27년간. 제3기 금교와 박해 시대(1614~40년): 포르투갈 사절의 무역재개 의뢰 거절, 동시에 종교를 버렸던(棄教) 기리시탄 이노우에 지쿠고노가미(井上筑後守)의 종문개역(宗門改役) 취임까지 25년간. 제4기 검색과 섬멸시대(1640~58년): 호소 아와노카미(北條安房守)의 종문개역 계승까지 18년간. 제5기 유족(類族)감시와 변용시대(1658~1858년): 토속화된 하나의 민간종교로 변용하고 있었던 기리시탄의 시대가 최후에 이름.

30 坂本滿 (外), 앞의 책, p. 180; 강덕희(姜德熙),『일본의 서양화법 수용의 발자취』, 서울: 一志社, 2004, 21~24쪽.

31 坂本滿 (編), 앞의 책, p. 45.

32 Michael Sullivan, *The Meeting of Eastern and Western Art*, London: Thames & Hudson Ltd., 1973, p. 16. 설리번은 여기에서 '중국 세미나리오(Chinese seminarians)'라는 표현을 썼는데, 중국에 일본식 세미나리오를 설치하였는지는 확인되지 않는다.

33 예컨대 1593년 예수회에서 배운 판화가의 수는 하치라오(八良尾) 21명, 시키(志岐) 23명, 1601년에는 시키에 14명 등으로 알려져 있다. 이들 중 몇몇에 대해서는 개인 정보가 밝혀진 것도 있다.『國立歷史民俗博物館硏究報告』第75集, 南蠻美術總目錄 洋風畵篇, 東京, 1997, pp. 24~28.

34 기무라의 작품이 1595년 로마로 보내졌을 가능성이 있을 정도이다. M. Sullivan, 앞의 책, p. 16.

35 "슈르함마 師(G. Schurhammer, S.J.)에 따르면, '그(니콜라오)는 병든 몸을 무릅쓰고 일본에서 철학, 신학 연구에 종사하였지만, 그 방면에서는 회필(繪筆)이라든가, 팔레트에서 만큼 재능을 보이지 못했다. 그의 능력은 회화기술(繪技)과 회화를 지도(指導)하는 데 있었다." 앞의『國立歷史民俗博物館硏究報告』第75集, p. 17.

36 이 점은 양풍화 제2기의 작가 시바 코간이 서적(書籍)과 화본(畵本)에 의해 서양화를 습득했던 사실과 대조를 이룬다. 강덕희, 앞의 책, 55쪽.

37 岡本良知,『キリシタンの時代 -その文化と貿易』, 東京: 1987, pp. 62~66 요약: "루이스 프로이스(Luis Frois)의『일본사(日本史)』에 따르면 1593년 하치라오(八良尾) 세미나리오의 그림을 배우는 학생(畵學生)들은 4인의 일본 공자(公子)가 로마로부터 가져온 몇 점의 훌륭한 화상(畵像)을 모델로 하여 착색(着色)과 음영(陰影), 상사(相似)를 비상한 솜씨로 원화와 흡사하게 잘하여 그것들이 로마에서 가져온 것과 식별하기 힘들 정도였다는 것이다. 더욱이 1594년의 프란시스코 팟쇼의 서한에 나타난 바로는 하치라도(八良尾) 세미나리오에는 100인 가까운 학생들이 그림과 동판화를 배우고 있었다고 한다. 한편 1596년의 보고에 따르면 아리에(有家) 세미나리오의 회화 수준은 일본에 도착한 사교(司教, 주교) 페트로 마르틴스가 본 대로 경탄할만한 정도였으며, 점차 기술이 진보하고, 전문화되면서 자유로운 제작을 시험하였을 것으로 짐작할 수 있다. 이러한 세미나리오는 1603년까지 나가사키(長崎)에 존속했다." 한편 설리번도 이러한 내용을 소개하고 있다. M. Sullivan, 앞의 책, pp. 15~16.

38 三輪英夫, 「洋風畵法による達磨圖について」, 『美術硏究』 311, 東京, 1979, p. 7.

39 西村貞, 『日本初期洋畵の硏究』, 東京: 全國書房, 1946, p. 194. 이 노부카타의 달마도에 대해 니스무라 테이(西村貞)는 사와무라 센타로(澤村專太郎) 교수의 글을 인용하여 "달마의 용모[相貌]는 일견 흡사 당시 도래한 남만승(南蠻僧)을 상기시킨다."라고 하였다. 澤村專太郎, 『日本繪畵史の硏究』, 東京: 星野書店, 1944 참조.

40 노부카타는 문헌에는 보이지 않으나, 서명과 인장(印章)이 그의 그림에 나타난다. 그는 세미나리오 계 작가이면서도, 세미나리오 화과 삭가늘에게서 보이지 않는 특징을 지녔다. 坂本 滿(編), 앞의 책, p. 91.

41 坂本滿(編), 앞의 책, 도판16의 해설. 이와 유사한 내용이 다음의 책에도 보인다. 西村貞, 앞의 책, p. 197.

42 西村貞, 앞의 책, p. 225. 원출: 菅原東齋, 『阮塘畵談』.

43 西村貞, 앞의 책, p. 200. 니시무라는 여기에서 당대 경교승(景敎僧) 불가마(不可磨)의 도상(圖像)이 금교 시기의 달마도와 흡사하기에 아마도 기리시단(切支丹, 그리스도교)의 사도들이 이 형식으로 신앙의 대상을 빌리지 않으면 안 되었던 것으로 보는 입장이다.

44 三輪英夫, 앞의 논문, p. 11. 원출: 黑田源次, 「初期洋畵の達磨圖」, 『座右寶』 13.

45 앞의 『國立歷史民俗博物館硏究報告』 第75集, p. 226.

46 이 예수상은 이 글의 주5에 언급된 자료에 나오거니와 또한 권영필의 「'문명의 충돌'과 미술의 화해」[『중앙아시아 연구』 9, 2004]의 도판 3에도 제시되어 있다. 이 도상에서 수인은 엄지와 중지를 맞댄 불가의 '중품중생(中品中生)'처럼 보인다.

47 西村貞, 앞의 책, p. 189.

48 Yasuichi Awakawa, *Zen Painting*, New York: Kodansha International, 1982. 참조.

49 이와 유사한 견해는 나루세 후지오(成瀨不二雄)에서도 표명되고 있다. 成瀨不二雄, 『江戶時代の洋風畵 －桃山時代から幕末まで』, 東京: 中央公論美術出版, 2002, p. 27.

50 Akiyama Terukazu, *Die Japanische Malerei*, Geneva: Albert Skira, 1980, p. 139; 아키야마 테루카즈(秋山光和), 이성미 역, 『일본회화사(日本繪畵史)』, 예경, 1992, 175~77쪽.

51 坂本滿(外), 앞의 책, p. 163.

52 三輪英夫, 앞의 논문, p. 12.

53 神戶市立美術館, 『司馬江漢 百科事展』, 東京: 便利堂, 1996, p. 101.

54 이 점에 대해서는 일본 학자들도 동의한다. 坂本滿 (外), 앞의 책, p. 217.

55 榮振華 著, 耿昇 譯, 『在華耶蘇會士列傳及書目補編』 下, 北京: 中華書局, 1995, p. 797; S. J. Joseph Dehergne, *Répertoire des Jésuites de Chine de 1552~1809*, Paris, 1973.
한편 조정래에 따르면 광둥廣東에 처음 들어와 교당을 세운(1579년) 이는 루기에르[Michele Ruggieri, 중국명 나명견(羅明堅)]이며, 그가 자오칭에 들어갈 때 가져간 <채회 성상화>가 중국에 유입된 종교 소재의 최초 서양화라는 것이다. 조정래, 「명청시기 서양화의 유입과 중국화의 발전」, 『중국학논총』 제18집, 고려대학교 중국학연구소, 2005. 9, 165쪽 [원출: 利瑪竇·金尼閣, 「利瑪竇中國札記」, 中華書局, 1997, pp. 164~65] 다음의 자료도 참고가 된다. 조정래, 「서양 선교사와 동서회화의 교융」, 『권영필 교수 정년퇴임 기념논총(하), 동서의 예술과 미학』, 서울: 솔출판사, 2007, 389쪽.
조정래는 루제리가 자오칭에 들어간 연대를 밝히지 않고 있으나 위의 榮振華에 따르면 (위의 책 p. 797) 1582년이 된다.

56 히라카와 스케이로(平川祐弘), 노영희 역, 『마테오 리치』, 동아시아, 2002, 203~04쪽, 359~62쪽.

57 榮振華 著 (耿昇 譯), 앞의 책, 같은 곳.

58 주32 참조.

59 Paul Pelliot, "La peinture et la gravure européennes en Chine au temps de Mathieu

Ricci," *T'oung Pao*, 20, Leiden: E. J. Brill, 1921, pp. 5~6. 피에트로 타치-벤투리(Pietro Tacchi-Venturi)의 『리치 평전』에 따르면 리치는 중국인들이 그림을 좋아하나 서양인들의 수준에는 못 미친다고 평가하고, 그들은 기름으로 그릴 줄 모르며, 그림자를 그리지 않아 그림이 죽어 있고, 생명이 전혀 없다고 비판하였다.

60 M. Sullivan, 앞의 책, pp. 48~57.

61 M. Sullivan, 앞의 책, p. 47.

62 P. Pelliot, 앞의 논문, p. 15. 펠리오의 원전 인용: "利瑪竇携來西域天主像乃女人抱一嬰兒. 眉目衣紋如明鏡涵影踽踽欲動. 其端嚴娟秀中國畫工無由措手."

63 이중희, 『한·중·일의 초기 서양화 도입 비교론』, 얼과 알, 2004, 37~38쪽. 이중희는 이 밖에도 선교사 아담 샬(Adam Schall)이 가져온 풍속화를 더 제시했다.

64 이 경직도에 서양의 원근기법이 나타난다는 사실을 근세에 처음으로 주목한 학자는 프리드리히 히르트(Friedrich Hirth)이다. Friedrich Hirth, *Ueber Fremde Einflüsse in der chinesischen Kunst*, München: G. Hirth's Verlag, 1896, pp. 57~60.

65 向達, 「明淸之際中國美術所受西洋之影響」, 『唐代長安與西域文明』, 北京: 三聯書店, 1987, p. 507.

66 『國朝畫徵錄』, 『國朝院畫錄』, 『讀畫錄』, 『畫史彙傳』, 『揚州畫舫錄』, 『墨香居畫識』 등의 문헌에 나오는 나복민(羅福旼), 요송(姚宋), 여국관(余國觀), 정윤공(丁允恭), 장서(張恕), 마함(馬咸), 문응조(門應兆) 등의 작가들이다. 中村久四郎, 「耕織圖た見えたる宋代の風俗と西洋畫の影響」, 『史學雜誌』 23, 東京, 1912, p. 1166.

67 명말인 1650년에 15만 명이었던 신도 수가 청대 강희제 때인 1700년에는 근 30만 명으로 증가하였다. 榮振華 著, 耿昇 譯, 앞의 책(下), pp. 806, 819.

68 Michael Sullivan, 앞의 책, p. 60, 96. 장 밥티스트 뒤 알드(Jean Baptiste du Halde)와 조아쉼 부베(Joachim Bouvet) 신부의 기록에 따르면 강희제는 원근법에 매료되어 그 분야의 전문가를 유럽에서 불러오도록 하였다.

69 이러한 조치는 예수회와 도미니크회의 분쟁에서 비롯되었다. M. Paléologue, *L'Art Chinois*, Paris: Librairie d'Éducation nationale, 1887, p. 290.

70 황제는 리치처럼 일생을 중국에서 마치겠다고 서약하지 않는 선교사는 추방하였다. 조너선 스펜스, 이준갑 옮김, 『강희제』, 서울: 이산, 2004, 150~54쪽; Jonathan D. Spence, *Emperor of China: Self-Portrait of K'ang-hsi*, Alfred A. Knopf, 1974.

71 옹정2년인 1724년에 '성훈광유성훈광유(聖訓廣諭聖訓廣諭)'를 반포하여 그리스도교를 이단으로 규정함. 미야자키 이치사다, 차혜원 역, 『옹정제』, 이산, 2003, 85쪽; 宮崎市定, 『雍正帝 -中國獨裁君主』, 東京: 岩波書店, 1950.

72 石田幹之助, 「郎世寧傳攷略」, 『美術硏究』 10, 東京, 1932, p. 342; Michael Sullivan, 앞의 책, p. 68.

73 특히 1860년대에 야소회 교단이 상하이에 세운 미술학교인 토산만화관(土山灣畫館)의 역할에 대해 기억할 필요가 있다. 토산만화관은 16세기 일본 세미나리오와 비교될 만하다. 李超, 『上海油畫史』, 上海: 上海人民美術出版社, 1995, pp. 5~8.

74 成瀨不二雄, 『江戶時代洋風畫史 -桃山時代から幕末まで』, pp. 32~33. 17세기 중엽에 일본은 중국의 황벽종(黃檗宗)을 받아들여 개창하였다. 이때 황벽의 초상화를 통해 음영법을 구사한 불화와 초상화를 새롭게 개발하였는데, 이것은 바로 명말의 서양화에서 비롯된 화법이다.

75 이중희, 앞의 책, 94~131쪽. 원출: 郭味蕖, 『中國版畫史略』, 北京: 朝花美術出版社, 1962.

76 "청대에 들어와 전통회화가 회화 존립의 객관적 근거를 상실한 입장에 있을 때, 바로 이

러한 위기에서 벗어날 수 있는 한 가지 계기를 마련해준 것이 서양화"라는 요네자와 요시오의 생각은 참고할 만하다. 米澤嘉圃,「中國近世繪畵と西洋畵法」下,『國華』688, 東京: 國華社, 1949年 7月, p. 193. 그의 입장은 중국의 판화와 초상화에 대해 미술사적 견지에서 강한 의미를 부여하려는 필자의 의도와 어느 정도 맥을 같이 하기 때문이다.

77 주3 참조.

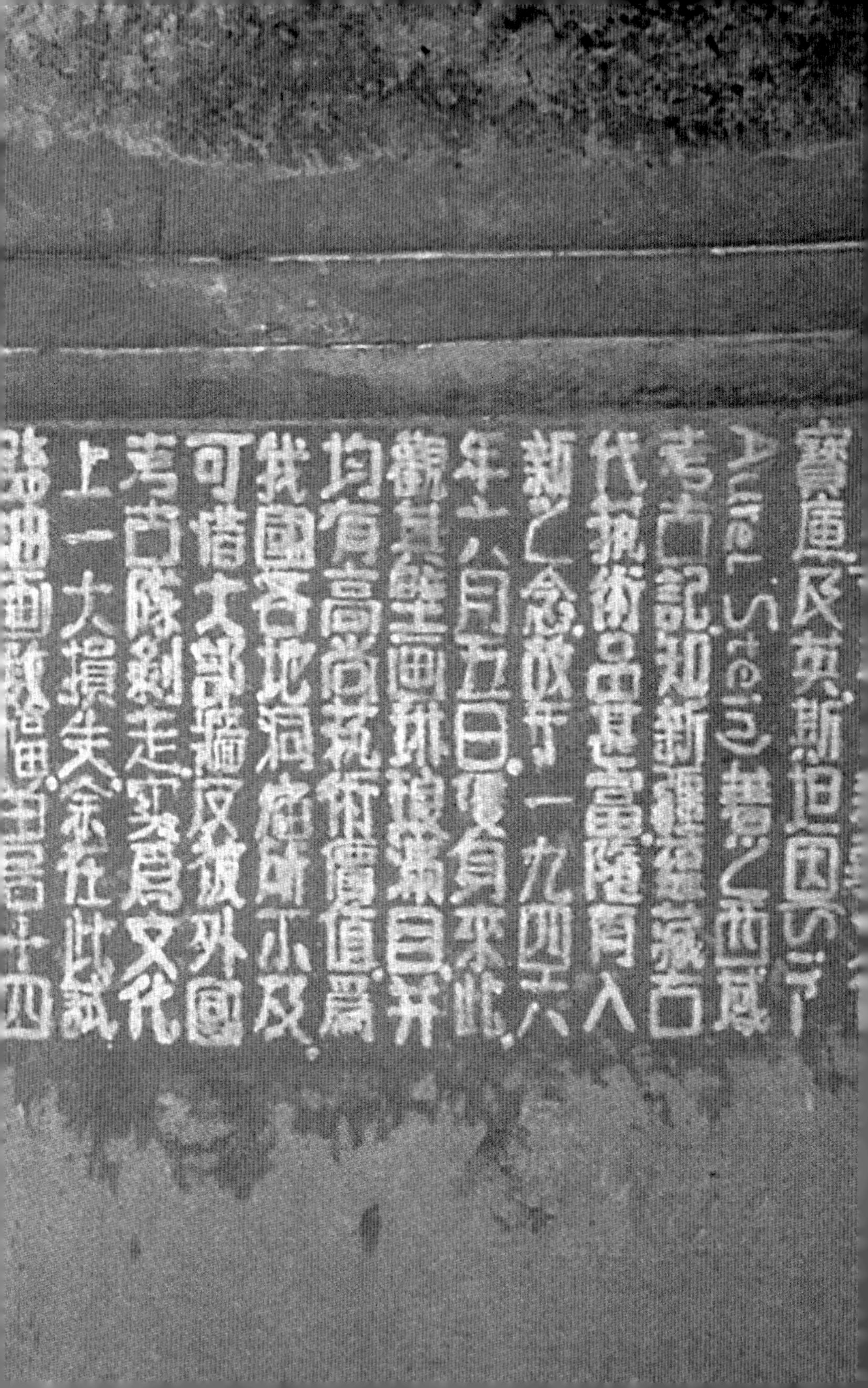
寶庫。及英。斯坦因(Sir
Aurel Stein)著之西域
考古記。知新疆藏古
代藝術品甚富。隨而入
新之念。彼於一九四三、六
年七、八月五日。復負來此。
觀其壁畫。琳瑯滿目。并
均有高尚藝術價值。爲
我國各地洞窟所不及。
可惜大部牆皮被外國
考古隊剝走。實爲文化
上一大損失。余在此試

6장 한락연과 실크로드 벽화

중국 서양화사에 남긴 족적

한락연[韓樂然, 1898~1947년]은 중국에서 활동한 한국화가다. 그는 1924년 1월 25일자 <동아일보>를 통해서 처음으로 한국에 알려졌다. 이 신문은 "미술계의 이수재"二秀才란 제목 아래 전도가 양양한 두 청년 화가를 소개했는데, 그 중 한 사람이 바로 한락연이었다.

> "일월 십오일에 상하이 미술전문학교를 우등으로 졸업한 두 청년이 있다. 한 사람은 평안북도 의주군 본적을 둔 김복형金復炯군이오, 또 한 사람은 북간도 용정에 출생한 한광우韓光宇군인데, 중국의 가장 높은 미술학교인 상하이 미술전문학교에 입학하여 4년의 과정을 항상 우등으로 지내고 이제 졸업한 것이다. 한광우 군은 생각이 높고 심히 활발한 청년으로 불원에 고향으로 돌아가는 길에 고국에 들리리라 하여……"

이후 그의 작품이 한국 화단에 실제로 소개되기까지에는 70여 년이라는 긴 세월이 필요했다. 1993년 '한락연 유작전'[KBS 주관]이 서울 예술의 전당에서 개최되면서 이 화가를 새롭게 조명할 기회가 열렸던 것이다. 그동안 한락연은 그의 작품의 걸출한 예술성에도 불구하고 우리 문화계에서는 다소 생소한 작가라는 인상을 벗어버릴 수 없었다.

이에 비해 중국에서는 사정이 다르다. 중국 서양화사에서 그가 일정한 자리를 차지하고 있다는 점이 그의 위상을 말해준다고 하겠다. 근년에 출간된 미술전집에도 그의 작품을 위해 여러 면을 할애하고 있다.[1] 이는 중국 화단에서 한락연이 이룬 예술적 성과를 객관적으로 인정한다는 뜻이다. 뿐만 아니라 중국 서양화의 역사를 정리하는 도록에서도 빠짐없이 그의 작품도 6-1을 싣고 있는 형편이다.[2] 또한 한락연의 화업과 파란만장한 그의 인생역정을 회고하는 책[3]이 출간되는 등 바야흐로 한락연에 대한 중국 문화계의 인식이 점차 확고해져가고 있음을 볼 수 있다.

당초 필자가 한락연에 관한 자료를 처음 접하게 된 것은 1980년대였다. 실크로드의 키질 석굴에 관한 학술논문을 조사하던 중 우연히 마주친 것이었다. 그 분야 전문가인 베이징대학교의 수바이宿白 교수의 논문 가운데서, 1943년 키질 석굴에 처음으로 번호를 매기고, 고고학적 편

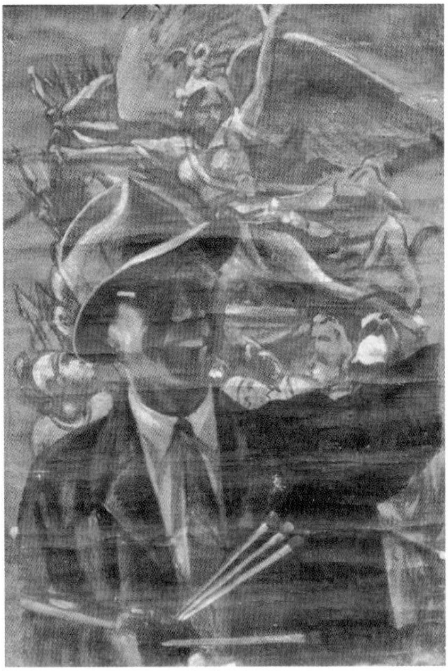

6-1. 한락연 자화상, 1932년,
베이징 중국미술관

년을 가한 조선족 화가 한락연의 업적을 소개한 대목을 발견하였던 것이다.[4] 필자에게는 이것을 계기로 한락연에 대한 관심이 싹터, 그 이후 그의 고고학 관계 자료를 섭렵할 뿐만 아니라, 그의 회화세계로까지 연구의 폭을 넓혀나가게 되었다.

서울의 '한락연 유작전'

서울에서의 '한락연 유작전'은 베이징의 중국미술관 당국의 적극적인 배려와 그 당시 중국에서 활동한 화가 김일룡金日龍 씨, 재미 화가 최일단崔一丹 씨 등의 노력으로 성사되었다. 이 전시를 계기로 필자도 베이징의 관계자, 특히 창수홍常書鴻 화백, 베이징 옌황메이슈관炎黃美術館의 전 관장이자 한락연의 제자인 황조우[黃胄, 1925~98년] 화백,도 6-2 성청盛成 교수, 최용수崔龍水 교수, 정치인 옌밍후閻明復 씨, 한락연의 유족 한건립韓健立 씨 등을 만나 도움을 받고, 한락연에 대한 직접적인 자료를 수집할 수 있었다.

그의 회화세계에 대한 평가와 분석의 방향은 다양하나, 여기에서는 그의 그림에서 실크로드 미술과 연관되는 장르인 민속 주제 측면과 벽화 모사에만 치중하겠다. 아울러 그의 회화 활동이 갖는 한중韓中 화단에서의 위상과 의미를 조명함으로써 맺음말을 대신하고자 한다.

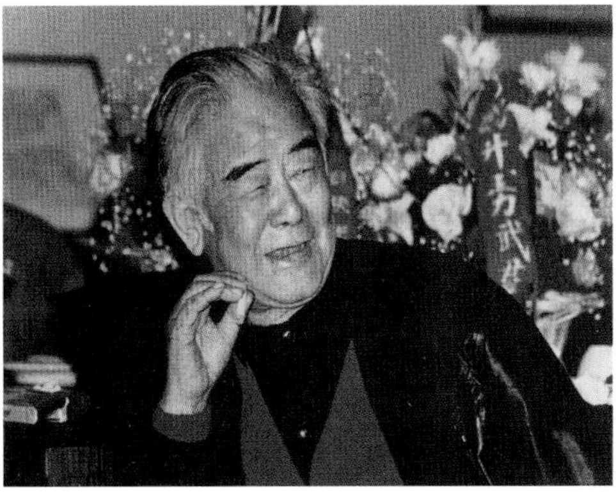

6-2. 황조우 화백, 1990년대.

사회 활동과 실크로드의 벽화 모사

1923년 상하이 미술전문학교를 졸업한 뒤 한락연은 개인전을 가졌고, 1924년에는 쑨원孫文의 사상을 옹호하는 계명학사啓明學社와 같은 진보적인 단체에 가입하여 다른 지식인들과 함께 뜻을 나누기도 하였다. 이듬해 하얼빈으로 거주지를 옮겨 사진관에 취직하여 사진기술을 익혔으며, 다시 하얼빈 보육원에서 교편을 잡기도 하였다. 어찌 보면 그에게 그림은 자신의 사상을 담는 그릇이요, 그의 세계관을 펼쳐나가는 데에 이용하는 도구에 지나지 않았을지도 모른다. 그는 늘 이 양면, 즉 미술과 사상을 건물의 두 기둥처럼 떠받치고 있었다.

1929년 그는 무작정 프랑스행을 감행하였다. 리용에서 프랑스어를 습득한 후, 1931년 파리로 올라가 루브르 예술학원에 등록하면서 그는 본격적으로 그림을 그리기 시작했다. 그는 야외 사생에 주력하면서, 박물관에 전시된 고전작품을 모델로 삼아 붓끝을 단련시켜 나갔다. 파리 시절에 한락연은 세 차례의 전시회를 가져 왕성한 생산력을 과시하기도 하였다. 한편 이 전시는 늘 호구가 문제였던 그에게 생활의 안정을 가져다주기도 하였을 것이다.

그는 언제나 강한 지적 호기심과 예술의지로 충만하여 유럽 체류 시 많은 여행을 했으며, 늘 스케치를 잊지 않았다. 당시 그는 네덜란드를 비롯해 스위스, 소련, 영국, 이탈리아 등지를 돌면서 유럽 고전문화의 특질을 터득하였다. 이런 가운데서도 그의 저항기질은 늘 작용하여 1936년 유럽에 체류하던 화교들이 주도한 항일단체 대표대회旅歐華僑抗日救亡團體在巴黎擧行的代表大會에 가담했고, 반파쇼 선전을 감행하기도 하였다. 1937년 한락연은 오랜 유럽 생활을 청산하고 귀국길에 올랐다.

한락연이 프랑스에서 귀국한 1937년은 중국 대륙에 정치적 변화가 생긴 시기였다. 특히 중일전쟁 확대의 빌미가 된 노구교蘆溝橋사건 이후, 장제스蔣介石의 국민당과 공산당이 '항일'을 기치로 소위 '국공합작'國

共合作이 이루어진 때였다. 그러나 이는 오래가지 못하였다. 1941년 환남사변皖南事變을 계기로 사실상 국공합작은 붕괴되었고, 장제스의 반공정책이 본격화되면서 국민당 독재가 시작되었다.

귀국 직후 한락연은 항일운동과 관계해 우한武漢에서 '동북항일구망총회'東北抗日救亡總會를 조직, 적극적인 활동을 하였다. 이 당시 그의 작품에 변화가 생긴다. 그는 항일운동 잡지인 『반공반월간』反攻半月刊에 표지그림을 그렸고, 또한 유화로 대규모 선전 그림을 제작하여 항일 언론활동을 벌였다. 한락연의 이와 같은 면모는 어쩌면 루쉰魯迅의 활동과 연관되는 부분으로서 한락연이 유학시절 풍경과 인물에 치우쳤던 사실과는 큰 대조를 이루는 면이다.

그는 1938년 옌안延安을 방문해 '항일전쟁시기민족문화예술'抗日戰爭時期民族文化藝術을 주제로 강연을 하기도 하였다. 이를 통해 그가 화가로서뿐만 아니라 이론가로도 일익을 담당하고 있었음을 알 수 있다. 그의 정치적 관여는 점차 깊어져 전지당정위원회戰地黨政委員會 소장지도원에 임명되었으며, 이어 산시山西, 산시陝西 등지에서 항일활동에 참여하였다.

그러던 중 1940년에 그는 바오지寶鷄에서 바오지 경략사령부에 체포되어, 옥고를 치르고 1943년에 감옥에서 나왔다. 당국은 한락연의 정치활동 범위에 제한을 가하여, 장시간 시베이西北 지역 이탈을 허락지 않았고, '고통 속에 있는 대중'을 그리는 것을 금한다고 하였다. 그러나 그는 당국을 경멸하면서 자기의 회화세계를 축소하지 않았다. 국민당의 정치적 약점일 수도 있는 '대중의 빈한한 생활'을 그린 한락연의 작품이 당국으로부터 제한을 받았을지라도, 그는 당시 그의 제자였던 황조우[베이징 옌황메이슈관(炎黃美術館) 전 관장][5]에게 '대중 속으로 파고들 것'을 그림의 본질로 가르쳤다.[6] 이러한 사실을 통해 우리는 그의 회화미학과 역사관을 더 한층 깊게 인식하게 된다. 한편 당시 중국의 지식인들이 그러했듯이 한락연은 사회비판적인 문학가 고리키와 루쉰 등의 소설에 대해서도 공감하고 있었다.[7] 그리하여 그가 예술은 일상생활의 필수품처럼 중요하긴 하지만, 상업주의에 영합하는 것에는 반대하였으며, 자연주의적 재현도 의미 없다는 예술관을 그의 제자에게 피력한 근거를 이러한 맥락에서 찾아보게 된다.

1943년 이후 그는 실크로드 소수 민족의 **민속 주제와 석굴벽화**를 모사하는 작업에 전념해서 확고한 역사의식을 내보였다. 사실상 그에게 이러한 관점은 일찍부터 나타났다고 말해도 좋을 것이다. 그가 파리 시절인 1932년에 그린 자화상[도 6-1]에는 봉기한 민중을 새긴, 개선문 조각상을 배경에 그려 넣어 그림을 통해 어느 정도 역사의식을 표출하고 있음을 알게 된다.

1943년 약관 19세에 한락연의 문하에 들어간 황조우는 스승으로부터 소묘, 채색, 형체 결구結構의 관찰방법, 구도법 등 회화의 기초 실기를 배웠을 뿐만 아니라, 유럽 르네상스기의 화가, 조각가에 대해 강의를 들을 수 있어 매우 감명 깊었다고 당시를 술회했다. 이때 한락연은 제자에게 레오나르도 다 빈치의 <최후의 만찬>처럼 표현공간의 심도를 나타내는 표묘법縹緲法[8]과 더불어 서양 고전이론과 작품을 소개했다. 돌이켜보면 한락연이 기초적으로 가지고 있는 이와 같은 지식들은 자기 작품의 형상미학을 확립하는 데에 큰 영향을 끼쳤을 것이 분명하다.

한락연의 역사의식

그러나 한락연에게 무엇보다도 중요했던 것은 작가로서의 '역사의식'이다. 그는 그것을 구체화하려고 고대 벽화와 고대 민속을 모사했다. 더욱이 생명의 위험을 무릅쓰고 절벽 위로 로프를 타고 오르면서 벽화 작업을 감행했던 일화는 그가 지녔던 역사의식을 대변한다. 또한 앞에서 지적한 바와 같이 국민당의 감시 속에서도 현실 고발의 투지를 유지할 수 있었던 것도 이와 같은 그의 철학의 궤적 속에서 가능했던 것이다. 이러한 사례들을 통해 그가 예술의 단순한 소재주의를 어떻게 극복해냈는지 알게 된다. 이렇게 본다면 그의 그림에 녹아내린 유럽화풍, 특히 후기인상주의의 색채, 명암법 등 형식미를 나타내는 요소들은 오히려 그에게는 부차적인 것일지도 모른다.

1944년 한락연은 가족과 함께 실크로드로 통하는 허시저우랑河西走廊의 초입 란초우로 이사하였다. 그 이후 더욱 더 그는 그림에 몰두하였다. 그 이듬해 티베트를 여행하면서도 민속 풍물을 화폭에 담았는데, **도 6-3** 그의 화폭에서는 늘 인물이 중심이 되었다. 그는 1945년 가을부터 본격적으로 벽화 모사 작업에 매달렸다.

여기서 한락연이 벽화 모사를 위해 사막 도시 둔황으로 떠났던 무렵의 중국 화단의 움직임, 특히 둔황 관계를 간단히 점검해볼 필요가 있다. 황폐한 둔황을 새롭게 실질적으로 일으킨 사람은 창수홍이었다. 그는 1936년 파리에서 귀국한 후 노심초사 둔황 복원에 주력하였다. 1942년 국립둔황예술연구소 준비위원회 부주임을 맡았고, 1944년 이 연구소 소장이 되었다. 또한 1942년에는 중원 화단의 중심인물 중의 한 사람인 장따첸張大千이 둔황에 들어가 모사작업을 처음으로 시작하였

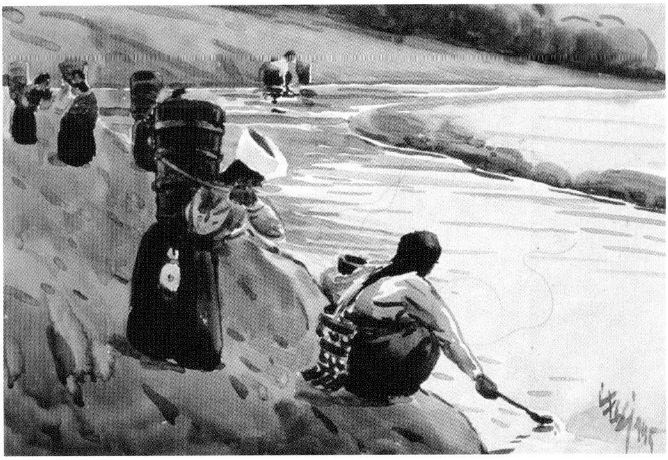

6-3. 티벳 풍물, 1945년경, 한락연, 베이징 중국미술관.

다.[9] 그 몇 달 후 정치가 위요우런于佑任이 둔황 유적을 직접 살펴보고 중앙 관계官界에 이 유적의 중요성을 적극 호소함으로써 국립둔황예술연구소가 탄생하게 된다.

둔황에서 장따첸이 모사작업을 시작하게 된 것은 본질적으로 '선임고학고방고이후창신'先臨古學古仿古而后創新이라는 그의 회화미학에 근거한 것이다.[10] 그는 제자들과 함께 둔황에 2년 7개월간 머물면서 270여 폭의 벽화 모사도를 완성하였다.[11] 이러한 둔황 벽화에 대한 오랜 관찰에 힘입어 그는 둔황 벽화가 공장工匠의 소산이 아니라, 전문예술가의 작품이라는 견해를 피력하였다.[12] 그는 3년을 준비하여 충칭重慶과 청두成都 두 도시에서 대규모 전시를 치러 둔황 벽화에 일반의 관심을 끌게 하는 계기를 만들었다. 또한 장따첸은 이미 1940년에 폴 펠리오Paul Pelliot의 편호[編號, 1908년]에 이어 두 번째로 석굴 번호를 부여했다. 물론 이런 편호들은 나중에 둔황예술연구소의 편호로 대체되어 오늘날 더 이상 통용되고 있지 않음은 잘 알려진 사실이다.

장따첸의 '둔황 벽화전'의 성과가 한락연에게 구체적으로 어떤 영향을 미쳤는지는 알기 어렵다. 다만 한락연의 둔황행은 1943년 출옥 이후 더욱 강화된 그의 역사의식의 소산으로 보아야 할 것이다. 1945년 10월 한락연은 둔황에서 창수홍을 다시 만난다. 그들의 해후는 파리에서 헤어진 후 십여 년 만이었다. 그들은 상대의 그림을 평하며 시간 가는 줄 몰랐다. 특히 한락연이 실크로드를 사생한 그림을 보면서 창수홍은 매 폭마다 "빛과 색이 명쾌하여, 화면이 생경하지 않고 수채화 기법이 세련미를 갖추고 있다"고 극찬하였다.[13] 또한 20세기 초 열강 탐험가들이 거둬간 벽화와 문서 자료에 대해 그들은 새삼 격분하고 비통해했다. 더욱이 한락연은 오렐 스타인Aurel Stein, 알베르트 폰 르코크Albert von Le Coq 등의 보고서를 읽고서 이들 학자들이 신장과 중원을 문화적으로 분리시키고 있음에 크게 자극받아, 원천적으로 신장 문화가 중국 문화의 범주에 속함을 증명하려 하였다.

한락연의 실크로드 고고학

실제로 그는 1946년 봄 투르판의 고대 고창국 카라호자喀喇和卓 성지城址에서 고창의 연창延昌, 연화延和, 당唐의 정관貞觀, 개원開元 등의 연호가 든 지석을 발굴해내었다. 또한 무덤을 발굴하여 묘의 주인공이 체구가 크고, "노란 머리에 코가 큰" 서역인인데도 한자를 사용하는 사례를 확인함으로써 실크로드 지역이 한화漢化되었음을 알 수 있다고 하였다. 이러한 시도는 그의 역사의식과 깊은 관계가 있다고 보아야 할 것이다.

한락연은 여기에서 더 서쪽으로 나아가 키질克孜爾 천불동에 이르러 벽화를 조사하고, 모사 작업을 서둘렀다. 먼저 그는 특유의 예리한 관찰력을 가지고 그 벽화의 특징들을 학문적으로 분석하는 것을 서두로 그의 작업을 시작하였다. 그가 신문에 기고한 글에는 딜레탕트의 입장이긴 하나 전문가 못지않게 키질 벽화를 세밀히 분석해 내고 있다. 더욱이 그는 벽화의 연대를 세 시기로 나누어 초기를 기원전부터 기원후 5세기까지, 마지막을 회교回教화된 1100년 전후로 상정했다. 비록 한락연의 키질 벽화 연대 구분이 오늘날의 편년과 일치하지 않는다고는 해도, 그가 어느 정도 고고학적 안목을 가졌음을 보여준다.

또한 한락연은 벽화의 회화적 특징에 대해서도 제1기 벽화는 많은 작품들이 이상적 표현과 주관적 견해에 치중하여 이찌 보면 근대 서양화의 '신파작품'新派作品과 흡사하다고 하였다. 왜냐하면 이 신파야말로 19세기부터 성행한 고고 발굴품과 그 출판물에 영향을 받았을 가능성이 있기 때문이라고 주장하였다. 제2기는 표현 방법에서 기교, 색조에 변화가 와서 초기에 비하면 조화롭고 생동감이 있으며, 제3기는 복잡한 결구, 화려한 색감, 선조線條의 정연생동精練生動 등 예술작품으로 최고 단계에 이르고 있다고 극찬하였다.

그해 7월 초 우르무치에서 국민당 원로 위요우런은 한락연을 접견하고 "남강 지방의 정세와 한락연이 연구한 남강소국의 역대문화에 대해 순문하였다"라고 당시 <신강일보>는 전하고 있다. 이런 사실들은 한락연의 작업이 객관적으로 인정받고 있었음을 뒷받침한다고 볼 수 있겠다. 뿐만 아니라 그가 란초우에 돌아와 개최한 19회 개인전은 신장의 풍광을 주제로 삼았다. 당시 신문[<신강일보>]에서도 그를 '명서화가'名西畫家로 지칭하며 전시를 상세히 소개하였을 뿐만 아니라, 정치인 장제스 주석이 참여한 사실을 특필했다. 이런 사실로 미루어보아 한락연은 오늘날 중국 화단에서 중요하게 평가되고 있음이 마땅한 작가였음을 알 수 있다.

유일한 유화 벽화 모사

키질 탐사를 마친 후, 그는 1946년 10월 부인과 딸을 이끌고 둔황 석굴에 10일간 체류하였다. 그동안 한락연은 많은 벽화를 모사했으며, 또 창수홍의 청탁으로 둔황 연구소 직원들을 위해 키질 발굴에 대해 강연을 하기도 하였다. 그는 다음해 다시 둔황에 올 것을 기약하고, 그렇게 되면 창수홍과 함께 공동으로 대폭의 유화 벽화 모사도를 그리기로 약속했다. 그러나 하늘은 그에게 그 기회를 허락하지 않았다.

한락연이 최초로 둔황을 방문했을 때 그린 유화 모사도는 그의 키질 모사도를 포함해 중국 화단에서 벽화를 대상으로 한 유일한 유화 그림에 해당된다. 바꾸어 말하면 한락연 이외에 아무도 벽화를 유화로 모사한 일이 없다. 따라서 그의 작품들은 벽화 연구사상 귀중한 자료가 된다. 한락연은 1947년 다시 키질 석굴을 탐사하여 학문적인 면에서 귀중한 성과를 거두었다. 그는 유고를 통해 키질 석굴벽화가 둔황 벽화에 비해 석굴 수는 못 미치지만, 회화적 가치가 높고 연대도 이르다고 평가하여 그의 견해는 놀랍게도 오늘날의 이론적 성과와 내용상 일치를 보이고 있다.

뿐만 아니라 한락연의 이러한 이론은 일찍이 베이징 위옌대학語言大學 교수이자 세계적 석학인 문화사회학자 성청盛成의 인정을 받았다. 한락연은 키질 석굴 화가들이 빛의 표현에 주의를 기울였으며, 투시법

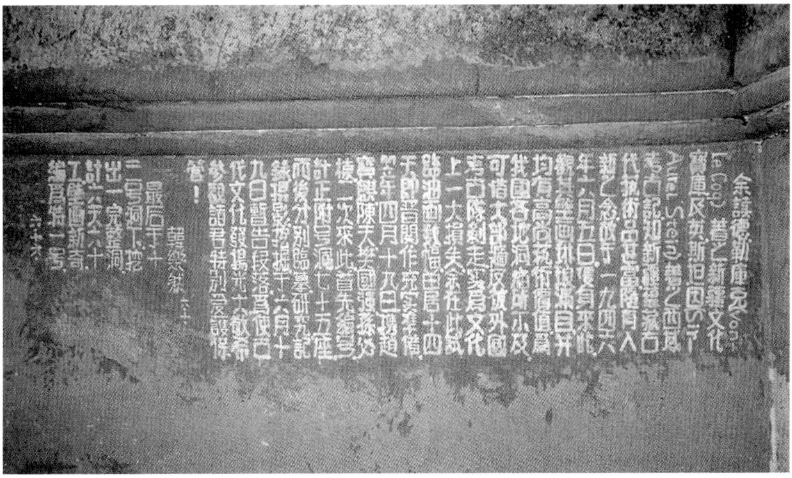

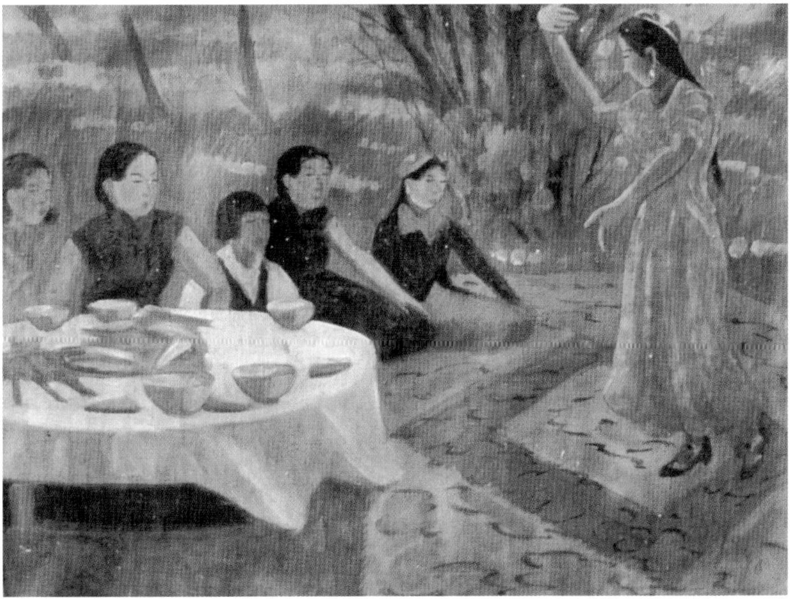

6-4. 유럽인들의 중아 발굴을 질타하는 명문, 1947년, 한락연, 키질 석굴 '특1호'(현 10호).
6-5. 실크로드 풍물: 위구르 여인의 춤, 1944년, 한락연, 베이징 중국미술관.

을 이해했고, 인체 표현을 정확하게 했을 뿐만 아니라 아름답게 완성했으며, 인체 해부도를 구사하는 등 여러 특징을 보이므로, 보통 화가가 아닌 사상적으로 훈련된 신도임에 틀림없다는 해석을 내놓았다. 성청은 이러한 한락연의 해석이 그때까지 어느 누구도 정리한 바 없는 탁견이었음을 학계에 알렸던 것이다.

한락연의 그림 세계가 완숙해진 데에는 그가 유럽에 체류할 때 박물관의 걸작들을 감상하고 모사하였을 뿐 아니라, 이처럼 석굴벽화를 열심히 연구분석했던 것이 뒷받침되었음은 자명한 일이다. 특히 그의 타고난 성실성과 치밀성은 그의 재능을 더욱 높은 경지에 올려놓았다. 예컨대 1947년 키질 석굴을 탐사할 때의 그의 생활을 보면 그런 성격이 잘 드러난다. 매일 새벽 6시에 기상, 6시 30분까지 세면, 산보, 6시 30분에서 한 시간 가량 독서, 그 후 8시까지 조반, 8~12시까지 벽화모사와 촬영, 12~2시 점심식사와 휴식, 2~5시 그림, 5~7시 독서, 7시 30분 저녁식사, 7시 30분~10시 자유 활동, 10시 취침 등의 일과를 계속했다.

키질 석굴 편호 작업

그는 키질 석굴에 번호를 매기는 편호 작업을 하여 100여 개의 동호洞號를 조사하였고, 그 중에 75개 동에 벽화가 있음을 확인하였다. 특히 13호 동굴 속에서 새로운 동굴을 발견하여 '특1호'[현10호]로 명명하기도 했다.도 6-4 한락연은 이 석굴 벽면에 유럽 탐사대를 질타하는 내용과 함께 귀중한 문화재를 보존해야 한다는 글귀를 각인해 놓았다. 그는 절벽위를 위험을 무릅쓰고 마치 등반 산악인처럼 "손으로 당기고 기어올라"[手抓脚踏] 발굴과 모사 작업을 수행하였다. 그는 대표적인 키질 벽화 대소 30여 점의 유화 모사도를 제작하였고, 그의 조수와 학생들도 벽화의 도안 그림 30여 종을 완성하였다.

오늘날의 편호는 한락연의 편호가 기초가 되어 설정된 것으로 알려지고 있다. 이렇게 볼 때 그는 단순한 화가만이 아니라, 사상가요 역사가이기도 하였다. 이러한 기초 위에서 그의 그림은 더욱 무게를 갖게 되었다.

1947년 7월 우르무치로 돌아온 한락연은 신강일보사에서 20회 개인전을 열었다. 이 전시에서는 벽화 모사도가 주류를 이루었는데, 새로 발견한 특1호를 포함한 석굴 벽화 중 <본생고사>와 <석가좌우> 등 불화 모사도와 키질 석굴 전경을 그린 <위간하반>渭干河畔이 들어 있어 주목을 받았다. 한락연은 실크로드의 예술을 정리하고, 종국에는 시베이西北박물관을 설립하려는 원대한 포부의 초석을 하나씩 쌓아가고 있었다.

그러나 7월 30일, 그는 뜻을 다 이루지 못한 채 49세를 일기로 불귀의 객이 되고 말았다. 우루무치에서 란초우로 돌아가는 길에 비행기가 자위관嘉峪關 근처에서 추락하는 사고가 일어난 것이다. 그가 사망하자 중국 문화계뿐만 아니라, 영국신문 <태오사보>도 그를 애도하는 조문을 실었다.

한락연은 파란만장한 일생 속에서도 이론과 실제를 겸비한 의지적인 예술인으로서의 임무를 다하였다. 그가 말년에 심혈을 기울여 제작한 작품들에는 유럽에서 체득한 화풍이 잘 반영되어 있다. 충실하게 옮겨 그려야 하는 벽화 모사에서는 이런 성격들을 집어내기 어려워도, 실크로드의 풍물을 그린 작품들도 6-5에는 유화와 수채화를 막론하고 후기인상주의의 특징이 잘 드러나 있다. 무엇보다도 광선의 효과와 명암처리를 강조하는 기법이 활용되고 있는 것은 그 점을 잘 말해주고 있는 것이다. 그러나 색감의 지나친 강조라든가, 대상의 자연성을 벗어난 부질없는 과장 따위는 전혀 찾아볼 수 없다.

실제로 그가 유럽에 체류했던 시기인 1920~30년대 중반까지는 야수주의와 다다이즘, 초현실주의 등이 발생하고 융흥했지만, 이러한 변화의 시대 속에서도 프랑스의 인상주의 전통은 그때까지도 그 맥이 이어졌던 것이다. 한편 한락연의 작품에 표출되고 있는 회화 양식은 어쩌면 원천적으로 상하이 미술전문학교와 연관된다고 보아도 괜찮을 것 같다. 그의 스승인 류하이쑤劉海粟의 초기 작품, 예컨대 <서냉사조>西冷斜照[1919년], <일광>日光[1922년] 등이 인상주의의 특징을 보인다는 사실은 이 문제에 대해 시사하는 바가 크다.

근대 회화 사상에서 한락연의 작품세계가 갖는 의미

한락연의 대부분의 활동지역이 늘 중심부에서 벗어나 있어 어느 면 그가 정신적 로컬리즘의 테두리 속에 머물러 있었던 것이 아닌가 생각되기도 한다. 또한 한락연은 재야 작가의 기질을 가지고 있었던 것이 분명하다. 그러나 그에게는 화가로서의 출세보다는 그림이 그에게 무슨 의미를 가지고 있느냐 하는 사회미학적 과제가 더 중요했던 것이다. 따라서 한락연의 작가로서의 평가를 단순히 미술사적 틀 속에서만 내려서는 안될 것이다.

앞에 언급한 대로 벽화를 모사한 작가들로는 한락연을 포함하여 장따첸, 창수홍 등을 꼽을 수 있다. 동양화에서 '전이모사'가 중요하다는 것은 우리가 다 아는 내용이다. 모사를 통해 옛그림의 정신을 터득하고, 그 체험을 새로운 창작의 바탕으로 삼는 것 아닌가. 또한 모사는 문화재 보존이라는 현대적 의미에서 보더라도 가치 있는 작업으로 인정된다. 특히 벽화 모사물은, 그것이 본질적으로 실물에 대응하는 2차 자료이긴 하지만, 원물이 손상되거나 파괴되었을 경우에 1차 자료의 구실을 한다. 예컨대 장따첸의 둔황 벽화 모사작품은 대륙과의 소통이 막혀 있었던 근 반세기 동안 대만의 연구자들에게 원본 벽화의 역할을 충분히 해냈다. 벽화모사의 일반적 의미가 어찌되었건 간에 그 당시로서는 접하기 어려운 오지에 있는 실크로드 벽화를 모사대상으로 삼는다는 것은 투철한 역사의식과 선각자적인 의지가 없이는 불가능했을 것이다.

새로운 경지, 실크로드 민속 주제

한락연은 거기에 그치지 않고 실크로드 제반 민족의 생활상, 풍습, 민속 등을 화폭에 담았다. 이것은 중국 현대 회화사상 초유의 일로, 그는 새로운 장르를 개척하고 또 하나의 전통을 수립한 것이다. 그리하여 한락연의 회화 경향은 실제로 실크로드 주제를 다룬 황조우, 저우스충周思聰 같은 후배 화가들에게 직간접적으로 자극을 주었음에 틀림없다.

특히 그의 제자 황조우는 스승의 역사관을 이어받아, 그가 관장으로 있던 옌황메이슈관을 독특한 방식으로 운영했다. 즉 근현대 회화작품과 동일한 공간에 신석기시대의 채문토기를 전시함으로써 고대와 현대를 첨예하게 대비시켰다.

이와 같은 한락연의 회화 작업, 특히 벽화 모사운동은 오늘날 중국 미술사학계에서 1940년대의 특징적인 회화 사조로 인정받고 있다. 더욱이 둔황 벽화 주제는 창수홍, 리전푸李振甫, 장첸우張健吾 같은 화가들의 근년의 작품에까지 곧장 이어지고 있고, 다른 한편 중국 도시벽화운동의 촉매가 되기도 하였다.

한편, 1919년부터 프랑스에 유학했던 성칭은 한락연의 탐구 성향과 그림에 매료되었던 사람들 중에 한 사람으로서 한락연에 대해 화가이자 비평가였다고 평하기도 하였다. 나아가 그의 그림이 다다 유파를 표방하고 있었다고 해석하며, 그 당시 중국화가로서는 유일하였다고 회고를 털어놓았다. 성칭은 점, 선, 면을 부정하는 것이 다다이스트들이라도 규정하고, 그런 특징이 그 당시 중국 그림에서는 유일하게 한락연에게서 발견되었다고 했다. 그러나 유감스럽게도 그의 작품 가운데 그런 양식을 드러내는 초기 작품은 현재 남아 있지 않은 사정이다.

다만 다다이즘의 개념 가운데서 기존의 미적 질서를 부정하며, 반反아카데미즘과 허무적 경향을 띠는, 어느 면에서 초현실적인 성격을 그의 작품 중에서 추려낸다면 파리 시절에 그린 <화가의 자화상> 등이 이런 특징과 다소 연관되는 것이 아닐까 여겨지기도 한다. 그 그림은 한락연의 역사의식을 반영한 작품으로 이미 앞에서 지적했지만, 다른 차원에서 고려해야 할 여지가 있다고 본다. 이 작품은 종전의 초상화와는 다른 방식, 곧 파리의 상징물을 대표하는 개선문의 부조를 배경에 두고 화가 자신은 중절모까지 쓰고서 작업을 하는 이색적인 분위기를 보여준다. 말하자면 자화상치고는 어느 정도 파격적이라고 할 수 있겠다.

그러나 이 <화가의 자화상>은 다다이스트 마르셀 뒤샹의 작품 <변기>나 콧수염이 붙은 모나리자 <L.H.O.O.Q>에 비하면, 반사회적이거나, 허무주의적인 경향을 띠지 않는다. 다만 엉뚱할 뿐이다. 이 부분에 대해서는 차후 좀 더 깊은 연구가 뒤따라야 할 것이다.

한락연과 한국 근대화단

끝으로 한국의 근현대 회화에서 한락연의 위상을 새롭게 조명해야 할 것이다. 그는 1924년 동아일보에 잠깐 존재를 알린 후, 한국 화단에서는 완전히 '없는' 작가로 취급되었다. 비록 그가 국내에서 활동하지 않았다 하더라도, 엄연히 한국 작가였으므로 정당한 자리매김이 필요하다고 생각된다.

한국의 초기 파리 유학생들은 대부분 한국 화단에서 선구적 역할을 충분히 해내지 못했고, 그들이 남긴 작품 또한 매우 영성한 편이다. 그러나 유학 시절을 전후한 몇 안 되는 그들의 작품들을 분석해보면, 당시 그들이 접했던 파리 화단의 면모를 거꾸로 투영해 볼 수 있어 귀중한 자료가 된다.

유럽, 특히 파리를 중심으로 살펴본 유학 1세대의 사정을 한락연의 경우와 대비해보자. 첫째, 한락연이 중국에서 명문 상하이 미술전문학교를 우등으로 졸업했던 1923년은 한국의 양화 제1세대가 구미 유학에 앞서 일본의 미술학교를 졸업한 때와 비슷하다. 둘째, 한락연이 프랑스 유학을 떠났던 1929년 무렵은 한국의 파리 유학 선구세대[1925년에 시작]에 속한다. 셋째, 한락연이 유럽에서 체류했을 때 그린 작품은 몇 점 남아 있지 않으나, 화풍은 유럽의 한국 유학생 선구 세대의 화풍과 동일한 궤적을 보인다.

이러한 공통점 외에 무엇보다도 화가 한락연을 구체적으로 평가할 수 있는 자료는 그의 작화 태도와 그가 남긴 작품의 내용이다. 그는 중국에 돌아온 후 화가로서 열정과 탁월한 역사의식을 바탕으로 작품 제작에 심혈을 기울였다. 대부분의 유작들은 1945~46년 시기에 속하는 그의 전성기 작품들인데, 이 당시 화풍은 사실주의의 기초 위에 색과 광선 표현에 치중한 파리 시절 화법을 보이면서도 완숙하게 다듬어진 정련미를 더해 주목의 대상이 된다. 이러한 모든 점을 종합해보면 화가 한락연은 한·중 미술계에서 한층 새롭게 조명해야 할 중요한 작가임이 분명하다.

주

1 『中國現代美術全集 油畫1』, 天津人民美術出版社, 1997, 圖 172~177.

2 劉新 著, 『中國油畫100年圖史』, 廣西美術出版社, 1955, p. 171에 한락연의 작품으로 <騎馬之前>(1945년), <哈薩克婦女捻毛>(1940년대)의 두 점이 실렸다.

3 성청(盛成) 等 編著, 『緬懷 韓樂然』, 北京民族出版社, 1998, pp. 1~336.

4 수바이(宿白), 「キジル石窟の形式區分とその年代」, 『中國石窟キジル石窟』 第1卷, 新疆ウイクル自治區 文物管理委員會, 1983, pp. 162~164.

5 황조우의 화가 이력 첫 줄은 늘 한락연의 제자로 화법과 미술이론을 익혔다는 사실로부터 시작한다. 鄭聞慧 主編, 『黃胄談藝術』, 中國靑年出版社, 1998, pp. 2~3; 李松, 『中國名畫家全集. 黃胄』, 河北敎育出版社, 2003, pp. 4, 242~43.

6 필자는 1993년 7월 베이징 옌황메이슈관에서 황조우와 면담하였다. 1993년 가을에 가질 <한락연 특별전> (KBS 주관)을 준비하기 위해 그해 여름에 화가 김일룡 씨와 함께 베이징의 창수홍, 황조우 화백, 성청 교수 등과 직접 인터뷰 할 기회를 가졌다. 그런데 그 당시의 기록노트를 분실하여 정확한 일자를 여기에 쓰지 못하는 것을 독자제위께 양해를 바란다.

7 黃胄, 「畫家椽筆 大漠飛虹 -懷念老師韓樂然」, 앞의 『緬懷 韓樂然』(盛成 外 編著), p. 94.

8 여기서 표묘법은 원근법을 일컫는 것으로 보인다. 黃胄, 「畫家椽筆 大漠飛虹 -懷念老師韓樂然」, 위의 책, p. 93.

9 장따첸이 둔황에 들어간 것은 1941년이지만, 실제로 모사작업을 시작한 것은 1942년이다. 李永翹 編, 『張大千論畫精粹』, 廣州: 花城出版社, 1988, p. 360.

10 또한 장따첸은 40세 이전까지는 '옛것'을 스승으로 삼는 예술관을 견지한 것으로 평가받고 있다. 張少俠·李小山, 『中國現代繪畫史』, 南京: 江蘇美術出版社, 1986, p. 112. 이런 점으로 미루어보면 둔황 벽화 모사는 그의 화력(畫歷)의 중요한 부분을 차지함을 알게 된다. 그가 둔황 벽화에 대해 남긴 적지 않은 분량의 어록(語錄) 역시 그 점을 말해 준다. 李永翹 編, 위의 『張大千論畫精粹』, 第四部分 論敦煌壁畫, pp. 191~242 참조.

11 李永翹 編, 위의 『張大千論畫精粹』, p. 111.

12 李永翹 編, 위의 『張大千論畫精粹』, pp. 209~15.

13 『社會科學戰線』, 1982年 第4期; 常書鴻, 「懷念畫家韓樂然同志」, 『緬懷 韓樂然』, p. 90.

14 한락연, 「新疆文化寶庫之新發見 -古高昌龜玆藝術探古記(二)」, <新疆日報>, 1946年, 7月 19日; 위의 『緬懷 韓樂然』, pp. 203~4.

15 위의 글, 같은 곳.

16 <克孜爾千佛洞壁畫特点和挖掘經過>라는 제목의 강연을 하였다. 常書鴻, 「懷念畫家韓樂然同志」, 『社會科學戰線』, 1982年, 第4期; 앞의 『緬懷 韓樂然』, p. 90.

17 盛成, 「韓樂然烈士的藝術與革命大業」, 『緬懷 韓樂然』, p. 53.

18 韓樂然, 「克孜爾考古記」, <西北日報>, 1947年 10月; 『緬懷 韓樂然』, p. 214.

19 위의 글, 같은 곳.

20 「致于佑任的信函(節錄)」, <民國日報>, 1947年, 9月, 12日; 위의 『緬懷 韓樂然』, p. 217.

21 <新疆日報>, 1947년 7월 27일; 楊楹, 「觀藝術'拓荒'者的藝術」, 앞의 『緬懷 韓樂然』, 245~246쪽.

22 惠藍, 『劉海粟』, 石家庄: 河北敎育出版社, 2003, pp.6, 8의 도판 참조. 이러한 인상주의적 경향이 1930년대 전후의 작품, <여인체(女人體)>(1929년), <파리 성당의 석조(巴黎經母院夕照)>(1930년), <웨스트민스터의 밤(威尼斯之夜)>(1931년)에서 더 짙어진다. 위의 책, pp. 98, 87, 89 도판 참조.

23 1993년 7월 성청과의 대담. 이 글의 주6을 참조.

3부

실크로드
미술 스페셜

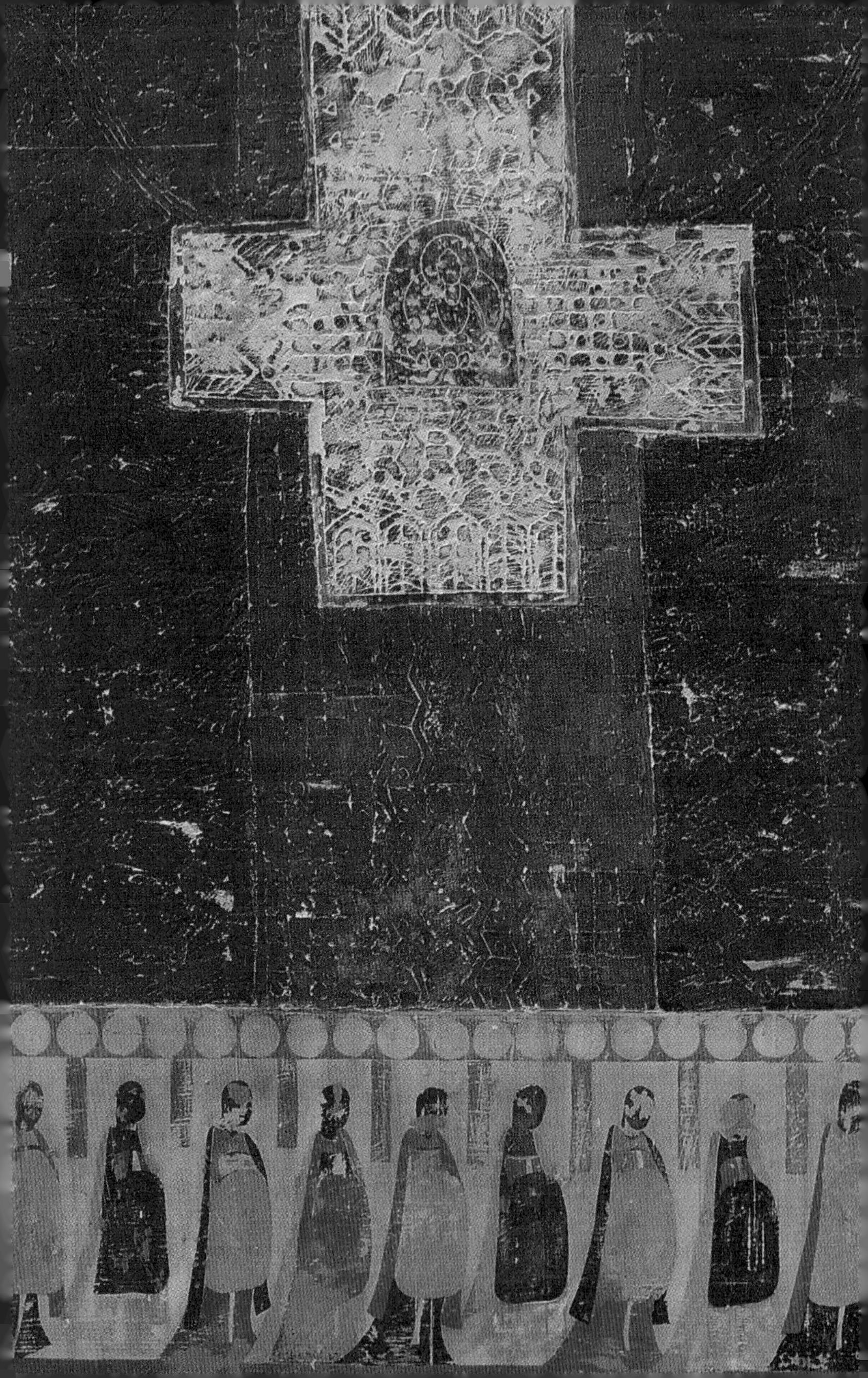

7장 둔황과 한국: 나의 체험적 둔황 미술기를 중심으로

서구 학자들로부터 시작된 둔황학

주지하듯이 '둔황학'敦煌學개념은 1906년에 오렐 스타인[Aurel Stein, 1862~1943년], 1908년에 폴 펠리오[Paul Pelliot, 1878~1945년] 등이 둔황 벽화를 재발견하고, 둔황 석굴 장경동에서 출토한 문서류들을 학문적으로 연구하기 시작하면서 생겨났다.[1] 따라서 둔황학은 둔황 벽화를 중심으로 한 미술사와, 둔황 문서를 분석하는 역사학, 언어학, 문학, 민속학, 종교학, 서지학, 동서교류사 등의 분야로 대별할 수 있다.

이 분야는 특히 펠리오의 기초 연구로 유럽에서 먼저 기틀을 잡았다고 할 수 있겠다.[2] 동양에서는 당사국인 중국의 뤄진위羅振玉 등의 연구가 1910년대부터 시작되었고, 일본의 경우는 둔황학이 소수 그룹으로 진행되어 프랑스보다는 활발하지 않은 것으로 자겸自謙하나, 초창기 이래의 연구 성과는 괄목할만하다.[3] 1990년대 초까지의 각국의 연구 진행에 대해서는 일본의 보고를 통해 확인되며,[4] 또한 1992년에는 중국의 둔황학 연구사研究史가 출간[5]되어 근 한 세기 동안의 동향을 파악케 된다. 1993년에는 런던의 영국도서관British Library이 국제협력을 통한 각국의 둔황문서 연구와 보존을 증진하기 위해 IDP[International Dunhuang Project, 國際敦煌學項目]를 설립, 둔황학 연구에 박차를 가하게 되었다.[6] 2002년 초에는 당사국인 중국에서 중국 내외의 둔황학 연구자의 업적

을 정리함으로써 사실상 지난 1세기 동안 세계 각국에서 축적된 연구의 향방을 가늠할 수 있게 되었다.[7]

이러한 세계 학계의 동향 속에서 외국의 이 분야 석학을 초치, 둔황학의 현재를 재확인하고, 학술교류의 기회를 마련하는 것이 필요한 시점에 이른 것으로 판단된다. 이것이 한국의 중앙아시아학회가 '세계의 둔황학' 주제의 국제학술대회[2007년 11월 10일, 국립중앙박물관]를 갖게 된 배경이다.

한국에서 둔황학은 1970년대부터 싹튼 것으로 그 역사가 매우 일천하다. 여기에서 필자는 주로 둔황의 미술사 분야를 다루게 됨을 전제한다. 이 글의 전반부에서는 1970년대부터 현재까지의 연구 상황을 보고하고, 후반부에서는 역사 측면에서 고대 한국과 둔황의 관계를 요약한다. 끝으로 연구의 전망으로서 '둔황 벽화의 미학'을 제창한다.

또한 한국의 둔황 미술 연구의 출발에 필자가 관계된 부분이 적지 않고, 그 내막이 한국학계의 당시 정황을 드러내는 것이기에 이 글의 상당 부분이 나의 신변잡사와 연관되는 점이 있으므로 독자 제위께 미리 양해를 구하는 바이다. 이 글은 논문이라기보다는 에세이에 가깝다고 말해야 할 것이다.

내가 본 세계의 둔황 미술

1970년대

내게 둔황 개념이 구체화된 시점은 정확히 떠오르지는 않지만, 국립중앙박물관 소장 서역유물 연구를 위해 프랑스 유학을 준비하고 있었던 1973년경으로 짐작된다. 국립중앙박물관 도서실에 있는 일본 자료들을 뒤적이면서, 예컨대 마츠모토 에이치松本榮一의 둔황화에 관한 책[8]을 접하면서 비롯되었다고 기억한다.

파리에 유학하여 1975년 봄부터 니콜 방디에 니콜라Nicole Vandier-Nicolas 교수의 둔황 벽화 강의를 듣게 되었다. 방디에 교수로 말하면 북송 때 문인화를 다룬 명저[9]의 저자였기도 하였지만, 중앙아시아 유물을 해석한 그의 논문들이 이쪽 분야에서는 더 귀중하게 인정받는 실정이었다.[10] 그는 펠리오의 직제자로서 펠리오의 유작을 학문적으로 정리하는 임무를 당국으로부터 의뢰 받았던 것으로 알려져 있다. 이 둔황 강의도 펠리오 '까르네'[Carnet, 작업노트]를 풀이하는 것을 또 다른 과제로 삼고 있었다.

'펠리오 까르네' 강의

나는 이때 기메 박물관 연구생[스타지에] 자격으로 있었고, 아직 파리 대학교에 등록하기 전이었다. 그런데 내가 프랑스에 체류하는 동안 후견인이었던 미셸 피라졸리Michèle Pirazzoli-T'Serstevens 교수[11]의 천거로 방디에 교수의 강의를 듣게 되었던 것이다. 그 수업은 박사과정으로 개설되었는데, 기메 박물관 학예관이 함께 수강하면서 방디에 교수의 조수 역할을 하였다. 예컨대 로베르 제라 베자르Robert Jera-Bezard와 모니크 메야르Monique Maillard, 또한 중앙아시아 유물과 유적 모사 전문인 시몬 골리에Simone Gaulier 등이 참여하여 강의 분위기가 매우 진지하였다. 베자르는 독일어를 잘하여 방디에 교수가 둔황 벽화를 해석하는 과정에서 독일 탐험대의 보고서를 인용할 필요가 있을 경우, 그 부분을 프랑스어로 즉각 번역하여 돕곤 하였다. 이 펠리오 까르네 강의에서 둔황 벽화의 주요 석굴들 다수가 논의되었는데, 이것들은 후에 파리의 메종뇌브Maisonneuve 출판사에서 『펠리오 보고서』[12]로 출간되어 학계에 기여하였다.

또한 루이 엉비스Louis Hembis 교수의 중앙아시아 고고학 강의를 수강하는 일면, 앞의 피라졸리 교수의 중국 고대미술사도 함께 수강하면서 둔황 벽화의 학적 배경을 다져나갔다.

1975년 가을에 파리 대학교에 입학하면서 나는 방디에 교수의 문하로 들어갔다. 그때 방디에 교수는 파리Ⅲ대학교 인르코INLCO[13] 소속 교수로서 중국미술사, 중아미술사 과정을 지도하였다. 나는 교수와 협의하여 박사과정 논제를 정하였다. 그 당시 나는 종교화에 나타난 산수 배경, 소위 바실 그레이Basil Gray 등이 말하는 '산수요소'landscape element[14]에 관심이 많았다. 뿐만 아니라 설리번이 중국 산수화를 중심으로 주변의 산수 요소를 비교 검토한 연구[15]에서 많은 시사를 얻었다. 둔황 분야는 이미 아닐 드 실바Anil de Silva가 둔황 벽화의 산수요소에 집중한 책[16]을 1964년에 발표함으로써 기초를 다진 것이었다.

민족미학적 관점의 산수요소

또 나중에 설리번은 둔황 지역의 사례들을 더 밝혀낸 연구서를 펴내었는데,[17] 실바나 설리번은 산수요소의 기원을 기법과 양식 차원에서 추구하였고, 더욱이 이들의 특징은 중국의 관점에서 바라본 둔황 벽화의 산수화라는 입장이었다.

그러나 나는 그 지역 미술문화를 지배한 민족을 중심으로 민족학적, 민족 미학적 관점에서 이 산수요소를 풀이하고자 했다. 매우 흥미롭게도 1985년에 이스터 제이콥슨Ester Jacobson이 발표한 한 논문[18]은 유목족의 조형이 중국 초기 산수의 원형이었다는 주장을 담고 있다. 이런 논문이 진작 나왔더라면 나의 견해를 세우는데 큰 힘이 되었을 것이라는 생각을 지금도 하고 있다. 결국 박사논문 주제는 '6~8세기 둔황 벽화의 구상 요소인 산수'[19]로 잡았다.

한편 기메 박물관 도서실에는 그 당시 한국에서는 접근할 수 없었던 중공[中共, 국교 수교 이전에는 중공이라 불렀다] 자료들이 구비되어 연구에 큰 도움이 되었다. 주로 둔황 자료에 초점을 맞춰 책을 대출하고, 읽고, 복사하고 하는 것이 강의가 없는 날의 내 일과였다. 사실 1970년대에는 아직 둔황 벽화 도록이 출간되지 않아 연구에 지장이 없지 않았다.

주지되듯이 그때까지는 1924년에 나온 펠리오 도록도 7-1이 둔황 벽화의 실상을 어느 정도 파악할 수 있게 하는 유일한 자료였는데, 그마저도 흑백 도록이라 제한성이 있었다.[20]

영국박물관의 동양미술사가인 그레이가 1957년에 중공 당국의 초청을 받아 둔황 석굴을 직접 조사할 기회를 가졌고, 그는 그것을 기초로 책을 출간하였다.[21] 그 책 속에는 24점의 천연색 도판이 수록되어 연구자에게 큰 도움을 주었다. 그러나 그 책 역시 도판이 총 70점에 불과하여 둔황 벽화의 총체적인 면모를 파악하기에는 가당치도 않았다. 한편 이 책에 들어 있는 그레이의 둔황 불교 해석이 폴 드미에빌Paul Demiéville의 신랄한 비판을 받기도 하였지만,[22] 그레이의 이 저서가 나에게 둔황 벽화를 새로운 관점에서 보게 하는 중요한 역할을 하였던 것은 틀림없다. 즉 앞의 설리번과 실바와는 달리 그레이는 둔황 벽화, 특히 초기의 것들을 유목족nomade, 페르시아, 인도, 서방의 미술과 결부 짓는다는 점에서 비전을 확대시켰던 것이다.

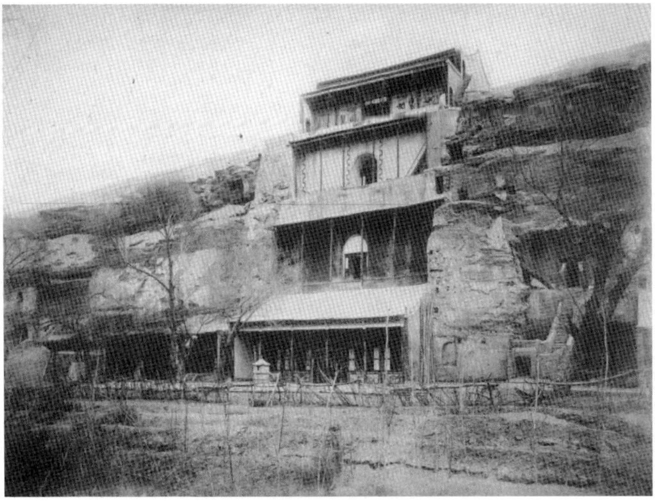

7-1. 둔황 점경, 1908년, 폴 펠리오의 『둔황』 도록(1924년 간행)에서.

1970년대까지는 중공에서도 둔황 벽화 연구에 관한 본격적인 연구서들이 아직 나오고 있지 않은 형편이었다. 시에쩌류謝稚柳, 장량푸姜亮夫 등의 개론[23]들이 장차 본격적인 연구서의 출간을 예고하였다. 수잉후이蘇瑩輝의 논문[24]은 나의 연구 향방에 도움을 주기도 하였다.

파리 시절에 대학원 강의를 수강하는 이외에 틈틈이 마리오 부살리Mario Bussagli의 저서[25]를 번역하여 탈고하였다. 그 책은 6장으로 나뉘어져 있는데, 결론부에서 둔황의 중요성이 강조되고 있다. 개인 사정으로 잠시 귀국한 사이에 나는 국립중앙박물관의 학술잡지에 중앙아시아 벽화 관계 논문[26]을 발표하고, 거기에서 초기 둔황 벽화에 나타난 독특한 양식의 지속성constituents을 근거로 중국 회화와의 차별성을 강조한 바 있다.[27] 이것은 본질적으로 민족 미학적 관점에 입각한 것이었다.

1980년대

프랑스에서의 나의 연구는 독일로 이어졌다. 훔볼트 재단 초청 연구자라는 좋은 조건에서 산수요소 자료에 더 집중할 수 있었다. 이것들을 한데모아 『미술자료』[1981년]에 발표하였다.[28] 이제 산수요소를 통해 중국과 중아의 회화 상의 차별성과 연속성을 찾아낼 수 있게 되었다.

이것이 1980년대 초인데, 이때까지도 국내의 미술사학계에서는 둔황 주제의 논저가 발표되고 있지 않아 안타까운 심정이었다. 중국과 일본에서의 활발한 둔황 연구와 비교하면 더욱 그러하였다.[29]

독일에 체류하는 동안에는 둔황을 답사하는 것이 연구의 최대 목표였다. 한국대사관에서는 중공 쪽에 비자를 신청하는 것을 허락하였으나 오히려 중공 쪽에서 국교가 없다는 것을 이유로 여행 비자를 내주지 않았다. 이것이 연구의 큰 걸림돌이 되었다. 둔황 벽화의 실견이 막혀 있고, 간접 자료인 둔황 벽화의 세부 자료를 담은 도록마저 출간되지 않는 상황에서 미술사 연구는 어떻게 해야 하는 것일까.

둔황의 산수요소 중에는 대나무 상징이 가끔씩 나타난다. 가령 둔황 석굴 출토 <수월관음도>를 보면 그 배경에 청죽靑竹이 솟아오른 것을 볼 수 있고, 또 설리번의 연구서에서도 벽화에 죽순竹筍과 대가 표출되고 있는 것을 알게 된다.[30] 또한 서역 주제라고도 부를 수 있는 일본 호류지法隆寺의 타마무시노즈시玉蟲廚子를 장식한 불화 <사신사호도>捨身飼虎圖에도 대나무 배경이 표현되어 있다. 이처럼 '대나무' 주제는 둔황 벽화의 산수요소로 접근할 수 있는 통로가 될 것으로 판단되어 그것을 포괄적인 연구주제로 택하였는데, 결국 둔황 여행이 좌절되어 주제도 동양의 전통 문인그림의 죽도竹圖로 선회해야 하는 형국이되었다.

둔황 연구원장 창수홍과의 만남

독일체류 중에 둔황과의 연결점이 있었다면 둔황 연구원장을 지낸 창수홍常書鴻씨를 만난 일이었다. 1981년으로 기억되는데, 갑자기 창수홍 씨가 쾰른 동아시아박물관을 방문한다는 소식이었다. 나는 내 은사이자, 동아시아박물관 관장이셨던 로제르 괴퍼Roger Goepper교수의 호의로 창수홍 씨를 위한 저녁만찬에 초대되었다. 나는 감회가 이만저만이 아니었다. 둔황에 갈 수 없는 처지에 둔황 석굴의 대부 격인 그를 만나 이것저것 논의할 수 있다니. 파리 화단에서 활약하던 그가 파리를 떠난 것이 1936년이었는데, 구 반세기 후인 1980년대 초반까지 그는 유창한 불어를 간직하고 있었다.

그는 둔황을 재건하려는 일념에 프랑스인 부인과 딸을 이끌고 귀국하였는데, 그의 부인은 그 당시 둔황의 거친 환경을 이기지 못해 어느 날 불현듯 사막을 떠나버렸다. 황급히 말을 타고 뒤좇은 창수홍에게 불운이 닥쳤다. 사막에서 말이 죽어버리자, 그녀를 찾지 못한 채 기진맥진 사경을 헤맬 때, 미국 탐사팀이 그를 구조해내었다. 그 계기에 그의 딸 창샤나常沙娜는 미국 탐사팀과 함께 미국으로 건너가 성장하고 대학에서 디자인 공부를 하게 되었단다.[31] 창수홍의 일생은 기구한 면이 없지 않았다. 그것은 개인의 문제이기도 했겠지만, 실은 20세기 전반기에 처했던 중국사회의 단면 그대로였다. 중국이 실크로드 문화의 종주국이면서도 그 분야 연구가 부진했던 이유가 거기에 있었다고 말할 수 있겠다.

창수홍 씨는 매우 자상하고, 순진무구하다는 인상을 주었다.[32], 도 7-2 나는 둔황 석굴의 보존 상태와 더불어 특히 초기 석굴들에 관한 중국학자들의 연구 현황에 관해 물었다. 나는 초기 석굴의 화풍이 비한적非漢的인 것으로 보고 있었고, 그 점을 그가 어떻게 적극적으로 해석하는가에 집중하였다. 그러나 그는 보다 보존 쪽에 관심을 표명했던 것으로 기억한다.

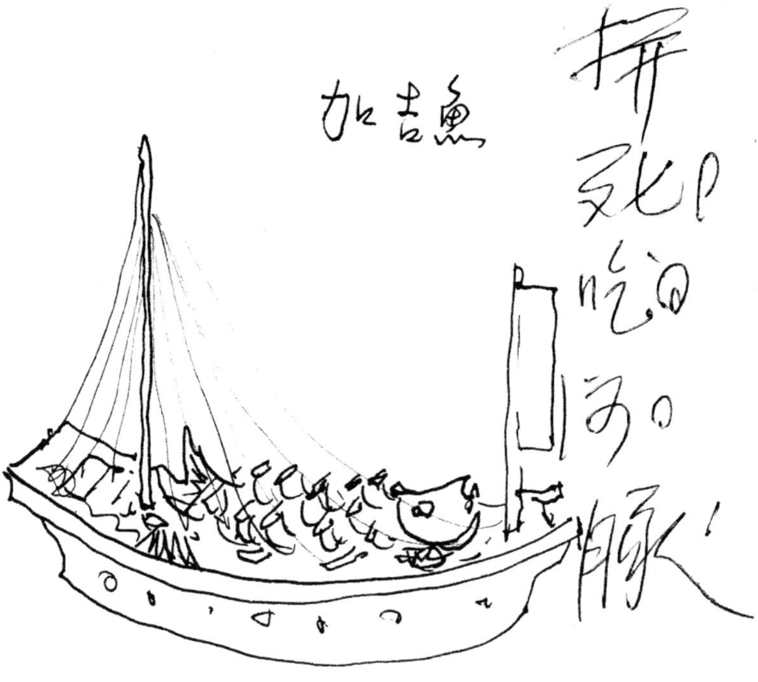

7-2. '拼死吃河豚'(병사흘하돈)[주32 참조], 창수홍의 스케치, 1981년, 독일 쾰른.

귀국 후 나의 산수요소에 대한 관심은 결국 한국 불화와 둔황 벽화를 비교하는 데로 귀결된다. 나는 「한국 불화에 나타난 산수요소의 원류와 그 발달 –둔황 벽화와 관련하여」라는 논문에서[33] 뇌형토파雷形土坡, 운산문雲山紋, 수하인물樹下人物 등 세 가지 요소를 중심으로 둔황 벽화를 한국 산수요소의 원류로 설정하였다. 하지만 둔황 벽화에서 왜 그런 유형이 형성되었는지에 관한 미학적 과제는 충분히 해명하지 못했던 것으로 생각된다.[34]

1987년 12월에는 한국에 '둔황학회'가 탄생했는데, 주로 중국문학과 역사를 전공하는 연구자들이 주축이 되었다.[35] 10여 년 후인 1999년부터는 학회지 『동서문화교류연구』를 부정기적으로 발행하며 오늘에 이르고 있다.

1989년에 비로소 한국의 학술 팀이 최초로 둔황 답사를 시행하게 되었다. 문명대 교수가 이끄는 동국대학교 '중국 불교 문화유적 학술조사단'은 1개월 가량 실크로드를 조사했는데, 특히 둔황 석굴에 치중하였다. 조사보고서는 1990년에 출간되었다.[36] 1980년에 나온 둔황문물연구소편編의 헤이본샤平凡社판의 본격적인 도록과는 비교할 수 없겠지만, 거기에 수록된 둔황 벽화와 소조불 등 116장의 천연색 도판은 학술자료로서 중요한 역할을 했던 것으로 평가할 수 있겠다. 또한 문 교수는 여기에서 「둔황막고굴개요」를 집필하여 둔황에 대한 인식을 새롭게 하였다.

1990년대

1990년대에 가장 큰 변화는 한국의 학자들이 둔황을 자유롭게 답사할 수 있게 된 것이다. 유네스코 주관 '국제실크로드 대탐사'에 나와 김호동 교수[서울대 동양사학과]가 한국 대표로 참여하여 1990년 8월초 대망의 둔황을 비로소 방문할 수 있었다. 그때에 중공학자로서는 수바이宿白

교수, 왕빙화王炳華 교수, 안자야오安家瑤 교수 등이 고고학·미술사 분야에서 참여하였다. 초기 석굴 몇 개가 인상적이었다.

아직 중국과 수교 전이지만 1991년 여름에 나는 다시 둔황을 찾았다. 한국의 고대문화의 족적을 찾는다는 대 프로젝트를 수행하기 위한 것이었다.[37] 1992년 드디어 중국과 수교함으로써 한국 학자들은 자유롭게 둔황과 신장의 전역을 답사할 수 있게 되었다. 나는 그 이후 거의 매년 여름 이 지역을 조사하였다. 답사와 더불어 중국의 문헌자료를 어려움 없이 구입할 수 있다는 점이 중요했다. 바야흐로 둔황 연구의 문이 활짝 열린 것이다.

1992년 나는「둔황 벽화 연구방법 시탐」[38]을 발표하면서 둔황 벽화의 독특한 양식이 어떤 근저에서 생성되는가 하는 미학적 과제의 중요성을 제시하고자 하였다. 둔황화의 성립, 동일 주제의 시대적 표현차이, 외래양식 수용과 새로운 창출, 양식 생성의 요인 등의 관점을 논리 전개의 축으로 하여 문제 제기를 하였다. 또한 이 논문에서 '벽화 속의 한국인'의 의미가 무엇인지 재고할 필요가 있음을 지적하였다. 이 주제는 여러 학자들이 관심을 보이면서 다양한 해석 가능성이 대두되고 있다.[39]

장경동 출토의 불화는 어떤 의미에서는 '둔황 유파'로 볼 수 있을 것 같다. 그것은 동일 주제의 중원의 불화들과 차이가 있기 때문이다. <수월관음도>의 경우가 그러하다. 따라서 둔황, 중원, 한국[고려]의 불화를 비교함으로써 상호 개성이 더 부각될 수 있을 것이다. 1992년에 발표된 유마리의 논문[40]은 이런 관점을 살려 학적 성과를 거둔 것으로 보인다.

1993년에는 '한락연 유작전'이 서울에서 열렸다. 그는 1946년에 둔황 벽화를 유화로 모사한 최초의 화가였다. 나는 한락연의 작품전을 준비하면서 그의 지인인 창수홍을 두 번째로 만나게 되었다. 일찍이 1947년 비행기 사고로 비명에 간 한락연의 예술세계에 대한 정보를 창수홍을 통해 듣고자해서였다.[41] 2005년에 국립현대미술관 주관으로 재차 열렸던 한락연 전시에서도 그의 <둔황벽화 모사도>는 세인의 관심을 모았다.

나는 1995년에 런던의 둔황 미술 전문가인 로더릭 위트필드 Roderick Whitfield로부터 그의 둔황 저서[42]의 한국어 번역을 의뢰 받아, 그 해 가을에 출간하였다. 이 책을 번역하면서 드디어 파노라마처럼 펼쳐지는 둔황 벽화의 전모를 파악할 수 있게 되었다. 뿐만 아니라 미술사학의 원리와 실제에 정통한 한 학자의 눈을 통해 분석된 둔황 벽화가 '다양성의 통일'이라는 미학원리 그 자체인 것을 새롭게 인식하게 되었다.

일본에서 미술을 전공한 화가 김대식은 둔황 석굴을 답사, 거기서 장기간 체류하면서 둔황 벽화 모사에 주력했다. 김대식은 급기야 그 작품들을 한국에 전시[1990년 5월, 샘터화랑]함으로써 한국 문화계에 둔황 이해의 또 다른 전기를 마련하였다. 또한 1994년에는 서울 동아갤러리 주관으로 '둔황 벽화모사전'이 개최되었다.

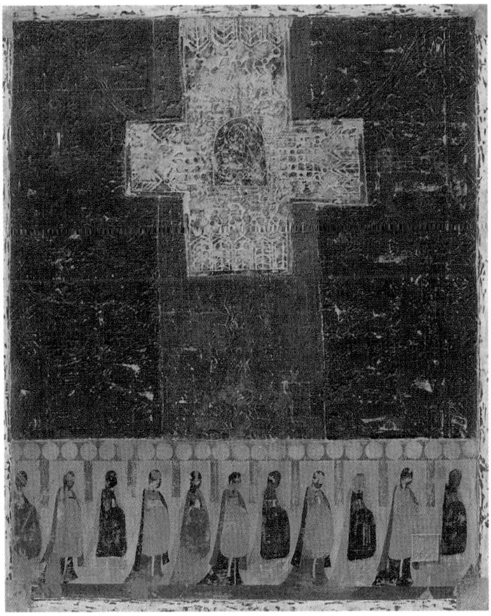

7-3. <공양지덕>, 2001, 서용.

1996년 10월에는 '중앙아시아학회'가 결성되어 한국의 둔황학은 학제적인 연구의 가능성을 갖게 되었다. 1999년 일본의 사진 전문가인 타가와 준조田川純三가 둔황 석굴에 한 달 간 머물며 촬영하면서 느낀 소감을 책으로 엮은 『둔황 석굴』[박도화 역]이 번역되었다. 국내의 둔황 관계 자료에 한 층을 보태게 되었다.

2000년대

2000년대에 들어오면서 한국에서 둔황 벽화 연구는 새로운 국면으로 접어든다. 양식에 치중하였던 종래의 방법론을 지양, 예술 사회학적 관점이 부각된다. 김혜원은 둔황 321굴[7세기말] 벽화의 산악 묘사에 초점을 맞춰, 그 표현적 특징이 무측천武則天의 정치적 의도와 일치한다고 해석하고, 그러한 방법이 시각적 재현의 세계를 확장했다고 보고 있다.[43]

이런 관점의 연장선상에서 또 다른 논문이 발표되어[44] 주목을 받고 있다. 요컨대 둔황의 재지在地 세력과 중원과의 관계가 벽화 도상에 미치는 영향은 매우 중요하다고 보는 입장이다.

한편 박성혜는 8세기 장안의 묘실墓室 화풍이 둔황 벽화에 직접적으로 반영된다고 보며, 특히 인물 표현에 그 특성이 드러나는 것으로 분석한다.[45] 그런데 여기에서는 중심 화단의 영향이 지방으로 파급되는 사회적인 요인이 함께 검토되어야 할 것으로 보인다.

둔황 벽화에 등장하는 한국인은 220굴[642년경]을 필두로 서너 개가 된다. 앞에서도 언급한 것처럼 그 주제에 대해서는 국내외에서 여러 학자들이 논의를 거듭해 왔다. 그런데 최근에 김혜원은 이 주제에 대해서 보다 다각적이고, 치밀한 검토를 바탕으로 더 진전된 견해를 피력하고 있다.[46]

또한 근년에는 미술사뿐만 아니라, 보존과학 차원에서도 둔황 벽화 주제에 접근하는 논문이 발표되어 학계의 확장된 시야를 보여주고 있다. 벽화 보존 차원에서는 안료분석이 필수적이다. 중국의 둔황 석굴

안료분석 보고서를 바탕으로 벽화의 인물 표현이 흑갈색으로 변질된 원인을 확인하는 작업을 시도하였다.[47]

그밖에도 복식과 화면 공간에 나타난 식물 문양을 주제로 동서미술 교섭의 양상을 분석한 논문이 참고가 된다.[48] 나아가 둔황 복식과 두발양식을 중원과 중앙아시아와 비교하여 둔황의 문화적 특성을 부각시킨 논문이 주목되기도 한다.[49]

화가 서용徐勇은 둔황 벽화를 주제로 새로운 창작 불화를 제작하여 대전시회를 열었다. 그는 1997년에 둔황에 들어가 7년 동안 모사와 창작에 몰두, 둔황 벽화를 미학적으로 해석하여 둔황 미술에 대한 우리의 인식을 새롭게 하였다.[50, 도 7-3]

둔황 석굴과 고대 한국

주지하는 바와 같이 둔황 석굴과 고대 한국은 여러 가지 각도에서 밀접한 관계가 있다. 중요한 항목들을 다음과 같이 정리해본다.

1. 고대 한국인들이 표현된 둔황 벽화는 220굴[642년경], 335굴[686년경], 332굴[초당], 237굴[원벽화 중당, 현벽화 1818년] 등이다. 그 밖에 둔황 출토 회권[繪卷] 유마경 변상도 [스타인 컬렉션]에도 조우관의 인물이 보인다.[51]
2. 둔황 석굴 17호굴에서 혜초慧超의 『왕오천축국전』[往五天竺國傳, 펠리오 컬렉션]이 발견되었다.
3. 둔황 석굴에서 출토된 펠리오 문서[No.5522]에는 한국인으로 추정되는 '박원홍'[朴愿弘, 808년, 또는 868년]이라는 이름이 보인다.[52]
4. 의정義淨의 『대당서역구법고승전』大唐西域求法高僧傳에는 신라승, 고구

려승이 서역을 통해 인도를 왕래한 기록이 보인다. 이들은 둔황을 거쳐 갔을 것이다.

5. 610년에 일본에 간 고구려승 담징曇徵의 화풍은 둔황 벽화와 연관 지워 연구할 필요가 있다.

연구 전망 –둔황 벽화의 미학

둔황 미술이 멀게는 인도, 이란, 간다라 등의 영향을 받으며, 가깝게는 중국의 문화 세력을 물리치기 어려운 여건 속에서 발전했음을 우리는 잘 알고 있다. 그럼에도 둔황은 늘 자신의 고유한 미적 특성을 뿜어낸다.

둔황 미술에 끼친 정치적 요인을 분석하는 것은 도상을 밝히는 데 도움을 준다. 그러나 아직 둔황을 '둔황답게' 만드는 요소들이 무엇인지 충분히 논진되고 있지 못한 사정이다. 1980년대 이후 중국의 둔황학 연구자들은 둔황 벽화 역사 자료의 토대 위에 미학을 구축함으로써 새로운 해석의 실마리를 잡아내고자 시도하고 있다.[53] 한편 사회미학적 관점에서 둔황 사회와 벽화를 제작하는 작가들의 창작 여건을 고찰함으로써 벽화 연구의 새로운 방향을 제시하고 있음을 본다. 이런 관점에서 근년의 미국 학계의 연구 작업은 시사하는 바가 적지 않다.[54]

한국의 둔황관계 연구 논저 목록

알려져 있듯이 한국의 둔황학 연구는 그 역사가 일천하다. 둔황학에 대한 관심은 1970년대를 전후해서 싹텄다고 하겠으나 학술 논저가 출간된 것은 1980년대 이후부터라고 해야겠다. 초기부터 2009년까지의 자료를 손이 닿는대로 추려 일단 정리하고[55] 여기에 누락된 것은 추후 보정해야 할 것으로 본다.

주

1 '둔황학' 개념이 최초로 학계에 제안된 것은 일반적으로 1930년 중국인 천인커(陳寅恪, 1890~1969년)에 의한 것으로 알려져 있다. 陳寅恪,『陳垣敦煌劫余录序』, 1930. 그러나 이춘궈(易存國)에 따르면 1925년에 일인 이시하마 준타로(石濱純太郎, 1888~1968년)가 먼저 제창했다고 하는데, 그에 대한 전거(典據) 제시가 없는 것이 아쉽다. 易存國,『敦煌藝術美學』, 上海人民出版社, 2005, p. 31.

2 중국의 왕지칭(王冀青)은 근년의 그의 편저『中外敦煌學家評傳』에서 푸윈쯔(傅云子)의 논고를 인용, "둔황학 연구자로 서양에서는 펠리오가, 동양에서는 하네다 토오루(羽田亨, 1882~1955년) 양씨가 세계적 권위로 우뚝 섰다"고 하였다. 陸慶夫·王冀青 主編,『中外敦煌學家評傳』, 蘭州: 甘肅教育出版社, 2002, p. 401와 傅云子,「三十年來中國之敦煌學」,『中央亞細亞』 第二卷, 第四期, 1943 참조. 실제로 펠리오의 업적 중에서는 1908년에 그가 둔황 석굴을 실사(특히 사진 작업)한 후, 1920~24년에 발간한『둔황 석굴도록』(전 6권)이 중요하다. 전문 연구자에게 이 도록이 기본 사료로서 막중한 역할을 했었음은 다 알려진 사실이다. 예를 들어 파리에서 화가로 활동하던 창수훙(常書鴻)이 1937년 둔황으로 가게 된 것도 그가 세느강가의 고서점에서 본 펠리오의 도록 때문이었다. 더 흥미로운 사실은 1947년 창수홍이 결혼할 때 장따첸(張大千)에게 받은 결혼예물도 그 도록이었다. 창수홍은 그것이 차후 그의 둔황 연구에 큰 도움이 되었다고 술회하였다. 常書鴻,『九十春秋. 敦煌五十年』, 蘭州: 甘肅文化出版社, 1999, pp. 84~85.

3 일인 학자 이케다 온(池田溫)은 1991년의 논고에서 일본의 둔황학 연구가 활발치 않은 것으로 언급하고 있으나, 기실 일본의 둔황 연구의 전반적인 상황은 그 어느 나라에 비해 봐도 뒤진다고 할 수 없다. 그네들이 1980년부터 10여 년에 걸쳐 발간한『강좌돈황(講座敦煌)』은 전13권으로 각 분야에 걸친 그때까지의 연구를 집대성하고 있다. 池田溫,『講座敦煌 5, 敦煌漢文文獻』, 東京: 大東出版社, 1991년, はしがき 참조.

4 위의『講座敦煌 1』(1980년)에 수록된「돈황 연구사 개관」에는 '스타인 둔황문헌', '펠리오 둔황문헌', '러시아·대만의 둔황문헌', '중국의 둔황문헌과 둔황학', '일본의 둔황문헌과 둔황학'으로 주제를 설정, 각국의 연구 상황에 대하여 상세히 보고하고 있으며, 특히 일본의 경우에는『강좌돈황』이전 시기(1953~70년)에 이미『돈황학50년(敦煌學五十年)』(東京: 筑摩書房, 1970)을 간행함으로써 연구 상황을 파악할 수 있게 된다.

5 林家平 外,『敦煌學史』, 北京語言學院出版社, 1992.

6 IDP의 설립목적에 대해서는 "IDP News", No.1(The British Library, May 16, 1994, p. 2)에 명시되어 있다.

7 榮新江,『敦煌學新論』, 蘭州: 甘肅教育出版社, 2002; 앞의 陸慶夫·王冀青 主編,『中外敦煌學家評傳』, 甘肅教育出版社, 2002,

8 松本榮一,『敦煌畵の研究』(上·下), 東方文化學院 東京硏究所, 1937.

9 Nicole Vandier-Nicolas, *Art et Sagesse en Chine*, Paris: Presses Universitaires de France, 1963.

10 예컨대 다음과 같은 논저를 들 수 있다. *Sāriputra et les Six Maîtres d'Erreur*, Paris, 1954; *Bannières et peintures de Touen-Houang conservées au Musée Guimet*, Paris: Librairie A. Maisonneuve, 1974.

11 중국 고대미술 전공, 당시 기메 박물관 학예관이자 에콜 뒤 루브르(Ecole du Louvre) 교수.

12 Paul Pelliot, 1878~1945, *Grottes de Touen-Houang : carnet de notes de Paul Pelliot : inscriptions et peintures murales* / avant-propos de Nicole Vandier-Nicolas ;

notes préliminaire de Monique Maillard, Paris : Collège de France, Instituts d'Asie. Centre de recherche sur l'Asie centrale et la Haute Asie, 1981.

13 Institut National des Langues & Civilisations Orientales(동양언어문화학과)의 준말.

14 주21 참조.

15 M. Sullivan, *The Birth of Landscape Painting in China*, Berleley: University of California Press, 1962.

16 Anil de Silva, *La Peinture de Paysage Chinoise -D'apres les Grottes de Touen-Houang*, Paris: Editions Albin Michel, 1968(초판 1964).

17 M. Sullivan, *Chinese Landscape Painting in the Sui and T'ang Dynasties*, Berkeley: University of California Press, 1980.

18 Ester Jacobson, "Mountain and Nomads: A Reconsideration of the Origins of Chinese Landscape Representation," *The Museum of Far Eastern Antiquities Bulletin*, No.57, 1985.

19 Le Paysage dans les 'figurations de scènes' à Touen-Houang du VIe siècle au VIIIème siècle (국가 등록번호 7601137F)

20 이 도록 한 질(전6권)은 파리에 체류할 당시 피라졸리 교수의 소개로 출판사인 리브레리 폴 괴트너(Librairie Paul Geuthner)에서 직접 구입하여 감회가 깊었다.

21 Basil Gray, *Buddhist Cave Paintings at Tun-huang, with a preface by Arthur Waley*, London: Faber & Faber Limited, 1959. 출간된 지 오래되어 희귀본이 된 이 책은 1975년 런던에 스타인 컬렉션(Stein Collection)을 보러가는 기회에 영국박물관 앞 아서 프로브스타인(Arthur Probsthain) 서점에서 구입하였다.

22 Paul Demiéville, "Compte rendu de: Basil Gray, *Buddhist Cave Paintings at Tun-huang*, with a preface by Arthur Waley(Faber & Faber Limited, London, 1959)," *T'oung Pao*通報, vol. XLVIII, livr.4~5, Leiden: E. J. Brill, 1961.

23 謝稚柳, 『敦煌藝術敍錄』, 上海出版公司, 1955; 姜亮夫, 『'敦煌' 偉大的文化寶藏』, 上海古典文學出版社, 1956.

24 蘇瑩輝, 「敦煌及施奇利亞壁畵所用凹凸法淵源於印度略論」, 『故宮季刊』, 第4卷 第4期, 1970.

25 Mario Bussagli, *The Painting of Central Asia*, Geneve: Skira, 1963. 당초 이 책은 내가 국립중앙박물관에 재직할 때 한병삼 관장(당시 고고과장)으로부터 받은 것으로, 이 배려는 후학을 위한 학문적 자극의 의미로 이해된다.

26 권영필, 「중앙아시아 벽화고 -국립중앙박물관소장 벽화와 관련하여」, 『미술자료』 20호, 국립중앙박물관, 1977, 10~23쪽.

27 마리오 부살리, 권영필 역, 『중앙아시아 회화』, 일지사, 1978, 부록 주3 참조.

28 권영필, 「동양산수화론의 구미역본(歐美譯本)과 저술 -둔황 산수요소 서설」, 『미술자료』 28호, 국립중앙박물관, 1981, 29~44쪽.

29 앞의 주3, 주4에서 언급했다시피 일본의 경우, 1980년에 출간한 『강좌돈황』 시리즈(대동출판사) 전 13권은 일본의 둔황 연구의 실상을 여실히 보여주는 큰 업적이었다. 특히 미술 편에 들어 있는 아키야마 테루카즈(秋山 光和), 도오 겡고(鄧 健吾), 다카다 오사무(高田 修), 우에노 아키(上野 アキ) 등 세계적인 연구자들의 글들은 큰 참고가 되었다.

30 M. Sullivan, 앞의 저서(1980), pp. 150~51.

31 이 스토리는 독일 신문 <디 차이트(Die Zeit)> 지의 기자 테오 좀머(Theo Sommer)가 <디 차이트>의 주간지인 『차이트 마가진』의 둔황 특집에서 다룬 내용이다. *Zeit Magazin* , Nr. 33, 8월 10일, 1979, pp. 10~11.

32 그는 처음 만난 나에게 그의 생애 동안에 역경을 극복했던 일들을 스케치로 표현하며, 그 옆에 "拼死吃河豚병사흘하돈"이라 적었다. '하돈'은 바다돼지, 즉 복어이다. 그리하여 그는 그 그림에 복어를 그려 넣기까지 했

다. 이것은 중국 속담으로 "궁지에 빠지면 어떤 위험한 일도 해낸다"라는 뜻인데, 그의 둔황 활동의 초기시절과 1970년대의 문화대혁명 때를 두고 한 말로 이해되었다.

33 『미술자료』 35, 36호, 국립중앙박물관, 1984, 85쪽에 수록.

34 다만 이 세 요소 중에 '뇌형토파'에 대해서는 필자가 1991년 중앙아시아를 탐사하는 가운데 그 패턴이 현지의 지형에서 유래된 것임을 확인하고, 이를 학계에 발표한 바 있다. 권영필, 「한국불화의 '뇌형토파' 기법」, <조선일보>(「유라시아의 한국」 26), 1992년 5월 7일, 제9면; 권영필, 『렌투스 양식의 미술 –동쪽으로 불어온 실크로드 바람』(상), 서울: 사계절, 2002, 119~21쪽.

35 1987년 여름 타이베이에서 열린 '국제둔황학술대회'에 참여한 한국 학자들이 한국 문화의 올바른 뿌리를 찾기 위해서는 '둔황학' 연구가 시급하다는 의견에 일치를 보아 학회 탄생의 계기가 마련되었다. 한국돈황학회 편, 『동서문화교류연구』, 창간호, 1999, 253쪽(한국돈황학회 연혁).

36 문명대 감수, 『중국대륙의 문화』 3 (허시후이랑·돈황), 동국대학교 편, 1990.

37 조선일보사가 주관한 이 탐사는 실크로드 문화에 대한 학술적 연구 차원과, 대중적 이해 두 측면을 고려한 프로젝트였다.

38 『미술사학』 IV호, 미술사학연구회, 1992, 93~124쪽.

39 1990년대에 집필된 이 주제에 대한 본격적인 논문으로는 다음의 것이 있다. 김리나, 「당 미술에 보이는 조우관식의 고구려인 –돈황 벽화와 시안 출토 은합(銀盒)을 중심으로」, 『이기백선생고희기념 한국사학논총(상)』, 1994.

40 유마리, 「중국 돈황 막고굴(17굴) 발견의 관경변상도(파리 기메동양박물관 소장)와 한국 관경변상도(일본 서복사 소장)의 비교 고찰 –관경변상도의 연구(I)」, 『강좌미술사』 4호, 1992.

41 권영필, 「한락연의 예술」, 『한락연 유작전』, 한국방송공사 1993년 참조.

42 Roderick Whitfield, *Dunhuang. Caves of the singing sands*, London, 1995.

43 김혜원, 「둔황 막고굴 제321굴 <보우경변>에 보이는 산악표현의 정치적 의미와 작용」, 『미술사와 시각문화』 1권, 2002, 70~99쪽. 본래 이 논문은 그의 박사학위 논문의 일부를 토대로 한 것이라고 필자 자신이 밝히고 있다. Haewon Kim, " 'Unnatural Mountains': Meaning of Buddhist Landscape in the Precious Rain Bianxiang in Mogao Cave 321", The University of Pennsylvania, 2001 참조.

44 김혜원, 「둔황의 지역적 맥락에서 본 초당기 음가굴(陰家窟)의 정치적 성격」, 『미술사학연구』 252, 2006, 299~324쪽.

45 박성혜(朴晟惠), 「둔황 막고굴 불교벽화에 나타난 당대 회화의 영향 –서안지구 당묘실 벽화를 중심으로」, 『중앙아시아 연구』 07, 서울: 중앙아시아학회, 2002.

46 특히 220굴은 재지 세력자인 적(翟)씨 가문의 발원인 것으로 볼 때, 둔황과 당과의 관계가 풀이되며, 따라서 유마경변의 도상도 거기에 맞춰 해석해야 할 것으로 주장한다. 김혜원, 「둔황 막고굴 당대 <유마경변>에 보이는 세속인 청중의 도상과 의미」, 『미술사의 성립과 확산』 2권, 2005, 350~65쪽.

47 한경순(韓京淳), 「둔황 석굴 벽화안료에 관한 연구 –안료의 흑변현상을 중심으로」, 『미술사학연구』 232, 2001, 117~99쪽.

48 박현영, 「둔황 석굴 벽화의 식물문양에 드러난 문화적 수용」, 『현대미술연구소 논문집』 9, 2006, 95~113쪽.

49 Young Soo Yi-Chang, "Die Gewanddarstellungen auf den Wandmalereien von Dunhuang," Universität Köln, Diss. 1998.

50 서용, 『영원한 사막의 꽃. 둔황』, 서울: 여유당, 2004.

51 권영필, 『렌투스 양식의 미술』 상, 서울: 사계절, 2002, 236~39쪽.

52 권영필, 위의 책, 241쪽. 원출: 前田正名, 陳

俊謨 譯, 『河西歷史地理學硏究』, 北京: 中國藏學出版社, 1993, p. 264.

53 근년 이춘귀(易存國)의 둔황 미학 연구는 방법론에서도 총체적으로 진일보했다고 평가할 수 있다. 易存國, 『敦煌藝術美學』, 上海人民出版社, 2005. 이춘귀의 저서에 제시된 1980년대 이후의 미학 논저를 참고하면 다음과 같다. 陳驍, 「敦煌美學談」(1~3), 『陽關』, 1983年 第2,4,5期~1984 第5期; 史葦湘, 「産生敦煌佛教藝術審美的社會因素」, 『敦煌硏究』, 1988年 第2期; 洪毅然, 「敦煌石窟藝術中有待探討的美學藝術學的几个問題」, 『敦煌硏究』, 1988年 第2期; 陳允吉, 「敦煌壁畵飛天及其審美意識之歷史變遷」, 『复旦大學學報』,1990年 第1期; 胡同慶, 「初探敦煌壁畵中美的規定性」, 『敦煌硏究』, 1992年 第2期; 方健榮, 「敦煌石窟藝術的美學特徵」, 『絲綢之路』, 1997年 第6期. 한편 '둔황 예술미학'의 구체적인 분석 개념으로는 예컨대 '운동', '공간'개념을 활용하고 있는 것을 볼 수 있다. 謝成水, 「敦煌藝術美學巡禮」, 『敦煌硏究』,제2기, 1991.

54 예컨대 사원경제와 사원구조와의 관계, 나아가 불교 미술에 미치는 영향 등이 1980년대 이후의 둔황학의 연구경향임을 지적하고 있다. Saarah Elizabeth Fraser (2004), pp. 6~9.

위와 같은 경향의 대표적인 논문들을 연대순으로 열거하면 다음과 같다.

* Saarah Elizabeth Fraser, "The Artist's Practice in Tang Dynasty China (8th-10th Centuries)," Berkeley Univ. Diss., 1996.

Saarah Elizabeth Fraser, "Régimes of Production: The Use of Pounces in Temple Construction," *Orintations*, 27, 1996, pp. 60~69.

* Ning Qiang(寧强), "Art, Religion and Politics: Dunhuang Cave 220," Harvard Univ. Diss., 1997.

Saarah Elizabeth Fraser, "A Reconsideration of Archaeological Finds from the Turfan Region, <敦煌吐魯番硏究> 第4卷, 1999, pp. 375~418.

Saarah Elizabeth Fraser, "Formulas of Creativity: Artist's Sketches and Techniques of Copying at Dunhuang," *Artibus Asiae*, vol.59, no. 3/4, 2000, pp. 189~224.

Saarah Elizabeth Fraser, "An Introduction to the Material Culture of Dunhuang Buddhism: Putting the Object in Its Place, *Asia Major*, vol.17, Part 1, 2004, p. 1013.

한편 한국의 돈황학회는 근년 학회지에서 <학술정보>로서 위의 *표한 프레이저(Fraser)와 닝(Ning)의 논문을 소개한 바 있다. 『東西文化交流硏究』, 제4집, 韓國敦煌學會 2002, 5, 487~98쪽.

55 **둔황 관계 한국어 논저 목록**

– 1978, Mario Bussagli (權寧弼 譯), 『中央아시아 繪畵』, 일지사.

– 1981, 權寧弼, 「東洋山水畵論의 歐美譯本과 著述 –敦煌 山水要素 序說」, 『美術資料』 28호, 國立中央博物館.

– 1984,85, 權寧弼, 「韓國佛畵에 나타난 山水要素의 原流와 그 發達 – 敦煌壁畵와 關聯하여」, 『美術資料』 35, 36, 國立中央博物館.

– 1987, 國立中央博物館, 『中央아시아 美術』.

– 1990, 文明大 감수, 『中國大陸의 文化』 3 (河西回廊·敦煌), 동국대학교편.

– 1992, 權寧弼, 「敦煌壁畵 硏究方法 試探」, 『美術史學』 IV호, 美術史學硏究會.

– 1992, 柳麻理, 「中國 敦煌 莫高窟(17窟) 發見의 觀經變相圖(파리 기메東洋博物館藏)와 韓國 觀經變相圖(日本 西福寺藏)의 比較考察 –觀經變相圖의 硏究(I)」, 『講座美術史』 4호.

– 1992, 무함마드 깐수, 『신라·서역교류사』, 단국대학교 출판부.

– 1994, 金理那, 「唐 美術에 보이는 鳥羽冠飾의 高句麗人 –敦煌壁畵와 西安출토 銀盒을 중심으로」, 『李基白先生古稀紀念 韓國史學論叢(上)』.

– 1994, 東亞갤러리,『중국 둔황 대벽화』.
– 1995, Roderick Whitfield, 權寧弼 譯,『敦煌』, 예경출판사.
– 1996, 韓國中央아시아學會 編,『中央아시아 硏究』, 創刊號 [이후 매년 출간].
– 1997, 韓國敦煌學會 編,『東西文化交流硏究』, 創刊號.
– 1998, 全寅初,「둔황학 연구 –4C부터 11C까지 700년 중국역사의 복원」,『대우재단소식』, No.66.
– 1999, 타가와 준조(田川純三), 박도화 역,『敦煌石窟』, 개마고원.
– 2001, 韓京淳,「敦煌石窟 壁畵顔料에 관한 硏究–顔料의 黑變現象을 중심으로」,『美術史學硏究』 232.
– 2002, 金惠瑗,「敦煌 莫高窟 第321窟 <寶雨經變>에 보이는 山嶽 表現의 政治的 意味와 作用」,『美術史와 視覺文化』 1卷.
– 2002, 朴晟惠,「敦煌莫高窟 佛敎壁畵에 나타난 唐代 繪畵의 影響 –西安地區 唐墓室壁畵를 中心으로」,『中央아시아 硏究』 07, 中央아시아學會.
– 2004, 정수일 역주,『혜초의 왕오천축국전』, 학고재.
– 2004, 徐勇,『永遠한 砂漠의 꽃. 敦煌』, 여유당.
– 2005, 金惠瑗,「敦煌 莫高窟 唐代 <維摩經變>에 보이는 世俗人 聽衆의 圖像과 意味」,『美術史의 定立과 擴散』 2권.
– 2006, 金惠瑗,「敦煌의 地域的 脈絡에서 본 初唐期 陰家窟의 政治的 性格」,『美術史學硏究』 252.
– 2006, 박현영,「敦煌石窟 壁畵의 植物文樣에 드러난 文化的 受容」,『現代美術硏究所論文集』 9.
– 2009, 高麗大藏經硏究所,「高麗大藏經을 통한 敦煌寫本의 再認識」, 규장각 국제학술회의 발표논문집.

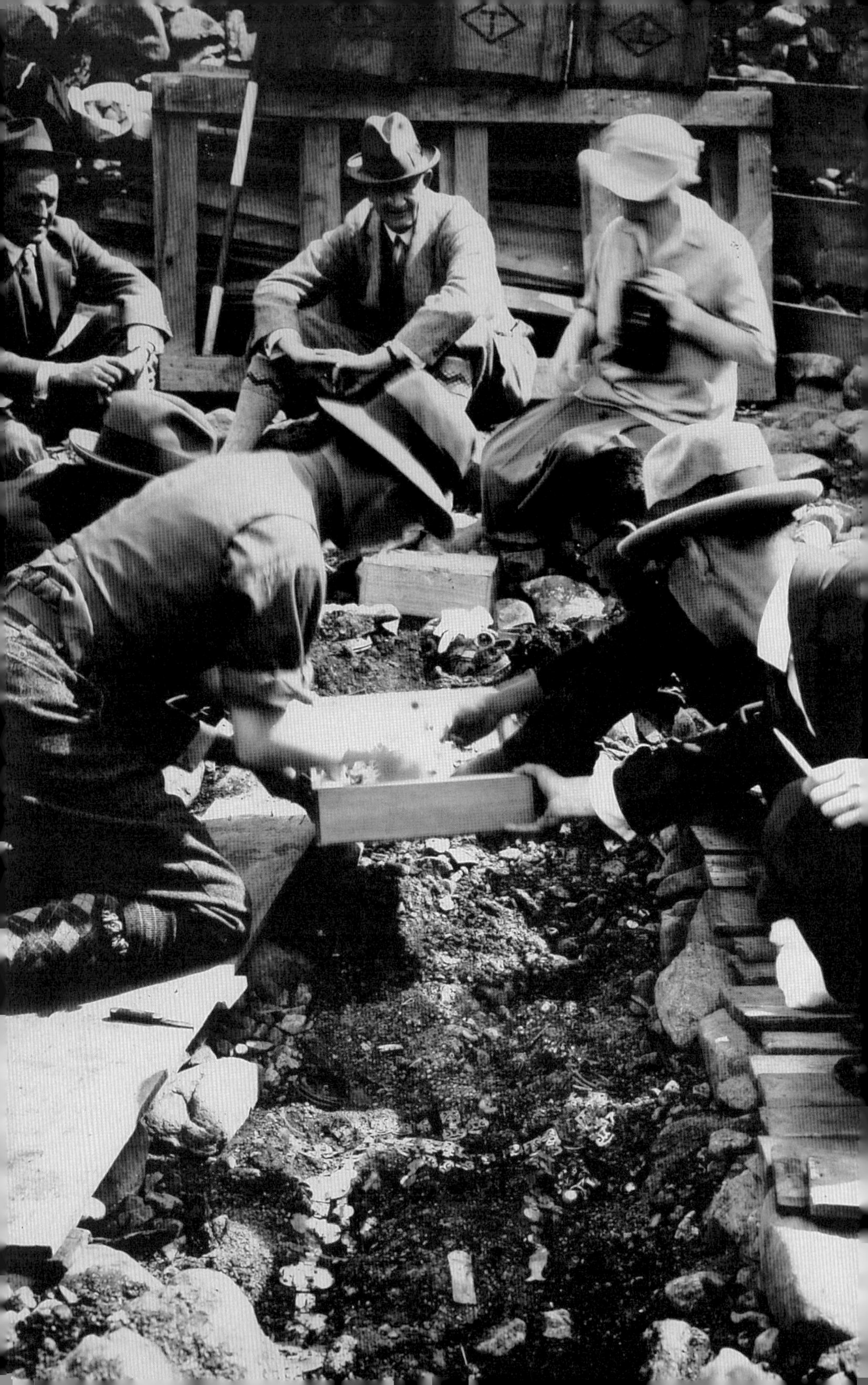

8장 한국 · 스웨덴 · 실크로드

"서양의 유명한 세계 탐험가 헤진 박사가
금일 하오 네 시 반에 종로 청년회관에서
28년 경력을 연설한다더라"
– 대한매일신보 1908년 12월 19일

들어가는 말

한국과 스웨덴은 역사·문화적 관점에서 상호 무슨 영향을 주고받았다고 할 만큼 관계가 형성되지 못했었다고 말해도 틀리지 않다. 그러나 근세 이래 생성된 '실크로드'라는 개념의 테두리에서는 무언가 서로 할 말이 조금은 있을 것이라는 인식 아래 두 나라의 관계를 한번 짚어볼 시점에 이르렀다고 보는 데에는 양쪽에 어느 정도 공감대가 형성되었던 것이다. 이런 취지를 살려낸 것이 지난 2000년도에 가졌던 중앙아시아학회 주관의 국제학술대회 '한국·스웨덴·실크로드'였다.

이 글은 그때 발표한 내용을 손질한 것이다. 물론 여기에서는 그 당시 발표된 스웨덴 학자들의 글에 대한 분석이나 평가는 일단 논외로 한다.[1] 이 글에서는 한국의 경우, 초기 연구의 특징적인 면을 부각시키고자 한다. 그 다음, 근세에 있었던 한서韓瑞 접촉의 한두 사례를 검토하며, 근년에 발표된 스웨덴 학자의 글을 간략히 소개하고자 한다.

이 장에서 우리는 무엇보다도 고대 한국이 실크로드를 이용하여 서방에 이른 루트를 점검하는 것을 주 과제로 삼는다. 대체로 서구와 일본 등 외국의 연구 논저에 들어 있는 실크로드 지도에서는 중국의 장안[현 시안西安]을 기점으로 출발하여 신장성의 사막의 길를 거쳐 지중해 지역과 로마를 종점으로 하는 루트를 그린다. 바꾸어 말하면 동쪽의 한국은 빠져 있는 것이다. '실크로드' 개념이 당초 리히트호펜에 의해 고대 중국의 한나라 때에 비단을 서역으로 실어 날랐던 길을 지칭하는 것에서 비롯되었던 점을 고려하면, 장안이 기점이 되는 것도 이상하지 않아 보인다. 그러나 실제로 리히트호펜이 당초 설정했던 개념이 확대된 지 오래다. 즉 교역 루트로 시작된 이 개념이 문화전파 루트로 바뀐 것을 전제하면 동쪽으로 한국과 일본에 이르는 루트가 연장되어야 한다.

따라서 여기에서 주목하고자 하는 부분은 외국인이 제작한 지도 자료 가운데 한국까지 연장된 것이 있는지, 있다면 언제부터인지에 대한 검토이다. 이런 관점의 지도는 아마도 일본에서부터 개발된 것이 아닌가 한다. 일찍이 일본의 고대 유리 연구가인 요시미즈 츠네오由水常雄는 그의 초기 저서에서부터 로만 글라스의 동점 루트의 종점을 한국의 경주, 더 나아가 일본의 나라奈良까지 잇고 있다.[2] 이 사안에 대해 로만 글라스라는 실크로드의 세부 내용이기에 극동까지 연장이 가능했다고 해석할 수도 있겠지만, 근년에 일본에서 개최된 실크로드 전반에 관한 전시 도록에서도 경주와 나라가 표현된 지도를 보게 된다.[3] 따라서 구미에서 출판된 자료에서 이러한 사례들을 찾아내려면 아직 시간이 더 필요할 것으로 본다.

한편 필자가 조사한 바에 의하면 박물관 내부에 걸려 있는 실크로드 지도에서 한국까지 연장 루트를 표시한 예는 중국 난주의 간쑤성 박물관도 8-1의 경우이다.[4] 사막의 길의 초입에 있는 이 박물관에서 그러한 지도를 제작했다는 것은 의미 있는 일이라고 아니할 수 없겠다.

실크로드 문화, 미술, 고고학의 실상을 파악할 수 있는 유물이 한국에 처음 들어온 사례는 1916년 총독부박물관에 기증된 오타니 고즈이大谷光瑞 컬렉션이라고 해야 할 것이다. 그러나 당시 한국 연구자가 그 유물에 접근하는 것이 가능하지 않았으리라 판단된다. 일제 강점기 동안 한국인의 중앙아시아 고고학은 휴지休止 상태였다고 밖에 말할 수 없다. 다만 국내외 학자들 간에 한국 미술품을 대상으로 중앙아시아 문화와 연결시키려는 시도는 찾아낼 수 있다.

박종홍과 에카르트의 열린 시각

이런 관점에서 먼저 박종홍의 글이 주목된다. 알려진 대로 그는 1922년『개벽』지에 한국 미술의 특성을 논하면서 불교 미술의 전래와 함께

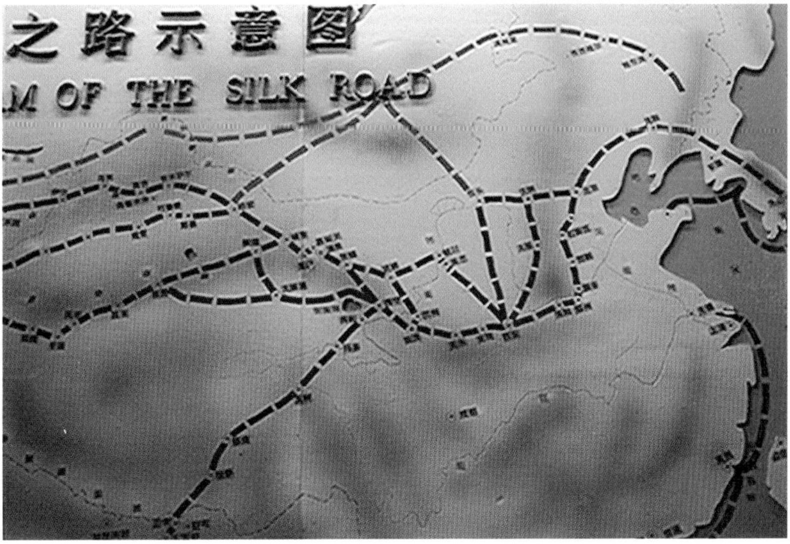

8-1. 한국까지 이어진 실크로드 간선, 1997년, 난주 박물관 전시실의 실크로드 지도.

인도와 그리스 양 문명의 영향을 받았다고 개진하였다. 그가 실제로 '실크로드'라는 개념을 사용한 적은 없지만, 그의 조망법眺望法은 세계 미술사를 하나의 축으로 꿰어 동서를 연결하는 시각이다. 이집트의 '마운즈'mounds가 북으로 뻗어 유럽 제국으로, 동으로는 이탈리아와 그리스를 거쳐 인도에 이른다. 이것이 아시아에 전래된 효시가 되며 인도에서 다시 중앙아시아를 거쳐 시베리아까지 닿고, 중국과 낙랑에 파급된다고 하였다.

고구려 미술에 대해서는 더 중점을 두어 설명했다. "위대한 정신의 주인이며, 비범한 수완의 소유자인 우리 고구려인은 자기 본래의 미술에 유수幽邃한 인도의 불교적 사상과 신묘한 서역의 희랍 계통의 기교를 받아들여 조선화하여 드디어 동양의 전대표적 걸작을 내놓았는데, 이를 두고 비애悲哀의 특성을 가진 것이라 함과 같음은 근대인의 외관상 선입견에 지배된 자이기에 말이되지 않는 것이다……"[필자 의역].[5] 박종홍이 이 대목에서 말한 "비애의 특성…… 운운"은 아마도 야나기 무네요시柳宗悅의 소위 '비애의 미론'을 비판한 것으로 보인다. 어쨌거나 여기에서 중요한 것은 그가 고구려 벽화의 국제성을 강조하고 있다는 점이다. 또한 일본 호류지의 벽화를 담징曇徵으로부터의 유업遺業으로 전제하며, 간다라 계통인 고구려화한 미술에 인도의 남방적 기교를 보태어 당대 예술의 진보를 증명하며 세계 미술사상 찬연한 이채를 발한다고 평가하기도 하였다.

한편 이보다 몇 년 후인 1929년에는 한국에 와서 오랫동안 활동한 독일인 인문학자 안드레 에카르트가『조선미술사』의 대저를 엮는 가운데, 역시 고대 한국 미술을 중앙아시아와의 연관성 속에서 파악하려 시도했는데, 이는 그의 역사관의 한 단면을 드러내주는 것임에 틀림없다. 고구려 고분의 천장 마감법[모줄임 기법]을 키질 석굴의 그것과 유사하다는 지적[6]과 함께, 특히 호류지의 금당벽화를 담징과 유관한 작품으로 보고, 그것은 중앙아시아 호탄 출신 화가 위지을승尉遲乙僧의 화풍과 연관될 수 있다고 했다. 또한 베제크리크 석굴 9호 벽화와 비교된다고도 하였다.[7] 그의 이러한 해석의 근저에는 20세기 초에 시행된 유럽 열강의 중앙아시아 탐사 보고서들이 깔려 있다고 해야겠다. 예컨대 독일의 알베르트 그륀베델[Albert Grünwedel, 1856~1935년], 알베르트 폰 르코크, 프랑스의 폴 펠리오, 에두아르 샤반느[Edouard Chavannes, 1865~1918년] 등 대표적인 발굴자들의 보고서가 그의 저서에 인용되고 있기 때문이다.[8]

한국 청동기의 북방적 성격을 주장한 우메하라 스에지

무엇보다도 한반도 유적의 발굴을 직접 시행한 고고학자로 일인 우메하라 스에지를 들지 않을 수 없다. 한국의 청동기 문화의 북방적 성격을 최초로 지적한 사람이 우메하라이다. 그는 1932년에 「고대 조선에서의 북방계 문물의 흔적」을 집필하면서 그 서두에 '북방계'란 '유목족'을 지칭하는 것으로 조선의 북방을 의미하는 것이 아님을 전제하고,[9] 조선에서 출토된 동복, 마구 장식, 방울의기 등을 연구 대상으로 삼았다. 그는 이 무렵인 1925~29년 사이에 연구를 위해 유럽 각지와 미국, 러시아를 여행하였고, 스웨덴과 핀란드 등 북유럽도 빼놓지 않았다. 특히 러시아의 에르미타주 박물관에서는 표트르 쿠즈미크 코즐로프[Pyotr Kuzmich Kozlov, 1863~1935년]가 1923년에 발굴한 노인-울라 고분 출토의 흉노 유물과 시베리아 출토의 스키타이 유물을 조사했고, 그 후에도 한두 차례 러시아에 들어가 러시아 고고학자들과 스키타이 문물에 대해 담론할 기회를 가졌던 것이다.[10] 이렇게 쌓아올린 동북아시아 고고학에 대한 그의 폭넓은 식견이 이 논문의 중요한 기초가 되었음은 말할 것도 없다.

특히 그가 영천 어은동 출토 호형 · 마형 대구와 함께 출토된 120여 개의 '청동 삿갓형 장식'에 주목하면서 그 유적의 성격을 밝힌 것은 매우 중요하다. 위의 논문에서 우메하라는 이 <청동 삿갓형 장식>도 8-2들에 대해서 "이것들을 가지고 띠를 장식하는 것은 북방민족에게서 찾아볼 수 있는 습속이며, 또 스웨덴의 안데르손 교수가 내몽골 오르도스 부근에서 수집한 많은 양의 유물을 접할 수 있었는데, 조선 출토품과 같은 계통에 속하는 것이라는 결론에 도달했다. 작은 금구를 늘어뜨리거나 부착하는 풍습은 오늘날 샤먼들 사이에서 행해지는 것으로"[11] 보았다. 이 논증을 통해 영천 유물의 북방성, 특히 샤머니즘이 일층 부각된 점은 중요하다고 할 수 있다.[12]

이 밖에도 낙랑 왕광묘王光墓 출토 칠기 그릇에는 주칠로 문양을 그려 넣고 있는데, 그 중에 그리핀 문양이 묘사되어 있다.[13] 더욱이 낙랑 유물의 스키타이 성격에 대해서는 최근의 연구 조사에서도 강조되고 있는 부분인데,[14] 일찍이 왕광묘 보고서에서 이러한 그리핀의 존재를 구명하고 있음[15]은 특기할 만한 일이라고 하겠다.

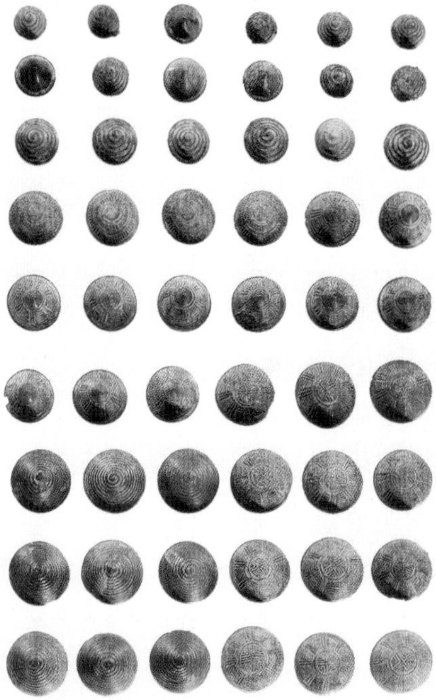

8-2. 청동 삿갓형 장식, 영천 어은동 출토, 1932년, 국립경주박물관.

두 나라의 관계는 20세기 초부터 시작된다. 실크로드 연구사에 손꼽히는 세계적인 학자인 스웨덴의 스벤 헤딘[Sven Hedin, 1865~1952년][16]이 1908년 우리나라를 방문한 것이다. 그때는 일제강점기 직전인데, 그는 일본 지리학회 초청으로 동경을 방문한 후, 귀로에 한국에 온 것이다. <대한매일신보>[1908년 12월 19일]도 8-3에 따르면 “금일 하오 11시 이토 총감이 ‘헤진’ 박사를 대동하고, 대황제[고종] 폐하를 폐견한다”고 하였으며, 연이어 20일자에는 ‘탐험 연설’이라는 작은 제목 아래 “서양의 유명한 세계 탐험가 헤진 박사가 금일 하오 네 시 반에 종로 청년회관에서 28년 경력을 연설한다더라”고 적고 있다.[17] 이때에 구체적으로 어떤 내용의 강연이 진행되었는지는 밝혀지고 있지 않지만, 근세 한국이 실크로드 문화의 외연을 최초로 접하게 된 것은 이처럼 스웨덴 학자를 통해서였다.

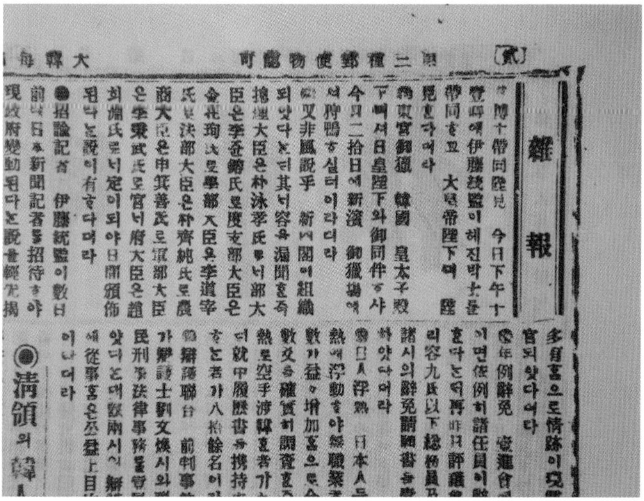
大韓每日申報
雜報
博士帶同陛見 今日下午十二時에伊藤統監이헤진박士를帶同ᄒ고 大皇帝陛下께 陛見ᄒ다더라
東宮御獵 韓國 皇太子殿下께셔日皇陛下와御同伴ᄒ샤今月二十日에新濱 御獵場에셔狩鴨ᄒ실터이라더라

8-3. 헤딘 관계 기사, 대한매일신보(1908년 12월 19일).

특히 헤딘의 발굴 유물들은 오타니 발굴품과 내용적으로 중첩되는 부분들이 많아 한국의 국립중앙박물관 소장품 연구에 많은 도움이 된다. 헤딘의 저서가 한국에 처음 소개된 것은 그의 한국 방문이후 70여 년이 지난 후에 역사학자 조좌호가 번역한『실크 로우드』를 통해서였다.[18] 한편 스웨덴의 지질학자 요한 군나르 안데르손[Johan Gunnar Andersson, 1874~1960년]은 1914년 중국 정부 초청으로 지질 조사차 중국에 가서 1925년까지 머물렀다. 그는 1926년 스톡홀름의 동아시아박물관 초대 관장으로 취임해 1939년까지 관장 직을 맡았다. 그는 중국에 체류하는 동안 점차 오르도스 청동기 수집에 관심을 가져 1920년에는 몽골의 할롱 오소Hallong Osso 지역을 조사하였다.[19] 이어서 롼핑셴灤平縣과 쉬안화셴宣化縣을 발굴 조사하였다. 그런데 그가 수집한 이들 지역의 청동기들은 앞에 인용했듯이 고대 한국의 출토품과 같은 계통임을 우메하라 스에지는 지적한 바 있으며, 그에 대한 실례로서 영천 출토 청동기들을 들었다.[20] 안데르손의 고고학적 성과가 고대 한국유물 해석에 끼친 영향은 간접적인 효과라고 말할 수 있다.

서봉총과 아돌프 황태자

1925년에는 헤딘에 이어 구스타프 아돌프 황태자[1882~1973년]가 스웨덴인으로는 두 번째로 직접 한국을 친방했다. 알려진 대로 그는 고고학자로서 그때 진행 중이던 경주의 서봉총 발굴에 참여하였다. 당초 저명한 미술사가와 고고학자들을 배출한 왕가의 전통 속에서 성장했던 구스타프 아돌프 황태자는 웁살라대학교에서 고고학을 전공하고, 후에 그리스 고고학과 더불어 동아시아 방면에도 관심을 가진 전문가였다. 고고학도인 그를 배려하여 그의 일본 체류[1925년 9월~11월]중에는 줄곧 일본의 고고학자 하마다 고사쿠濱田耕作가 수행했고, 결국 경주를 방문하게 된 것이다.[21]

그때 총독의 호의로 발굴의 특별한 기회를 부여 받은 황태자는 봉황 조각이 장식된 금관을 직접 수습할 수 있었다.도 8-4 그때의 상황을 당시의 보고서를 통해 잠시 보도록 하자. “부산에 상륙한 전하는 차를 타고 곧장 경주로 향해, 오전 10시가 조금 지나서 발굴 중이었던 고분 현장에 도착했다. 전하의 요청도 있고, 하마다 선생의 지시도 있어 적석 주위를 둘러싼 울타리 안에서는 전하 부처와 스웨덴 측의 수행원, 궁내성의 야마가타 식부관山縣 式部官, 오다小田 통역관 이외에는 사람들의 입장을 제한하고 전하가 마음 편히 연구에 전념할 수 있도록 주의했다. 나는 후지다 료사쿠藤田亮策 박물관 주임과 함께 울타리 입구에서 전하 부부를 맞이하고, 하마다 선생의 소개로 인사를 드렸다. 보관을 비롯하여 관 안에 전체적으로 산재한 황금으로 만든 장신구나 각종 주옥류가, 때마침 맑은 하늘에서 빛나던 햇살을 받아 찬연하게 빛나던 광경은 전하부처는 물론 수행원들에게도 감탄의 목소리를 자아냈을 뿐만 아니라

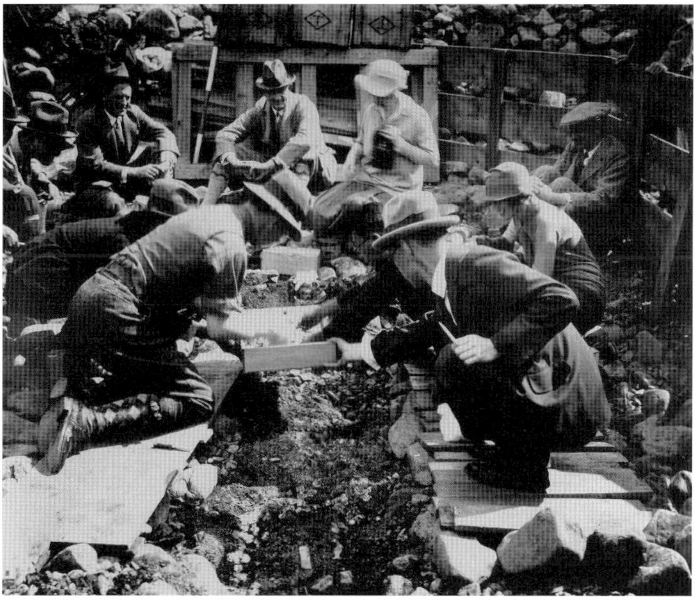

8-4. 구스타브 아돌프 황태자의 서봉총 발굴 장면, 1925년.

잠시 망연히 바라보고만 있었다. 전하 부처가 한 쪽 무릎을 관 위에 대고 머리를 깊게 숙여 피장자의 영혼에게 전중한 서양식 경의를 표한 점은 인상적이었다."[22]

어떤 점에서는 이 서봉총의 금관이 그 이후에 발굴된 신라 금관에 대한 인식을 두텁게 하는 데 기여를 하였다고도 볼 수 있다. 황태자의 발굴 참여를 계기로 서전[瑞典, 스웨덴] 황태자를 기념하는 의미와 금관에 장식된 봉황에서 각각 따다가 고분 이름도 서봉총으로 명명하게 된 것이다. 경주에서의 발굴을 뒤로 하고, 황태자는 서울과 평양을 거쳐 중국으로 떠났다. 고고학자의 고고학 여행은 계속되었다.

서전 황태자의 극적인 금관 발굴의 전말은 한국 고고학사에 남을 일이기도 하거니와 실제로 고대 한국의 실크로드 문화의 실체를 서구 학자에게 명징하게 보여줬다는 데에 더 큰 의미가 담겨 있을 것으로 본다. 발굴 때에는 금관뿐만 아니라 완형의 유리잔[로만 글라스]과 담록색의 깨진 유리잔도 함께 출토되어[23] 벽안의 고고학자를 만족케 하였을 터이니 말이다.

헤딘의 한국 방문에 얽힌 새로운 사실

헤딘의 한국 방문에 대해서는 국내외 학자들에 의해 문헌사료를 바탕으로 기본적인 연구가 이루어졌다. 민병훈 박사는 <대한매일신보>의 헤딘 기사와 더불어 『승정원일기』[순종3년, 1909년, 1월 6일]에서 헤딘이 훈장을 받았던 사실을 밝혀내었다.[24]

그런데 근년에 스톡홀름 대학의 스테판 로젠 교수는 헤딘에 관한 새로운 자료들을 처음으로 공개하였다.[25] 헤딘의 서울 강연과 황제 알현 때에 있었던 구체적인 정황 자료와 당시의 사진들은 비록 한일합방

직전의 일제 간섭기의 암울한 분위기를 드러내기는 하지만, 한서 교류사의 한 특수 상황을 새롭게 조명해 주는 것임에는 틀림없다.

헤딘의 강연은 서두에 언급한대로 청년회관에서 진행되었는데, 그때 청중은 모두 일인들이었던 것 같다. 로젠 교수가 제시한 자료를 분석해보면 그때의 사정을 파악하게 된다. "그는[헤딘] 강당을 가득 메우고 있는 청중이 모두 일본인이라는 사실에 실망했다. 이에 헤딘은 최소한 강연장 밖에서 기다리고 있던 몇몇의 한국인 대표가 들여보내지기 전에는 강연을 시작하지 않겠다고 했다"[26]라고 피력함으로써 당연히 한국인들이 입장한 후 시작한 것처럼 보이나,[27] 로젠 교수는 이 문제에 대한 해답을 우회적으로 표현하였다. 즉, "여기에서 헤딘의 전형적인 행동 방식을 볼 수 있다. 그는 약하고 압박받는 이들에 대해 어느 정도의 진심어린 동정심과 자비심을 지니고 있었지만, 그렇다고 해서 이런 성향을 강하고 세력 있는 사람들과의 우호적 관계에 장애가 될 정도까지 발전시키지는 않았다."[28] 헤딘은 자기의 입장을 조금 주장하다가 철회한 것 같다. 어쨌든 1908년에 있었던 한국에서의 최초의 중앙아시아 강연을 한국인들이 들었을 가능성을 완전하게 배제할 수만은 없는 노릇이다.

다음은 헤딘의 순종황제 알현[1908년 12월 21일]에 관한 것인데, 황제를 만났던 사람들은 많지만, 황제의 인상을 기록한 사람은 단언 하건데, 헤딘 이외에는 아무도 없었을 것이다. "그는 의연하고, 동정심이 많아 보였으며, 그의 행동은 예의 바르고, 나의 대답을 관심을 갖고 경청하는 것으로 보였다. [중략] 그의 차분하고 단정한 얼굴은 우울한 기운으로 젖어 있었다. 나는 그가 천천히, 그리고 위엄 있는 모습으로 일어서면서 이별의 악수를 청했을 때 나를 향하던 슬픔과 외로움의 시선을 잊지 못할 것이다."[29] 실크로드 전문가인 헤딘은 그 당시 한국의 정치 현실을 파악했던 것으로 보인다. 헤딘의 한국 방문 자료를 통해 오히려 그 당시의 한일관계를 파악케 됨은 역사의 아이러니라고 말하지 않을 수 없다.

주

1 스톡홀름 대학교의 실크로드 연구자인 스테판 로젠(Staffan Rosen) 교수와 스벤 헤딘 연구소의 하칸 발키스트(Hakan Wahlquist) 수석 학예관이 스웨덴의 실크로드학의 연구 상황에 대해서 매우 귀중한 자료를 소개하였다. 그리고 일본의 스벤 헤딘 전문연구자인 가네코 타미오(金子民雄) 씨는 헤딘(S. Hedin)의 활동에 초점을 맞추어 발표하였다. 이 글들은『중앙아시아연구』5호(중앙아시아학회, 2005)에 들어 있다.

2 由水常雄,『ガラス工藝』, ブレ-ン出版, 1975, p. x-xi의 지도 참조.

3 『日中國交正常化30周年記念 特別展. シルクロ-ド. 絹と黃金の道』, 東京國立博物館, 2002, pp. 18~19의 지도 참조.

4 필자가 조사한 때는 1995년이었다. 이후 간쑤성 박물관이 대대적인 수리 때문에 장기간 폐관하였는데, 그 후에도 그 지도가 유지되고 있는지는 알 수 없다.

5 박종홍(朴鍾鴻),「조선미술의 사적 고찰(朝鮮美術의 史的 考察)」,『開闢』제27호, 1922년 9월호, 25쪽.

6 안드레 에카르트, 권영필 역,『에카르트의 조선미술사』, 열화당, 2003, 80쪽, 주12 참조.

7 안드레 에카르트, 권영필 역, 위의 책, 259~60쪽.

8 에카르트의 책에서 그가 참고한 논문과 보고서를 찾아보면 다음과 같다. '그륀베델과 르코크': 87쪽의 주12, 90쪽의 주18; '르코크': 215쪽의 주52, 222쪽의 주2, 260쪽의 주16, 17; '펠리오': 260쪽의 주17; '샤반느': 214쪽의 주44. 그 밖에 그의 주저 참고문헌에도 이들의 저서들이 제시되어 있다.

9 梅原末治,「古代朝鮮に於ける北方界文物の痕迹」,『靑丘學叢』第7號, 1932, p. 15. "이 북방계 문물이라는 것은 스키타이 문명이라고 할 때도 있고, 스키토-시베리아의 유물이라고 부르기도 하는데, 19세기 중엽부터 러시아를 비롯한 북부 유럽의 학자들의 주의를 끌고 있는 실정이다."

10 梅原末治,『考古學六十年』, 東京: 平凡社, 1973, pp. 67~136; 田中琢,「梅原末治」,『東洋學の系譜』第2集, 江上波夫 編著, 東京: 大修館書店, 1994, pp. 173~83.

11 梅原末治, 앞의 논문, 1932, p. 34. 이 '청동 삿갓형 장식'들의 도판은 다음의 책에 들어 있다. 한병삼 편저,『국보』1 (고분금속), 서울: 예경출판사, 1983, 도판 178. 한편 이 도판 178에 대한 해설(228~29쪽)에서는 이들 유물의 용도를 샤먼과 관계 짓고 있지 않다.

12 이는 필자가 스키타이 미술에서 중점적인 지표로 삼는 3대 요소인 샤머니즘, 동물양식, 동복 중에 하나의 요소가 되기에 그러하다.

13 이 책의 2장 도판 2-1 참조.

14 이송란,「오르도스 '새머리 장식 사슴뿔' 모티프의 동점으로 본 평양 석암리 219호 <은제 타출마노감장괴수문행엽>의 제작지」,『미술자료』제78호, 국립중앙박물관, 2009.

15 『樂浪王光墓』, 朝鮮古蹟硏究會, 1935, p. 40, 圖板74~75. "날개가 있는 그리핀은 아시리아나 페르시아 등의 유적에서 보는 모양의 느낌을 주는 옛스러움에 적절한 것이었고," 라고 기술하고 있는 것에서 그리핀에 대한 존재 인식을 파악하게 된다. 이 책의 2장 주 3 참조.

16 長澤和俊,『シルクロ-ド ハンドブック』, 東京: 雄山閣, 1984, pp. 316~317 참조. 헤딘은 1885~86년에 페르시아와 이라크를 여행하고, 1890~91년에 스웨덴 왕의 수행원으로 페르시아에 들어갔다가 귀로에, 사마르칸트, 카슈가르를 일순(一巡)하였다. 그 후 본격적으로 탐사에 나서 제1차(1893~97년)로 오렌부르크, 파미르, 타클라마칸 사막, 칭하이(靑海), 북경을, 제2차(1899~1902년)로 타림 분지, 동북티베트, 카라코룸, 레, 카슈가르, 러시아를, 제3차(1905~08년)로 페르시아, 티베트에 들어가 2회에 걸쳐 라사 잠입을 시도했으나 실패, 트랜스-히말라야 루트를 발

견하였다. 1908년에 일본을 거쳐 한국을 방문하였으며, 그 후 서북과학고사단(西北科學考査團)이 조직했던 제4차(1927~35년) 탐사로 고비 사막, 타림 분지 등을 다녀온 후 탐사의 종지부를 찍었다. 롭누르 호수 이동설을 주장한 것으로 유명하다.

17 헤딘의 한국방문에 대한 기사내용은 국립중앙박물관의 민병훈 박사가 발굴한 자료인바, 그 도움에 감사를 표한다.

18 이 책은 『지성인의 세계』(삼진사, 1980)에 한 부분으로 수록된 글인데, 출간연도는 1980년이지만, 번역자의 후기에 씌여진 연대는 1974년으로 되어 있다.

11장 「중앙아시아 고고학·미술사 연구」 참조.

19 T. J. Arne, "Die Funde von Luan P'ing und Hsuan Hua," *The Bulletin of the Museum Far Eastern Antiquities*, No.5, Stockholm, 1933, pp.155~75 + Taffel I-XIV; Bernard Karlgren, "Johan Guuar Andersson in Memoriam," *The Bulletin of the Museum Far Eastern Antiquities*, No.33, Stockholm, 1961; "Ancient Bronzes in the Museum Far Eastern Antiquities, Stockholm: a Hsitorical Survey" 「스톡홀름 동아시아 박물관 안내자료」, pp. 1~16.

안데르손은 유목 문화에 관심이 깊어 *BMFEA* 창간호에 논고를 올렸고, 거기에서 처음으로 '수원청동기(綏遠青銅器)' 즉 '오르도스 청동기(Ordos Bronze)'라는 개념을 설정, 훗날의 이 분야 연구의 초석을 쌓기도 하였다. 위의 「박물관 안내 자료」, p. 9. 원출: J. G. Andersson, "Der Weg über die Steppen," *The Bulletin of the Museum Far Eastern Antiquities*, no.1, 1929, pp. 143~63.

20 梅原末治, 앞의 논문, 1932, p. 34.

21 濱田青陵, 『考古游記』, 東京: 邊江書院, 1932, pp. 76~84.

22 발굴을 담당했던 고이즈미 아키오(小泉顯夫)의 기록이다. 小泉顯夫, 『朝鮮古代遺跡の遍歷 -發掘調査三十年の回想』, 東京: 六興出版, 1986, pp. 55~56.

23 濱田耕作, 앞의 책, p. 61.

24 필자는 『승정원일기』 자료를 민병훈 박사로부터 입수하였다.

『승정원일기』(순종3년, 1909년, 1월 6일) : "서전국(瑞典國) 박사 스벤 헤딘을 훈1등에 특서(特敍)하여 팔괘장(八卦章)을 하사하였다." 다른 한편 이 헤딘의 훈장수여에 관해서는 스테판 로젠 교수도 스웨덴 쪽 사료와 함께 역시 『승정원일기』에 의지하여 밝힌 바 있다. 스테판 로젠, 「스벤 헤딘, 한국, 그리고 포착하기 어려운 중앙아시아」, 『중앙아시아의 역사와 문화』(권영필 교수 정년퇴임기념 논총, 상), 권영필·김호동 편, 서울: 솔출판사, 2007, 327~28쪽, 주3.

25 스테판 로젠, 위의 논문, 319-28쪽.

26 스테판 로젠, 위의 논문, 321쪽.

27 미술사 연구자인 노형석 기자는 이 대목에 대해 "(헤딘은) 일본 관헌들 앞에서 버텼다. 결국 강연은 한국인들이 입장한 뒤 시작됐다"라고 정리하기도 했다. 『한겨레 21』 제675호, 2007, 9, 4, 42쪽.

28 스테판 로젠, 위의 논문, 321쪽.

29 스테판 로젠, 위의 논문, 327쪽 주2.

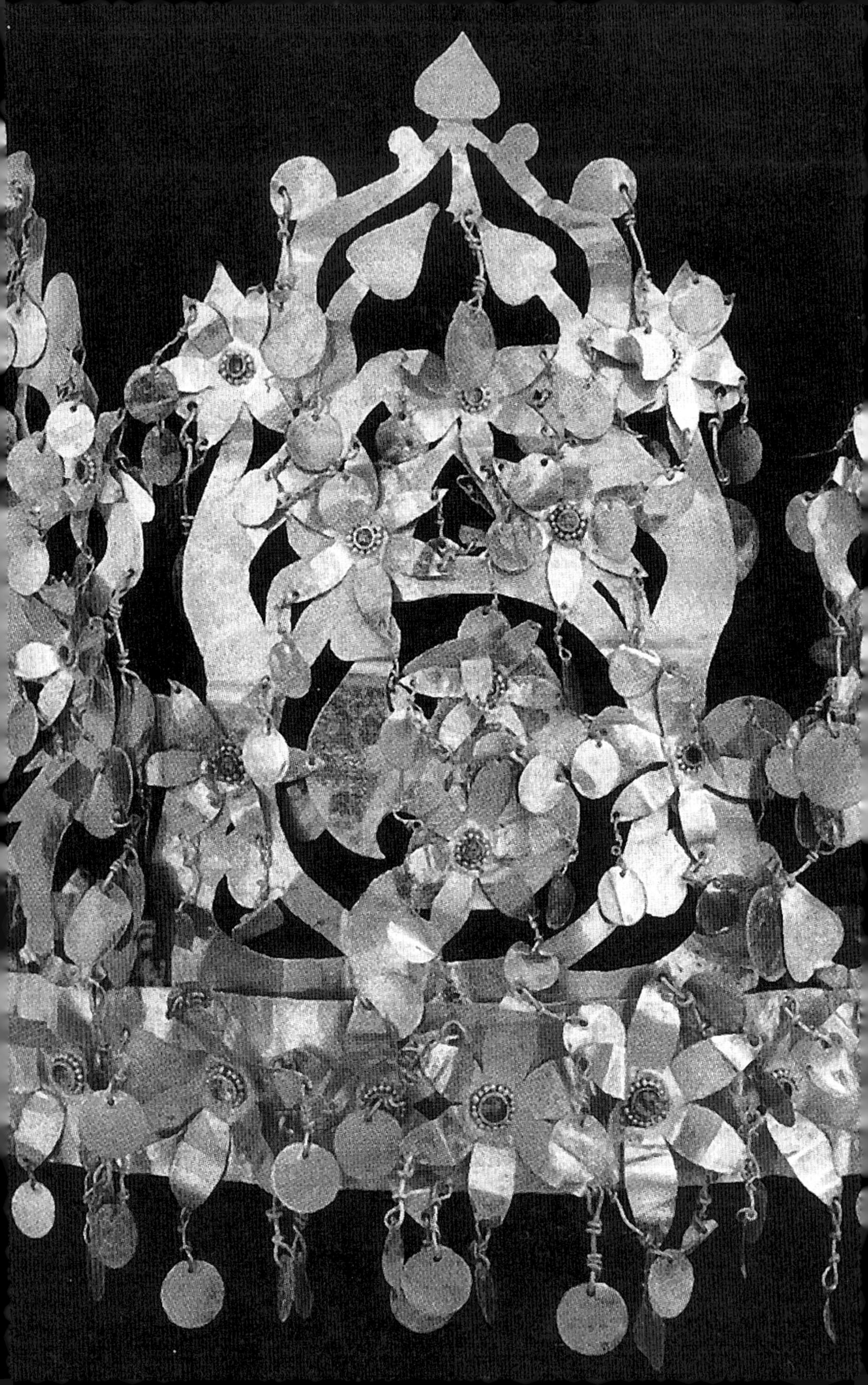

9장 한국의 금관과 온실고고학 지양: 김병모 교수의 저서 『금관의 비밀을 찾아서』를 읽고

왕권의 상징인 왕관의 조형적 본질

일반적으로 역사 서술은 왕권을 중심으로 전개된다. 특히 고대사에서는 더욱 그러하다. 그러면서도 정작 왕권의 상징물인 왕관에 대해서는 지금까지 아무것도 구체적으로 규명된 바가 없었다. 왕관의 조형적 본질을 궁구하는 것은 단순히 미술사적 의의에 머물지 않으며 왕관 사용자, 즉 왕의 실체를 구명하는 것과 등가를 이룬다. 따라서 왕관의 원류를 추적하는 고고학적 연구야말로 역사학적·미술사학적 연구에 선행되어야 할 중요한 위치에 있는 것이다.

이런 의미에서 문헌사학은 고고학에 상당한 빚을 지고 있는 셈이다. 이 점은 미술사도 마찬가지이다. 중요한 유물의 발굴과 편년뿐만 아니라 유물을 탄생시킨 고대 사회의 환경 복원을 위해서는 고고학 보고서를 세밀하게 검토하는 것이 필요하기 때문이다. 뒤집어 말하면 고고학은 자기의 인접 학문에 대해 막중한 공헌을 하고 있다. 창원 다호리茶戶里 고분의 발굴 같은 예가 거기에 해당된다.

문헌사학의 한계는 고고학적 유물에 의존해서 해소할 수밖에 없다. 문헌 신봉자에게도 고고학적 소산은 소극적 대응물이 아니라, 절대적 가치를 지닌 '대체문헌'이라고 할 수 있다. 오히려 문헌 이상의 역할을 하는 경우가 허다하다. 다만 발굴된 물적 증거를 읽어내는 해독력이 필요하다. 언어에 문법이 필요하듯이 유물 해법에도 유물에 내재된 일정한 맥락[컨텍스트]을 찾아내야 하는 것이다.

너무도 자명한 원론이 지금 여기에서 논의되는 이유는 무엇인가. 그것은 이 책의 저자인 김병모 교수의 작업에 대한 중요성을 강조하고자 하는 단순한 의도에서 비롯되었다. 그동안 금관의 원류에 대해 선행 연구자들이 고고학적으로 고구考究하는 일에 너무도 게을렀다. 이제 시들해진 한국 금관에 대한 관심을 김 교수의 연구가 되살릴 것은 분명하다. 뿐만 아니라 김 교수의 이 금관 해법 덕분에 우리는 세계 학계에 대해 더 이상 부끄럽지 않을 것이다.

'신라 금관' 연구 소사

신라 금관이 공식 발굴을 통해 출토된 첫 사례는 1921년 금관총에서부터 시작되었다. 이어서 1924년에는 금령총이, 1926년에는 서봉총이 각각 발굴되었다. 그런데 최초로 한국 미술사를 집필한 에카르트는 그의 저서에서 금관총 출토품들이 예사롭지 않을 뿐 아니라, 중국 물건들과는 구별된다고 하면서 특히 이 금관총 금관을 포함한 신라 금관들은 미적인 면보다는 고고학적 면에서 더 흥미를 불러일으킨다고 하였다. 또한 금관의 세부적 특징에 관해서는 나주 출토 금동관과 양산 북송리 1호분 출토 금관에 주목하였으며, 더욱이 이들 금관들의 형태는 "북방적 영향"이라는 생각을 갖게 한다고 하였다.[1] 한국 미술에 대한 이 초기 연구자의 견해는 막연하기는 하지만 그 방향이 빗나간 것은 전혀 아니었다.

일인들이 발굴한 발굴보고서 중에 1932년에 우메하라 스에지가 쓴 식이총 발굴보고서에는 신라 금관의 다이어뎀diadem이 남로南露의 스키타이나 사르마티아식式 다이어뎀이 동점한 예로 보고, 이 남로 발견의 황금 다이어뎀은 노보체르카스크Novocherkassk 출토 유물이 전형적인 예가 된다는 것이다. 그런데 사실상 이것보다 신라 금관에 더 가까운 것은 역시 남로의 알렉산드로폴Alexandropol에서 발견된 은제품인데, 이

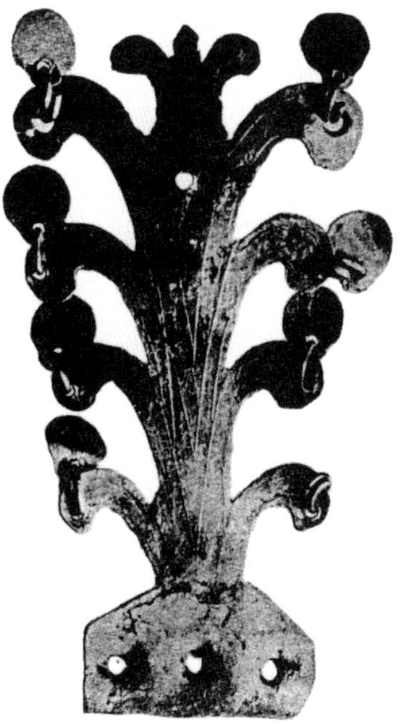

9-1. 은제 관식, 기원전 1세기경, 알렉산드로폴 출토.

후자는 사실적인 식물 형의 입식立飾 5개를 가지고 있으며, 각 끄트머리에는 소보요[小步搖, 영락]가 달아매져 있다고 하였다.도 9-1 금관의 내관內冠과 관계해서 백화피白樺皮 모자가 러시아와 몽골에 존재한다는 사실을 우메하라는 러시아의 코즐로프가 발굴, 조사한 몽골의 노인-울라의 흉노匈奴 고분 출토 유물과 프랑스의 드베예 남작Baron de Baye이 심비르스크에서 수집한 유물을 각각 실견實見함으로써 확인하고 있다.[2]

같은 해인 1932년에 하마다 고사쿠浜田耕作는 최초로 금관에 관한 논문을 썼다. 여기에서 하마다는 신라 금관의 입식을 외래적이라고 보고, 즉 알렉산드로폴 입식에 연관시켜 소개하고 있는데, 이 자료에 대해서는 자기의 세사 우메하라에 의한 것으로 밝히고 있다.[3] 또 『경주의 금관총』[慶州の金冠塚, 1932년]에서도 위에 소개한 알렉산드로폴 입식을 인용하고 있어서 이 당시 학계에 문헌과 실물을 통해서 어느 정도 북방 고고학에 대한 이해를 도모하고 있었던 사실을 확인하게 된다.

이보다 몇 년 후에 고유섭高裕燮은 신라 금관의 외관에 대해 "출자형出字形의 입량立梁 금판金板과 수지형樹枝形 금판"이 세워져 있다고 그 형식 특징을 규명하고,[4] "금관 형식은 동방제국에 유행한 다이어뎀이라는 관모冠帽형식과 서구제국에서 유행한 코로나Corona라는 관모 형식과의 합작품으로 [이 부분에 대해 고유섭은 주를 달지 않고 있으나 이 논지는 하마다 고사쿠의 것이다 -필자] 불교 문화의 동점으로 말미암아 동서양양東西兩洋의 예술형식이 융합된 것이니 현재 이 형식의 완전한 유태遺態는 오직 신라의 이 유물에서 증득證得할 수 있는 데서 예술 가치 이외에 문화 가치까지도 가지고 있는 보물"[5]이라고 그 형식 기원에 대해 피력하였다. 그러면서도 한편 "알타이 스키타이 문화 계통에 속하여 있던 신라 자신"[6]이라고 신라의 문화적 성격을 천명한 것은 매우 흥미 있는 부분이라고 아니할 수 없다.

초기연구자들의 입장에 대한 검증이 더 필요하다. 이보다 15년 후에 김영기金永基는 그의 저서 『한국 미술사』[7]에서 외양에 대해 설명할 뿐 연원에 대한 언급이 전혀 없다. 역시 1962년의 『한국 미술 유럽 전시 도록』[8]에서도 외양 설명만 있을 뿐이다.

1962년 미국인 에블린 맥퀸Evelyn McCune은 입식의 후부를 산호형으로 보아 남방적 요소로 해석하는 전문가의 입장과 함께, 동일한 입식을 녹각으로 보고 북아시아의 삼림지대의 순록사냥족의 고대 전통에서 유래된 것으로 해석하는 또 다른 입장을 대립시키는 일면, 이 금관과 유사한 작품은 아무데도 없으며 아직까지 아무누구도 금관의 전모를 설명하지 못했다고 단언하였다.[9]

1965년 김원룡 교수는 한국학계에서는 처음으로 금관에 관한 논문을 발표하였다.[10] 신라 금관 형성의 배경이 되는 고고학적 내용은 하마다 고사쿠와 우메하라 스에지 등의 논지를 직용한 형편이지만, 고구려와 백제의 금관을 포함해서 한국 금관의 전통이라는 맥락에서 신라 금관의 가닥을 집어내려 시도하였다고 지적할 수 있다. 그리하여 "삼국시대 책[幘, 머리쓰개]의 정확한 발생지를 우리는 밝힐 수 없고, 그저 그것이 북아北亞 계통의 것이라고 짐작할 수밖에 없는 형편이지만 우리나라 내부에서는 고구려의 것이 신라나 백제 것보다 실용적이고 그만큼 오리지날리티를 보여주고 있으며 남쪽 것이 북쪽 것에서 파생한 발달 형식이라고 보아야 할 것이다. 다시 말하면 신라의 관모는 고구려 것의 그것에서 유래한 것이라고 보아야 하는 것이다."[11] 이어서 "외국은 물론 고구려에서도 백제에서도 볼 수 없는 출자형 장식은 수목형樹木形을 신라인들이 도안화한 것이 틀림없으며 그점 우리가 보는 신라의 관은, 본원은 어쨌든 신라관新羅冠이라고 불러야 할 형식."[12][강조는 필자]이라고 결론지었다. 신라 금관의 제반 특성을 김원룡은 그 해에 출간한『한국 미술사』를 통해서 다음과 같이 요약하고 있다. "외관外冠은 역시 금판을 오려서 만든 둥근 대륜臺輪 위에 출자형 장식 2개를 전면에 세우고 그 양 옆에 녹각형鹿角形 장식 1개씩 계 2개를 배치한 것이다. 그런데 시베리아의 샤먼 관冠에 실지 녹각鹿角을 장식으로 꽂은 예가 있고, 또 남로 노보체르카스크의 스키타이묘墓에서 나온 금제 관에는 관대冠帶 위에 걸어가는 사슴과 수목樹木을 소형으로 만들어 배치한 예가 있어, 신라의 금관은 유라시아의 유목민족들이 숭상한 수목과 녹鹿을 도안화한 것임을 짐작할 수 있다. 즉 신라 금관의 특유한 출자형은 나무를 도안화한 것이며, 우리는 이 독특한 신라의 관을 통해서도 신라 문화가 가지는 북방계 요소를 뚜렷하게 느낄 수 있다."[13]

위에 언급했다시피 금관에 관한 한국학계에서의 첫 논문이라는 서지적書誌的 의미와 함께 '신라관'의 독자성을 크게 인정한 글이다. 이 이후의 보고서나 논문들은 대개 이 범위를 크게 벗어나고 있지 않은 형편이다.

예컨대 비슷한 범주의 논거는 1987년 르네 비올레Renée Violet가 "사슴뿔 형식의 금관들은 신라에서 오랫동안 유지되어온 샤먼적인 전통에서 나온 것인데, 이런 유의 장식은 본래 사슴뿔을 가지고 추었던 동東시베리아의 무당의 춤을 연상시키며……또한 곡옥은 아마도 강자의 징표로서의 호랑이의 발톱을 지니고 다녔던 시베리아의 관습을 연상시키기도 한다"[14] 라고 한 데에서도 찾아볼 수 있다.

공감A: 온실 고고학 지양

지금까지 고고·미술사 분야의 선행 연구를 중심으로 금관 연구의 허실을 대략 짚어보았다. 미술사학자들의 논지는 거개가 고고학적 연구 성과를 차용하는 정도이며, 고고학자들의 경우도 초창기부터 한두 학자, 예컨대 하마다 고사쿠와 우메하라 스에지의 지론에 따라 그대로 답습하는 형편이었다. 앞에 잠시 언급한 바 있지만 우메하라의 경우 그의 구미歐美 유학 동안[1925년 12월~1929년 4월]인 1927년 상트-페테르브르그를 방문하여 올덴부르크 교수의 호의로 코즐로프가 1923년 이래 발굴한 노인-울라의 흉노 유물들과 겸하여 스키타이 유물들을 자세히 볼 기회가 있었다.[15] 이 점은 그의 북방 고고학을 위해서 매우 다행한 일이었다고 하지 않을 수 없다. 그러나 이 초기 연구자들의 문제는 현장과 유리된 채로 온실 고고학적溫室考古學的 입장에서 연구가 진행되었다는 점이다. 말하자면 우메하라는 시베리아나 몽고를 탐사한 적이 없는 것이다. 이 무렵 일본 학자로는 에가미 나미오江上波夫가 1930년에 처음으로 내몽골의 장성지대長城地帶를 답사하며,[16] 비로소 북방 고고학 탐사의 문을 연 것이다.

김병모의 시베리아 필드웍

하여간 한국에서 이 금관 연구는 대략 1980년대까지 오랜 시간이 흘렀음에도 진전이 없었던 것은 무슨 이유일까. 여러 가지 사정이 있겠지만, 무엇보다도 이 복잡한 주제를 해결하려는 의지와 집착이 사람들에게 없었던 것이다. 아울러 현지 탐사가 정치적으로 불가능했던 것이 커다란 장애요인이 되었던 것도 사실이다. 김병모 교수는 이 두 가지 어려움을 극복해서 그의 오랜 꿈을 실현시켰다. 전자의 '집착'은 자력으로, 후자의 국제적인 '교통장애'는 타력에 의해 해결을 보았다. 즉 1990년대에 접어들면서 구소舊蘇의 페레스트로이카를 통한 해빙, 중공의 개방정책 등이 한국인 학자의 현지 방문을 가능하게 했던 것이다. 이 기회를 백분 활용, 김 교수는 항상 그리던 시베리아, 북아시아에 대한 현장연구fieldwork를 강행하여 그의 연구는 일층 박차를 가할 수 있게 되었다.

그는 필드에서만 강점을 가졌던 게 아니다. 그는 이 연구를 위해 오래전부터 이론적 기초를 닦아왔던 터이다. 그의 영국 유학 시절의 「북중국고고학」 연구로부터 시작하여, 귀국 후 출간한『역사도시 경주』라는 저서가 기초가 되고, 그의「각배」 논고,「유리」 연구 등 고고학의 중요한 이슈들이 그가 쌓아올린 '금관'이라는 탑의 각층을 이룬다. 그리하여 김 교수의 연구는 금관을 구심점으로 제반 요소들을 종합하는 방식이 커다란 특징이 되었다. 말하자면 그간 금관에 관심을 가졌던 사람들이 이 문제를 평면적으로 보려 하였다면, 김 교수는 이를 복합적으로, 입체적으로 관찰하려 했던 것이다. 더욱이 그는 이 대 주제를 위해 방법적으로 이미 실험을 끝냈다.『김수로왕비 허황옥許黃玉』[17]이 그것이다. 물론 허황옥은 무엇을 위한 부차적인 것이 아니고 그 자체로서 독립적이고, 성공적인 존재이다. 그러나 이 금관 연구의 현장연구를 용의주도하게 완성할 수 있었던 것은 그것과 무관하지 않다는 생각이다. 어쩌면 시기적으로 보면 그 양자의 순서는 거꾸로인지도 모른다. 즉 금관이 앞이고, 허황옥이 뒤인 것으로. 그렇지만 현장연구는 그럴지 몰라도 허황옥 집필이 금관의 전개를 도와준다는 말이다.

1991년 여름 필자는 '한민족 뿌리찾기 유라시아 대탐사'[18]에 김병모 교수와 함께 참여한 적이 있다. 미술사 전공의 내 코스는 특수한 유적지를 포함, 대부분 대도시의 박물관이 조사 지역이었음에 반해 김 교수는 시베리아, 북아시아의 오지가 대상지역이어서 많은 어려움이 있었다고 하였다. 그러나 그는 오지를 종횡으로 누비면서 예리한 관찰과 조사를 용의주도하게 실시하여 이를 보고 놀란 적이 한두 번이 아니었던 기억이 난다. 그는 여행 후에 필자에게 자작나무 재질의 공예품이 신라 고분에서 출토되는 이유를 알 수 있을 것 같다고 들려주었다. 시베리아 횡단 열차를 타고 한없이 전개되는 대평원에 "가도 가도 하늘이 보이지 않는 백화白樺숲으로 덮인 타이가Taiga 지대를 하룻밤과 하루 낮을 뚫고 나가면서"그런 생각을 했다는 것이다.

알타이 오브강江 지역에서 금공품이 많이 발굴된다는, 기왕에 알려진 사실과 그 곳이 유명한 사금 생산지["구소련에서 생산되는 금의 90퍼센트 이상이 알타이 지역 금광에서 채굴된 것"이라 함]라는 사실을 답사를 통해 연결시킨 그의 탐사보고는 신라에까지 이르는 금문화의 흐름을 이해하는 데에 큰 도움이 된다.

한국 고대사회의 새鳥토템은 청동기의 조두간식鳥頭竿飾과, 이보다 앞서 『삼국유사』에서 산견散見되는 몇몇 자료들로 발현되는 정도이다. 물론 거기에 학계에 알려진 서봉총 금관의 새와 천마총의 새날개형 장식을 덧보탤 수 있겠다. 하여간 이 신조사상神鳥思想에 대해서 알타이에서 발원되어 흉노를 통하고 한국에 이르는 길을 김 교수가 고고학적으로 추적한 것은 중요한 성과라고 하지 않을 수 없다. 특히 이씩Iccyk 지방 쿠르간 적석묘[돌무지무덤]에서 출토된 황금인간의 관식에 앉아 있는 새**도 9-2**는 신라의 적석묘 출토 새 관식冠飾의 해명을 위해 시사하는 바가 크다고 생각된다.

금관과 야쿠트 민속자료

하나의 대상을 복합적으로 연결해서 해석하는 사상 체계는 인문학 분야에서 매우 중요하다. 이러한 방식에 익숙해 있는 김 교수에게 시베리아 북쪽 끝에 있는 야쿠트의 민속자료들은 많은 빛을 던져주었다. "야쿠트 민속박물관에 보관된 솟대에는 까마귀와 오리가 앉아 있으며 그 옆에는 황금빛으로 물든 잎사귀가 달린 백화나무가 여러 개 세워져 있다. 그 황금색 백화나무의 잎사귀는 신라 금관에 달려 있는 황금 잎과 똑같은 것이다. 신라 금관이나 장신구에 달린 황금 판 장식을 두고 행엽杏葉, 혹은 보요步搖라고 했는데 이제부터는 백화엽, 또는 수엽樹葉이라고 불러야 할 것 같다. 야쿠트 민속박물관에 있는 솟대와 백화나무 옆에는 백마가 모셔져 있어 솟대, 백화나무, 백마가 야쿠트 지방인들의 민속에 깊이 뿌리 박혀 있는 세 가지 요소라는 것을 알게 되었다."[19] 복합적인 이러한 사상事象들은 흥미롭게도 신라 민속에 그대로 반영되어 종래의 시베리아 계통론의 한국 문화 기원설을 뒷받침하는 것으로 이해되기도 한다.

이처럼 김 교수는 이 금관의 루트를 일일이 발로 확인한 것이다. 그 방법은 그의 주장과 논지가 우리에게 확신을 안겨주는 최대의 장점이 된다.

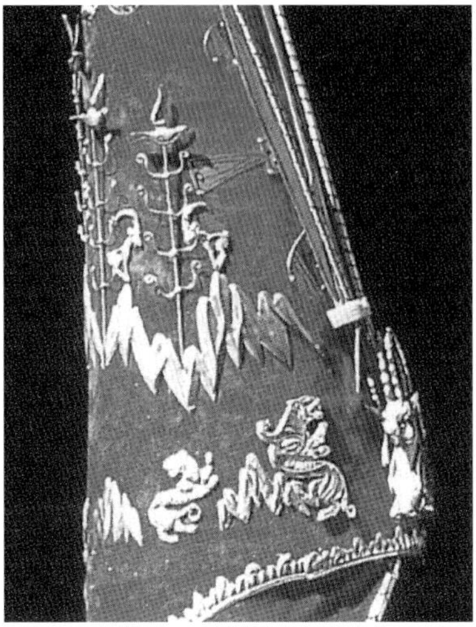

9-2. 관식에 앉아 있는 새, 이씩 쿠르간 출토, 알마아타 박물관.

공감B: 문헌과의 조응

그러면서도 저자는 그가 발로 캐어낸 자료를 문헌과 조응시키는 일을 게을리하지 않는다. 우선 『일본서기』의 기록을 통해 가야伽倻 출신 왕자가 쓰고 있던 모자에 사슴 뿔鹿角 장식이 달려 있었음을 확인하는 평면적인 해의解義에서부터 시작한다. 나아가 『삼국유사』를 점검한다. "김알지의 이름인 알지Alji는 알타이 언어에 속하는 모든 종류의 언어에서 금金을 의미한다. 즉 알타이 언어의 알트, 알튼, 알타이가 이르치〉알지로 변한 것이다. 그러므로 삼국유사에서 '알지'를 '아기'의 뜻으로 해석한 것은 틀렸다고 볼 수 있으며 김알지는 금+금[Gold+Gold]의 의미로 해석해야 한다"[20]고 함으로써 문헌 해석의 근거를 '어원적+고고학적' 자료에 두고 있는 것이다. 다음과 같은 저자의 추론 과정을 참고하면 그 점을 더 쉽게 이해하게 된다. "알타이 산맥 주변에는 '알타이'라는 마을이 여러 개 있다. 몽골 쪽에는 알타이Altay, 중국 쪽에는 아르타이阿勒泰, 러시아 쪽에는 알타이Altai라는 마을이 있으며 알타이 산맥의 최고봉인 우의봉友誼峰에서 흘러내리는 강의 이름도 아르티사額爾齊斯강이다. 이 강은 여러 가지 옥玉과 사금砂金이 많이 나기로 유명하다. 그래서 그 산의 이름도 금산[金山, 알타이 산]이다."[21] 이렇게 해서 신라 금공예품의 뿌리를 알타이와 연결시키는 작업이 내용을 갖추게 된다.

한편 신라 내부의 문제로 돌아와 기왕에 문헌에서 밝혀졌던 고신라의 왕계와 금관의 구조를 대비시켜 왕관의 주인공을 설정한 저자의 작업은 긍정적 의미의 상상력을 기초로 한 것임은 전혀 부인할 수 없지만, 그 결론은 상당한 설득력을 가지고 있는 것으로 판단된다. 즉 "신라 왕족 중 금관을 사용한 왕들은 김씨계 인물들"이라고 전제한 후, "김씨계 중에서 왕위가 끊이지 않고 4대까지 계속된 경우는 내물왕계가 있는데.……눌지의 아들 자비가 내물계의 3대이고 자비의 아들 소지가 4대이다.……따라서 3단 입식의 금관들은 자비왕 대의 것이고, 4단 입식의 금관들은 소지왕, 지증왕 대의 것으로 볼 수 있다"[22]는 것이다. 나아가 김병모 교수는 4단 입식이 달린 금관 2개(천마총, 금령총) 중 하나는 소지, 또 하나는 지증의 것일 가능성으로 압축하였으며, 결론적으로 천마총을 구조의 소략성과 지증의 인도주의적 치적에 비추어 보아 지증의 능으로 보았다.[23] 이처럼 문헌에 의한 역사적 배경, 구체적 유물과 당시의 관습 등을 분석하여 종합하는 방법은 미술사에서는 '도상해석학'圖像解釋學 Ikonologie이라고 하여 유물 해석의 적합한 방식으로 통용되고 있는데, 김 교수의 방법은 도상해석학의 좋은 본보기를 보는 것 같다.

그러나 무엇보다도 문헌과 유물의 조응 관계에서 얻어진 성과는 '금관의 사용자'에 관한 고증이다. 주지되고 있는 바이지만, 고신라 문화에서 해명되지 않은 몇가지 현안懸案들 중에 적석목곽분[積石木槨墳, 돌무지덧널무덤]의 존재와 그 사용자라는 문제가 있다. 이 돌무지덧널무덤은 또한 많은 금 세공품을 동반하고 있을 뿐만 아니라, 피장자는 이 금관을 이용한 인물이어서 여기에서 금관, 금, 적석목곽분, 피장자 등은 상호 해명의 연결고리를 이루면서 복잡하게 얽혀 있다. 대체로 이 장법葬法은 외래적인 것으로 보는 견해와 자생적인 것으로 보는 견해가 엇갈린다. 전자의 입장에 설 경우 그 주인공은 과연 어디서부터 내도한 사람들인가 하는 문제를 고려하지 않을 수 없게 된다. 여기에 관해서는 그간 고고학자, 역사학자들 간에 논의가 분분했다. 저자는 이 금관을 이용한 돌무지덧널무덤 피장자의 근원을 밝히는 문제를 진수陳壽가 찬撰한『삼국지』三國志의 진한辰韓관계 기사에서 풀어내고 있다. "진한의 왕이 항상 마한馬韓의 사람을 써서 농사를 지었다"는 기록에 착안해, 저자는 이 진한왕을 농사를 짓지 않는 다른 곳에서 온 내도인으로 보았다. 그리고 다시『삼국지』를 참고하면서, 진한에는 옛 진秦나라의 괴로운 부역을 피하여 도망 온 사람들이라는 대목을 인용한다. 그리고 여기에서 진의 발생성분이 유목족이라는 사실을 강조한다. 또한 이때의 부역이란 다름 아닌 시황제 때의 만리장성 축조와 함양의 궁궐 건축을 뜻하는 것으로 해석한다.[24] 이들의 풍습 중에 술잔 돌리는 것을 행상行觴이라 한다는 점도 중시하였다.

여기에서 잠시 이 행상이라는 놀이를 집고 넘어갈 필요가 있다. 이 놀이를 저자는 몽골 탐사에서 직접 관찰할 수 있었다. 이처럼 문헌과 실제가 부합되는 사례를 통해 그것이 '술잔 돌리기'로서 북방 유목족의 특징적인 놀이임을 확인할 수 있게 된 것이다.[25]

다시 이어서 저자는『삼국유사』의 '신라본기' 중에 서라벌에 오래전부터 조선의 유민들이 산 계곡에 나누어 산 사실을 인용한다. 여기에서의 조선은 고조선이며, 이들은 고조선에 위만衛滿의 망명, 한사군漢四郡의 설치 등 기원전 2세기 때의 격동기에 진한 땅으로 이민한 사람들로 해석하는 것이다. 한편 기원후 37년에 고구려가 낙랑을 쳐서 낙랑인 5000명이 신라에 투항한 사실을 내세운다.[26] 저자가 제시한 이러한 몇 가지 요소들을 종합하면 이들은 신라의 북방에서 내도한 사람들로서 특히 그 중에 농사를 지을 줄 몰랐던 진한의 지배 계층은 유목민족이라는 것이다.

금관의 고향을 찾아서

이렇게 해서 삼한시대[구체적으로 기원후 1~3세기로 추정] 진한에서 활동했던 지배 계층의 근원은 일단 밝혀진 셈이다. 그런데 이 세력과 금 문화를 일으킨 마립간麻立干시기[417~514년] 돌무지덧널무덤의 주체와의 사이에는 약간의 시간적인 간격이 있는 듯하다. 또 저자도 4~5세기 때에 훈족과 같은 유라시아의 기마 민족들이 크게 활약했던 국제정세와 함께 신라에서도 기마민족의 문화배경을 가진 사람들의 후예가 새로운 상징성을 부각시킨 사실을 지적한다.[27][강조는 필자] 이렇게 보면 저자는 이 시기에 새로운 집단의 이주보다는 후예들이 어떠한 새로운 충격에 의해 생성한 문화가 바로 금관 자체라고 생각하는 것 같다. 그런데 이러한 입장은 그의 저서의 또 다른 부분에서는 새로운 충격을 몰고 온 집단을 상정하고 있어서 논리적으로 다른 가닥이 생겨날 여지가 생긴다. 즉 저자는 "금문화의 새로운 유행은 주민의 이동이 수반되었을 것이며, 그 주민들은 금을 숭배하는 민족들이 살고 있는 지역으로부터 이주해 온 사람들일 것"[28]으로 보고 있다. 그렇다면 이 이주해온 사람들이 곧 진한 때에 온 사람들을 말하는 것인지, 아니면 그 후 새롭게 이주한 사람인지가 궁금하다. 그리하여 분절적分節的 부분들의 통합이라는 문제가 남는다.

결론적으로 보아 "5세기의 신라 사회는 왕의 칭호가 이사금尼師今에서 마립간 시대로 바뀌는 때이고 바로 이 기간에 금관이 만들어진 사실을 함께 생각해볼 필요가 있다. 칭호가 바뀌는 것은 새로운 사상의 도입을 의미하고 새로운 관을 사용한 것은 새로운 사회제도의 도입을 말한다. 신라 사회에 이렇게 새로운 풍조가 생기게 된 배경은 중국 문화의 영향이 아니다. 신라의 문화적 배경은 적석묘로 대표되는 스키타이, 백마사상의 고향인 카자흐스탄 지역이라는 현상이 점점 뚜렷해진다."[29] 결국 여기에서 신라 민속의 근원은 스키타이 쿠르간 문화를 배경으로 한 알타이 계통인 것으로 매듭지어져 이 논거가 종래의 시베리아 기원론을 덮는 것으로 이해된다. 그리하여 알타이문화를 근간으로 하여 시베리아와 [더 후대에는] 중앙아시아 문화가 각각 가지를 뻗는 형식으로 고대 신라 문화가 형성되는 과정을 금관을 통해서 파악하려는 것이 저자의 입장이라고 필자는 이해하게 된다.

결론에 이르는 서평자의 이러한 이해를 또 다른 소주제를 통해 점검해 보고자 한다. 즉 알타이와 시베리아 지역의 상호 문화파급의 문제는 가령 스키타이의 동물문양 미술의 사례로서 가려질 수도 있을 것이다. 이 스키타이 미술은 일면 알타이→흉노→한반도 쪽으로 가는 일면, 알타이→미누신스크→한반도 쪽으로 파급되었던 경로를 생각하게도 되기 때문이다.

공감과 이견

여기에서는 공감하는 가운데 제기되는 이견을 사례별로 몇 가지 간단히 언급하고자 한다.

흉노와 금

이 김병모의 책에서 '흉노와 금'[2장 「금을 숭배하는 사람들」]의 항목을 두어 그 관계를 강조한 것은 저서의 전체적 논지를 돋보이게 하는 데에 중요한 역할을 한다고 사료된다. 그 중요성에 비추어 약간 소략하게 다루어진 듯하여 여기에 흉노와 금 관계 부분을 보충하고자 한다.

흉노인들이 금을 좋아했던 사실은 『한서』에 산견된다. 그 내용은 다음과 같다. 흉노의 장법葬法을 소개하면서 "기송사, 유관곽금은의구, 이무봉수상복[其送死, 有棺槨金銀衣裘, 而無封樹喪服]."[30]이라 하여 금은구金銀具를 부장하는 사실을 알게 된다. 또한 묵특선우冒頓單于에게 시달리던 문제文帝가 화친을 위해 선우에게 보낸 조공품들 중에는 "황금식구대일, 황금서비일[黃金飾具帶一, 黃金胥毘一],……."[31] 등이 들어 있다. 그 후 묵특이 죽고 노상선우老上單于가 들어서자 문제는 종실의 딸을 보내 선우의 연지閼氏로 만들었는데, 그럼에도 흉노는 재차 한에 침입하여[문제 14년, 기원전 166년] 문제는 후원後元 2년[기원전 162년]에 선우에게 편지를 쓰게 되며 거기에서 매년 조, 누룩, 금, 비단, 면 등을 공물貢物로 보낸 사실을 밝히고 있어서[32] 흉노의 금 선호 관습을 이해하게 된다. 전한 말에 호한야呼韓邪선우는 한에 귀부歸附하고자 입조하게 되어, 이때 곧 감로甘露 3년[기원전 51년] 한에서는 극진한 예우를 하였고 '황금새려수'黃金璽盭綬의 도장을 포함, 많은 선물과 함께 '황금이십근'黃金二十斤을 하사하였다. 그 후 호한야 선우는 한 왕조의 사위가 되기를 원해 한 조정에서는 후궁 왕소군王昭君을 내려 흉노를 부마駙馬로 삼게 되는데, 이때 곧 경녕竟寧 원년[기원전 33년]에도 전과 같은 예물을 내린 것으로 문헌은 기록하고 있다.[33]

북방문화와 동복

동복은 유목민족의 취기炊器로서 본시 스키타이에서 유래된 것임은 주지의 사실이나, 고대 한국과의 관계라고 할 때에는 흉노와 선비와의 관계로 개진하는 것이 어떨지 하는 생각이 든다.[34] 한반도에서의 발견 예는 낙랑 고토인 평양 출토를 더할 수 있고, 숭실대학교 등에 출토지 불명 유품이 여러 점 있어서 앞으로의 중요 연구과제가 될 것이다.[35] 참고로 좀 더 한국 동복에 관해 부연한다면 필자는 개인적인 관심에 의해 년전에 중국 고고학자인 왕빙화 교수[전 중국 신장성고고연구소 소장]와 함께 한국 출토 동복을 검토한 적이 있는데, 왕 교수의 지론으로는 한국 것은 몽골 계통이라고 하였다. 물론 이때의 몽골은 내몽골을 포함한 것으로 생각되는데, 그렇다면 흉노를 포괄해야 한다고 여겨진다. 한 가지 흥미로운 점은 신라 토우 중에 기마인물형 토우[주인과 하인 2점]의 말 등에 얹어 있는 둥근 기물이 바로 동복이라고 한 왕 교수의 귀띔이다. 하여간 이 동복은 고대 한국의 생활문화 속에 녹아들어 있는 외래 풍속, 특히 북방 문화와 관계된 것으로 중요한 유물이다.[36]

신라 문화 속의 서역 바람

8장「신라 사회의 서역(중앙아시아) 풍물」에서 황남대총 북분 출토의 유리잔은 컷 글라스로서 사산 왕조의 유리와 연관된다. 여기에서 저자는 이러한 이란 풍을 "유리잔으로 대표되는 페르시아의 풍속과 사상이 함께 신라에 전파되었다고 생각해야 마땅하다"고 보고, "아마 이때 신라에는 많은 서역 사람들이 와서 살았던 모양인데, 그 증거가 고고학적으로는 신라 괘릉의 서역인 모습의 석상이고, 문헌적으로는 처용가이다"[37]라고 매듭짓는다. 물론 신라 문화 속의 서역 바람은 보통 거세지 않았던 모양이다. 처용[9세기] 이외에도『삼국유사』가 말하는 양지良志를 서역인으로 인정한 경우도 있고,[38] 또한 괘릉의 석인상을 보아도 통일기의 서역인 도래설은 어느 정도 개연성이 있을 것 같다. 그런데 여기에서 유념해야 할 점은 고신라와 통일신라가 각각 서역문화를 흡수, 수용하는 과정이 다르기도 하거니와, 5~6세기에 풍미했던 '중앙아시아 바람'이 간단間斷없이 통일기로 연결된다고 보기는 어렵다는 사실이다. 고신라 때에는 '후기 초원문화' 현상으로 서역과 직접적인 교류가 가능했을 것으로 판단되나, 통일기에는 당을 통한 2차 서역 바람, 즉 간접적인 경로로 서역 바람을 흡수했다는 말이다. 그렇기 때문에 경주 괘릉[8세기 말][39]까지 고신라 고분 출토의 로마계系 유리용기와 관련된 서역 바람의 영향이 미칠 수는 없을 것이다. 얘기가 곁가지로 나가는 감이 있지만 내친 김에 더 부연하자면 필자는 이 괘릉의 무인상을 소그드인, 문인상을 위그르인으로 비정하기도 하였다.[40]

덧보태는 말

앞의 '왕권의 상징인 왕관의 조형적 본질' 부분이 너무 길어져 글 전체의 균형이 맞지 않은 것 같은 감이 없지 않으나, 기실 신라 금관이 처음 발견된 1920년대 이래 얼마나 연구에 발전이 없었는가를 살펴보기 위한 자료이고, 이 말을 뒤집어 새기면 이 저자의 작업 성과를 보여주는 결과가 되는 것으로 믿는다.

"한국 금관은 선행 형식이 존재하지 않는다"라는 저자의 단적인 이 명제는 한국 미술의 전반적 인상, 즉 얼핏 보기에 그 어떤 외래적인 전형에서 벗어나지 못하는 것 같은 그런 인상에 대한 갑갑함을 떨쳐버릴 수 있는 신선함을 준다. 저자는 이 결론을 얻기 위해, 1964년 금관 연구에 대한 자극을 받은 이래 30여 년 동안 많은 노력을 기울였다. 그것은 매우 값진 것이라 아니할 수 없다.

나무만 보고 숲을 못 보듯이 이 저서의 가치와 본질을 파악하지 못한 채 공연히 지엽말단의 문제만을 논했다면 저자에게, 또한 독자에게 용서를 빌 뿐이다.

주

1 안드레 에카르트, 권영필 역, 『에카르트의 조선 미술사』, 서울: 열화당, 2003 (원본: Leipzig, 1929), pp. 348~59.

2 『慶州金鈴塚飾履塚發掘調査報告』 (大正十三年度 古蹟調査報告 第一册), 조선총독부, 1924, 73~77, 104쪽. 우메하라는 드베예 남작의 유물을 파리 교외 생제르맹앙레(St.-Germain-en-laye)에 있는 국립고대학박물관(Musée des Antiquités Nationales)에서 보았다고 하였다.

3 浜田耕作, 「新羅の寶冠」, 『寶雲』 第2册, 1932, p. 28 註18.

4 고유섭, 「신라의 공예미술(新羅의 工藝美術)」(1935), 『한국 미술문화논총(韓國美術文化史論叢)』, 서울: 통문관, 1966, 146쪽.

5 고유섭, 「신라의 금속공예(新羅의 金鐵工藝)」(1936), 위와 같은 책, 67쪽.

6 앞의 「신라의 공예미술」, 141~42쪽.

7 김영기, 『한국 미술사(韓國美術史)』, 서울: 금룡도서주식회사(金龍圖書株式會社), 1948.

8 Museum für Kunstwerk Frankfurt a.M., *Meisterwerke koreanischer Kunst*, Frankfurt a.M., 1962.

9 Evelyn McCune, *Arts of Korea*, Vermont & Tokyo: C.E. Tuttle Co., 1962, pp. 82~83.

10 김원룡, 「신라 금관의 계통(新羅金冠의 系統)」, 『조명기박사화갑기념 불교사학논총(趙明基博士華甲記念 佛教史學論叢)』, 1965, 285~94쪽.

11 위의 논문, 290~291쪽.

12 위의 논문, 294쪽.

13 김원룡, 『한국 미술사』, 범문사, 1965, 133쪽.

14 Renée Violet, *Einführung in die Kunst Koreas*, Leipzig, 1987, pp. 59~61.

15 梅原末治, 『考古學六十年』, 東京: 平凡社, 1973, pp. 107~109; 梅原末治, 「古代朝鮮に於ける北方系文物の痕迹」, 『青丘學叢』, 第七號, 1932, p. 20.

16 에가미 나미오(江上波夫)와 미즈노 세이치(水野清一) 두 사람은 1930년 북중국의 장성지대를 탐사한 후, 다음의 저술을 내었다. 江上波夫·水野清一, 『內蒙古·長城地帶』, 東京·京都: 東亞考古學會, 1935.

17 김병모, 『김수로왕비 허황옥(許黃玉)』, 조선일보사 출판국, 1994.

18 조선일보사가 주관하여 중앙아시아의 주요지역을 고고학(김병모), 민속학(김광언), 미술사(권영필), 음악학(한명희) 등의 학술분야에서 탐사한 대학술행사이다.

19 김병모, 『금관의 비밀』, 푸른역사, 1998, 117~8쪽.

20 위의 책, 167쪽.

21 위의 책, 168쪽.

22 위의 책, 158~9쪽.

23 위의 책, 163쪽.

24 위의 책, 152~4쪽.

25 위의 책, 25~6쪽.

26 위의 책, 154쪽.

27 위의 책, 158, 168~9쪽.

28 위의 책, 136쪽.

29 위의 책, 134~5쪽.

30 『漢書』 卷 94上, 匈奴列傳 第 64上, 第 11册, 傳5, 中華書局, 1962, p. 3752.

31 文帝 前元 6年 BC 174, 위와 같은 책, p. 3758.

32 "출얼금백서타물세유수 (秫蘖金帛絮它物歲有數)", 위와 같은 책, p. 3763.

33 위와 같은 책, p. 3803.

34 한국의 동복에 대해서는 다음의 자료를 참고 할 수 있다. 신경철, 「김해예안리 160호분에 대하여」, 『가야고고학논총』 1, 1992.

35 이 책의 2장 주5 참조.

36 필자는 동복을 '초원문화'의 3대 요소 중의 하나로 꼽는다. 즉 샤머니즘, 동물양식, 동복 등이 그것이다. 이 책의 10장 참조.

37 김병모, 앞의 책, 138쪽

38 강우방은 양지를 서역인으로 비정하였고, 그

의 활동기를 통일신라 초기로 보고 있다. 강우방, 「新良志論 -양지의 활동기와 작품세계」, 『미술자료』 47, 국립중앙박물관, 1991, 25~26쪽.

39 알려져 있다시피 『삼국유사』에는 괘릉을 원성왕(재위 785~98년)릉으로 기록하고 있으며, 또한 실제로 통일신라의 조각사적 관점에서 볼 때에도, 괘릉의 문·무인석상은 8세기를 풍미했던 사실주의풍 조각이어서 괘릉과 원성왕릉을 연결하는 시대 비정은 합리적이라고 사료되기도 한다.

40 이 책의 10장 「고대 한국미술과 실크로드 미술 새롭게 보기」 중의 '괘릉의 문·무인석' 참조.

4부

실크로드 미술 새롭게 보기

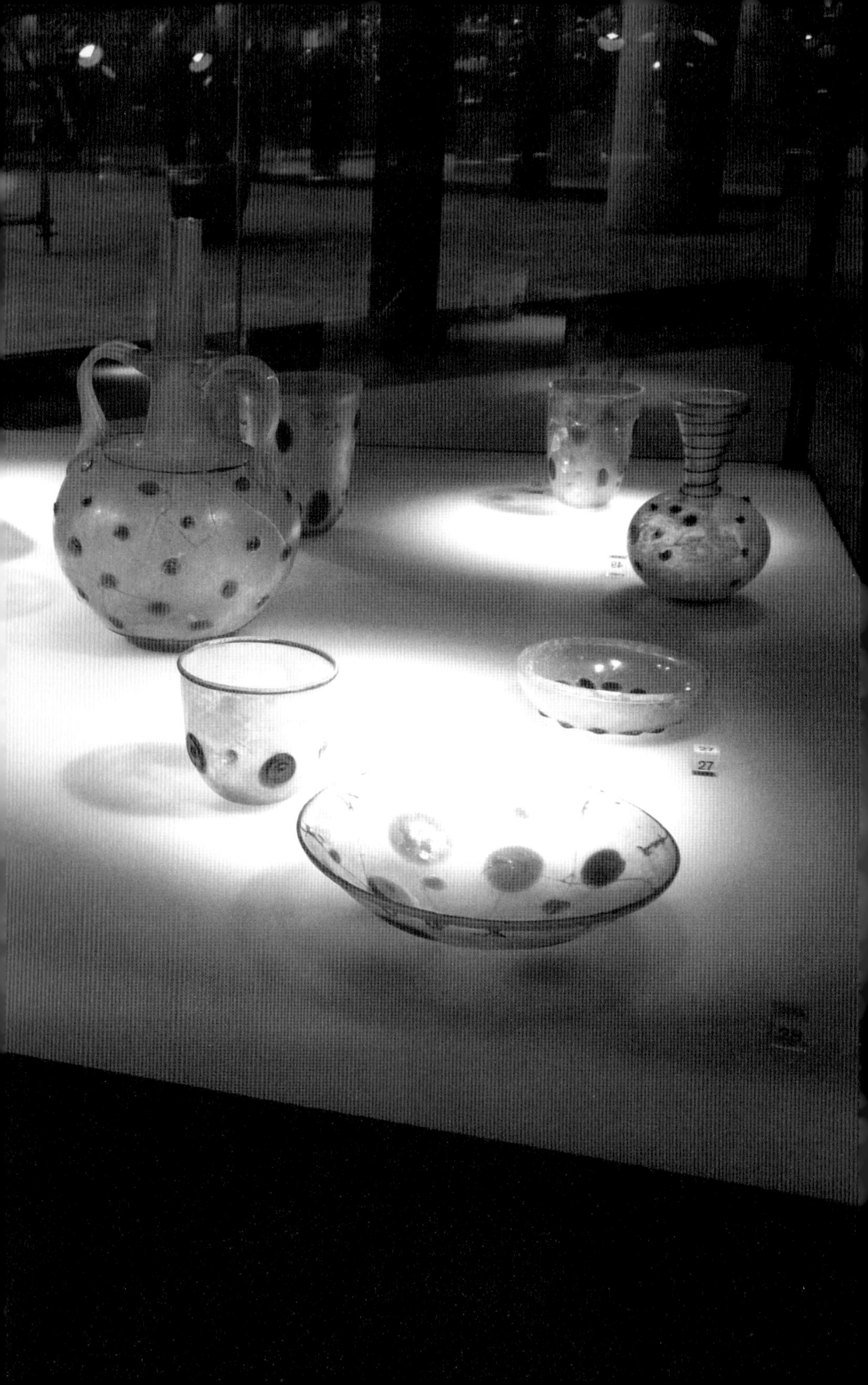
27

10장 고대 한국 미술과 실크로드 미술 새롭게 보기

고대 한국과 초원문화

실크로드 담론談論은 언제나 무공해 식품처럼 우리의 관심을 끈다. 그러나 무공해 식품이라도 무엇보다 그것이 신선해야 제 가치를 지니는 것처럼, 실크로드 미술을 바라보는 우리의 시각도 새롭게 개발될 필요가 있다.

고대 한국 문화를 실크로드와 관련짓는 한, 그 성격을 초원문화草原文化로 규정할 수 있으며, 이런 역사관 아래에서는 신라의 문화와 미술에 중점을 둘 수밖에 없다. 또한 초원문화에 내재해 있는 사상체계에 대한 이해 없이는 신라 사회가 그런 조형을 선호했던 까닭을 풀어나가기 어렵다. 이 글에서 샤머니즘에 무게를 두게 된 이유가 거기에 있다.

실크로드 미술의 미학적 담론

미술 연구에서 작품의 출토지와 연대를 밝히는 작업은 중요하다. 실크로드 미술의 경우에도 이런 사정은 다르지 않다. 출토지와 연대를 밝히는 작업은 양식 구명을 위한 기본요소이며, 또한 도상해석학을 위한 필요조건이 되기 때문이다. 그러나 실크로드 각 지역의 종족들이 특정한 조형품과 표현요소를 선호했던 이유의 근거를 따져본다든가, 한걸음 더 나아가 각 조형작품의 정신적 의미를 구명하는 미학적 관점에 서게 되면, 결국 편년의 문제 등은 여전히 기초적인 것일 뿐이라는 제한성을 갖는다.

특정한 주제를 선호하게 되는 배경에는 실제적인 생활환경과 교섭사적 배경이 크게 작용하는 것임을 알 수 있다. 그리고 만일 주제 선택의 배경을 파악하게 된다면, 우리는 이미 주제와 조형사상과의 관계를 풀어내는 관문의 입구에 와 있는 것이다. 바꾸어 말하면 특정한 작품 생산에 기여한 조형사상을 파악하는 데에는 주제 선호를 이해하는 데서부터 접근 가능성이 생긴다고 할 수 있다.

스키타이의 '동물양식'의 경우, 우리는 동물이 유목족의 생활과 결부되는 기본 요소임을 곧 인지할 수 있다. 동물이 장신구, 무기, 의식기儀式器 등에 표현되는 사실은 동물숭배 사상 이상의 정신적 의미를 가진 것으로 봐야 한다. 구체적으로 동물조형은 간두식竿頭飾의 일부이고, 더욱이 그 동물장식 밑에 부착된 방울은 그 간두식이 샤먼과 관련되고 있음을 짐작하게 한다.

러시아 학자들은 동아시아 고대 문화와 밀접하게 연관된 스키타이에 지속적이고도 진지한 관심을 지니고 있다. 특히 알타이 산지山地의 파지리크 문화의 고유전자古遺傳子에 대한 최근의 연구 결과, 유럽적인 특징을 가진 일부 사람들이 동아시아 유전자를 가지고 있었던 사실이 밝혀졌다. 뿐만 아니라 내몽골 닝청寧城의 난산건南山根 청동단검묘[青銅短劍墓, 기원전 9~7세기]와 같은 고분군에서 고고학자들이 이른바 스키토-시베리아 동물양식의 최초의 흔적이 나타난 유물들을 발견함으로써[1] 스키타이 문화의 연원에 대한 새로운 이정표를 만들었다.

근년에 이르러 러시아 연구자들 가운데 스키타이 문화의 발원지가 알타이 지방이라는 주장이 점차 다수론多數論으로 되고 있음[2]은 한국 고대 문화의 뿌리가 스키타이와 연결된다는 기왕의 해석에 힘을 싣는 결과가 된다. 스키타이의 흑해 발원설을 접어두면, 알타이로부터 출발한 유목문화가 확산되면서 흉노를 통해 청동기를 매질媒質로, 후에는 금金을 매질로 한반도에서 꽃을 피운다는 고고학적 논증이 훨씬 설득력을 갖게 된다.

한반도까지 다다른 이러한 동물양식 미술은 그 파급범위도 넓거니와 지속 기간도 장구하다. 동물양식 미술은 위에 지적한대로 최근 러시아 학자들의 연구 결과에 따른다면, 그 출발이 기원전 9세기 이상으로 올라가야 하겠지만, 남아 있는 유물을 중심으로 볼 때 대체로 기원전 7세기경에 시작하여 근 1천여 년 동안 이어진다. 이것은 미술사상 매우 특별한 사례에 속하는 미술현상으로 보지 않을 수 없다. 필자는 이러한 현상에 대해서 '느리게', '느리게 변한다'는 뜻으로 라틴어의 '렌투스'를 빌어 '렌투스 양식'이라고 명명한 바 있다.[3]

실크로드의 스푸마토

또 다른 예를 보자. 서역 남도 니야泥雅 유적의 민평民豐에서 출토된 미라가 신고 있는 비단 신발인 <강지사리>[絳地絲履, 4세기 후반] 도 10-1를 보면, 그 채색이 독특하다. 소위 중국 회화에서 말하는 운염법暈染法, 또는 운긴暈繝이 구사되고 있어서 우리를 놀라게 한다. 그것은 색깔을 겹쳐 엷게 해나가는 방식인데, 이 기법의 원천이 어디인가가 문제이다. 외래적인 요소로부터 배운 것인가, 또는 자생적인가. 만일 후자의 경우라면 아마도 달무리, 햇무리, 또는 무지개 등 자연현상에서 모티프를 얻어냈을 것으로 추측된다. 그 색채 기법은 자연을 재현함으로써 그것을 통해 자연의 환상성을 강조하는 데서 비롯되었다고 본다.

한편 이러한 운염법적 표현은 호탄 근처인 루오푸현 샨푸라山普拉에서 출토된 한대의 <무사상 벽걸이 카펫> 도 2-4에서도 나타난다. 이것은 카펫으로 짠 벽걸이 그림인데, 상하 이단의 구조이다. 켄타우로스와 무사를 사실적 방식으로 각각 상하에 짜 넣었다. 특히 하부에 있는 무사의 얼굴 표현에는 명암법이 두드러진다. 그런데 이 그림의 상하부를 잇는 중간 부분에 운염이 표현된 횡선대橫線帶가 있어 주목되는 것이다. 더욱이 상부의 켄타우로스는 서방 신화의 존재이며, 하부의 인물도 그 용모와 명암표현이 매우 서방적이다. 이러한 기저에서 이 벽걸이의 원 그림은 서방에서 온 것으로 간주되며,[4] 따라서 거기에 나타난 운염도 서방 기법으로 유추된다.

이 유물을 통해 서방에서 운염법이 이른 시기부터 나타나고 있음을 알게된다. 하지만 이 비단 신발과 더 연관성이 있는 작품은 시리아의 두라-유로포스에서 출토된 3세기 초의 직조물이 아닐까 한다. 예컨대 화문대花紋帶를 중심에 두고 좌우에 운염으로 색변화를 준 방식이 비단 신발의 문양과 매우 유사하다. 사산 왕조의 샤푸르 1세가 3세기 중엽에 이 지역을 석권한 이래 이 문양은 이란에서 유행하게 되었으며,[5] 그러부터 중앙아시아의 서역남도에까지 영향을 미친 것으로 보인다.

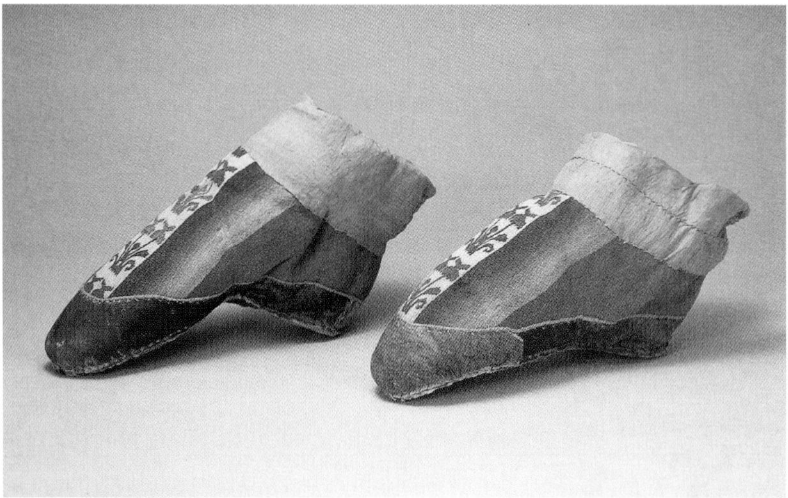

10-1. 비단 신발[絳地絲履], 4세기 후반, 니야 출토, 신장-위구르 자치구 박물관.

작품의 표현 주제와 기법 분석은 실크로드 미술과 같은 동서미술 교섭의 실상을 올바로 파악할 수 있는 방법이다. 즉 표현을 통해 상호 영향관계의 허실을 밝힐 수 있게 될 뿐만 아니라 영향을 받은 후에 나타나는 새로운 창의적 요소가 무엇인가를 알 수 있다. 더욱이 이러한 표현을 통해 창조의 원동력이라고도 할 당시 사람들의 사상을 해독해 낼 수 있다면 그에 대한 추구야말로 실크로드학 연구의 궁극적 과제라고 해도 좋을 것이다.

가령 이 '달무리' 표현을 레오나르도 다 빈치의 스푸마토sfumato 기법과 비유하는 것이 가능하다면, 다 빈치의 사상처럼 '불확실성에 대한 포용'[6]을 실크로드의 고대인들은 가지고 있었던 것은 아닐까 생각하게 된다.

햇무리 문양인 운간은 로마 벽화에도 나타난다. 로마 팔라티노 유적 카사 데이 그리피Casa dei Grifi의 벽화가 그것이다.도 10-2 그런데 사실 로마 벽화의 운간은 대리석 문양을 재현한 것으로서 대리석의 경제적

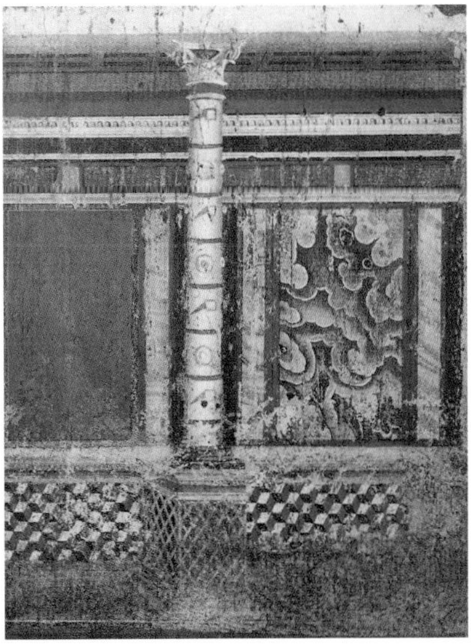

10-2. 운간문(雲繝紋) 벽화, 기원전 1세기 중엽, 로마 팔라티노 유적.

풍요를 상징하는 대리 효과의 산물이다.[7] 여기에서 우리는 이 두 문양이 표출하는 환상성은 우연하게도 일치하지만, 문양의 근원과 목적이 상이하다는 점을 주목해야 한다. 표현의 외적 유사성만으로 그것이 동서 문화교섭의 결과라고 말하기는 어렵다. 오히려 외적 형태는 다르다고 할지라도 조형사상이 일치한다면 상호 영향관계를 언급할 수 있겠다.

탑의 조형성

이에 대한 사례로 중국의 불탑을 들 수 있다. 중국의 불탑은 인도의 불탑과 조형상 큰 차이가 난다. 말하자면 외적 유사성이 없다. 주지하는 대로 인도의 산치 대탑은 기단부가 원형이다. 그것이 간다라와 중앙아시아를 거쳐 오면서 사각기단 위에 원형 봉분 같은 것이 올라앉은 형태로 바뀌었다. 간다라의 시르캅Sirkap 유적의 불탑과 카슈가르의 모에르莫爾 불탑이 그에 대한 예이다. 그러나 중국에 와서는 탑이 건축물의 형태로 바뀌었으니 어떻게 된 것인가. **도 10-3**

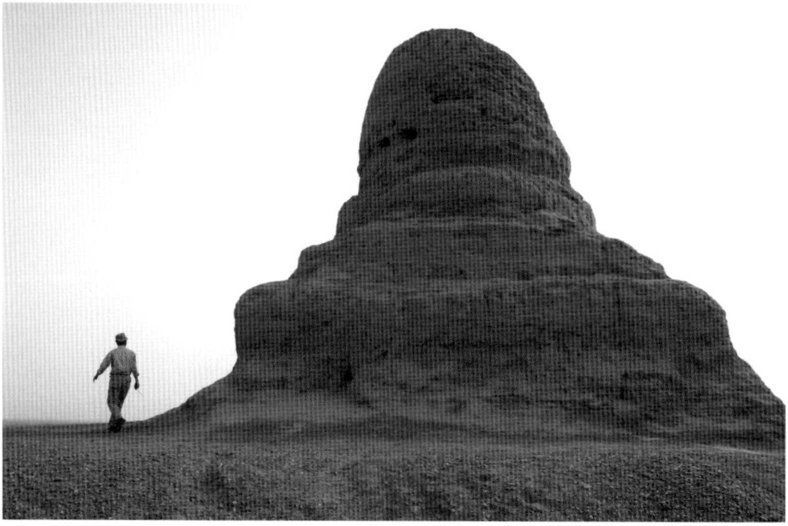

10-3. 모에르(莫爾) 불탑, 4세기, 카슈가르 근교.

탑의 본질은 사리를 봉안한 무덤이다. 그런데 중국이 불교를 받아들인 한대의 경우 무덤은 그 내부가 건축물의 형태로 되어있었기에 당연히 불탑은 건축물의 형태를 따르지 않을 수 없었을 것이다. 즉 중국의 건축가들은 사리봉안처[舍利奉安處, 무덤]라는 내용과 조형정신을 따르기 위해 인도식 불탑이라는 형식을 과감하게 변화시켰던 것이다. 만일 누가 불탑의 외형이 서로 다르다고 해서 중국의 불탑이 인도와 중앙아시아 불탑과 무관하다고 평가한다면 분명 난센스가 될 것이다.

그런데 여기에서 형식의 변화라고는 하지만 형식이 가지고 있는 상징적 부분은 중요시되고 있음을 눈여겨 볼 필요가 있다. 즉 탑의 경우 최첨부의 산개傘蓋 형식은 중국에서도 따르고 있고, 심지어는 한국에까지 계승된다. 내용주의와 더불어 형식의 상징성은 외래문물 수용에서 커다란 준거틀이 된다. 한편 이처럼 변화된 형식은 어떤 의미에서 새롭게 창안된 부분으로 인정되어야 한다. 이러한 미학적 담론을 위해 실크로드 미술의 몇 가지 요소들은 재검토해 볼 가치가 있다고 판단된다.

인면사신의 도상

우선 스키타이 미술에 나타난 <인면사신人面蛇身의 여신상>[기원전 4세기][8]을 보자. 이 존재에 대해서 필자는 이미 중국의 복희여와伏羲女媧와의 연관성을 시사한 바 있지만,[9] 위에 말한 준거틀에 따라 다시금 양자를 간단히 비교해 보고자 한다. 이 여신상은 장례의식 때에 앞에서 행렬을 이끌었던 선도마先導馬의 이마에 붙은 금제장식에 나타나는데, 본래 이 여신에 관해서는 헤로도토스의 『역사』Historiai에 언급되어 있다.[10] 즉 인면사신의 이 여신은 헤라클레스와 결합하여 세 아들을 두었는데, 그 중에 스키테스라는 아들이 왕이 되어 결국 스키타이 왕들의 선조가 되었다는 이야기이다.

이 여신은 왕조 탄생설화의 근원인 셈인데, 중국의 복희여와와 어떤 관계인가. 스키타이 여신에서 발생한 '인면사신'[11] 형식의 상징성을 복희여와의 경우 초기에는 여와 여신에게 적용했다.[12] 한편 스키타이의 '왕권'에 대해서는 중국의 경우 삼황오제三皇五帝 중에 하나인 복희를 끌어들임으로써 대신한 것으로 보인다. 복희여와가 탄생설화와 관계되면서 한대 도상에 갑자기 생겨난 것도 우연한 일이 아닐 뿐더러, 스키타이 여신이 묘사된 마면馬面이 낙랑 고분에서도 출토되는 사실[13]은 시사하는 바가 크다고 할 수 있다. 한편 이 도상이 중국을 경유하면서 음양이 강조되어 고구려 벽화 오회분 4호묘에서는 일신·월신으로 등장하기도 한다.

무용총, 각저총 등 고구려 고분의 주실 벽화에는 삼각화염문三角火焰紋이 묘사되어 있다. 그런데 이와 유사한 문양이 실크로드로 가는 길목인 닝샤寧夏의 구위엔固原에서 발굴된 목관[5세기 후반]에도 나타나고 있어서 흥미롭다. 이 문양에 대해서 중국의 전문 학자인 에넨하라鄂嫩哈拉는 중원에는 보이지 않는 북방 미술 특유의 것으로 규정하고 있다.[14]

또한 이 문양은 윈강 석굴에까지 나타나는 사례를 포함하여 천상天上 표현의 상징으로 읽혀지기도 하는데,[15] 신라의 황남대총에서는 부장용 칠기그릇에 시문되어 장의葬儀의 성격이 더 강한 것이 아닌가 생각되기도 한다. 문양의 연대를 참고해서 보면 이러한 '북방기류'[16]의 형성에 고구려가 어느 정도 주도적 역할을 했을 것으로 믿어진다.

오대당풍

4세기 때의 초기 키질 벽화의 보살상에는 펄럭이는 스카프 자락이 몸을 감싸고 있다. 키질 석굴 38호[주실 서벽]에 표현된 불상에 '당풍'當風의 전형이 보이는데,도 10-4 이 모습은 로마 벽화의 신상도 10-5과 흡사하다. 로마 벽화 제4양식에 속하는 이 폼페이 벽화는 기원후 1세기 작품[17]으로 고대 이란을 징검다리 삼아 동쪽의 키질로 전달되었을 가능성이 높다. 로마의 모자이크가 이란에 영향을 미쳤던 사실을 감안하고, 아울러서 실제로 키질 벽화 불상들의 관식이 사산조 왕들의 관식에서 직접적

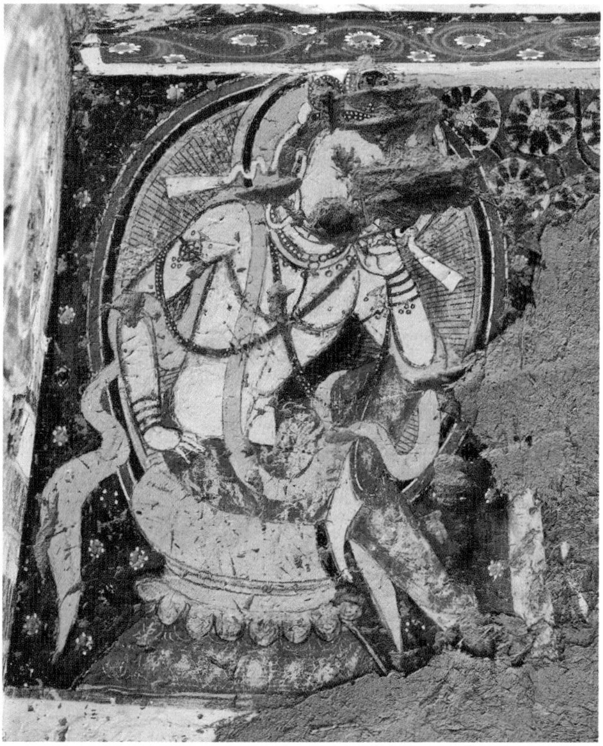

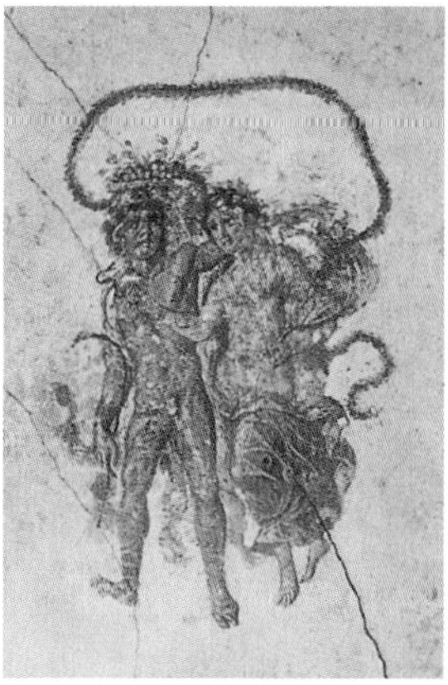

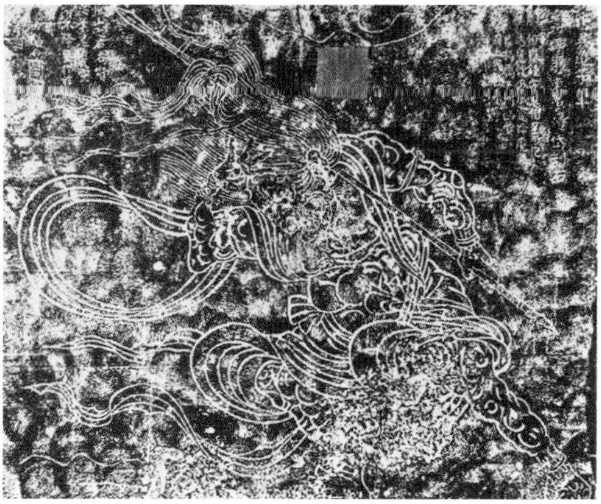

10-4. 의대[衣帶] '당풍[當風]'의 보살상, 5세기경, 키질 석굴 38호(주실 서벽).
10-5. 의대당풍의 신상, 기원후 1세기, 로마 벽화, 폼페이(왼쪽).
10-6. 오도자 화법을 따른 오대당풍(吳帶當風), 8세기 전반, 석각.

인 영향을 받았던 점을 종합해서 검토하면 긍정적인 해답이 나올 수 있을 것 같다.

로마 벽화의 이 신상들은 왼쪽이 디오니소스의 종자인 사티로스이고, 오른쪽은 디오니소스의 종자 무녀巫女인 마이나스[그리스어: Μαινάδη, 영어: Maenad]이다.[18] 따라서 이들은 신화의 존재이자, 더욱이 한쪽은 무녀이기에 보살상의 도상으로 전이되는 데에 친연성이 인정된다. 또한 여기에 외적인 형식성이 유사하여 양자의 관계는 개연성이 크다. 한편 중국의 경우 성당기의 대표적인 화가인 오도자의 필법이 소위 '오대당풍'吳帶當風이라고 하여 의대衣帶가 바람에 휘날리는 모양[도 10-6]이 특징인 것으로 북송北宋의 곽약허郭若虛가 지은 『도화견문지』圖畫見聞誌는 언급하고 있다. 이것은 아마도 오도자가 사원 벽화를 많이 그렸던 관계로 불화로부터 영향을 받았을 것으로 보이며, 거기에 오도자 특유의 역강한 서예적 필선을 가미하여 자기화한 결과라고 여겨진다.

국립중앙박물관에 소장된 한 쌍의 <압형토기>[도 10-7]에는 목에 목걸이가 걸려 있다. 한편 이 오리의 등에는 굴뚝형 깔때기가 부착되어

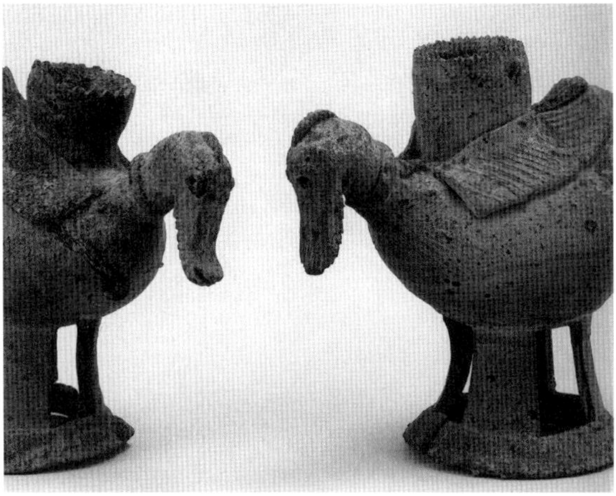

10-7. 압형토기(세부), 5세기, 국립중앙박물관.

있다. 목걸이에 관해서는 그것이 이란의 사산왕조 때의 연주문 목장식에서 연유되었다고 추측하는 견해를 필자가 제기한 바 있다.[19] 또한 이 동물형에 부착된 깔때기가 유럽에서 발원된 조형임은 이미 학계에 보고된 지 오래되었다.[20] 이처럼 서방미술을 수용하여 적극적으로 확대 재생산한 것을 보면 고대 한국인의 진취적인 예술성향을 인지하게 된다.

그런데 그 동안 이 깔때기 조형 전파 루트의 중간 지점에 관해 별로 알려진 바가 없었다. 중국의 간쑤성은 동서 교섭의 통로인 허시후이랑이 있는 곳으로, 적지 않은 서방의 유물들이 출토된 바 있고, 또한 그것들을 모델로 하여 많은 작품들이 생산된 지역이다. 근년에 조사된 바에 따르면, 그 작품들 중에 토기로 제작한 마형, 조형 토기에는 이 깔때기가 붙어 있어 주목되고 있다.[21] 이 허시후이랑의 주취안은 북쪽의 초원의 길과 이어지고 있어서 이 지역으로부터 동쪽으로 전파가 용이했을 것으로 보인다.

서양 건축물에 나타나는 아틀라스Atlas도 중국의 주유侏儒, 불교의 약사와 동류 개념이다.[22] 이 상은 양다리를 구부려 엉거주춤한 자세로 앉아서 한쪽 팔, 또는 양팔로 지붕이나 들보를 바치고 있는 모습이다. 헬레니즘 미술의 영향으로 간다라 편암 부조[23]와 탑에 나타나며, 중국에서는 산둥 부량사 화상석에, 더 동쪽으로는 고구려 삼실총 고분 벽화에, 그리고 남쪽으로는 동남아시아 메콩 강 하류 오케오 유적에서 출토된 동제 메달[24]에 각각 표현되고 있다. 뿐만 아니라 인도에서는 주유를 약사Yaksa로 부르는데, 이 도상이 간다라와는 무관하게 불교 미술의 초기 단계부터 나타나고 있다. 이러한 사정이어서 이 상은 파급의 범위가 넓다 하겠다.

이 형상에 대해서는 동서에서 내용과 형식이 일치한다. 그러나 출현 시기는 동서가 비슷한 것 같다. 중국이 한대에 속하며, 간다라의 경우 편암 부조 초기, 즉 기원후 1세기경에 나타난다. 그런데 오케오 유적에서도 주유 메달의 동반 유물로, 1세기 때의 로마 금화, 인도의 초기 불상, 한대의 동경 등이 출토되고 있다. 그러므로 이 주유 도상이 로마, 인도, 중국의 어느 지역에서 유래했는지 언급하기 어려워진다. 이러한 문제는 실크로드학의 아포리아[난제]가 되는 셈이다.

동쪽에 핀 실크로드의 꽃: 고대 한국의 미술[25]

고대 한국의 초원문화 전사前史

초원문화는 유라시아의 초원지대steppe에서 청동기시대를 중심으로 형성되었다. 이 초원지대는 바이칼 호를 지나는 시베리아와 타림 지역, 몽골, 오르도스를 포함한 북중국 등의 광범위한 지역을 말한다. 초원문화의 시기는 각 지역마다 다소 차이가 있으나, 대체로 기원전 2000년경에 시작되며, 하한은 기원전 400년경까지로 설정된다.[26]

방울과 샤머니즘

이 지역의 청동기 공예품에 나타난 가장 두드러진 특징은 칼과 같은 무기류와 간두식과 같은 제의기祭儀器, 송곳과 같은 생활기 등에 방울을 부착하고 있는 점이다. 이런 종류의 청동기들의 상한은 대체로 기원전 13~10세기경에 속하며, 알타이, 오르도스를 포함한 중국의 서북 지역에서 출토되고 있다. 청동 단검의 예를 들면, 검파부劍把部 끝에 투공의 방울집을 만들고, 그 내부에 구슬을 넣어 흔들릴 때마다 소리가 나게 하는 것이다. 이 방울에 대해서는 여러 가지 해석이 분분하다. 짐승몰이꾼들과 사냥꾼들이 소리를 내기 위해 고안한 것이라고도 하고, 흔히는 샤머니즘과 연관된 것이라고 해석하기도 한다.[27]

그런데 우리가 여기에서 주목하고자 하는 부분은 방울과 샤머니즘의 관계이다. 방울에 대한 비교적 이른 시기의 문헌 전거로는 주말의

『시경』을 참고할 수 있다. 이것은 기물에 대한 내용을 적은 것으로 여기에서 제의 시에 방울 달린 칼을 썼다는 사실을 알게 된다. "청주로 제사 지내고, 붉은 털 달린 수컷 짐승을 택하여 조상에게 흠향케 한다. 방울 달린 칼을 잡고, 그 털을 깍고 기름과 비계를 취한다."[강조는 필자][28] 이 제의의 주관자는 샤먼일 가능성이 높다.

이 내용에 근거하여 몇 가지 사실들이 추론된다. 기원전 7세기에 편찬된 이 문헌의 내용은 그보다 앞선 시기부터 이러한 특징적인 칼을 썼을 가능성을 보여준다. 그리고 이 칼은 특히 제의용이었던 사실을 알게 된다. 붉은 털을 가진 동물은 아마도 말이었던 것을 추측할 수 있다. 또한 말을 제물로 삼는 관습을 북방족에서 유래된 것으로 전제한다면, 이 칼의 사용자도 그곳과 연관이 있을 것으로 보인다. 이 제의의 주관자는 샤먼일 수도 있다.

방울과 칼, 샤먼 등의 요소들을 밀접한 의미연관 속에 고정시키기 위해서는 더욱 구체적인 자료들이 준비되어야 한다. 이 청동기시대 유물 가운데 가죽을 꿰매는 송곳에도 방울이 부착되어 있는 사실을 볼 때,[29] 우리는 청동기시대 사람들이 일상생활에서도 방울을 애호했다고 추측하게 된다. 그러나 간두식에도 방울이 붙어 있는 또 다른 사례로 보아 우리는 이 방울이 의식 행사와 관련이 있음을 인지하게 된다.

더욱이 산시성 출토의 오르도스식 청동기 중에 있는 사두검蛇頭劍[30]은 이런 관점에서 주목되는 유물이다. 이 사두검은 검신이 나뭇잎처럼 생겼고, 검파부 끝은 뱀의 머리 형상이며, 검신은 유연한 곡선으로 휘어 있다. 그리고 뱀의 머리 부분에 고리를 달고 별개로 주조된 종 형태鍾形態의 방울을 걸어놓았다. 검신이 휘어있는 점과 더불어 방울이 부착된 사실은 그것이 실용적 목적에 부합되지 않음을 말해준다. 즉 이 칼은 샤먼과 관계된 의식용인 것으로 볼 수 있다.[31] 이와 같은 샤먼과 방울과의 관계는 전통적인 관습을 담지하고 있는 아시아의 소수민족의 제의에서도 극명하게 드러나고 있다.[32]

결국 초원 지역 정치 지배자의 상징물인 칼, 제의 주관자의 상징물인 방울을 하나로 결합시킨 이 방울 달린 칼은 제정일치 시대 군장[33]의 전유물이었을 것이며, 그것은 샤먼의 칼이었을 것으로 유추된다.

이 청동단검의 칼자루 장식劍把飾에서는 동물장식이 주목된다. 동물 머리를 장식한 검파두식은 대체로 위에서 설명한 방울달린 단검의 제작 시기와 비슷한 기원전 13세기부터 생산되었으며, 특히 두 동물을 대칭적으로 마주보게 하는 방식의 '촉각식'觸角式단검은 기원전 6~5세기부터 유행하여 알타이, 미누신스크, 오르도스 지역을 중심으로 하나의 조형적 줄기를 형성하고 있다.[34] 그리하여 이 칼자루 장식의 동물조형은 초원미술의 대명사로 특징화되기에 이른다.

이 밖에도 스키타이의 대구帶鉤, 대금구帶金具는 동물 주제로 구성되어 소위 '동물양식' 미술의 특징을 보인다. 기원전 7세기경부터는 흑해 연안에서 활동한 이란계 스키타이족의 동물 디자인은 그리스 고전 공예기법을 흡수하면서 독자적인 디자인을 개발하였다.[35] 당초 유목족인 스키타이는 대부분 순금제 공예품을 선호하는 '금 문화' 표방을 특징으로 하며, 알려진 대로 그 디자인은 동물의 몸체를 둥글게 말고, 사지를 뒤틀린 자세로 연결하는, 다소 비자연적인 포즈이지만, 강한 생명력을 표출해내는 등 매우 개성적이다.

이 미술의 특징에 관해 C. B. 채트윈C. B. Chatwin은 도시 문명의 미술과 구별하면서 다음과 같이 말한다. "초원미술은 어느 정도 운반이 용이하고, 비대칭적이고, 부조화적이며, 들떠 있고, 실체가 없는 영적인 성격이고incorporeal, 직관적이다. 동물들을 자연주의적으로 재현할 경우에도 때때로 사나운 동작으로 반드시 장식적인 경향과 결합되어 있다. …… 채색은 강렬하고, 양감보다는 실루엣을 선호하고, 투각 기법의 나선형 문양, 격자格子 문양, 기하학적 그물무늬 등을 선호한다. 동물들은 양쪽 면에 동시에 묘사되고, 또한 얼굴을 정면으로 묘사하기 위해 머리는 [몸체와] 구분된다. 소위 엑스레이 양식은 공통적이고, 동물의 해골을 도식적으로 보여주기도 한다. 이것이 바로 '전체를 위한 부분'pars pro toto의 관습이다. 특히 동물의 사지를 바짝 줄이는 식이고, 환상적인 동물을 만들기 위해 부분들을 결합시키는 것이다. [샤먼의] 환각적 경험과 초원미술의 유사성이 순전히 우연이라고 발뺌하듯이 변명될 수만은 없다."[강조는 필자][36]

그의 문맥에 따라 더 살펴볼 필요가 있다. "시베리아와 그 밖의 지역에서 창조적 인격체로서의 샤만과 장인 –특히 대장장이– 의 양자는 밀접한 연관이 있었다. 야쿠트 격언에도 '대장장이와 샤먼은 같은 둥지에 있다'라고 한다. 초원사회에서 대장장이는 문명사회에서와 같은 저급의 장인이 아니었다. 몽골인들에게 대장장이는 영웅이자, 자유로운 기사였다. 샤먼은 늘 불의 숙련과 연관되었고, 야금술의 비법은 늘 마법과 연관된 집단 내에서 전수되었다."[37] 채트윈의 이와 같은 제반 견해는 초원지역에서 미술과 종교사상의 관계가 어떠하였는가를 보여주는 매우 귀중한 자료이다.

유목족들의 동물 모티프 확산

스키타이 공예의 동물 모티프는 기원전 3세기경 알타이 지역까지 세력을 확장시킨 또 다른 유목민족인 흉노에게 전파되어 동진하게 된다.[38] 그리하여 흉노의 청동 동물 조형은 결국 북중국의 오르도스 지역에 선재先在했던 동물 주제의 공예와 합치되면서 크게 개화된다. 이 과정에서 흉노는 유라시아 유목문화에 퍼져 있던 수형대구獸形帶鉤를 적극 수용하여 '선비'鮮卑, 또는 '사비'師比, '서비'胥紕라고 하는 대구[버클]를 개발했고[39] 그 이후 중국을 포함한 동북아 일대에 유행시키기에 이른다. 대부분 이 대구들은 호랑이, 말 등 유목민들과 밀접한 관련이 있는 동물들을 주제로 하고 있다.

한편 유목족들이 개발한 생활용구로는 동복[40]을 들 수 있다. 이는 당초 스키타이에서 창안된 것이지만, 흉노로 이어지면서 더욱 발전하여 몽골을 포함한 흉노의 활동 지역으로 퍼져나갔다. 동복이란 그릇 밑에서 불을 때는 취기炊器로서 공중에 달아매어 끓일 수 있도록 그릇의 양쪽에 귀가 달려 있으며, 또한 하부의 모양새로 보면 투공透空 굽다리가 달려 있는 종류와 없는 것의 두 가지로 구분된다. 크기는 냄비 정도의 소형에서부터 화로 같은 대형까지 다양하다.

고대 한국의 '전기 초원문화'

동호를 통한 초원문화 유입

고대 한국의 청동기가 오르도스식 청동기와 무관하지 않다는 주장은 1980년대까지만 해도 한국의 고고학계에서 전반적인 합의를 얻어내고 있는 것 같지는 않았다. 특히 세형동검 등 단검 류가 만주 랴오닝 식 동검에 연원을 두고 있음은 학계의 정설로 인정되고 있는 반면, 오르도스 청동기에까지 연관 짓는 데는 다소 견해 차이가 있었던 것으로 보인다.[41] 그러나 1990년대에 들어와 정리된 한국청동기의 연원에 관한 입장에서는 그 반경이 넓어져 오르도스까지 확장된 것을 알게 된다.[42]

한국 청동기문화의 변동 추이를 한반도 주변과 연관지우면서 구체적으로 짚어볼 필요가 있다. 기원전 4세기경부터 고대 한국은 만주 일대를 지배했던 동호東胡와 접촉하면서 청동기를 제작하기 시작했다고 볼 수 있다. 왜냐하면 청동 무기인 동호의 만주식 동검을 흡수하여 독자적으로 개발한 것이 고조선의 세형동검이기 때문이다.[43] 동호의 청동기 가운데 특히 장식패裝飾牌 미술은 후에 흉노와 선비로 이어져, 동류를 형성하였다. 지린성 라오허선老何深에서 출토된 한대 <신수문 허리띠 장식神獸紋帶飾>은 한반도와 연결되는 부여 지역에서 출토된 사례로서 그 의미가 깊다. 이 동호 청동기문화의 동점 루트는 랴오둥 반도에 가까운 한국의 서해안 쪽으로 연결된다. 그러나 한편 이 문화가 동호 북부의 초원의 길을 통해 한반도 동부로 진입했을 가능성도 배제할 수 없을 것이다.

동호를 통한 초원문화의 한반도 유입은 전국시대 연의 랴오둥 진출과 뒤이은 진[秦, 기원전 249~207년]의 랴오둥 흡수로 인하여 장애를 받게 되었다. 그런데 이때에도 진의 유이민이 한반도 남부 고신라 이전 국가인 진한에까지 밀려들어왔던 사실[44]은 고신라가 외래문화를 다양하게 접촉했을 가능성을 시사해준다. 그 후 한반도의 허리를 장악한 한의 사군 설치로 중국 문화의 유입은 용이하게 되었으나, 다른 한편 오르도스 문화의 섭렵은 매우 제한적일 수밖에 없었다. 즉 한반도 남부는 다양한 외래문화로부터 고립된 상황에 처하였던 것이다. 『삼국지』에 "한무제가 조선을 쳐서 멸하고 그 땅을 나누어 4군으로 만들었는데, 이후로부터 호胡와 한漢이 점차 나누어지게 되었다"라고 한 것을 보면 한의 사군 설치 지역으로부터 호가 퇴거했음을 짐작할 수 있다. 한편 사군 설치 이전에는 사실상 한반도는 북방의 호와 직접 교통하고 있었음을 알게 된다. 그리하여 다만 한의 사군 중에 하나인 낙랑을 창구로 하여 북방문화가 고신라로 전달되었을 것으로 보는 견해가 대두되기도 한다. 그러나 한말에 이르러 단단대령[單單大嶺, 오늘날의 태백산맥] 동해안의 예맥이 고구려에 소속됨으로써 지도상 한반도 남부로 통하는 동해안 루트가 열리게 된 것으로 볼 수 있다.[45]

청동기 시대 유물

앞에서 고찰한 바와 같이 청동기를 통해 인식된 북방 초원문화의 내용은 유목족의 정신성 표현인 샤머니즘, 생활문화 표현인 동물조각과 동물문양, 그리고 생활용구인 동복으로 요약된다. 이제 이와 같은 초원문화의 관점에 따라 고대 한국의 청동기시대 미술품들을 분석함으로써 한국의 '전기 초원문화기'에 나타난 샤머니즘 요소와 그에 연관된 유물 구조의 특징을 표출해보고자 한다.

한국의 청동기시대 유물 중에는 의기가 큰 비중을 차지한다. 이 의기 개념에서는 특히 이것들이 샤먼과 밀접히 연관된다고 해석되는 사실이 중요하다. 의기의 종류를 형태에 따라 분류하면 방패형 동기, 검파형 동기, 나팔형 동기喇叭形銅器, 견갑형 동기, 원형유문 청동기原形有紋青銅器, 팔주령 등으로 구분된다. 이들 의기들은 형태도 다양할 뿐 아니라, 북방의 초원 유물에서는 유사물을 찾기 어려운 독특한 유형을 갖고 있기도 하다. 대체로 이 유물들의 연대는 기원전 4~2세기에 해당되며, 출토 분포를 보면 최북단으로는 함경도 신창 하세동리이고, 최남단은 전라남도 화순 대곡리이다. 그러나 대부분은 충청도 이남 지역에 밀집되어 있다.[46]

그런데 여기에서 방울 달린 의기가 주류를 이룬다는 사실에 유념할 필요가 있다. 청동 방울銅鈴의 종류는 팔주령도 10-8, 쌍두령, 조합식 쌍두령, 간두령, 병부령柄附鈴, 묘형령錨形鈴, 잠형령蠶形鈴 등등으로 매우 다양하다. 우선 크게 주목되는 방울은 팔주령으로서 지금까지 알려진 바로는 모두 8점[4건]이다.[47] 그런데 이들 팔주령[국립중앙박물관 소장]은 원형 둘레周緣에 순전히 방울만 8개나 부착시킨 의기로서 당대인들의 방울에 대한 절대적 필요성을 극명하게 드러내준다. 또한 출토지도 한반도의 남부 지역인 점을 고려하면 북방 기원의 이 방울문화가도 10-9 고대 한국 사회 전반을 지배했던 것이 아닌가 생각된다. 그리하여 제사장의 '소리를 통한 통치이념'[48]이 적극적으로 구현되고 있음을 인식하게 된다.

이 밖에도 팔주령이 출토된 대부분의 곳에서는 간두식류竿頭飾類의 방울기를 비롯,[49] 이두령, '∝'형 방울기 등이 일괄 출토되었다. 이 유물들은 유연한 곡선, 세부 선각문양, 투공 등의 관점에서 한국인의 개성적인 미학과 기술이 유감없이 발휘된 가작들이다. 무엇보다도 이미 앞에서 논증했듯이, 방울은 무구로서 필수적인 존재이다. 따라서 이들을 통해 그 당시의 샤머니즘의 신장세를 충분히 짐작하게 된다. 뿐만 아니라 샤머니즘과 관계되는 이형 의기 가운데에 나타나는 일정한 문양, 예컨대 '십자일광문'十字日光紋을 분석하면 그것이 시베리아계 문양과 연관성이 있는 것으로 해석되기도 하여,[50] 이러한 연구 성과를 통해 고대 한국의 샤머니즘의 줄기를 파악하는 일은 한층 용이해진다.

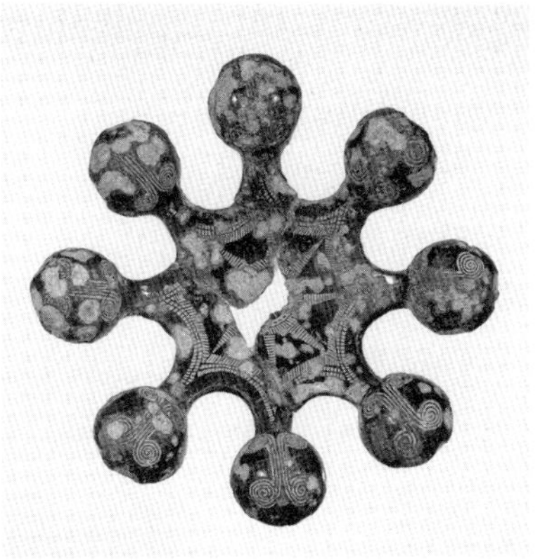
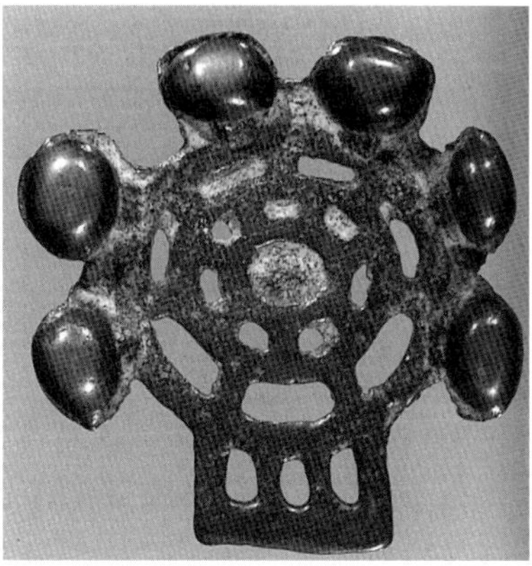

10-8. 팔주령, 기원전 3세기, 전남 화순 출토, 국립중앙박물관.(왼쪽)
10-9. 청동제 방울 유물, 기원전 1천년기, 동시베리아 출토.

앞의 초원 지역의 미술에서 보았듯이 칼자루 장식에 동물장식을 한 유형의 단검은 기원전 13세기경부터 제작되었다. 당초 이러한 단검류를 포함한 청동단검 일반의 분포는 매우 광범위하다. 우선 한국과 인접한 중국 지역을 중심으로 단검이 출토되는 지역을 살펴보면, 남쪽은 허베이성, 북쪽은 지린성, 동쪽은 랴오둥 반도, 서쪽은 내몽골과 산시성 등지를 꼽을 수 있다. 이 중에 한국 유물과 관련이 있는 단검은 내몽골 항진치 타오홍바라[杭錦旗 桃紅巴拉, 오르도스 지역]에서 출토된, 두 마리의 새가 부리를 맞대고 있는 촉각식觸角式 디자인이다. 이것은 제 IIc형에 속하는 것으로서 전국시대[기원전 475~221년]로 편년된다.[51] 그런데 이 단검은 검신과 검파부가 통으로 주조된 방식이어서 한국의 동물장식 단검과는 구별된다.

알타이 지역 조류 모티프의 동점

한편 위의 오르도스 출토의 단검과 다른 유형의 단검은 검신과 검파가 별도로 주조된 소위 'T'자형 단검이다. 이 유형의 검들은 주로 랴오시遼

西 지역에서 출토되며, 기원전 6~4세기경에 해당된다.[52] 검신은 랴오닝식 동검의 비파형이고, 검파두식의 상부는 유연한 파상형 곡선으로 처리되어 마치 한국의 대구 비산동 출토 단검[53]을 떠올리게 한다.

이 비산동 단검은 기원전 3~2세기에 속해 앞의 랴오시 지방 단검에 비해 시대가 내려오며, 조형적인 세부도 조금 다르지만, 위에 언급한 오르도스 단검과 랴오시 지역의 단검을 합한 형식이다. 즉 검파두식에 두 마리의 물새가 마주보는 형식을 취하고 있으며, 검파두부의 내부는 가운데가 비었고, 그 몸체를 투공하여 속이 보이게 하였다. 이러한 조형의 전파 경로에 대해서는 다음의 견해를 참고할 수 있다. "알타이 지역에서 장식의 주된 주제로 채택되었던 백조·쌍조의 모티프가 초원지대를 통해 우리나라에까지 이르렀을 가능성을 유추해 볼 수 있다. 즉 알타이 문화 요소의 일부가 동진해 오르도스 지역과 중국 북부지역을 거쳐 한반도에 이르러 한국식 동검문화와 접촉하지 않았을까 하는 것이다."[54] 여기서는 이 칼이 초원 지역의 것처럼 우선 검파두식에 동물장식을 하였다는 점, 이 장식이 중공으로 처리되었다는 점에 주목하게 된다. 특히 후자에서는 중공이 방울집 기능을 했던 것으로 추측되기도 한다.[55] 더욱이 이 검파두식은 경주시 구정동 출토의 쌍두령[5~6세기]과 흡사하여 시사하는 바가 크다.

알려져 있다시피 방패형 청동기에 속하는 일명 <농경문 청동기>에는 그 당시의 생활상이 비교적 사실적인 방식으로 양면에 묘사되었다. 그 앞면에는 'Y'자형으로 뻗은 나뭇가지에 각각 새가 한 마리씩 앉아 있고, 뒷면에는 농사짓는 장면이 있다. 이 내용은 풍요 주술과 함께 솟대蘇塗를 나타낸 것으로 해석된다. 따라서 이 방패형 청동기가 샤먼의 무구로 쓰였다는 견해가 학계의 중론이 되고 있다.[56]

김해 양동리 출토의 마형검파두식[1세기, 서울 강수양 소장]은 검파두부에 동물을 조형한 또 다른 예이다. 통주조 방식으로 네 마리의 말을 검파에 부착한 이 장식은 북방인들이 애호하는 동물을 주제로 선택한 관점에 따라 북방적 요소와 연결시킬 수 있다.

영천永川 어은동 출토의 청동제 사슴머리鹿頭 역시 북방 청동기에 흔히 쓰이는 중첩된 선조 문양을 사슴머리 전체에 집어넣었다. 이 유물의 구체적인 용도는 알 수 없으나 아마도 샤먼의 장신구의 역할을 했던 것으로 보인다. 왜냐하면 일반적으로 샤먼 관冠에 사슴뿔을 장식하는 사례나, 또는 앞서 언급하였듯이 샤먼의 복식에 사슴이 시문되는 사례를 참고할 수 있기 때문이다.[57] 어쨌든 조각품으로서 깔끔하고 완성도가 높은 마무리는 당시의 조각 수준을 충분히 보여주고 있다. 사슴에 대한 기호는 아산 남성리 출토 검파형 청동기 표면에 선각으로 새겨 표현한 사슴에서도 나타난다. 한편 특징적인 이 사슴 문양은 코카서스 지방의 혁대 장식[기원전 첫 천년기의 전반][58]에 시문된 문양과 흡사하여 시베리아 일대의 미술문화와의 연관성을 시사해준다.

더욱 눈여겨봐야 할 작품들은 마형·호형 대구이다. 이미 앞에서 언급했듯이 본래 대구는 유라시아 유목 문화에 퍼져 있던 복식구인데, 스키타이 동물조형의 영향을 받은 흉노는 특히 웅크리고 앉은 호형 대구의 유형을 개발하였다. 흉노의 조형물들은 오르도스 지역을 중심으로 동서로 파급되었고, 남쪽으로까지도 퍼져나갔다. 즉 동북 랴오시 지역과 산시陝西성 북부를 거쳐 다시 남부로 내려가 시안 지구까지 파급된 사실을 볼 수 있다.[59] 한국의 영천 어은동 출토의 호형 대구는 시안 지구에서 출토된 것과 흡사하여 연구의 대상이 되고 있다. 이 사실은 한반도의 남쪽과 중국의 시안이 직접적으로 무슨 관련이 있다는 뜻이 아니라, 초원문화가 정주 문화권으로 파급되었음을 보여주는 적절한 사례라고 하겠다.

초원문화와 동복

초원문화 파급의 관점에서 볼 때, 김해 대성동 29호분 출토의 동복과 양동리 235호분의 동복은 매우 중요한 자료가 아닐 수 없다. 이미 연구된 바와 같이 동복은 굽다리가 달린 것과 굽다리가 없는 것 두 종류로 대별되는데. 한국에서는 전부 굽다리가 없는 것이 출토되었다. 흥미롭게도 이 동복 또한 시안 지구에서 출토된 후한 시대 동복과 유사하다. 더 나아가 오르도스 문화 파급의 동쪽 한계지로 믿어지는 지린성 라오허선 출토 동복과도 비슷하여 주목받고 있다.[60]

대성동 29호분 동복[3세기 후반~5세기 전반]은 뒤에 설명하게 될 한국의 '후기 초원문화기'에 속한다. 이 시기의 동복은 흉노가 서쪽으로 이동한西遷 동유럽에서도 발견되는데, 대체로 시기는 4~5세기에 해당된다.[61] 이 사실은 흉노의 서천과 한반도의 후기 초원문화가 상호 연관이 있었음을 암시한다. 어쨌든 한반도에서 출토된 생활용구로서의 동복의 존재는 민속학적 지평에서도 중요한 평가 대상이 된다고 본다. 왜냐하면 외래문화의 수용 대상에 생활용구가 포함되었다는 사실은 타문화의 저변층까지 흡수했다고 해석되기 때문이다.

한국의 청동기 사회가 이처럼 방울이라는 제구祭具를 직접적으로 활용하고, 또한 동복이라는 생활문화적 요소를 초원 지역으로부터 수용했다는 사실은 본래 초원 지역에 퍼져 있는 종교를 자연스럽게 수용했을 가능성을 알려준다. 이런 관점에서 볼 때, 고대 한국 사회에서 샤머니즘 요소가 다양하게 나타나는 사실은 전혀 이상한 일이 아닐 것이다.

한편 앞에서 본 바와 같이 채트윈이 주장했던 초원미술의 미학은 아직 한국의 청동기 미술에서 구체적으로 제시되고 있지는 않다. 즉 "직관적이고, 부조화하며" 더욱이 "환상적인 동물을 만들기 위한 부분들의 결합"등 그가 제시한 초원미술의 제반 조형적 특징이 샤머니즘과 어떤 연관이 있을 것이라는 그의 궁극적 결론은 유효하지만, 그런 사례들이 한국의 경우 아직 직접 드러나고 있지는 않는 것 같다. 다만 한국의 제기들에 나타나는 추상적인 기형과 도안들이 그 당시의 현실생활과 연관되지 않는 듯이 보이며, 그리고 더욱이 외국에서는 유사물을 발견할 수 없는 그런 종류의 것들이어서 채트윈의 결론의 연장선상에서 해석하면 혹시 이러한 특성이 무속적인 성향과 연관되는 것은 아니었던가 하는 생각이 든다. 방패형 동기[傳 대전 출토, 국립중앙박물관 소장] 등은 그와 같은 관점에서 해석하는 것이 가능할 것이다.

신라의 후기 초원문화

'금문화' 미술의 역사적 배경

청동기, 철기시대를 거친 후 고신라 사회에 강력한 변화를 가져다 준 것은 '적석목곽분'[돌무지덧널무덤]문화이다. 적석목곽분은 4세기 전반~6세기 전반 시기에 나타난 북방적 묘제양식을 말한다. 또한 이 무덤의 부장 유물들은 매우 독특하게도 순금제 공예품과 함께 외래 조형물들이 대종을 이룬다. 특히 금을 선호하는 것은 초원문화의 특징이기도 하다. 그리하여 이때를 고신라의 '후기 초원문화기'라고 할 수 있다. 이 적석목곽분은 당초 스키타이의 쿠르간Kurgan 묘제와 관련이 있는 것으로 연구되고 있다. 우선 양자의 고분 구조가 유사하다는 점에서 그러하다.[62] 이 쿠르간 형식의 묘는 멀리 흑해 동북 연안 코반Koban 지방에서 시작하여 동쪽으로 일리 강 유역의 베샤티르Besshatyr, 일리 강변의 이씩Iccyk, 카자흐스탄공화국의 자이산Zisan호 부근 치릭타Chirikta 등지에 분포되었는데, 대체로 기원전 7~4세기에 속한다.[63]

쿠르간 묘제 적석목곽분

동쪽으로 갈수록 시대가 내려와 고高 알타이 지역의 파지리크는 기원전 5~3세기, 시베Shibe는 기원전 3세기~기원후 1세기에 속한다. 다음은 세렝가Serenga 강 유역 북몽골 지역의 노인울라 쿠르간이다. 이곳은 가장 동쪽에 위치할 뿐만 아니라, 시대도 내려와 기원전 1~기원후 1세기에 속한다. 이것들은 전체적으로 대소 크기나 약간의 구조상의 차이가 있을지라도 적석목곽분의 기본구조는 동일하다. 더욱이 고신라와의 관계에서 주목되는 사례들은 이들 쿠르간 고분들이 대부분 다량의 금제품을 부장한 사실 —심지어 치릭타 5호분에서 나온 금제품의 총중량은 100.5킬로그램에 달한다—, 또한 목곽 내에 백화수피白樺樹皮를 쌓아둔 사실, 노인울라에서 처럼 백화수피로 만든 관모를 부장한 사실, 성장마盛裝馬를 매장한 사실 등등이다.[64]

적석목곽분에서 출토된 유물들은 무엇보다도 금제품들이 주류를 이루고 있으며, 다량의 마구 장식과 또한 다양한 로만 글라스들이 여기에 포함된다. 이와 같은 초원문화의 특징들은 삼국 중에서도 유난히 고신라에서 더 강하다. 따라서 고고학자들은 쿠르간 문화를 가진 사람들이 도래하여 신라의 토착 농경사회를 지배했을 것이라는 견해를 보이기도 한다. 다만 이때에 쿠르간 문화의 원류지와 확산지 사이의 시간과 공간의 차이를 메울 구체적인 자료가 문제인 것이다.

적석목곽분 초기의 한반도 주변 정세는 매우 복잡하다. 고구려가 313년에 낙랑을 패퇴시킴으로써 고신라의 외래 문물, 즉 초원문화와 서방문화의 흡수 통로를 막았던 중국세력이 완전히 제거되었다. 한편 한의 패망 이후 점차 북방의 선비 세력이 확대되었으며 선비족의 전연[337~70년]이 랴오둥 일대를 점령하고 고구려와 인접하게 되었다. 이런 사정은 북연[409~38년]때까지 계속되었다. 이때 고신라는 377년에 전진前秦에 사신을 보내 통교하는데, 전진으로 말하면 저족氐族이 세운 나라로, 이 당시 장안[長安, 현 시안]을 포함한 중원 중심부를 차지했을 뿐만 아니라 동으로는 랴오둥 지방, 북으로는 유연족의 몽골과 선비족의 오르도스 지역[초원의 길], 서로는 둔황-하미-고창[사막의 길]에 이르는 방대한 지역을 석권한 대제국이었다. 신라인은 아마도 고구려를 통과해서 전진으로 들어갔으리라 추측된다. 무엇보다도 여기서는 세계로 향한 신라인들의 열린 감각을 통해 그 당시 그들의 사회적 분위기를 이해하는 것이 중요하다.

스키토-흉노 문화의 경주 상륙

이와 같은 국제정세의 변화를 전후한 시기에 초원문화의 중심세력이었던 흉노족이 서쪽으로 대이동을 시작했고, 동시에 동아시아에서의 이러한 세력 변동의 충격이 한반도에까지 미쳤던 것으로 보는 견해가 생겨날 수 있다.[65] 흉노가 남북으로 갈라진 후[기원후 48년], 기원후 91년부터 사실상 북흉노가 서천하기 시작했다. 이로부터 약 200여 년간은 사서에 상세한 기록이 없는 공백상태로 있다가[66] 4세기 중엽에 돈 강河 동쪽의 이란계 유목 기마민족 국가인 아란[阿蘭, Alan]을 격멸시키면서 서방에 등장한다.[67] 여기에서 우리의 관심을 끄는 부분은 이 공백 상태의 기간이다. 왜냐하면 어쩌면 이 기간에 북흉노의 일부가 스키토-흉노 문화를 담지擔持한 채로 동쪽으로 오면서 그 세력이 경주까지 미치게 되었을 수도 있다는 가정이 성립되기 때문이다. 말하자면 그 공백기는 동시에 고신라 적석목곽분 생성의 전사前史에 해당된다고 보기 때문이다.

'금문화' 시대의 '미술환경'과 공예품

샤먼이 왕이 되었던 신라

한국의 청동기시대 미술의 조형은 샤머니즘과 연관되면서 하나의 전통을 형성하였고, 이러한 특징은 원삼국시대를 지나 삼국 초기로 이어지는 것 같다. 삼국 중에서도 특히 신라는 국초에 샤먼을 왕으로 삼은 사례가 있을 정도로 왕권의 중심부까지 무속이 팽배해 있었다. 『삼국유사』에 따르면 신라 제2대 왕인 남해왕[재위 기원후 4~24년]은 일명 차차웅이라고 불렸는데, 신라의 대학자 김대문[8세기 전반에 활동]은 이 차차웅이 무당을 의미한다고 하였으며, 세상 사람들은 무당이 귀신을 섬기고 제사를 숭상하므로 외경하게 되었다는 것이다.[68]

하여간 고신라에 이어진 이와 같은 샤머니즘의 신봉세는 6세기 초에 왕권이 불교를 공인[법흥왕 14년, 527년]한 후에도 어느 정도 적극성을 유지하였을 것으로 여겨진다. 왜냐하면 6세기 중엽에 신라의 국세를 대외적으로 크게 신장시킨 진흥왕도 신선 곧 무교巫敎가 숭배의 대상[69]이었기 때문이다. 특히 이러한 점은 고신라 시대에 유행했던 금관이 실상 북아시아-중앙아시아 종족들의 샤먼관과 조형적 연관성을 보이고 있는 사실에서도 나타나고 있다. 고고학자들은 시베리아의 샤먼관에 장식된 실제 사슴뿔과 더불어 남러시아의 노보체르카스크Novocherkaask의 사르마트족Sarmatian의 묘에서 나온 금제관[기원전 2세기경]에 부착된 사슴과 수목의 실제적 형태가 이 신라 금관의 디자인의 모델이 되었을 것으로 보았으며, 이러한 샤먼관을 신라의 왕이나 귀족들이 썼던 것으로 추정하였다.[70]

물론 이 사실은 금관을 이용했던 이들이 모두 샤먼이었다는 것을 직접적으로 의미하고 있지는 않지만, 다만 이를 통해 신라 사회가 북방 샤머니즘의 영향 속에서 문화를 형성해 나갔음을 알게 된다. 한편 소지 마립간[재위 479~500년] 17년에 신궁에 제사를 지냈고, 다음 임금인 지증왕[재위 500~14년] 3년에는 임금이 친히 제사를 지냈으며, 또한 진흥왕[재위 579~632년] 14년에는 월성 동쪽에 신궁을 지으려다가 황룡이 그 땅에서 나타나므로 왕은 불사佛寺로 고쳐 황룡사라 했다는 기록[71]을 보면 그 제사가 토속적인, 다시 말하면 무속적인 성격이었을 것으로 유추된다.[72] 심지어 이 신궁제사는 55대 경애왕[재위 924~27년] 대에까지 이어졌다. 불교 공인 이후에도 이 제사가 계속되었던 사실은 주목할 만하다.[73]

무속적 카리스마를 지닌 화랑

뿐만 아니라 이러한 문화요소는 후에 신라 통일의 원동력이 되었던 화랑도의 형성에 기여하였다고 논의되기도 한다. 즉 화랑을 '소도제단蘇塗祭壇의 무사'로 해석[74]하기도 하고, 무격巫覡처럼 여장한 남성으로 해석[75]하기도 한다. 소도의 본래 목적이 촌락사회의 성원을 교화하려는 것에 있으며, 이러한 소도를 기원으로 한 화랑 문화는 공동체 상위에 통일된 질서를 세우고 그것이 운행될 수 있도록 매개하는 힘을 교육시키는 것이었다. 그러나 무엇보다도 이때 이러한 힘은 주술적 성격을 갖게 된다는 사회학적 해석[76]이 중요하다. 요컨대 화랑은 '사회 교화의 전위세력'[77]으로서 그들에게는 무속적인 카리스마가 필요했던 것으로 추찰된다.

경주의 대형 고분들에서는 금관을 필두로 귀고리, 목거리, 팔지, 과대 등 금제 장신구들이 다량으로 출토되는 상황이어서 '금 문화' 구가라는 당시의 새로운 시대적 특징이 표출된다.[78] 더욱이 이와 같은 황금 애호와 더불어 금속공예 기법에서도 외래 기법인 누금[鏤金, filigree] 세공이 도입되어 큰 유행을 보였다. 또한 고고학적 측면에서도 이 대형 고분들이 적석목곽분이라고 하는 비전통적인 분묘 체계를 가지고 있을 뿐만 아니라, 앞에서 언급했듯이 이 고분들에서 출토된 다량의 유물들 가운데는 외래 공예품들이 적지 않아 크게 주목되고 있다. 그리하여 고신라에서 4세기 전반에 일기 시작한 이러한 문화 변동의 원인은 신라보다 더 일찍이 생성된, 스키타이→흉노로 이어지는 북방 문물체계와 밀접한 관련이 있는 것으로 연구되고 있다.

금관

고신라 미술에서 가장 주목되는 작품은 금관이다. 무엇보다도 금관은 최고 지배자의 상징물이라는 점에서 그 시대 공예 개념의 특성을 충실히 반영하고 있기 때문이다. 또한 위에서 언급하였듯이 금관이 무속과 관련이 있다는 점에 입각하여 거기에서 어느 정도 토속적 조형 가치를 찾아낼 수 있다고 보기 때문이다. 여기에서는 고신라 금관의 전형이라고 볼 수 있는 적석목곽분 출토 금관을 중심으로 그 기본 조형, 양식 변화, 외국 작품과의 관계, 유행 시기 등 주요 논점을 짚어나가고자 한다.

신라 금관이 정식 발굴을 통해 처음으로 수습된 것은 1921년의 금관총을 통해서이다. 이 금관총 출토 금관의 중심은 '出'자형[직각 수지형]입식으로서 이미 발달된 형식의 전형을 보이고 있다.도 10-10 얇은 금판으로 만든 둥근 대륜[폭 3센티미터 정도] 위에 전면에는 출자형, 좌우 양쪽에는 사슴뿔 형 금판을 각각 수직으로 세워 기본형을 이루고, 여기에 삼각형 내관과 내관 좌우로 뻗은 투각 기법의 조우형鳥羽形을 두는 특이한 형식이다. 즉 새롭게 개발된 출자형에 삼국 공통의 전통적인 조우관을 보태 개성이 두드러진다. 내관을 제외한 금관 전체에는 금판을 오려 만든 원형 영락[중국에서는 보요]과 곡옥이 다수 부착되어 있다. 앞에 열거한 대형고분 출토 금관들은 내관과 조익형 관식을 제외하고는 모두 이 기본형을 따르고 있다. 이들 금관은 세계 어느 곳에서도 유사한 형태를 찾아볼 수 없는 독창적인 작품으로 평가되고 있다.[79]

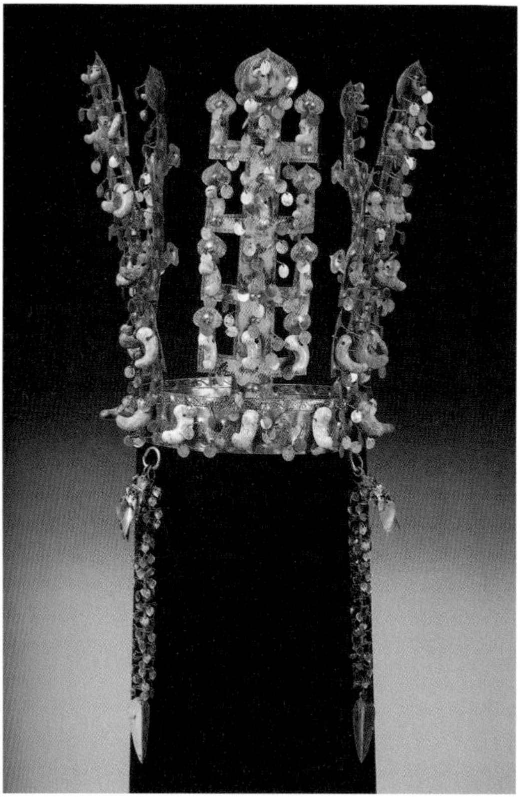

10-10. 금관, 5세기, 천마총 출토, 국립중앙박물관.

이 금관의 시원형식은 수지樹枝에서 출발한 것으로 연구되고 있다. 당초 1930년대에 금관에 대해 연구한 일본 학자들은 신라 금관의 형식을 남러시아의 알렉산드로폴 인동당초형의 화지花枝 입식을 4단으로 뻗게 하여 좌우 대칭으로 만들고, 각 소지小枝 끝에는 영락을 부착시킨 형태라고 보았다. 그리고 신라 금관의 입식은 이러한 인동당초형의 곡선적 요소를 직선화한 것으로 본다. 결국 넓게 보면 이러한 신라 금관의 형태는 스키타이 문화와 연관되지만, 그것을 바탕으로 창의적인 요소가 가해진 것이라고 하였다.[80]

오늘날 신라 금관의 모형母形이 수지형이라는 점에서는 이견이 없다. 시베리아와 알타이를 조사해보면, 고대 기마민족은 나무를 성스러운 존재로 보호하였음을 알 수 있는데, 고대 한국의 관모에 나무와 초화가 등장하는 것도 이와 같은 맥락인 것으로 말할 수 있다. 또한 일본인들이 신라를 '시라기'白木라고 표기한 것도 아마 신라인들이 백화白樺를 숭배하는 것을 보고 그렇게 붙인 것 같다. 시베리아의 타이가 지대에 백화가 무성한 것과 신라인들이 백화피로 모자를 만들어 쓰고[금령총, 식이총 발굴], 백화피 바탕에 천마를 그렸던[천마총 발굴] 사실은 두 지역 사이에 친화관계가 있었던 것으로 해석되기도 한다.[81]

한편 영락이 달린 금관은 중원에서는 발견된 바가 없다. 가장 오래된 것은 돈 강 하류 노보체르카스크의 사르마트족 여왕 묘에서 1864년에 출토된 기원전 2세기 때의 금제관이다. 앞에 언급한 것처럼 이 관은 사슴과 수목의 모양을 사실적으로 만들어 붙였으며, 이때 수목의 잎을 영락 형태로 제작했다. 이처럼 영락형은 서방에서 기원되었으며, 기원전후 시기에 형성되면서 점차 동점하여 유행하게 되었다. 예컨대 1978년 아프가니스탄 북부 시바르간Shibarghan 지방 틸리아-테페 6호묘에서 출토된 대월지국의 1세기 전기의 금관에서는 더욱 많은 영락이 부착된 현상을 나타내었다. 이 기법은 북조시대의 북방민족 지구와 한국, 일본에까지 파급되어 나갔다.[82]

영락과 관계해서 천마총 출토 <조익형관식>이 주목된다. 이 유물은 얇은 금판을 새 날개 형태로 오리고 내부를 당초문으로 투각하였으며, 거기에 수많은 영락을 부착하였다. 그리하여 영락을 부착한 이 일련의 관식들은 외래 영향과 관련이 있음을 짐작할 수 있다.[83] 이 밖에 황남대총 남분 출토 <은제관모>는 한 장의 은판을 좌우로 접어 투구형 모자를 만든 것인데, 거기에 영락을 매달았던 흔적이 남아 있다.

한편 이 <은제관모>의 전면에는 투각당초문으로 조형한 금판을 따로 부착하고 있는데, 여기에 보이는 투각 기법은 같은 고분에서 출토된 <식리>飾履에서도 적극적으로 활용되고 있다. 뿐만 아니라 천마총의 <금제투조관>金製透彫冠[84]에 이르면 이 기법은 정교함과 문양의 다양성이 최고조에 달한다. 투각 기법은 그 원류에 대해서는 잘 알려져 있지 않으나, 이미 기원전 6세기경에 활동한 에트루리아인과 로마인에 의해 크게 유행되었던 사실을 알게 된다.[85] 카자흐스탄 알마티 근처 쿠르간 출토의 <금제투각대륜>[86]을 참고하면 대체로 초원의 길와 관련됨을 추정할 수 있게 된다.

귀고리

고신라의 귀고리는 귓불에 닿는 부분이 둥근 테를 이루고, 그 하부에 흔들리는 장식을 매단 것이 기본형이다. 이 둥근 테의 굵기에 따라, 굵은 것은 태환귀고리, 가는 것은 세환귀고리로 구분된다. 이런 형식은 한반도 삼국이 공통적이기도 하지만, 고신라에서는 특히 태환귀고리가 크게 유행했었던 것 같다. 이러한 귀고리의 기본형은 중국에서 연원했다고 보는 견해도 있으나[87] 북중국 흉노의 것과 연관된다고 봐야할 것 같다.[88]

이 북중국 귀고리는 몸체가 삼단식 구성이고, 특히 아루차이등阿魯柴登 출토 귀고리의 중간 부분에 누금 기법으로 된 원통형 장식부와 그 하부의 금판을 오려 만든 수엽형 장식은 황남대총 북분과 천마총 출토 <금제귀고리>와 기본 조형이 흡사하다. 또한 참고로 특수 유형을 보자면, 북중국 랴오닝성 베이퍄오北票의 선비족 무덤인 펑수푸 묘[馮素弗墓, 415년]에서 출토된 귀고리는 하단부의 직사각형 금판을 가늘게 썰어 여러 가닥을 만들어 문어발처럼 조형한 것인데, 황오동 4호분 출토 <귀고리>[국립경주박물관 소장]는 이 형태를 바탕으로 각 가닥을 꼬아서 만들고 있어서 주목된다.

황남대총의 귀고리를 포함하여 이들 고신라의 귀고리들은 정교한 누금 기법 장식과 얇은 금판을 오려 만든 심엽형 장식이 특징이다. 이런 요소들이 알타이를 통해 흉노까지 전해진 서방 기원의 기법[89]인 점을 감안하면 신라 미술의 특성을 더욱 이해하게 된다.

다른 한편 이 누금 기법에 관계해서 덧붙인다면 황남대총 출토 금반지에서도 이 기법이 활용되고 있으며, 더욱이 금속 표면을 파 옥을 박아 넣는 감옥嵌玉이 가미되어 신장성 차오수샤타이昭蘇夏台 출토 <금반지>[90]와 유사성을 보인다.

과대와 요패

과대銙帶와 요패腰佩 역시 삼국 중에서 고신라의 것이 가장 화려하고 유존된 예가 많다. 특히 순금제로 된 것은 호우총, 금관총, 천마총, 황남대총 북분 등에서 출토되었다. 대부분 일정한 형식을 따르고 있는데, 대표적인 작품으로 천마총 과대와 요패의 구조를 발굴보고서에 의거해서 요약하면 다음과 같다. 과대 안쪽에 부착된 가죽은 이미 삭아 없어졌고 과대에는 44개의 과판과 교구 및 단금구로 구성되어 있다. 모두 13조의 요패가 달려 있고 과판은 간략하게 처리된 괴운문이 아래위 투조로 장식되었으며, 전면에 9개의 작은 구멍이 뚫려 안쪽에 댄 가죽에 못을 박게 되어 있다. 13조의 요패에는 기본적으로 5개의 타원형 금판이 각 조에 연결되어 있고, 각각의 금판 끝에는 숫돌형 장식, 규형圭形금판, 호박색 곡옥, 비취 곡옥, 원추형금모, 규형금판, 유리옥, 족집게, 투조병透彫柄, 투각병透刻柄 도자형刀子形, 투각약롱형透彫藥籠形, 어형魚形과, 피장자 우측에 달려 있었던 이배형耳杯形 8개에 덧붙은 장규형 등등의 패식이 달려 있다.[91] 얇은 금판으로 제작된 각각의 장식 요소들은 실용적인 물건들이라기보다 상징적인 의미를 지녔던 것으로 판단된다.

이 벨트는 '첩섭대'蹀躞帶라고 하는데, 이는 본래 투르크어의 음사이다. 첩섭대의 시원은 기원전 5세기의 파지리크 고분에서 출토된 사례에서 찾을 수 있다. 그리하여 알타이, 투바, 몽골, 신장 등지로 동점하였다.[92] 한반도에서 가까운 지역의 출토 예로는 내몽골 오르도스 동북쪽의 마오칭꼬우 유적 출토 <동제요대와 패식>[하한 시기는 기원전 3세기경]을 들 수 있고,[93] 또한 시대가 내려가는 것으로는 중앙아시아의 고창에서 출토된 회번[繪幡, 깃발 형태의 천에 그린 그림. 주로 불교 주제이며 사원과 무덤 내부를 장엄 장식함 _편집자]에 묘사된 〈위구르 왕자상〉[8~10세기, 베를린 인도 미술박물관 소장]을 들 수 있다. 흥미롭게도 이 두 유물들은 1천여 년의 시기 차이가 나지만 형식상으로는 유사성을 보인다. 한편 이 과대와 요패 자체가 샤먼의 무장巫裝과 무구에서 비롯된 것으로 보는 입장도 있다.[94]

금동식리와 은잔

금동식리는 얇은 청동판으로 신발바닥과 덮개를 따로 제작하여 덮개의 가장자리를 구부려 바닥을 감싸고 금동사로 꿰매어 고정시켜 만든다. 이 금동신발은 바닥과 덮개 표면에 모두 문양으로 장식한 것이 특징이며, 어떤 것은 신바닥까지 영락을 매단 작품[가야, 6세기, 대구 내당동 55분 출토, 국립진주박물관 소장]이 있어서 이것들이 실용물이 아닌 부장용임을 보여준다.

삼국에서 모두 제작하였던 이 금동신발들 중에 고구려의 것은 형태와 용도가 전혀 다르다. 즉 신바닥을 두껍게 만들고 거기에 수십개의 철못을 스파이크 형태로 박아 '동계방활기구'冬季防滑器具의 역할을 하도록 한 것이다. 흥미롭게도 고구려 고분벽화[삼실총, 통구 12호분]에 이 방설용 신발을 신은 병사의 모습이 보인다. 이 유물은 국립중앙박물관과 중국의 랴오닝성박물관 소장의 2점뿐이다.

지금까지 출토된 이 유물들은 삼국을 통틀어 30여 점에 달하는데, 그중에 백미는 경주 식리총 출토 <금동신발>이다. 바닥면의 가장자리 구획에는 5세기 후반의 북위 불상의 광배에서처럼 화염문을 두르고, 또 나머지 내부공간에는 9개의 육각형 귀갑문을 중심으로 하여 상하방향으로 세 구획의 띠를 설정하고 바닥면을 모두 돋을 문양으로 가득 채웠다. 이처럼 신발바닥에 다양한 문양을 집어넣는 풍습은 당초 스키타이계 파지리크 고분 출토품에서 보인다. 가죽으로 만든 여성의 신발 바닥에 도안화된 연화문을 바닥 전면에 시문하여[95] 상호 문양의 종류가 다르지만, 고신라 문화와 스키타이 문화의 관계를 고려하게 한다.

이 귀갑문의 틀은 새끼를 꼰 듯한 누금 수법의 일종으로 처리하여 고전적인 멋을 풍긴다. 특히 중심부의 귀갑문 내부에는 위에서부터 괴수문과 대칭인 쌍조문을 서로 바꾸어 3번 반복한 후, 다시 괴수문, 화판문, 쌍조문을 시문하여 파격의 미를 시도한 것이 눈에 띈다. 한편 이 귀갑문과 더불어 대칭의 쌍조문은 사산조 이란의 전형적인 문양이어서 이를 통해 고신라 대외관계의 실상을 파악하게 된다.[96]

또한 귀갑문의 경우는 황남대총 북분 출토 <귀갑문 은제잔>과 좋은 비교가 된다. 이 은제 잔에서도 그릇의 표면을 귀갑문으로 구획하고 그 내부에 새, 노루 등의 짐승을 돋을무늬로 장식하였다. 또한 이 은제 잔은 중국 남조로부터 유입된 유물로 해석되기도 하는데,[97] 특히 중국 광둥수이시비엔완춘廣東遂溪邊灣村의 남조 지하창고에서 출토된 <은발>銀鉢과 유사점이 있다는 지적도 있다.[98] 즉 이 광둥의 <은발>에도 귀배형격자龜背形格子가 있고 그 내부에 물고기, 새, 화훼 따위를 채워 넣은 모양이 신라의 <귀갑문 은제잔>과 유사하다고 본 것이다. 이러한 유물이 중국 남방에서 발굴되고 있는 사실에 대해서는 별도의 규명이 필요하겠지만, 이 황남대총 북분 출토 <은잔>의 귀갑문 속에는 고대 이란의 여신인 아나히타Anahita로 보이는 존재까지 표현되어 있어서 이 그릇의 성격 규명을 위한 중요한 단서가 될 것으로 생각된다.[99] 한편 헬레니즘 문화를 흡수한 흑해 남안의 아나톨리아 은기[기원전 4세기 중엽]에서도 육각의 귀갑문이 나타나고 있어[100] 주목되는 바이다. 과문이나 이 작품은 지금까지 알려진 귀갑문 중에 최고最古의 사례로 판단되어 이 문양의 연원과 관계해서 매우 귀중한 자료로 여겨진다. 어쨌든 이 <은잔>의 출자에 대해서는 이 책의 1장에서 보았듯이 이란 이외의 지역에서 생산되었을 것이라는 주장이 제기되고 있기도 하다.[101]

금은공예품 중에 실크로드와 연관되는 작품은 황남대총 남분 출토 <은제합>도 1-19이다. 그릇 부분과 뚜껑을 각각 반원형에 가까운 형태로 조형하였는데, 특히 뚜껑 상부 중심에 꽃잎 4개를 사방으로 배치하고, 그 가운데에 둥근 고리를 부착하였다. 특히 여기에서 주목되는 것은 그릇과 뚜껑 구연부의 1센티미터 가량인 띠 부분과 뚜껑의 4개 이파리에 각각 도금으로 처리한 기법이다. 이처럼 은제 그릇 또는 조형물의 주요 부분에 금도금으로 악센트를 가하는 방식은 기원전 5세기부터 흑해 서안西岸의 그리스 문화권에서 발원하여 서아시아, 특히 이란의 사산조 금속공예로 이어지는 기법이다.[102]

사산조 은기를 비롯한 생산물들이 동쪽으로 확산된 것은 대체로 북위[386~535년]를 포함한 북중국을 통해서 가능했다고 믿어진다. 왜냐하면 사산왕조가 처음으로 중국에 사절을 보낸 곳이 북위[455년 도착]였기 때문이다. 물론 그 후에도 여러 차례[461년, 466년, 518년, 520년] 중국에 사절을 파송하여 통교하였고, 567년에 마지막 사절을 보냈다.[103] 그런데 황남대총의 연대를 5세기 전후한 시기로 본다면, 거기에서 출토된 외래유물들은 북위를 통한 것이 아니고 초원의 길, 또는 바다의 길을 통해 입수되었을 가능성이 있다.

한편 흉노의 서천 가운데 사산조에 이른 것이 350년대인 것을[104] 고려하면, 4세기 전반에 초원의 길이 동서로 별 장애가 없이 열려 있었던 것을 알게 되며, 이런 계기가 이 은기의 확산을 도와주었다고 추찰되기도 한다.

유리

지금까지 알려진 왕릉급 무덤의 유리 출토품들은 황남대총 남분에서 5개, 황남대총 북분에서도 5개, 서봉총에서 3개, 천마총에서 2개, 금관총에서 2개, 금령총에서 2개, 경북 월성군 안계리 4호분에서 1개, 경주 월성로 가-13호분에서 2개 등이며, 경주 이외 지역 출토품으로는 합천 옥전 M1호 고분의 1개를 보탤 수 있다. 이들은 모두 알칼리 성분의 후기 로만 글라스이며, 기형도 다양하고, 유리의 질도 뛰어나 동양 삼국에서 단연 으뜸인 수장품으로 꼽히고 있다. 또한 대부분 지중해 동안 지역에서 4세기를 중심 연대로 하여 늦어도 5세기 전반까지 유행했던 물건들이다. 이들 작품의 분포 상황을 보면 거의 지중해 연안에서 북상하여 흑해와 코카서스 지역, 남시베리아와 카자흐 초원 등 스텝 지역과 관련이 두드러짐을 알 수 있다.[105]

특히 황남대총 남분 출토 <오이노코에 유리병>[일명 봉수형병]은 이스라엘의 갈릴리 지역산과 유사하고, <지그재그문 장식 비커형 컵>은 중앙아시아 키르키즈스탄의 비슈케크 박물관 소장 컵과 유사점을 가지고 있으며, 또한 북분 출토의 <갈색 마블유리 고블렛형 컵>은 독일이나 이탈리아 등지의 유럽 출토품과 비교된다.[106] 한편 금령총과 합천 옥전에서 각각 출토된 유리잔들의 경우, 로마의 식민 지역이었던 쾰른Köln의 특산품인 반점문잔의 양식과 동일하여 흥미를 끌고 있다.[도 10-11] 이것들은 지중해 동안에서 제작된 작품일 수도 있겠으나, 직접 쾰른→동유럽→흑해→초원의 길을 거쳐 신라에까지 전해졌을 가능성도 완전히 배제할 수는 없을 것이다. 또한 중국의 동북지방인 랴오둥 반도의 펑수푸묘[馮素弗墓, 415년]에서는 5개의 유리용기들이 출토되어 한반도로 통하는 유리루트에 대한 새로운 모색점을 제시해 주기도 한다.

한편 신라의 경우, 이와 같은 외래 입수 유리용기의 제작 정도에는 못 미친다 하더라도 유리를 부분적으로 공예품에 이용하고 있는 사실에 새롭게 주목할 필요가 있다. 예를 들면 계림로 출토 <금동제행엽>

[국립경주박물관]과 <귀면장식 교구>[국립중앙박물관]가 그것인데, 모두 금속공예품에 유리를 부착한 것이 특징이다. 전자에서는 행엽의 바닥에 유리의 흔적이 남아 있어 유리를 바닥에 깔았을 것이 인정되고, 후자에서는 귀면의 눈에 푸른 유리를 박아 넣은 경우이다. 이로써 유리에 대한 신라인의 기호를 엿볼 수 있다. 또한 신라시대에 아직은 입체적인 4차원의 작품을 구성할 여건이 갖춰지지 못했지만, 행엽에서처럼 평면 유리를 생산할 수 있는 기술 수준에는 도달했음을 알게 된다.

'동물양식' 미술

고대 한국에서 동물 주제는 엄밀한 의미에서는 동물양식 미술이라고 부르기 어려울지도 모른다. 왜냐하면 중앙아시아의 동물양식 미술을 표방하는 유물들 가운데는 동물의 본래 자연성이 왜곡될 정도로 심각하게 유형화된 것들이 많기 때문이다.

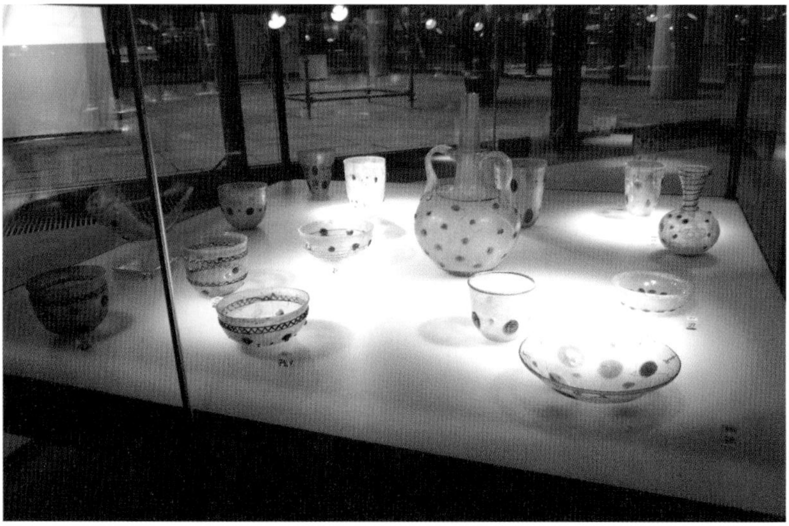

10-11. 점박이 잔, 3세기, 쾰른 로마게르만 박물관 전시실.

한국의 청동기시대의 유물 중에서 동물형상 주제의 작품은 수량이 많은 편이 아니나, 그 시대가 그 분야에 관심을 가지고 있었음을 파악하는 데에는 부족하지 않을 정도라고 할 수 있다. 이러한 경향은 후

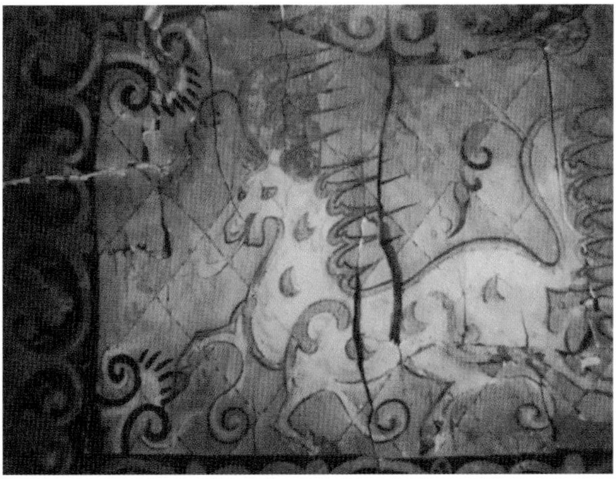

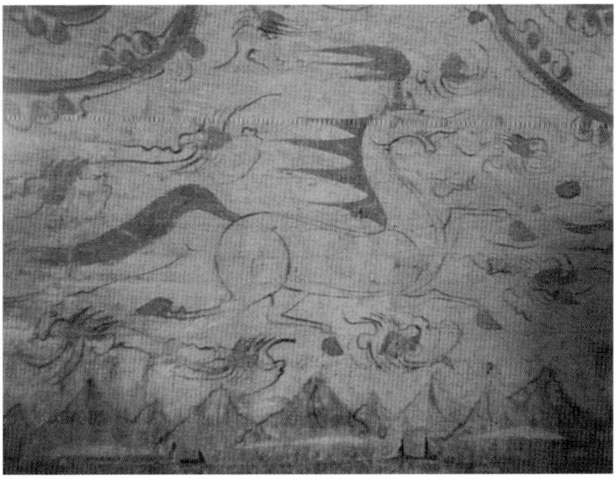

10-12. 천마도, 5세기, 천마총 출토, X선 촬영, 국립중앙박물관.
10-13. 신마도, 4세기 말~5세기 전반, 주취안 딩지아짜 벽화.

기 초원문화에 이르러서도 마찬가지라고 할 수 있겠다. 다만 고신라 시대에는 금속재료보다는 토기에 동물 주제를 표현한 예들이 많아 전시대와 차이를 보일 뿐이다.

이미 알려진 자료로는 국립중앙박물관 소장의 <기마인물형 토기>, <쌍사슴부付 토기항아리>, <동물부 굽다리>들을 포함하여 <삼두마 고배>[영남대학교박물관 소장], <마두형 류톤>[동아대학교박물관 소장] 등을 대표적인 작품으로 꼽을 수 있다. 그 밖에도 최근에 알려진 유물로는 병 구연부口緣部에 동물 형태가 부착된 작품[맥더가드 씨 구장舊藏, 국립대구박물관 소장]을 비롯하여 전남대학교박물관의 <마형 리톤> 등을 들 수 있다. 더욱이 몇 년 전 부산대학교박물관이 발굴한 <마부 기대>馬付器臺는 한국의 동물양식 미술에 큰 의미를 부가하는 중요한 작품으로 꼽을 수 있다.

천마도 장니

장방형 장니의 중앙에 배치된 천마도도 10-12는 꼬리와 목의 갈기가 질풍에 흩날리고, 더욱이 최근 적외선 촬영에 의해 드러난 천마 정수리의 솟아오른 털갈기 역시 강한 바람에 흩날리는 모양이다. 이런 특징들은 주취안酒泉 딩지아짜丁家閘 벽화[4세기 말~5세기 전반]의 천마상도 10-13과 매우 흡사하다.[107] 특히 정수리의 털을 묶는 형식은 사산조 은제 접시의 수렵도의 황제마皇帝馬, 또는 페가수스 천마에도 표현되며,[108] 가깝게는 안악 3호분의 근위 기마대에서도 확인된다.

또한 말의 몸체에 보이는 반달형 문양은 중앙아시아 조형물에 나타난 감옥 장식의 상징적 표현이며, 말의 사지 사이에 표현된 끝이 꼬부라진 고사리 줄기 같은 문양은 중국 한대 이래의 운기문雲氣紋으로, 말이 구름 위에 떠있음을 은유적으로 표현한 것이라고 할 수 있다.

장방형 가장자리 구획에 배치된 아라베스크 문양은 둔황 석굴 285호[서위시대] 문양과 연결되며, 기원적으로는 그리스 문양과 닿고 있다. 또한 네 귀퉁이에 표현된 양식화된 꽃문양 역시 서방 기원 인동문에서 비롯되었다고 평가할 수 있다.

신라의 북방통로

먼저 지금까지 앞에서 논의한 고신라의 대외관계의 문제를 다음과 같이 정리할 수 있겠다.

[가] 북방 청동기 문물의 입수기[전기 초원문화기]부터 적석목곽분의 금문물金文物 입수기[후기 초원문화기]까지 정신적으로는 줄곧 샤머니즘과는 불가분리의 관계에 있었다. 이처럼 샤머니즘이 생활 속에서 중요 부분을 차지하는 사정은 한반도 주변의 초원문화에서도 마찬가지였다.

[나] 특히 신라가 외국과 직, 간접으로 교섭한 것에 관계해 다음의 관점들이 주목된다.

① 우선 신라의 적석목곽분은 당시 신라 지역의 전통 묘제인 토광묘와는 다른 외래적인 것이다. 즉 이 적석목곽분은 민족적으로는 스키타이→흉노로, 지역적으로는 알타이→몽골로 이어지는 쿠르간 kurgan 묘제이다.

② 대체로 이 묘제가 시작된 4세기 중엽에는 한반도에서 소위 낙랑의 중국 세력이 물러나고, 고구려와 신라는 함께 381년에 북조의 세력자 전진에 조공을 바쳤다. 한편 이보다 앞서 고구려는 반도 동해안의 옥저와 예를 자기 강역에 포섭했다. 한편 초기에는 진한辰韓이었던 신라는 일찍부터[2세기 초~5세기 초] 동해안으로 깊숙이 진출하여 지금의 삼척, 원산까지 세력을 뻗혔기에 이 동해안 루트를 이용, 북행을 하게 되었을 것이다. 그 후 신라는 이 동해안 루트를 통해 고구려뿐만 아니라 더 북쪽의 유목족과 접촉했을 가능성이 있다.[109]

③ 이 당시 한반도 주변은 흉노의 세력을 이은 선비족이 지배하였는

데, 북연에서 보듯이 이들의 기호는 유리제품을 포함한 서방유품 수집에 있었다.

④ 한편 스키타이-흉노 세력은 몽골의 노인울라 지역까지 파급되었으며, 이들의 문화 역시 친서방적이었다.

⑤ 그런데 북아시아에서 강성했던 흉노세력은 기원 후 1세기에 남북으로 분열되었고, 그 중에 북흉노는 서진하여 4세기 중엽에 이르러 서방 세계에 출현한다. 즉, 돈 강 동쪽 이란계 유목 기마민족 국가인 알란Alan을 격멸시키면서 나타난다. 중국의 고대문헌은 북흉노의 4세기 중엽까지의 몇 세기에 대해 전혀 침묵하고 있다.

⑥ 노인울라 쪽으로 동진한 스키타이-흉노의 문화세력이 아마도 동남진하여 한반도 동해안 루트를 타고서 신라에까지 파급된 것이 아닌지 추측된다.

⑦ 흥미롭게도 중국 문헌의 북흉노 세력에 대한 침묵기와 신라의 적석목곽분을 포함한 '금 문화'의 출발시기가 시간적으로 거의 일치한다.

⑧ 4세기 중엽의 시기에 닥쳐온 신라 사회의 변화, 다시 말하면 금 문화를 비롯한 서방제품 도입이라는 문화변동에 대한 단서는 지금까지 살펴본 직접적인 유물들 외에도 문헌을 통해 어느 정도 추찰된다. 예를 들면 신라 사신 위두衛頭가 고구려와 함께 전진에 조공을 바치고, 전진의 왕 부견苻堅을 알현했을 때의 대화가 그것이다.

"부견이 위두더러 묻기를 '그대 말에 의하면 해동의 사정도 예와 같지 않으니 어쩐 까닭인가'하니 위두는 '역시 중국과 같이 시대가 변하면 명칭도 바뀌기 마련이오. 어찌 예와 같겠소'."

이것은 중국 문헌과 한국 문헌에 같은 내용으로 실려 있으며,[110] 그 시기는 381년에 해당한다.

⑨ 이 내용으로 미루어보면 그 당시 중국 북쪽에 비한족非漢族이 난립하는 사정과 유사한 민족, 정치, 사회 변화가 신라에도 있었음을 알 수 있다. 그리하여 이 변동은 바로 4세기 중엽에 적석목곽분과 함께 들어온 금 문화, 외래문물 자체를 의미했던 것이 아닌가 생각된다.

여기에서 고신라의 이와 같은 대외관계 자료를 참고하면서 몇가지 구체적인 사료를 첨가하면 북방 통로를 어느 정도 가늠할 수 있게 된다.

[가] 381년에 신라 사신이 고구려 사신과 동행하여 북중국을 방문했던 사실은 신라의 북행 루트에 대한 하나의 단서를 제공한다. 381년은 백제의 근초고왕이 평양을 침공했던 371년 이후이고, 고구려 광개토왕[재위 391~413년]의 국력 신장 이전이어서 불가피하게 동해안 루트를 이용했을 것으로 추찰된다. 다시 정리하면 381년에는 백제가 중부지방을 거쳐 평양까지 장악한 때였기에 신라의 북행은 동해안 루트를 통할 수밖에 없었을 것이라는 말이다.

[나] 고구려가 427년에 평양에 천도하고, 그 이후 서해안의 남양만과 동쪽의 죽령 일대를 연결하는 지역까지 석권하였던 극성기인 장수왕[재위 413~91년]때에도 사실상 원산 가까이 이르는 동해안 지역은 신라의 판도 내에 있었다고 문헌은 전한다. 기원후인 고신라 초기부터 외래문화가 급격히 밀려온 5세기 말 시기에 고구려의 신라 침공에 대해『삼국사기』는 비교적 상세하게 언급하는데, 신라사를 중심으로 이것을 분석해보면 매우 흥미 있는 사실을 발견하게 된다. 우선 연도별로 고구려와 신라가 접촉한 지역을 정리해보자.지도 10-14

1. 102년: 슬직[悉直, 현 삼척][111]
2. 125년: 니하[泥河, 현 강릉 부근][112]
3. 395년: 슬직[현 삼척][113]
4. 450년: 슬직[현 삼척][114]
5. 468년: 슬직[현 삼척][115]
6. 480년: 북변[北邊][116]
7. 481년: 비렬홀[比列忽]: 안변[현 원산 부근][117]
8. 481년: 북변[118]
9. 484년: 북변[119]
10. 489년: 북변[120]

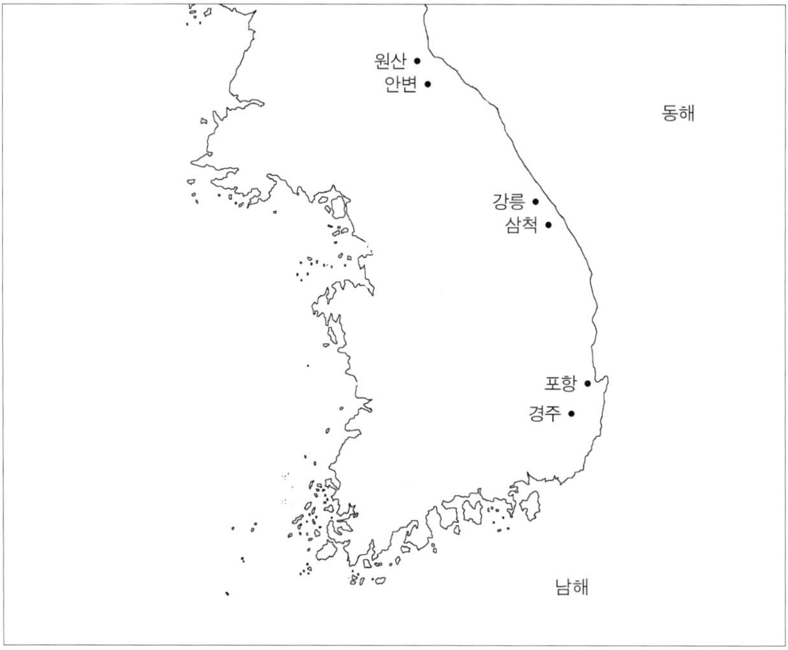

10-14. 고신라 동해안 루트.

고구려는 말갈과 연합하여 신라를 공격하였으며, 그 지역은 대부분 동해안 지역으로 되어 있다. 이 사실은 동해안 지역이 늘 신라의 판도 내에 있었음을 말해준다. 따라서 이 루트는 북방에서 신라에 이르는 직통로가 된다. 실제로 십 수 년 전의 발굴 결과에 따르면, 강릉시 초당동 고분에서 '출'出자형의 금동관이 출토되어[121] 학계의 주목을 끈 바 있다. 이 금동관은 6세기경의 것으로 비교적 시대가 내려오긴 하지만, 신라 지배계층의 세력이 이 통로 상에 안정적으로 자리 잡고 있었음을 보여준다.

둔황 벽화의 한국인과 아프라시압 궁전 벽화의 한국인

둔황 벽화

둔황 석굴에 고대 한국인이 묘사된 벽화가 존재한다는 사실은 이미 그 석굴에서 혜초의『왕오천축국전』이 발견되었던 사례와 함께 우리의 관심을 그리로 돌리게 하기에 충분하다. 이 벽화의 한국인에 대해서는 당초 둔황 벽화 전문가인, 전 둔황문물연구원장 두안웬제段文傑에 의해 처음으로 밝혀진 바 있다.[122] 그는 초당기 둔황 석굴 220호 동벽에 묘사된 유마거사 문질품問疾品 변상도에 한국인이 들어 있음을 확인하였다. 즉 유마상 하부, 번국객사도蕃國客使圖 가운데 조우관鳥羽冠을 쓰고 정장을 한 관복 차림의 두 사람을 한국인으로 비정하였던 것이다.

이 논거를 바탕으로 필자는 둔황 335호굴 벽화의 동일한 변상도인 유마거사도 하부에도 한국인이 표출되고 있음을 발표하여[123] 둔황과 고대 한국의 관계에 대한 인식을 새롭게 하기도 하였다. 그동안 이 주제에 대한 국내 학계의 관심은 그다지 높은 편은 아니었으나, 어느 정도 지속적이었음은 분명하다고 하겠다.[124]

둔황 벽화의 한국인 등장은 지금까지의 자료로는 642년경이 가장 이른 연도에 해당된다. 이때부터는 삼국통일 전후 사회 변동기까지 시차가 인정되는 시기여서 실제로 당에 사절을 보내기도 하였거니와,[125] 사절을 보낼 수 있는 시기에 해당한다. 또한 벽화의 내용이 '객사'와 관계되기 때문에 이 문제는 객사도客使圖, 또는 서역도의 관점에서 풀어가야 할 것으로 생각된다. 이러한 제반 관점을 고려하면 객사도의 인물들은 신라인이었을 것으로 추정된다.[126] 한편 당의 '천하관'에 입각하여 둔황 벽화의 고대 한국인이 고구려인일 것이라는 견해도 대두되고 있다.[127]

고대 한국인이 등장하는 둔황 석굴의 벽화를 정리하면 다음과 같다.

- 220굴[정관貞觀 16년, 642년]
- 335굴[수공垂拱 2년, 686년]
- 332굴[초당]
- 237굴[중당]

아프라시압 궁전 벽화

1964년 구소련의 고고학팀은 사마르칸트 근교의 고대도시 아프라시압을 발굴하여 각국의 사절행렬도가 들어 있는 벽화를 수습했다.도 10-15 발굴을 주도했던 알바움은 이 벽화 속에서 고대 한국인의 존재를 확인하기에 이르렀다.

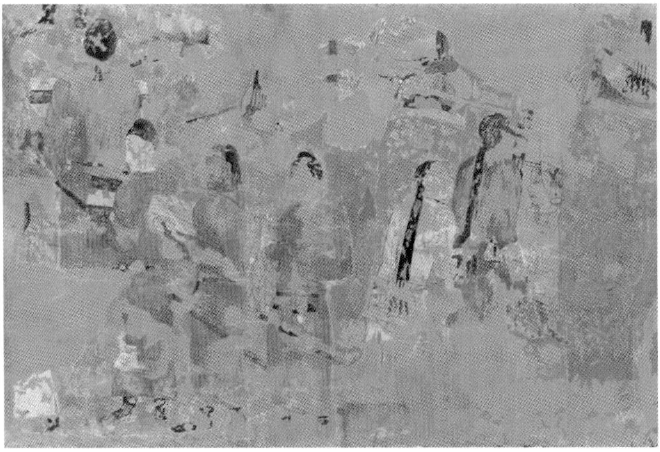

10-15. 소그드 왕을 알현하는 각국 사절도, 별궁지 벽화 서벽 모사도, 아프라시압 박물관.

지금까지의 국내외의 연구에 따르면 이 한국인은 고구려 사절로 평가되고 있으며, 벽화의 연대는 7세기 중엽으로 편년된다. 더욱이 벽화 속에 쓰인 고대 소그드어 명문을 해독한 결과, 이 벽화의 인물들은 그 당시 소그드 주변 국가의 사절들이며, 그 밖에 표현된 인상에 근거하여 중국, 돌궐, 고구려 등 동방에서 온 사절들임을 파악할 수 있다. 중국의 경우는 영휘년간[650~55년]에 소그드 왕 바르후만에게 도독都督으로 책봉冊封을 내린 사실이 중국 사서에 적혀 있어 그것이 벽화와 밀접한 연관이 있음을 알게 된다.

한편 고구려는 7세기 중엽에 중국과의 외교관계가 악화되었다. 고구려는 그에 대한 타개책으로 멀리 소그드, 돌궐과 연합하여 중국을 압박할 필요성이 있었을 것이다. 이 같은 유추가 고구려 사절이 이 벽화에 등장하는 이유의 한 가닥이 될 수 있다.[128]

통일신라와 서역

통일신라는 중국을 통해 이서以西 지역의 문물을 받아들였다. 서방 문물의 입수가 고신라의 경우처럼 직접적이고, 적극적이지는 않았지만, 사산조와 소그드를 포함한 이란계 문화를 단편적이나마 흡수하였다. 이는 중국의 성당기에 일기 시작한 호풍胡風과 직접적으로 관계가 있다. 더욱이 통일전쟁 직후에 경직되었던 나당의 국제교류가 8세기 초에 접어들어 다시금 우호적으로 회복되면서 호풍의 흡수가 가능하게 되었던 것이다. 706년에 재축조된 영태공주묘 벽화에 신라인이 등장함은 양국의 교류 분위기를 웅변적으로 설명해준다.

헬레니즘 조형의 경주 전파

신라 사천왕사지 출토 사천왕상[679년경]과 감은사지 출토 사리장치의 부조 사천왕상 중 증장천[增長天, 682년경]의 어깨부분에는 소위 사교형'[獅嚙形]'이라고 하는 사자머리 장식이 붙어 있다. 이 장식은 무장형 갑옷의 견갑을 사자가 입으로 물고 있는 형국을 특징으로 한다. 한편 석굴암의 건달파상에서 보듯이 두부에 사교상이 장식된 것[헬멧형 사교]도 있다. 그런데 이 장식의 연원과 전파 경로에 대해서는 별반 연구된 바가 없다. 결론부터 말하면 이것은 헤라클레스의 상징인 사자와 깊은 관련이 있으며, 실크로드를 타고 신라에까지 전해진 것으로 볼 수 있다.

알렉산드로스 3세 대왕은 일찍이 그의 선조의 전통에 따라 헤라클레스를 조상으로 모신다. 따라서 그의 족적이 미친 곳에는 헤라클레스 상들이 다양한 형태로 표현된다. 이러한 헬레니즘 문화는 고대 터키를 거쳐 고대 이란으로 들어와 지역 문화와 결합되면서 그대로 유지되는 형세를 보였다. 이때 헤라클레스의 지역신과의 습합 현상은 비교적 수월하게 이루어졌다. 이러한 여건 속에서 헤라클레스의 상징 표현인 헬멧형 사교獅嚙와 견갑형 사교는 불교조각으로 전이되어 간다라 조각의 동점루트를 타게 된다.

고대 소그드인들은 중앙아시아를 거쳐 5세기 이래 활동하면서 특히 수당대에는 중국과 밀접한 교류를 가졌다.[129] 소그드 출신의 조중달[6세기 중엽], 키질 벽화에 나타난 헬멧형 금강역사, 견갑사교가 있는 <소그드 상인 도용>[파리 체르누스키 박물관 소장], 소그드 지역인 판지켄트 벽화의 사교장식 병사 등의 사례들을 참고하면 6세기 중엽, 늦어도 7세기를 전후한 시기부터 동아시아에 이러한 상징 표현이 퍼져나갔을 것으로 보인다. 바꾸어 말하면 이러한 미술 전파에는 소그드인들의 역할이 중요했을 것으로 생각된다.

하여간 신라는 통일 초부터 서방의 헤라클레스 도상을 받아들여 헬레니즘 조형의 한 단면을 노정시키고 있음을 본다.[130] 한편 이러한 통일 초 서방 문화의 흡수현상은 고신라 전성기에 나타난 경향의 연속선상에 있는 것으로 느껴져 우리의 관심을 더하고 있다.

괘릉의 문·무인석

괘릉에 서 있는 심목고비深目高鼻의 무인상은 당삼채 도용陶俑 소그드 상인의 상과 유사하다. 8세기 때의 국제 정세를 고려하면 당의 호풍 여파가 통일신라까지 밀려오게 된 것은 이상한 일이 아니다. 더욱이 『삼국유사』 원성왕[재위 785~98년]조에는 당사와 함께 온 수행인이 도술을 부린다고 언급하고 있어서, 그 수행인의 용모가 서역인[소그드인]처럼 유별났던 것이 아닌지 짐작된다.

그러면 왜 소그드인이 이 무덤의 무인상으로 등장하는가. 이는 번국인蕃國人을 무덤에 도열하는 당제의 모방으로 보이며,[131] 특히 소그드인과 돌궐인의 혼혈이었던 안녹산安祿山이 당조의 무장으로 있었던 사실과 연관이 있을지도 모른다. 경주에 직접 온 서역인이 소그드인이 아니고, 아랍인으로 비정되기도 한다. "서역인에 대한 직관이나 현장 모델화[模本] 없이는 이토록 정확한 형상조각은 도저히 불가능하였을 것이다. 8~9세기에 아랍·무슬림들이 이미 신라에 나타났으므로 그들을 현장 모델로 채용할 수 있었을 것"이라는 선해가 내두된다.[132] 또 이와는 달리, 이 무인석상을 불교 무장상의 수호 역할과 연관지어 '서역인 이미지'의 반영인 것으로 풀이하기도 한다.[133]

이 무인석상과 함께 문인석상의 경우에도 그 용모가 심상치 않다. 구레나룻과 우뚝한 코, 눈매 등이 몽골인의 용모와는 다르다. 이것은 베제크리크 벽화에 나타난 위구르인 용모 그대로이다. 아마도 하서 지역의 위구르인 등이 내조했던 것으로 보이며, 더욱이 그들은 당시 국제사회에서 '문화인'으로 인정을 받았기에 그 용모가 이 문인석의 모델이 되었다고 유추하게 된다.[134] 괘릉의 무인석상이 소그드 계통이라면, 문인석상은 8세기 후반 세력을 떨친 위구르인으로 비정해볼 수 있다. 위구르인들은 특히 르네 그루세가 일컫듯이 '문화교수'文化教授로 지칭될 정도로[135] 문인 기질을 갖고 있었으며, 더욱이 그 용모가 괘릉의 문인석에 보이는 것처럼 구레나룻과 턱수염, 콧수염이 풍부하다. 이런 특징들은 오늘날에 남아 있는 베제크리크 출토의 위구르 벽화에 잘 드러난다.

한국 시원의 운산문

구름에 싸인 먼 산을 삼각형의 '운산문'雲山紋으로 묘사한 것은 둔황 벽화에 잘 알려진 유형이다. 성당기 석굴 66호 벽화에는 관경변상의 16관 장면을 묘사하고 있는데, 그 중 한 장면에 운산문이 나타난다.[도 10-16] 한국의 경우, 이 운산문이 정형화된 사례로서는 통일신라기의 벽전壁塼을 들 수 있다. 국립중앙박물관 소장의 <불각운산문전>[佛閣雲山紋塼, 8세기]의 측면에는 직선으로 도식화된 구름문양 위에 삼각형의 산을 묘사하고, 이런 패턴을 중첩시켜 여러 층의 운산문을 구성하고 있다.[136]

그런데 매우 흥미로운 점은 이러한 운산문의 시원이 고구려 고분벽화에서 시작되었다는 사실이다. 일제강점기 때 발굴된 내리內里 1호분 벽화에 운산문이 표현되고 있을 뿐더러,[도 10-17] 발굴자도 이것이 고구려 특유의 것이라고 밝히고 있다.[137] 이 고분의 연대가 6세기 초인 것으로 되면,[138] 둔황 벽화보다 앞서는 것은 분명하며, 이 운산문은 어쩌면 고구려 문화가 북방의 문화에 영향을 끼친 '북방기류'의 범주[139]에 들어가는 또 다른 사례로 볼 수 있다.

이러한 양식이 나중에 신라에 나타나는 것은 고구려와의 연관인지, 아니면 둔황으로부터 불교 문화와 미술이 전파되면서 발생한 것인지는 아직 분명치 않다.

소그드 문양

와당의 막새기와에 나타난 연주문聯珠紋과 대칭문對稱紋은 실크로드 미술 파급의 마지막 장을 장식하는 부분이다. 그런데 사실상 소그드 문양의

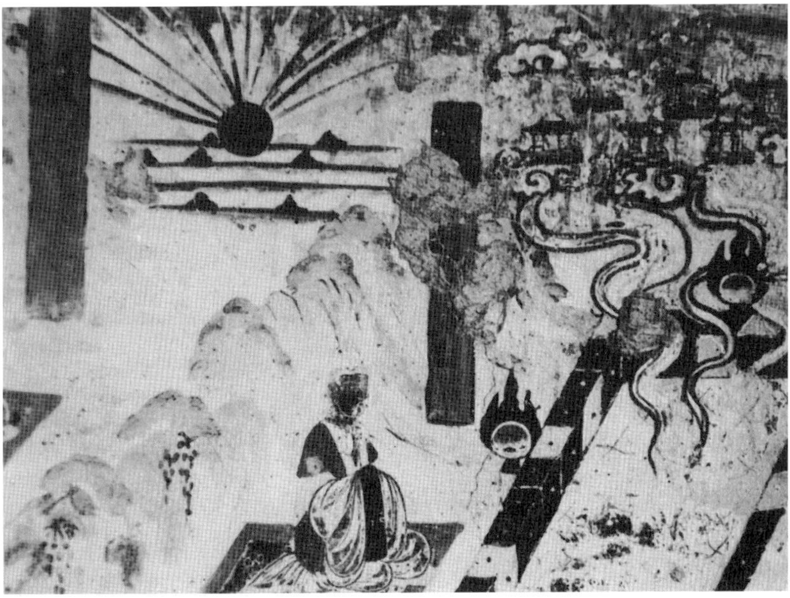

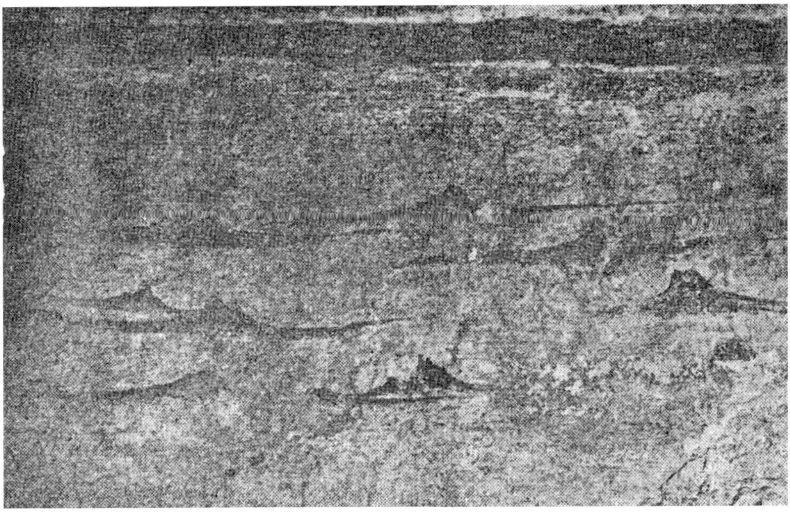

10-16. 운산문, 성당기, 둔황 석굴 217호 벽화.
10-17. 운산문, 6세기 초, 내리1호분 벽화.

전형이라고도 할 이 연주문은 앞에 예로 든 식리총飾履塚 식리 도안에도 이미 보이므로 신라의 경우 그 응용 사례의 연조가 깊다할 것이다.

이 문양과 관계해서 특히 주목되는 유물은 현재 국립경주박물관 뜰에 전시된 <연주문 장대석>이다. 이 석조물은 일제강점기에 자전柴田 여관 뒤쪽의 일본사원日本寺院 마당에 있었던 것인데, 당시 주지에 의하면 그 유물은 본시 읍성邑城의 잔해재殘骸材 가운데서 발견된 것이라고 하였다.[140] 이처럼 장대석의 출처가 분명치 않다는 점이 문제이나, 이 돌에 새겨진 연주문과 쌍조문 따위는 소그드[범 이란계] 문양의 전형을 보여준다. 이 돌의 세 번째 문양이 미완성으로 남은 것도 미스터리이지만,[141] 정교한 문양 수법으로 미루어 신라인들이 큰 관심을 가지고 있었음이 분명하다.

어쩌면 도래한 소그드 문화를 위한 건축물, 또는 소그드식 사당 기초석으로 추측되기도 한다. 더욱이 암막새 · 수막새 기와, 치미鴟尾와 같은 건축재에도 유사한 문양이 조출된 것을 보면 그런 류의 건축물과 연관되었다고 생각한다. 어쨌든 이 일련의 문양은 신라인들의 적극적인 소그드 문화 수용에 대한 괄목할 자료가 아닐 수 없다.

주

1 Andrei Alekseev, "The Scythians: Asian and European," *The Golden Deer of Eurasia*, Joan Aruz et al. ed., The Metropolitan Museum of Art, 2000, p. 41.

2 小松久男,『中央ユーシア史』, 東京: 山川出版社 2000, pp. 28~29. 뿐만 아니라 스키타이의 알타이 지역 발원지인 아루잔(Arzhan)의 연대가 기원전 9세기를 상회하고 있음이 탄소14연대측정법으로 밝혀졌다. 林俊雄,『スキタイと匈奴. 遊牧の文明』(興亡の世界史 02), 東京: 講談社, 2007, p. 86.

3 권영필,『렌투스 양식의 미술 -동쪽으로 불어온 실크로드 바람』(상, 하), 서울: 사계절, 2002.

4 중국의 자오펑(趙豊)은 이 벽걸이를 중앙아시아에서 제작된 것으로 보고 있다. James C. Y. Watt et al., *China. Dawn of a Golden Age, 200~750 AD*, The Metropolitan Museum of Art, New York, 2004, pp.194~95. 그렇더라도 직조를 위한 밑그림은 서방에서 온 것으로 봐야 한다.

5 Prudence Oliver Harper, *The Royal Hunter. Art of the Sasanian Empire*, The Asia Society, Inc., New York: Asia House Gallery Publication, 1978, p. 127.

6 마이클 J. 겔브(Michael J. Gelb), 공경희 역,『레오나르도 다 빈치처럼 생각하기』(How to think like Leonardo da Vinci), 서울: 대산출판사. 1999, 171~79쪽. 겔브는 레오나르도가 잘 구사했던 기법인 스푸마토(=불확실성에 대한 포용력)를 독자에게 이해시키려 에른스트 H. 곰브리치(E. H. Gombrich)의 해석을 끌어들인다. "뿌연 윤곽과 부드러운 색채는 어떤 형태가 다른 형태에 섞여 들어가면서 우리에게 상상의 여지를 남긴다……."(176쪽) 특히 여기에서 '상상의 여지를 남긴다'는 말은 우리에게 시사하는 바가 매우 크다.

7 Harald Mielsch, *Römische Wandmalerei*, Darmstadt: Wissenschaftliche Buchgesellschaft, 2001, pp. 30~31.

8 권영필, 위의 책, 상권, 삽도 1~7 참조.

9 권영필, 위의 책, 상권, 25, 192~93쪽.

10 헤로도토스, 박광순 역,『歷史Historiai』, 서울: 범우사, 1991, 282~83쪽.

11 '인면사신'이 인도의 용신(龍神, 나가)에도 나타나고 있음을 근거로 복희여와 도상을 남방 근원으로 보기도 한다. 민병훈,「국립중앙박물관장 투르판출토 복희여와도고(國立中央博物館藏 투르판出土 伏羲女媧圖攷)」,『미술자료)』 61호, 국립중앙박물관, 1998, 29~32쪽.

12 민병훈, 위의 논문, 28쪽. 原出: 谷野典之,「伏羲·女媧神話系統考」,『東方學』 第59輯, 1980.

13 에가미 나미오는 <말 얼굴(馬面)장식>이 본래 유라시아에서 비롯되었음을 인정하면서도 낙랑 출토 말 얼굴(樂浪出土 馬面)장식의 전체적인 모양이 스키타이 것과 유사한 점에 대해 오히려 한대 황허(黃河) 문물의 파급 사례로 보고 있다.『江上波夫文化史論集 4, 北アジア第民族の歷史と文化』, 東京: 山川出版社 2000, pp. 160~62. 에가미 나미오의 이와 같은 입장은 아마도 스키타이 <말 얼굴 장식>의 연대비정(年代比定)과 아울러 거기에 조출(彫出)된 여신 도상의 문제를 간과한 것이 아닌가 여겨진다. 낙랑의 말 얼굴(樂浪馬面) 장식은 필자가 실제로 보지 못했을 뿐더러, 여신의 얼굴이 있어야 할 상부 일부가 떨어져나가 도판으로는 정확한 판별이 어렵지만, 말 얼굴의 선각(線刻) 표현이 스키타이 여신의 형태를 방불케한다. 江上波夫, 위의 책, 도판42-2 참조.

14 鄂嫩哈拉·蘇日台(編),『中國北方民族美術史料』, 上海人民美術出版社, 1990, p.128.

15 이송란,「고구려 고분벽화의 천상표현(天上表現)에 나타난 화염문(火焰紋)의 의미와 전개」,『미술사학연구』 220, 한국 미술사학회,

1998년 12월, 1~40쪽.

16 필자는 북방지역의 지배적인 조형사상과 그것의 조형적 표출현상(表出現象)을 '북방기류'라고 부르고 있다. 이 책의 2장 참조.

17 Harald Mielsch, 앞의 책, p. 86.

18 위의 책, p. 88.

19 권영필,『실크로드 미술 –중앙아시아에서 한국까지』, 서울: 열화당, 1997, 195쪽.

20 김원룡,『한국 미술사』, 서울: 범문사, 1968, 146쪽:「삼국시대동물형토기시고 (三國時代動物形土器試考)」,『미술자료』6호, 5~10쪽.

21 권영필, 앞의『렌투스 양식의 미술』, 상권, 217쪽.

22 김정숙,「인도 약샤주유 도상의 동점의 문제(印度 약샤侏儒 圖像의 東漸의 문제)」, 중앙아시아학회 워크숍 발표 요지, 1997, 12, 26; 김정숙,「고구려 삼실총 '지천역사상'의 도상적 원류 –인도 약사주유상의 동점 문제」,『권영필 교수 정년퇴임기념논총(하), 동서의 예술과 미학』, (민주식·조인수 편), 서울: 솔 출판사, 2007, 175~200쪽.

23 권영필, 앞의 책, 상권, 30쪽 삽도 1~11 참조할 것.

24 護 雅夫(編),『東西文明の交流 1, 漢とローマ』, 東京: 平凡社, 1980, p.311 圖版 117d 참조할 것.

25 세 번째 절인 '동쪽에 핀 실크로드의 꽃: 고대 한국의 미술'은 필자의 다음 논고를 일부 고친 것임을 밝혀둔다. Kwon Young-pil, "Kyongju, die Goldene Stadt(Kumsong). Stadt der Schmanen und ihre frühen kulturellen Beziehungen", *Korea. Die alten Königreiche*, Kulturstiftung Ruhr Essen, 1999.

26 초원문화와 그 연대관에 관해서는 다음의 자료들이 참고가 된다. An Zhimin, "Cultural Complexes of the Bronze Age in the Tarim Basin and Surrounding Areas," *The Bronze Age and Early Iron Age Peoples of Eastern Central Asia*, ed. by Victor H. Mair, Washington D.C.: Institute for the Study of Man Inc., 1998; Katheryn M. Linduff, "An Archaeological Overview," *Ancient Bronzes of the Eastern Eurasian Steppes from the Arthur M. Sackler Collections*, by Emma C. Bunker, The Arthur M. Sackler Foundation, 1997; 高浜秀,「中國北方の青銅器」,『大草原の騎馬民族 –中國北方の青銅器』, 東京國立博物館, 1997; 권영필,「'대체문헌'으로서의 서안지구 출토 청동동물문양장식패 –흉노미술의 남하」,『중앙아시아연구』, 중앙아시아학회, 1997: 郭素新, 田廣金,「源遠流長的北方民族青銅文化」,『中國青銅器全集』, 北京: 文物出版社, 1995.

27 E. C. Bunker, 위의 책, p. 113.

28 E. C. Bunker, 위의 책, p. 119. 원출: Legge, 1935,『詩經』: VI 信南山, 五章 "祭以淸酒. 從以騂牡. 享于祖考. 執其鸞刀. 以啓其毛. 取其血膋."

29 E. C. Bunker, 앞의 책, p. 131 도판18.

30 王長啓,「西安市文管會藏鄂爾多斯式 青銅器及其特徵」,『考古與文物』, 1991, p. 9 圖三.

31 엠머 C. 벙커도 이 유물에 대해 '의식용구(儀式用具)'라고 부르기도 하였다. E.C. Bunker, 앞의 책, p. 130. 더 나아가 벙커는 이 유물과 유사한 작품 곧 북중국 국경지대 출토 청동제 권표(權表, wand, 漢代, 13인치, 빅토리아 앤드 앨버트 박물관, 런던)를 들면서 아마도 샤먼의 것일 것으로 추정한 바 있다(Bunker & Chatwin, *'Animal Style' Art from East to West*, p. 145, pl. 132). 그 후 최근 저작에서는 "이 물건의 기능에 관해 학자들은 견해의 일치를 보지 못하고 있다. 그러나 공통적인 제안은 샤먼의 장대로 썼던 것으로 되어 있다"라고 하여 전보다는 좀 더 그것을 샤먼의 기물로 보는 입장을 표명하고 있다. Emma C. Bunker, *Ancient Bronzes of the Eastern Eurasian Steppes from the Arthur M.Sackler Collections*, The Arthur M. Sackler Foundation, 1997. p. 115.

32 현재 랴오닝(遼寧)과 신장(新疆), 지린(吉林), 헤이룽 강(黑龍江) 등 지역에 살고 있는 시버

족(錫伯族)에서는 전통적으로 샤먼(薩滿)이 제의 시에 방울을 활용하고 있다. 즉 방울 달린 신모(神帽)를 쓰고 있는 것이다. "薩滿跳神, 必須帶有銅鈴的神帽. 錫伯族中仍見此民俗." 忠綠, 「錫伯族薩滿歌舞和巫術的表現形式」, 『錫伯族研究』, 烏魯木齊: 新疆人民出版社, 1990, p. 238; 佟克力, 『錫伯族』, 中國新疆民族民俗知識叢書, 新疆美術撮影出版社, 1996, p. 55. 또한 다우르족(達斡爾族) 무당(巫師)의 법복에도 많은 방울이 달려 있어 무와 방울과의 관계를 여실하게 보여주고 있다. 즉 무복에는 좌우에 30면의 청동거울(銅鏡)을 달고, 그 각 동경의 양측에는 청동방울(銅鈴)을 달고 있다. 그리고 이런 풍습은 퉁구스인, 오르존인(鄂倫春人), 오원커인(鄂溫克人)에게서도 마찬가지로 고증되고 있어서 동북아시아의 지역적 특성을 잘 보여주고 있다. 또한 여기에서 무복의 뒤쪽 옷깃 아래에 방형의 구획을 두고, 거기에 해, 달, 나무, 사슴을 묘사한다는 점은 덧붙여 살펴볼 수 있는 중요한 내용이다. 宋兆林, 『巫與巫術』, 四川民族出版社, 1987, pp.67~68. "達斡爾族巫師必須穿狗皮對襟長袍, 綴八個銅扣, 左右30面銅鏡, 每面銅鏡兩側有銅鈴, 兩袖下□有布條及小銅鈴, 360枚貝□. 後襟下部爲方形黑布, 上繪日月樹鹿形象. 通古斯人, 鄂倫春人相仿. 鄂溫克人也相類."[이 자료에 대해서는 신장성 문물고고연구소(文物考古研究所) 전 소장 왕빙화(王炳華) 선생의 교시(教示)에 힘입었기에 이에 감사를 드린다].

33 손진태(孫晉泰)는 고전문헌의 전거를 바탕에 두고 샤먼의 역할을 논증하였다. 이에 의하면 "생산보호자(生産保護者)로서의 무(巫)"라는 정치적 역할이 샤먼에게 수반되고 있다. 따라서 이러한 기능의 주체를 군장으로 해석할 수 있을 것으로 본다. 손진태, 『조선민족문화의 연구(朝鮮民族文化의 硏究)』, 조선문화총서 제5집(朝鮮文化叢書 第5輯), 서울: 을유문화사(乙酉文化社), 1948, 302~15쪽 참조.

34 郭素新·田廣金, 「源遠流長的北方民族青銅文化」, 『中國青銅器全集』15卷(北方民族), 北京: 文物出版社 1995, p. 31; 江上波夫, 『江上波夫 文化史論集 3, 匈奴の社會と文化』, 東京: 山川出版社 1999, p. 224.

35 그 동안 스키타이 '동물양식'의 근원에 대해서는 제반 설들이 분분하여, 심지어 이란에 근거를 둔다는 설까지도 대두되기에 이르렀다. 그러나 근년에는 절충적 방식으로 "유라시아 스텝 스키타이 유형 문화의 '다중심발생설(多中心發生說)'개념이 형성되어" 연구과제로 되고 있다. E. V. 뻬레보드치꼬바, 정석배 역, 『스키타이 동물양식』, 서울: 학연문화사, 1999, 81~89쪽.

36 Emma C. Bunker & C. Bruce Chatwin, *'Animal Style' Art from East to West*, The Asia Society Inc., 1970, p. 183.

37 E.C. Bunker, 위의 책, 같은 곳.

38 문헌에 따르면 흉노의 수령 묵특(冒頓)이 기원전 209년에 건국한 후 북쪽으로는 알타이 남쪽 기슭(南麓) 호게(呼揭)까지 영토를 확장시킨 것으로 된다. 『한서』, 권94, 흉노열전, 제 64上, p.3757; 余太山 主編, 『西域通史』, 鄭州: 中州古籍出版社, 1996, pp.46~55. 문헌상으로는 이 시기에 스키타이 공예와 접촉할 수 있었던 것이 아닌가 생각되나. 실제로 고고학적 자료에 의거하면 흉노의 알타이 접촉은 이보다 더 앞선 시기임을 알 수 있다. 즉 흉노의 동물문장식패(動物紋裝飾牌)의 초기 연대는 춘추 말~전국 초(기원전 470년 전후)까지 올라가는 것이기 때문이다. 권영필, 「'대체문헌'으로서의 청동동물문장식패」, 50~52쪽 (『렌투스 양식의 미술 -동쪽으로 불어온 실크로드 바람』상, 서울: 사계절, 2002, 160~64쪽 재수록).

39 江上波夫, 『江上波夫文化史論集 3, 匈奴の社會と文化』, 東京: 山川出版社, 1999, pp. 237~45.
한편 이 오르도스 동물주제 공예에 대해서는 이 책의 1장 주19 참조.

40 동복에 대해서는 이 책의 2장 「고구려 벽화의 중앙아시아와의 연관성」의 주5 참조.

41 특히 이종선(李鍾宣)은 오르도스식 동검을 세밀히 검토한 논문에서 한국과 오르도스의 연관성을 주장한 바 있는데. 그에 대한 학계의 토론은 합일점에 이르지 못한 것으로 파악된다. 이종선, 「오르도스 후기 금속문화와 한국의 철기문화」, 『한국상고사학보(韓國上古史學報)』 2, 한국상고사학회, 1989.

42 예를 들면 1990년대에 발표한 논문들을 통해 이건무는 오르도스와의 연결을 적극적으로 수용하고 있다. 이건무, 「전 충남출토 촉각식동검(觸角式銅劍)에 대하여」, 『석오윤용진교수정년퇴임기념논총(碩晤尹容鎭教授停年退任紀念論叢)』, 1996.

43 윤무병, 『한국청동기문화연구』, 서울: 예경출판사, 1996, 139~45쪽. 한편 한국 청동기, 특히 랴오닝식 동검 문화기의 개시 연대와 여기에 영향을 준 북방족에 관해서는 여러 이견이 있다. 예를 들면 이건무는 한국 랴오닝식 동검 문화기의 상한을 기원전 8세기경으로 보고 있으며, 랴오닝식 동검문화의 담당자가 동호, 산융(山戎), 동이(東夷), 예맥(濊貊), 고조선, 예맥퉁구스 중 어느 족속인지 지금으로서는 분명치 않다고 하였다. 이건무, 「한국의 랴오닝식 동검문화(韓國의 遼寧式銅劍文化)」, 『한국의 청동기문화(특별전도록)』, 국립중앙박물관, 1992, 131쪽.

44 陳壽, 『三國志』(東夷傳).

45 또한 『삼국지』(동이전)에는 후한 영제(後漢靈帝, 168~188년)말년에 한(韓)과 예(濊)가 강성해져서 군현(郡縣)이 제어할 수 없게 되매 한(韓)나라로 유입되는 백성이 많아졌다고 적고 있다. 이것은 동해안 쪽에 대한 중국의 정치력 상실을 의미하며, 예는 남북을 통하는 루트의 역할을 했을 것으로 추측된다. 한편 한국의 고고학자들은 이 동쪽 루트가 이미 신석기시대 이래 개발되었던 것으로 보고 있다. "함경북도와 남해안 지역은 신석기시대에, 해류에 편승한 직로의 문화교류로가 존재했던 지역으로 알타이, 바이칼 지역의 문화가 쉴카, 아무르, 송화 강을 따라 동진해 함경북도에 영향을 주고 이것이 다시 남해안 쪽으로 확산된 것으로 보인다. (東路)" 한영희, 「유물로 본 알타이와 한반도 -신석기시대를 중심으로-」, 『알타이 문명전』, 국립중앙박물관, 1995. 189쪽. 이 밖에도 근년에 '동해안 루트설'을 용인하는 사례로는 다음을 참고할 수 있다. 이송란, 「신라관(新羅冠)의 성립과 시조묘제사(始祖廟祭祀)」, 『미술사학연구』 235, 한국 미술사학회 2002년 9월, 10~11쪽. 원출: 이기동(李基東), 「신라의 풍토와 그 역사적 특징」, 『신라 사회사 연구(新羅社會史 硏究)』, 서울: 일조각, 1997, 4쪽.

46 이건무, 「한국청동의기의 연구 -이형동기를 중심으로」, 『한국고고학보』 28, 한국고고학회, 1992, 131~216쪽.

47 이건무, 앞의 논문, 143~58쪽. 이 유물들은 정식 발굴을 통해 수습된 것들이 아니고, 전칭(傳稱) 작품들이다. 참고로 발견지를 소개하면 다음과 같다. 논산, 화순 대곡리, 덕산, 상주 등이다.

48 이건무·조현종, 『한국미의 재발견 1. 선사 유물과 유적』, 서울: 솔, 2003, 186쪽.

49 간두령(竿頭鈴)의 존재는 소도(蘇塗)와 연관된다. 일찍이 중국 역사서 『삼국지(三國志)』 위서 한전(魏書 韓傳)에는 장대에 방울을 매달아 제사지내는 풍습을 말하고 있다. "......名之爲蘇塗, 立大木, 懸鈴鼓, 事鬼神, 諸亡逃至其中, 皆不還之, 好作賊, 其立蘇塗之義, 有似浮屠, 而所行善惡有異."같은 내용이 진서 마한전(晉書馬韓傳)에도 들어 있는데 다만 '유사서역부도야(有似西域浮屠也)"라는 부분이 다르다. 이렇게 보면 마한의 소도 신앙이 서역(西域)의 부도(浮屠), 즉 불교와 비유될 정도로 강했음을 짐작할 수 있다.

50 이건무, 앞의 「한국청동의기의 연구 -이형동기를 중심으로」, 134, 193~95쪽.

51 烏恩, 「關于我國北方的青銅短劍」, 『考古』, 1978, pp. 575~79.

52 E. C. Bunker, 앞의 *Ancient Bronzes of the Eastern Eurasian Steppes*, p. 68.

53 국보137, 리움 소장, 『국보』 도록, 서울: 예경출판사, 1983, 도판 152 참조.

54 이처럼 물새가 마주보는 형식은 알타이 지역의 파지리크 3호분 출토 말 재갈멈치에서도 나타난다. 다만 이 경우 검파식이 아니기 때문에 비교 자료로서 단점이 있기는 하나 조형은 강한 유사점을 지닌다. 이건무, 앞의 「전 충남 출토 촉각식 동검에 대하여」, 160, 163~64쪽, 도3의 1, 2, 3. 위의 말 재갈멈치의 도판은 다음의 책을 참고할 수 있다. 국립중앙박물관, 『스키타이 황금』, 1991, 227쪽, 도판151. 한편 이 '물새가 마주보는 형식'에 대한 논의에서는 이 책의 1장 「서아시아와 고대 한국 문화」 주17, 18을 참고할 필요가 있다.

55 그러나 아직까지 방울의 사례는 발견되지 않고 있는데, 이 조형부를 중공(中空)과 투각 기법으로 처리한 것은 그 당시 한국 장인의 기술 수준을 말해주며, 또한 중공과 투각에 의해 청동을 아낄 수 있는 '청동의 경제'라는 측면도 고려되어야 한다는 것이다(국립중앙박물관 이건무 전 관장 직담).

56 한병삼은 이 농경문 의기의 새들을 샤먼과 연관 지어 해석하고 있다. 또한 이건무는 이 해석을 인용함으로써 그것에 대해 암묵적으로 동의한 것으로 보인다. 한병삼, 「선사시대 농경문 청동기에 대해서」, 『고고미술』 112, 고고미술사학회, 1971; 이건무, 앞의 「한국 청동의기의 연구」, 194쪽.

57 앞의 주 28 참조.

58 권영필, 앞의 『렌투스 양식의 미술』, 261쪽. 삽도8-5 참조.

59 권영필, 앞의 「'대체문헌'으로서의 시안지구 출토…」 참조.

60 국립중앙박물관, 『한국고대국가의 형성』, 1998. 96쪽.

61 E. C. Bunker, 앞의 책, p. 269.

62 스키타이 고분 구조에 관해서는 다음의 자료를 참고할 수 있다. Renate Rolle, *Die Welt der Skythen*, Luzern und Frankfurt/M: Verlag C. J. Bucher, 1980.

63 최병현, 『신라고분 연구(新羅古墳 硏究)』, 서울: 일지사, 1992, 398~403쪽.

64 위의 책, 403~09쪽.

65 이와 유사한 견해가 한 두 고고학자에 의해 피력된 바 있다. 최병현, 앞의 책, 415쪽; 김병모, 『금관의 비밀』, 서울: 푸른 역사, 1998, 158쪽.

66 『한서』(남흉노전)와 『위서』(서역전)의 기록을 종합하면, 북흉노는 오손(烏孫)을 침입, 다시 서진하여 강거(康居, 현 카자흐스탄 동남부)에 이른 정도만이 확인된다. 林幹, 『匈奴通史』, 北京: 人民出版社, 1986, pp. 114~15.

67 林幹, 앞의 책, pp. 115~19.

68 일연, 『삼국유사』, 권1, 남해왕조(南海王條); Frits Vos, *Die Religionen Koreas*, Stuttgart 1977, S.66.

69 일연, 『삼국유사』, 진흥왕조, "天性風味 多崇神仙". 여기서 신선은 무교인 것으로 보는 것이 일반적 견해인 것 같다. 김인회(金仁會), 『한국 무속사상 연구(韓國 巫俗思想 硏究)』, 서울: 집문당, 1993, 140쪽.

70 김원룡, 「신라 금관의 계통(新羅金冠의 系統)」, 『효성 조명기박사 화갑기념 불교사학논총(曉城趙明基博士華甲記念 佛敎史學論叢)』, 1965, 292쪽. 김원룡은 1990년대의 저서에서도 이런 관점을 유지하고 있다. 참고: 김원룡·안휘준, 『신판 한국 미술사』, 서울: 서울대출판부, 1993, 123쪽. 또한 프리츠 포스(Fritz Vos)도 신라 금관이 샤먼 관과 관계가 있는 것으로 보았으며, "신라왕들이 샤먼관을 썼다(Die Könige trugen denn auch Schamanenkronen)"고 단언하였다. 포스는 자기주장에 대한 전거로서 몇 가지 자료들을 제시하였다. "이 관에 대한 설명은 다음을 참조할 것. Evelyn McCune, *The Arts of Korea*, pp. 82~83, 124~25; Makino Koichi, *Shiberia sho-minzoku no shaman-kzo*, p.108. 샤먼들의 머리 덮개의 의미에 대해서는 다음을 참조할 것. Paulson, Hultkrantz, Jettmar, *Die Religionen Nordeurasiens und der amerikanischen Arktis*, pp. 132~33; Prokofyeva, *The costume of an Enets Shaman*, pp.140~43." F. Vos, 앞

의 책, p. 66. 또한 르네 비올레도 신라 금관과 샤먼의 사슴뿔을 연관 짓고 있다. Renée Violet, *Einführung in die Kunst Koreas*, Leipzig, 1987, pp. 59~61. 한편 런던대학교의 박영숙(朴英淑) 교수는 신라 금관과 샤먼관의 연관을 처음으로 주장했던 K. 헨체(K. Hentze)의 글을 인용하면서도 틸리아-테페 출토 금관에 대한 빅토르 사리아니디(Viktor Sarianidi)의 글을 통해 헨체의 입장을 대비시키고 있다. 즉 "그(사리아니디)는 이 금관이 '재생과 부활'의 우주적 상징성을 반영하며, 이런 관들은 스키타이의 왕이나 여왕의 '제의용 관식'이었을 것으로 단언하였다(K. Hentze, "Schamanenkronen zur Han-Zeit in Korea," *Ostasiatische Zeitschrift*, Jg. 1933, p. 156과 V. Sarianidi, *Die Kunst des Alten Afghanistan*, Leipzig, 1986, pp. 308, 321 참조). 한국의 금관과 이 틸리아-테페의 관들이 그 모티프와 기법에서 서로 유사한 점으로 미루어 한국의 금관들이 동일한 기능을 가졌을 수도 있다고 말하고 싶다. 이러한 연관에서 전에 헨체가 해석했던 바와 같은 샤먼관에 대해서는 아무런 언급도 없다는 점은 주목되어야 한다." Young-sook Pak, "The Origins of Silla Metalwork," *Orientations*, vol. 19, no. 9, September 1988, pp. 44, 46. 다른 한편 민속학자 조흥윤은 금관의 조형성과 샤먼의 종교성이 일치하는 것으로 해석, 그 양자의 관계는 밀접한 것으로 보고 있다. 조흥윤, 『무. 한국무의 역사와 현상』, 서울: 민족사, 1997. 284~87쪽.

71 『삼국사기』, 신라본기, 진흥왕 14년조.

72 정경희는 미르치아 엘리아데(Mircea Eliade)의 이론을 빌어 샤먼과 사제(司祭)를 구분하기도 한다. 사제란 유목민의 사회가 아니라 한 군데에 정착해서 상당한 규모의 공동체를 이룬 농경사회에서 볼 수 있는 종교적 지도자로 규정하여, 결국 그는 방울과 거울을 든 청동기의 주인들은 샤먼=주술사가 아니라 사제였다고 결론짓는다. 정경희, 『한국 고대 사회문화 연구 −청동기사회에서 삼국시대까지』, 서울: 일지사, 1990, 42~45쪽. 원출: M. Eliade, Shamanism, 1951. 그러나 앞의 주49에서도 밝혔듯이 삼한시대에도 방울과 북을 매달아 귀신을 섬겼다는 중국의 기록 『삼국지』를 참고하면 삼한시대 이전인 청동기시대의 방울 이용자가 사제로 구별된다는 정희경의 주장은 재고되어야겠다. 다만 6세기 신라 사회에서 사제의 존재는 고려해 봄직하다.

73 최광식은 신궁의 설치는 토착신앙에 바탕을 둔 국가체제 정비에 따른 사상적 통일정책이며, 국력의 신장에 따른 국가의식의 자주적 표현이었고, 신궁의 주신을 천지신(天地神)이라고 하였다. 최광식, 『고대 한국의 국가와 제사』, 서울: 한길사, 1994, 200~16쪽.

74 신채호(申采浩), 『단재신채호전집 (丹齋申采浩全集)』, 중권, 형설출판사, 1972, 104쪽.

75 三品彰英, 『新羅花郎の研究』, (朝鮮古代研究, 第 1部), 東京: 三省堂, 1943, pp. 125~35.

76 박승길, 「한문화 속에서 나타나는 화랑문화의 의의」, 『화랑문화의 재조명』, 신라 문화재 학술발표회론문집, 제10집, 신라 문화선양회, 경주, 1989, 152~57쪽.

77 이기동, 앞의 책, 303쪽.

78 김병모, 앞의 책, 36~42쪽. 이인숙, 「금과 유리」, 『중앙아시아 연구』, 제2호, 중앙아시아 학회, 서울, 1997, 65~91쪽.

79 김병모, 앞의 책, 164쪽.

80 濱田靑陵, 「新羅の寶冠」, 『寶雲』, 東京, 1932, pp. 29~30.

81 김병모, 앞의 책, 140~43쪽. 한편 이건무는 신라 금관의 조형(祖形)과 관계해서 북부 알타이 출토 청동장식판(기원전 4~3세기)에 표현된 관모를 제시하고 있다. 이건무, 『한국고대유물과 스키타이문화』, 조선일보사 특강 제 10기 유인물(1991년 11월 8일), 도판 참조.

82 孫机, 「步搖, 步搖冠與搖葉飾片」, 『文物』, 1991, 11기. pp. 55~64.

83 이러한 기법은 중국 지린성 지안 출토 3~4세기 고구려 금동관식(랴오닝성박물관 소장)

에서도 나타나고 있어 한반도로 전파 경로를 보증해준다.

84 한편 이 금관의 조형 형식은 특이하여 여러 개의 금판을 겹쳐서 제작한 방식이다. 마치 사산 왕조의 왕관처럼, 겹친 틈새에 날개 형태의 장식 같은 것을 꽂았을 것으로 보는 견해도 있다. 이 견해에 대해서는 다음을 참조. Hans Wilhelm Haussig, *Archäologie und Kunst der Seidenstraße*, Darmstadt: Wissenschaftliche Buchgesellschaft, 1992, p. 66.

85 F.R.Işik Bingol, *Museum of Anatolian Civilizations. Ancient Jewellery*, Ankara, 1999, p. 28.

86 Hans Wilhelm Haussig, 앞의 책, p. 69.

87 김원룡은 고구려의 귀고리가 락랑의 이당(耳璫)에서 비롯된 것으로 보고, 고구려의 것이 신라에 전해진 것으로 해석하였다. 김원룡·안휘준, 앞의 책, p. 63.

88 이와 같은 논의를 뒷받침하는 자료로는 전국시대 오르도스 고묘 시거우판(西溝畔) M2:31 출토 <세환식금제귀고리> 한 쌍과 전국 말기 오르도스 고묘인 아로시등(阿魯柴登) 출토 <세환식금제귀고리>를 들 수 있다. 이들 귀고리에 대해서는 다음을 참조. 田廣金·郭素新(編著),『鄂爾多斯式青銅器』, 北京: 文物出版社, 1986, pp. 342~65

89 이영희,「고신라 금속공예의 누금세공기법 연구」, 이화여자대학교 대학원 박사논문, 1997, p. 190.

90 『실크로드와 한국 문화, 동방의 빛을 따라서』, 경주세계문화 엑스포2000 조직위원회, 2000, 33쪽, 도31.

91 문화재관리국,『천마총 발굴조사보고서』, 1974, 101~02쪽.

92 馮恩學,「蹀躞帶: 契丹文化中的突厥因素」,『文物季刊』, 1998, 1, pp. 65~69; *China Archaeology and Art Digest Qingyhou Statues*, vol.3, no.1, April 1999, pp. 141~43. 이 동점론에 대해서는 박영숙 교수도 같은 견해를 표명하였다. Youngsook Pak, "Internationalism in Early Korean Art," *Orientations*, January 1984, pp.18~19.

93 마오칭꼬우 묘지 발굴보고서에 따르면 79기의 묘 가운데 대부분 청동요대를 발굴하였으며, 그 중 일부에서 요대에 달아맨 패식을 함께 수습한 것(예컨대 마오칭꼬우M5, M6, M10묘 등에서)으로 되어 있다. 따라서 이것을 고신라 과대와 요패의 앞선 형태(先形)로 추측할 수 있다. 참조: 田廣金·郭素新(編), 위의 책, pp. 227~305.

94 玄容駿,『濟州道巫俗の研究』, 東京: 第一書房, 1985, pp. 477~78. 原出: カ-ル·ヘンジェ(大林太良 譯·解說),『朝鮮古代のシャ-マンの冠』(『古代學研究』 七三, 古代學研究會, 一九七四年), 13~20頁.

95 S.I. Rudenko, *Frozen Tombs of Siberia. The Pazyryk Burials of Iron Age Horseman*, Berkeley: Univ. of California Press, 1970, p. 246 pl.152c.

96 "귀갑문 내부에 장식된 다양한 계보의 문양들은 그동안 피상적으로 추정되었던 신라의 동서미술교섭의 수용경로가 북방 중국과 고구려임을 구체적으로 알게 해주었다.", 이송란,「신라고분 출토 공예품에 보이는 외래요소의 연원 –식리총 금동식리를 중심으로」,『미술사연구』 203, 한국미술사학회, 1994, 9월, 60쪽. 이것은 신라의 다변화된 북방 통로들 중에 중요한 가닥을 제시한 것으로 여겨진다.

97 森浩一 監修, 東潮, 田中俊明 編著,『韓國の古代遺跡』, 1 新羅篇(慶州), 東京: 中央公論社 1988. p. 296.

98 孫機,『中國聖火. 中國古文物與東西文化交流中的若干問題』, 遼寧教育出版社, 1996, pp. 162~63.

99 권영필,『실크로드 미술 –중앙아시아에서 한국까지』, 서울: 열화당, 1997, 193~94, 290쪽, Kwon, Young-pil, "Ancient Korean Art and Central Asia, Non-Buddhist Art Prior to the Tenth Century," *Korea Journal*, vol.31, no.2, Korean National Commis-

sion for Unesco, Summer 1991, pp. 5~20.

100 Ivan Marazov ed., *Ancient Gold: The Wealth of the Thracians*, Treasures from the Republic of Bulgaria, New York: Harry N. Abrams, Inc., Publishers, 1998, p. 103, pl.14.

101 이 책의 1장 주81 참조.

102 이런 특징을 보여주는 대표적인 작품으로는 다음의 것들을 참고할 수 있다. Ivan Marazov ed., 위의 책, p. 225, pl. 17; P. Harper & P. Meyers, *The Silver Vessels of the Sasanian Period*, Metropolitan Museum of Art, New York, 1981, pl. xv.

103 사산조와 북중국과의 통교는 다음을 참조. Prudence Oliver Harper, *The Royal Hunter. Art of the Sasanian Empire*, The Asia Society, Inc., 1979, pp. 22~23의 연표 참조. 한편 이송란은 사산조와 북위의 교류가 455년부터 521년 사이에 10회에 걸쳐 시행되었음을 지적하고 있다. 이송란, 앞의「신라고분 출토 공예품에 보이는 외래요소의 연원」, 58쪽.

104 Prudence Oliver Harper, 위의 책, 연표 참조할 것.

105 이인숙,『한국의 고대유리』, 서울: 도서출판 창문, 1993, 22~41쪽.

106 이인숙,「실크로드와 로만 글라스」,『실크로드와 한국 문화. 동방의 빛을 따라서』, 경주 세계문화엑스포 2000 조직위원회, 2000, 57~59쪽.

107 문화재관리국,『천마총』, 1974, 도판 18~19; 甘肅省文物考古硏究所 編,『酒泉十六國墓壁畵』, 北京: 文物出版社, 1989, p. 15.

108 Prudence Olver Harper, 앞의 책, 도판8.

109 가야의 북행(실크로드행) 루트에 대해 동해안의 바닷길이 유력했을 것으로 보는 견해가 있다. 특히 동래 복천동 29호분 출토 동복과 장제(葬制)가 지린성 라오허선(老河深) 분묘의 경우와 연관되는 점을 근거로 상호 교통로를 동해로(東海路)로 비정하고 있다. 신경철(申敬澈),「김해 예안리(金海禮安里) 160호분에 대하여」,『가야고고학논총』1, 가야문화연구소편, 1992, 157~59쪽.

110 "苻堅問衛頭曰, 卿言海東之事, 與古不同何耶, 答曰, 亦猶中國時代變革, 名號改易, 今焉得同."『삼국사기』신라본기 내물니사금 26년조;『太平御覽』卷781.

111『삼국사기』(신라본기), "悉直 押督二國王來降."

112 같은 책, "靺鞨大入北境……過於泥河."

113 같은 책, "靺鞨侵北邊, 出師, 大敗之於悉直之原."

114 같은 책, "高句麗邊將獵於悉直之原, 何瑟羅城主三直出兵, 掩殺之……."

115 같은 책, "高句麗與靺鞨襲北邊悉直城, 秋九月, 徵何瑟羅人年十五已上, 築城於泥河."

116 같은 책, "靺鞨侵北邊."

117 같은 책, "幸比列城, 存撫軍士, 賜征袍."

118 같은 책, "高句麗與靺鞨入北邊,……."

119 같은 책, "高句麗侵北邊,……."

120 같은 책, "高句麗襲北邊,……."

121「국립문화재연구소 보존과학연구실 보존처리 유물 보도 공개」유인물, 1998년 12월. 한편 이 자료에 따르면, 이 초당동 고분 출토 금동관 외에도 동해시 북평동 출토의 청동관이 하나 더 있다.

122 둔황 벽화 중에 '각국왕자도(各國王子圖)'가 들어 있는 석굴로서 두안웬제(段文傑)가 제시한 것은 220·335·332·103호 등인데, 그는 그중 220굴에 한국인 사절이 있다고 지적하였다. 段文傑,『敦煌石窟藝術論集』, 蘭州: 甘肅人民出版社 1988, p. 294.

123 조선일보,「유라시아의 한국」<39>, 1992년 9월 2일.

124 문명대,「실크로드 상의 신라사절상 고찰」,『이재룡박사 환력기념 한국사학논총(李載龒博士還曆紀念 韓國史學論叢)』, 1990; 권영필,「둔황 벽화 연구방법 시탐(試探)」,『미술사학』IV, 미술사학연구회, 1992; 김리나,「당 미술에 보이는 조우관식의 고구려인」,『이기백선생 고희기념, 한국사학논총 (상) 李基白先生古稀紀念, 韓國史學論叢(上)』, 1994,

509~13쪽; 박은화(朴恩和), 「수·당대 둔황막고굴의 유마힐경변 벽화(隋·唐代 敦煌莫高窟의 維摩詰經變 壁畵)」, 『고고미술사론(考古美術史論)』 제4호, 충북대학교 고고미술사학과, 1994; 권영필, 「허시후이랑에서 둔황으로 –현지조사(1999)에 의한 유적·유물연구」, 『국립중앙박물관소장 중앙아시아 유물 현지조사 연구보고서』, 학술진흥재단 지원, 2000(『렌투스 양식의 미술』에 보완, 재수록); 노태돈, 『예빈도(禮賓圖)에 보인 고구려』, 서울대학교 출판부, 2003(이 소책자는 저자가 2000년 5월 12일 한국고대사학회에서 발표한 것을 보완 정리한 것임).

125 642년은 신라의 경우 선덕여왕(재위 632~46년) 때인데, 그해에 당에 사신을 보내 조공하였고, 재위 기간에 모두 여섯 차례 당에 조공하였다. 한편 고구려도 642년은 보장왕(재위 642~68년) 원년인데, 이듬해인 643년에 사신을 보낸 것을 포함, 여섯 차례 조공하였다. 한편 보장왕의 선왕인 영류왕(재위 618~42년)은 말년인 641년에도 조공하였고, 재위 기간에도 여덟 번이나 조공하였다. 『삼국사기』(선덕여왕·보장왕·영류왕 조) 의거.

126 자료에 의거하여 종합 결론을 내리면 다음과 같다.

① 태종 때부터 헌릉(獻陵) 곧 당 고조(高祖)의 릉에서 보듯이 번족(蕃族)군장을 배장했다.

② 태종은 염립본(閻立本)으로 하여금 등극 초부터 <외국도(外國圖)>(620년도 말), <만국수성납공도>(643) 등의 작품을 제작케 함으로써 번국 지배를 위한 국력을 과시하고자 하였다. 이어서 고종도 <소릉열상도> 등 많은 작품을 제작토록 하여 선고의 위업을 이어받았던 것으로 해석된다. <소릉열상도>가 『소릉비록(昭陵碑錄)』에 나오는 신라인을 포함한 14인의 번국인상(蕃國人像)과 일치한다면, 영휘 연간(650~55년)에 제작되었을 것이다. 그러나 영휘 연간에 제작되었다 하더라도 그 그림의 모델은 염립본의 그림이었을 것으로 추찰된다.

③ 따라서 신라인 김진덕(金眞德) 외에도 염립본이 앞서 그린 <외국도>에서도 신라인을 그렸을 가능성이 높다고 할 수 있다.

④ 염립본의 <외국도>가 정형화되어 <제왕도(帝王圖)>와 함께 둔황 벽화에 나타났다고 추정할 수 있다.

⑤ 결론적으로 이 도상이 유마경변상(維摩經變相), 특히 <유마-문수 대담>에 나타났던 이유는 당제국의 기세를 높이기 위해 변방에까지도 제왕과 객사도를 묘사하게 했기 때문으로 생각된다.

⑤ 둔황 연구원장을 지낸 두안웬제(段文傑)에 의하면 당 왕조가 둔황을 직접 경영한 시기는 무덕(武德)5년인 622년부터 건중원년(建中元年)인 847년까지였다. 그런데 정치 안정기인 정관(貞觀, 627~49년)부터 극성기인 개원(開元, 713~41년)과 천보(天寶, 742~56년)년간에 당 왕조는 주변 네 족속 각국과 정치·경제·문화에서 교류 관계를 가졌다.

⑤ 이러한 사정으로 미루어보면 당 왕조는 치세 초기부터 자신의 세력을 바탕으로 중화 문화 확장과 파급에 큰 관심을 가졌던 게 틀림없다. 이러한 통치이념에 입각해볼 때, 특히 둔황과 같은 국제교류가 빈번한 곳에 당 왕조의 기세를 과시할 수 있는 가시적 표현의 필요성을 절감했을 것이다. 한편 이런 맥락에서 640년에 당이 투르판 국씨 고창국(麴氏 高昌國)을 점령하였던 사실은 결코 우연한 일이 아니다.

⑥ 둔황 벽화에서 유마경변이 표현된 것은 대소 50화면에 달하며, 그에 대한 연구는 찐웨이눠(金維諾)가 처음으로 시도했다.

127 김리나, 앞의 논문; 노태돈, 앞의 논문 각각 참조.

128 아프라시압 벽화에 대한 자세한 내용은 이 책의 4장 「아프라시압 별궁(別宮) 벽화와 '고구려 사절'에 관한 연구」 참조.

129 나가사와 카즈토시(長澤和俊), 민병훈 역, 『동서문화의 교류』, 서울: 민족문화사, 1991,

137~40쪽.

130 이 사교형 조형에 대한 자세한 내용은 이 책의 3장「헬레니즘 미술의 경주 전파」참조.

131 한편 당묘제가 궁정 제도를 모방한 것으로 해석되며, 대당육전(大唐六典)의 관제(官制)를 참고하면 내관(內官), 궁관(宮官), 숙위(宿衛), 무희(舞姬) 등의 집단으로 나뉨을 알게 된다. (국립경주박물관,『신라의 토용』, 서울: 통천문화사, 1989, 73쪽. 原出: 南京博物院,『南唐二陵發掘報告』, 北京: 文物出版社, 1957). 여기에서 주목되는 것은 중국 주변국에서 온 숙위들이다. 아마도 통일신라가 당제(唐制)를 따랐다면, 당의 숙위인들인 위구르, 티베트, 몽골, 소그드 등 족속을 장제에 차용했을 가능성이 높다고 하겠다.

132 무함마드 깐수,『신라·서역 교류사(新羅·西域交流史)』, 서울: 단국대학교 출판부, 1992, 272쪽.

133 임영애,「'서역인'인가 '서역인 이미지'인가: 통일신라미술 속의 서역 인식」,『미술사학연구』, 236, 한국 미술사학회 2002년 12월, 60~64쪽.

134 권영필,「경주 괘릉 인물석상 재고(再考) −이란계 무인, 위구르계 문인석상」,『미술자료』 50, 국립중앙박물관 1992[『실크로드 미술 − 중앙아시아에서 한국까지』(열화당, 1997)에 재수록]. 이 논문에서 무인상을 당초 이란계로 인지하였는데, 점차 논증자료를 보완하여 검토해 나가면서 소그드계로 보게 되었다. 그것은 국제학계가 당의 '호풍' 당사자를 전에 이란인으로 보았던 것을 소그드인으로 수정하게 된 학문적 추이와 무관치 않다.

135 룩 콴텐, 송기중 역,『유목민족 제국사』, 서울: 민음사, 1984, 100쪽. 원출: Rene Grousset, *L'empire des Steppes*, Paris, Payot, 1965, p. 178. 이 밖에도 그루세는 위구르족을 가리켜 "인도·유럽 문화의 유산을 간직한 알타이족 중에서 가장 문명화된 사람들"이라고 평했다. R. Grousset, *The Civilisation of the East. China*, Vol.III, New York, 1931~34, p. 151.

136 권영필,『실크로드 미술』, 서울: 열화당, 1997, 132쪽 참조.

137 朝鮮總督府,『朝鮮古蹟調査報告』, 昭和9년, 昭和11年, 朝鮮古蹟硏究會, 1937, pp. 22~23, 第10圖. 이 보고서에는 내리(內里) 고분의 운산문에 대해 "운산표묘(雲山縹緲)의 원경(遠景)을 묘사하여 고구려 특유의 의장(意匠)을 현출(現出)하였다"라고 적었다.

138 이 편년은 다음의 책을 참고한 것임. 전호태,『고구려 고분 벽화의 세계』, 서울: 서울대학교 출판부, 2004, 260쪽.

139 '북방기류'에 대해서는 이 책의 2장「고구려 벽화의 중앙아시아와의 연관성」중의「'북방기류'의 파급」을 참조.

140 小泉顯夫,『朝鮮古代遺跡の遍歷』, 東京: 六興出版, 1986, pp. 164~65.

141 이 장대석에 정교하게 시문된 연주문, 대칭문과 더불어 세 번째 문양은 원형의 태두리만 남기고 장인의 손길이 멈춘 채 지금까지 남아 있다. 이것을 마치 르네상스의 거장 미켈란젤로의 대리석 조각 <노예>가 미완(未完)의 작품인 듯 보이는 것을 연상시킨다면 지나친 일일까. 만일 그러한 상상이 용인된다면, 이 장대석은 소그드계통 건물의 기초석이었을 가능성이 있겠다.

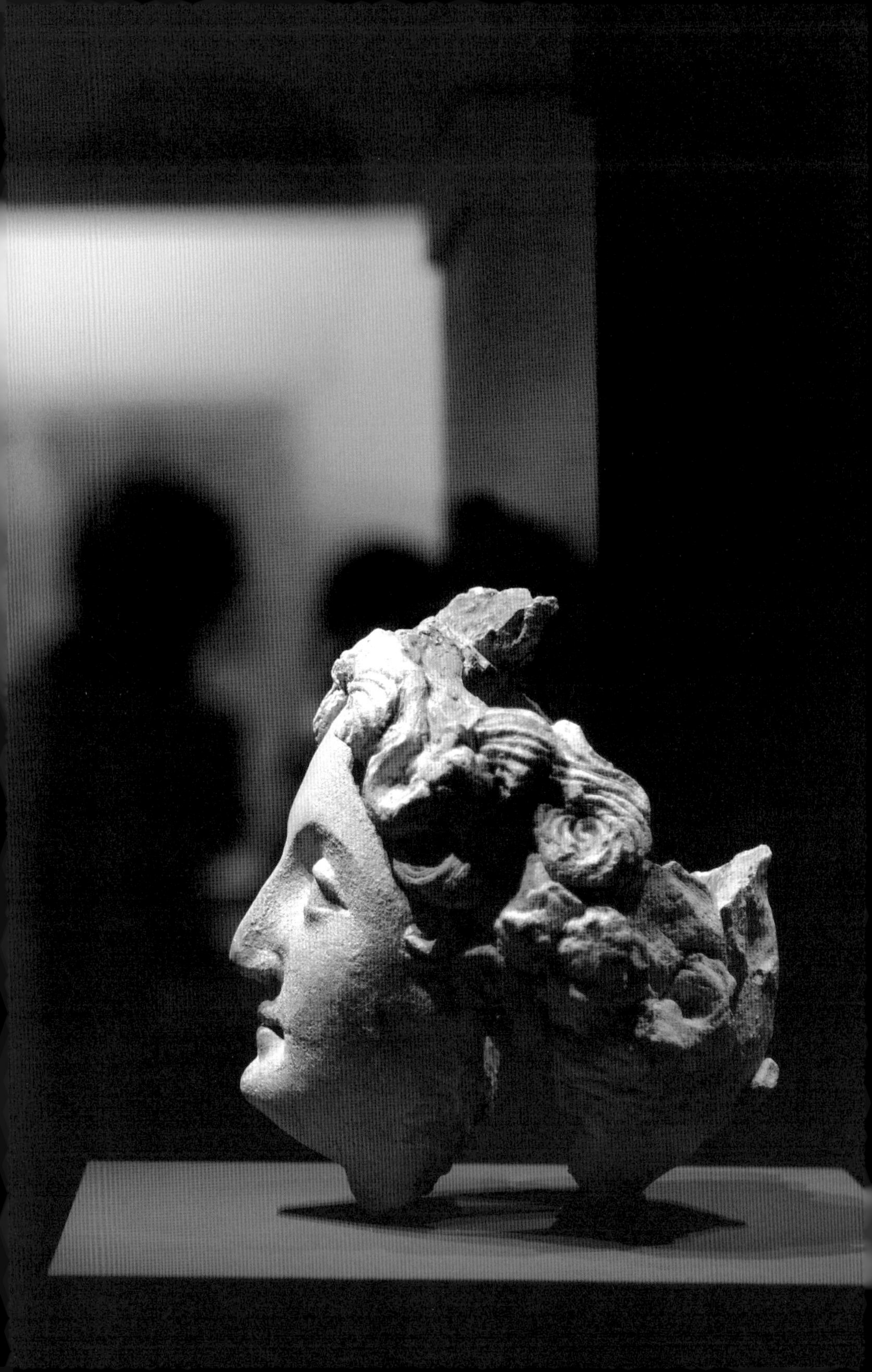

11장 한국 중앙아시아 연구의 과거와 현재

한국 중앙아시아학의 발전상

한국의 중앙아시아 연구는 실제로 중앙아시아학회의 창립 자체가 발전적 계기를 만들고 있는 것으로 볼 수 있을 것 같다. 이런 생각에 기초하여 이 글에서는 큰 줄거리를 1996년 이전과 이후로 나누고, 각각을 대략 10년 단위로 끊어서 보고자 한다.

아울러 연구의 실상을 파악할 수 있는 자료로는 연구자의 학술 저서에 국한시키지 않고, 학술 답사, 유물 전시, 대학의 학과 등 연구 활성화를 진착시키는 부대 조건까지를 폭넓게 고찰함으로써 한국 문화계가 중앙아시아학을 어느 정도 포괄적으로 발전시키고 있는가에 대한 변화를 시대의 추이에 따라 살펴보고자 한다.[1]

또한 미리 전언하고자 하는 것은 고찰의 대상이 주로 역사, 고고, 미술에 치우쳐 있다는 점이다. 그 밖의 언어, 음악, 복식 등의 분야는 학회 성립 이후에서 다루게 되는데, 이는 필자의 전공 분야와 관계되는 한계임을 서두에 말하지 않을 수 없다.[2]

중앙아시아학회 창립 이전

한국에서 중앙아시아학에 대한 연구가 언제 시작되었는가에 대해서는 다소 견해 차이가 있을 수 있겠으나 여기에서는 주로 연구 저서를 기준으로 삼으려 한다. 한편 대학의 중앙아시아학 강좌 역시 중요한 자료가 되겠으나 이것을 조사하는 것은 용이한 일이 아니기에 이 부분은 후일의 과제로 남겨두겠다.

초기에서부터 지난 반세기 동안의 연구 경향의 특징은 '교류사'에 치중한 점에 있는 것으로 평가되고 있다.[3] 이처럼 교류사 쪽으로 갈 수밖에 없었던 이유 중에는 지역 자체를 연구대상으로 잡는 데에는 현지 언어, 현지 답사 등 선결되어야 할 조건에 장애가 있었기 때문인 것으로 이해된다.

1. 1950~60년대

저술

한국에서 중앙아시아사 분야 최초의 연구자는 고병익高柄翊이다. 그는 당초 일본의 도쿄대학교와 서울대학교를 거쳐 뮌헨대학교에서 동양사를 전공한 이래, 동양사의 틀 속에서 중앙아시아 역사에 접근하여 이 분야 연구의 문을 열고 있다. 그의 주저인 『동아교섭사의 연구』와 『동아사의 전통』이 각각 1970년과 1976년에 출간되었으나, 거기에 실린 논고들은 대부분 1950~60년대의 것들이며, 첫 번째 논문인 「이슬람교도와 원대 사회」는 1949년에 발표되기도 하였다. 특히 주목되는 논문으로는 "Korea's Contacts with the 'Western Regions' in Pre-modern Times"[『사회과학』 2, 1958년]과 「혜초 왕오천축국전 연구사략」[『백성욱박사 송수기념불교학 논문집』, 1959년][4]을 들 수 있다. 한편 만몽사滿蒙史에 치중한 이용범의 연구도 1950년대부터 시작되고 있음을 밝힌다.

2. 1970년대

저술

1970년대에 출간된 저서들을 중심으로 살펴보면 먼저 손꼽을 수 있는 연구자는 박시인이다. 그는 원래 영문학자이기에 그의 알타이에 대한 관심은 딜레탕트적인 성격을 갖는 것으로 평가되기도 한다. 하지만 기실 그의 저서인 『알타이문화사연구』[탐구당, 1970년]는 알타이를 중심으로 오늘날 우리가 중앙아시아로 부르는 지역까지를 포괄하여 다루고 있고, 주로 정치, 경제 국면에 치중한 개론서의 성격이다. 어쨌건 이 책이 이 분야 저서로서 최초라고 기록되고 있는 점은 매우 흥미롭다.

다음으로는 조좌호가 번역한 스벤 헤딘의 「실크 로우드」이다. 이 책은 1980년에 출간된 『지성인의 세계』[삼진사]에 한 부분으로 수록되었는데, 번역자의 후기에 쓰인 연대는 1974년으로 되어 있기에 1970년대로 평가하였다. 1933년에 중국 중앙정부로부터 신장성 탐험의 지도를 위촉받아 이 변경 지역과 중국 본토와의 사이를 잇는 자동차 도로를 설계하게 된 헤딘은 이 조사를 끝낸 후 이 탐사를 세권의 책으로 집필하였다. 「마중영馬仲英의 도망」, 「실크 로우드」, 「방황하는 호수」라는 3부작이 그것인데, 그 중에 두 번째에 해당되는 것이 바로 이 번역서이다. 알려진 대로 조좌호는 서양사 전공자인데, 이 번역은 아마도 그의 여기餘技가 작용한 산물인 듯싶다.

1978년에는 마리오 부살리의 『중앙아시아 회화』[일지사]가 권영필에 의해 번역되었다. 부살리는 그 당시 로마 대학교 교수였고, 중앙아시아 회화 전문가로 알려져 있었다. 이 책은 특히 미술 출판이 세계적 명가인 스키라에서 출간되어 더욱 성가를 얻었다. 이 번역서는 중앙아시아 관계 전문서적으로서는 한국에서 첫 출판이라는 점에 학계의 주목을 받기도 하였다.

역사학 분야에서는 1970년대에 금, 여진, 원에 대해 새롭게 주목하고 있는데, 그 중에 원대에 관한 집중적인 연구자로는 주채혁을 들 수 있다.

국제학술대회

이러한 저작물 외에도 1977년에는 이 분야 최초의 국제학술대회가 개최되어 의미를 더하였다. 학술원이 주관한 국제학술강연회[1977년 9월 5~9일]로서 '고대의 동서문화 교류'라는 주제를 내걸었다. 고병익의 「한국과 서역」, 히구치 타카야수樋口隆康의 「고고학으로 본 오아시스 통로」, 요아힘 베르너Joachim Werner의 「남러시아와 중부 유럽에 있어서의 흉노족의 고고학적 유물」, 얀윤화冉雲華의 「무상선사無相禪師와 무념의 철학」 등이 발표되었다.도 11-1 장차 한국 학계에서의 본격적인 중앙아시아학에 대한 연구가 예고되는 그런 행사였다고 말해도 좋을 것이다. 이 학술대회는 아마도 고병익 선생에 의해 주도되었으리라 추측되며, 한편 세계적인 석학들이 참여한 사실도 치부해 두어야 할 사안이라고 생각된다.

학술 발표

1970년대에는 권영필이 파리 유학 후 귀국하여 한국의 오타니 컬렉션에 대해서 국립중앙박물관에서 학술 발표를 하기도 하였다. [1977년 3월 30일, 국립중앙박물관]

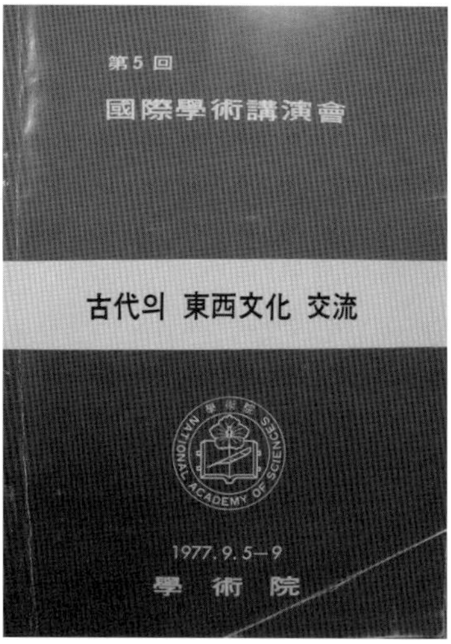

11-1. 국제학술대회『고대의 동서문화 교류』 카탈로그(고병익 박사 주관), 1977년, 학술원.

대학의 강좌

대학 강의 또한 1976년에는 필자가 홍익대학교 대학원에서 중앙아시아 미술사를 처음으로 강의하게 되는 기회를 갖기도 하였다.[5] 이것이 계기가 되어 이후 대학에서 중앙아시아학 강의는 지속적으로 개설되어 오늘에 이르고 있다.

3. 1980년대

박물관 중앙아시아 유물 전시

1986년 국립중앙박물관이 구 중앙청 건물로 이전하면서 중앙아시아실을 새롭게 개설하여 국립중앙박물관이 소장하고 있는 오타니 컬렉션을 대대적으로 전시함으로써 서역 유물을 실견하고자 하는 학계의 요구를 충족시켰다. 미란 벽화와 베제크리크 벽화를 주축으로, 그밖에 고분 출토의 공예품들이 전시되었다.

중앙아시아 도록 출간

이와 아울러 전시 유물을 대부분 수록한 도록인『중앙아시아 미술』[1986]이 출간되어 특히 외국 학계의 오랜 갈망을 해소시킬 수 있었다. 권영필이 편집을 맡았고, 아울러 중앙아시아 미술 개설을 집필하였다.

유네스코 실크로드 대탐사 조정위원회 구성

1980년대에 이 분야 세계학계에서 가장 두드러진 사업은 유네스코가 주관하여 실크로드 연구와 탐사를 위한 실행위원회를 파리 본부에 두고, 각 참가국의 유네스코 위원회에도 실행위원회를 두어 이 사업을 뒷받침하도록 한 일이다. 이 유네스코 조정위원회에는 파키스탄의 M. 다니M. Dani 교수가 위원장직을 맡았고, 고병익 박사는 한국 대표로서 위원의 역할을 하였다. 동시에 고박사는 한국 조정위원회의 위원장직을 맡았다. 한국조정위원회에는 유네스코 한국위원회 문화부장[백승길], 국립중앙박물관장[한병삼], 문화재 관리국장 등이 당연직이었으며, 그 밖의 위원으로는 전문교수로 김병모, 권영필, 김호동 등이 참여하였다.

저술

1980년대 역사학계의 특징으로는 토착 사료와 구미의 연구 성과를 활용하기 시작한 사실을 꼽을 수 있다.[6] 한편 송기중이 번역한 룩 콴텐의 『유목민족제국사』[1984년]는 유목민족의 역사를 체계적으로 소개한 한국 최초의 책이 아닌가 싶다.

4. 1990년대 전반

현지학자 초빙강연

1990년 5월 카자흐스탄 고고학연구소 교수 칼 바이파코프Karl Baipakov의 강연은 현지의 최신 학술정보를 파악한다는 관점에서 한국 학계에 기여하는 바가 적지 않았다.

유네스코 실크로드 대탐사

몇 년 동안에 걸친 유네스코의 지속적인 검토, 중국 당국과의 성공적인 접촉과 함께 한국의 문화방송과 일본의 아사히신문이 재정 후원을 함으로써 이 사업이 성사되었다. 1990년 7월부터 2년에 걸쳐 30여 명의 각국 관계 전문가들이 한자리에 모여 역사적인 실크로드 학술 대탐사를 실행하였다.

- 사막의 길: 1990년 7월~8월 두 달 동안 권영필과 김호동이 참여하여 시안, 허시후이랑, 둔황, 천산남로, 카슈가르 등지를 탐사 후 우름치에 도착하여 국제학술대회를 가졌다. 이 대회에서 고병익, 권영필, 김호동 등 한국팀 교수들은 각각 발표에 참여하였다.
- · Koh Byong-ik, "Koreans on the Silk Roads during the Seventh to Eighth Centuries." *Land Routes of the Silk Roads and*

Cultural Exchanges Between the East and West Before the 10th Century. Desert Route Expedition International Seminar in Urumqi August 19~21, 1990.

· Kwon Young-pil, "Central Asian Motifs of the Figure Sculptures in the 8th Century Korean Royal Tombs," 위와 같은 책, pp. 437~42.
· Kim Ho-dong, "The Rise and Fall of the Hami Kingdom (ca, 1389-1513)," 위와 같은 책, pp. 89–95.

또한 권영필은 '사막의 길' 탐사의 전 과정을 7회에 걸쳐 <동아일보>에 연재한 바 있다.[7]

- 초원의 길: 1990년 10월, 전인평, 이인숙 등이 참여, 초원의 길의 주요 지역을 탐사하였다.
- 바다의 길: 1991년 6월~7월 김병모, 권오성, 이병원, 이희수 등이 참가했다. 베네치아에서 출발, 인도양, 동남아시아를 거쳐 부산항에 도착, 국제학술대회를 가졌다. 이 배는 일본의 나라로 가서 마지막 여정을 마무리하였다.

첫 실크로드 기행

불교 미술 전공인 문명대를 단장으로 한 답사팀은 1989년 5월 한국인 최초로 실크로드를 답사하고, 대 자료집을 남겼다.

- 동국대학교 편,『실크로드 학술기행 중국대륙의 문화』1~5[1991~92]

한민족 뿌리찾기 실크로드 탐사[조선일보 주관]

1991년에는 조선일보가 주관하여 고대 한국 문화의 원형을 추적한다는 취지 아래 관계 전문가를 초청, 실크로드 답사를 실시하였다.

김병모[고고], 권영필[미술], 한명희[음악], 김광언[민속] 등이 한 달반 동안 참여하였다. 답사 후에 각 조사자의 답사보고를 <조선일보>에 1991년 11월부터 근 1년간 연재하였다. 그중에 미술부문은 다음과 같다. 1991년 11월(26), 12월(3), 1992년 1월(28), 2월(11), 3월(11, 25), 5월(7, 13), 8월(18), 9월(2)

중앙아시아연구회

앞서 유네스코가 주관한 실크로드 대탐사 후에 참가자들을 비롯한 많은 관계학자들은 중앙아시아 학회가 구성되어야 할 필요성을 절감, 이에 유네스코의 도움을 받아 1993년 1월 학회의 전 단계로 '중앙아시아연구회'를 결성하였다.

창립회원으로 전인평, 권영필, 김호동, 이인숙, 최한우, 김선호, 이희수, 남상긍, 무함마드 깐수, 박원길, 유원수, 이개석, 송향근, 이재성, 임영애 등이 참여함으로써 지역학의 테두리 속에서 역사, 언어, 미술, 고고, 음악 등의 분야가 학제적인 연구를 하게 되었다. 1995년부터는 김용문이 참여하는 것을 계기로 복식 분야가 중요한 역할을 하게 되었다. 이 연구회 시절에도 학술 논문을 게재한『중앙아시아연구회 회보』를 5호까지 발간하여 중요한 학술자료를 축적했다.

유네스코 히라야마 실크로드 스칼라십

일본의 실크로드 전문가인 히라야마 이쿠오平山郁夫가 출자한 재원으로 실크로드를 연구하는 세계 각처의 40세 미만 젊은 연구자에게 1년간 장학금을 주어 중앙아시아 현지에서 연구하게 하는 제도를 유네스코가 주관하여 실시하였다. 한국의 수혜자로는 김정숙[불교 미술, 1992년 선발, 1993년 인도 답사] 등이 있다.

중앙아시아 유물 특별 전시

1993년 한소 수교 기념으로 구舊 레닌그라드의 에르미타주 박물관 소장의 중앙아시아 유물 특별전인 '스키타이 황금'이 국립중앙박물관에서 개최되었다.도 11-2 같은 시기에 베를린의 인도미술박물관 소장품전인 '실크로드 미술'이 역시 국립중앙박물관에서 개최되어 한국의 이 분야 전문가들에게뿐만 아니라 문화계에 상당한 안복을 안겨주었다.

둔황 벽화 모사전

중국 둔황연구소에서 제작한 둔황 벽화 모사도 60여 점을 서울의 동아갤러리에서 1994년 7월 12일~8월 10일까지 근 한 달간 전시하였으며, 이때 도록도 제작하였다.

- 동아갤러리, 『중국 둔황대벽화』, 1994.

알타이 문명전

국립중앙박물관이 광복50주년 기념 사업의 일환으로 마련한 '알타이 문명전'은 알타이 유물의 핵이라고도 할 수 있는 파지리크 고분 출토품을 비롯한 러시아 과학아카데미 시베리아지부 고고학·민속학연구소 소장 유물 700여 점을 전시, 지역학으로서의 한국 중앙아시아학회에는 물론이고, 국내 고고미술사학계에도 큰 반향을 불러일으켰다.

- 국립중앙박물관, 『광복50주년 기념 · 우리의 뿌리를 찾아서. 알타이 문명전』, 1995.

저술

1990년대에 접어들면서 본격적인 번역서 출간이 러시를 이룬다. 우선 하자노프[김호동 역]의 『유목사회의 구조』[1990년]를 비롯, 라츠네프스키[김호동 역]의 『칭기스한』 [1992년], 나가사와 카즈토시[長澤和俊, 이재성 역]의 『실크로드의 역사와 문화』[1990년], 또 같은 저자인 나가사와 카즈토시[민병훈 역]의 『동서문화의 교류』[1991년] 등이 주목된다. 실크로드 연구의 세계적인 권위인 나가사와는 이 책들이 전문서와 개론서의 중간 지점에 위치할 것을 겨냥한 것으로 보인다. 한편 베·야·블라디미르초프[주채혁 역]의 『몽골사회제도사』[1990년]는 몽골학의 기초서로 의미를 갖는다. 버나드 루이스[김호동 역]의 명저 『이슬람문명사』[1994년]가 번역되어 이 분야의 학문적 자산을 넓히고 있다.

1995년에는 런던대학교 교수로 둔황 벽화의 권위인 로더릭 위트필드[권영필 역]가 집필한 『둔황 명사산』이 출간되었는데, 이 책은 둔황 벽화집으로는 크기가 가장 큰 책이어서 전문가들에게 많은 도움이 되고 있다. 정수일[무함마드 깐수]의 『신라·서역 교류사』[1992년]는 그간 한국의 서역교류사의 파편적 연구를 극복하고 체계를 잡아 엮어낸 역저

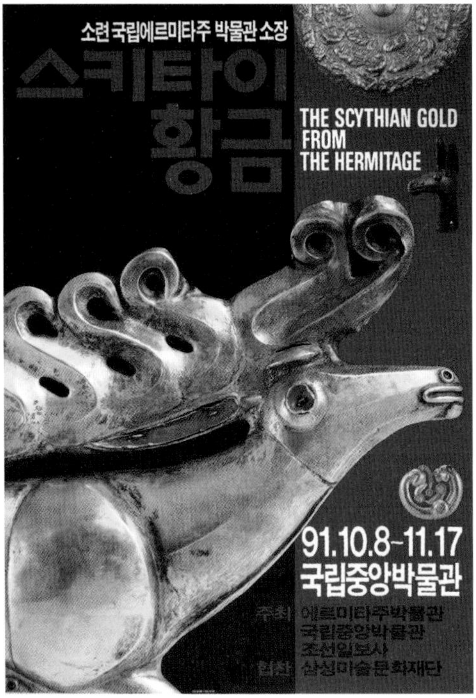

11-2. '스키타이 황금' 전시 포스터, 1993, 국립중앙박물관.

이다. 한편 이인숙의『한국의 고대유리』[1993년]는 신라 고분 출토 로만 글라스의 연원을 밝혀 고대 한국의 실크로드 문화의 성격을 구명하는 데 중요한 자료가 되고 있다. 임영애의『서역 불교 조각사』[1996년]는 서역 미술의 주요 장르 중에 하나인 불교 조각을 연구한 저서로는 한국 초유의 사례가 된다.

중앙아시아학회 발족 이후

1. 1990년대[1996년~99년]

중앙아시아학회

1996년 10월 12일 중앙아시아연구회를 모체로 학회가 탄생되고, 그해에 학회지인『중앙아시아연구』창간호를 발행하였다. 매년 춘추의 정기 학술대회를 개최하는 일면, 춘추로 연구 발표회를, 특히 동계에는 지방에서 워크숍을 가져 회원 상호간에 긴밀한 유대를 다지고 학술정보를 교환하는 등 왕성한 학술활동을 전개하며 오늘에 이르고 있다.

학회지는 이후 매년 생산하여 현재 15호[2010년]까지 발간하고 있다. 학회지를 중심으로 창립 이래 중앙아시아학회가 가졌던 국제관계 학술활동을 먼저 살펴볼 필요가 있다. 그 동안 개최해온 대소규모 국제학술대회, 워크숍, 초청강연 등을 돌이봄으로써 우리의 학문적 관심이 어떤 방향으로 표출되었던가를 살펴보는 것은 의미 있는 일이다. 지금까지 본 학회에서 발표한 외국 학자를 중심으로 전체의 상황을 간단히 요약하면 국제학술대회 3회[외국 학자 9명], 외국 학자 초청발표 10건이다.[8]

이 자료를 통해 보건대 초청강연이 개설적인 주제에서 점차 전문적이고 세분화된 주제로 바뀌어 감을 알 수 있다. 또한 국제학술대회의 경우에도 대주제를 내걸어 거기에서 수렴된 논문들의 학술적 성과를 기대할 수 있게 되었다.

상대적으로 한국의 연구자 개인들이 외국의 학회에 참여하여 발표를 하는 경우도 중요한 학술정보가 됨은 사실이나 아직 자료를 입수하지 못하고 있다. 이와 관련해서 유수한 외국출판사에서 저서를 출간하여 이 분야 한국 학계의 학문적 역량을 국제사회에 드러내게 된 사례를 소개할 수 있겠다.[9]

대학의 전문학과

부산외국어대학교의 중앙아시아어과가 2006년에 학과 설립 10주년을 맞았다. 이 학과는 지역학 연구의 테두리 속에서 언어, 역사, 문화 강좌를 두어 이 분야 학문 발전에 힘쓰고 있을 뿐만 아니라 중앙아시아의 현대생활, 현지와의 교류 등의 분야에도 관심을 기울이고 있다.

저술

1990년대 후반에도 역시 저서와 번역서 가운데 눈여겨 봐야 할 전문서들이 생산되었다.

권영필의 『실크로드 미술 –중앙아시아에서 한국까지』[1997년]는 중앙아시아 미술 전반을 다루면서 특히 국내에 소장된 중앙아시아 회화작품에 치중하고 있다. 역사서로는 우덕찬의 『중앙아시아사 개설』[1998년]이 적은 분량이지만 짜임새 있고, 균형 잡힌 내용을 담고 있다.

1998년에는 르네 그루세의 명저인 『유라시아 유목제국사』가 김호동, 유원수, 정재훈 등 전문 역사가들에 의해 번역됨으로써 학계에 또 하나의 필독서를 덧보태었다.

김호동의 『근대 중앙아시아의 혁명과 좌절』[1999년]은 세계학계의 주목을 받고 있는 근대사의 쟁점 부분을 다룬 역저이다. 김호동의 『황하에서 천산까지』[1999년]는 실크로드 담론의 최고봉 에세이다.

몽골의 구비문학 분야를 개척해오며, 이미 1984년에 『구비사료口碑史料몽골민담』를 출간한 바 있는 주채혁은 다시 『몽골구비설화』[1999년]를 학계에 내놓음으로써 몽골학 발전에 큰 기여를 하고 있다. 또한 일본의 몽골 전문가인 수기야마 마사아키[杉山正明, 이진복 역]의 『유목민이 본 세계사』[1999년]가 번역되었다. 같은 해에 같은 저자의 책인 『몽골 세계제국』이 임대희와 김장구에 의해 번역되었다.

2. 2000년대[2006~09년]

중앙아시아학회의 국제학술대회

2005년 이후에서 2009년까지 중앙아시아학회의 국제학술대회는 두 번 개최되었다. 대회 주제와 참여한 외국 학자들의 논제를 정리하면 다음과 같다.

- 2007년: 세계의 둔황학
  - 리 쥬이숑[李最雄, 중국 둔황연구원], 「실크로드 석굴벽화의 보존」
  - 오카다 켄[岡田健, 도쿄 문화재연구소], 「동서문화교류의 증거, 둔황 벽화의 보존」
  - 키라 사모슈크[Kira Samosyuk, 에르미타주 박물관], 「막고굴 전래 올덴부르크 컬렉션」
  - 자크 지에스[Jacques Giès, 기메 박물관], 「기메박물관 소장 화엄경 십지품 변상도」
  - 수전 위트필드[Susan Whitfield, IDP 국제둔황프로젝트], 「국제둔황프로젝트와 영국의 중앙아시아 유물」
- 2009년: 아프가니스탄. 문명사적 의의와 전망
  - 토마스 바필드[Tomas Barfield, 보스턴대학교], 「문명의 십자로상의 아프가니스탄」
  - 이나바 미노루[稻葉 穰, 교토대학교], 「야카울랑과 리바트-에-카르반: 북부 하자라트 지역의 역사 지리」
  - 사이드 아스카르 무사비[Sayed Askar Mousavi, 아프가니스탄 교육부·옥스포드대학교], 「잘 알려지지 않은 하자라 부족에 관하여」

중앙아시아학회 해외 학술답사

그 동안 학회 주관의 해외 학술답사가 4차에 걸쳐 진행되었던 일도 특기할 사항 중에 하나이다. 문헌 지식과 학술 현장을 연결하여 연구의 전문성을 심화시키는 데에 이 사업이 큰 역할을 하였음은 자명한 일이다.

- 2004년 7월 10~19일: 내몽골 유목민족 루트 도 11-3
- 2006년 7월 10~24일: 이란 페르세폴리스를 비롯한 역사유적지
- 2008년 7월 11~24일: 이집트, 시리아, 요르단 등지의 서아시아 유적지
- 2010년 7월 31~8월 8일: 델리, 바라나시, 카주라호, 마투라 등지와 산치 대탑, 타지마할 등 유적

국립중앙박물관 국제학술 심포지엄

2007년에 국립중앙박물관 주관으로 '한-몽 공동학술조사 10주년'을 기념하는 국제학술 심포지엄이 '흉노' 주제로 개최되었다. 외국인 발표자와 논제는 다음과 같다.

- 2007년: 초원의 대제국 흉노. 2000년 전 무덤의 발굴
  - 아유다이 오치르[A. Ochir, 몽골 국립역사박물관장], 「흉노인과 몽골인」
  - 담딘수렌 체벤도르지[D. Tseveendorj, 몽골 과학아카데미 고고학연구소장], 「흉노 유적 발굴 조사 개요」
  - 겔렉도르지 에렉젠[G. Eregzen, 몽골 국립역사박물관], 「몽골 흉노 무덤의 형식 분류」
  - 윌리엄 허니처치[W. Honeychruch, 미국 스미소니언 연구소 자연사박물관·예일대학교], 「몽골 고대흉노의 죽음과 사회적 현상」
  - 이브게니 세르게이비치 보그다노프[E.S. Bogdanov, 러시아 과학아카데미 고고민족학연구소], 「노인울라 제20호 고분」
  - 장 폴 데로쉬[J. P. Desroches, 기메박물관], 「프랑스 고고학 대몽골 조사단[MAFM]: 프랑스-몽골 15년 협력에 대하여」

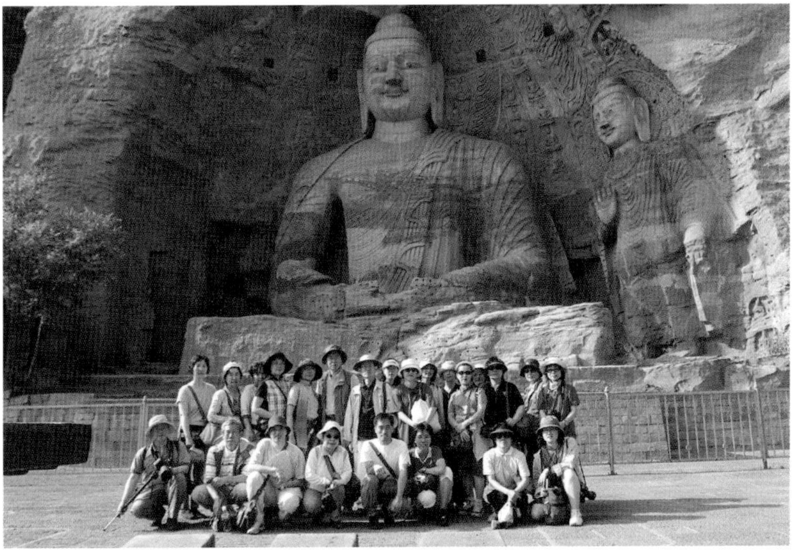

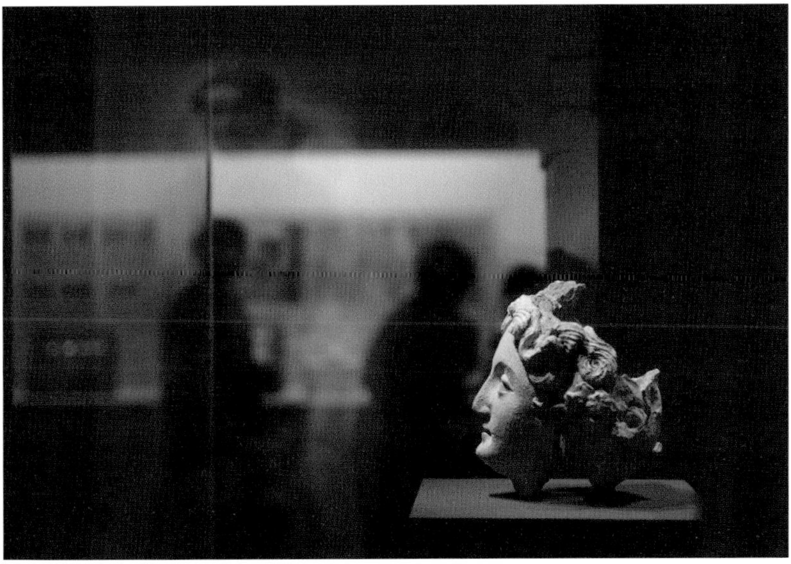

11-3. 내몽골 학술답사(윈강 석굴), 2004년, 중앙아시아학회.
11-4. 우즈베키스탄 전시 점경, 2010년, 국립중앙박물관.

서울대학교 인문학연구원 중앙유라시아연구소 국제학술대회

2008년 서울대학교는 중앙유라시아연구소를 창립하고, 그 이후 연구소는 국제학술대회를 두 차례 가졌다. 외국인 발표자와 논제를 소개하면 다음과 같다.

– 2008년: 세계사 속의 중앙유라시아

· 니콜라 디 코스모[Nicola Di Cosmo, 프린스턴 고등과학원], 「세계사적 관점에서 본 만주족의 정복」

· 고마츠 히사오[小松久男, 도쿄대학교], 「중앙유라시아에 대한 역사적 관점: 일본의 중앙유라시아 연구」

· 위 타이샨[余太山, 중국사회과학원], 「에프탈사의 몇 가지 문제에 대한 재검토」

– 2009년: 실크로드의 교역과 상인

· 아라카와 마사하루[荒川正晴, 오사카대학교], 「서돌궐과 당 제국 하에서의 소그드인의 무역활동의 여러 측면들」

· 루벤 아미타이[Reuven Amitai, 예루살렘 히브리대학교], 「초기 맘루크 술탄국으로의 노예 무역에 대한 고찰」

· 탄센 센[Tansen Sen, 뉴욕 시립대학교·싱가포르 동남아시아 연구소], 「중국-인도 간 해상 교류」

· 오누마 타카히로[Onuma Takahiro, 가쿠슈인대학교], 「준가르 제국의 발전과 부하라 상인」

저술

2000년대에 접어들면서 역사, 미술, 음악, 복식 등 중앙아시아학에 대한 전문서적들이 봇물 터지듯 생산되어 학계의 발전상을 여실하게 보여주었다. 연대별로 정리하면 다음과 같다.

· 마르코 폴로 [김호동 역주], 『동방견문록』, 2000

- 버나드 루이스 [김호동 역주], 『이슬람 1400년』 [개역판], 2001
- 정수일, 『실크로드학』, 2001
- 이븐 바투타 [정수일 역], 『이븐 바투타 여행기』 I–II, 2001
- 박원길, 『유라시아 초원제국의 샤마니즘』, 2001
- 김용문 [공저], 『아시아 문화 아시아 음악』, 2001
- 권영필, 『렌투스 양식의 미술 –동쪽으로 불어온 실크로드 바람』, 2002
- 김호동, 『동방 기독교와 동서문명』 , 2002
- 김호동[공저], 『유라시아 천년을 가다』, 2002
- 라시드 앗 딘 [김호동 역주], 『부족지』[집사 1], 2002
- 라시드 앗 딘 [김호동 역주], 『칭기스칸기』[집사 2], 2003
- 이븐 할둔 [김호동 역주], 『역사서설. 아랍·이슬람·문명』, 2003
- 발터 하이시히 [이평래 역], 『몽골의 종교』, 2003
- 전인평, 『실크로드, 길 위의 노래』, 2003
- 김소현, 『실크로드 복식, 호복』, 2003
- 이주형, 『간다라 미술』, 2003
- 이주형, 『아프카니스탄, 잃어버린 문명 –사라진 바미얀 대불을 위한 헌시』, 2004
- 정수일 [역주], 『혜초의 왕오천축국전』, 2004
- 유원수, 『몽골비사The Secret History of the Mongols』, 2004
- 김영종, 『반주류 실크로드사』, 2004
- 장준희, 『중앙아시아. 대륙의 오아시스를 찾아서』, 2004
- 민병훈, 『초원과 오아시스의 문화, 중앙아시아』, 2005
- 정재훈, 『위구르 유목제국사[744~840]』, 2005
- 라시드 앗 딘 [김호동 역주], 『칸의 후예들』[집사 3], 2005
- 고마츠 히사오 [이평래 역], 『중앙유라시아의 역사』, 2005
- 중앙아시아 학회, 『실크로드의 삶과 종교』, 2006

· 김용문 [공저], 『실크로드의 삶과 종교』, 2006
· 김호동, 『몽골제국과 고려』 , 2007
· 유원수, 『게세르Geser』, 2007
· 주채혁, 『순록치기가 본 조선 · 고구려 · 몽골』, 2007
· 이주형 · 임영애 외 [공저], 『동양미술사 –일본, 인도, 서역, 동남아시아』, 2007
· 사와다 이사오 [김숙경 역], 『지금은 사라진 고대 유목국가 이야기, 흉노』, 2007
· 김용문 [공저], 『중앙아시아의 역사와 문화』, 2007
· 주채혁, 『순록유목제국론 –고조선 · 고구려 · 몽골제국의 기원 연구』, 2008
· 권영필·정수일 외 [공저], 『중앙아시아 속의 고구려인 발자취』, 2008
· 임영애 외 [공저], 『실크로드의 예술』, 2008
· 오다니 나카오 [민혜홍 역], 『대월지』, 2008
· 김용문 [공저], 『실크로드의 삶과 문화』, 2008
· 이주형[책임편집] / 주경미[부분 집필], 『동아시아 구법승과 인도의 불교 유적』, 2009
· 강톨가 [김장구 공역], 『몽골의 역사』, 2009
· 정재훈 [공역], 『중국 정사 외국전1 : 사기 외국전史記 外國傳 역주』, 2009
· 정재훈 [공역], 『중국 정사 외국전2 : 한서 외국전漢書 外國傳 역주 상』, 2009
· 정재훈 [공역], 『중국 정사 외국전2 : 한서 외국전漢書 外國傳 역주 하』, 2009
· 김영종, 『실크로드, 길 위의 역사와 사람들』, 2009
· 김용문 [공저], 『차마고도의 삶과 예술』, 2009

전시 및 전시도록

- 경주 세계문화엑스포2000 조직위원회, 『실크로드와 한국 문화. 동방의 빛을 따라서』, 2000
- 온양민속박물관, 『실크로드 3000년전』, 2000
- 국립중앙박물관, 『국립중앙박물관 소장 서역미술』, 2003
- 국립중앙박물관, 『차마고도의 삶과 예술』, 2009
- 국립중앙박물관, 『우즈베키스탄의 고대문화』, 2009 도 11-4

중앙아시아학회의 현재

학회 결성 후 현재에 이르는 동안 학회활동이 학문과 사회에 미치는 제반 영향은 다음의 몇 가지로 요약된다.

1. 연구 인력의 확대와 학제적 연구: 주지되듯이 중앙아시아학회 구성원의 전공 분야는 매우 다양하다. 역사, 언어, 고고미술, 음악, 복식 등 많은 분야가 서로 마찰계수를 형성하는 것이 아니라 상보관계를 이루며, 다양한 학술정보의 원활한 소통이 가능해진다.
2. 이 분야 학문에 대한 사회 인지도를 높이는 데 절대적으로 기여하며, 실질적으로 출판의 활성화가 이루어진다. 그 실상을 가시적으로 보기 위해 2006년도 학회에서는 국내의 중앙아시아 관계 출판물을 한자리에 모아 전시한 바 있다.
3. 국제 학계에서의 위상과 국제교류: 특히 중국의 신장성 고고학연구소와는 학회 초기부터 유대를 가지고, 자료교환, 현지 신출토[미공개] 유물 관람, 교환 발표 등의 학술활동을 전개하고 있으며, 또한 스웨덴의 스톡홀름대학교와도 교류해오고 있다.

주

1 이 글은 당초 2006년도 중앙아시아학회 추계학술대회(2006년 11월 11일, 국립중앙박물관 소강당) 발표를 토대로 그 이후 2009년(2010년 일부)까지의 학술정보를 보완한 것이다.

2 한국의 중앙아시아 연구 상황 가운데 역사와 미술사, 고고학 분야는 아래의 논술들에서 보듯이 그동안 한두 번 정리된 바가 있었기에 이 글에서는 그것들을 기초적으로 참고하면서 보완하려 한다. 아울러 역사, 고고, 미술 이외의 분야, 예컨대 언어, 음악, 복식 등에 대해서는 학회지인『중앙아시아 연구』를 참고하였음을 밝힌다.

김호동,「한국 내륙아시아사 연구의 어제와 오늘」,『중앙아시아연구회회보』1, 1993, 2~17쪽; 권영필,「한국의 중앙아시아 고고학, 미술사 연구 –그 출발에서 현재까지」,『중앙아시아연구회회보』2, 1994, 3~15쪽; 권영필,「한국의 중앙아시아 고고학, 미술사 연구 –그 출발에서 현재까지」,『중앙아시아 연구』6, 2001, 9~29쪽; 최한우,「한국의 중앙아시아 언어연구와 과제」,『중앙아시아연구회회보』3, 1994, 16~23쪽; 김용문,「투르판의 출토복식에 관한 연구」,『중앙아시아 연구』1, 1996, 299~318쪽.

3 김호동, 위의 논문, 3쪽.

4 김호동, 위의 논문;『중앙아시아 연구』9, 2004, 휘보.

5 그 당시 홍익대학교 대학원 미학·미술사학과의 미술사 전공 교수로 재직했던 안휘준 교수의 발의로 한국 최초의 중앙아시아 미술사 강좌가 개설되었다.

6 김호동, 위의 논문.

7 <동아일보>: 1990년 9월 10일, 17일, 24일 / 10월 8일, 15일, 29일 / 11월 5일.

8 아흐마드 하산 다니(Ahmad Hasan Dani),「파키스탄 중앙아시아 학계 최근 연구동향」, 1996년 11월 7일, 유네스코 회의실 (초청강연); 마시창(馬世長),「중국의 석굴벽화」, 1996년 12월 5일, 서울대 박물관 강당 (초청 강연); 우메무라 히로시(梅村 坦),「일본에서의 위구르 문서 연구에 대하여」, 1997년 4월 26일, 서울대 박물관 (춘계 국제학술대회); 왕빙화(王炳華),「신장 니야 지구의 고고학적 신성과」, 1997년 4월 26일, 서울대 박물관 강당 (춘계 국제학술대회); 야굽 마흐무도프(Yagub Mahmudov),「아제르바이젠의 중앙아시아 연구동향」, 1998년 11월 14일, 한국고등교육재단 (추계 연구발표회 초청발표); 타히르 사히드(Tahir Saheed),「간다라 지방 탁실라의 제유적」, 1999년 3월 27일, 한국고등교육재단 (춘계 연구발표회 초청 발표); 스타판 로젠,「스웨덴에서의 중앙아시아 연구동향」, 하칸 발키스트,「스벤 헤딘(Sven Hedin) 컬렉션 소개」, 카네코 타미오(金子民雄),「헤딘 인솔의 서북과학고사단(西北科學考査團) 및 거연(居延)한간의 그 후의 운명에 대한 일 고찰」, 1999년 11월 20일, 국립중앙박물관 대강당(추계 국제학술대회: '한국·스웨덴·실크로드'); 바이파코프,「중앙아시아 고고학의 현황」, 2000년 9월 2일, 한국고등교육재단 (추계 연구발표회 초청 발표); 스기야마 마사아키(杉山正明),「몽골은 이슬람에 무엇을 했는가」, 2002년 10월 5일, 서울대 인문대 7동 강의실 (추계 학술발표회 초청 발표); 소마 히데히로(相馬秀廣),「코로나(Corona) 위성사진으로 살펴본 서역 및 주변 지역의 유적과 입지조건」, 2002년 11월 16일, 한국고등교육재단 (추계 학술대회 초청 발표); 베 친바트,「몽골 유목민의 이동과 목초지 이용」, 2004년 2월 7일, 경상대학교 해양과학대학 본관 (동계 워크숍 초청 발표); 퉁신린(董新林),「遼墓壁畫所反映的遼代社會生活」, 2004년 5월 8일, 한국고등교육재단 (춘계학술대회); 허시린(賀西林),「중국 신발견 소그디안 조로아스터교 미술」, 2004년 10월 12일, 한국고등교육재단 (특별강연); 모리야수 타카오(森安孝夫),

「唐代の佛教的世界地理と'胡'の實態」, 야마베 노부요시(山部能宜), "Buddhist Visualization in Central Asia", 위지용(于志勇), 「樓蘭 –营盤遺址出土的漢晉時期'冥衣'及其考古學意義探析」, 발레리 한센(Valerie Hansen), "Using the Materials from Turfan to Assess the Impact of the Silk Road Trade", 2005년 11월 4일, 국립중앙박물관(추계국제학술대회).

9 Hodong Kim, *HOLY WAR in CHINA. The Muslim Rebellion and State in Chinese Central Asia, 1864~1877*, Stanford(Cal.): Stanford University Press, 2004.

이 마지막 12장은 이 책의 주요 흐름 중에 하나인 '실크로드와 고대 한국'의 요약이나 다름 없다. 다만 거기에 실크로드의 현대적 의미를 가미하여 관점을 새롭게 한 것이 차이라면 차이라고나 할까. 따라서 이 책의 전체 내용을 함축적으로 파악하고자 하는 독자가 있다면 권하건대, 맨 앞의 「'문명 충돌과 미술의 화해'를 위한 서론」을 먼저 읽고, 그 후에 이 에필로그를 읽으면 일목요연해질 것이다.

12장 오늘날의 중앙아시아, 실크로드의 꽃인가, 낙엽인가: 우리는 왜 '중앙아시아'에 기대를 거는가

현대와 실크로드

현대 프랑스의 문명 비평가인 자크 아탈리Jacques Attali는 '노마드'[遊牧]를 이동과 여행 개념으로 해석, 문명의 생성 패러다임으로 제시한 바 있다.[1] 결국 문명의 역사뿐 아니라 미래도 이 노마드 유형으로 간다고 내다보고 있다. 또한 한국은 '미래의 인류'가 발명되는 실험실 중에 하나가 될 것이라고 평가하기도 하였다. 이 견해에 대해 아탈리를 왈가왈부 비평할 생각은 전혀 없다. 다만 여기에서 중요한 것은 그가 이 노마드의 개념을 이끌어 내면서 어디에 집중하고 있는가 하는 점이다.

비단을 실은 낙타가 사막을 헤쳐 나가는 모습을 프롤로그에 등장하도록 하고, 이 낙타부대의 사령탑에는 '오리엔탈리즘'의 사이드를 앉혀 놓는 것으로 틀을 잡는다. 벌써 여기에서 아탈리의 의도가 조금씩 점쳐진다. 더욱이 인류의 역사를 풀어내면서 수레바퀴의 발명과 승마가 아시아인들에 의해 생겨났음을 지적하는 것은 주목할 만하다. 그의 이론의 축인 이동 개념이 바로 이러한 이동의 도구에서 비롯되기 때문이다.

이처럼 실크로드와 중앙아시아가 역사 속에서 각광을 받았음을 지적하고 그 역사적 사실을 발판으로 하여 미래의 문명 패턴까지도 내다보고 있는 것이 현하 프랑스의 한 지식인의 입장이다. 그런데 이웃 일본의 경우는 실크로드 주제를 현대 문화에 응용하고 있다는 관점에서 더 각별하다.

근간의 일본의 한 잡지는 이노우에 야수시井上靖 탄생 100주년 기념 특집을 만들었다.[2] 이노우에로 말하면 현대 일본을 대표하는 문인이기에 그것이 합당한 예우처럼 보이는데, 실은 거기에서도 실크로드를 드러내려는 일본 문화계의 집념을 읽어낼 수 있다.

실제로 이 소설가가 그의 장년의 나이에 『둔황』[1959년]이라는 소설로 성가를 쌓았으니 실크로드와 무관하지 않다. 그러나 이번 행사에 잡지사가 작고한 이 작가에 대한 회고의 말을 히라야마 이쿠오平山郁夫에게 부탁한 것을 보면 그 의도가 더 분명해진다. 히라야마는 화가로서 1968년 이래 실크로드 주제만을 다루어 유명해졌을 뿐 아니라, 그것을 발판으로 유네스코 친선대사를 역임했다. 또한 그는 근년의 아프가니스탄의 바미얀 대불 폭파 때에는 그 재난을 막고자 혼신의 노력을 다했던 실로 세계 문화인이자 실크로드통이라고 할 수 있는 인물이다.

이처럼 이웃 일본의 문화계가 메이지明治 시대 이래 오늘날까지 실크로드에 대해 학술적 연구를 하는 외에, 실크로드를 마치 자기 재산처럼 그것을 밑천삼아 예술 작품을 값지게 생산해내고 있는 것을 보면 마음 한 구석에 질투심마저 피어오르고 있음을 고백하지 않을 수 없다. 그러나 "이노우에 선생은 실크로드의 서단西端에서 일본 문화의 고향을 보고 계셨겠지요"[3]라는 히라야마의 현지 취재 때의 술회를 접할 때, 무언가 그 해석에 자아류의 거품이 낀 게 아닌가하는 느낌마저 갖게 된다. 어쨌든 일본의 실크로드 연심戀心은 아무도 못 말린다고 해야겠다.

그런데 우리는 실크로드를 예술적으로 접근한다는 차원에서는 늦깎이나 다름없다. 1980년대에 와서 조금씩 관심의 기미를 보이기 시작한다. 윤후명의 『둔황의 사랑』[1983년]이라는 소설이 나오는가 하면, 한국화가 김식에 의해 둔황 벽화 모사도가 서울에 처음 전시되기도 한다[1990년, 샘터화랑]. 무엇보다도 1990년대에 들어와 실크로드 관계 결정판은 한소 수교 기념으로 이루어진 1991년의 '스키타이 황금전'과

1996년에 결성된 '중앙아시아학회'이다. 이후 많은 출판물이 쏟아져 나오고, 현지 여행이 러시를 이룬다. 근년에는 작가 김영종의 실크로드 배경의 역사소설 『빛의 바다』가 출간되고[1998년], 만화가 박재동의 『실크로드 스케치 기행』[2003년]이 이어진다. 화가 서용은 본격적인 대규모 둔황 벽화 모사·창작전인 '영원한 사막의 꽃, 둔황'[2004년]을 열어 바야흐로 현대판 실크로드 미술의 시대가 도래하고 있음을 보여주기도 한다. 도 12-1

어쨌든 실크로드가 현대 문화 속에서 살아 숨 쉬고 있다는 점은 우리에게는 기쁜 일이 아닐 수 없다. 더욱이 실크로드와의 연관으로 말하면 한국은 직접적인 '당사국'이라고 할 수 있기에 그러하다. 우리 역사와 문화의 저변에 겹겹이 쌓여 있는 노마드 성향을 다시 한 번 음미해 볼 필요가 있다.

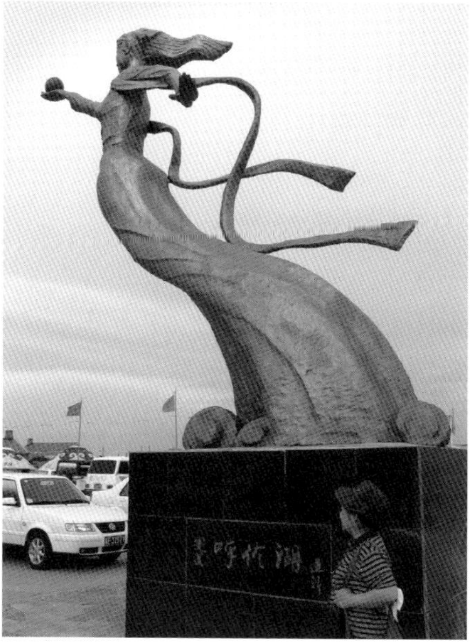

12-1. 실크로드의 여신, 내몽골 후룬호(湖) 호반의 현대조각, 2004년.

청동기 시대에 이르러 동아시아 실크로드 문화의 먼동이 트기 시작한다. 특히 기원전 10세기경부터 알타이 지역에서 기지개를 편 유목족 스키타이는 서쪽으로 세력을 넓혀 흑해 연안에서 활약하면서 그리스의 고전문화를 흡수한다. 그리고 정주문화와 부딪치면서도 자신의 야취野趣를 살린 '동물양식' 미술을 생성한다. 또한 동물 조형에 방울집을 부착한 의기儀器가 유행했던 것을 보면 샤머니즘의 신봉세를 짐작하게 한다. 뿐만 아니라 이 유목족은 통칭 동복으로 불리는 청동제 가마솥을 생활용구로 이용하여 이런 것들이 부장품으로 출토되곤 한다.

전기 초원문화

이러한 요소들은 기원전 3세기부터 북아시아의 강자로 등장한 흉노에게 전달되어 초원문화의 특징을 이어가게 한다. 이것을 '전기 초원문화'로 볼 수 있는데, 특히 '동물양식' 미술을 조형적 관점에서 볼 때, 양식 변화의 속도가 더디어 '렌투스 양식'의 미술로 불리기도 한다. 청동기 시대의 고대 한국은 이러한 초원문화의 성격을 고스란히 받아내고 있다. 강원도, 화순 등지에서 출토된 청동제 <팔주령>, <이주령> 등을 비롯한 전국 각 지역에서 출토된 방울 의기들은 조형의 다양성과 미적 감각에서 타의 추종을 불허한다. 특히 이 의기들은 샤머니즘과의 연관성을 보여주어 더 주목된다. 한반도에서 샤머니즘의 신봉세는 문헌에서도 입증된다. 즉『삼국유사』에 따르면 신라의 제2대 남해왕南海王은 그 자신이 샤먼이었다.

또한 고대 한국에서 초원문화와 연관되는 더 직접적인 자료는 생활용구인 동복이다. 김해 대성동 출토의 <동복>은 시안의 산시성박물관에 진열된 동복[시안 근처에서 출토된 흉노의 동복]과 매우 유사하여 우리를 놀라게 한다. 생활용구가 상호 동일하다는 것은 문화의 저변층까지 영향을 미쳤다는 사실을 말해주기 때문이다.

더 나아가 동물양식 미술의 경우도 예외가 아니다. 스키타이의 역동적인 조형 패턴을 이어받은 흉노는 동물을 주제로 한 특유의 버클 장식을 고안해내었다. 이것이 한반도의 장인들을 자극하여 경북 영천 출토의 <호형대구>虎形帶鉤 같은 유물을 만들기에 이른다. 이처럼 한국의 청동기시대는 스키타이, 흉노로 이어지는 북방 노마드 문화에 젖어 있었다고 해도 과언이 아니다.

후기 초원문화

더욱이 스키타이 왕들의 전형적인 묘제인 적석목곽분[돌무지덧널무덤]이 고신라 전성기인 5세기 전후에 신라의 전통적인 토광묘를 밀어내고 지배 계층의 묘제로 자리 잡았다. 뿐만 아니라 이 무덤에 부장된 유물들도 외래적인 제품들이 많아 이목을 집중시킨다. 특히 서방 유리인 로만글라스의 출토는 고신라 문화가 실크로드와 밀접한 연관이 있음을 보여준다. 예컨대 금령총 출토의 <점박이 잔> 같은 것은 당초 쾰른[그 당시 로마의 식민지역, 현 독일]에서 발원하여, 터키, 이스라엘 등지로 동점하면서 급기야 신라에까지 이른 것이다.

또한 신라 고분 출토의 순금제 공예품들 역시 유목문화의 특징을 드러내고 있다. 알려져 있다시피 금관이 '출'山자형과 사슴뿔 형은 그 조형의 시원이 시베리아에서부터 비롯된 것인데, 초원의 길을 타고 남쪽으로 내려와 신라에서 새로운 디자인으로 재창조된 작품이다. 또한 금속공예의 기술적인 면에서도 서방의 낱알기법granulation과 같은 선진 기술을 자유자재로 구사하는 높은 수준이었다. 이러한 '금 문화'를 구가했던 5~6세기의 신라 문화를 '후기 초원문화'라 부른다.

둔황 벽화와 고구려 벽화

신라와는 별도로 고구려 문화 속에서도 실크로드를 통한 중앙아시아와의 교류 상을 찾아낼 수 있다. 고구려 고분 벽화에 나타난 몇 가지 사례들은 그 점을 분명하게 해준다. 먼저 6세기 중엽인 서위西魏 때의 둔황 석굴 429호 벽화의 수렵 장면은 5세기 중엽의 고구려 무용총 벽화의 그것과 유사하다. 고구려 벽화가 1세기 가량 앞선다. 근년에 일부 중국 학자 가운데 고구려보다 앞서는 자료를 제시하고는 있으나 그림의 전체적인 구도뿐만 아니라, 역동성의 관점에서도 비교 자료로서 적절치 않은 것으로 보인다.

또한 둔황 벽화 중에서 고구려의 영향이 확실한 사례로서는 285호굴과 420굴의 벽화로서 건물과 성곽의 벽을 '지그재그' 식으로 표현한 것이다. 이는 고구려의 삼실총 벽화에서 유래되었을 것으로 일찍이 미국의 미술사학자 마이클 설리번이 지적한 바 있다. 이러한 조형적 표현은 고구려 벽화에 자주 등장하는 '화염문'과 함께 '북방기류'를 형성하고, 고구려가 어느 정도 그 흐름을 주도했던 것으로 보인다.

새롭게 주시되는 자료로서는 고구려 오회분 4호묘의 '불의 신'의 묘사인데, 옷이 몸에 감긴 모양과 함께 옷 주름의 표현이 그 전 시대와는 차이가 있는 변화된 양식을 보여준다. 옷이 몸에 밀착되어 주름 표현이 두드러지는 중국 화단에서 유행했던 소위 '조의출수' 기법과 일맥상통하는 경지를 드러낸다. 필자가 조사한 바에 따르면 이 '조의출수'는 고대 소그드[현 우즈베키스탄]의 옷수아리[骨壺]에 표현된 신상神像의 옷 주름에서 유래한 것으로 보인다. 따라서 고구려 무덤 벽화의 그 수법은 그 연원이 매우 심원하다고 말 할 수 있다.

소그드의 고구려 사절

실제로 소그드와 고구려와의 연관은 더 직접적이다. 소그드의 역사도시 아프라시압[현 우즈베키스탄] 유적지는 1965년 L. 알바움을 대표로 하는 러시아의 고고학자들에 의해 발굴되었는데, 놀랍게도 그 유적의 별궁 터에는 7세기 중엽의 벽화가 남아 있었고, 거기에 고구려 사절로 비정되는 두 사람이 그려져 세인의 이목을 집중시킨 바 되었다. 몇 만 리 그 먼 곳에까지 고구려인은 무엇하러 간 것일까. 잠시 그때의 역사 배경을 회고할 필요가 있다.

기마민족인 돌궐은 6세기 이래 알타이 남부 준가리아에서부터 동서로 세력을 뻗쳐 유목지역의 강자로 군림하면서, 그 과정에서 중국과는 마찰을 일으켰고, 중국의 외교적 개입과 번롱에 시달렸다. 서돌궐은 서쪽의 소그드[오늘날의 우즈베키스탄]까지 복속시켰지만, 7세기에 들어와서는 당에 패망하였고, 잠시 독립을 회복하기도 하였다. 또한 650년경에는 당이 소그드 왕에게 도독都督 책봉을 내린다. 이러한 국제정치의 와중에서 당의 침략을 받은 고구려는 돌궐 세력을 이용하여 당을 압박하려는 계획을 세우게도 되었고, 나아가 소그드에 사절을 보내 정세를 유리한 국면으로 이끌려는 적극적인 외교활동을 했던 것으로 유추된다. 이때가 연개소문의 국정 말기로 보인다.

이처럼 중앙아시아를 무대로 전개되었던 복잡다단한 국제정세를 이 벽화는 고스란히 담아내고 있다. 중국과 고구려 사절을 필두로 주변국가의 사절들이 늘어서 있으며, 이 벽화에 등장하는 인물만하여도 무려 49명이나 된다. 그런데 벽화의 상부가 발굴 당초부터 파손되었기에 정작 이들 사절들의 배알을 받을 왕의 모습이 보이지 않는 것이다. 학자들의 견해가 분분한 가운데 소그드 왕과 서돌궐의 왕이 표현되었을 것으로 추정되고 있다. 하여간 이 벽화의 대 드라마 속에 고구려 사절이 등장한 것이다.

중앙아시아를 답파한 신라의 고승들

의정義淨의 『대당구법고승전』大唐求法高僧傳에 따르면 신라 승들이 여러 명 인도에 간 것으로 기록되어 있다. 이들 구법승 중에 우뚝 선 사람은 신라 승 혜초이다. 알려져 있다시피 그의 여행기인 『왕오천축국전』은 인도행의 귀로에 중앙아시아를 답파한 그의 여정을 밝혀주고 있다. 어쨌든 삼국시대에 스님들이 인도에 구법여행을 가노라면 그 여정 중에 둔황을 거쳐 가지 않을 수 없는 사정인데, 실제로 둔황 벽화에는 한국 스님의 자취가 보이지 않는다. 실제로는 관복을 입은 한국인들이 등장할 뿐이다. 둔황 석굴 220호, 335호가 그 대표적인 경우인데, 그것들은 각각 642년과 686년으로 편년된다.

그렇다면 그들이 그때에 실제로 둔황을 방문한 것일까. 아마도 그들이 이 벽화에서 중국 황제의 <제왕도>와 마주한 조공사신도의 무리들 속에 포함되어 있는 형국으로 표현된 점을 고려하면, 이 한국인들의 존재는 상징적인 뜻을 가지고 있었던 것으로 보이기도 한다. 즉 당 태종이나 중종 때의 측천무후와 같은 국력과시의 지배자들이 둔황 벽화에 그 상징성을 부각시킨 것으로 해석되기도 한다. 물론 이러한 해석이 당시 외국사절들의 둔황방문 가능성을 완전히 배제함을 의미하는 것은 아니다.

둔황 석굴 17호굴에서 출토된『왕오천축국전』과 함께 둔황은 고대 한국과 밀접한 관련을 가졌었음을 부인할 수 없게 되었다. 그 밖에도 펠리오 둔황문서를 통해 보면 둔황 지역에는 한국인으로 추정되는 박원홍朴愿弘, 원장愿長 형제가 활동하였던 내용을 알게 되어 사실상 그 당시 한국인의 둔황 방문은 스님들 외에도 가능했을 것으로 유추된다.

현대 한국과 실크로드

과거 역사 속의 중앙아시아가 실크로드의 꽃이었다면, 오늘의 중앙아시아는 한낱 낙엽에 불과한 것일까.

서두에 관찰한 노마드를 중심축으로 한 아탈리의 역사 인식은 우리에게 어떤 일깨움을 던져주기에 충분하다. 한편 일본의 경우, 그네들이 실크로드와의 역사적 직접성을 강조하기보다는, 예컨대 불교 미술에서 보듯이 실크로드가 일본을 포함한 동아시아와 문화적으로 동질적 가치를 담지하고 있다는 상징성을 내세우는 편이 더 이해가 쉬울 것 같다. 그네들의 실크로드에 대한 관심은 오히려 지난 1세기 동안에 매진한 실크로드사에 대한 방대한 연구 축적에서 비롯된 것이 아닌가 생각된다.

무엇보다도 한국 문화계는 이제 실크로드와의 역사적 연관성을 발판으로 새로운 미래에 도전할 단계에 와 있다고 해야겠다. 실크로드를 통해 세계관을 확대하고, 작은 것에서 큰 것을 읽어내는 인식 체계의 변화를 도출시킬 수 있을 것으로 본다. 몇 가지 예를 들어보자.

첫째, 그 옛날 사마르칸트까지 갔던 고구려인의 투지와 웅지를 상기하면, 우리는 못 이룰 것이 없다는 자신감을 갖게 될 뿐 아니라, 세계를 보는 시야가 달라질 것이 틀림없다. 한마디로 역사를 통해 진취적인 기상을 가진 존재의 자기 확인이 가능해진다.

둘째, 실크로드 미술 사료를 매개로 새로운 역사 인식이 보급된다. 중국으로부터 벌레처럼 취급당했던 흉노 지배 계층의 무덤에서 발굴된 부장품들은 우리의 새로운 해석을 기다린다. 흉노라는 국가 명부터 왕들의 명칭에 이르기까지 고대 중국인들은 이들을 대부분 폄하하는 글자로 음사音寫하였다. 예컨대 국가를 '흉한 노비'匈奴로, 흉노를 융흥시킨 왕인 묵툭선우의 아들을 '죽' 곧 계국稽粥으로, 관직 명을 '좀벌레' 곧 우곡려왕右谷蠡王으로 표기한다. 예컨대 몽골 노인울라 고분의 출토품 가운데에는 페르시아를 원산지로 하는 다양한 문양의 고급 직물들이 들어 있다. 여기에서 흉노의 왕들이 향유했던 수준 높은 미의식을 파악할 수 있다.

패권주의 역사관의 붕괴

실로 흉노를 무시했던 패권주의 역사관이 무너지는 순간이다. 그들이 비록 무덤에 부장된 작품 자체를 생산할 수는 없었다고 하더라도, 미적 요소가 표현된 타자의 생산물을 선택하는 것은 흉노 왕들 자신의 몫이었을 것이기 때문이다. 이 발견이 바로 실크로드 미술과 문화가 가진 '현재성'인 것이다. 그것은 낙엽이 아니라, 아직도 싱싱한 잎과 꽃을 피우는 나무인 것이다. 실크로드만큼 역사 인식의 현재성을 실감하게 되는 곳이 또 어디에 있겠는가.

셋째, 문화적 의미 외에도 경제적 측면에서 중앙아시아는 오늘날도 주변 세력의 탐익의 대상이 되고 있다. 막대한 매장량을 자랑하는 카자흐스탄 석유자원의 흐름[송유관]을 자국으로 이끌려고 러시아, 중국은 말할 것도 없고, 미국까지 가세해서 각축을 벌리고 있다. 옛날 실크로드 시대에 비단 수출의 교역로 확보를 위해 전쟁도 불사했던 것과 유사한 상황이 벌어지고 있는 것이다. 해로海路보다는 육로로 송유관을 만드는 것이 안정성과 경제성이 있다는 판단에 따른 경쟁인 것이다.

실크로드 육로의 이점은 '철鐵의 실크로드'의 경우에도 다르지 않다. 대륙의 동서를 가로지르는 '시베리아 횡단철도'는 한국과 중국의 막대한 경제 물량을 유럽으로 실어 나르는 역할을 할 수 있다. 우리의 KTX 고속철도가 한국과 일본의 물량을 부산에서 싣고서 북한, 블라디보스토크[또는 만주]을 거쳐 시베리아 횡단열차로 이어지면, 모스크바, 동유럽, 파리, 런던까지 단숨에 수송할 수 있다. 이런 물류 관점에서 보면 우리나라가 다시금 '신新실크로드'의 중요한 당사국이 되는 것이다. 이때에 이 물류를 통해 '한류'문화가 자연스럽게 대륙으로 퍼져나가는 시너지 효과를 기대할 수 있게 된다.

넷째, 우리 역사의 실상을 체험적으로 파악하고, 패권주의 역사관을 불식하는 데에 실크로드 여행은 매우 효과적이다. 더욱이 역사의 현장을 사막과 같은 무공해 상태에서 감상할 수 있다는 것은 실로 금상첨화가 아니겠는가.

주

1 자크 아탈리, 이효숙 옮김, 『호모 노마드. 유목하는 인간』, 웅진닷컴, 2005.

2 「特集 井上靖の世界がわかる」取才旅行での, ぜいたくな時間 –井上先生と私– Interview 平山郁夫, 『文蔵』, 東京: PHP연구소, 2007 Jan, pp. 6~11.

3 앞의 인터뷰, p. 9.

인용 문헌 목록

I. 1차 사료

『三國遺事』, 一然.
　　卷1, 南海王條
　　眞興王條
『三國志』, 陳壽.
　　東夷傳.
『舊唐書』
　　卷194下 突厥傳.
　　卷198.
　　卷198.
『唐書』
　　卷 221下.
　　卷217下, 列傳142下, 回鶻條.
　　卷221.
　　卷221下, 列傳146下, 西域下, 康條.
　　卷39.
　　卷43, 賈耽條.
『圖畫見聞志』, 郭若虛.
『本朝高僧傳』
『北史』
　　卷99, 突厥傳.
『三國史記』, 金富軾.
　　新羅本紀, 奈勿尼斯今 26年條
　　新羅本紀, 眞興王 14年條.
『隋書』
　　卷67, 列傳32.
　　卷83, 西域傳 曹國條.
　　卷84 突厥傳.
『承政院日記』
　　純宗3年, 1909年, 1月 6日.
『詩經』
　　VI 信南山, 五章
『新唐書』
　　卷215下 突厥傳
『魏書』
　　卷100. 百濟傳
　　卷114「釋老志」.
　　卷3, 高車傳.
　　本紀
『册府元龜』
　　卷47.
『太平御覽』
　　卷781.
『太平 宇記』
　　卷70
『通鑑』
　　貞觀十九年八月條.
『平氏太子傳』
『漢書』
　　匈奴列傳, 中華書局, 1962.
　　西域傳, 安息國條
『後漢書』
　　西域傳, 大秦國條

II. 국문

저서

가라타니 고진(柄谷行人), 조영일 옮김, 『네이션과 미학』, 서울: 도서출판 b, 2004.

강덕희, 『일본의 서양화법 수용의 발자취』, 서울: 일지사, 2004.

강우방, 『법공(法空)과 장엄(莊嚴)』, 서울: 열화당, 2000.

강우방, 『원융(圓融)과 조화(調和)』, 서울: 열화당, 1990.

고구려연구재단 편, 『고구려사 연구논저 목록』, 서울: 고구려연구재단, 2004.

고병익,『동아시아 전통과 근대사』, 서울: 삼지원, 1984.
권영필,『렌투스 양식의 미술 –동쪽으로 불어온 실크로드 바람』(상, 하), 서울: 사계절, 2002.
———,『실크로드 미술 –중앙아시아에서 한국까지』, 파주: 열화당, 2004(초판 1997).
권영필·정수일 외,『중앙아시아 속의 고구려인 발자취』, 서울: 동북아역사재단, 2008.
김병모,『김수로왕비 허황옥(許黃玉)』, 서울: 조선일보사 출판국, 1994.
———,『금관의 비밀』, 서울: 푸른역사, 1998.
김성근 외,『세계문화사 III, 유럽 중세와 아시아의 발전』, 서울: 학원사, 1966.
김영기,『한국미술사』, 서울: 금룡도서주식회사, 1948.
김원룡,『한국미술사』, 서울: 범문사, 1968.
김원룡·안휘준,『한국미술의 역사』, 서울: 시공사, 2003.
김인회,『한국 무속사상(巫俗思想) 연구』, 서울: 집문당, 1993.
김호동,『동방그리스도교와 동서문명』, 서울: 까치, 2002.
나가사와 카즈토시(長澤和俊), 민 병훈 역,『동서문화의 교류』, 서울: 민족문화사, 1991.
노태돈,『고구려사 연구』, 서울: 사계절, 2000.
———,『삼국통일전쟁사』, 서울: 서울대학교 출판부, 2009.
———,『예빈도(禮賓圖)에 보인 고구려』, 서울: 서울대학교 출판부, 2003.
동아일보사,『박물관에 살다. 한국박물관 100년의 사람들』, 서울: 동아일보사, 2009.
로드릭 위트필드(Roderick Whitfield), 권영필 역,『둔황(敦煌)』, 서울: 예경, 1995.
룩 콴텐(Luc Kwanten), 송기중 역,『유목민족 제국사』, 서울: 민음사, 1984.
르네 그루세(René Grousset), 김호동 외 역,『유라시아 유목제국사』, 서울: 사계절, 1998.
마리오 부살리(Mario Bussagli), 권영필 역,『중앙아시아 회화』, 서울: 일지사, 1990(초판 1978).
마이클 J. 겔브(Michael J. Gelb), 공경희 역,『레오나르도 다 빈치처럼 생각하기』, 서울: 대산출판사, 1999.
무함마드 깐수,『신라·서역 교류사』, 서울: 단국대학교출판부, 1992.
문명대 감수,『중국대륙의 문화』 3 (하서회랑·둔황), 서울: 동국대학교 편, 1990.
문명대,『토함산석굴(吐含山石窟)』, 서울: 한국언론자료간행회, 2000.
미야자키 이치사다(宮崎市定), 차혜원 역,『옹정제』, 서울: 이산, 2003.
박이문,『예술과 생태』, 서울: 미다스북스, 2010.
박한제,『중국 중세 호한체제(胡漢體制) 연구』, 서울: 일조각, 1988.
배진달,『중국의 불상』, 서울: 일지사, 2005.
뻬레보드치꼬바(E. V. Владимировна), 정석배 역,『스키타이 동물양식』, 서울: 학연문화사, 1999.
사와다 이치오(澤田 勳), 김숙경 역,『흉노』, 서울: 아이필드, 2007.
서경식,『청춘의 사신 –20세기의 악몽과 온몸으로 싸운 화가들』, 서울: 창작과 비평사, 2002.
서용,『영원한 사막의 꽃. 둔황』, 서울: 여유당, 2004.
성은구 역주,『일본서기(日本書紀)』, 서울: 정음사, 1987.
손진태,『조선민족문화의 연구』, 조선문화총서 제5집, 서울: 을유문화사, 1948.
신채호,『단재신채호전집(丹齋申采浩全集)』

중권, 서울: 형설출판사, 1972.
아사오 나오히로(朝尾直弘) 외, 이계황 외 옮김, 『새로 쓴 일본사』, 서울: 창작과 비평사, 2000.
아키야마 데루카즈(秋山光和), 이성미 역, 『일본회화사(日本繪畫史)』, 서울: 예경, 1992.
안드레 에카르트(Andre Eckardt), 권영필 역, 『에카르트의 조선미술사』, 파주: 열화당, 2003(원본: Leipzig, 1929).
안휘준, 『한국회화사 연구』, 서울: 시공사, 2000.
야마구치 게이지(山口啓二), 김현영 역, 『일본근세의 쇄국과 개국』, 서울: 혜안, 2001.
양승윤 외, 『바다의 실크로드』, 서울: 청아출판사, 2003.
윤무병, 『한국청동기문화연구』, 서울: 예경, 1996.
이건무, 『한국고대유물과 스키타이문화』, 조선일보사 특강 제 10기 유인물(1991.11.8).
이건무·조현종, 『한국미의 재발견 1. 선사유물과 유적』, 서울: 솔, 2003.
이인숙, 『한국의 고대유리』, 서울: 도서출판 창문, 1993.
이재성, 『고대동몽고사(古代東蒙古史) 연구』, 서울: 법인문화사, 1996.
이종선, 『고신라 왕릉연구』, 서울: 학연문화사, 2000.
이주형, 『아프가니스탄. 잃어버린 문명』, 서울: 사회평론, 2004.
이중희, 『한·중·일의 초기 서양화 도입 비교론』, 서울: 얼과 알, 2004.
자크 아탈리(Jacques Attali), 이효숙 옮김, 『호모 노마드. 유목하는 인간』, 서울: 웅진닷컴, 2005.
전호태, 『고구려 고분벽화의 세계』, 서울: 서울대학교 출판부, 2004.
정경희, 『한국고대사회문화연구 -청동기사회에서 삼국시대까지』, 서울: 일지사, 1990.
정수일, 『실크로드 문명기행』, 서울: 한겨레출판, 2006.
조너선 블룸(Jonathan Bloom), 강주헌 역, 『이슬람 미술』, 파주: 한길아트, 1997.
조너선 스펜스(Jonathan Spence), 이준갑 옮김, 『강희제』, 서울: 이산, 2004.
조흥윤, 『무(巫). 한국무의 역사와 현상』, 서울: 민족사, 1997.
주디스 헤린(Judith Herrin), 이순호 옮김, 『비잔티움』, 파주: 글항아리, 2010.
지배선, 『고구려 백제 유민 이야기』, 서울: 혜안, 2006.
최광식, 『고대 한국의 국가와 제사』, 서울: 한길사, 1994.
최병현, 『신라고분 연구』, 서울: 일지사 1992.
한국둔황학회 편, 『동서문화교류연구』, 창간호, 서울, 1999.
헤로도토스(Herodotus), 박광순 역, 『역사(Historiai)』, 서울: 범우사, 1991.
호르스트 젠슨(Horst W. Janson), 김윤수 외 역, 『미술의 역사』, 서울: 삼성출판사, 1978.
히라카와 스케이로(平川祐弘), 노영희 역, 『마테오 리치』, 서울: 동아시아, 2002.

논문

강우방, 「사천왕사지 출토 녹유사천왕부조상(綠釉四天王浮彫像)의 복원적 고찰」, 『미술자료』 25, 국립중앙박물관, 1980.
———, 「신양지론(新良志論) -양지의 활동기와 작품세계」, 『미술자료』 47, 1991.
강현숙, 「고구려와 중국 북방의 4~5세기 벽화분 비교」, 『고구려 문화의 비교연구』, 고구려 연구재단 연구총서, 2005.
고병익, 「한국과 서역 -근세 이전의 역사적 관계」, 『고대의 동서문화 교류』, 학술원 제5회 국제학술 강연회 논문집, 1977.
고유섭, 「신라의 공예미술」(1935), 『한국미술문화논총』, 서울: 통문관, 1966.
———, 「신라의 금속공예」(1936), 『한국미술문화논총』, 서울: 통문관, 1966.
권영필, 「'대체문헌(代替文獻)'으로서의 시안(西安)지구 출토 청동동물문장식패(靑銅動物紋裝飾牌) –흉노미술의 남하(南下)」, 『중앙아시아연구』 2호, 중앙아시아학회, 1997.
———, 「경주 괘릉 인물석상 재고(再考) –이란계 무인, 위구르계 문인석상」, 『미술자료』 50, 국립중앙박물관 1992.
———, 「고구려 회화에 나타난 대외교섭」, 『고구려 미술의 대외교섭』, 한국미술사학회, 예경, 1996.
———, 「고구려의 대외문화 교류」, 『고구려의 문화와 사상』, 동북아역사재단, 2007.
———, 「고대 한국미술의 사상적 원류와 조형성」, 『한국문화사상대계』 4, 영남대학교 민족문화연구소 편, 영남대학교 출판부, 2003.
———, 「돈황벽화 연구방법 시탐」, 『미술사학』 IV호, 미술사학연구회, 1992.
———, 「신라인의 미의식」, 『신라문화제 학술발표회 논문집』 제6집, 신라문화선양회, 1985.
———, 「아프라시압 궁전지 벽화의 '고구려 사절'에 관한 연구」, 『중앙아시아 속의 고구려인 발자취』(권영필·정수일 외 저), 동북아역사재단, 2008.
———, 「하서회랑에서 돈황으로 –현지조사(1999)에 의한 유적·유물연구」, 『국립중앙박물관소장 중앙아시아 유물 현지조사 연구보고서』, 학술진흥재단 지원, 2000.
———, 「한국의 중앙아시아 고고학·미술사 연구 –그 출발에서 현재까지」, 『중앙아시아연구』 6호, 2001.
———, 「한낙연의 예술」, 『한낙연 유작전』, 한국방송공사, 1993.
———, 「헬레니즘 조형의 경주 전파 –헤라클레스 열풍과 사천왕상」, 『중앙아시아연구』 7호, 2002.
———, 「동양산수화론의 구미역본(歐美譯本)과 저술 –돈황 산수요소 서설」, 『미술자료』 28, 국립중앙박물관, 1981.
———, 「중앙아시아 벽화고 –국립중앙박물관소장 벽화와 관련하여」, 『미술자료』 20, 국립중앙박물관, 1977.
김리나, 「당 미술에 보이는 조우관식의 고구려인 –돈황벽화와 서안 출토 은합(銀盒)을 중심으로」, 『이기백(李基白)선생 고희기념 한국사학논총』상, 1994.
김용문, 「투르판의 출토복식에 관한 연구」, 『중앙아시아 연구』1, 1996.
김원룡, 「삼국시대 동물형토기 시고(試考)」, 『미술자료』 6호, 1962.
———, 「신라 금관의 계통」, 『효성조명기(曉城趙明基)박사화갑기념 불교사학논총』, 1965.
———, 「사마르칸트 아프라시압 궁전벽화의 사절단」, 『고고미술』 129·130, 고고미술사학회, 1976.
김정숙, 「고구려 삼실총 '지천역사상'의 도상적 원류 –인도 약샤주유상의 동점 문제」, 『권영필교수 정년퇴임기념논총(하), 동서의 예술과 미학』(민주식·조인수 편), 서울: 솔 출판사, 2007.
김혜원, 「돈황 막고굴 당대 <유마경변>에 보이는 세속인 청중의 도상과 의미」, 『미술사의 정립과 확산』 2, 2005.
———, 「둔황 막고굴 제321굴 <보우경변>에 보이는 산악 표현의 정치적 의미와 작용」, 『미술사와 시각문화』 1, 2002.
———, 「둔황의 지역적 맥락에서 본 초당기 음가굴(陰家窟)의 정치적 성격」, 『미술사학연구』 252, 한국미술사학회,

2006.12.
김호동,「한국 내륙아시아사 연구의 어제와 오늘」,『중앙아시아연구회회보』 1, 1993.
노중국,「고구려 대외관계사 연구의 현황과 과제」,『동방학지』 제49집, 연세대학교 국학연구원, 1985.
노태돈,「고구려 발해인과 내륙아시아 주민과의 교섭에 관한 일고찰」,『대동문화연구』 23, 성균관대학교 대동문화연구원, 1989.
다카기 히로시(高木博志),「일본미술사와 조선미술사의 성립」,『국사의 신화를 넘어서』(임지현·이성시 엮음), 휴머니스트, 2007.
린윈(林云),「중국동북계 동검 초론(中國東北系 銅劍 初論)」,『고대 동북아시아의 민족과 문화』(김영수 주편), 려강출판사, 1994.
문명대,「신라 사천왕상(四天王像)의 연구」,『불교미술』 5, 동국대학교 박물관, 1980.
———,「실크로드 상의 신라사절상 고찰」,『이재룡(李載龒)박사환력기념 한국사학논총』, 1990.
민병훈,「국립중앙박물관장 투르판출토 복희여와도고(伏羲女媧圖攷)」,『미술자료』 61, 국립중앙박물관, 1998.11.
박경철,「고구려의 이종족 지배의 실상」,『한국사학보』 15, 고려대학교 고려사학회, 2003.
박성혜,「돈황 막고굴 불교벽화에 나타난 당대 회화의 영향 –서안지구 당묘실 벽화를 중심으로」,『중앙아시아 연구』 7, 중앙아시아학회, 2002.
박승길,「한문화 속에서 나타나는 화랑문화의 의의」,『화랑문화의 재조명』, 신라문화제학술발표회논문집, 제10집, 신라문화선양회, 경주, 1989.
박아림,「고구려 벽화와 감숙성 위진 시기(돈황 포함) 벽화 비교 연구」,『고구려 벽화의 세계』, 사단법인 고구려연구회 제9회 고구려 국제학술대회, 2003.
박은화,「수·당대 돈황 막고굴의 유마힐경변 벽화」,『고고미술사론』 제4호, 충북대학교 고고미술사학과, 1994.
박이문,「왜 우리 삶에 미술이 필요한가」,『이모션emotion』제1호, 2007.
박종홍,「조선미술의 사적(史的) 고찰」(七),『개벽(開闢)』 제27호, 1922년 9월호.
박진욱,「쏘련 사마르칸트 아흐라샤브 궁전지 벽화의 사절도에 대하여」,『조선고고연구』, 1988.
박현영,「돈황석굴 벽화의 식물문양에 드러난 문화적 수용」,『현대미술연구소 논문집』 9, 2006.
백남주,「금강역사상의 연구」, 이화여대 석사논문, 1993.
스테판 로젠(Staffan Rosén),「스벤 헤딘, 한국, 그리고 포착하기 어려운 중앙아시아」,『권영필 교수 정년퇴임기념논총(상), 중앙아시아의 역사와 문화』(권영필·김호동 편), 서울: 솔 출판사, 2007.
신경철,「김해 예안리 160호분에 대하여」,『가야고고학논총』 1, 가야문화연구소, 1992.
유마리,「중국 돈황 막고굴(17굴) 발견의 관경변상도(파리 기메동양박물관장)와 한국 관경변상도(일본 서복사장)의 비교 고찰 –관경변상도의 연구(I)」,『강좌미술사』 4호, 1992.
이건무,「전 충남출토 촉각식(觸角式) 동검에 대하여」,『석오윤용진(碩晤尹容鎭)교수 정년퇴임기념논총』, 1996.
———,「한국의 랴오닝식(遼寧式) 동검문화」,『한국의 청동기문화(특별전도록)』, 국립중앙박물관, 서울: 범우사, 1992.
———,「한국 청동의기의 연구 –이형동기를 중심으로」,『한국고고학보』 28, 한국고고학회, 1992.

이기동,「신라의 풍토와 그 역사적 특징」,『신라사회사 연구』, 서울: 일조각, 1997.

이송란,「고구려 고분벽화의 천상표현(天上表現)에 나타난 화염문(火焰紋)의 의미와 전개」,『미술사학연구』 220, 한국미술사학회 1998.12.

———,「신라고분 출토 공예품에 보이는 외래요소의 연원 –식리총 금동식리를 중심으로」,『미술사학연구』 203, 한국미술사학회 1994.

———,「신라관(新羅冠)의 성립과 시조묘제사(始祖廟祭祀)」,『미술사학연구』 235, 한국미술사학회, 2002.9.

———,「오르도스 '새머리 장식 사슴뿔' 모티프의 동점으로 본 평양 석암리 219호 <은제 타출마노감장괴수문행엽>의 제작지」,『미술자료』 제78호, 국립중앙박물관, 2009.

이영희,「고신라 금속공예의 누금세공기법 연구」, 이화여자대학교 대학원 박사논문, 1997.

이용범,「고구려의 요서진출 기도와 돌궐」,『사학연구』 4호, 한국사학회, 1959.

이인숙,「금과 유리」,『중앙아시아 연구』, 제2호, 중앙아시아학회, 1997.

———,「실크로드와 로만글라스」,『실크로드와 한국문화. 동방의 빛을 따라서』, 경주세계문화엑스포 2000 조직위원회, 2000.

이종선,「오르도스 후기금속문화와 한국의 철기문화」,『한국상고사학보』 2, 한국상고사학회, 1989.

임영애,「통일신라 불교조각에 나타난 서역양식 시론」,『미술사학』 VIII, 미술사학연구회, 1996.

———,「'서역인'인가 '서역인 이미지'인가: 통일신라미술 속의 서역 인식」,『미술사학연구』 236, 한국미술사학회, 2002.12.

정수일,「벽화에 나타난 고구려 –서역 교류상 시고」,『고구려와 동아시아 –문물교류를 중심으로』, 국제학술심포지엄, 고려대학교 박물관, 2005.

———,「실크로드의 개념과 그 확대」,『실크로드의 삶과 종교』, 중앙아시아학회, 사계절, 2006.

조정래,「명청시기 서양화의 유입과 중국화의 발전」,『중국학논총』 제18집, 고려대학교 중국학연구소, 2005. 9.

———,「서양 선교사와 동서회화의 교융」,『권영필교수 정년퇴임 기념논총 (하), 동서의 예술과 미학』(민주식·조인수 편), 서울: 솔 출판사, 2007.

최광식,「고구려와 서역의 문화교류」,『중앙아시아 속의 고구려인 발자취』(권영필·정수일 외), 동북아역사재단, 2008.

최한우,「한국의 중앙아시아 언어연구와 과제」,『중앙아시아연구회회보』 3, 1994.

피다예프(S. Pidaev),「우즈베키스탄의 불교와 불교미술」,『동서문명의 십자로. 우즈베키스탄의 고대문화』, 국립중앙박물관, 2009.

한경순,「돈황석굴 벽화안료에 관한 연구 –안료의 흑변현상을 중심으로」,『미술사학연구』 232, 한국미술사학회, 2001.12.

한병삼,「선사시대 농경문 청동기에 대해서」,『고고미술』 112, 고고미술사학회, 1971.

한영희,「유물로 본 알타이와 한반도 –신석기시대를 중심으로」,『알타이 문명전』, 국립중앙박물관, 1995.

홍윤식,「일본 법륭사금당벽화에 보이는 한국문화의 영향」,『고고미술』 185, 한국미술사학회, 1990.

도록·보고서·기사

『감은사(感恩寺)』, 김재원·윤무병, 국립박물관, 서울, 1961.

『국보』 1 (고분금속), 한병삼 편저, 서울: 예경출판사, 1983.
『김해 대성동 고분군』 I, 신경철·김재우, 경성대학교 박물관, 부산, 2000.
『동서 문명의 십자로. 우즈베키스탄의 고대 문화』, 국립중앙박물관, 서울, 2009.
『스키타이 황금』, 국립중앙박물관, 서울, 1991.
『신라의 토용』, 국립경주박물관, 서울: 통천문화사, 1989.
『실크로드와 한국문화, 동방의 빛을 따라서』, 경주 세계문화엑스포 2000 조직위원회, 2000.
『중앙아시아 미술』, 국립중앙박물관, 서울, 1986.
『천마총 발굴조사보고서』, 문화재관리국, 서울, 1974.
『특별전 낙랑』, 국립중앙박물관, 서울, 2001.
『한국고대국가의 형성』, 국립중앙박물관, 서울, 1998.
『한국의 청동기 문화』, 국립중앙박물관, 서울: 범우사, 1992.
『황남대총』 남분, 문화재관리국 문화재연구소, 서울, 1985.
「유라시아의 한국」 39, 『조선일보』, 서울, 1992년 9월 2일.

III. 중문

저서

간쑤성(甘肅省文物考古研究所) 編, 『酒泉十六國墓壁畵』, 北京: 文物出版社, 1989.
구오 웨이취(郭味蕖), 『中國版畵史略』, 北京: 朝花美術出版社, 1962.
난징(南京博物院), 『南唐二陵發掘報告』, 北京: 文物出版社, 1957.
두안 웬제(段文傑), 『敦煌石窟藝術論集』, 蘭州: 甘肅人民出版社 1988.
롱 신지앙(榮新江), 『敦煌學新論』, 蘭州: 甘肅教育出版社, 2002.
롱 쩐화(榮振華), 『在華耶蘇會士列傳及書目補編』 下, 耿昇 譯, 北京: 中華書局, 1995.
류 칭푸(陸慶夫)·왕 지칭(王冀青) 主編, 『中外敦煌學家評傳』, 蘭州: 甘肅教育出版社, 2002.
리 숭(李松), 『中國名畵家全集. 黃冑』, 石家庄: 河北教育出版社, 2003.
리 융차오(李永翹) 編, 『張大千論畵精粹』, 廣州: 花城出版社, 1988.
리 차오(李超), 『上海油畵史』, 上海: 上海人民美術出版社, 1995.
리우 신(劉新), 『中國油畵100年圖史』, 南寧: 廣西美術出版社, 1955,
린 간(林幹), 『匈奴通史』, 北京: 人民出版社, 1986.
린 쟈핑(林家平) 外, 『敦煌學史』, 北京: 北京語言學院出版社, 1992.
마 청위안(馬承源) 主編, 『絲路考古珍品』, 上海: 上海譯文出版社, 1988.
마리오 부살리(馬里奧 佈薩格里), 쉬 지안잉(許建英)·허 한민(何漢民) 編譯, 『中亞佛教藝術』, 烏魯木齊: 新疆人民出版社, 1992.
마에다 마사나(前田正名), 천 준모(陳俊謨) 譯, 『河西歷史地理學研究』, 北京: 中國藏學出版社, 1993.
성 청(盛成) 等 編著, 『緬懷 韓樂然』, 北京: 北京民族出版社, 1998.
송 자오린(宋兆林), 『巫與巫術』, 四川民族出版社, 1987.
시에 찌류(謝稚柳), 『敦煌藝術敍錄』, 上海: 上海出版公司, 1955
신장(新疆維吾爾自治區文物事業管理局), 『新疆文物古迹大觀』, 烏魯木齊: 新疆美術撮影出版社, 1999.
쑨 지(孫機), 『中國聖火. 中國古文物與東西

文化交流中的若干問題』, 沈陽: 遼寧教育出版社, 1996.
쑨 진지(孫進己),『東北各民族交流史』, 沈陽: 春風文藝出版社, 1992.
에넨 하라·수 리타이(Enenhala, Suritai, 鄂嫩哈拉·蘇日台) 編,『中國北方民族美術史料』, 上海: 上海人民美術出版社 1990.
우 훙(巫鴻), 정 옌(鄭岩) 外 譯,『禮儀中的美術』, 北京: 三聯書店, 2005.
위 타이산(余太山) 主編,『西域通史』, 鄭州: 中州古籍出版社, 1996.
이 춘궈(易存國),『敦煌藝術美學』, 上海: 上海人民出版社, 2005.
장 량푸(姜亮夫),『'敦煌' 偉大的文化寶藏』, 上海: 上海古典文學出版社, 1956.
장 바이친(姜伯勤),『中國祆教藝術史研究』, 北京: 三聯書店, 2004.
장 비보(張碧波) 編,『中國古代北方民族文化史』, 哈爾濱: 黑龍江人民出版社, 1995.
장 비보(張碧波)·리샤오산(李小山),『中國現代繪画史』, 南京: 江蘇美術出版社, 1986.
장 얀위안(張彦遠),『歷代名畵記』.
정 옌(鄭岩),『魏晉南北朝 壁畵墓 硏究』, 北京: 文物出版社, 2002.
정 원훼(鄭聞慧) 主編,『黃胄談藝術』, 北京: 中國青年出版社, 1998.
창 슈훙(常書鴻),『九十春秋. 敦煌五十年』, 蘭州: 甘肅文化出版社, 1999.
천 인커(陳寅恪),『陳垣敦煌劫余录序』, 1930.
퉁 커리(佟克力),『錫伯族』, 中國新疆民族民俗知識叢書, 烏魯木齊: 新疆美術撮影出版社, 1996.
티엔 광찐(田廣金), 궈 쑤신(郭素新) 編著,『鄂爾多斯式青銅器』, 北京: 文物出版社, 1986.
황 밍란(黃明蘭) 外 編著,『洛陽漢墓壁畵』, 洛陽: 文物出版社, 1996.
후이 란(惠藍),『劉海粟』, 石家庄: 河北教育出版社, 2003.

논문

궈 뤼하이(郭瑞海),「河北古代墓葬壁畵概述」,『河北古代墓葬壁畵』, 文物出版社, 2000..
궈 쑤신(郭素新)·티엔 광찐(田廣金),「源遠流長的北方民族青銅文化」,『中國青銅器全集』, 文物出版社 1995.
랴오닝성(遼寧省博物館文物隊) 外,「朝陽袁臺子東晋壁畵墓」,『文物』 6, 1984.
롱 신지앙(榮新江),「北朝隋唐粟特人之遷徙及其聚落」,『國學研究』 第6卷, 北京大學中國傳統文化研究中心, 北京: 北京大學出版部, 1999.
———,「薩保與薩薄: 佛教石窟壁畵中的粟特商隊首領」,『粟特人在中國 –歷史, 考古, 語言的新探索』, 北京: 中華書局, 2005.
———,「粟特祆教美術東傳過程中的轉化 –從粟特到中國」,『漢唐之間文化藝術的互動與交融』, 巫鴻 主編, 北京: 文物出版社, 2001.
———,「敖漢旗李家營子出土金銀器」,『考古』, 1978年, 第2期, .
———,「從撒馬爾干到長安 –中古時期粟特人的遷徙與入居」,『粟特人在中國 –歷史, 考古, 語言的新探索』, 北京: 中華書局, 2005.
류 라이청(劉來成),「安平逯家莊東漢壁畵墓」,『河北古代墓葬壁畵』, 文物出版社, 2000.
린 메이춘(林梅村),「中國境內出土帶銘文的波斯和中亞銀器」,『文物』, 1997年 9期.
샹 타(向達),「明清之際中國美術所受西洋之影響」,『唐代長安與西域文明』, 北京: 三聯書店, 1987.
성 청(盛成),「韓樂然烈士的藝術與革命大業」,『緬懷 韓樂然』, 北京: 民族出版社,

1998.
수 바이(宿白), 「青州龍興寺窖藏所出佛像的幾個問題」, 『山東青州龍興寺出土佛教石刻造像精品』, 中國歷史博物館, 北京, 1999.
수 잉휘(蘇瑩輝), 「敦煌及施奇利亞壁畫所用凹凸法淵源於印度略論」, 『故宮季刊』, 第4卷, 1970年, 第4期, .
스 웨이샹(史葦湘), 「產生敦煌佛教藝術審美的社會因素」, 『敦煌研究』, 1988年, 第2期.
시에 청쉬(謝成水), 「敦煌藝術美學巡禮」, 『敦煌研究』, 1991年, 第2期.
쑨 쇼다오(孫守道), 「匈奴西岔沟文化古墳群的發現」, 『文物』, 1960年, 8,9期.
쑨 지(孫机), 「步搖, 步搖冠與搖葉飾片」, 『文物』, 1991年, 11期.
양 잉(楊楹), 「觀藝術'拓荒'者的藝術」, 『緬懷韓樂然』, 盛成 等 編著, 北京民族出版社, 1998. [原出: 『新疆日報』, 1947년 7월 27일]
양 준카이(楊軍凱), 「入華粟特聚落首領墓葬的新發見 –北周涼州薩保史君墓石槨圖像初釋」, 『從撒馬爾干到長安』, 北京: 北京圖書館出版社, 2004.
양 홍(楊泓), 「中國古代甲冑(下篇)」, 『考古學報』, 1976年 第2期.
왕 창지(王長啓), 「西安市文管會藏鄂爾多斯式青銅器及其特徵」, 『考古與文物』, 1991.
우 언(烏恩), 「關于我國北方的青銅短劍」, 『考古』, 1978.
장 칭제(張慶捷), 「入鄕隨俗與雜忘故土 –入華粟特人石葬具槪觀」, 『從撒馬爾干到長安』, 2004.
쩡 샤오중(鄭紹宗), 「中國北方青銅短劍的分期及形制研究」, 『文物』, 1984年, 2期.
쭝 뤼(忠綠), 「錫伯族薩滿歌舞和巫術的表現形式」, 『錫伯族研究』, 新疆人民出版社, 1990.
찐 웨이눠(金維諾), 「簡論青州出土造像的藝術風範」, 『山東青州龍興寺出土佛教石刻造像精品』, 中國歷史博物館, 北京, 1999.
창 슈훙(常書鴻), 「懷念畫家韓樂然同志」, 『社會科學戰線』, 1982年, 第4期.
———, 「懷念畫家韓樂然同志」, 『緬懷 韓樂然』, 北京: 民族出版社, 1998.
천 샤오(陳驍), 「敦煌美學談」(1~3), 『陽關』, 1983年 第2,4,5期~1984 第5期.
천 윈지(陳允吉), 「敦煌壁畫飛天及其審美意識之歷史變遷」, 『夏旦大學學報』, 1990年, 第1期.
치 동황(齊東方), 「輸入模倣改造創新 –粟特器物與中國文化」, 『從撒馬爾干到長安』, 榮新江 主編, 北京:北京圖書館出版社, 2004.
———, 「李家營子出土的粟特銀器與草原絲綢之路」, 『北京大學學報』 第2期, 北京: 北京大學, 1992.
탕 치(湯池), 「漢魏南北朝的墓室壁畫」, 『中國美術全集. 墓室壁畫』 12, 文物出版社, 1989.
팡 지안룽(方健榮), 「敦煌石窟藝術的美學特徵」, 『絲綢之路』, 1997年, 第6期.
푸 윈쯔(傅云子), 「三十年來中國之敦煌學」, 『中央亞細亞』 第二卷, 1943年, 第四期.
프란츠 그르네(葛樂耐, Frantz Grenet), 「粟特人的自畫像」, 『粟特人在中國 –歷史, 考古, 言語的新探索』, 法國漢學 第10輯, 北京: 中華書局, 2005.
핑 언쉐(馮恩學), 「蹀躞帶: 契丹文化中的突厥因素」, 『文物季刊』, 1998, 1.
허베이(河北省文物研究所 編), 『河北古代墓葬壁畫』, 北京: 文物出版社, 2000.
홍 이란(洪毅然), 「敦煌石窟藝術中有待探討的美學藝術學的几个問題」, 『敦煌研究』, 蘭州, 1988年, 第2期.
황 조우(黃冑), 「畫家椽筆 大漠飛虹 –懷念老師韓樂然」, 『緬懷 韓樂然』, 盛成 外 編

著, 北京民族出版社, 1998.
후 둥징(胡同慶),「初探敦煌壁畫中美的規定性」,『敦煌研究』, 蘭州, 1992年, 第2期.

도록·보고서·기사

『社會科學戰線』, 1982年, 第4期.
『新疆維吾爾自治區 絲路考古珍品』, 上海: 上海譯文出版社, 1998.
『中國美術全集 彫塑編』, 4 隋唐彫塑, 北京: 人民美術出版社, 1988.
『中國美術全集 彫塑編』, 7 敦煌彩塑, 上海: 上海人民美術出版社, 1987.
『中國石窟 克孜爾石窟』 三, 北京: 文物出版社 1997.
『中國現代美術全集. 油畫』 1, 天津: 天津人民美術出版社, 1997.
「致于佑任的信函(節錄)」,『民國日報』 1947年 9月 12日.
양 잉(楊楹),「觀藝術'拓荒'者的藝術」,『新疆日報』 1947年 7月 27日.
한낙연(韓樂然),「克孜爾考古記」,『西北日報』 1947年 10月.
한낙연(韓樂然),「新疆文化寶庫之新發見 –古高昌龜玆藝術探古記(二)」,『新疆日報』 1946年, 7月19日.

IV. 일문

저서

고마츠 히사오(Komatsu, Hisao, 小松久男),『中央ユーラシア史』, 東京: 山川出版社, 2000.
고베시립미술관(神戸市立美術館),『司馬江漢 百科事展』, 東京: 便利堂, 1996.
고이즈미 아키오(Koizumi, Akio, 小泉顯夫),『朝鮮古代遺跡の遍歷 –發掘調査三十年の回想』, 東京: 六興出版, 1986.
나가자와 카즈토시(Nagasawa, Kazutoshi, 長澤和俊),『シルクロード ハンドブック』, 東京: 雄山閣, 1984.
나루세 후지오(Naruse, Fujio, 成瀨不二雄),『江戶時代の洋風畫 –桃山時代から幕末まで』, 東京: 中央公論美術出版, 2002.
니시무라 테이(Nishimura, Tei, 西村貞),『日本初期洋畫の研究』, 東京: 全國書房, 1946.
다케다 츠네오(Takeda, Tsuneo, 武田恒夫),『狩野派繪畫史』, 東京: 吉川弘文館, 2001.
마쯔다 키이치(Matsuda, Kiichi, 松田毅一),『キリシタン 史實と美術』, 東京: 淡交社, 1969.
마츠모토 에이치(Matsumoto, Eiichi, 松本榮一),『敦煌畫の研究』(上·下), 東京: 東方文化學院 東京硏究所, 1937.
마츠우라 마사아키(マツウラ マサアキ, 松浦正昭),『日本の美術』8, no 315, 毘沙門天像, 文化廳 監修, 東京: 至文堂, 1992.
모리 마사오(Mori, Masao, 護雅夫) 編,『漢とローマ』, 東西文明の交流1, 東京: 平凡社 1980.
———,『草原とオアシスの人 』, 東京: 三省堂, 1984.
모리 코이치(Mori, Koichi, 森浩一) 監修, 東潮, 田中俊明 編著,『韓國の古代遺跡』1, 新羅篇(慶州), 東京: 中央公論社 1988.
미시나 아키히데(Mishina, Akihide, 三品彰英),『新羅花郎の研究』, 朝鮮古代研究, 第 1部, 東京: 三省堂, 1943.
미야자키 이치사다(Miyazaki, Ichisada,宮崎市定),『雍正帝 –中國獨裁君主』, 東京: 岩波書店, 1950.
미야지 아키라(宮治 昭) 監修,『ガンダーラ美術とバーミヤン遺跡展』, 靜岡: 靜岡新聞社, 2007.
미즈노 세이치(水野清一) · 나가히로 토시오

(Nagahiro, Toshio, 長廣敏雄),『龍門石窟の硏究』, 座右寶刊行會, 1941.
사구치 도루(Saguti, Tooru, 佐口透) 外 譯,『騎馬民族史』 2 (正史北狄傳), 東洋文庫 223, 東京: 平凡社, 1979.
사와무라 센타로(Sawamura, Sentaro, 澤村專太郎),『日本繪畵史の硏究』, 東京: 星野書店, 1944.
사카모토 미츠루(Sakamoto, Mitsuru, 坂本滿) 外,『南蠻美術と洋風畵』, 原色日本の美術 20, 東京: 小學館, 1981.
사카모토 미츠루(Sakamoto, Mitsuru, 坂本滿) 編,『初期洋風畵』, 日本の美術1, no.80, 東京: 至文堂, 1973.
스가와라 토사이(菅原東齋),『阮塘畵談』
알바움(アリバウム, L. I.), 카토 큐조(加藤九祚) 譯,『古代サマルカンドの壁畵』, 東京: 文化出版局, 1980.
아사노 도시히사(Asano, Tosihisa, 淺野敏久) 코지마 하지메(小島基) 外,『異文化 / I·Bunka』, 東京: 培風館, 2000,
에가미 나미오(Egami, Namio, 江上波夫),『江上波夫 文化史論集 3, 匈奴の社會と文化』, 東京: 山川出版社, 1999[初出: 1950].
———,『江上波夫 文化史論集 4, 北アジア諸民族の歷史と文化』, 東京: 山川出版社, 2000[初出: 1935].
에가미 나미오(Egami, Namio, 江上波夫)·미즈노 세이치(水野清一),『內蒙古·長城地帶』, 東京·京都: 東亞考古學會, 1935.
오다니 나카오(Odani, Nakao, 小谷仲男),『大月氏』, 東京: 東方書店, 2003.
오카모토 요시토모(Okamoto Yoshitomo, 岡本良知),『キリシタンの時代 –その文化と貿易』, 東京: 八木書店, 1987.
오카자키 타카시(Okazaki Takasi, 岡崎敬),『東西交涉の考古學』, 東京: 平凡社, 1973.
오하시 카츠아키(Ohashi, Kazuaki, 大橋一章) 監修,『法隆寺 資料集』, 東京: 早稻田大學會津八一記念博物館, 2005.
오하시 카츠아키(Ohashi, Kazuaki, 大橋一章) 編著,『法隆寺美術 論爭の視點』, 東京: 株式會社グラフ社, 1998.
요시미즈 츠네오(Yoshimizu, Tsuneo, 由水常雄),『ガラス工藝』, 東京: ブレーン出版, 1975.
우메하라 스에지(Umehara, Sueji, 梅原末治) 編,『朝鮮古文化綜鑑』 第三卷, 奈良: 養德社, 1959.
———,『考古學六十年』, 東京: 平凡社, 1973.
———,『蒙古ノイン ウラ發見の遺物』, 東京: 東洋文庫, 1960.
이케다 온(Ikeda, On, 池田溫),『講座敦煌 5, 敦煌漢文文獻』, 東京: 大東出版社, 1991.
칸다 키이치로(Kanda, Kiitirou, 神田喜一郎),『敦煌學五十年』, 東京: 二玄社, 1960[筑摩書房, 1970].
쿠노 타케시(Kuno, Takeshi, 久野 健),『佛像のきた道 –ガンダーラから慶州まで』, 東京: 日本放送出版協會, 1988.
타니오카 키오시(谷岡 淸),『アフガニスタンの美』, 東京: 小學館, 1997.
토오 켄고(とうけんご, 鄧健吾),『敦煌への道』, 東京: 日本放送出版協會, 1978.
페놀로사 어니스트 F.(フェノロサ, アーネスト F.), 모리 토고(Mori, Tougo, 森東吾) 譯,『東洋美術史綱』上, 東京: 東京美術, 1978.
하네다 아키라(Haneda, Akira, 羽田 明),『中央アジア史硏究』, 東京: 臨川書店, 1982.
하마다 고사쿠(Hamada, Kosaku, 濱田耕作),『慶州の金冠塚』, 東京: 岡書院, 1932.
하마다 세이료(Hamada, Seiryo, 濱田青陵),

『考古游記』, 東京: 邊江書院, 1932.
하야시 토시오(林俊雄), 『スキタイと匈奴. 遊牧の文明』(興亡の世界史 02), 東京: 講談社, 2007.
현 용준(玄容駿), 『濟州道巫俗の硏究』, 東京: 第一書房, 1985.
호리 토시카즈(Hori, Toshikazu, 堀 敏一), 『中國と古代東アジア世界』, 東京: 岩波書店, 1993.
후카이 신지(Hukai, Sinzi, 深井晋司)·다카하시 빈(Takahashi, Bin, 高橋敏), 『ペルシアの形象土器』, 東京: 淡交社, 1983.
후카이 신지(Hukai, Sinzi, 深井晋司)·타나베 카즈미(Tanabe, Katsumi, 田 勝美), 『ペルシア美術史』, 東京: 吉川弘文館, 1983.

논문

가와자키 티토라(Kawasaki, Titora, 川崎千虎), 「法隆寺金堂壁畫」, 『國華』 24, 1891.
고바야시 다이치로(Kobayasi, Taitirou, 小林太市郎), 「法隆寺金堂壁畫の硏究」, 『佛教藝術』 3, 東京: 毎日新聞社, 1949.
구로가와 마요리(Kurokawa, Mayori, 黒川眞頼), 「法隆寺建築說」, 『國華』 9, 1890.
권영필(權寧弼), 「'文明の衝突'と美術の和解 –日本の初期洋風畫を中心に」, 『第12回韓日美學會學術シンポジウム Proceedings』, 廣島大學, 2004年 8月 10日.
김향숙(金香淑), 「南インドのいわゆる"占夢"の佛傳場面について –四天王像の圖像を中心に」, 『佛教藝術』 226號, 1990.
나루세 후지오(Naruse, Fujio, 成瀨不二雄), 「江戶時代洋風畫論」, 『古美術』 100, 東京, 1991.
나루자와 카츠시(Narusawa, Katsushi, 成澤勝嗣), 「南蠻屛風の展開」, 『古美術』 101, 東京: 三彩社, 1992,
나카무라 큐시로(Nakamura, Kyuusirou, 中村久四郎), 「耕織圖た見えたる宋代の風俗と西洋畫の影響」, 『史學雜誌』 23, 東京, 1912.
다나카 미가쿠(Tanaka, Migaku, 田中琢), 「梅原末治」, 『東洋學の系譜』 第2集 (江上波夫 編著), 大修館書店, 1994.
다나카 시게히사(Tanaka Shigehisa, 田中重久), 「日本の佛像彫刻中獅 みとメドゥサの原流」, 『佛教藝術』 91號, 1973.
다니노 노리유키(谷野典之), 「伏羲·女媧神話系統考」, 『東方學』 第59輯, 1980.
다이노부 유지(Dainobu, Yuuzi, 臺信祐爾), 「大谷光瑞と西域美術」, 『日本の美術』7, no. 434, 文化廳 監修, 至文堂, 2002.
다카가스 준지로(Takakusu, Junjiro, 高楠順次郎)·모치즈키 신코(Motizuki, Sinkou, 望月信亨) 編, 「聖德太子傳曆(平氏撰)」, 『大日本佛教全書』, 東京, 1931.
다카다 오사무(高田修)·아키야마 데루카즈(秋山光和) 譯(Zemaryalai Tarzi 原著), 「最近おけるタペエショトルの發掘成果(一九七四 ~ 一九七六)と藝術の新知見」, 『佛教藝術』 120, 1978.9.
다카하마 슈(Takahama, Shū, 高浜秀), 「中國北方の青銅器」, 『大草原の騎馬民族 –中國北方の青銅器』, 東京國立博物館 1997.
마쯔다 세이치로(松田誠一郎), 「南北朝より唐代に至る大陸神將形像の服制·甲制の展開とその日本に及ぼした 影響について」, 『鹿島美術財團年報』 四號, 1986.
마츠모토 에이치(Matsumoto, Eiichi, 松本榮一), 「法隆寺金堂壁畫と西域の壁畫」,

『夢殿』 6號, 故鄕舍, 1932.
모리 마사오(Mori, Masao, 護雅夫), 「遊牧國家の'文明化'」, 『北アジア史』 (護雅夫 外 編), 東京: 山川出版社, 1981.
모리야수 타카오(Moriyasu, Takao, 森安孝夫), 「吐藩の中央アジア 進出」, 『金澤大學文學部論集 史學科編』 4, 1984.
미사키 요시아키(Misaki, Yosiaki, 三崎良章), 「北魏の對外政策と高句麗」, 『朝鮮學報』 102, 朝鮮學會, 東京, 1982.
미와 히데오(Miwa, Hideo, 三輪英夫), 「洋風畵法による達磨圖について」, 『美術研究』 311, 東京, 1979.
미즈노 케이자부로(Mizuno, Keizaburo, 水野敬三郎), 「感恩寺西塔舍利具の四天王像」, 『佛教藝術』 188號, 1990.
사카모도 요시다네(Sakamoto, Yositane, 坂元義種), 「古代東アジアの國際關係–和親·冊封·使節よりみたる」, 『古代東アジアの日本と朝鮮』, 東京: 吉川弘文館, 1978.
수 바이(宿白), 「キジル石窟の形式區分とその年代」, 『中國石窟キジル石窟』 第1卷, 新疆ウイクル自治區 文物管理委員會, 小學館, 1983.
시마자키 아키라(Simazaki, Akira, 嶋崎昌), 「西突厥と唐朝の西方進出」, 『中央アジア史』, 江上波夫 編 , 東京: 山川出版社, 1987.
아나자와 와코(Anazawa, Wakou, 穴澤咊光)·마노메 준이치(Manome, Zyun'iti, 馬目順一), 「アフラシャブ都城址出土の壁畵にみられる朝鮮人使節について」, 『朝鮮學報』 第81輯, 朝鮮學會, 東京, 1976.
아라카와 마사하루(Arakawa, Masaharu, 荒川正晴), 「唐帝國とソグド人の交易活動」, 『東洋史研究』 56卷 3號, 京都大學校 東洋史研究會, 1997.
에가미 나미오(Egami, Namio, 江上波夫), 「いまなぜ海の道なのか」, 『海のシルクロードを求めて』, 三菱廣報委員會, 1989.
오카 야스마사(Oka, Yasumasa, 岡 泰正), 「初期洋風畵をめぐって」, 『古美術』 101, 1992.
오카자키 타카시(Okazaki Takasi, 岡崎敬), 「北方界銅劍と中國式銅劍」, 『古代北方美術』, 大阪市立美術館, 1954.
요네자와 요시호(Yonezawa, Yosiho, 米澤嘉圃), 「中國近世繪畵と西洋畵法」 下, 『國華』 688, 東京: 國華社, 1949年 7月.
우메하라 스에지(Umehara, Sueji, 梅原末治), 「古代朝鮮に於ける北方界文物の痕迹」, 『靑丘學叢』 第7號, 1932.
———, 「北支那發見の一種の銅容器と其の性質」, 『東方學報』, 京都, 第一册, 1930.
우에노 테루오(Ueno, Teruo, 上野照夫), 「夜叉神像の展開」, 『美術史』 1, 1950.
이시다 미키노스케(Ishida, Mikinosuke, 石田幹之助), 「郎世寧傳攷略」, 『美術研究』 10, 東京, 1932.
주영헌(朱榮憲), 「高句麗壁畵古墳の特徵について」, 『高句麗と日本古代文化』 (上田正昭, 朱榮憲 外), 東京: 講談社, 1986.
카야모토 카메이키(Kayamoto, Kameiki, 榧本龜生), 「靑銅柄付鐵劍及靑銅制飾頭に就いて」, 『考古學』 第七卷, 第九號, 東京考古學會, 1936.
칼 헨체(カール· ヘンジェ), 오바야시 타료(大林太良) 譯·解說, 「朝鮮古代のシャーマンの冠」, 『古代學研究』 七三, 古代學研究會, 1974.
쿠노 타케시(Kuno, Takeshi, 久野健), 「法隆寺壁畵研究史」, 『國華』 691(1949 Oct.), 692(1949 Nov.), 694(1950 Jan.), 695(1950 Feb.), 696(1950 Mar.), 698(1950 May), 699(1950

Jun.), 703(1950 Oct.).
쿠로다 겐지(Kuroda, Genzi, 黒田源次),「初期洋畫の達磨圖」,『座右寶』13.
쿠마가이 노부오(Kumagai Nobuo, 熊谷宣夫),「ミィランの壁畫と法隆寺」,『佛敎藝術』4號, 1949.
타키 세이치(Taki, Seiichi, 瀧精一),「法隆寺金堂壁畫の圖像 西域藝術感化」,『夢殿』6號, 故鄕舍, 1932.
———,「法隆寺の壁畫と西洋畫」,『國華』622, 1942.
프란츠 그르네(フランツ·グルネ),「サマルカンド出土 使節の壁畫に關する最新の硏究」,『シルクロードの壁畫. 東西文化の交流を探る』, 東京文化財硏究所, 2007.
피에르 캉봉(ピエール·カンボン),「アジアの十字路, アフガニスタン」,『アフガニスタン. 悠久の歷史展』, (東京藝術大學 編), 東京藝術大學, 2002.
하마다 고사쿠(Hamada, Kosaku, 濱田耕作),「新羅の寶冠」,『寶雲』第2册, 東京, 1932.
하마다 세이료(Hamada, Seiryo, 濱田青陵),「法隆寺金堂壁畫の源流」,『夢殿』6號, 故鄕舍, 1932.
히구치 쥬(ヒグチ ジョウ, 樋口穰),「江戶時代洋風畫の繪畫思想 –西洋への視點」, COSMICA, Kyoto: University of Foreign Studies, 1985.
히라야마 이쿠오(Hirayama, Ikuo, 平山郁夫),「特集 井上靖の世界がわかる」取才旅行での, ぜいたくな時間 –井上先生と私, インタビュー,『文蔵』, PHP硏究所, 2007 Jan.

도록·보고서·기사

『慶州金鈴塚飾履塚發掘調查報告』, 大正十三年度 古蹟調查報告 第一册, 朝鮮總督府, 京城, 1924.
『國立歷史民俗博物館硏究報告』第75集, 南蠻美術總目錄 洋風畫篇, 東京, 1997.
『樂浪王光墓』, 朝鮮古蹟硏究會, 京城, 1935.
『龍門石窟』, Miho Museum, 滋賀, 2001.
『日中國交正常化30周年記念 特別展. シルクロード. 絹と黃金の道』, 東京國立博物館, 東京, 2002.
『朝鮮古蹟調查報告』, 朝鮮總督府, 昭和9年, 昭和11年, 昭和12年, 朝鮮古蹟硏究會, 京城, 1935-7.
『中國石窟 龍門石窟(一)』, 東京: 平凡社, 1987.
『Bamiyan バーミヤン』, 樋口隆康 編, 東京: Dohosha Media Plan, 2001.

V. 구미어

저서

Abdullaev, K.A. et al.(ed.), *Culture and Art of Ancient Uzbekistan*, vol. 1·2, Moscow, 1991.
Aghian, Iréne et al.(hrsg.), *Lexikon der Antiken Götter und Heroen in der Kunst*, Stuttgart: Reclam, 1994.
Akkermans, Peter M. & Schwartz, Glenn M., *The Archaeology of Syria. From Complex Hunter-Gatherers to Early Urban Societies (ca.16,000-300 B.C.), Cambridge World Archaeology*, Cambridge: Cambridge University Press, 2003.
Albaum, L.I., *ЖИВОПИСЬ АФРАСИАБА*, Tashkent, 1975.
Awakawa, Yasuichi(淡川康一), *Zen Painting*, New York: Kodansha International, 1982.
Azarpay, Guitty, *Sogdian Painting. The Pictorial Epic in Oriental Art*, Berkely: Univ. of California Press, 1981.

Ball, Warwick, *Rome in the East. The Transformation of an Empire*, London: Routledge, 2007.
Belenizki, A. M., *Mittelasien. Kunst der Sogden*, Leipzig: Seemann Verlag, 1980.
Bingol, F.R.Işik, *Museum of Anatolian Civilizations. Ancient Jewellery*, Ankara, 1999.
Brinker, Helmut & Goepper, Roger, *Kunstschätze aus China*, Zürich: Kunsthaus, 1980.
Browning, Iain, *Palmyra*, New Jersey: Noyes Press, 1979.
Bunker, Emma C. & Chatwin, C. Bruce, *"Animal Style" Art from East to West*, The Asia Society Inc., New York: An Asia House Gallery Publication, 1970.
Bunker, Emma C. *Ancient Bronzes of the Eastern Eurasian Steppes from the Arthur M.Sackler Collections*, The A. M. Sackler Foundation, New York: Harry N. Abrams, Inc., Publishers, 1997.
Bussagli, Mario, *The Painting of Central Asia*, Geneve: Skira, 1963.
Butcher, Kevin, *Roman Syria and the Near East*, London: The British Museum Press, 2003.
Cambon, Pierre (ed.), *Afganistan. Les trésors retrouvés*, Paris: Musée Guimet, 2006.
Chavanne, Edouard, *Mission Archeologique dans la Chine Septentrionale*, Paris, 1909-1915.
Compareti, Matteo and De la Vaisssière, Étienne(eds.), *Royal Naurūz in Samarkand*, Proceedings of the Conference held in Venice on the Pre-Islamic Paintings at Afrasiab, Istituti Editoriali E Poligrafici Internazionali, Pisa·Roma, 2006.
Creswell, K. A., *Early Muslim Architecture*, 2Bde, Oxford, 1932-1940.
Dehergne, S.J.Joseph, *Répertoire des Jésuites de Chine de 1552-1809*, Paris, 1973.
De la Vaisssière, Étienne, trans. James Ward, *Sogdian Traders. A History*, Leiden: Brill, 2005.
Dignas, Beate and Winter, Engelbert, *Rome and Persia in Late Antiquity. Neighbours and Rivals*, Cambridge: Cambridge University Press, 2007.
Donbaz, Vezsel & Güner, Şemsi, *The Royal Roads of Anatolia*, Istanbul: Dünya Group of Companies, 1995.
Feng, En Xue(馮恩學), *China Archaeology and Art Digest Qingyhou Statues*, vol. 3 no. 1, April 1999.
Fenollosa, Ernest, *Epochs of Chinese and Japanese Art*, vols. II, 1912.
Gardner, Helen, *Art through the Ages*, New York: Harcourt, Brace and Company, 1948.
Ghirshman, Roman, *Iran. Parther und Sasaniden*, München: Verlag C. H. Beck, 1962.
Gray, Basil, *Buddhist Cave Paintings at Tun-huang, with a preface by Arthur Waley*, London: Faber & Faber Limited, 1959.
Grousset, René, *L'empire des Steppes*, Paris: Payot, 1965.
———, *The Civilisation of the East. China*, New York, 1931-34.
Grünwedel, Albert, *Altbuddhistische Kultstätten in Chinesisch-Turkistan*, Berlin: Druck und Verlag von Georg

Reimer, 1912.
Harper, P. & Meyers, P., *The Silver Vessels of the Sasanian Period*, New York: Metropolitan Museum of Art, 1981.
Harper, Prudence Oliver, *The Royal Hunter. Art of the Sasanian Empire*, The Asia Society, Inc., New York: An Asia House Gallery Publication, 1978.
Haussig, Hans Wilhelm, *Archäologie und Kunst der Seidenstrasse*, Darmstadt: Wissenschaftliche Buchgesellschaft, 1992.
Hermann, Albert, *Die alten Seidenstrassen zwischen China und Syrien*, Berlin, 1910.
Hirth, Friedrich, *Ueber Fremde Einflüsse in der chinesischen Kunst*, München: G. Hirth's Verlag, 1896.
Huntington, Samuel, *The Clash of Civilizations and the Remarking of World Order*, New York: Touchstone, 1997.
Jettmar, Karl, *Art of the Steppes*, New York: Crown Publishers Inc., 1967.
Julliano, A. L. & Lerner, J. A.(ed), *Monk and Merchants. Silk Road Treasures from Northwest China, Gansu and Ningxia, 4th-7th centuries*, New York: Harry N. Abrams with the Asia Society, 2001.
Kansteiner, Sascha, *Herakles. Die Darstellungen in der Großplastik der Antike*, Köln: Böhlau Verlag, 2000.
Khakimov, Akbar (ed.), *Masterpieces of the Samarkand Museum. The State Museum of History of Culture of Uzbekistan*, Tashkent: Moziydan Sado, 2004.
Kim, Hodong(金浩東), *HOLY WAR in CHINA. The Muslim Rebellion and State in Chinese Central Asia, 1864~1877*, Stanford: Stanford University Press, 2004.
Makino, Koichi(牧野浩一), *Shiberia shominzoku no shaman-kzo.*
Kuo, Jo-Hsü(郭若虛), trans. A. Soper, *Kuo Jo-Hsü's Experiences in Painting (Tu-Hua Chiên-wen chih)*, American Council of Learned Society, Washington, 1951.[Appendix: 郭若虛,『圖畵見聞誌』]
Marazov, Ivan ed., *Ancient Gold: The Wealth of the Thracians, Treasures from the Republic of Bulgaria*, New York: Harry N. Abrams, Inc. Publishers, 1998.
McCune, Evelyn, *Arts of Korea*, Vermont & Tokyo: C. E. Tuttle Co., 1962.
Mielsch, Harald, *Römische Wandmalerei*, Darmstadt: Wissenschaftliche Buchgesellschaft, 2001.
Millar, Fergus, *The Roman Near East 31 B.C-A.D.337*, Cambridge, Massachusetts: Harvard University Press, 1993.
Mode, Markus, *Court art of Sogdian Samarqand in the 7th century AD -Some remarks to an old problem.* Seminar für Orientalische Archäologie und Kusntgeschichte, Universität Halle, (A web publication: www.orientarch.uni-halle.de/ca/afras/text/maintext.htm), 2002.
———, *Sogdien und die Herrscher der Welt. Türken, Sasaniden und Chinesen in Historiengemalden des 7. Jahrhunderts n. Chr. aus Alt-Samarqand*, Frankfurt am Main: Peter

Lang, 1993.

Münsterberg, Oskar, *Chinesische Kunstgeschichte*, Band I, Esslingen a. N., Paul Neff Verlag, 1924 (1. Auflage: 1910).

Museum für Kunsthandwerk Frankfurt a. M., *Meisterwerke koreanischer Kunst*, Frankfurt a. M., 1962.

Paléologue, M., *L'Art Chinois*, Paris, 1887.

Pelliot, Paul, *Grottes de Touen-Houang : carnet de notes de Paul Pelliot : inscriptions et peintures murales*, avant-propos de Nicole Vandier-Nicolas ; notes préliminaire de Monique Maillard, Collège de France, Instituts d'Asie. Centre de recherche sur l'Asie centrale et la Haute Asie, Paris, 1981.

Pyhrr, Stuart W. & Godoy, Jose-A., *Heroic Armour of the Italian Renaissance. Fillipo Negroli and his Contemporaies*, The Metropolitan Museum of Art, New York, 1998.

Rice, Tamara Talbot, *Ancient Arts of Central Asia*, London: Thames and Hudson, 1965.

Rice, David Talbot, *Islamic Art*, London: Thames and Hudson, 1984.

Rolle, Renate, *Die Welt der Skythen*, Luzern und Frankfurt/M: Verlag C. J. Bucher, 1980.

Rowland, Benjamin, *The Art and Architecture of India*, New York: Penguin Books, 1977.

Rudenko, S. I., *Frozen Tombs of Siberia. The Pazyryk Burials of Iron Age Horseman*, Berkeley: Univ. of California Press, 1970.

Rudenko, S. I., *Kul'tura naseleniia gorno-go Altaia v skifskoe vremia*, Moskva/Leningrad, 1953.

Sariadini, Victor, *Bactrian Gold from the Excavations of the Tillya-Tepe Necropolis in Northern Afghanistan*, Leningrad, 1985.

Sariadini, Victor, *Die Kunst des Alten Afganistan Architektur, Keramik, Siegel, Kunstwerke aus Stein und Meal*, Leipzig, 1986.

Schafer, E., *The Golden Peaches of Samarkand. A Study of T'ang Exotics*, Berkely: Univ. of California Press, 1963.

Schlumberger, Daniel, *Der Hellenisierte Orient. Der griechische und nachgriechische Kunst ausserhalb des Mittelmeerraumes*, Baden-Baden: Holle Verlag GMBH, 1969.

Silva, Anil de, *La Peinture de Paysage Chinoise -D'apres les Grottes de Touen-Houang*, Paris: Editions Albin Michel, 1968.

So, Jenny F. & Bunker, Emma C., *Traders and Raiders on China's Northern Frontier*, Arthur M.Sackler Gallery, Smithsonian Institution, Seattle and London, 1995.

Soop, Hans, *The Power and the Glory. The Sculptures of the Warship Wasa*, Stockholm: Kungl. Vitterhets Historie och Antikvitets Akademien, 1986.

Spence, Jonathan D., *Emperor of China: Self-Portrait of K'ang-hsi*, Alfred A. Knopf, 1974.

Stein, A., *Serindia*, vol. I, Oxford, 1921.

Stemmer, Klaus, *Untersuchungen zur Typologie, Chronologie und Ikonographie der Panzerstatuen*, Berlin: Gebr.

Mann Verlag, 1978.
Stoneman, Richard, *Palmyra and its Empire*, Ann Arbor: The University of Michigan Press, 2003.
Sullivan, Michael, *Chinese Landscape Painting in the Sui and T'ang Dynasties*, Berkeley: University of California Press, 1980.
Sullivan, Michael, *The Birth of Landscape Painting in China*, Berkeley: University of California Press, 1962.
Sullivan, Michael, *The Meeting of Eastern and Western Art*, London: Thames & Hudson Ltd., 1973.
T'oung Pao通報, vol. XLVIII, livr.4~5, Leiden: E. J. Brill, 1961,
Tajima, Shiiji(田島志一), *Selected relics of Japanese art*, vol.II, Nippon Shimbi Kyokwai, Kyoto, 1899-1908.
Tarzi, Zemaryalai, *Hadda à la lumière des trois dernières campagnes de fouilles de Tapa-é-shotor(1974~76)*, L'Académie des Inscriptions et Belles-Lettres, 1977.
Terukazu, Akiyama(秋山光和), *Die japanische Malerei*, Geneva: Albert Skira, 1980.
The British Library, *IDP News*, no.1, London, May 16, 1994.
Tucker, Jonathan, *The Silk Road. Art and History*, London: Philip Wilson Publishers, 2003.
Vandier-Nicolas, Nicole, *Art et Sagesse en Chine*, Paris: Presses Universitaires de France, 1963.
———, *Bannières et peintures de Touen-Houang conservées au Musée Guimet*, Paris: Librairie A. Maisonneuve, 1974.
———, *Sãriputra et les Six Maîtres d'Erreur*, Paris, 1954
Violet, Renée, *Einführung in die Kunst Koreas*, Leipzig, 1987.
Vollmer, John E. et al., *Silk Roads. China Ships*, Royal Ontario Museum, Toronto, 1983.
Vos, Frits, *Die Religionen Koreas*, Stuttgart: Kohlhammer, 1977.
Watt, James C. Y. et al., *China. Dawn of a Golden Age, 200-750 AD*, The Metropolitan Museum of Art, New York, 2004.
Wheeler, M., *Roman Art and Architecture*, New York: Thames & Hudson, 1996.
Whitfield, Roderick, *Dunhuang. Caves of the singing sands*, London: Textile and Art Publications Ltd., 1995.
Whitfield, Susan, *The Silk Road. Trade, Travel, War and Faith*, Chicago: Serindia Publication, 2004.
Wilkinson, Richard H., *The Complete Gods and Goddesses of Ancient Egypt*, Cairo: The American University in Cairo Press, 2007.

논문

Alekseev, Andrei, "The Scythians: Asian and European," *The Golden Deer of Eurasia* (Joan Aruz et al. ed.), New York: The Metropolitan Museum of Art, 2000.
An, Zhimin(安志敏), "Cultural Complexes of the Bronze Age in the Tarim Basin and Surrounding Areas," *The Bronze Age and Early Iron Age Peoples of Eastern Central Asia*, ed. by Victor H. Mair, Washington D. C.: Institute for the Study of Man Inc. 1998.

Andersson, J. G., "Der Weg über die Steppen," *The Bulletin of the Museum of Far Eastern Antiquities*, No. 1, Stockholm, 1929.

Antonini, Silvi, "The Paintings in the Palace of Afrasiab (Samrkand)," *Rivista degli Studi Orientali*, LXII, 1989.

Arne, T.J., "Die Funde von Luan P'ing und Hsuan Hua," *The Bulletin of the Museum Far Eastern Antiquities*, no. 5, Stockholm, 1933.

Azarpay, Guitty, "Some Classical and Near Eastern Motifs in the Art of Pazyryk," *Artibus Asiae*, vol. 22, no. 4, 1959.

Belenitskii & Marshak, "The Paintings of Sogdiana," *Sogdian Painting. The Pictorial Epic in Oriental Art*, writ. by G. Azarpay, Berkeley: Univ. of California Press, 1981.

Chavanne, Edouard, "Documents sur les Tou-kiue(Turcs) occidentaux," *Сборниюь Трудовь ОрхонскойЭкспеДицыи* 6, St. Petersbourg, 1903.

———, "Notes additionnelles sur les Tou-kiue(Turcs) occidentaux," *T' oung Pao*, Série II, vol, V, Leiden: E. J. Brill, 1904.

Chao, Wen-jui, "T'ang-tai shang-yeh chih t'e-tien," *Ch'ing-hua hsüeh-pao*, vol. 3, 1926.

Compareti, Matteo, "A Reading of the Royal Hunt at Afrasyab based on Chinese Source," Matteo Compareti, Étienne de la Vaisssière (eds.), *Royal Naurūz in Samarkand*, Proceedings of the Conference held in Venice on the Pre-Islamic Paintings at Afrasiab, Istituti Editoriali E Poligrafici Internazionali, Pisa·Roma, 2006.

Compareti, Matteo, "Remarks on the Sogdian Religious Iconography in 7th Century Samarkand",『歐亞學研究』, 北京, web publication: www.eurasian history.com, 2004.

Érdy, Miklos, "Hun and Xiongnu Type Cauldron Finds Throughout Eurasia," *Eurasian Studies Year Book*, 1995.

Fraser, Saarah Elizabeth, "An Introduction to the Material Culture of Dunhuang Buddhism: Putting the Object in Its Place," *Asia Major*, vol. 17, Part 1, 2004.

———, "Formulas of Creativity: Artist's Sketches and Techniques of Copying at Dunhuang," *Artibus Asiae*, vol. 59, no. 3/4, 2000.

———, "A Reconsideration of Archaeological Finds from the Turfan Region,"『敦煌吐魯番研究』第4卷, 1999.

———, "Régimes of Production: The Use of Pounces in Temple Construction," *Orientations*, 27, 1996.

———, "The Artist's Practice in Tang Dynasty China (8th-10th Centuries)," Berkeley Univ. Diss., 1996

Grenet, Frantz, "The self-image of the Sogdians," *Les Sogdians en Chine*, eds. E. de la Vaissière, E. Trombert (EFEO, Etudes thématiques 17), Paris, 2005.

———, "What was the Afrasiab Painting about?" Matteo Compareti, Étienne de la Vaisssière (eds.), ibid.

Hentze, Karl, "Schamanenkronen zur Han-Zeit in Korea," *Ostasiatische Zeitschrift*, Berlin: N. F. Jg. 1933.

Jacobson, Ester, "Mountains and Nomads: A Reconstruction of the Origins of Chinese Landscape Representation," *The Museum of Far Eastern Antiquities*, Bulletin no.57, Stockholm: The Museum of Far Eastern Antiquities, 1985.

Irina Arzhantseva, Olga Inevatkina, "Afrasiab Wall-paintings revisited: New Discoveries Twenty-Five Years Old," Matteo Compareti, Étienne de la Vaisssière (eds.), ibid.

Kageyama, Etsuko(影山悦子), "A Chinese way of depicting foreign delegates discerned in the painting of Afrasiab," *Iran: Questions et connaissances, Actes du IVe congrès européen des études iraniennes*, Paris, 6-10 septembre 1999, ed. Ph. Huyse, vol.I: Etudes sur I'ran ancein, Paris, 2002.

———, "Coiffure et Vêtement des Chinoises sur la Peinture d'Afrasiab," Matteo Compareti, Étienne de la Vaisssière (eds.), ibid.

Karlgren, Bernard, "Johan Gunar Andersson in Memoriam," *The Bulletin of the Museum of Far Eastern Antiquities*, no.33, Stockholm, 1961.

Kim, Haewon(金惠瑗), "'Unnatural Mountains': Meaning of Buddhist Landscape in the Precious Rain Bianxiang in Mogao Cave 321," The University of Pennsylvania Diss., 2001.

Kim, Lena(金理那), "Chinese and Central Asian connections in the Koguryo mural paintings," *Mural Paintings of the Silk Road*, ed, by Kazuya Yamauchi, Tokyo: Archetype Publications, 2007.

Kwon, Young-pil(權寧弼), "Ancient Korean Art and Central Asia, Non-Buddhist Art Prior to the Tenth Century," *Korea Journal*, vol.31, no.2, Korean National Commission for Unesco, Seoul, Summer 1991.

———, "Die Beziehung der Goguryeo-Wandmalerei zur zentralasiatischen Kunst," *International Symposium: Mural Paintings from the Goguryeo Kingdom[37BC-668AD]*, Freie Universität Berlin, 21st-23rd October, 2005.

———, "Kyongju, die Goldene Stadt(Kumsong). Stadt der Schmanen und ihre frühen kulturellen Beziehungen," *Korea. Die alten Königreiche*, Kulturstiftung Ruhr Essen, 1999.

———, "The 'Clash of Civilizations' and the Reconciliation with Art: Focussing on the Early Western Style Painting in Japan and China," *Festschrift in Honour of Roger Goepper. Long Life*, Berlin: Peter Lang, 2006.

———, "West Asia and Ancient Korean Culture: Revisiting the Silk Road from An Art History Perspective," *The International Journal of Korean Art and Archaeology*, National Museum of Korea, vol. 3, Seoul, 2009.

Linduff, Katheryn M., "An Archaeological Overview," *Ancient Bronzes of the Eastern Eurasian Steppes from the Arthur M. Sackler Collections*, by Emma C. Bunker, New York: Harry N. Abrams, Inc., Publishers, 1997

Liu, Yang, "Origins of Daoist Iconography", *Ars Orientalis* 31, 2001.

Livshic, V.A., "The Sogdian Wall Inscriptions on the Site of Afrasiab," Matteo Compareti, Étienne de la Vaisssière (eds.), ibid.

Marshak, Boris Ilyich, "Le programme iconographique des peintures de la 'Salle des ambassadeurs' à Afrasiab (Samarkand)," *Arts Asiatiques*, Tome XLIX, École Française d' Extrême-Orient, Paris, 1994.

Matsui, Shuichi(松井修一), "Ro-ryu hanchin ko," *Shigaku zasshi*, vol.68, 1959.

Mode, Markus, "Reading the Afrasiab Murals: Some Comments on Reconstructions and Details," Matteo Compareti, Étienne de la Vaisssière (eds.), ibid.

———, "Studien zur Ikonographie sogdischer Wandgemälde," Habilitationsschrift, Halle, Martin-Luther-Universität, 1990.

Ning, Qiang(寧强), "Art, Religion and Politics: Dunhuang Cave 220," Harvard Univ. Diss., 1997.

Pak, Youngsook(朴英淑), "Internationalism in Early Korean Art," *Orientations*, vol. 15, no.1, Hong Kong, January 1984.

Pak, Youngsook, "The Origins of Silla Metalwork," *Orientations*, vol. 19, no. 9, Hong Kong, September 1988.

Pelliot, Paul, "La peinture et la gravure européennes en Chine au temps de Mathieu Ricci," *T'oung Pao*, 20, Leiden: E. J. Brill, 1921.

Raspopova, Valentina I., "Ethnos and Weaponery in the Murals of Afrasiab," Matteo Compareti, Étienne de la Vaisssière (eds.), ibid.

Rostovtzeff, M., "The Parthian Shot," *American Journal of Archaeology*, vol. 47, no. 2, Apr.-Jun., 1943.

Rudenko, S.I., "The Mythological Eagle, the Gryphon, the Winged Lion, and the Wolf in the Art of Northern Nomads," *Artibus Asiae*, vol. 21, no. 2, 1958.

Schlumberger, Daniel, "Descendants non Méditerranéens de l'art grec," *Syria*, 1960.

Schütte, Joseph, "Christliche Japanische Literatur, Bilder und Druckblätter in einem unbekannten vatikanischen Codex aus dem Jahre 1591," *Archivum Historicum Societatis Iesu*. 9, Roma, 1940.

Shuichi, Matsui, "Ro-ryu hanchin ko," *Shigaku zasshi*, vol. 68, 1959.

Steinhardt, Nancy S., "From Koguryo to Gansu and Xinjiang: Funerary and Worship Space in North Asia 4th-7th Centuries,"『漢唐之間文化藝術的互動與交融』, 巫鴻 主編, 北京: 文物出版社, 2001.

Strzygowski, J., "Kunstkreis in Innerasien," *Zeitschrift für Assyriologie*, Bd.XXVI, 1913.

The Museum of Far Eastern Antiquities, "Ancient Bronzes in the Museum of Far Eastern Antiquities, Stockholm: a Hsitorical Survey," Stockholm, 1998.

Yatsenko, Sergey A., "The costume of foreign embassies and inhabitants of Samarkand on wall painting of the 7th century in the 'Hall of Ambassadors' from Afrasiab as a historical source," *Transoxiana* 8, Juno, web publication: www.transoxiana.

org/0108/yatsenk-afrasiab_costume.html, 2004.

Yi-Chang, Young Soo(李-張英洙), "Die Gewanddarstellungen auf den Wandmalereien von Dunhuang," Universität Köln Diss., 1998.

초출 문헌 목록

1장 서아시아와 고대 한국 문화

국립경주박물관, 『신라문화와 서아시아문화』, 국제학술심포지엄 논문집, 2008, 8-46쪽 ; 국립경주박물관, 『신라문물연구』2, 5~25쪽, 경주, 2009 ; Kwon, Young-pil, "West Asia and Ancient Korean Culture: Revisiting the Silk Road from An Art History Perspective," *The International Journal of Korean Art and Archaeology*, National Museum of Korea, vol.3, Seoul, 2009, pp. 152~179.

2장 고구려 벽화와 중앙아시아 미술의 연관성

Kwon, Young-pil, "Die Beziehung der Goguryeo-Wandmalerei zur zentralasiatischen Kunst", *International Symposium: Mural Paintings from the Goguryeo Kingdom (37B.C.-668A.D.)*, Freie Universität Berlin, 2005 ; 권영필, 김호동 편저, 『권영필교수정년퇴임기념논총(상), 중앙아시아의 역사와 문화』, 서울: 솔, 2007, 3~28쪽.

3장 헬레니즘 미술의 경주 전파

『중앙아시아 연구』 제7호, 중앙아시아학회, 서울, 2002, 107~126쪽.

4장 7세기 중엽 아프라시압 별궁 벽화와 고구려 사절

권영필, 정수일 외, 『중앙아시아 속의 고구려인 발자취』, 동북아역사재단, 2007, 13~59쪽 ; 국립중앙박물관, 『동서문명의 십자로. 우즈베키스탄의 고대문화』, 서울, 2009, 248~261쪽.

5장 문명의 충돌과 미술의 화해

「'文明の衝突'と美術の和解 -日本の初期洋風畫を中心に-」,제 12회 한일미학회韓日美學會 학술심포지움 보고서(2004년 8월 10일, 히로시마廣島대학), pp.45-69 ; 『중앙아시아 연구』 제9호, 중앙아시아학회, 서울, 2004, 227~244쪽 ; Kwon, Young-pil, "The 'Clash of Civilizations' and the Reconciliation with Art: Focussing on the Early Western Style Painting in Japan and China," *Festschrift in Honour of Roger Goepper. Long Life*, Berlin: Peter Lang, 2006, pp. 109~128.

6장 한락연과 실크로드 벽화

『한락연. 중국 조선족 화가 한락연 특별전』, 과천: 국립현대미술관, 2005, 186~193쪽.

7장 둔황과 한국

『세계의 돈황학』, 중앙아시아 학회 2007년도 국제학술대회 논문집, 서울: 중앙아시아학회, 2007, 6~31쪽.

8장 한국·스웨덴·실크로드

『중앙아시아 연구』 제5호, 중앙아시아학회, 서울, 2000, 1~7쪽.

9장 한국의 금관과 온실고고학 지양

『전통과 현대』, 서울, 1998 봄, 258~273쪽.

10장 고대 한국 미술과 실크로드 미술 새롭게 보기

『서역미술』, 서울: 국립중앙박물관, 2003, 191~219쪽.

11장 한국의 중앙아시아 연구의 과거와 현재

『중앙아사아 연구』 제6호, 중앙아시아학회, 서울, 2001, 9~29쪽.

12장 오늘날의 중앙아시아, 실크로드의 꽃인가, 낙엽인가

『유역』(권두언), 창간2호, 서울: 솔 출판사, 2007 봄, 18~27쪽.

부록

「중앙아시아 유물 연구의 선구자」, 『박물관에 살다. 한국박물관 100년의 사람들』, 서울:동아일보사, 2009, 284~323쪽.

도판 출처 목록

서문

0-1. 샤푸르 1세 전승 기념 부조, 비샤푸르.
[사진: 저자]

0-2. 사마르칸트 텔라카리 마드라사의 돔, 17세기 중엽.
[사진: 저자]

0-3. 뒤가르 다리, 프랑스 님, 아우구스투스 통치기.
[출처: Helen Gardner, *Art through the Ages*, New York, 1948, p. 175, D]

본문

1-1. 그리핀, 기원전 5세기, 페르세폴리스.
[사진: 저자]

1-2. 숫양을 공격하는 사자, 기원전 5세기, 페르세폴리스 아파다나.
[사진: 저자]

1-3. 아키나케스 단검을 찬 스키타이 사절, 기원전 5세기, 페르세폴리스 아파다나.
[사진: 저자]

1-4. 아키나케스 단검을 찬 메디아 사절, 기원전 5세기, 페르세폴리스 아파다나.
[사진: 저자]

1-5. 흉노의 아키나케스형 단검, 춘추 말 전국 초, 오르도스 출토.
[출처: 田廣金,『鄂爾多斯式青銅器』, 文物出版社, 1986, p.5, 圖3]

1-6. 아키나케스형 단검, 기원전 3~2세기, 대구 비산동 출토, 국립중앙박물관.
[사진: 한석홍]

1-7. 세라피스 신상(神像), 기원후 2~3세기, 알렉산드리아 국립고고학 박물관.
[사진: 저자]

1-8. 세라피스 신상, 기원후 2~3세기, 호탄 출토, 국립중앙박물관.
[사진: 한석홍]

1-9. '나바테아 알-우자' 신상, 기원후 3세기, 페트라 고고학박물관.
[사진: 저자]

1-10. 베레스라그나-헤라클레스, 기원전 148년, 비스툰.
[사진: 저자]

1-11. 중국비단 편, 기원후 1세기, 팔미라 국립박물관.
[사진: 저자]

1-12. 돌출형 코니스 표현, 기원후 161~191년, 삼형제묘 지하층의 벽화, 팔미라.
[출처: Daniel Schlumberger, *Der Hellenisierte Orient*. Baden-Baden: Holle Verlag GMBH, 1969, p. 95]

1-13. 엘라벨 탑묘, 기원후 2세기, 팔미라.
[사진: 저자]

1-14. 돌출형 코니스 표현, 하한 5세기, 키질 47굴 벽화.
[출처:『克孜爾石窟』一, 文物出版社, 1989, 圖150]

1-15. 돌출형 코니스 표현, 북량, 둔황 272굴.
[출처: 로더릭 위트필드, 권영필 역,『명사산의 돈황』1, 예경출판사, 1995, 도8]

1-16. 모자이크 여인상, 기원후 3세기, 샤푸르 1세 궁전 출토, 테헤란 국립박물관.
[사진: 저자]

1-17. 금관, 기원전 1세기~기원후 1세기, 틸리아-테페 출토, 카불 국립박물관.
[출처: *Afganistan. les tresors retrouves*, Musée Guimet, 2007, p. 206, pl. 134]

1-18. 컷 글라스, 4세기 후반 5세기 초, 황남대총 남분, 국립중앙박물관.
[사진: 국립중앙박물관]

1-19. 은제 소합, 4세기 후반 5세기 초, 황남대총 남분 출토, 국립경주박물관.
[사진: 국립중앙박물관]

1-19 비교 자료. 은제 그릇, 기원전 4세기 전반, 보로보 출토, 루스 역사박물관.
[출처: Marazov, Ivan ed., Ancient Gold: *The Wealth of the Thracians, Treasures from the Republic of Bulgaria*, New York: Harry N. Abrams, Inc., Publishers, 1998, p. 225, pl. 177]

1-20. 소그드 신상, 6~7세기, 옷수아리 부조, 사마르칸트 국립고고학박물관.
[사진: 저자]

1-21. 불의 신, 6세기 중엽, 만주 지안 오회분 4호묘 벽화.
[출처:『高句麗古墳壁畵』, 朝鮮畵報社, 1986, pl. 234]

2-1. 그리핀, 낙랑, 칠기, 왕광묘 출토, 국립중앙박물관.
[출처:『樂浪 王光墓』, 朝鮮古蹟硏究會, 1935, 圖75(上)]

2-2. 그리핀 유형의 괴수, 낙랑, 청동제 신수경, 평양출토, 국립중앙박물관.
[사진:『樂浪』, 국립중앙박물관, 2001, 도82]

2-3. 보살상, 4세기, 아잔타 벽화.
[사진: 저자]

2-4. 무사상, 한대, 벽걸이카펫, 루오푸(洛浦) 발굴, 신장-위구르자치구 박물관.
[출처:『실크로드 3000년전』, 온양민속박물관, 2007, 28쪽.]

2-5. 기마인물상, 기원후 1세기, 카펫, 노인울라 출토, 에르미타주 박물관.
[출처: T. T. Rice, *Ancient Arts of Central Asia*, Thames & Hudson, 1965, pl.39]

2-6. 그리핀, 기원후 1세기, 카펫, 노인울라 출토, 에르미타주 박물관.
[출처: 梅原末治,『蒙古ノイン ウラ發見の遺物』, 東京: 東洋文庫, 1960, 圖50]

2-7. 금상감수렵문동통, 전한, 전 평양 출토, 東京藝大.
[사진: 東京藝大 江原さなえ]

2-8. 코니스 문양, 5세기 후반, 수산리 고분 벽화.
[출처:『조선유적유물도감』(5), 고구려편(3), 조선유적유물도감 편찬위원회, 1990, 도237]

2-9. 부채접이식 명암표현, 6세기 전반, 진파리 4호분 벽화.
[사진: 남북역사학자협의회]

2-10. 부채접이식 명암표현, 서위, 둔황 석굴 288호.
[출처: 로더릭 위트필드, 권영필 역,『명사산의 돈황』1, 예경출판사, 1995, 도30]

2-11. 지그재그식 담장 표현, 5세기 후반, 삼실총 제1실 북벽 벽화.
[출처: 池內宏,『通溝』卷下, 日滿文化協會, 1940, 圖版52]

2-12. 지그재그식 담장 표현, 수(隋), 둔황 석굴 420호.
[출처: 로더릭 위트필드, 권영필 역,『명사산의 돈황』1, 예경출판사, 1995, 도68]

2-13. 복희여와도, 8세기, 아스타나 출토, 국립중앙박물관.
[사진: 한석홍]

2-14. 금당 아미타정토도 중 관음보살상, 7세기, 일본 호류지 벽화, 김식 모사도, 1987년.
[사진: 김식]

3-1. 사천왕상, 679년경, 사천왕사지 출토

벽전, 국립경주박물관, 강우방 모사.
[사진: 강우방]

3-2. 도제 사교형 호인 도용, 7세기 후반, 파리 체르누스키 박물관.
[사진: 파리 김영애, 모사: 박석태]

3-3. 목제 사교형 로마 황제 티투스 무장상, 17세기 초, 스톡홀름 와사 박물관, 복제.
[사진: 저자]

3-4. 석제부조 미트라다테즈·카리니코스 왕과 악수하는 헤라클레스상, 기원전 1세기, 터키 넴루트다이 유적.
[출처: R. Ghirshman, *Iran. Parther und Sasaniden*, C. H. Beck, 1962, p. 66, pl. 79]

3-5. 금강역사로 분(扮)한 소조 사교형 헤라클레스상, 기원후 4세기, 핫다 타파·슈투르 유적, 1974 76년 발굴.
[출처: 이주형, 『아프가니스탄, 잃어버린 문명』, (주)사회평론, 132쪽, 그림 8-13]

3-6. 사자 가죽의 모자를 쓴 금강역사, 6세기, 키리스 석굴 벽화, 그륜베델 발굴품, 베를린 민속박물관.
[출처: A. Grünwedel, *Altbuddhisische Kultstätten in chinesischen Turkistan*, Berlin, 1912, p. 183, pl. 423]

3-7. 사교형 금강역사상, 6세기, 키질 석굴 175호.
[출처: 『克孜爾石窟』 三, 文物出版社, 1997, 圖17]

3-8. 삼두신상, 7세기, 판지켄트 출토.
[출처: Belenizki, *Mittelasien. Kunst der Sogden*, Leipzig, 1980, p. 198]

4-1. 아프라시압 벽화 발굴 현장.
[사진: 저자]

4-2. 소그드 왕을 알현한 고구려 사절, 별궁지 벽화 서벽, 아프라시압 박물관.
[사진: 저자]

4-3. 옷자락에 쓰인 소그드 명문, 별궁지 벽화 서벽, 모사도, 사마르칸트 국립고고학연구소.
[사진: 저자]

4-4. 나우르즈 신년제의 장면, 별궁지 벽화 남벽, 아프라시압 박물관.
[사진: 민병훈]

4-5. 배를 탄 중국 공주, 별궁지 벽화 북벽 모사도, 사마르칸트 국립고고학연구소.
[사진: 민병훈]

4-6. 사마르칸트 고고학 연구소 아나르바에브 부소장(왼쪽)과 장준희 박사, 아프라시압 별궁지 발굴 현장에서, 2007년 여름.
[사진: 저자]

4-7. 7세기 중엽의 동서교섭 루트
[지도: 저자]

5-1. 달마도, 노부카타, 17세기 초, 지본착색, 60×18㎝, 요치쿠인.
[출처: 日本の美術 1, 『初期洋風畵』, 至文堂, 1973, 圖14]

5-2. 노사부도(老師父圖), 필자 미상, 17세기, 지본유채, 78.7×36.8㎝, 고베 시립박물관.
[출처: 『司馬江漢 百科事展』, 神戶市立博物館, 1996, p.102, 圖3-3]

5-3. 성 베드로상, 필자 미상, 17세기, 캔버스에 유채, 오사카 남만문화관.
[출처: 原色日本の美術 20, 『南蠻美術と洋風畵』, 小學館, 1970, 圖37]

5-4. 신이보해 의이즉침(信而步海疑而卽), 17세기 초, 필자 미상, 판화.
[사진: 저자]

5-5. 향비융장상(香妃戎裝像), 18세기 중엽, 낭세녕, 고궁박물원 소장.
[출처: 『中國油畫全集』(上), 中國文聯出版社, 2003, p. 2]

6-1. 한락연 자화상, 1932년, 베이징 중국

미술관.
[사진: 저자]
6-2. 황조우 화백, 1990년대.
[출처: 李松, 『中國名畵家全集. 黃胄』, 河北教育出版社, 2003, p. 259]
6-3. 티벳 풍물, 1945년경, 한락연, 베이징 중국미술관.
[사진: 저자]
6-4. 유럽인들의 중아 발굴을 질타하는 명문, 1947년, 한낙연, 키질 석굴 '특1호'(현 10호).
[사진: 민병훈]
6-5. 실크로드 풍물: 위구르 여인의 춤, 1944년, 한락연, 베이징 중국미술관.
[사진: 저자]

7-1. 둔황 점경, 1908년, 폴 펠리오 도록(1924년 간행).
[출처: Mission Pelliot, *Les Grottes de Touen-Houang*, Tome premier, Paris: Librairie Paul Geuthner, 1920, Pl. VI.]
7-2. '死吃河豚'(병사흘하돈), 창수홍의 스케치, 1981년, 독일 쾰른.
[사진: 저자]
7-3. 공양지덕, 2001년, 화가 서용의 작품.
[사진: 저자]

8-1. 한국까지 이어진 실크로드 간선, 1997년, 난주 박물관 전시실의 실크로드 지도.
[사진: 저자]
8-2. 청동 삿갓형 장식, 영천 어은동 출토, 1932년, 국립경주박물관.
[사진: 한석홍]
8-3. 헤딘 관계 기사, 대한매일신보(1908년 12월 19일).
[사진: 민병훈]
8-4. 구스타브 아돌프 황태자의 서봉총 발굴 장면, 1925년.
[사진: 저자; 濱田青陵, 『考古游記』, 邊江書院, 東京, 1932, p.58 次面圖版]

9-1. 은제 관식, 기원전 1세기경, 알렉산드로폴 출토.
[사진: 浜田耕作, 「新羅の寶冠」, 『寶雲』, 第2冊, 1932, p.29]
9-2. 관식에 앉아 있는 새, 이씩 쿠르간 출토, 알마아타 박물관.
[사진: 김병모]

10-1. 비단 신발, 4세기 후반, 니야 출토, 신장-위구르 자치구 박물관.
[출처: 『絲路考古珍品』, 上海譯文出版社, 1998, 圖60]
10-2. 운간문(雲 紋) 벽화, 기원전 1세기 중엽, 로마 팔라티노 유적.
[출처: H. Mielsch, *Römische Wandmalerei*, Wissenschaftliche Buchgesellschaft, 2001, p. 30, pl. 14]
10-3. 모에르(莫爾) 불탑, 4세기, 카슈가르 근교.
[사진: 저자]
10-4. 의대(衣帶) '당풍(當風)'의 보살상, 5세기경, 키질 석굴 38호(주실 서벽).
[출처: 『克孜爾石窟』 一, 文物出版社, 1989, 圖87]
10-5. 의대당풍(衣帶當風)의 신상, 기원후 1세기, 로마 벽화, 폼페이.
[출처: H. Mielsch, *Römische Wandmalerei*, Wissenschaftliche Buchgesellschaft, 2001, p. 88, pl. 97]
10-6. 오도자 화법을 따른 오대당풍(吳帶當風), 8세기 전반, 석각.
[출처: L. Sickman & A. Soper, *The Art and Architecture of China*, Penguin, 1971, p. 174, pl. 119]
10-7. 압형토기(세부), 5세기, 국립중앙박물관.
[사진: 한석홍]

10-8. 팔주령, 기원전 3세기, 전남 화순 출토, 국립중앙박물관.
[사진: 한석홍]

10-9. 청동제 방울 유물, 기원전 1천년기, 동시베리아 출토.
[출처: E.C.Bunker, *AncientBronze of the Eastern Eurasian Steppes from the A. M. Sackler Collection*, The A. M. Sackler Foundation, 1997, p. 286, pl. 255]

10-10. 금관, 5세기, 천마총 출토, 국립중앙박물관.
[사진: 한석홍]

10-11. 점박이 잔, 3세기, 쾰른 로마-게르만 박물관 전시실.
[사진: 저자]

10-12. 천마도, 5세기, 천마총 출토, X선 촬영, 국립중앙박물관.
[사진: 저자]

10-13. 신마도, 4세기말-5세기 전반, 주취안(酒泉) 딩지아짜(丁家閘) 벽화.
[출처: 『酒泉十六國墓壁畫』, 文物出版社, 1989, 神馬圖]

10-14. 고신라 동해안 지도.
[지도: 저자]

10-15. 소그드 왕을 알현하는 각국 사절도, 별궁지 벽화 서벽 모사도, 아프라시압 박물관.
[사진: 민병훈]

10-16. 운산문, 성당기, 둔황 석굴 217호 벽화.
[출처: 권영필, 「한국불화에 나타난 산수 요소의 원류와 그 발달(상)」, 『미술자료』 35, 국립중앙박물관, 도16]

10-17. 운산문, 6세기 초, 내리1호분 벽화.
[출처: 『昭和十一年度 古蹟調査報告』, 朝鮮古蹟硏究會, 1936, p.23, 圖10]

11-1. 국제학술대회 『고대의 동서문화 교류』 카탈로그(고병익 박사 주관), 1977년, 학술원.
[사진: 저자]

11-2. '스키타이 황금' 전시 포스터, 1993, 국립중앙박물관.
[사진: 저자]

11-3. 내몽골 학술답사(윈강 석굴), 2004년, 중앙아시아학회.
[사진: 저자]

11-4. 우즈베키스탄 전시 점경, 2010년, 국립중앙박물관.
[사진: 국립중앙박물관].

12-1. 실크로드의 여신, 내 후룬호(湖) 호반의 현대조각, 2004년.
[사진: 저자]

부록

사진 1. 파리 유학 시절, 가운데가 필자, 오른쪽 끝이 지건길 전 국립중앙박물 관장, 1975년.
[사진: 저자]

사진 2. 초창기 국립중앙박물관 보존기술실에서의 이상수 실장, 1976년 10월 13일, 중앙일보.
[사진: 중앙일보사]

사진 3. 국립중앙박물관 중앙청 이전 개관사업의 개관전시위원 위촉 공문과 위촉장, 1986.
[사진: 저자]

2009년 국립중앙박물관과 동아일보사가 기획하여 한국 박물관 개관 100주년 기념사업의 일환으로 지난 100년 동안 "한국 박물관 발전에 큰 족적을 남긴 11분의 원로들"을 인터뷰 하고, 그 내용을 『한국 박물관 100년의 사람들. 박물관에 살다』(동아일보사, 2009년)에 담았다. 그 중에 필자의 부분을 여기에 부록으로 싣는다. 필자와의 대담은 「중앙아시아 유물 연구의 선구자」라는 제목하에 국립중앙박물관 아시아부 부장 민병훈 박사가 맡아 진행하였다.

부록　중앙아시아 유물 연구의 선구자

박물관의 학예사로서, 큐레이터로서 박물관에 입문하게 된 계기에 대해서 듣고 싶습니다.

내가 처음으로 박물관에 오게 된 것이 1969년이니까 지금부터 꼭 40년 전입니다. 대학을 졸업한 후 진로에 대해 약간의 갈등이 있었습니다. 그 당시 서울대 미학과의 강의는 주로 독일 관념론에 치우쳐 딱딱하게 느껴졌습니다. 그래서 석사 논문은 미학과 미술사론을 연관시켜 썼습니다. 물론 대학에서 미술사 강의를 열심히 들었지요. 한국 미술사는 진홍섭 선생, 황수영 선생께 배웠고, 이분들이 미학과 강사로 나오셨습니다. 동양 미술사는 은사이신 김정록 교수께, 서양 미술사는 성균관대학교 역사학과의 염은현 교수께 배웠습니다. 기초이긴 하지만 그 당시 비교적 균형을 갖춘 미술사 강좌였다는 생각이 듭니다. 석사를 마치고 대학에 강사로 나가면서 그때까지 학과 조교로 남아 있었습니다. 동양 쪽 공부를 하려고 진학을 해야 하나, 외국에 가야 하나 하고 머뭇거리고 있었는데, 어느 날 강우방 학형이 학과 연구실로 찾아왔습니다. 강우방 선생은 원래 문리과 대학 독문과 학생으로 미학을 부전공하고, 그 후 고고인류학과에 학사 편입을 한 뒤, 국립 박물관 미술과에 근무하고 있었습니다. 강우방 선생은 단도직입적으로 내게 미술과에 학예직 한 사람을 뽑으니 내 후배들 중에 천거하라는 말을 전하곤 일주일의 여유를 주고 돌아갔습니다. 솔직히 그때는 특별한 의지가 없는 한, 아무도 박물관에 가려 하지 않았어요. 일주일 후, 나는 나 자신을 천거했습니다. 박물관으로 가기로 한 이 결정에 대해 미학과 은사님들은 매우 섭섭해 하셨습니다.

인터뷰 때에 당시 미술과 최순우 과장님은 석사 졸업생이 일하기에는 박봉인 데다[학예 보조원으로 첫 발령을 받았을 당시 월급은 9400원이었다], 워낙 잡일이 많아 쉽지 않을 것이라고 걱정하셨고, 근무 첫날 김재원 관장님께 인사를 갔더니 "잘 해보게!"라고 격려해 주셨습니다.

박물관이 덕수궁에 있던 시절이었는데, 미술과는 덕수궁 석조전 2층에 있었습니다. 최순우 과장님, 정양모 학예관, 이준구 선생, 강우방 선생, 그리고 발굴 실측을 하는 김창길 제도사 이렇게 다섯 분이 계셨어요.

서역 유물과의 첫 만남

서역 유물에 대한 관심을 언제부터 갖게 되셨나요?

내가 박물관에 들어간 이듬해가 1970년이었는데, 일본에서는 국제 박람회인 '엑스포 세븐티'를 개최하여 경제 박람회와 더불어 문화예술 박람회장을 마련했습니다. 오사카 근교에 위치한 센리千里에 몇 층 건물의 미술관을 새로 크게 지어서 그곳에 세계 여러 나라의 국보급 문화재를 전시하였고, 우리나라에서도 <미륵보살반가사유상>을 비롯, 감은사지 서탑에서 출토된 <사천왕상>과 <서봉총 금관>등을 출품하였는데, 그로 인해 유물 관리관의 상주가 필요하게 되었습니다.

일본에 파견되어 있던 동안 세계 미술에 대한 견문을 넓힐 수 있었고, 특히 그 엑스포 전시의 특별 기획전인 '동서의 만남'에는 여러 나라의 귀중한 '서역 유물'들이 등장하여 이목을 끈 바 있습니다. 일본의 문화계가 이 기획전에 쏟은 남다른 관심은 나로 하여금 '그것이 뭐기에'

라는 일말의 호기심을 갖게 했습니다.

그러나 나를 이 주제에 머물게 만든 것은 우리나라 국립 박물관이 소장한 소위 '오타니 컬렉션'의 일부인 서역 유물 자체였습니다. 1970년대 초부터는 한국이 소장하고 있는 서역 유물에 대해서 벨기에, 이탈리아 등 유럽의 여러 나라에서 보존처리, 연구 등의 분야에 관심을 보여 왔지만, 당시 국립 박물관의 김재원 관장 이하 최순우 실장을 비롯하여 상위 학예직들은 이 분야의 연구는 젊은 큐레이터를 외국에 보내 우리 힘으로 해야 한다는 신념을 가지고 있었습니다. 이런 학풍 속에서 일종의 소명의식을 느끼게 되었고, 그 당시 미술과 옆방 전시실 한 코너에 서역 유물이 전시되어 오며가며 들여다보면서 점차 관심을 가지게 되었습니다. 또한 고고과에서 관리하고 있던 박물관 자료실[현 도서실의 전신]에는 일제강점기 때부터 수집한 각종 보고서와 함께 일본인 학자가 펴낸 서역 연구서들이 몇 권 있었던 것으로 기억합니다.

그러는 가운데 1973년에 당시 고고과장이던 한병삼 선생으로부터 받은, 이탈리아의 석학 부살리가 중앙아시아 회화를 다룬 명저『중앙아시아 회화』는 정말 큰 힘이 되었습니다. 아마도 유럽 체류 때 사 가지고 오신 귀중한 자료였던 것 같은데 "결국 권 형이 서역 공부를 해야 하니까!"라고 격려하시면서 내게 선물을 하였습니다. 나는 그 책을 프랑스 유학 시절에도 읽고, 또 읽었으며 나중에 번역하여 일지사에서 출간함으로써 그 학은에 조금이나마 보답했다는 마음을 가지고 있습니다.

그 당시 박물관 직원들이 서역 유물에 대해 대단한 애착심을 가지고 있었는데, 실제로 전시나 동양 미술을 연구하는 데 우리 컬렉션이 지니고 있는 중요성은 어떻게 생각하고 계셨나요?

앞서 말했듯이 박물관에서 서역 유물에 대한 관심은 대단했습니다. 이 세계적인 문화재의 중요성과 학문적 가치에 대해선 그 어느 나라보다도 깊은 이해를 가지고 있었다고 해야겠습니다. 한국전쟁 때에는 최순우 선생의 필사적인 노력으로 북한의 문화재 반출 기도를 모면하였고, 1·4후퇴 때에는 김재원 관장의 특별 지시로 그 어떤 유물보다도 안전하게 부산으로 소개할 수 있었던 것은 유명한 일화입니다.

이와는 대조적으로 학계와 문화계, 언론계에서 극히 제한된 인사들이 이 문화재에 관심을 가졌을 뿐, 일반 지식인 사회에서는 큰 이해가 없었던 것이 아닌가 생각됩니다. 서울대 동양사학과의 고병익 교수는 일찍이 혜초 연구를 비롯해 서역 문화에 대한 글을 쓰셨고[1965년], 동국대학교의 이용범 교수는 만몽(滿蒙) 관계사에 치중하셨습니다. 그 당시 흥미 있는 일은 영문학자인 서울대 박시인 교수가 알타이 연구서[1970년]를 낸 일입니다. 또한 언어학에서는 이기문 교수가 고대 한국어의 연원과 관련하여 몽골어를 연구하기도 했던 일들은 잘 알려진 사실입니다.

내가 서역 미술에 관심을 두었던 1970년대 초에는 이 분야의 연구가 대충 이렇게 부진한 상황이었던 것으로 기억합니다. 그래서 그때 속히 박물관에 서역 유물을 전시할 기회가 와서 학계뿐 아니라 문화계 일반에 충격을 줄 필요가 있지 않을까 생각했습니다. 다만 1970년대 중반에 특기할 사항으로는 1976년에 대학에서 한국 최초로 '중앙아시아 미술사' 강좌가 개설되었다는 점을 들 수 있습니다. 내가 프랑스에서 귀국하자 안휘준 교수의 배려로 홍익대학교 대학원에서 강의를 하게 되었지요.

그 당시 저는 서역 유물의 학문적 중요성은 아무리 강조해도 지나치지 않다는 생각이었죠. 그뿐만 아니라 이 서역 문화와 미술은 세계 문화 인식의 절대적인 자료가 된다고 보았습니다. 우리나라의 경우 후기 청동기시대 이래, 특히 삼국시대에 북방과의 교섭이 직간접으로 활발하게 이루어졌던 역사적 사실에 대해서는 1970년대의 학계에서도 기본적인 이해를 가지고 있었던 것으로 사료됩니다. 다만 저는 거기서 한 발 더 내디뎌 서역 유물이 우리 문화 정체성 연구에 필수 사료가 된다는 점을 입문기入門期 때부터 믿고 있었던 것입니다.

연구 초창기에 선생님은 우리가 서역 유물을 많이 갖고 있다는 것을 알고 계셨나요?

물론 알았죠. 다만 전쟁으로 경주 박물관에 피난 가 있던 서역 벽화들이 서울로 올라오기 전에는 직접 볼 수는 없었지만, 그 전체의 수량과 규모에 대해서는 문헌 자료를 통해 파악하고 있었습니다.

한국 고대 문화의 원류지 서역·중앙아시아·실크로드

한국 문화의 원류로서 중앙아시아 컬렉션, 또 그 지역 역사나 문화가 지니고 있는 중요성이 어떻게 보면 한국의 동양 미술사학 연구에 새로운 계기가 되었다고 보는데요. 그 당시 국내에서는 물론 연구자도 없고 문헌도 없기에 파리 유학을 결심하게 되신 것 아닙니까?

사실 서역 문화, 중앙아시아 문화 연구자이니만큼 더욱 그렇게 보기도 하겠지만, 그 서역의 사막 속에서 출토된 유물들은 서역 특유의 어떤 아이덴티티를 나타내주지 않습니까? 그것들은 강대국 중심의 역사관으로 해석하기에는 적합지 않은, 이른바 패권주의 역사관의 테두리 밖에 존재하는 거죠. 중앙아시아 미술은 그런 의미에서 그 분야 연구자의 아전인수식 해석에 의해서가 아니라, 역사학의 보편적 원리에서 볼 때에도 세계 문화의 외곽지대의 산물이 아니고, 마이너 파트 지역의 유물도 아니라는 생각이 머릿속에 꽉 차 있었습니다. 이런 사고를 체계화시키고 줄거리를 잡을 수 있게 한 것이 유학이지요.

내가 파리에 간 것은 1974년이었습니다. 박물관에서는 서역 유물을 위해 젊은 연구자를 외국에 유학시키고자 하는 뜻을 가지고 있었는데, 1973년에 특별한 기회가 다가왔습니다. 프랑스의 앙코르와트 전문가인 세계적인 고고학자 베르나르 골리에Bernard Grolier박사가 내한했습니다. 한국 방문 연유는 자세히 알 수 없지만, 1970년대부터 활기를 띤 경주 발굴을 통해 신라사를 다시 써야 할 만큼, 어찌 보면 동양사를 다시 정리해야 할 만큼의 귀중한 유물들이 출토되어 아마도 그것들을 실견하고자 방문하지 않았나 하는 생각이 듭니다.

골리에 박사는 한국의 고고미술사학계를 둘러보고 박물관을 예방했습니다. 마침 천마총 발굴이 끝나 그 잔여 수습은 좀 남았지만 중요한 유물이 다 박물관에 와 있었습니다. 특히 거기서 나온 금관, 유리병들도 관심사였겠지만, 무엇보다도 <천마도 장니>가 가장 눈길을 끌었을 것이 분명합니다. 그분이 고고학자이니 당연히 그랬겠지만, 상당한 경이로움을 표하고 탄성을 발하는 것을 옆에서 지켜볼 수 있었습니다. 그분이 한국 문화재에 깊은 감명을 받았던 게 틀림없습니다. 귀국하면서 한국의 젊은 연구자 한두 사람을 프랑스에 초청해서 전문적으로 연구를 할 기회를 부여하겠다는 약속을 하고 한국을 떠났죠.

골리에 박사는 프랑스 학계에 영향력이 있는 분이었던 모양이죠?

골리에 박사는 프랑스 학사원인 '콜레즈 드 프랑스'의 원장이었고, 고고학계의 지도급 인사였던 것으로 압니다. 보통 외국인의 그런 약속은 말에 그치고 마는 경우가 많은데, 그 다음 해에 실제로 초청장이 왔습니다. 문화공보부 장관 앞으로 보내와서 문공부 산하의 젊은 연구자 두 사람을 선발했지요. 미술사 쪽은 당연히 서역 관계로 박물관에서 한 사람, 고고학 쪽은 문화재관리국 학예직에서 한 사람을 뽑아 천거했습니다. 후자가 지건길 학예사[훗날 국립중앙박물관장]입니다.

파리 유학과 서역 미술 입문

파리의 기메 동양 미술관에서 연구하셨죠?

그 박물관의 연구생이 되었고, 파리 대학에 등록해 유명한 동양학 연구자 폴 펠리오[Paul Pelliot, 혜초의 『왕오천축국전』을 발굴하고 고증한 사람]의 제자인 니콜 방디에 니콜라Nicole Vandier-Nicolas 문하에 들어갔습니다. 한편 그때 기메 박물관 학예관인 미셸 피라졸리Michèle. Pirazzoli-t'Serstevens 박사는 에콜 뒤 루브르[Ecole du Louvre, 루브르 미술학교]에서 중국 미술사와 중앙아시아 고고학을 강의했던지라 청강이 가능했습니다.

파리에서 공부하는 동안 매우 감명 깊었던 일 중에 하나는 기메 박물관의 유물 격납고를 자유롭게 출입할 수 있었다는 사실입니다. 피라졸리 박사의 허락 하에 그것이 가능했던 것인데, 여사는 나의 체류 동안 공식 후견인 역할을 맡기도 해서 그런 특혜를 베풀었을지 모르지만, 아마도 '뮤지엄 맨'에 대한 국제적인 신뢰성이 바탕이 된 게 아닌가 생각됩니다. 더 정확히 말하면 나를 믿었다기보다는 서울의 국립 박물관을 믿었다고 해야겠지요. 그 수장고 속에는 중앙아시아 컬렉션으로 금은 세공품 등 귀중한 작품들이 가득 들어 있는 곳이어서 마음대로 꺼내 보고 노트하곤 하여 공부에 큰 도움이 되었습니다.

또한 그 박물관의 도서관이 잘 되어 있었고, 장서량이 상당했습니다. 심지어 동양 관계의 일본 책들도 대출 신청을 해서 받아 보지 못한 경우가 한 번도 없을 정도입니다. 이건 여담입니다만, 프랑스의 지식인 사회의 풍토라고 할까, 그 박물관이 가지고 있는 어떤 특성이라고 할까 작은 충격을 받은 적이 있습니다. 한번은 제가 책을 신청을 했는데 그 사서가 조금만 기다리라고 하더니 어디에 전화를 하더군요. 옆에서 들어 보니 관장실에 전화를 하는 거예요. 당신이 빌려간 책을 찾는 사람이 있는데 지금 안 보면 그걸 방으로 가지러 가도 좋겠냐고 묻더라고요. 조금 후에 그 책을 가져다 내가 앉아 있던 열람실 책상 위에 놓았습니다. 프랑스 사회의 '에갈리테'égalité 즉, 평등주의를 실감하는 순간이었습니다.

파리의 학풍이랄까, 파리 유학의 소득은 무엇이었습니까? 그리고 독일로 다시 떠나셨는데요.

매우 어려운 질문입니다. 뭐 학풍까지야 말할 형편이 아니고, 2년 동안 열심히 연구했습니다. 한마디로 내가 가졌던 역사관을 재확인했다고 답할 수 있습니다. 가령 중국과 비교해서 한국 미술의 특징을 찾아낼 때에도 그랬듯이 서역 미술 역시 자체의 독특한 특성이 있음을 유럽에 산재한 많은 서역 유물들을 보면 볼수록 더 확신하게 된 것입니다.

귀국 후 왜 다시 유럽행을 시도했는지 자문해 보았습니다. 아직 더 자료를 섭렵해야 하고, 무엇보다도 자신의 학문적 기초를 더 키워야 한다는 생각이 가슴을 무겁게 했습니다. 파리에서 돌아와 박물관의 서역 작품들을 대할 때마다 즐거움과 두려움이 뒤섞였던 마음의 상태를 지금도 기억합니다. 왜냐하면 그 당시 나의 생각과 나의 글들을 비판하고, 교정해 줄 동학이 거의 없었기 때문이었습니다.

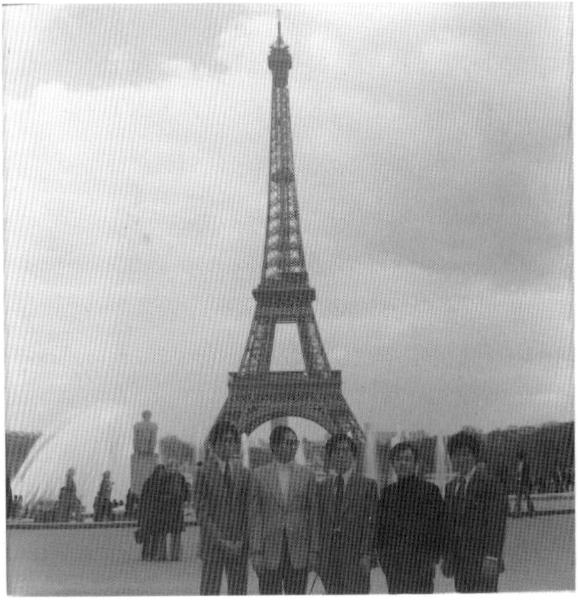

사진1. 파리 유학 시절, 가운데가 필자, 오른쪽 끝이 지건길 전 국립중앙박물관장, 1975년.

신상발언에 속하는 얘기라서 뭣합니다만, 다시 파리로 가서 학위 논문을 마무리지으려던 여정은 순탄치 않았습니다. 프랑스 국비 유학생의 신분이 귀국함으로써 소멸되었기 때문이었지요. 그러나 다행히 독일에서 연구비(훔볼트 재단)를 받게 되어 1979년부터 다시 유럽에서 연구를 계속할 수 있었습니다.

독일에서의 유학 생활은 어떠셨습니까?

파리에 유학하면서도 느꼈지만 중앙아시아 미술 공부는 어려웠습니다. 내 자신이 천학비재淺學菲才한 것에도 이유가 있겠지만, 기본적으로 여러 개의 외국어를 습득해야 하고, 동서의 역사와 문화를 받쳐야 하니 머릿속이 복잡했습니다. 독일 유학 때도 마찬가지로 부전공 두 개가 필수였는데, 선택한 중국학과 일본학이 상당한 부담을 주었습니다.

졸업이 임박해 중국 고전의 한문 시험을 볼 때였는데 수험생이 나 하나뿐이라 교수실로 찾아갔습니다. 교수님이 연구실 벽장에서 무엇을 꺼내시기에 시험 볼 텍스트인가 했더니 위스키 병을 꺼내시더군요. 시험이라 긴장하고 초조해진 내 마음을 누그러뜨리게 하려는 각별한 배려였던 것이지요. 시험이 끝나고 합격 판정을 받은 후 교수와 함께 위스키를 흰 진씩 미셨습니다. 그 교수는 민주와 준길 지역을 진공하는 마틴 김Martin Gimm 교수였습니다. 평소에는 무뚝뚝한 독일인들이지만, 그들의 인간미는 내게 흐뭇함을 전해 주었습니다.

1980년대 한국의 중앙아시아 연구 상황

독일에서 박사 학위를 마치고 귀국하셨을 때, 그 사이 한국 학계나 박물관 내에서 동양 미술사에 대한 인식의 변화가 어느 정도 있었습니까?

1970년대의 상황은 이미 앞에서 얘기했고, 독일에서 돌아온 후인

1980년대 중반부터는 대내외적으로 중앙아시아, 서역 문물에 대해 관심이 집중되기 시작하는 때라고 말할 수 있습니다. 우선 박물관 내의 상황을 보면 중앙청으로 박물관을 이전하는 계획 단계에서부터 중앙아시아실 개설이 예정되어 실제로 1986년에 상설 전시실이 마련되었습니다. 여기에는 한병삼 관장의 비전이 크게 작용한 것으로 압니다. 박물관의 이 전시는 그 규모와 전시 유물의 양, 전시 방법 등의 관점에서 가히 '국제적, 전문적'이라고 일컬을 수 있기에 학계의 부진했던 이 분야의 연구 상황에 자극을 주었고, 박물관이 이 분야의 연구를 실질적으로 선도해 나갔다는 평가를 내릴 수 있다고 봅니다.

이러한 학적 분위기에 힘입었다고나 할까, 1987년 말에는 중국 문학과 역사를 전공하는 학자들이 '돈황학회'를 결성했지요. 그러나 초기에는 관계 유물을 대상으로 하기보다는 문헌학에 치우쳤다는 게 중론이었습니다. 한편 당초 옥스포드대학교에서 중국·중앙아시아 고고학을 전공한 김병모 교수는 이즈음 초원의 길 고고학에 씨를 뿌려서 나중에 1990년대 접어들면서는 학문적 성과를 제시하기도 했습니다.

무엇보다도 1980년대 후반부터 이 분야 학계의 주목되는 변화 중에 하나는 박물관 밖에서, 다시 말하면 대학에서도 중앙아시아학[특히 역사학] 전공자가 나타나기 시작했다는 점입니다. 일본의 와세다 대학에 유학한 민병훈 박사를 비롯해서 하버드대학원에 유학한 김호동 교수[현 서울대학교], 그리고 국내의 단국대학교에서 연구한 무함마드 깐수 씨[정수일 교수], 한양대학교에서 학위를 한 고대 유리 전문가 이인숙 박사[현 부산박물관 관장] 등 이분들이 장차 국내의 연구층을 두껍게 하는 데에 크게 기여한 셈이지요.

그 밖에 세계 문화계에서도 1980년대 중반부터는 파리의 유네스코 본부가 기획하여 각국의 중앙아시아학 학자들을 중심으로 실크로드 탐사 계획을 서둘렀고, 결국 이것이 성사되어 1990년부터 2년에 걸쳐 사상 초유의 '국제 실크로드 대탐사'가 실시되었습니다. 또한 제가 한국 학자로서 아직 중국과 수교 전이긴 해도 국제기구인 유네스코의 힘을 빌려 이 탐사에 참여 할 수 있었다는 것이 한국 실크로드 사학사史學史에 남을 큰 성과라고 하겠습니다. 독일 유학 시절에 실크로드에 갈 수 없었던 회한을 풀었다고나 할까요. 어쨌건 이 국제 탐사가 나 개인뿐만 아니라, 한국에 끼친 영향은 매우 큽니다. 여기에 관해서는 나중에 자세히 언급할 필요가 있다고 봅니다.

한편 1980년대 후반에는 일본 NHK가 현지 촬영 제작한 '실크로드'라는 다큐멘터리가 KBS를 통해 방영됨으로써 한국의 대중사회에서도 실크로드 문물에 대한 인식을 달리하게 된 점을 지적할 수 있습니다.

박물관 해외 홍보의 필요성 절감

귀국하고 나서 박물관에 계속 큐레이터로서 근무하신 게 아니라 영남대학교로 자리를 옮기셨는데, 그 이야기를 좀 들려주시죠.

귀국하여 대학으로 간 것은 박물관의 연구 여건이 외국과 비교되는 면이 있어서가 아니라, 실은 독일로 유학길에 오를 때 이미 학예직을 떠날 수밖에 없었습니다. 그 당시 나의 개인적인 사유와 더불어 학예직의 신분으로 해외 장기 체류가 불가능했던 박물관의 행정적인 제약 때문이었지요.

어쨌건 1983년에 귀국해 보니 박물관의 연구 여건과 제반 사정이 크게 개선된 것을 알게 되었습니다. 늘 가졌던 개인적인 관심사 중 하나는 영문으로 처리되는 학술적인 해외 홍보인데, 그 점이 어느 정도 체계를 잡은 것 같았습니다. 박물관의 학술지인 『미술자료』도 33호[1983년]부터는 영문 요약이 첨가되었고, 관장 직속으로 박물관의 대외 영문 관계 전담 직원이 생겼습니다. 1970년대에 박물관 자료를 대부분 미술과에서 소화해야 했던 부담스러웠던 때와는 소양지차라고 해야겠습니다.

해외 홍보와 관련해서 한 가지 일화가 생각납니다. 파리에 있을 때, 중앙아시아 고고학 교수인 루이 엉비스Louis Hambis 교수가 하루는 갑자기 저한테 한국의 서역 유물이 어떻게 되었느냐고 물어 왔습니다. "아무래도 아직까지 적극적인 공개를 하지 않는 것을 보니 한국전쟁 때 다 못쓰게 된 것 같다"라고 해서 깜짝 놀랐죠. 그래서 나는 "그 유물들은 잘 보관되어 있을 뿐 아니라, 그것을 연구하기 위해 나 같은 사람이 여기에 와 있다"고 설명했으나 그는 반신반의하면서 베를린 박물관의 서역 유물처럼 된 것 아니냐고 힐난하듯 되물었습니다. 베를린 박물관의 서역 유물은 그 일부가 제2차 세계 대전 중 폭격으로 유실되었기 때문이죠. 한국에 대한 이런 어처구니없는 오해가 발생했던 이유는 아무래도 우리가 논문이나 박물관의 사정을 영문으로 발간하여 알리는 홍보 체계를 갖추지 못한 것에서부터 빚어진 현상으로 보았던 것이지요. 한편 국립중앙박물관의 서역 유물 보존 처리 작업은 1986년 중앙아시아실 개관을 목표로 특히 벽화의 보수 작업에 치중하고 있었습니다.

벽화 보존처리에 심혈을 기울이다

벽화 보존 처리로 말하면 사실상 그 전부터 박물관이 지속적으로 큰 관심을 보여 온 분야 아닙니까?

내가 알기로는 벽화 보존 처리는 일찍부터 준비를 해 왔습니다. 보존과학실의 전문가[故 이상수 실장]를 1979년 독일에 유학을 보내 그에 대한 대비를 서둘렀지요. 이상수 실장은 국립 함부르크 박물관 보존실에서 벽화 전문가인 프루너(Pruner) 박사의 지도를 받으며 벽화의 안정성 실험 작업에 집중했습니다. 함부르크 박물관에는 서역 벽화와 비교적 유사한 조건을 가진 미얀마의 파간 벽화가 많아서 그것을 대상으로 보존

처리 실습을 했습니다. 이 기간 동안 쾰른에 있던 나와 자주 만나 처리 상황에 대해 논의를 했고, 제가 함부르크 박물관에 가서 직접 상항을 관찰하기도 했습니다. 그 즈음 이상수 씨는 작업이 매우 어렵다고 토로하면서 나와 밤새 술을 마시면서 담론한 적도 많았지요.

또한 이 실장은 마인츠Mainz 보존과학연구소에서도 벽화 처리에 관한 연구를 하여 결국 그의 이 모든 실습, 연구가 중앙청 박물관의 중앙아시아실을 여는 데 기초 여건을 조성한 결과가 되었다고 말할 수 있습니다. 중앙박물관의 보존연구실은 계속해서 벽화 보존에 주력하여 1992년 베를린 인도미술관 소속의 벽화 보존 과학자 볼프강 모이자 Wolfgang Moisa 씨를 초청해 약 1개월간 서역 벽화 보수補修 작업과 워크숍을 실시하여 저도 참여한 바 있습니다.

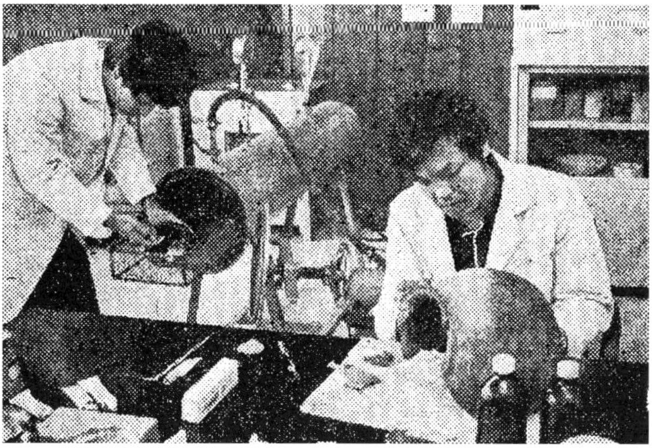

사진 2. 초창기 국립중앙박물관 보존기술실에서의 이상수 실장(오른쪽). 1976년 10월 13일 <중앙일보>.

덧붙여 그 관계를 더 부연하면 제가 국립중앙박물관의 서역 유물 보존 관계 자문위원으로 참여한 마지막 기회는 2002년 도쿄국립문화재연구소의 전문팀을 초청하여 벽화 보수 작업을 한 경우였습니다. 박물관의 보존과학실은 이상수 실장의 그간의 다각적인 연구와 실습에 의해 이룩된 기초 여건을 그의 사후, 학술적으로 한층 업그레이드해야 할 필요를 절감했던 것으로 이해됩니다. 그리하여 일본 도쿄국립문화재연구소의 보존 팀을 초청하여 안정성이 보장된 매질을 이용, 최신의 공법으로 일부 벽화를 보수하고 이 기법을 박물관 팀이 수용하고 개발하면서 오늘에 이르고 있는 것으로 알고 있습니다.

국립중앙박물관의 오타니 컬렉션

앞서 오타니 컬렉션 얘기가 잠깐 나왔는데, 일반인들을 위해 컬렉션을 간략히 소개해 주십시오.

오타니 컬렉션, 오타니의 서역 유물의 수집 및 발굴은 오늘의 국립중앙박물관의 중앙아시아 유물이 있게 한 연유이기도 합니다만, 중앙아시아의 유물 발굴을 일본이 먼저 시작한 것은 아닙니다. 대체로 19세기 후반부터 러시아를 비롯한 서구 열강들, 예컨대 영국, 독일, 프랑스, 스웨덴 이런 나라들이 중앙아시아에 관심을 갖고 지리 조사를 하고, 더 나아가 발굴을 하기 시작했습니다. 열강들의 이러한 욕구는 19세기에 들어와서 일어난 세계사적인 변화, 즉 열강의 식민지 개척, 자국 세력의 확대, 이런 팽창주의에 따라 생겨난 것이고, 그것이 중앙아시아로까지 범위를 넓혀 갔던 거지요. 중국은 사실상 아편전쟁[1840년] 이래로 서구 열강에게 세력을 잠식당하다시피 되지 않았습니까. 20세기를 전후한 시점에 이르면, 특히 1894년의 청일전쟁의 패배로 인해 큰 타격을 입었고, 복잡한 국제 정세의 와중에서 국권 유지도 버거운 지경이 되었습니다. 지방에서의 행정 능력도 둔화된 형편이었죠. 그런 상황이어서 외세가 중국 영토 내에서 수행하는 발굴과 반문화적 유물 반출 행위에 대해 이미 통제력을 잃고 있었던 것으로 봐야죠.

20세기 초를 전후한 시기부터 러시아의 프레제발스키Nikolai Mikhailovich Prezhevalsky를 비롯, 영국의 오렐 스타인, 독일의 알베르트 그륀베델, 알베르트 폰 르코크, 프랑스의 폴 펠리오, 스웨덴의 스벤 헤딘 등이 각각 자력으로 조사하고, 그 유물들을 자국으로 반출했습니다. 이들은 각각 상트-페테르부르크의 에르미타주 박물관, 대영박물관, 베를린의 민속박물관, 파리의 기메 박물관, 스톡홀름의 동아시아박물관 등에 소장되어 있습니다.

서론이 좀 길었는데 일본의 경우는 이렇습니다. 당초 오타니 고즈이는 교토의 니시혼간지西本願寺의 주지로서 일찍이 런던에 유학하고(1901년), 그때 스웨덴의 스벤 헤딘과 영국의 오렐 스타인 등에 의한 중앙아시아에서의 발굴 성과에 자극을 받아 불교동점의 족적을 확인하기로 결심하고, 젊은 스님들을 규합하여 서역 탐사에 나섭니다. 오타니 탐사대는 제1차 탐사(1902~04년), 제2차 탐사(1908~09년), 제3차 탐사(1910~14년)를 실시하여 10여 년간 둔황을 비롯한 중앙아시아 전역을 답사, 발굴하여 벽화를 비롯한 많은 유물들을 수습했습니다. 그는 이 다량의 유물들을 자신의 별장인 효고兵庫의 니라쿠조二樂莊에 보관했습니다. 이 유물의 일부가 몇 년 후인 1916년에 조선총독부 박물관에 기증되어 오늘의 국립중앙박물관 소장품이 된 것입니다.

제가 2001년 '오타니 탐사 100주년 기념 국제심포지엄'에 참여하여 토론 과정에서 들은 이야기인데, 전체 발굴에 어느 정도의 비용을 지출했냐는 청중으로부터의 질문에 대해 일본 연구자의 대답은 우리를 놀라게 했습니다. 오타니가 수년에 걸쳐 발굴하고, 여러 가지 조사한 비용을 다 더하면 그 당시 교토 시 1년 예산에 해당된다는 겁니다. 무리한 재정 지출의 후유증이었는지는 알 수 없어도 오타니는 결국 별장을 매각하였고, 그 당시 구하라 후사노스케久原方之助라고 하는 재벌급 인사가 그것을 매입하고, 그 별장 지하실에 있던 서역 유물까지도 함께 입수했다고 합니다. 이 재벌은 조선총독부의 이권사업, 예를 들면 철도 부설권이라든가 광산 채굴권에 개입하면서 유물들을 관련 인사들에게 선물한 것으로 알려져 있습니다.

오타니 컬렉션의 종류와 전체 수량은 어느 정도나 됩니까?

한국이 소장한 서역 유물의 종류는 벽화를 주축으로 두루마리 불화, 복희여와도, 소조塑造 불상, 토제 명기, 목제·동제 공예품, 직물류, 피혁류 등이며, 그야말로 작은 구슬 하나까지 따지면 그 양이 엄청나죠, 대략 2000점정도 됩니다. 당초 오타니가 수집해 온 서역 유물들은 일본(교토 박물관), 한국, 뤼순旅順 등 세 곳에 분산되었는데, 그중에 한국이 소장한 유물들이 보존 상태도 양호하고, 학술적 가치도 높은 것으로 평가되고 있습니다. 이미 일부 베제크리크 벽화[투르판 지역에 있는 불교 주제의 석굴 벽화로 그 전성기는 9~10세기에 해당됨]들에 대해서는 1970년대에 일본인 전문가인 구마가이 노부오熊谷宣夫, 우에노 아키上野アキ 등이 학술지『미술연구』美術硏究에 몇 차례에 걸쳐 그 중요성을 피력하기도 했습니다. 특히 구마가이 씨는 해방 후 국립 박물관을 방문하여 서역 벽화를 보고 감격의 눈물을 흘렸다는 일화를 남기기도 했죠.

구마가이 씨는 만난 적이 없었는데, 우에노 여사는 1970년대에 여러 차례 만날 수 있었습니다. 여사가 국립 박물관의 서역 벽화 연구차 올 때마다, 최순우 관장님의 지시로 내가 안내를 맡아 그 기회에 여사의 학문이 국제적인 것을 감지할 수 있었습니다. 순전히 여담입니다만 우에노 씨는 소녀 시절을 한국에서 보낸 것 같습니다. 우에노 씨는 경성제국대학의 미학 교수였던 우에노 나오테루上野直昭의 따님으로 아마도 일제강점기에 제일고녀[현 경기여고]를 다녔던 듯, 한번은 시내를 안내하던 기회에 경기여고에 가자고 해서 누구를 만나려나 보다 하고 함께 갔는데, 그 교정에 한 10여 분 동안 망연자실한 표정으로 우두커니 서 있던 모습이 지금도 제 기억에 남아 있습니다. 그는 서역 연구가로서 한국의 이 분야 발전을 관심을 가지고 지켜보는 학자들 중에 한 사람이라는 것을 차츰 알게 되었습니다.

국립 박물관 최초의 중앙아시아실

선생님이 재직하셨던 1969년도부터 1978년 사이에 서역 유물 특별 전시 같은 것은 없었습니까?

없었죠. 아까 제가 박물관에 들어왔을 때의 사정을 조금 얘기했습니다만, 전시실 한 코너에 한두 개의 진열장을 갖추고 전시를 했습니다. 또한 경복궁[현 국립민속박물관]으로 이전해서도 소량을 전시했지만, 누구의 이목도 끌지 못했던 것으로 기억합니다.

1980년대에 왜 박물관에서는 중앙아시아실을 새로 열어야겠다는 결정을 했나요?

무엇보다도 박물관의 역사 비전이 기본이 되었다고 봐야죠. 거듭 얘기하지만 서역 유물의 중요성과 공개의 당위성에 대해 박물관의 관장 이하 고위 학예직들이 늘 공감해 오던 바였지요. 거기에 적절한 시간과 공간을 기다렸다고나 할까요. 한편 그때 경제가 점점 좋아지면서 그런 이슈가 한국 내 문화계의 흐름과 연관되었다고 봐야 되겠죠. 그러니까 경제가 좋아지고, 일종의 세계적인 관점에서 우리가 가지고 있는 이 보물들을 공개할 때가 되었다고 생각했습니다. 거기에 더 직접적인 이유는 박물관이 중앙청으로 옮기면서 전시 공간을 확보할 수 있었다는 점이었습니다. 그러니까 중앙청으로 옮기는 계획 속에 서역 유물 전시안이 포함되었다고 생각합니다.

1980년에 전에 없던 중앙아시아실을 처음 만드셨잖습니까? 상당히 오랜 준비를 하셨을 텐데요?

그때 저는 영남대학교에 있었습니다만 개관을 위해 적극적으로 참여했습니다. 몸은 떠나 있어도 마음은 항시 박물관의 서역 유물과 함께 있는 것으로 생각하고 있었기에, 잘 부탁한다는 한병삼 관장님의 당부와 관계없이 그때 최선을 다했다고 지금도 생각합니다.

그 전해에 도록에 실을 '중앙아시아 미술 개설'을 위한 원고의 의뢰를 받았고, 1986년 1월에는 개관 전시위원으로 위촉한다는 공문을 받았습니다. 1월부터 대구와 서울을 오르내리며 전시 유물 선정, 전시 디자인 등의 자문에 응했고, 도록 편집은 대학의 강의가 끝나는 6월 말부터 집중적으로 했죠. 개관이 임박한 여름방학 동안에는 아예 보따리를 싸 들고 서울로 올라와 삼청동에 있는 박물관의 외국 손님 전용 호텔에 여장을 풀고, 두 달 동안 있으면서 박물관에 출근해 작업을 했죠.

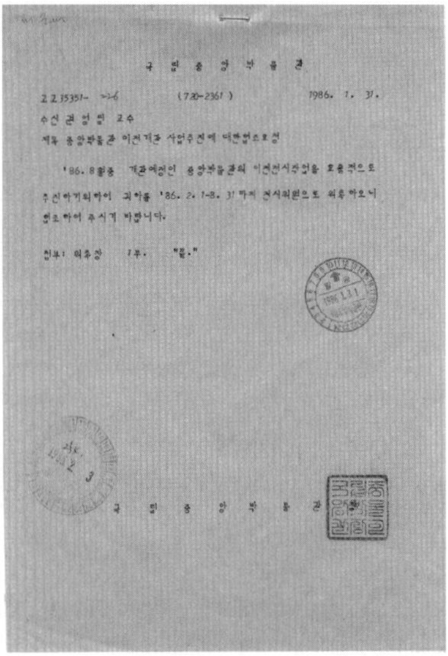
국립중앙박물관

22235351- 226 (720-2361) 1986. 1. 31.

수신 권영필 교수

제목 중앙박물관 이전개관 사업추진에 대한협조요청

'86. 8월중 개관예정인 중앙박물관의 이전전시작업을 효율적으로 추진하기위하여 귀하를 '86. 2. 1-8. 31까지 전시위원으로 위촉하오니 협조하여 주시기 바랍니다.

첨부: 위촉장 1부. "끝."

국립중앙박물관장

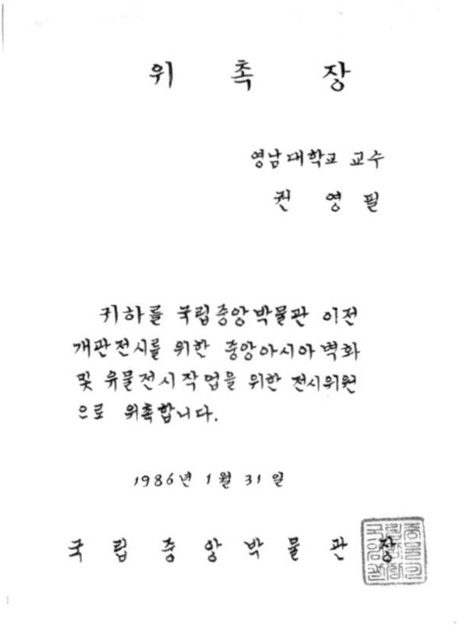
위촉장

영남대학교 교수
권영필

귀하를 국립중앙박물관 이전 개관전시를 위한 중앙아시아 벽화 및 유물전시작업을 위한 전시위원으로 위촉합니다.

1986년 1월 31일

국립중앙박물관장

사진 3. 국립중앙박물관 중앙청 이전 개관 사업의 개관전시위원 위촉 공문과 위촉장.

중앙청 박물관의 아시아실을 열기까지 걸린 준비 기간은 얼마나 되는지요?

아시아실은 중앙아시아실을 비롯해서 낙랑실, 중국실, 일본실로 구성되어 있었습니다. 그중에서 중앙아시아실의 규모가 제일 컸죠. 그 전체가 족히 일 년은 더 걸렸던 것으로 생각이 됩니다. 도록의 개설 원고를 쓰느라고 분량은 얼마 안 되는데, 고생을 아주 많이 한 기억이 납니다. 왜냐하면 그 당시 우리말로 된 기초 자료가 단 한 권도 없었기 때문이지요. 또 집필을 마치고 교정을 볼 때에도 지금처럼 인터넷이 없어서 박물관에서 대구에 있는 나에게 원고 교정지를 우편으로 부치거나, 아니면 내가 서울로 올라와 직접 처리한 후 내려가곤 했습니다. 도록이 출간된 후, 일 년쯤 지나서 일본어판을 제작했습니다. 오타니 컬렉션에 관한 내용이니 그것이 당연할 법도 하지만 그때로서는 국립 박물관에서 일본어판을 내는 일이 매우 드물었습니다.

수장고에 있던 미전시 서역 유물도 전시를 하려면 보존 처리도 해야 되고, 여러 가지 준비를 해야 할 것들이 많았을 텐데요?

보존 처리에 관해서는 이상수 실장과 안병찬 학예사가 큰 역할을 했습니다. 전시에 관해서는 강조해야 할 작품을 미리 선정하는 작업이 중요했지요. 선정 유물 중 <복희여와도>는 한국 소장품 중에서도 백미로 신장성에 있는 어느 복희여와도보다 또 어느 나라에 있는 것보다도 압권입니다. 우에노 씨도 그의 논문에서 이 작품의 예술적 가치에 대해 표명한 바 있습니다. 그래서 결국 이런 작품을 전시실의 제일 좋은 위치에 놓는다던가, 전시 하나하나를 체크해야 했습니다. <복희여와도>의 정확한 크기는 도록을 봐야 알겠지만 높이가 2미터 가까이 되는 대작입니다.

1990년, 실크로드 40일 대장정

서역 유물을 연구하면서 중앙아시아 현지에는 자주 가셨나요?

1990년부터 일 년에 한두 번씩 거의 매년 갑니다. 그런데 왜 1990년에 시작했느냐에 대한 설명은 매우 깁니다.

1980년대 중반부터 파리의 유네스코 본부가 주관해서 국제 실크로드 탐사대를 조직해 현장을 탐사해야 한다는 매우 고무적인 기획을 했습니다. 왜냐하면 유사 이래 국제 탐사대는 존재한 적이 없기 때문이지요. 이를 위한 실행위원회에는 런던 대학교 고고학과 출신의 파키스탄 중앙아시아 전문 원로학자인 다니 교수가 위원장이 되고, 각국의 유네스코가 전문가로 위원들을 뽑아 소위원회를 구성했습니다. 한국 대표로 서울대 동양사학과의 고병익 교수가 파리 위원회에 참여하여 '한국 실크로드 조정위원회'의 의견을 전달하곤 했습니다. 한국 위원회의 구성은 위원장에 고병익 교수, 당연직으로 유네스코 사무총장, 국립 박물관장, 문화재관리국장 등이고, 거기에 한두 명의 실크로드 전공 교수들로 되어 있어서 나와 김병모 교수가 정기적으로 그 회의에 참석하곤 했습니다. 그 밖에 유네스코의 백승길 부장이 한국 위원회의 실무를 전담했지요. 파리 회의가 여러 해 동안 난항을 거듭한 끝에 드디어 1990년도에 탐사를 실행한다는 타결을 봤습니다. 그동안 회의가 공전되었던 큰 이유는 탐사 코스 선정과 재정 부담 문제에 대한 해결이 쉽지 않았기 때문이었습니다.

그런데 재정 지원을 한국의 문화방송이 맡음으로써 전격적인 해결을 본 것이지요. 그 당시 몇 억 원이 소요되는 경비의 3분의 2를 MBC가 지불하고, 3분의 1정도를 일본의 아사히신문에서 부담하는 것으로 성사가 되었습니다. 한국이 실크로드 당사국으로서의 면모를 세웠다는 느낌이 들었습니다. 각국의 참가자들은 실크로드 종주국인 중국과 소련을 비롯, 한국, 일본, 파키스탄, 태국, 프랑스, 독일, 영국, 스웨덴,

미국 등 20여 개국의 전문 학자들이었습니다. 한국 대표로 나와 서울대 김호동 교수가 참여했지요. 서안에서 시작하여 실크로드의 '사막 루트'[사막의 길]를 40여 일간 탐사하는 대장정이었습니다. 1990년 한국과 외교 관계가 없는 중국 당국의 공식 초청에 의해서 한국인이 학술 조사를 한 건 그때가 처음이죠. 이렇게 처음 길을 뚫기가 어려웠지 그 이후에는 매년 답사를 했습니다.

나는 사막의 길의 탐사를 마치고 서울에 돌아와 귀국 보고의 성격으로 이 역사적 대장정의 내용을 <동아일보>에 7회에 걸쳐[1990년 9월 10일~11월 5일] 연재함으로써 한국인의 안목으로 본 실크로드의 실상을 유감없이 드러내 주었다고나 할까요.

사막의 길·초원의 길·바다의 길 대탐사

한국인이 실크로드 현지에 간 게 그때가 처음이었나요?

조금 더 자세히 말씀드리면 실제로는 1989년에 문명대 교수가 개인 조사단 차원에서 비공식적인 루트로 들어간 적이 있습니다. 그러나 제 말씀은 중국 정부의 공식 초청을 받고 국제 학술 탐사대의 일원으로 참여한 건 그게 처음이었다는 것이죠. 실크로드를 국제적인 규모로 조사한 것도 그때가 처음이었습니다. 20세기 초에 각국이 간헐적으로 각국 중심으로 했던 탐사와는 다른 의미라고 봐야죠.

실크로드 탐사는 주로 신장성을 중심으로 진행되었습니까?

3차에 걸쳐서 탐사가 이루어졌습니다. 첫 출발이 1990년에 사막의 길로 신장성을 탐사했습니다. 그 다음 해에는 초원의 길로 카자흐스탄, 우즈베키스탄 등 소위 러시아 쪽의 중앙아시아를 횡단했지요. 마지막으로 바다의 길을 진행했습니다.

저는 사막의 길에 참여했고, 초원의 길에는 유리 전공의 이인숙 박사, 실크로드 음악 전공의 전인평 교수가 갔고, 마지막으로 1992년에는 바다의 길를 탐사했습니다. 오만의 국왕이 호화 여객선을 지원해 주어 베니스에서 출발해 해양을 따라서 아라비아 반도, 인도, 동남아시아, 남중국을 거쳐 부산에 들어왔습니다. 그 루트에는 고고학의 김병모 교수, 문화인류학의 이희수 교수, 국악의 권오성 교수와 이병원 교수(하와이 대학) 등이 참여하면서 대장정을 마쳤습니다. 이후에는 부산에서 국제 학술대회를 성황리에 진행했습니다. 각 루트의 참여자들이 발표를 했고, 서울대의 이기문 교수가 객원으로 발표했습니다. 내가 사막의 길에 참여했다고 해서가 아니라, 실크로드 루트의 압권은 역시 사막이라는 생각이 듭니다.

그즈음에 국내 학술단체에서도 민병훈 박사가 주도해 신장학술조사단을 구성해서 실크로드에 대해 고고학, 미술사, 역사뿐만 아니라 인류학, 의학, 복식학 등 다양한 분야의 학제적 접근을 시도해 의미를 더했는데, 그게 1993년입니다.

민병훈 박사의 공동조사도 한국의 중앙아시아학 발전에 큰 다리를 놓은 것으로 볼 수 있지요. 앞서 말한 문명대 교수의 동국대 팀의 조사도 큰 바탕이 되었지요. 그러나 기본적으로는 유네스코의 탐사 이후 점차 연구 인력이 규합되는 큰 성과가 이루어졌다고 해도 과언이 아닙니다.

학계의 이러한 분위기 속에서 그 당시 학회 구성의 필요성은 곧 현실화되어 갔던 것 아니겠습니까. 처음에 1993년 권 교수님이 주도하셔서 서울대의 김호동 교수와 저, 이렇게 세 사람이 기둥이 되어 '중앙아시아 연구회'를 만들고, 3년의 준비 작업 끝에 1996년 정식으로 '중앙아시아 학회'를 출범시켰습니다. 거기에 대해서 말씀해 주시지요.

이러한 제반 여건들이 합해져 이루어진 한국의 중앙아시아학회 결성은 국내외의 이 분야 연구 현황에 비추어 매우 큰 의미를 지니고 있는 것으로 평가해도 좋을 듯싶습니다. 이웃나라 일본의 중앙아시아학이나, 동양사학에서의 중앙아시아학적 관점의 연구는 메이지明治시대로 거슬러 올라가 그 역사가 매우 깊죠. 1988년에 출간된 『일본에서의 중앙아시아 관계 연구문헌목록』은 자그마치 전화번호부 한 권만큼의 분량입니다. 제가 솔직히 고백하면 일본에 있는 친지로부터 그것을 받은 며칠 동안은 공부할 의욕을 잃었었습니다.

그러니까 그걸 통해 가히 이웃나라 일본의 중앙아시아학 연구의 실상을 우리가 이해하게 되는데, 그럼에도 불구하고 일본에는 '중앙아시아학회'라는 명칭의 학회가 아직 없다고 듣고 있습니다. 우리의 연구 의욕이나 연구의 어떤 진전 상황에 대해서는 일본에서도 부러워하는 정도라고 하는 견해도 있습니다. 일본 학풍에 밝은 민 박사님은 어떻게 보십니까?

그렇죠. 일본은 이제 '내륙아시아학회'라고는 쓰는데, '중앙아시아학'이라는 말은 없고 아무래도 일본은 철저하게 역사학 중심으로만 학회가 운영이 됩니다. 우리는 시작부터 중앙아시아학을 학제적 연구 방식으로 하여 한 토픽에 대해서 역사, 미술사, 고고학, 복식학, 음악학 등 다방면에서 접근하는 연구를 시도해서, 일본이 이제까지 이 분야에 대해서 100년의 연구 역사를 지녔지만, 그런 면에서는 우리가 학문의 방법론상에서는 상당히 일본에 대해서도 좀 자부감을 느낄 수 있을 정도가 아닌가 싶습니다.

실크로드학이 꽃 피는 계기가 되다

유네스코의 실크로드 탐사가 국내 학계에 끼친 영향은 지대하다고 봅니다. 이미 말씀하신 대로 그것을 계기로 한국에 중앙아시아학회가 탄

생했습니다. 그 밖에 직·간접적으로 한국에 끼친 영향은 적지 않은데요.

무엇보다도 중국 실크로드인 신장 현지의 전문 학자와 직접적인 교류가 가능해졌다는 점을 들 수 있습니다. 지금까지도 계속됩니다만, 한국의 연구팀들이 매년 신장을 방문하여 그곳 수장고에 있는 귀중한 유물들을 조사할 수 있는 것은 유네스코의 대탐사가 다리를 놓아 준 덕분이죠. 예를 들면 우루무치의 사회과학원 고고문물연구소는 지금도 우리가 안방 드나들듯 하면서 교류하고 있는 곳입니다.

한편 중앙아시아학회는 국제교류재단의 도움을 받아 1997년 고고문물연구소의 왕빙화王炳華 소장을 한국의 중앙아시아학의 발전을 도모하기 위해 3개월간 초청했습니다. 그분은 일찍이 베이징대학 역사학과를 졸업하고, 즉시 실크로드에서 발굴하며 일생 동안 현장을 지킨 세계적인 학자입니다. 중앙아시아학회는 서울뿐 아니라 전국의 실크로드학에 대한 관심을 가진 교수가 있는 대학에서 25차례 이상 특별 강연을 주선했습니다.

알려진 대로 오타니 탐험대는 고고학자로 구성된 팀이 아니었기에 그들이 발굴 수습한 유물들은 출토지, 연대 등이 부정확하고 아예 그런 기초 데이터가 없는 유물들도 있었지요. 그리하여 나와 민 박사는 왕 소장과 함께 국립중앙박물관의 오타니 컬렉션의 문제작들을 함께 검토해 많은 새로운 사실들을 밝혀낼 수 있었던 것이지요. 그는 중앙아시아 문헌과 유물에 관해서는 움직이는 사전이라고 부를 정도로 해박했습니다. 이런 학술사업들이 '유네스코 주관 실크로드 대탐사'의 성과에 해당된다고 말해도 좋을 것입니다.

『박물관신문』 제작에 참여하다

1969년부터 1978년까지 박물관에 계셨는데 유물조사 외에 기억에 남

는 일이 있으신가요?

미술과에 근무하면서 맡은 업무 중에 신문 제작이 있었습니다. 원고 청탁, 레이아웃, 신문 인쇄[덕수궁 맞은편에 있던 코리아헤럴드에서 인쇄함] 등 내 전공과 직결되는 분야는 아니었지만, 많은 시간을 소비하는 작업이었기에 내 업무 중에서는 비교적 큰 비중을 차지했습니다.

창간호는 1970년 여름에 나왔습니다. 당시 나는 앞서 말씀드린 대로 일본의 '엑스포 세븐티' 세계미술 전시에 출품된 한국 문화재의 관리관으로 오사카에 체류 중이었습니다. 서울에서 내게 보내온 이 신문이 대견해서 엑스포 박물관에 근무하는 일본인 큐레이터에게 가지고 가서 자랑하듯 보여 주었는데 반응이 별로 신통치 않아, 그가 칭찬에 인색한 면이 있나 보다 생각했죠. 그런데 며칠 후 우연히 그곳 도서관에서 일본 국립 박물관에서 출간하는 신문을 보니 제목과 편집방식, 칼럼 등 한국 것과 너무 유사하여 얼굴을 붉히고 말았습니다. 그 친구가 왜 시큰둥한 표정이었는지도 짐작하게 되었습니다.

몇 달 후에 귀국하자마자 이 일이 궁금하여 그 배경을 알아보니, 김원룡 관장 시절이었는데, 학예관들이 모두 바빠서 행정직 과장에게 신문 창간 작업을 담당토록해 그와 같은 '명작'이 탄생한 것이었다고 합니다. 그 과장이 궁여지책으로 일본 신문을 베꼈다는 것을 나중에 들었지요. 1972년 황수영 관장 시절로 기억됩니다만, 최순우 선생[당시 학예실장]께서 어느 날 신문을 나더러 맡으라고 하셔서, 제 청을 들어 주시면 맡겠다고 했죠. 즉시 신문 타이틀과 체제를 모두 뜯어고쳐서 최 실장님께 『박물관신문』이라는 한글 휘호를 받아 집어넣고 시작했습니다. 파리에 가기 전인 1974년까지 열심히 만들었는데 그 한글 타이틀이 지금은 가로쓰기로 바뀌었더라고요.

그 밖에 특별전을 할 경우, 전시 도록의 편집과 제작을 맡아서 했는데, 개막 전날 인쇄 일정에 맞춰 인쇄소에서 밤을 새워가며 인쇄 교정을 보고, 아침 개막 직전에 수십 권의 초본을 택시에 싣고 박물관에 들어오곤 했습니다. 그런 일이 비일비재했는데, 저의 업무 태만에서 비롯된 것이었는지[많은 경우 도판의 색깔 등 최종 '오케이'가 개막 전날쯤에야 떨어짐], 또는 인쇄소[평화당 인쇄소에서 했음] 쪽의 업무 폭주로 인한 불가피한 일정 때문이었는지는 정확히 기억이 나지 않습니다만.

한국 고대미술에서 찾아 낸 서역미西域美의 흔적

다시 우리의 중심주제인 '서역 문화'로 돌아와 여쭤 보고 마무리 짓도록 하겠습니다. 아까 서역 문화가 우리 고대 문화와 밀접한 관련을 가지고 있다고 강조하셨습니다만, 구체적으로 한국의 어떤 유물들에서 그런 흔적을 집어낼 수 있는지요?

대표적인 예를 몇 가지 들어 보겠습니다. 고대 한국사회는 청동기시대부터 국제성을 드러냅니다. 메소포타미아 지역에서 개발된 '아키나케스'라고 하는 단검 형태는 칼자루의 끝부분을 동물의 머리를 대칭형으로 장식하는 특징이 있는데, 특히 서방 고대 문화의 상징적 동물인 '그리핀' 등이 많이 이용됩니다. 이 패턴이 북방 스키타이에게 전달되고, 다시 동쪽으로 파급되면서 흉노를 통해 한반도에 이르지요. 대구 비산동에서 출토된 후기 청동기시대의 아키나케스는 오리의 머리를 마주보게 하고 있어, 일종의 '한국형 아키나케스'라고 부를 수 있겠습니다.

또한 유목 민족의 전형적인 취기인 동복도 김해에서 출토되어 고대 한국의 서역 문화적 특징을 잘 보여준다고 하겠습니다. 한편 한국의 청동기들에서 스키타이의 '동물양식'을 즐겨 활용하는 것도 동일한 맥락으로 풀이할 수 있습니다. 이러한 자료들과 함께 '팔주령', '이주령' 등 방울 유물들이 다수 출토되는 것은 북방의 종교인 샤머니즘과 연관된다고 볼 수 있습니다. 나는 오래 전부터 이러한 세 가지 요소, 즉 샤머니즘, 동물양식, 동복을 유목 문화의 세 요소라고 전제해 왔으며, 그것들이 한반도와 직결되었다고 주장한 바 있습니다.

사슴과 수목은 알타이 인들의 관식의 주 모티프인데, 신라시대에 이르면 그 모티프를 바탕으로 한국식으로 재창조한 금관을 제작하여 한국 문화의 특성을 두드러지게 하고 있습니다. 한마디로 탁월한 디자인 능력인 거지요.

한편 신라 고분 출토품 중에 가장 주목받는 실크로드 유산은 서아시아에서 제작한 '로만 글라스'들입니다. 서방에서 온 오리지널 작품들이지요. 로마제 유리 용기가 왕릉 급의 대형 고분에서는 어김없이 출토되어, 신라인들의 생활의 풍요로움과 함께 그네들의 고급한 미적 감각을 엿볼 수 있습니다.

고구려와 서역 문화는 어떤 관계가 있는지요?

고구려의 경우는 유리기의 출토 사례가 별로 보고되고 있지 않습니다만, 흥미로운 것은 안악 3호분 벽화의 부엌 장면에 여인이 유리그릇에 음식을 담는 장면이 보인다는 점입니다. 이로써 고구려의 지배 계층에서도 유리기를 사용했음을 알게 됩니다. 이뿐만 아니라 고구려 고분벽화의 씨름 장면은 서역 민속을 나타내며, 또 오회분 4호묘의 '불의 신'의 의습은 유명한 소그드 화법의 '조의출수'를 표출하고 있습니다. 뿐만 아니라 고구려 벽화의 일부 표현 양식은 둔황 벽화와도 연결되고, 게다가 더 직접적인 것은 그 벽화에 예컨대 둔황 220굴, 335호굴 벽화에는 한국인들이 묘사되어 있어서 양 지역의 문화 교류를 짐작케 합니다.

거꾸로 이러한 고대 한국의 서역 유물과 서역 문화의 실상을 통해, 20세기 초 한국에 들어온 서역 유물들[오타니 컬렉션]의 입수 경위가 어떻든 간에 우리 역사 인식에 매우 귀중한 자료가 됨을 다시금 알게 됩니다. 신라 고분 출토의 로마 유리와 오타니 컬렉션은 그 입수 경위의 성격상 전자가 자력적이라면, 후자는 타력적이라는 차이가 있을 수 있지만, 사실 한국의 서역 유물들이 한국전쟁 중에 '제로' 상태의 안정성에서 전격적으로 구출되어 새롭게 보존된 것을 생각하면 그 양자 모두를 서역 유물의 '코리아 컬렉션'이라고 명명할 수 있다고 봅니다.

서역 미술의 타문화 수용 원리

지금까지 국립중앙박물관의 서역 유물 소장과 관련하여 그것의 역사적 의미에 대해 말씀을 들어 보았습니다. 마지막 질문은 서역 문화가 그 자신 타문화 수용에 균형과 조화를 이룸으로써 그 가치를 살려 냈다고 한다면 역사에서 타문화 수용의 원리라고나 할까, 그 점을 어떻게 볼 수 있습니까?

이 문제는 두 가지 관점에서 짚을 수 있다고 봅니다. 고대 역사에서 다른 지역의 산물을 입수할 경우, 수입 자체와 그것을 바탕으로 한 재창조의 두 가지 문제가 거기에서 발생합니다. 흔히 수입한 물건을 이용하기만 하고 그것의 재창조에 게으를 경우, 별로 적극적 평가를 얻지 못합니다. 그러나 '수용受容 미학' 차원에서 향수享受 능력을 높이 인정해야 합니다. 특히 타문화 수용에서 좋은 것을 '선택'하는 능력은 향수에 기초가 되기 때문입니다.

역사적으로는 흉노 고분 출토품에 들어 있는 고대 페르시아 제품과 중국 제품들이 그러한 예이고, 신라의 경우는 로만 글라스가 거기에 해당됩니다. 물론 재창조의 미학적 가치가 귀중한 것이라는 점에 대해서는 더 설명할 필요가 없다고 봅니다. 특히 신장성의 고대인들은 재창조의 달인들이라고 해야 할 것입니다. 현대 사회가 지향하는 통섭적 세계화와 자국의 고유성 확보라는 개념도 위에 말한 타문화의 선택적 수용과 자기 개발이라는 두 축과 일맥상통하는 원리라고 생각합니다.

Silk Road Inside

The Clash of Civilizations and the Reconciling Energy of Art

Table of Contents

If somebody asks me which subject I want to emphasize specially among writings in this book, I would say that it is 'reconciling energy of art.' Not only because there is an essay which addresses the subject in this book,[1] but also because a characteristic of this subject is revealed in other writings. Over the past several decades, while studying Silk Road Art, I believe that I have come to an understanding of the 'aesthetics of Silk Road Art.' So I don't hesitate to name this book the Clash of Civilizations and the Reconciling Energy of Art. I am writing this introduction to provide more specific understanding of this vast theme.

An Introduction to the *Clash of Civilizations and the Reconciling Energy of Art*

I

Obviously there was no concept of 'works of art' at certain points of ancient human civilization, such as during the bronze age. Instead it could be thought that some special visual objects were made by craftsmen at that time. These objects have some justification of existence and are shown to be burial accessories. These visual objects serve as ceremonial tools of sacrificial rites (religious services) and sometimes function as symbols of the cosmic order.

Additionally, most of these objects have aesthetic value. The artisans stretched their imagination while facing the difficulty of representing gods. They exhibited their best expressive abilities of their sensibility. It is for this reason that the objects embody the highest quality artwork of the period, although they have a visual system like a secret code. Herein we have an opportunity to come across the characteristics of artworks.

On the other hand, other kinds of visual objects exist. They are products for everyday life. These include ornaments for the body and things related to food, clothing, and shelter - within the food field are dishes and plates, not the food itself. Although their form is focused on function, what's more important is the intervening force of adornment. Emotions are presented through decorative accessories, clothing, carpets, tableware, and buildings. Colors and design are the fundamental elements of these created things.

The function of the Silk Road was to convey these products. What forces moved these ceremonial utensils and daily necessities to other regions? We can rephrase this question to ask what conditions cause cultual migration. We often think that wars, trade, and tribal migration are fundamental factors. But strictly speaking these factors can only pave the way for plunder and trade. A more important thing is the reason cultual migration happens but why it happens is always hidden behind how it happens. So the reason was left out of the discussion.

Now having passed the secret door, we need to analyse the reason that people are interested in other culture's products (or artworks). Many painters and artisans traveled along the Silk Road. Incidentally it carried artworks and art techniques as well as trade goods. It is inscrutable that artworks were exchanged in hostile relationships such as war or other clashes of civilization. In the principles of the theory of art, we should discover the factors that makes these historical facts possible. It is fortunate that we can meet someone with empirical knowledge of this aesthetic task. Art critic Seo Kyung-sik tells us of mysterious experiences he sometimes had while looking at many artworks in his art journey.

"I oppose invasive wars and criticize artists' cooperation in wars. But I know well that when I'm faced with artworks, sometimes I am helplessly attracted to them even though I can't comprehend or agree ideologically or morally with the artwork. I think I rather prefer to consider it a great pleasure to see the artworks which have satanic power, which can shake the foundation of my existence."[2]

A morally hostile reaction in this work is a 'clash.' Nevertheless how is it possible that these artworks, in the midst of hostile situations, come to us, giving gesture of 'reconciliation?' Seo Kyung-sik understands this to happen by 'satanic power.' Laying the interpretation of uncontrollable power aside, I would like to emphasize the occurrence of reconciliation. Park Yee-mun, who is a philosopher and an aesthetician, said the following about this reconciling factor in artworks.

"The reason most artworks, especially visual artworks, give us deep emotional responses is because they have a minimal but ultimate condition, which we can find only in reconciliation with the whole universe and thereby experience metaphysical happiness. Art and visual art is always a part of human life and will continue to be so. If art is the necessary condition of life, visual art is a source of the pleasure of life and at the same time a fundamental value."[3]

This philosopher interprets artworks as the condition that

makes reconciliation with the universe possible. At the same time he asserts that artwork is the source that gives the experience of metaphysical happiness. At this point we can understand why artworks can survive the worst events in history including wars and other clashes. After a long study of the exchange of artworks on the Silk Road, I have come to understand that clashes and reconciliation are not elements of confrontation but of harmony. Now I will present examples from the history of the Silk Road and in conclusion will give aesthetical explanations of how this process can be possible.

II

The First Instance. The Clash Between the Nomadic World and the Settled World and the Reconciling Energy of Art[4]

An animal motif which appears often in Silk Road art, the griffin (a mythical animal which has the head, upper body, and wings of an eagle and the hindquarters of a lion) was invented in a pre-Christian era in west Asia and spread to Greece and then as far as east Asia. But when we look carefully into the whole process of the spread of the griffin motif, we find that ironic conveyance of artworks appear in severe circumstances of 'cultural clashes.' The nomadic Scythian tribe played an active roll on the Black Sea coast from the eighth century B. C. and had several wars with Persia, a great empire in the west Asian cultural sphere. Despite the confrontations of the two cultures: Scythia's attack on Media in 640 B. C.; Persia's invasion of Scythia in 530 B. C.; and Scythia's payment of tribute to Persia in the fifth century B. C., Persian's griffin was adopted by Scythia. By this we can say that the griffin motif is an element of 'reconciliation.'

Scythia's griffin then flew to Pazyrik in the Altai region. After the first century A. D. the griffin motif was found in a carpet pattern among Xiong-nu articles excavated from a tomb in Noin-Ula of Mongolia. It is a subject of controversy as to whether the carpet was imported or Xiong-nu's own production. In any case, it is true that griffin motif traveled to Mongolia of Xiong-nu's realm.

The eastward journey of the griffin motif continued. It went from Xiong-nu (匈奴) to the Han Dynasty. Xiong-nu invaded China at least sixty times in the Early Han Dynasty (206 B. C. - 24 A. D).[5] The relationship between the two countries was not at all hospitable. Additionally overcoming the conditions of cultural clashes such as 'nomadism' and 'settlement', the griffin theme was handed on to Lolang (樂浪), a Chinese colony, and was discovered in the pattern of burial lacquerware. Might this griffin also be a token of reconciliation?

The Second Instance. Clash of Rome and Iran and Reconciling Energy of Art[6]

Rome in the west and Parthia in the east were in conflict over Syria which lay between them. Certainly there was justification in the desire for territorial expansion by the two countries. Rome's interest in the Hellenistic cultural area and Iran's ambition to recover lost territory of the ancient dynasty of Archemenes were in conflict. Additionally the benefits of the Silk Road trade was another reasons for the friction. The first collision of Parthia and Rome was a fight for rights in Anatolia, because the goods traveling from China to Rome passed through Parthia.

In 53 B. C. Rome and Parthia had a great battle at Carrhae, located in the upper region of the Euphrates River. It ended with Rome's crushing defeat. Three-quarters of the Roman soldiers were killed, as was the viceroy Crassus. Also in 260 A. D. Rome was soundly defeated by Sassanian at northen Carrhae, Edessa where Emperor Valerian was taken captive. Many Romans were taken captive in these two wars.

It is fairly certain that these Roman captives, moved to Antioch, contributed to the making mosaics in Shapur 's palace in Bishapur. This fact attracts our attention. Additionally this mosaic had typical Roman themes including wreaths, women in oblique postures, dancing women, and players of instruments. Furthermore it is known that the Roman prisoners took part in the production of the carved reliefs on rocks that commemorate the victory of Shapur I.

Even though Iran had a rival relationship with Rome, evidenced by several wars, Iranian art showed preference for Roman art elements. This is what we should pay attention to, because art has a special property in maintaining its life with 'the blood of reconciliation.'

The Third Instance. Reconciliation of Art Between Islam (Muslim) and Non-Muslim

It is necessary to pay attention to Islamic studies experts' reference to support my opinion that art has an aesthetic mechanism which can subdue political and cultural 'clashes' and eventually lead to reconciliation. At first I would like to quote Belenitzky, a Russian authority on Central Asian archeology.

"With many mosques, with mural paintings and mosaics, at the Islamic Umayyad Dynasty's (661-750) western realm*, we can know that high-ranking Arab officials were not hostile toward monumental formative arts and that they hired *artists with different religions* (italics mine) to decorate their buildings. It seems that caliphs (representative of Mahometan) actually deployed artisans from Central Asia for construction work in the western part of their territory. As early as 1913 Strzygowski pointed out** that paintings of Kusseir al-Amr were identical in general characteristics to the paintings in Khotan (southern Central Asia) even though Khotan didn't have any direct contact with Arabic people during the Umayyad Dynasty."[7]

Islam rulers used Christian temples in the early Islamic period. But at the end of the seventh century, after completing the foundation of their conquered territory they started building large scale mosques and palaces as a visual symbol of their power. They created these buildings which surpassed, in scale and beauty, all other kinds of buildings preceding Islam. What we know of design and decoration of these buildings is that they were built by *conscripted artisans* (italics mine) from Egypt, Syria, Persia, and Byzantium and that the workers worked continuously in their native style which they learned.[8]

You may well say that the effect of Byzantium on Islamic architecture was absolute. Archeologist Judith Herrin expressed her opinion about the relationship between mosques and Byzantium temples, in this way: "It (St. Sophia in Constantinople) also inspired the form for covered mosques, constructed when the Arabs moved out of their desert homeland where they worshipped in open courts. The dome of the Rock in Jerusalem is aptly named to commemorate the Muslim occupation of a holy place cherished by Jews and Christians. Not only its circular roof but also its vivid mosaics display Byzantine origins, since the seventh-century Emperor Justinian II was asked by Caliph 'Abd al-Malik to send Byzantine craftsmen to cut the coloured stone and glass tesserae, which shimmer whenever they catch the light."[9]

Why did Islamic leaders want to represent symbolism with the use of foreign heathen artisans? Perhaps it was because it was during the incipient stage before the foundation of Islamic art. However similar examples appeared in the tenth century. According to Arabic histories, al-Hakam sent an ambassador to the Byzantine emperor in Constantinople, requesting him to send a workman to decorate the mosque.[10]

What we need to pay attention to is the following. "the Umayyad dynasty used 'Arabic supremacy' as the foundation policy for everything and looked down upon the vanquished, including Persians. In this the Umayyad dynasty roused the antipathy of the vanquished people."[11]

Despite this 'clashing' colonial policy, Islamic leaders hired the vanquished to do their work in the arts. This gives evidence that they approved the idea of 'the absolute of beauty' being separate from religion. Therefore the cultural relationship between the conqueror and conquered people was inverted. "These conquered people produced leading people in academic research and artistic production in Islamic society and played the role of conveying western Asia's cultural traditions to these new conquerors."[12]

However at this point there is something we should not miss. Although a lot of historians pointed out that the conquered society strove to keep their traditions, the Islamic leaders had a strong desire for the expression of beauty. The important question is, whether the Islamic leaders were aware of the meaning of the expression of beauty, their expression led to the 'reconciliation of art.'

The Fourth Instance. Reconciling Energy of Islam and Roman art

Arabic power expanded and by the eighth century conquered Spain. The Great Mosque (construction started in 786) was built in Cordoba, Spain in the ninth century. It is very famous for the double arches inside the mosque. The idea of the double arches was perhaps suggested by the Roman aqueducts, of which there are several fine examples in Spain.[13] And we can see Byzantine mosaic decorations present in the Muslim shrines in Jerusalem and Cordoba.[14] In contrast to this, the pointed arch, a kind of transformed arch which was used in early mosque architecture, was utilized in Gothic cathedral in the twelfth century.[15] We should regard the exchange of architectural styles between these two religion not as an example of the simple absorbing ability of art but as its active reconciling energy.

The Fifth Instance. Reconciling Energy of Islam and Christian Art

Around the seventh century the ancient Sogdiana area (current Uzbekistan) became Islamic. Nevertheless Sogdians used their traditional patterns even in the tenth century. Moreover Christian themes were inherited.[16]

By this we can understand that Islamic society actively accepted the traditional art of the conquered area, despite political and religious conflicts with the conquered people.

The Sixth Instance. Japanese Oppression of Jesuits, Reconciliation of Western Painting[17]

The Silk Road on the sea has a long history. Compared to the Silk Road in the desert, its latest use is much closer to our time. Egami Namio (江上波夫) suggested that the end of Silk Road on the sea is the period in which Portugal, Spain, and Holland went to Asia, between the sixteenth and seventeenth centuries.[18]

In the sixteenth century Jesuit missionaries arrived in Japan with Portuguese and Spanish traders and prospered under the patronage of some Daimyos (大名). However, in the seventeenth century, these Jesuit priests were exiled or martyred. In this cultural clash, western paintings and Western Style painting (Yōfuga, 洋風畵) -specifically western painting's styles and techniques- came to Japan with other cultural artifacts and practices, and survived despite the religious prosecution. This western painting style continued although it changed its contents (for example, to Buddhism) - like changing clothing. We should see that this happened because of the reconciling function of art.

The Seventh Instance. Chinese Oppression of Jesuit and Reconciliation of Western Painting[19]

Matheo Ricci (利瑪竇, 1552-1610) opened a residence for Churchmen of Jesuit for the first time at Zhaoqing (肇慶) in September 1583. Regarding the number of believers, his missionary work was not very successful. As St. Francis Xavier did in Japan, Ricci dedicated the painting <Madonna and Child> to Emperor Wanli (萬曆, 1563-1620) when he was invited to visit the emperor in 1601. The interest in western paintings in China remained primarily within the imperial family.

In the end of the reign of Emperor Kangxi (康熙, 1654-1722), missionaries were strongly oppressed. In 1669, a decree prohibiting missionary work was issued. As a result, 45 missionaries were exiled in 1703. During the reign of Emperor Yongzheng (雍正, 1678-1735) missionary work was prohibited as well and some missionaries were martyred.

However court missionaries' work was unaffected by these decrees. Giuseppe Castiglione (郎世寧, 1688-1766) worked for Emperors Kangxi, Yongzheng, and Qianlong as a court painter. In particular, Emperor Kangxi was deeply interested in western paintings. As is known, Castiglione, from Italy, came to China in 1715 and worked as a Jesuit missionary and court painter. In 1728, even after the decree of prohibition, he painted a long scroll painting <One Hundred Horses> with Chinese materials and Western techniques. Another of his famous paintings in this time is <Portrait of the Fragrant Concubine in Armour> (from the collection of the Palace Museum). Strictly speaking from the point of view of art history, these missionaries' paintings have 'compromised' style characteristics combining Chinese tradition and western painting style.

It is clear that they played a reconciliatory role with art in the cultural conflict of the time.

The Eighth Instance. Sogdian Mural Paintings in Afrasiab[20]

Sogdiana is an ancient country, in present Uzbekistan, and did well in trade. So from early time its goods came to Asia along the Silk Road. They traded with China before the Sui Dynasty. But in 650s, the Tang Dynasty emperor proclaimed the Sogdian King to be a local governor and Sogdiana to be subordinate to the Chinese empire. At that time China intervened in the politics of the west Göktürks and so put forth the idea of holding up to ridicule the political order of the country around Sogdiana. As a result, Sogdiana might have taken a position of balanced diplomacy between China and the west Göktürks.

Mural paintings in Afrasiab were made during the time of this diplomatic and cultural pressure. What did China mean in these mural paintings? Sogdian painters painted Chinese diplomatic delegations on the middle of the western wall which is the center of the mural paintings in the palace. In addition, the whole northen wall (north indicates China) was filled with Chinese themes. A mounted huntsman, assumed to be the Tang Emperor Taizong (太宗), and a Chinese princess in a boat with court ladies, are conspicuous. What did these splendid characters mean in the painting? According to the studies done up to now, Chinese emperors and princesses never visited Sogdiana. So my opinion is that Sogdian painters expressed these Chinese themes actively to invite reconciliation, in the face of the stiff international relationship.

The Ninth Instance. Ethnic Korean Painter Han Nak-youn and Silk Road Mural Painting[21]

The ethnic Korean painter Han Nak-youn (韓樂然, 1898-1947), born in China, returned to China from Paris after studying art and at the end of the 1930s joined the anti-Japanese movement. Later he was imprisoned (1943) for joining the resistance against the dictatorship of the Kuomintang and then was restricted to working only in the northwest area of China. He acquired a historicist artistic point of view through excavating the Kizil Caves and copying the mural paintings in the caves. Although art is important to him as the necessities of life, he was opposed to accommodation of commercialism and established his own aesthetic sense of art in which realistic representation is meaningless. With this artistic foundation he devoted himself to copying Dunhuang mural paintings. Furthermore he painted Central Asian tribes' -such as Uigur and Tibetian- folk scenery and customs. We can acknowledge that his historicism greatly contributed to the development of new aspects of Silk Road art.

The reason he didn't give up art after being released from prison is that art itself has attraction and the reason he turned his attention to historicism is that historicism is the best condition for overcoming reality. Eventually the historical concepts which appear in his paintings are an embodiment of reconciliation that negates the clashes in his life -such as his imprisonment- and is the condition for confirmation of his existence.

III

The Aesthetic of 'Reconciling Energy of Art'

Along the ancient Silk Road, cultural exchange usually happened when environmental, political, and commercial factors worked as a catalyst. Works of art, styles of art, techniques of art, and artisans were included in this exchange. However, what is the fundamental reason that this happens when art from one area moves to another place? This can happen when spiritual and aesthetic values are higher than material values. The aesthetic value of art has both subjective and objective conditions. At this point, a more important thing is the fact that there is an essential and internal element of art itself. In other words, it is an element of working to 'induce' our emotions in art.

It is very interesting that beauty and magic have a similar etymological root. It is significant that the common English words 'charm' and 'enchant', have the meaning of 'attraction and beauty' as well as 'spell and incantation.' Art works 'bewitch' us and 'tame' us. We are moved by art as if falling under a spell.

Accepting an active enemy country's art style or another county's art in the situation of a 'cultual clash' is the phenomenon of exposure to aesthetic essence in which art 'casts a spell on' us. This phenomenon causes the 'reconciling energy of art' at the same time. In this way, we can say that a 'spell' and 'reconciliation' are two sides of the same coin.

Notes

1 As you see in the contents of this book, the title of the fifth writing is "the Clash of Civilizations and the Reconciling Energy of Art." This essay was read in the 12th Korean and Japanese Aesthetic Association Symposium (10th Aug. 2004. at Hirosima University) as "the Clash of Civilizations and the Reconciling Energy of Art -Focusing on Japanese Early Western Paintings," and I gave a presentation on it again at the 16th Korean and Japanese Aesthetic Association Symposium (April 2010. at Hirosima University) "The Clash of Civilizations and the Reconciling Energy of Art II" with the same extended subject.

2 Seo Kyung-sik, *Death God of the Youth - Painters who fought with entire body to Nightmare of the 20th Century*, Seoul: Creation and Criticism, 2002, p. 203. Seo Kyung-sik is a Korean-Japanese writer. He exposes irrationalities of politics and society by art criticism and understands artists' emotional complexes well which are melted in their artworks.

3 Park Yee-mun, "Why is art needed in our lives?", *Emotion* vol.1, 2007, p. 25. This same point of view is found in his other writing. Park Yee-mun, *Art and Ecology*, Seoul: Midasbooks, 2010.

4 For further informations refer to Chapter One 'West Asia and Ancient Korean Culture,' Section II. West Asia and Nomadic World, sub-point 1. Imagination of West Asia.

5 Based on the historical record it was about 60 times. Sawada Yichio(澤田 勳), Kim Kyung-suk translation, *Xiong-nu*, Seoul: Ifield, 2007, p. 176.

6 For the situation of Rome and ancient Persia's collision refer to Chapter One 'West Asia and Ancient Korean Culture,' Section IV. Rome and Iran, sub-point 5. Rome and Parthia - Sassanid Iran.

7 Belenitzki, *Mittelasien. Kunst der Sogden*, Leipzig, 1980, p. 225.

* K. A. Creswell, *Early Muslim Architecture*, 2Bde, Oxford, 1932-1940.

** J. Strzygowski, "Kunstkreis in Innerasien," *Zeitschrift für Assyriologie*, Bd. X X VI, Abb.1,2, 1913.

8 H. W. Janson, Kim Yun-su translation, *History of Art*, Seoul: Samsung publishers, 1978, pp. 214-215.

9 Judith Herrin, Lee Sun-ho translation, *Byzantium*, Seoul: Bookpot, 2010, p. 18.

10 Jonathan Bloom and Sheila Blair, Kang Ju-heon translation, *Islamic Arts*, Seoul: Hangil Art, 1997, p. 76: "At this time the Byzantine emperor complied, and the ambassador returned with a master-craftsman and a gift of 320 qintars (approximately 16,000kg, 35,000 pounds) of mosaic cubes."

11 Kim Seong-gun, *World Culture History III: Europe Middle Age and Development of Asia*, Seoul: Hakwonsa, 1966, p. 244.

12 Ibid.

13 David Talbot Rice, *Islamic Art*, Thames and Hudson, 1984, p. 79.
For 'aqueduct' refer to Helen Gardner, *Art through the Ages*, New York, 1948, p. 175.

14 Judith Herrin, Opt., p. 607.

15 David Talbot Rice, Opt., p. 45.

16 Belenitzki, Opt., p. 228.

17 For further informations refer to Chapter Five 'The 'Clash of Civilizations' and Reconciliation in Art -Focusing on Early Western Style Painting in Japan and China'

18 Egami Namio(江上波夫),「いまなぜ海の道なのか」,『海のシルクロードを求めて』, 三菱廣報委員會, 1989, p. 290. We can see the similar opinion on the other book. Yang Sung-yun, *Silk Road on the Sea*, Seoul: Chungabook, 2003.

19 For further informations refer to Chapter Five 'The 'Clash of Civilizations' and Reconciliation in Art - Focusing on Early Western Style Painting in Japan and China'

20 For further informations refer to Chapter Four 'Afrasiab Mural Paintings in Mid-Seventh Century - Iconology Related to Goguryeo Envoy'

21 For further informations refer to Chapter Six 'Han Nak-youn and Mural Painting of the Silk Road'

찾아보기

찾아보기 (인명)

저자 후기

지난 20년 동안 실크로드를 열심히 돌아다녔다. 1990~2000년까지의 나의 행적은『렌투스 양식의 미술』에 적어 놓았다. 그런데 그 이후의 답사일지마저도 간략하게나마 여기에 첨가하고자 하는 뜻은 그 현장에서 보고, 듣고, 읽고 한 내용들이 모두 이 책의 콘텐츠를 구성하고 있기 때문이다. 2002년 7월(독일 뮌헨대학: 헤라클레스 자료조사), 2004년 7월(내몽골 학술답사); 8월(일본 히로시마대학: 해양실크로드 자료조사), 2005년 2월(인도 아잔타 외 학술답사); 7월(신장 학술답사), 2006년 7월(이란 페르세폴리스 외 학술답사); 8월(키르키즈스탄, 우즈베키스탄, 타지키스탄 학술답사), 2007년 8월(신장 학술답사), 2008년 7월(이집트, 시리아, 요르단 학술답사), 2009년 1월(에르미타주 박물관 학술조사) 등등.

이미 발표된 글들을 모아 엮는 책이지만, 많은 부분에 손질을 가하고, 새 자료를 보완하며 정리하는 데에 적지 않은 시간을 투자하였다. 그런데 다소 중복되는 내용들을, 각 논문의 체제상 벗겨내지 못한 것이 저자로서의 불만임을 독자들께 고백하지 않을 수 없다. 다른 한편 시간이 지나면서 책의 성격을 밝히는 서론을 새로 쓸 수 있도록 마음의 준비가 된 것은 매우 다행한 일로 생각된다. 서론에서도 밝혔듯이 '실크로드 미술의 미학'이라는 주제는 내가 해결해야 할, 나의 오랜 동안의 숙제였기에 미흡하지만 일단 발표의 기회를 갖고, 질정을 기다리는 것이 도리가 아닌가 판단된다.

이 책의 출간 준비를 시작한 지는 이삼 년이 더 되었다. 그런데 금년에야 책이 나오게 되어 이 책이 마치 내 고희를 기념하는 책처럼 되어 버렸다. 옛말에 떡 본 김에 잔치한다고 했던가. 그러면 뭔가 회고의 성격에 걸맞는 글이 있어야 될 게 아닌가 싶어 이 책의 부록에, 내가 어떻게 이 실크로드학을 전공으로 삼게 되었는지 하는 연유를 실었다. 그 글은 당초 지난 2009년 한국의 박물관 탄생 100주년 기념에 즈음하여 동아일보사가 만든 에세이집『박물관에 살다』에 들어 있던 것을 약간 보정한 한 것이다. 이에 전재를 허락해 주신 동아일보사에 감사를 드린다.

그 밖에도 도판 자료를 준비하느라 여러분들로부터 도움을 받았다. 직접 찍은 귀중한 사진을 받은 것들도 많아 큰 신세를 진 셈이다. 국립중앙박물관의 민병훈 박사와는 오랜 세월 동안 실크로드를 함께 답사하였는데 그 사진 솜씨가 프로급이라 나에게 늘 양질의 사진을 제공한다. 이에 깊은 감사를 드린다. 또한 파리의 체르누스키 박물관 자료를 보내준 김영애 박사, 작품 사진을 직접 주신 '둔황 화가' 서용 박사께 고마움을 전한다. 옛날 박물관 시절부터의 친구인 한국 최고의 문화재 사진작가 한석홍 선생께는 누적된 빚이 많다. 큰 감사를 표한다.

또한 문제門弟의 여러 사람들이 힘을 써 주었다. 전문용어뿐 아니라, 때로는 학술적인 내용에 대해서도 좋은 의견을 건네준 주수완 박사와 중국 자료를 체크해준 조정래 교수, 일본 자료의 정리를 도와준 히로시마 대학의 이은화 학인과 와세다 대학의 한보경 학인, 서론의 영역을 맡아준 한예종의 정윤희와 특수 자료의 수습과 워드 작업을 해준 남예람 등 각 분야 전문인들의 노고를 잊을 수 없다.

책은 복합적인 지적 산물이다. 필요할 때마다 자문에 기꺼이 응해준 외우 오제운 형에게 그저 감사할 뿐이다.

무엇보다도 인문학 책의 상재가 여의찮은 우리 현실에서 주저 없이 이 책을 맡아주신 도서출판 두성의 이해원 사장님께 깊은 감사의 말씀을 드린다. 좋은 책 내기를 모토로 시종 애쓰신 출판사의 백은정 편집팀장님과 시체에 맞도록 윤문해주신 편집부원 여러분께 감사를 드린다.

2011년 10월
고희년에
근사 권영필